KB247263

주역강설

주역강설

이기동 역해

성균관대학교 출판부

새로운 판을 다시 보완하면서

사람들의 삶이 복잡해지고 삶의 의미와 방향성이 혼란해질수록 그 길잡이가 되는 『주역』은 그만큼 더 빛을 발할 것이다. 다만 한 가지 문제점은 『주역』이 난해하다는 데 있다. 그래서 필자는 누구나 쉽게 이해할 수 있도록 『주역강설』을 집필하는 데 최대한 힘을 기울였고, 그간 독자 여러분들께서 보내주신 애정과 질정은 모두 여기에서 기인한다. 그러면서도 원문에 한글 독음이 달려있으면 좋겠다는 주문도 더러 받았다. 하지만 사서삼경강설을 완간하는 일이 우선 시급했기 때문에 다른 것에 신경을 쓸 여유가 없었다. 이제 사서삼경강설을 완간한 뒤라 독음 다는 일에 착수할 수 있게 되었다.

『주역강설』은 그간 쇄를 거듭할 때마다 수정을 거듭했다. 수정을 거듭한 데는 까닭이 있다. 필자가 집필하면서 가장 주력했던 부분은 바로 느낌이었다. 괘를 들여다보고 생각하고 또 생각하다가 떠오르는 느낌이 있을 때 그 느낌을 중시하여 해설을 했다. 그러다 보니 전체의 내용에 대한 모든 느낌은 동시에 다 떠오른 것이 아니라 부분적으로 떠오르는 것이었다. 쇄를 거듭할 때마다 이렇게 새로운 느낌을 첨가한 까닭에 수정도 많았다. 독자 여러분들께서도 읽으시다가 어떤 독특한 느낌이 들면 필자에게 깨우쳐 주셨으면 하는 마음 간절하다.

2010년 9월
오륜동 우거에서
이기동

새로운 판을 내면서

『주역강설』을 처음 내놓은 지가 꼭 10년이 되었다. 『주역』처럼 어려운 책을 나름대로 쉽게 역해했다는 자부심을 가지기도 했었지만, 지나고 보니 미비한 점이 너무나 많다는 것을 알게 되었다. 이런 미비한 점을 보완하려는 의도도 있고, 또 더 쉬운 『주역』을 내놓고 싶기도 해서 『주역에서 얻는 지혜』, 『하늘의 뜻을 묻다』 등의 해설서를 내기도 했다. 그러나 이러한 책들은 원문을 넣지 않거나 또는 10익+翼을 넣지 않았기 때문에 그 또한 아쉬움이 남았다.

이러한 점들을 모두 보완하여 이번에 『주역강설』의 새 판을 내놓게 되었다. 그간에 독자들로부터 쉽게 접근할 수 있어서 좋았다는 격려를 받을 때마다 과거에 내놓았던 책의 미비한 점 때문에 한편으로는 몹시 미안한 마음을 금치 못했었다. 이번에 내놓는 새 판은 그 미안한 마음을 조금이나마 줄일 수 있을 것으로 기대한다.

지금으로서는 최선을 다했다고 생각하지만, 그러나 워낙 난해한 책이기 때문에 아직도 미비한 점이 있을 것이다. 독자 여러분의 끊임없는 관심과 질정을 기대하는 바이다.

2006년 6월
오륜동 우거에서
이 기 동

머리말

사서오경四書五經에 대한 해설서를 집필하기로 계획한 후, 『대학·중용강설大學·中庸講說』, 『논어강설論語講說』, 『맹자강설孟子講說』 순으로 사서강설을 출간했다. 책을 세상에 내어놓은 후 독자들에게 많은 격려를 받기도 했고 비판도 받았다. 그리고 동시에 오경五經에 대한 집필을 재촉받기도 했다. 그러나 오경은 매우 난해한 경전이어서 시간이 많이 소요되는데 그 중에서도 『주역』은 특히 그러하다. 게다가 오경강설에 앞서 우리의 시각에 의해 씌어진 중국철학사와 한국철학사가 더욱 시급하다는 판단이 들어 먼저 그 집필에 착수했다. 그러나 그것 또한 너무 많은 시간이 소요되는데다가 강의 등의 바쁜 일정으로 시간을 내기가 어려워 뜻대로 진척되질 않았다. 그러던 중 1994년에 동아출판사의 의뢰로 『만화로 보는 주역』을 출간하게 되었다. 그러나 만화의 형식은 흥미를 높일 수 있다는 장점을 가진 반면 충분한 해설을 할 수 없다는 한계가 있었다. 그래서 이를 보완한다는 의미에서 우선 『주역강설』을 먼저 내어놓게 되었다.

『주역』은 동양의 한자문화권에서는 심오한 진리를 담고 있는 최고의 경전으로 알려져 왔다. 그리고 또 노장사상이나 불교사상의 발달에도 많은 영향을 끼쳤고 성리학이 방대한 형이상학적 체계를 구축하는데 그 이론적 기초를 제공하기도 했다. 게다가 오늘날에는 서구의 과학기술문명이 초래한 심각한 병폐를 극복하고자 고뇌하는 많은 사람들이 『주역』에 주목하고 있다. 그것은 『주역』이 자연과 인간과 사회에 대한 탁월한 예지와 시공을 넘어서는 진리를 내포하고 있다고 생각되기 때문이다.

『주역』은 참되고 진실한 삶의 방법을 제시한다. 그것은 이웃과 조화되는 삶이며 자연과 조화되는 삶이다. 그런데 『주역』은 상징적인 표현방식으로 일관하고 있다. 구체적이고 현실적인 언어로는 다 표현할 수 없었기 때문이다. 이것이 바로 『주역』의 표현이 난해한 첫째 이유이다. 그러므로 『주역』은 소설처럼 읽고 이해할 수 있는 책이 아니다. 차근차근 되풀이하여 의미를 새기며 읽어야 하는 책이다. 그리고 필자의 해설에도 또한 부족한 점이 없지 않다. 이점은 독자 여러분들의 질정을 바라마지 않는다. 아무쪼록 이 한 권의 책이 많은 사람들에게 지혜의 토론장이 되기를 바라는 마음 간절하다.

이 책을 쓰면서 정이程頤의 『역전易傳』, 주자의 『주역본의周易本義』, 스즈키 요시지로鈴木由次郎의 『역경易經』(집영사集英社 간刊, 『전석한문대계全釋漢文大系』 9・10권), 『유교대사전儒敎大事典』(박영사博英社 간刊, 유교대사전편찬위원회儒敎大事典編纂委員會 편編) 등을 일부 참조했음을 밝혀둔다.

『주역강설』은 필자가 학부 4학년 때 수강한 도원道原 류승국柳承國 박사님의 역경강의에서 비롯되었다. 어언 22년의 세월이 흘렀다. 이 책의 출간을 즈음해 은사이신 박사님께 감사의 말씀을 전하고 싶다. 끝으로 미국유학을 준비하는 바쁜 일정 가운데에도 처음부터 끝까지 꼼꼼하게 윤문을 해준 정용선 학우에게도 이 지면을 통해 감사의 뜻을 전한다.

1996년 가을

건업정사에서 이기동 씀

차례

해설

1. 『주역』을 읽어야 하는 이유

버스를 타고 굴곡이 심한 길을 가다보면 대부분의 사람들은 차멀미를 하게 된다. 왜 그럴까? 사람들은 차를 타고 가면서 고정관념에 빠지기 때문이다. 차가 오른쪽으로 갈 때는 사람들은 차와 함께 오른쪽으로 가고 있다. 그럴 때 사람들은 앞으로도 계속 오른쪽으로 갈 것이라는 고정관념에 빠진다. 그러다가 차가 갑자기 왼쪽으로 가면 미처 거기에 대처하지 못하고 혼자서 오른쪽으로 가고 만다. 그러다가 정신을 차리고 몸을 가다듬지만, 이번에는 또 왼쪽으로 갈 것이라는 고정관념에 빠지게 된다. 그래서 차가 다시 오른쪽으로 갈 때 또 거기에 대처하지 못하고 왼쪽으로 가고 만다. 이렇게 하여 자꾸 좌우로 쏠리다 보면 적응을 하지 못해 어지럽게 된다. 그래서 멀미가 난다. 일직선으로 된 길을 갈 때는 멀미가 나지 않는다. 멀미는 변화가 많은 길에 대처하지 못해서 나는 것이다. 변화에 대처하지 못하고 당하는 것을 봉변逢變이라 한다. 멀미는 봉변을 당했을 때 나타나는 현상이다. 그렇다면 변화가 복잡한 길을 갈 때에는 반드시 멀미가 나는 것일까? 이 멀미에서 벗어날 수 있는 방법은 없는 것일까?

그런데 달리는 차안을 자세히 보면 멀미하지 않는 사람이 있다. 운전자와 자고 있는 사람들이다. 운전자는 좌우회전을 할 때에 핸들을 꺾으면서 동시에 몸을 좌우로 기울임으로써 몸이 쏠리는 것을 미연에 방지한다. 그래서 어지럽지도 않고 멀미도 하지 않는다. 운전자는 복잡한 길에 능동적으로 대처함으로써 봉변당하지 않는다. 그는 능변能變하는 자이다.

그러면 자고 있는 사람들은 왜 멀미를 하지 않는가? 자고 있는 사람은 몸이 버스의 의자와 혼연일체가 되어 함께 움직인다. 자는 사람은 변화와 하나가 되어 있다. 봉변을 당할 일도 없고 능변할 일도 없다. 그렇게 하는 것이 순리다. 그래서 자는 사람은 차멀미를 하지 않는다.

이런 맥락에서 보면 깨어있다 해도 서 있는 사람보다는 앉아 있는 사람이, 또 그냥 앉아 있는 사람보다는 의자에 기대어 혼연일체가 되어 있는 사람이 멀미를 줄일 수 있다.

지구는 우주라는 차를 타고 있고, 각 나라는 지구라는 차를, 각종 집단들은 나라라는 차를 타고 있다. 또 개인은 각기 가정이라는 차와 학교라는 차, 회사라는 차를 타고 있다. 이 차들의 흐름에 혼연일체가 되는 것이 개인의 삶에 멀미라는 저항을 줄일 수 있는 비결이다. 그리고 가장 이상적인 것은 개인, 가정, 사회, 국가, 우주라고 하는 모든 차의 흐름이 혼연일체가 되어 함께 흐르는 것이다.

인생길도 이와 마찬가지다. 변화무쌍한 인생길에 능동적으로 잘 대처하면 순조롭게 살아갈 수 있지만, 자꾸 봉변을 당하면 고통스런 삶이 된다. 사람들이 인생길에서 봉변을 당하는 이유 또한 고정관념 때문이다. 고정관념은 사람의 성격을 만들고 욕심을 만든다. 소극적인 사람은 만사에 소극적으로 대처하기 때문에 적극적으로 대처해야 하는 상황에서 어려움을 당하고, 적극적인 사람은 소극적으로 대처해야 하는 상황에서 어려움을 당한다. 또 욕심이 많은 사람은 욕심의 방향으로 달려가다가 변화를 읽어내지 못하고 봉변을 당하는 경우가 많다. 그러므로 인생길에서의 멀미에서 벗어나려면, 욕심에서 벗어나야 하고, 성격에서 오는 집착에서 벗어나야 한다. 그리하여 외부의 변화에 능동적으로 대처할 때 비로소 모든 고통에서 벗어날 수 있다. 그러한 삶이 바로 일어나야 할 때 일어나고, 먹어야 할 때 먹고, 쉬어야 할 때 쉬고, 자야 할 때 자고, 가야 할 때 가고, 와야 할 때 오고, 늙어야 할 때 늙고, 죽어야 할 때 죽는, 시중時中의 삶이다.

그러나 욕심을 버리고 고정관념을 깨는 것은 쉽지 않은 일이다. 그리고 그것은 오랜 시간 동안의 수양이 필요하다. 그렇다면 수양을 완성하여 고정관념을 완전히 버리기 전까지는 계속 삶의 여정에서 멀미를 해야 하는가?

여기서 우리는 운전자의 방식을 생각해 볼 수 있다. 먼저 앞에 놓인 인생의 길과 그 대처 방안을 파악하여 능동적으로 대처하는 것이다. 그렇다면 인생의 길에는 어떤 것이 있고 그 대처방안이란 무엇인가?

인생의 길에는 크게 두 가지 양상이 있다. 객관적·외형적으로 '일반화될 수 없는 경우'와 '일반화 될 수 있는 경우'이다. 예컨대 무슨 전공을 해야 하는가, 이사를 가야 하는가 등의 문제는 전자에 속하지만, 어른에게 어떤 방식으로 인사를 해야 하는가, 교제는 어떻게 해야 하는가 등은 후자에 속한다. 이 두 가지 중에서는 먼저 전자가 결정된 뒤에 후자가 처리될 수 있는 속성을 가지고 있다. 예컨대 이사를 갈 것인가를 결정한 뒤에 이사방법과 그 절차에 관한 것을 정할 수 있는 것이 그것이다. 전자는 주로 삶의 본질적인 문제에 관한 것으로 자신의 문제인데 반해, 후자는 삶의 현상적인 문제에 관한 것으로 타인과 관계되는 문제이다. 전자를 잘 해결하지 못하면 자기 개인의 삶이 힘들게 되지만, 후자에 잘 대처하지 못하면 사회적인 삶이 힘들게 된다.

이 두 가지 인생의 길을 원만하게 가는 방법은 그러한 인생길에 가장 잘 대처하는 사람에게 그 비결을 배우는 것이다. 인생길에 가장 잘 대처하는 사람을 우리는 성인聖人이라고 한다. 그러므로 우선 객관적·외형적으로 일반화될 수 있는 삶의 방식은 성인의 삶의 방식에서 배우면 된다. 그것이 이른바 예禮이다. 그러므로 예를 배워 실천하면 타인과의 조화를 이룰 수 있고 멀미 없는 인생의 길을 갈 수 있다.

그러면 남은 문제는 전자의 경우이다. 삶의 과정에서 어떤 행위를 해야 하는지 아닌지를 결정해야 하는 근본적인 문제는 개인에 국한된 문제이기 때문에 성인의 삶에서 그 모범을 찾을 수 없다. 이런 경우에 대처하기 위해 성인이 제작한 비결서가 바로 『주역』이다.

인생의 길은 복잡하다. 그러면서도 눈에 보이지 않기 때문에 알기 어렵다. 이를 걱정한 옛 성인이 눈에 보이지 않는 인생의 길을 크게 예순 네 가지 유형으로 정리를 해 놓았다. 그것이 『주역』이다. 이제 이 『주역』으로 말미암아 복잡한 인생길에서 멀미를 하는 사람들은 길을 찾을 수 있게 되었다. 각자의 상황이 『주역』의 예순 네 가지 유형 중 어디에 속하는지 찾아내어 그 대처방안을 따르기만 하면 된다. 그렇게 하면 자신의 길이 찾아질 뿐만 아니라, 그 과정에서 고정관념이나 집착이 점차 사라지게 된다. 그러므로 『주역』은 학문을 완성하기 전의 사람이 바람직한 인생길을 찾아내는 비결서이면서 동시에 수양을 완성하는 수단이 되기도 한다.

인생의 길을 가는 사람이 예법에 관한 책과 『주역』을 갖는다는 것은 운전자가 운전면허를 갖는 것과 같다. 운전면허 없이 도로에 차를 가지고 나갈 수가 없듯이, 예법과 『주역』을 모른 채 인생의 길을 제대로 갈 수 없다.

초보운전자는 운전지식을 머리에 넣어 놓았다가 운전조작을 할 때마다 그 운전지식을 끄집어내어야 한다. 예법이나 『주역』을 배우는 초보자도 이와 마찬가지다. 삶에서 부딪치는 문제마다 해당방안을 예법서나 『주역』에서 찾아내어야 한다. 그런데 예법은 그에 관련된 책에서 찾아내면 되지만, 『주역』에서 찾는 방법은 좀 다르다. 자신의 놓여진 상황을 객관적으로 찾아낼 수 없기 때문이다. 그래서 만들어진 것이

점占이다. 점占을 통해 자신이 처한 상황에 해당하는 괘를 뽑아서 읽고 그 대처방안에 따르기만 하면 된다.

그런데 예법과 『주역』에 통달하게 되면, 숙달된 운전자가 운전지식을 염두에 두지 않고서도 무리 없이 운전할 수 있듯이, 예법서를 읽지 않고 괘를 뽑지 않아도 상황에 맞는 예나 괘가 스스로 머리에서 나오게 된다. 이런 과정에서 공부가 더욱 완숙한 경지에 이르면, 마치 완숙한 운전자가 운전지식으로 운전하는 것이 아니라 무심한 상태에서 몸 스스로가 자유자재로 운전하게 되는 것처럼, 무심하게 상황에 대처할 수 있게 된다. 그러한 사람은 자면서 차를 타고 가는 사람과 같은 경지이다. 그런 사람에게는 고통스러운 일도 없고 피로한 일도 없다. 그런 경지가 되면 예법이나 역리易理를 실천하는 것이 아니라, 무심히 실천한 자신의 행위가 예법이고 역리가 된다. 그러한 사람이 성인이다. 성인에게는 예법이나 역리는 물론 그 책도 불필요해진다. 그러므로 『주역』은 성인의 경지에 도달하기 이전의 단계에서만 필요한 책이다.

2. 『주역』의 성립

장차 침몰할 배가 출항을 할 때는 그 배에 타고 있던 쥐들이 배에서 육지로 나온다. 쥐들은 그 배가 침몰할 것을 미리 알고 있었던 것일까?

뱀들은 산사태가 나기 전에 다른 지역으로 옮겨간다. 그 뱀들은 그 사실을 미리 알고 있었던 것일까?

동해의 강에서 부화한 연어는 태평양을 횡단해 알래스카 연안에서 몇 년간 성장한 후 산란기가 되면 다시 자기가 부화한 동해의 강으로 돌아온다. 그 연어들은 그곳이 산란하기에 적합하다는 사실과 그 장소를 기억하고서 그 먼 길을 되돌아온 것일까?

험악한 툰드라지역에 사는 순록은 교미시기가 되면, 수컷들이 한 장소에 모여 토너먼트 방식으로 경기를 한 후, 일등을 한 수컷이 모든 암컷과 교미하고, 나머지 수컷들은 조용히 그것을 지켜본다. 그 순록들은 그렇게 하는 것이 종족보존의 최상책임임을 알고서 하는 것일까?

식물은 때가 되면 꽃과 향기를 피우며 꿀을 생산한다. 그렇게 해야 벌과 나비가 오고 결실을 할 수 있다는 사실을 알고서 그렇게 하는 것일까?

방안에 있는 식물은 태양이 있는 창 쪽으로 줄기가 뻗는다. 그렇게 해야 태양 빛을 많이 받아 성장에 도움이 된다는 것을 알고 그렇게 하는 것일까?

과일나무는 때가 되면 맛있는 열매를 생산한다. 그래야만 동물들이 먹어주고 종족이 번식될 수 있다는 사실을 알기 때문에 그렇게 한 것일까?

움직이는 모든 물체는 움직임을 계속하려고 하고, 정지해 있는 모든 물체는 계속 정지하려고 한다. 그 물체들은 관성의 법칙을 알고 그것을 지키려 그렇게 하는 것일까?

공기보다 무거운 물건은 아래로 낙하한다. 그 물체들은 지구의 중력 때문에 지구의 중심부로 향해 낙하해야 한다고 생각하고 그렇게 한 것일까?

딱딱한 물체를 손으로 때리면 그만큼 손에 통증을 느끼게 된다. 그것은 그 물체가 작용을 받으면 그만큼 반작용을 해야 한다는 사실을 알아서 그렇게 하는 것일까?

이 모든 동식물이나 물체들에게 물어본다면, 그리고 그들이 말을 할 수 있다면 무엇이라고 답할까? 아마도 그들은 아무 생각 없이 그렇게 했다고, 그것은 자연 그 자체였다고 답할 것이다.

사람은 무생물의 요소와 식물의 요소, 그리고 동물의 요소를 최고의 상태에서 모두 가지고 있는 종합적인 존재이다. 그래서 무생물과 동식물들이 가지고 있는 이 모든 능력을 가지고 있다. 사람의 몸은 우수한 물체이기 때문에 우수한 감각기관을 가지고 있다. 부분적으로는 사람보다 우수한 감각기관을 가진 동식물이 있지만, 종합적으로 보면 사람의 그것이 가장 우수하다. 이 감각기관의 작용을 통해 사람들은 감각하는 주체, 즉 보는 주체, 듣는 주체, 말하는 주체 등의 주체의식이 형성된다. 그리고 이 주체에 대한 의식이 '나'라고 하는 자아의식으로 변환된다. '나'라고 하는 의식이 형성되기 전에 나의 몸은 하나의 자연물이었다. 저절로 생겨나 자랐으며, 저절로 숨쉬고 자라며, 저절로 보고 듣는 자연 그 자체였다. 그때의 삶은 자연과 유리된 것이 아니었다. 그러나 '나'라고 하는 의식이 형성되면, 자연 그 자체이던 '몸'에 주체의식인 '나'라는 개념이 들어간다. 사람에게 '나'라는 개념이 들어간 뒤에는 자연상태에서 유리된다. 그 결과 '내'가 태어나고, '내'가 자라고, '내'가 숨쉬고, '내'가 보고 듣는 것이 되어, 사람의 삶은 자연의 삶에서 유리된다.

'나'라는 개념이 생기면 '너'와 '그'를 포함한 '남'이라는 개념이 생기며, 만물을 각각 구별되는 존재로 의식한다. 그렇게 되면 '나'는 '남'과 대립하고 경쟁하게 된다.

또 사람의 감각기관이 작용하면서 사고력 · 분별력 · 지각력 · 운동력 · 기억력 등이 형성된다. 이러한 능력을 현대어로 하면 재능이라 하기도 하고, 의식이라 하기도 한다. 그리고 이 재능이 자리 잡고 있는 장소를 의식세계라 한다. 의식세계란 본래는 없었던 세계다. 인간이 감각기관의 작용으로 만들어낸 세계다. 그런 의미에서 의식세계는 자연적인 것이 아니라 인위적인 것이며, 참 세계가 아니라 가상의 세계다.

인간이 일단 삶의 경쟁체제에 들어서면 경쟁에서 이기기 위해 재능을 최대한 활용하고 의식을 자꾸 개발한다.

자기중심적인 경쟁적 삶의 결과 인간들은 타인과 자연을 이용하게 되었고, 과학을 발달시켜 문명을 이룩했다. 그리하여 문명의 이기利器 덕에 안락하고 편리한 삶을 영위하게 되었다. 그러나 그럴수록 인간은 경쟁적인 삶에 더욱 치열해지고, 그럴수록 인간의 삶은 남과 나를 분별하는 세계인 의식세계에 매몰되면서 본래의 자연적 삶을 상실하게 되었다. 인간이 상실한 부분의 삶은 의식에 지배되지 않는다는 측면에서 무의식세계라고 할 수도 있을 것이다. 그러나 사람이 본래 갖고 있었던 자연적 삶은 완전히 소멸되는 것이 아니다. 그러한 삶이 소멸되지 않고 의식세계의 밑바닥에 잠재해 있는 곳이 무의식세계이다.

자연적 삶은 무의식세계에 매몰되어 있다 해도 늘 삶을 이끌어 가는 원동력이 된다. 저절로 호흡하고 저절로 잠이 들며, 악취가 나면 코를 막는다. 아무리 잠이 많은 어머니라 해도 아이가 울면 금방 일어난다. 이것들은 여전히 자연적 삶의 영역에 속한다. 그러나 경쟁적 삶이 강화될수록 이 자연적 삶의 영역이 축소되고, 의식에 의한 삶이 확대되어, 결국 의식세계와 무의식세계 사이에 두터운 벽이 생기게 되었다.

삶의 비중이 의식세계에 집중되면서 편리한 삶을 누리게 되었지만 한편으로는 많은 문제에 봉착하게 되었다. 타인과 자신이 구별되는 것은 '몸'을 기준으로 할 때 가능한 것이기 때문에, 의식세계에서 일어나는 남과 분별하는 삶은 기본적으로 몸을 기준으로 하는 물질적 삶이다. 이 경우 인간은 물질적 존재로 규정되고 그 가치도 물질적 가치로만 평가된다. 그리하여 인간의 존엄성이 인정되지 못하고 천박한 존재로 전락한다. 인간은 재력 · 능력 · 실력 · 힘 · 권력 등에 의해 평가받기 때문에 이것이 없거나 약한 사람들은 존중받지 못하는 인생이 되고 만다. 또한 지나친 경쟁심리 때문에 사람들은 양심의 가책을 느끼지 않고 범죄를 자행함으로써 사회가 더욱 혼란하게 된다.

또 이러한 삶은 필연적으로 환경의 파괴로 이어진다. 경쟁적인 삶은 자기의 이익을 위한 삶이 되고, 자신의 이익을 위한 삶은 자연을 파괴하는 방향으로 나아간다. 뿐만 아니라 인간의 경쟁적인 삶이 격화되면 필연적으로 투쟁의 방향으로 나아가므로 결국 전쟁이 일어나게 된다. 많은 살상무기가 개발되어 급기야 인간의 삶 그 자체가 위협받는 지경에 이르게 된다.

이런 문제들보다 더욱 심각한 문제는 인간의 삶 자체가 비극적인 것이 되고 만다는 데 있다. 인간은 부단히 타인과 경쟁을 해야 한다. 그래서 늘 긴장되고 피곤하다. 그리고 경쟁에서 이겨 성공한다 해도 늙지 않을 수 없고, 죽지 않을 수 없다. 이렇게 정리해보면, 인생이란 끊임없이 경쟁하느라 긴장되고 피곤하며, 쓸쓸히 늙어가다가 절망적으로 죽음을 맞이하는 비극적인 존재로 정의된다. 이러한 비극을 잊기 위해 술이나 환락을 탐닉하거나 파괴적인 행동으로 해소하려 하면 사회는 더욱 혼란해진다.

이러한 병폐들은 현대에 이르러 더욱 심각한 양상을 드러내고 있다. 이제 이를 해결하기 위한 근본 대책을 세워야 할 때가 되었다. 근본 대책은 근본 원인을 찾는 데서 출발하지 않으면 안 된다. 현대의 병폐들이 나타나게 된 근본 원인은 인간이 의식세계와 무의식세계의 벽을 쌓으면서 시작된 것이라 할 수 있다.

그렇다면 인간은 무엇 때문에 이런 고통에 빠져들게 되었는가? 원래의 자연적 삶의 상태에 머물러 있었다면 자신과 타인과의 구별도 생기지 않았을 것이고, 경쟁적인 삶이 되지도 않았을 것이다. 그리고 생로병사가 모두 자연현상에 불과하므로 그것이 고통이 되지 않았을 것이다. 그렇다면 인간은 애당초 의식세계와 무의식세계 사이에 담을 쌓지 않았어야 했다.

그러나 일단 담을 쌓고 난 다음에는 의식을 강화하지 않을 수 없다. 그렇지 않으면 눈앞의 경쟁에서 살아남을 수 없다. 그렇다고 해서 의식을 강화하기만 하면 당장은 삶이 유지된다하더라도 결국은 비극적 삶이 되고 만다. 여기에 딜레마가 있다. 이 딜레마에서 벗어날 수 있는 방법은 없는가? 이 진퇴양난의 난관에서 헤어날 수는 없는가?

그것은 의식세계에서의 삶을 유지하면서 자연의 삶을 회복하여 둘을 통합하는 것이다. 말하자면 의식세계와 무의식세계의 벽을 허무는 것이다. 그것은 무의식세계를 바탕으로 해서 의식세계의 삶을 영위하는 것이고, 자연의 삶과 의식세계의 삶을 일치시키는 것이다.

이러한 삶을 사는 사람은 자연의 삶을 유지하면서도 경쟁에서 낙오되거나 탈락하지 않는다. 그리고 불행과 파괴의 방향으로 나아가지도 않는다. 유학에서는 이러한 사람을 성인聖人이라 부른다.

성인은 의식을 가지고 있다. 그래서 성인은 자연의 삶을 상실하고 파멸로 치닫는 인간과 사회를 슬퍼하고 고심한다. 그래서 성인은 사람들로 하여금 의식세계와 무의식세계의 벽을 허물도록 유도한다. 그러기 위해 성인이 내놓은 최선의 방법이 바로 『주역』의 제작이다.

그러면 『주역』은 어떤 원리로 제작되었을까? 그것을 살펴보기로 하자.

1) 태극太極

사람이 의식에 의한 분별이 없이 자연의 상태로 살아갈 때는 『주역』이 필요 없었다. 그것은 마치 자면서 버스를 타고 가는 사람에게는 차멀미를 하지 않기 위한 운전자의 지혜가 필요 없는 것과 같다. 이러한 경우의 삶의 내용은 선택적인 것이 아니다. 삶은 외길이다. 그것을 진리라고도 하고 하늘의 뜻을 따르는 길이라고도 한다. 이러한 삶의 형태가 주역에서는 태극으로 설명된다. 『주역』 「계사전繫辭傳」에는 '역에 태극이 있다[易有太極]'고 했다. 태극을 실천하는 삶은 인식과 실천이 분리되지 않는 삶이다. 태극은 인식할 수 있는 대상이 아니다. 그러므로 태극으로서의 삶은 인식을 초월한 상태에서의 실천만이 있는 세계이다. 그러므로 태극을 실천할 때는 태극을 말할 필요가 없다. 그런데도 성인이 태극을 말한 것은 사람들이 태극을 실천하지 못하기 때문이다. 태극을 말해도 사람들이 잘 이해하지 못하자 다시 태극의 원리를 음양으로 설명했다.

2) 음양陰陽

음양이란 ━과 ╍의 두 부호에 대한 명칭이다. ━과 ╍의 두 부호를 최초에 그린 사람이 누구인지는 확실하지 않다. 그리고 왜 양을 ━으로 그리고 음을 ╍으로 그렸는지는 여러 설이 있다. 예를 들면 양의 수는 하나에서 시작되고 음의 수는 둘에서 시작되기 때문에 양은 하나를 상징하는 ━으로 음은 둘을 상징하는 ╍으로 그렸다는 설도 있고, ━은 남성의 성기를 상징하고 ╍은 여성의 성기를 상징한다는 설 등이 있지만 확실한 것은 없다.

깨어 있는 상태로 버스를 타고 가는 사람은 자면서 가는 사람처럼 완벽하게 버스의 변화와 일체가 될 수는 없다. 이러한 경우에는 자는 사람의 방식을 모방할 수 없다. 그러므로 가장 좋은 방법은 운전자의 방식인, 길의 변화를 파악하여 그 변화에 대처하는 것이 상책이다.

길은 언제나 하나의 길이다. 왼쪽으로 가는 길과 오른쪽으로 가는 길로 구분되어 있지 않다. 길을 달리는 차는 좌로도 우로도 가지 않는다. 언제나 앞으로만 간다. 이 하나의 길을 태극으로 이해할 수 있다. 태극을 인식할 수 없듯이 길로만 다니는 사람은 길을 인식할 수 없다. 인식할 수 없지만 인식할 필요도 없다.

그러나 길에서 벗어난 사람은 길을 찾아야 한다. 길을 찾기 위해서는 먼저 길을 인식하지 않으면 안 된다. 그 길이 어렵고 복잡할수록 더욱 그렇다. 그런데 인식의 대상은 구분할 수 있는 것에 한한다. 구분할 수 없는 것은 인식할 수 없다. 길을 잃은 사람은 길을 찾기 위해 먼저 길을 인식해야 하지만, 길 그 자체는 구분되는 것이 아니므로 인식할 수 없다. 여기에 또한 딜레마가 있다.

길을 인식의 대상으로 삼기 위해서는 임시방편으로라도 길을 구분해야 한다. 그래서 사람들은 길을 관찰하고 길을 구분한다. 길은 왼쪽으로 가는 길과 오른쪽으로 가는 길의 두 가지 형태로 구분할 수 있다. 이 두 가지 형태가 음양이다. 왼쪽으로 가는 길을 양이라고 하면 오른쪽으로 가는 길은 음이다. 오른쪽으로 가는 길을 양이라고 하면 왼쪽으로 가는 길은 음이다.

왼쪽으로 가는 길도 길이고 오른쪽으로 가는 길도 길이다. 길의 차원에서 보면 모두 길이다. 왼쪽으로 가는 길이 반쪽 길이 아니고 오른쪽으로 가는 길도 반쪽 길이 아니다. 그냥 온전한 하나의 길이다. 다만 사람이 인식할 때 나누어 인식할 뿐이다.

이러한 의미에서 보면 태극이 음양이고 음양이 태극이다. 그리고 양은 태극의 반이 아니라 그 자체로 태극이고 음 역시 태극의 반이 아니라 그 자체로 태극이다. 남자가 반쪽 사람이 아니라 완전한 사람이고 여자 역시 반쪽 사람이 아니라 완전한 사람인 것과 같다.

본질적으로는 모든 것이 태극이지만 인식의 차원에서는 어디까지나 음양이다. 사람은 태극을 음양으로만 인식한다.

음양이란 오른쪽과 왼쪽만을 지칭하는 것이 아니다. 둘로 분류할 수 있는 모든 것을 대변하는 말이다. 하늘과 땅, 산과 바다, 불과 물, 생물과 무생물, 동물과 식물, 남자와 여자, 수컷과 암컷 등이 모두 음양의 관계이고, 부모와 자녀, 윗사람과 아랫사람, 스승과 제자 등이 또한 음양의 관계이며, 맑음과 흐림, 더위와 추위, 여름과 겨울, 흰 것과 검은 것, 밝음과 어두움, 높음과 낮음, 적극성과 소극성, 나아감과 물러남, 가는 것과 멈추는 것 등이 모두 음양의 관계다.

사람들이 길을 찾는 방법은 먼저 자신이 처한 상황이 음인지 양인지를 인식하여 그에 맞는 대처를 하면 된다. 길이 왼쪽으로 회전할 상황이라면 왼쪽으로 힘을 쓰면 되고 오른쪽으로 회전할 상황이라면 오른쪽으로 힘을 쓰면 된다.

사람이 어떤 상황에 처했을 때, 그 상황이 ━에 해당하는 상황인지, 아니면 ╍에 해당하는 상황인지를 어떻게 알 수 있는가? 그 방법에는 기본적으로 두 가지가 있다. 하나는 자연과 만물을 관찰하는 것이고, 또 하나는 점을 쳐서 찾아내는 것이다. 밤과 낮, 더위와 추위, 맑음과 흐림 등을 관찰하여 거기에 맞추거나 동식물이 살아가는 것을 보고 거기에 맞추는 것이 전자의 방법이다. 점을 쳐서 찾아내는 가장 간단한 방법은 동전을 던져서 앞면이 나오면 ⚊이고, 뒷면이 나오면 ⚋으로 판단하고 그것에 따르는 것이다. 양(⚊)이 나오면 적극적으로 추진하고, 음(⚋)이 나오면 소극적으로 대처하면 될 것이다.

3) 사상四象

양(⚊)에는 적극적으로 추진하는 모든 것이 속하기 때문에, 그 가운데에는 매우 적극적으로 할 것과 약간만 적극적으로 할 것이 포함되어 있다. 그러므로 양(⚊)의 경우에도 다시 적극성의 정도를 세분할 필요성이 있다. 성인은 이 경우를 세분하여 매우 적극적인 것과 약간 적극적인 것을 구분하여 ⚌과 ⚍으로 분류했다. 그리고 음(⚋) 가운데에도 다시 약간 소극적인 것과 매우 소극적인 것을 분류하여 ⚎과 ⚏로 분류했다. 이 네 가지의 경우를 사상四象이라 하고, 태양太陽, 소음少陰, 소양少陽, 태음太陰으로 이름붙였다.

역의 이치는 자연의 이치를 표현한 것이므로 자연과 만물의 발전과정이 아래에서 위로, 안에서 밖으로 발전하는 원리를 따라 사상에서의 음양의 기호도 아래에서 위로 그렸다. 즉 먼저 양 위에 양이 있는 경우와 양 위에 음이 있는 경우를 그리고, 다음으로 음 위에 양이 있는 경우와 음 위에 음이 있는 경우를 그린 것이다. 따라서 그 배열순서가 태양(⚌), 소음(⚍), 소양(⚎), 태음(⚏)으로 되었다. 즉 ⚊ 위에 다시 ⚊이 생겨난 경우(⚌)와 ⚋이 생겨난 경우(⚍), 그리고 ⚋ 위에 다시 ⚊이 생겨난 경우(⚎)와 ⚋이 생겨난 경우(⚏)를 차례로 배열한 것이 그것이다.

그래서 사상의 순서는 태양, 소음, 소양, 태음이고, 성질은 가장 적극적인 것이 태양, 약간 적극적인 것이 소음, 약간 소극적인 것이 소양, 매우 소극적인 것이 태음이다. 사상의 기호는 아래의 것이 안이고 위의 것이 밖이므로 성질은 아래의 것을 중심으로 판단해야 하지만 이름은 위의 것을 중심으로 하여 붙인다. 그래서 태양(⚌)과 소음(⚍)이 양이고 소양(⚎)과 태음(⚏)이 음이다.

태극과 음양이 근본적으로 다르지 않듯이 음양과 사상도 근본적으로는 다르지 않다. 음양이 사상이고 사상이 음양이다. 다만 음양의 이치가 너무 추상적이어서 그것을 파악하지 못하는 사람에게 파악을 용이하게 할 수 있도록 세분한 것에 지나지 않는다. 따라서 사상을 이해하는 것은 음양의 이치를 파악하기 위한 과정으로의 의미를 갖는다. 그러므로 만약 사상의 틀에 구애되어 음양을 이해하는 단계로 진전하지 못한다면 부작용이 생긴다. 이는 성인의 의도를 이해하지 못하는 것이다.

4) 팔괘八卦

사상으로 세분해도 사람들이 잘 이해하지 못하기 때문에 성인은 이를 다시 세분하여 여덟 가지의 원리와 상황으로 분류했다. 이것이 팔괘八卦이다.

팔괘는 사상을 세분한 것이다. 태양(⚌)에서 다시 양이 생겨난 것(☰)과 음이 생겨난 것(☱), 소음(⚍)에서 다시 양이 생겨난 것(☲)과 음이 생겨난 것(☳), 소양(⚎)에서 다시 양이 생겨난 것(☴)과 음이 생겨난 것(☵), 태음(⚏)에서 다시 양이 생겨난 것(☶)과 음이 생겨난 것(☷)이 그것이다. 이 여덟 가지 부호를 후세에 팔괘라고 이름을 붙였다. 괘卦란 글자는 '걸다'는 뜻이다. 즉 '사물의 형상을 여기에 걸어서 사람들에게 보여 준다'는 뜻이다. 이 여덟 가지 괘로 표현된 자연의 이치에 대한 이해를 더욱 용이하게 하기 위하여 각 괘에 이름을 붙였다. 괘의 이름은 전통적으로는 문왕이 붙인 것이라 하나 확실한 근거는 남아 있지 않다. 팔괘의 이름은 건乾(☰), 태兌(☱), 리離(☲), 진震(☳), 손

巽(☴), 감坎(☵), 간艮(☶), 곤坤(☷)이라 한다. 이 팔괘의 성립으로 천지만물의 형상을 상징적으로 이해할 수 있게 되었다. 건乾은 하늘을 상징하고, 태兌는 못을, 리離는 불을, 진震은 우레를, 손巽은 바람을, 감坎은 물을, 간艮은 산을, 곤坤은 땅을 상징한다. 이를 상象이라 한다.

팔괘의 순서와 괘명, 그리고 천지만물로 표현된 팔괘의 대표적 성질을 합하여 주역학자들은 통상 일건천一乾天, 이태택二兌澤, 삼이화三離火, 사진뢰四震雷, 오손풍五巽風, 육감수六坎水, 칠간산七艮山, 팔곤지八坤地로 기억해 왔다.

태초에는 인간의 여러 가지 감정들도 이 팔괘로 상징할 수 있었을 것이다. 정글북이라는 영화에서 인간의 말을 모르는 원시림 속의 주인공이 어떤 여자를 본 순간 그 여자에 대한 느낌을, 나중에 인간의 말을 습득했을 때, 불로 표현한 대목이 나온다. 추측컨대, 사랑의 느낌은 불로 이해되고, 위험을 느꼈을 때는 물로 이해되는 등에서 본다면, 모든 감정들은 이 팔괘로 상징될 수도 있다. 이 외에도 팔괘는 자연현상, 만물의 존재 등 다양한 사상事象들을 통괄하는 것이라고 이해할 수 있다. 「설괘전說卦傳」에 있는 내용을 근거로 팔괘가 상징하는 내용들을 대충 분류하면 아래와 같다.

<팔괘의 기본 성격>

팔괘	☰ 乾 건	☱ 兌 태	☲ 離 리	☳ 震 진	☴ 巽 손	☵ 坎 감	☶ 艮 간	☷ 坤 곤
자연	하늘	못	불	우레	바람	물	산	땅
성질	건실	기쁨	이별	변동	따름	험난	중지	유순
가족	부	소녀	중녀	장남	장녀	중남	소남	모
신체	머리	입	눈	발	다리	귀	손	배
방위	서북	서	남	동	동남	북	동북	서남

팔괘에는 전통적으로 복희팔괘와 문왕팔괘가 있다. 복희팔괘는 복희가 만들었다고 하고 문왕팔괘는 문왕이 만들었다고 하지만 실제로 언제 어느 때 만들어졌는지 확실한 근거는 없다. 복희팔괘에는 <복희팔괘차서도>와 <복희팔괘방위도>가 있고 문왕팔괘도에는 <문왕팔괘차서도>와 <문왕팔괘방위도>가 있다.

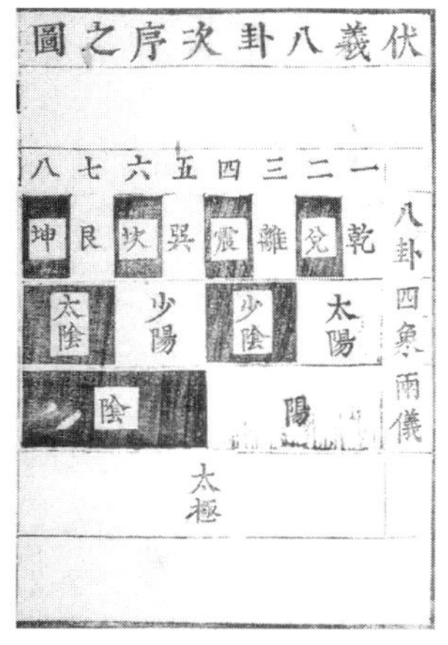

<복희팔괘차서도>

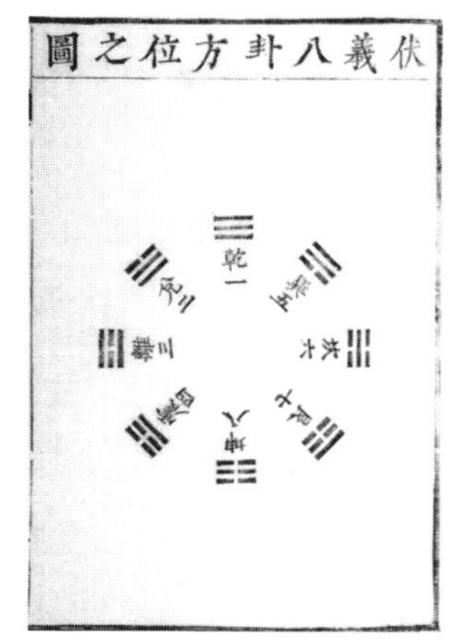

<복희팔괘방위도>

<복희팔괘방위도>의 문헌적 근거는 「설괘전」이다. "하늘과 땅이 올바른 위치에 자리잡고 산과 못이 서로 기氣를 통하고 우레와 바람이 서로 접근하고 물과 불이 서로 싫어하지 않는다"고 했다.

<복희팔괘도>에는 대립적인 위치에 있는 괘들이 서로 균형과 조화를 이루고 있다. 하늘과 땅이 서로 교감하여 만물을 낳고, 못의 기운이 산으로 올라가 구름과 비가 되며, 물과 불은 상극관계이면서도 서로 감응하여 유기적 관계를 상징한다.

<복희팔괘도>에는 『주역』이 그리는 이상적인 자연계의 모습이 그려져 있어 현실계의 모습과는 다르다. 현실계는 언제나 조화와 부조화, 균형과 불균형이 공존하고 있기 때문에 <복희팔괘도>로서는 현실을 다 반영할 수 없다. 이러한 현실을 반영하여 출현한 괘도卦圖가 바로

문왕팔괘도이다.

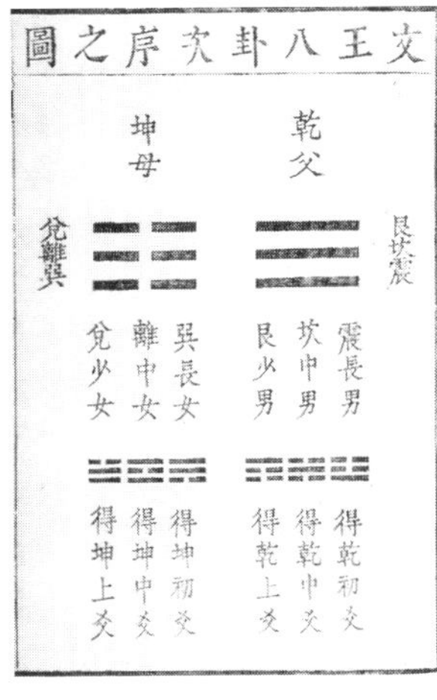

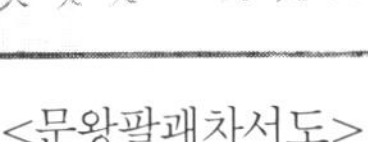

<문왕팔괘차서도>

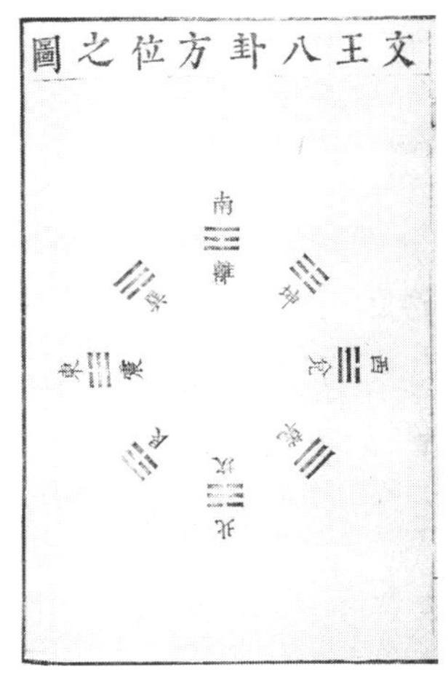

<문왕팔괘방위도>

이 괘도에서는 감괘坎卦와 리괘離卦를 제외한 모든 괘가 서로 부조화의 상태에 있다. 이 괘도의 문헌적 근거는 역시 「설괘전」이다. "상제는 진방震方에서 나와 손방巽方에서 만물을 질서 있게 기르고, 리방離方에서 서로 보고, 곤방坤方에서 일을 이루고, 태방兌方에서 기뻐하고, 건방乾方에서 싸우고, 감방坎方에서 수고하고, 간방艮方에서 이룬다"고 하였기 때문이다.

<복희팔괘도>가 자연계의 공간적 구조를 설명한 것이라면 <문왕팔괘도>는 자연의 시간적 변화 과정을 설명했다고 할 수 있다. 또 <복희팔괘도>는 현실화되기 이전의 이상세계를 그린 것이라는 의미에서 '선천도'라 하고, <문왕팔괘도>는 현실세계를 그린 것이라는 의미에서 '후천도'라 한다. 이 선후천 팔괘도는 원래 『주역』에 실려 있는 것이 아니고 북송 때의 학자 소강절邵康節(이름은 옹雍)이 처음으로 붙인 것이다. 그 후 남송의 학자인 주자가 『역학계몽易學啓蒙』에서 자세히 설명하여 이론적 근거를 부여한 뒤에 『주역본의周易本義』의 앞부분에 실었는데, 명나라 때 주자의 『주역본의』가 정이의 『역전易傳』과 합본

되어 『주역전의대전周易傳義大全』으로 편성된 뒤 교과서로 쓰이게 됨에 따라 이 팔괘도가 역학 사상을 이해하는 데 중요한 과제로 부각되었다. 이 팔괘도와 마찬가지로 『주역』을 이해하는 핵심적인 과제로 부각된 것에 하도河圖와 낙서洛書가 있다.

계사전 이전의 유가경전에는 하도만이 나오는데, 이들 기록에 따르면, 하도는 주왕실에 전해 내려온 옥석으로 자연의 무늬를 갖고 있으며, 봉황과 더불어 성인의 출현을 예시하는 신비스러운 상징체라고 전한다. 계사전에 이르러 낙서가 첨가되어 하도는 시귀蓍龜, 사시四時, 일월日月 등과 함께 성인이 역易을 지은 근거로서 제시되었는데, 유흠劉歆(기원전 32?~23)이 하도와 낙서를 팔괘와 홍범의 제작원리로 확정한 뒤 정설로 굳어졌다. 그 후, 주자의 『역학계몽』에서 도십서구적하락상수론圖十書九的河洛象數論으로 정착되면서 다음과 같은 그림이 완성되어 전해오고 있다.

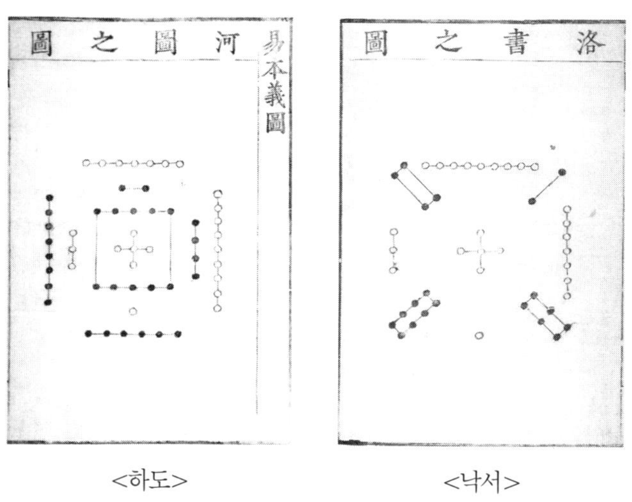

<하도> <낙서>

먼저 하도를 보자. 여기서 하얀 동그라미는 홀수로서 양을 표상하고, 검은 동그라미는 짝수로서 음을 표상한다. 그리고 방위, 계절, 오행을 대입해 보면 다음과 같이 된다.

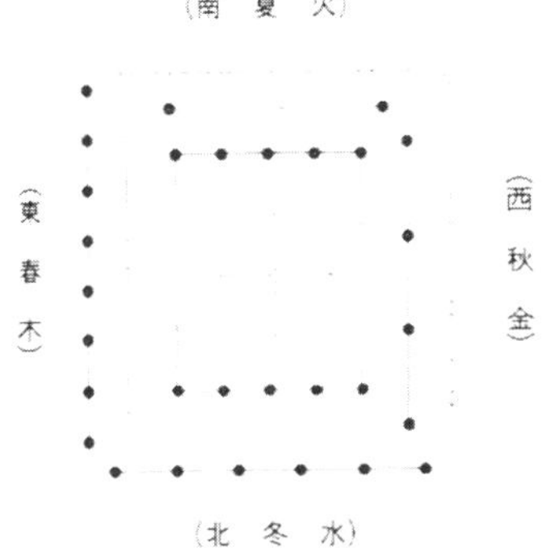

하도를 보면, 5와 10의 사각형을 중심으로 1과 2, 3과 4가 안쪽에서 서로 마주 보고, 1과 6, 2와 7, 3과 8, 4와 9, 5와 10이 각각 짝을 이룬다. 각 방위별로 음수와 양수가 짝을 이룬 동시에 5와 10을 중심으로 음수와 양수가 짝을 이루고 있다. 오행의 측면에서 보면, 중中을 상징하는 토土를 중심으로 음인 수水와 양인 화火, 음인 금金과 양인 목木이 마주 본다. 이와 같은 하도는 음양대대의 중층적 구조를 상징적으로 보여준다. 하도를 변화의 측면에서 보면, 1과 6의 수水에서 시작하여 목木 → 화火 → 토土 → 금金 → 수水로 상생相生하는 순환운동을 상징한다. 이를 도표화하면 다음 그림과 같다.

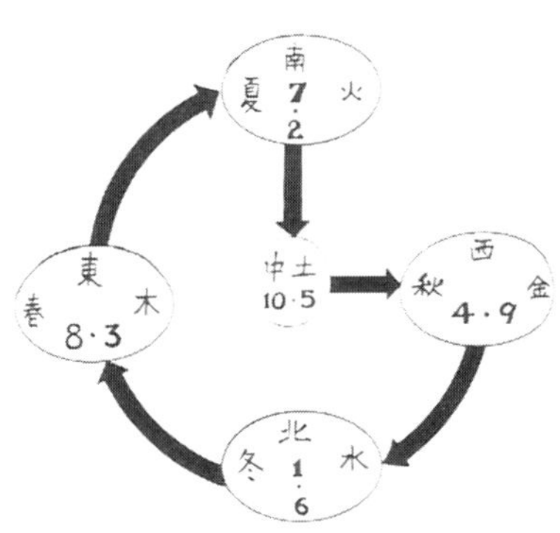

낙서를 하도와 같은 방법으로 도표화하면 아래와 같다. 그러나 낙서는 1과 9, 2와 8, 3과 7, 4와 6과 같이 홀수끼리 그리고 짝수끼리 서로 마주 보고 있다. 같은 양과 음이 마주하고 있기 때문에 서로 밀어내는 부조화의 관계이다. 그리고 오행으로 보면, 수水 → 화火 → 금金 → 목木 → 토土 → 수水라는 상극相剋의 순환운동을 한다.

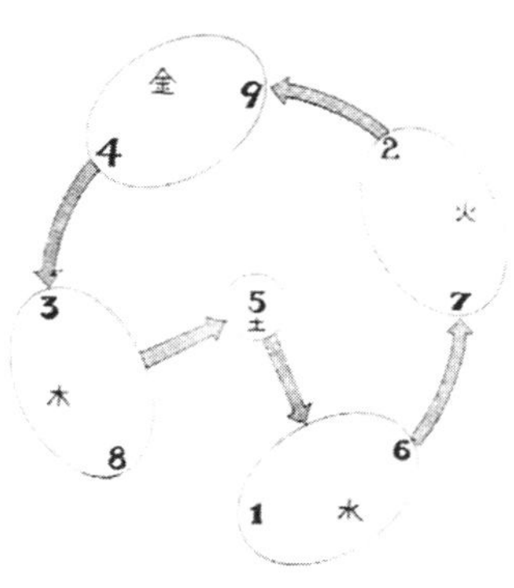

결국 하도는 음양의 조화와 상생을, 낙서는 음양의 부조화와 상극을 상징하고 있다. 그러나 하도를 운동의 측면이 아니라 구조 측면에서 보면, 북의 1·6 수水와 남의 2·7 화火, 동의 3·8 목木과 서의 4·9 금金은 상극관계이다. 또 낙서를 구조의 측면에서 보면 동남방의 4·9 금金과 서북방의 1·6 수水, 동북방의 3·8 목木과 서남방의 2·7 화火는 상생관계이다. 따라서 하도와 낙서는 상생과 상극을 동시에 머금고 있다.

그런데 이 세상의 모든 요소는 이중적으로 구성되어 있다. 예를 들면 가정에서는 부모와 자녀, 학교에서는 선생과 학생, 회사에서는 경영진과 평사원 등이 그것이다. 이런 점을 감안하여 『주역』에서는 팔괘를 상하로 중첩하여 육십사괘를 만들었다. 육십사괘를 만들어 자연계의 모든 현상과 인간의 모든 일들을 예순 네 가지의 유형으로 분류하여 파악하게 됨으로써 『주역』이 완성되었다.

『주역』은 완성된 초기부터 건괘乾卦에서 리괘離卦까지의 30개의 괘와, 함괘咸卦에서 미제괘未濟卦까지의 34개의 괘를 상경上經과 하경下經으로 나누어 편집했다.

5) 육십사괘

『주역』의 제작자는 육십사괘를 만들어 자연계의 모든 현상과 인간의 모든 일들을 예순 네 가지의 유형으로 분류했다. 자연계에 하늘과 땅이 있듯이 인간의 조직에도 상층부와 하층부가 있다. 육십사괘가 팔괘를 중첩한 것은 이 상층부와 하층부를 상징한다.

육십사괘는 팔괘를 중첩한 것이기 때문에 육십사괘에는 각각 3획으로 된 팔괘의 모양이 상하로 들어 있다. 이 중에서 위에 있는 3획괘三劃卦를 상괘 또는 외괘라 하고, 아래의 3획괘를 하괘 또는 내괘라 한다. 3획으로 된 팔괘에 속하는 괘들을 3획괘 또는 소성괘라고 하는 반면, 6획으로 된 육십사괘에 속하는 괘들을 6획괘 또는 대성괘라 한다. 후대의 학자들은 통상 육십사괘를 외울 때 상괘와 하괘의 상象을 붙여 외웠다. 예를 들면 상괘가 건괘乾卦이고 하괘가 리괘離卦인 경우는 동인괘同人卦인데 이를 건괘의 상象인 천天과 리괘離卦의 상象인 화火를 붙여 천화동인天火同人이라고 읜다. 팔괘가 중첩되어 육십사괘가 되는 모양을 도표로 그리면 다음과 같다.

	乾	兌	離	震	巽	坎	艮	坤
乾	乾 67	夬 593	大有 248	大壯 487	小畜 192	需 148	大畜 389	泰 214
兌	履 203	兌 769	睽 531	歸妹 724	中孚 800	節 789	損 566	臨 306
離	同人 238	革 662	離 440	豊 735	家人 521	旣濟 823	賁 340	明夷 509
震	无妄 378	隨 282	噬嗑 329	震 689	益 580	屯 124	頤 401	復 364
巽	姤 605	大過 413	鼎 676	恒 465	巽 758	井 651	蠱 295	升 628
坎	訟 159	困 638	未濟 837	解 554	渙 779	坎 427	蒙 136	師 171
艮	遯 476	咸 454	旅 747	小過 811	漸 712	蹇 543	艮 701	謙 258
坤	否 227	萃 616	晉 498	豫 269	觀 317	比 181	剝 351	坤 100

* 각 란의 숫자는 이 책에서 해당 페이지를 뜻함.

<육십사괘>

6) 괘명卦名과 괘사卦辭

육십사괘가 만들어진 처음에는 오직 괘 자체만 있었으나 사람들로 하여금 그 의미를 보다 용이하게 이해할 수 있도록 각 괘마다 그 괘의 성격과 특징을 살려서 이름을 붙였다. 이를 괘명이라 한다. 괘명을 만든 후 또 다시 그 괘의 성격을 더욱 잘 알게 하기 위하여 그 괘의 내용을 설명하는 설명문을 붙였는데 이를 괘사라 한다. 괘명이나 괘사는 문왕이 지은 것이라고 전해지지만, 확증은 없다.

7) 효명爻名과 효사爻辭

육십사괘의 각 괘는 여섯 획으로 구성되어 있는데 그 획 하나 하나를 효爻라고 한다. 육십사괘가 예순 네 가지 변화의 유형을 제시하는 것이라면 각 효는 그 괘 안에서 나타나는 작은 변화를 표현한다. 효는 기본적으로 양효와 음효의 두 가지로 구성되어 있는데, 양효의 이름을 구九라 하고 음효의 이름을 육六이라 한다. 각 괘의 여섯 효는 아래에서 위로 셈하여 초효, 이효, 삼효, 사효, 오효, 상효라 하는데, 양효일 경우에는 초구初九, 구이九二, 구삼九三, 구사九四, 구오九五, 상구上九로 부르고, 음효일 경우에는 초육初六, 육이六二, 육삼六三, 육사六四, 육오六五, 상육上六으로 부른다. 점괘를 뽑을 때 손가락 사이에 끼운 시초를 제외하고 남는 시초를 세면 4×6, 4×7, 4×8, 4×9 중의 어느 하나가 남는데, 공약수인 4를 제하고 남는 수 가운데서 6과 8은 음수이고 7과 9는 양수이다. 음은 수축되는 작용이 있어 8에서 6으로 수축되었다가 다른 것으로 변화해가지만, 양은 확장되는 성질이 있어 7에서 9로 확장되었다가 다른 것으로 변화해가기 때문에 6과 9는 변하는 수다. 변화를 중심내용으로 하는 『주역』에서는 이 변수가 중요한 의미를 갖게 되므로 변수인 6과 9를 음효와 양효를 부르는 이름으로 삼았다고 한다.

각 효에는 또 각 효에 대한 설명이 붙어 있는데 이를 효사爻辭라 한다. 효사의 작자는 문왕으로 보지만 주공周公이라는 설도 있다.

왼쪽으로 굽은 길이나 오른쪽으로 굽은 길은 사람이 볼 때 다르게 보일 뿐이고 길의 입장에서는 똑같은 길이다. 이처럼 태극을 편의상 음양으로 세분하지만 음과 양은 그대로 태극이다. 사상, 팔괘, 육십사괘, 384효도 마찬가지다. 육십사괘 384효는 태극의 모습인 것이다. 사람의 세포 하나는 그 사람의 전체의 모습을 담고 있다. 그러므로 세포 하나만 가지면 그 사람 자체를 복제할 수 있다고 한다. 이와 마찬가지로 만물 하나하나는 우주의 모습 전체를 담고 있다. 이런 의미에서 만물 하나하나는 우주의 모습이고 하늘의 얼굴이다. 『주역』의 괘와 효도 이와 마찬가지이다.

8) 십익十翼

십익十翼은 『주역』의 원형인 괘와 괘사 또는 효사를 부연하여 설명한 열 개의 보조 문헌이라는 뜻이며, 「단전상彖傳上」, 「단전하彖傳下」, 「상전상象傳上」, 「상전하象傳下」, 「문언전文言傳」, 「계사전상繫辭傳上」, 「계사전하繫辭傳下」, 「설괘說卦」, 「서괘序卦」, 「잡괘雜卦」의 7종 10편으로 되어있다. 십익은 전통적으로 공자가 『주역』의 의미를 올바르게 전하기 위해 지은 것으로 알려져 왔다. 그러나 오늘날의 연구결과에 의하면, 대략 전국시대 중기부터 한나라 초기에 걸쳐 쓰여졌다고 한다. 『주역』은 육십사괘의 괘사 및 효사로 되어있는 경문經文과, 십익으로 구성되는 전문傳文이 별개로 편찬되었었는데 나중에 이를 합하여, 경문을 앞부분에 싣고 전문을 뒷부분에 실은 것이다. 이를 다시 오늘날의 『주역』의 형태와 같이, 십익 중 단전彖傳·상전象傳·문언전文言傳을 경문 속에 삽입해 넣은 사람은, 전한前漢의 비직費直이라는 설과 후한後漢의 정현鄭玄이라는 설, 그리고 위魏의 왕필王弼이라는 세 가지 설이 있다. 십익의 구체적인 내용은 다음과 같다.

① **단전**彖傳

단전은 육십사괘의 괘의卦義·괘덕卦德·괘문卦文·괘명卦名 등을 통괄적으로 논한 것으로 단사彖辭라고도 한다. 단彖은 단斷과 통하는 글자로 '괘의 의미를 단정하는 논술'이라는 의미를 갖는다. 따라서 이 편에서는 괘사에 대해서만 언급할 뿐 효사에 대해서는 언급하지 않았다. 경문에 따라 상편과 하편으로 나뉘어져 있다. 십삼경주소본 등을 위시한 대부분의 『주역』에서는 단전의 내용을 각 괘의 괘사 아래에 분류하여 실었다. 다만 건괘에서만 괘사와 효사의 뒤에 실었는데 이 책에서는 일본의 전석한문대계본全釋漢文大系本을 참고하여 다른 괘에서와 마찬가지로 괘사 아래에 바로 붙였다.

② 상전象傳

육십사괘의 괘상卦象・효사爻辭・효상爻象에 대해 설명하고 있는 설명문으로서 상사象辭라고도 한다. 특히 괘상과 괘의卦義에 대해서 설명하고 있는 부분을 대상大象, 효상과 효의爻義에 대해서 설명하고 있는 부분을 소상小象이라 한다. 상象은 형상이라는 뜻인데 대상에서는 주로 괘의 형상에서 괘의 성격을 찾아내어 설명하고, 소상에서는 효사가 성립하는 근거나 원인을 밝힌 것이 대부분이다. 「상전」도 「단전」과 마찬가지로 경문에 따라 상하로 나누었고 또 각 괘의 아래에 붙였다. 역시 건괘에서만은 괘사와 효사의 아래에 붙였으나 역시 이 책에서는 다른 괘와 마찬가지로 각각 해당하는 괘사와 효사 아래에 붙였다.

③ 문언전文言傳

문文은 '문식한다'는 뜻으로 문언전이란 '문식하는 말을 실은 글'이라는 말이다. 문언전은 건괘와 곤괘의 두 괘에 대해서만 설명을 하고 있다. 공영달孔穎達은 건괘와 곤괘의 덕이 특히 광대하므로 특별히 문식하는 말을 덧붙인 것이라고 했다. 십삼경주소본을 비롯한 대부분의 『주역』에서는 건괘와 곤괘의 계사, 효사, 단전, 상전의 모든 설명이 끝난 다음에 수록했으나 이 책에서는 각 해당 괘사와 효사의 단전과 상전 뒤에 수록했다.

④ 계사전繫辭傳

계사전은 상편과 하편이 있다. 계사전은 괘사나 효사에 연관하여 설명한 글이란 뜻이다. 계사전의 특징은 괘효사를 설명하되 단지 문자적 해석에 그치는 것이 아니라 그에 대한 통괄적인 설명을 통하여 『주역』과 서법의 대의를 밝혀 역易의 이론을 집대성한 것이다. 상하편의 장의 분류는 학자에 따라 차이가 있다. 공영달은 상편을 12장, 하편을 9장으로 나누었으나 주자는 상하편을 모두 12장으로 분류했다. 이 책에서는 주자의 분류에 따라 각 12장으로 나누었다. 계사전에는 심오한 철학적 내용들이 언급되어 있어서 후대의 철학사에 지대한 영향을 끼친 내용들이 많다. 「계사전」과 「설괘전說卦傳」, 「서괘전序卦傳」, 「잡괘전雜卦傳」은 모두 경문과 별도로 뒷부분에 수록했다.

⑤ 설괘전說卦傳

주로 팔괘의 성질과 상징하는 내용들에 대해 설명한 글이다. 내용은 전반부와 후반부로 나뉘어지는데 전반부에서는 주로 팔괘의 형성과 성질, 그리고 팔괘가 상징하는 여덟 가지의 자연현상을 설명하고 있으며, 또 팔괘를 동서남북 각각의 방위에 분속시키고 있기도 하다. 후반부에서는 주로 팔괘의 괘상과 괘의에 대해 설명하고 있는데, 춘추시대 이래 계속되어 온 취의설取義說과 취상설取象說이 종합되어 있다.

⑥ 서괘전序卦傳

육십사괘의 배열순서의 원인에 대한 설명문이다. 육십사괘의 배열순서에서는 일정한 법칙을 찾아보기가 어려운데도 이에 대한 이론을 만든 것이므로 다소 이론적인 무리가 따르는 것으로 보인다.

⑦ 잡괘전雜卦傳

육십사괘의 착종관계를 주로 설명한 편명이다. 잡괘전이란 육십사괘의 뜻을 잡다하게 논술한 것이란 의미이다. 이 편에서는 육십사괘의 배열순서를 일단 파괴하고, 독자적인 입장에서 두 괘 혹은 세 괘씩 짝을 지어 괘의 의미를 설명하고 있다. 이 편에서 짝을 이루고 있는 두 개 혹은 세 개의 괘가 같은 운으로 되어 있는 점으로 보아 이 편이 육십사괘를 암창하기에 편리하도록 하기 위해 저술된 것으로 보는 견해도 있다.

9) 주역 연구의 약사

주역 연구의 역사는 시대에 따라 한역漢易, 위역魏易, 송역宋易으로 대별할 수 있다. 한역은 한漢나라 때 맹희孟喜・경방京房에서 비롯된다. 맹희・경방은 최초로 괘의 형상과 괘와 효의 수리를 가지고 역의 경문을 해석하는 풍토를 열었는데 이것이 상수역象數易이다. 이 상수역은 후한後漢에 이르러 정현鄭玄・순상荀爽・우번虞翻 등의 출현에 힘입어 절정에 달했다. 그러나 상수역의 주역해석학에 대해서는 많은 학자들이 그 견강부회하는 문제를 지적해 왔다. 상수를 바탕으로 하여 만들어진 것이 아닌 괘사와 효사를 일일이 상수에 따라 해석하려고 했기 때문에 견강부회하게 되었고, 또 상象을 계속 유추해내다가 보니 점점 더 지리하고 번잡하게 되었다. 이러한 이유 때문에 상수역의 주역해석학에는 상당한 문제점을 남기게 되었다. 상수역의 특징은 추상적인 천지자연의 이법을 괘와 효에 구상화具象化시키는 것이다. 천지자연의 이법은 구체적으로는 일월의 진퇴, 사계의 추이 등으로 나타나는데, 상수역은 이것을 음양의 승강왕래하는 상을 가지고 설명한다. 경방의 괘기卦氣・세응世應, 정현鄭玄의 효신爻辰・호체互體, 순상의 상하승강上下昇降, 우번의 납갑納甲, 방통旁通의 역설은 그 대표적인 것이다.

후한 말에서 위진에 걸친 시대는 음양오행사상에서 도가사상에로의 전환기를 맞이했는데, 이때 위魏의 왕필王弼은 『역주易注』를 저술하여 한대漢代 상수역과 대결했다. 이는 상수학의 번잡성과 부당성에 대한 도전이었다. 왕필은 『노자』 연구를 상수역을 일소하는 근거로 삼았다. 왕필의 상수일소는 '뜻을 얻고 상을 잊는다'고 하는 근본원칙에 의하여 전개되었는데, 왕필은 '뜻'과 '상'의 관계에 노자철학의 무無와 유有의 관계를 적용시키고, 다시 그러한 이치를 밝히기 위하여 본체와 현상의 관계를 규정하는 체용론體用論을 사용했다. 상수역의 근본이념이 음양소장관陰陽消張觀인 것에 비하여 왕필역의 근본이념은 음양을 통일한 무無에 있었다. 그리하여 무가 유로 전환하는 체용론을 가지고 상수역에 대결한 것이다. 왕필역이 차츰 세상의 지지를 얻어서 상수역에 대신하는 세력을 확보할 수 있었던 것은 위진시대에 성행했던 노장철학을 역易에 융합시켰기 때문이다. 그것은 마치 상수역이 한대에 성행했던 음양오행사상을 가지고 역을 설명함으로써 한대인의 지지를 얻게 되었던 것과 유사하다. 당나라 태종 때, 공영달이 칙명을 받들어 『오경정의』를 찬했는데, 그 중 『주역정의』에서 그는 왕필의 주를 채용하고, 왕필이 아직 주를 달지 않은 「계사전」·「설괘전」·「서괘전」·「잡괘전」은 진晉의 한강백韓康伯의 주로서 보충하여, 그것을 다시 자신이 상세하게 해설했다. 이 책이 오랫동안 권위를 갖게 되었는데, 지금의 『십삼경주소十三經注疏』 가운데의 『주역』이 바로 그것이다.

송대에 이르러 역학은 새로운 시대를 열게 되는데, 그것은 정이程頤의 『역전易傳』에 의해서이다. 이 『역전』은 왕필역의 흐름을 따르는 것으로 『사고전서』에서도 '왕필의 역이 일변하여 정씨가 되었다'고 했다. 『역전』은 왕필과 마찬가지로 상수방면은 소략하지만 왕필역과 다른 것은 왕필역이 노장철학을 가지고 역을 해설한 것에 비하여 이천은 유가의 윤리도덕설을 바탕으로 하여 역의 의리를 설명한 점이다. 그는 『역경』의 괘사와 효사를 매우 중시하여 그것을 바탕으로 역리를 궁구했다. 그리고 괘사와 효사를 윤리도덕을 바탕으로 몸을 닦고 세상을 다스리는 것을 주안점으로 삼아 해석함으로써 실제생활과 밀접한 역설을 세웠다. 그의 역설은 상수를 소략했기 때문에 오히려 명백하고 평이한 점이 있다. 『역전』이 나온 후 다시 주자의 『주역본의周易本義』가 나와 역학은 다시 일변했다. 『주역본의』에서 주자는 괘효사의 의리해석은 대체로 『역전』을 따랐지만, 『역경』 그 자체에 대한 관점은 정이와 달랐다. 왕필이나 정이는 의리를 중심으로 해석했으나, 주자는 역을 복서卜筮의 책으로 규정하고 점서占筮와 의리의 두 방면을 융합시켰다. 『주역본의』의 권두에 하도·낙서·복희팔괘차서·복희팔괘방위·복희육십사괘차서·복희육십사괘방위·문왕팔괘차서·문왕팔괘방위·괘변도 등의 아홉 개의 도를 게재한 것도 이러한 의도이다. 이 그림은 소강절로부터 얻은 것이다. 결국 주자의 역설은 소강절의 상수와 정이의 의리를 융합하여 발휘한 것으로 볼 수 있다. 송대 말과 원명元明시대는 주자학이 번성한 시기여서, 이때의 역학은 『역전』과 『주역본의』가 겸용되었다. 명나라 영락연간에는 칙명으로 『오경대전』이 찬술되었는데, 역의 경우에는 『역전』과 『주역본의』를 주로 하면서 주자학 계통의 여러 학자들의 설을 더하여 편찬되었다.

또 청淸의 강희연간에는 『어찬주역절중御簒周易折中』이 칙명으로 찬술되었는데, 여기에서는 주자의 『주역본의』가 주가 되고 다음에 『역전』을 싣고 그 다음에 제가의 설을 덧붙였다. 『역전』은 십삼경주소본의 체제에 따라 「단전」과 「상전」을 각 괘의 괘사와 효사 아래에 배치시켰으나 『주역본의』에서는 이와 달리 경문을 앞에 싣고 십익十翼을 뒤에 붙이는 원형의 모습으로 되돌렸다. 명나라 때 칙찬된 『주역대전』에서는 『역전』의 체제에 따라 「단전」·「상전」·「문언전」을 각 괘의 괘효사에 할당시켰다. 그러나 그 뒤에 칙찬된 『주역절중』에서는 『주역본의』의 체제에 따라 경문을 앞에 싣고 십익을 따로 모아 뒤에 실었다.

한국에서의 주역 연구는 구체적인 연대를 알 수 없을 정도로 이른 시기부터 발달했다. 고구려 광개토대왕비에는 음을 상징하는 거북이와 양을 상징하는 용이 보이고, 고구려 고분벽화의 사신도에서는 청룡·백호·주작·현무의 사상四象을 나타내었다. 이것을 통하여 한국에서는 일찍부터 『주역』의 사상이 일반화되어 실용화되고 있었음을 알 수 있다. 고려 예종 무렵에는 존경尊經과 강론의 기풍이 유행하면서 특히 『주역』이 중시되었다. 『고려사절요』에 의하면, 예종·인종 연간의 강경講經 기록이 41회에 달하고 동원된 학자의 수도 20여 명에 달했는데, 이 가운데 『주역』이 9회로서 가장 논란이 많았다고 한다. 이에 김부식의 개경파와 정지상의 서경파가 대립하기도 했다. 또 윤언이尹彦頤가 『역해』 등을 저술했다고 하나 전하지는 않는다. 여말선초에 주자학이 전래되면서 중국의 주석서를 간행함과 병행하여 수많은 주해서가 출간되었다. 현존하는 것으로는 양촌 권근의 『주역천견록』, 세조의 칙찬인 『역학계몽요해』, 정조의 『주역강의』, 최립의 『주역본의구결부설』, 이덕홍의 『주역질의』, 김방한의 『주역집해』, 유빈의 『역도易圖』, 조호익의 『역상설』, 이현석의 『역의규반』, 서명응의 『역학계몽집전』, 장현광의 『역학도설』, 정약용의 『주역사전』·『역학서언』, 찬자미상의 『역학계몽단석』, 『역학전의고』 등이 있고, 언해본으로는 선조 때 간행한 『주역언해』가 전해진다. 한국에서의 주역 연구는 주로 정이의 『역전』을 바탕으로 한 의리학으로 발전했다.

일본에서의 주역 연구는 5세기경부터 시작된다. 나카토미 노가마타리中臣鎌足가 한반도에서 건너 간 민법사旻法師에게 주역강의를 들었다는 기록이 있다. 그 후 일본에서의 주역 연구는 차츰 점서占筮의 책으로서 연구되었는데 그 절정을 이룬 것은 무로마치室町 시대의 아시카가足利 학교에서였다. 아시카가 학교의 역학 연구는 점서占筮를 중심으로 하여 전국에 유명해졌다. 점에 능통하게 된 이 학교의 출신자들은 전국의 봉건제후들에게 초빙되어 세상사를 점침으로써 점서占書로서의 『주역』을 실용화했다. 아시카가 학교 출신자 중의 대표자는 승려인 학구슈柏舟이었다. 그는 25세 때 아시카가 학교에 들어가 7년 동안 제1세 상주庠主인 카이겐快元에게 역을 배웠고 만년에 영원사永源寺의 주지가 되었다. 그는 오산五山의 선승인 오오센橫川, 케이죠景徐 등의 석

학들에게 역학과 점서占筮의 비결을 전수했다. 학구슈는 『주역초周易抄』를 저술했는데, 이것이 일본에서 발간된 최초의 역학 연구서이다. 이 책은 왕필의 주注와 공영달의 소疏를 위주로 하고 송대의 신주新注를 약간 소개한 것이다. 에도江戶 시대에 이르러 역학 연구는 활기를 띠게 되었다. 후지와라 세이카藤原惺窩는 정이와 주자의 신주를 가지고 사서오경에 훈점을 찍었고, 하야시 라잔林羅山은 사서오경의 경주본經注本 외에 『오경대전』, 『전의傳義』에 훈점을 찍었다. 라잔의 아들 가호오鵞峰의 주역 연구는 그 아버지를 훨씬 능가했다. 에도 시대에는 일부학자들에 의하여 『주역』이 학술적으로 연구되기는 했지만 그것보다는 점서로서의 연구가 훨씬 더 많은 비중을 차지했다. 이러한 현상은 오늘날까지 이어지고 있다.(주역 연구의 약사의 내용은 스즈키 요시지로鈴木由次郞 저, 『역경』과 한국정신문화연구원 간행, 『민족문화대백과사전』에서 부분적으로 발췌한 것임을 밝혀둔다.)

3. 주역의 점법

1) 시초蓍草에 의한 점법

인간은 원래 자연과 분리되지 않은 존재로 자연과 일치된, 삶의 최선의 형태를 영위하고 있었다. 그러나 의식이 형성되어 의식에 의한 삶을 살면서 자연적 삶에서 가지고 있었던 능력이 의식세계로부터 사라져서 무의식세계로 매몰되었다. 그러므로 인간은 어떤 일을 추진해야 하는지 아닌지, 이사를 가야 하는지 아닌지, 또는 취직을 해야 하는지 아닌지 등등의 갈림길에서 갈등할 수밖에 없는 존재가 되었다. 이 경우 이를 해결할 수 있는 최선의 방법은 자신의 무의식세계에 매몰되어 있는 자신의 신비한 해결능력을 끌어내는 것이다. 이 능력을 끌어내는 구체적인 방법이 바로 점이다. 점의 가장 간단한 방법은 동전을 던지는 것인데, 앞면이 나오면 적극적으로 추진하고, 뒷면이 나오면 추진하지 않는다. 그러나 세상의 삶은 양자택일로 해결될 수 있는 것만이 아니기 때문에 그 해결방안도 다양해야 한다. 따라서 점법도 다양한 방법을 찾아낼 수 있는 것이어야 한다. 그 구체적인 방법은 「계사전」과 『주역정의』, 『주역본의』에 있는 서의筮儀를 참고하면 다음과 같이 설명할 수 있다.

점을 치기 전에 먼저 점의 도구를 마련한다. 그 도구로서는 일반적으로 시초蓍草(쑥대처럼 생긴 국화과에 속하는 다년생 식물로 줄기는 곧으며 60~70센티미터 정도 자란다)라는 풀줄기를 말려서 만든 50개의 가는 막대를 준비한다. 시초가 없으면 산죽山竹이나 대를 쪼개서 가늘게 만든 것을 준비해도 된다. 이 시초나 대는 신선하게 보관하여야 하므로 평소에 붉은 천에 싸서 검은 통(네모 또는 원형의 통)에 넣어서 보관한다. 옛날에는 조용하고 깨끗한 곳에 따로 서실筮室을 마련했으나 오늘날은 조용하고 깨끗한 방이면 어느 곳이든 무방하다. 점을 치기 전에 먼저 방 중앙에 상床(점을 칠 때 시초를 올려놓는 상)을 놓고, 시책 50개를 상위에 놓는다. 그리고 자신이 묻고 싶은 내용을 말하고 나서 향불을 피우고 정좌하여 정성을 들인 다음 마음을 가다듬고 욕심을 비운다. 인간의 무의식세계의 능력은 의식세계에 있는 욕심에 가리어져 차단되기 때문에 이를 끌어내기 위해서는 최대한 마음을 비워야 한다. 마음을 가다듬고 난 뒤 다음과 같은 요령으로 점괘를 뽑아낸다. 점괘를 뽑아내는 과정에서의 동작은 모두 마음을 비우고 잡념을 가라앉힌 상태에서 행해야 한다.

① 왼손에 시책 50개를 잡고 그 중에서 한 개를 오른손으로 뽑아낸다. 이 한 개는 태극을 상징하므로 움직일 수 있는 것이 아니다. 따라서 사용하지 않고 상 윗자리에 가만히 놓아두거나 아예 통 속에 넣어 둔다.

② 왼손에 들고 있는 49개의 시책을 무심한 상태에서 오른손으로 둘로 나눈다. 이때 왼손의 것은 하늘 또는 양을 상징하며, 오른손에 있는 것은 땅 또는 음을 상징한다.

③ 오른손의 시책을 상위에 놓으면서 한 개를 뽑아내어 왼손 넷째 손가락과 새끼손가락 사이에 끼운다.

④ 오른손으로 왼손에 있는 시책을 4개씩 덜어낸다. 이때 남는 시책은 셋째와 넷째 손가락 사이에 끼운다. 이 때 남는 시책의 수는 1~4개 중 하나이다. 4개는 딱 떨어지는 경우이다.

⑤ 이번에는 상에 놓아 둔 시책을 오른손에 쥐고 왼손으로 4개씩 덜어낸다. 이때 남는 시책들을 이번에는 둘째와 셋째 손가락 사이에 끼운다. 이때 왼손에 남아 있는 시책의 수를 모두 더하면 5아니면 9가 된다. 5는 기奇, 9는 우偶로 인정한다. 이 시책을 상의 왼쪽 앞부분에 세로로 놓는다. 이로써 일변一變(첫 번째 변화)을 마친 것이다.

⑥ 그런 다음 일변하고 남은 44개 혹은 40개의 시책을 가지고 일변과 동일한 과정을 반복한다. 44개 혹은 40개의 시책을 왼손에 들고 오른손으로 둘로 나눈 뒤, 오른손의 시책을 상위에 놓으면서 한 개를 뽑아내어 왼손의 넷째 손가락과 세끼손가락 사이에 끼운다. 다시 오른손으로 왼손에 있는 시책을 4개씩 덜어내고 남은 시책을 셋째와 넷째 손가락 사이에 끼운다. 다시 상위에 놓아둔 시책을 오른손으로 쥐고 왼손으로 4개씩 덜어낸다. 그리고 남는 시책들을 둘째와 셋째 손가락 사이에 끼운다. 이번에는 왼손에 남아있는 시책의 수가 4 아니면 8이 된다. 이 경우 4는 기奇, 8은 우偶로 인정한다. 이 시책을 상의 앞부분에 세로로 놓는다. 이로써 이변二變(두 번째 변화)을 마친 것이다.

⑦ 이변을 끝내고 남는 시책의 수는 40 또는 36, 아니면 32개가 되는데, 이것을 가지고 또 한번 일변一變, 이변二變과 동일한 과정을 반복한다. 이것이 삼변三變(세 번째 변화)이다. 삼변의 과정을 마친 후 남는 시책의 수는 이변과 마찬가지로 4이거나 8이다. 역시 4는 기, 8은 우로 인정한다. 이 남는 시책을 상의 오른쪽 위에 놓는다.

⑧ 지금까지의 세 번의 과정에서 하나의 효를 얻을 수 있다. 손가락에 끼운 시책을 모두 제거하고 남은 시책의 수가 36개일 경우는 4로 나누면 9가 되므로 노양老陽이다. 이 경우는 손가락에 끼워서 빼낸 시

책의 수가 삼기三奇이므로 이를 기준으로 노양老陽이라고 정해도 된다. 또 남는 시책의 수가 32개이면 4로 나누어 8이 되므로 소음少陰이다. 이 경우는 손가락에 끼워서 빼낸 시책의 수가 이기일우二奇一偶이므로 이를 기준으로 소음이라고 정해도 된다. 양이 둘이고 음이 하나일 때는 남자 둘이고 여자 하나일 때 여자가 주도권을 쥐는 것처럼, 음이 주도권을 쥔다. 그래서 소음이 되는 것이다. 또 남는 시책의 수가 28개이면 4로 나누어 7이 되므로 소양少陽이다. 이 경우는 손가락에 끼워서 빼낸 시책의 수가 일기이우一奇二偶이므로 이를 기준으로 소양이라고 정해도 된다. 양이 하나고 음이 둘일 때는 양이 주도권을 잡기 때문에 소양이 된다. 그리고 남는 시책의 수가 24개이면 4로 나누어서 6이 되므로 노음老陰이다. 이 경우는 손가락에 끼워서 빼낸 시책의 수가 삼우三偶이므로 이를 기준으로 노음이라고 정해도 된다. 노양은 사상에서 말하는 태양이고 노음은 태음이다. 노양과 노음은 늙어서 다른 것에로의 질적 변화를 추구하기 때문에 이를 변효變爻라고 한다. 이에 비하여 소음과 소양은 양적인 변화는 해도 질적 변화는 하지 않기 때문에 이를 불변효라 한다. 노양, 노음은 효를 그릴 때 소양, 소음과 구별하여 다르게 표시한다. 이를 도표로 표시하면 다음과 같다.

삼기三奇	나머지가 5・4・4 인 경우	노양老陽 (태양太陽)	
삼우三偶	나머지가 9・8・8 인 경우	노음老陰 (태음太陰)	
일기이우 一奇二偶	5・8・8 나머지가 9・8・4 인 경우 9・4・8	소양少陽	
이기일우 二奇一偶	9・4・4 나머지가 5・8・4 인 경우 5・4・8	소음少陰	

⑨ 이와 같은 효를 얻는 방식을 여섯 번 되풀이하면 괘가 완성된다. 이때 주의해야 할 것은 괘를 만들 때 효를 아래에서부터 만들어간다는 것이다. 만물이 아래에서 위로 성장하기 때문이다. 이렇게 하여 괘를 얻게 되면 그 괘를 읽어 나간다.

⑩ 결과를 판정하는 방법

• 여섯 효 모두 불변효일 경우—해당 괘의 괘사로 묻고자 하는 내용을 판정하면 된다. 다만 건괘乾卦는 용구用九, 곤괘坤卦는 용육用六의 내용으로 판정한다.

• 한 개의 효가 변효인 경우—해당 괘의 변효의 효사로 판정한다.

• 두 개의 효가 변효인 경우—해당 괘의 변효 중에서 위의 효의 효사를 위주로 하고 아래 효의 효사를 참고하여 판정한다.

• 세 개의 효가 변효인 경우—해당 괘와 지괘之卦의 괘사로 점을 친다. 지괘란 변효를 변화시켜서 나온 괘를 말한다. 변효가 양효일 경우는 그것을 음효로 만들고 변효가 음효인 경우는 그것을 양효로 하여 만들어진 괘가 지괘이다. 이때는 본괘와 지괘를 같이 파악한다. 특히 지괘가 비否, 점漸, 려旅, 함咸, 환渙, 미제未濟, 곤困, 고蠱, 정井, 항恒일 경우는 본괘의 괘사를 위주로 하고, 지괘의 괘사를 참고하여 점을 치고, 익益, 서합噬嗑, 수隨, 비賁, 기제旣濟, 풍豊, 손損, 절節, 귀매歸妹, 태兌일 경우는 지괘의 괘사를 위주로 하고 본괘의 괘사를 참고하여 판정한다.

• 네 개의 효가 변효인 경우—지괘의 변하지 않은 불변효 중에서 아래 효의 효사를 위주로 하고 위의 효의 효사를 참고하여 판정한다.

• 다섯 개의 효가 변효인 경우—지괘의 불변효의 효사로 판정한다.

• 여섯 개의 효가 모두 변효인 경우—건괘는 용육用六, 곤괘는 용구用九로 판정하고 나머지 62괘는 지괘의 괘사로 판정한다.

※ 주역의 점법은 「계사전」에 있는 내용이며 그 점괘의 판별방법은 주자의 「서의筮儀」를 참고하여 서술한 것임을 밝혀둔다.

2) 척전법擲錢法

시초를 뽑는 어려움과 복잡함 대신에 간편하게 괘를 뽑아내는 방법 중의 하나가 척전법이다. 척전법이란 동전을 던지는 방법을 말한다. 척전법은 꽤 오래전부터 사용되었을 것으로 짐작된다. 한나라 때의 화주림법火珠林法이라는 것도 아마 척전법의 일종이었던 것으로 추측된다. 당나라 때 지어진 『의례소』에도 척전법이 소개되고 있다. 퇴계 선생도 척전법의 내용을 설명한 적이 있다. 그러면 척전법의 방법을 알아보자.

먼저 동전 세 개, 종이, 필기구를 마련한다. 먼저 궁금한 문제를 잘 생각하고 그 답을 구하는 간절한 마음을 갖는다. 마음을 가다듬고 두 손으로 동전을 잘 흔든 뒤 바닥 위에 던진 후, 놓여진 동전들의 앞면(그림이 있는 면)과 뒷면(숫자가 있는 면)의 수에 따라 효를 얻는다. 한 번 던지면 다음의 네 가지 경우 중 하나가 나온다.

① 동전의 앞면이 모두 위로 놓였으면 노양,
② 동전의 앞면이 두 개 위로 놓였으면 소음,
③ 동전의 앞면이 한 개 위로 놓였으면 소양,
④ 동전의 뒷면이 모두 위로 놓였으면 노음이다.

이 중에서 소음이 나오면 종이 위에 필기구로 ‑ ‑을 긋고 소양이 나오면 ―을 긋는다. 다만 노양과 노음이 나왔을 경우는 소양, 소음과 구별하여 굵은 줄로 그어 표시가 나게 한다. 이러한 방법을 여섯 번 반복하면 괘 하나가 나온다. 다시 말하면 첫 번째 던져서 제일 아래의 초효를 얻고, 두 번째 던져서 2효를 얻으며, 차례로 3효, 4효, 5효, 상효를 얻는다. 괘가 나왔을 경우 그 괘를 읽는 방법은 앞의 방법과 같다.

이 외에 주사위를 던져서 뽑는 법, 화투 패를 가지고 뽑는 법 등등 여러 가지 방법이 있지만 여기서는 설명을 생략하기로 한다.

4. 괘를 읽는 방법

육십사괘로 구성된『주역』의 성립과정을 보면 괘의 모양이 가장 먼저 형성되었고 그 다음에 괘명이, 또 그 다음에 괘사와 효사 및 십익이 만들어졌다. 따라서『주역』의 괘를 읽을 때에는 우선 먼저 괘의 모양을 읽고 직접 이해하는 것이 최고의 이해 방법이다. 괘명과 괘사 등은 괘가 표현하는 여러 이치 중에서 대표적인 것만을 언어로 설명한 것이다. 이 때문에 괘명이나 괘사로만 괘를 이해하게 되면 그 괘명이나 괘사가 표현하는 것 이외의 다양한 의미는 놓쳐버리고 만다. 예컨대 다음과 같은 문제가 있는 것이다. 홍길동은 다양한 능력과 성격을 가지고 있다. 그는 날쌔기 때문에 날쌘돌이이고 키가 크기 때문에 키다리다. 그런데 그에게 '키다리'라는 이름을 붙여버린다면 날쌘 능력은 표현되지 않는다. 따라서 이름으로만 이해하면 전체의 능력과 성격을 다 이해할 수 없는 한계가 있다.

괘를 읽는 방법도 이와 같다. 먼저 괘 자체를 다양하게 이해한 뒤 참고로 괘명과 괘사를 읽는 것이 가장 바람직한 방법이다. 그러면 괘를 읽는 방법에는 어떤 것이 있는지 살펴보기로 하자.

1) 괘의 공간적 시간적 파악

하나의 괘는 공간적으로 보면, 하나의 우주이기도 하고, 하나의 세계, 하나의 국가, 하나의 사회단체, 하나의 가정이기도 하다. 또 시간적으로 보면, 한 우주의 시작에서 끝날 때까지의 일생을 의미하기도 하고, 한 세계의 문화사나 국가의 일생이기도 하며, 한 왕조의 일생, 한 사회단체의 일생, 한 개인의 일생이기도 하고, 한 사건의 시작에서 끝날 때까지이기도 하다. 그러므로 하나의 괘를 대할 때엔 이 모든 경우에 해당될 수 있다는 것을 전제로 하고 임해야 한다.

2) 아래에서 위로 읽는다

모든 괘의 여섯 효를 읽을 때는 아래의 효에서부터 차례로 읽어나간다. 이는 만물이 아래에서 위로 자라기 때문이다.

3) 상괘와 하괘로 구분하여 읽는다

각 괘에서는 위의 세 효를 상괘, 아래의 세 효를 하괘라 한다. 상괘와 하괘는 대비되는 두 집단이나 단위를 상징하는 것이다. 그러므로 괘를 읽을 때는 상괘와 하괘를 구분하여 대비하면서 읽는다. 예를 들면 상괘와 하괘는 하늘과 땅, 지배층과 피지배층, 회사의 경영진과 노동조합원, 학교의 선생과 학생, 가정의 부모와 자녀, 부부 중에서 남편과 아내, 임금과 신하, 정신적 세계와 물질적 세계 등으로 대비할 수 있다. 또 시간적으로 상괘는 우주 역사의 후반기, 국가나 왕조의 후반기, 회사나 사회단체 역사의 후반기, 인생의 40대 이후에 해당하는 후반기, 한 사건의 후반부 등에 해당하고, 하괘는 우주 역사의 전반기, 국가나 왕조의 전반기, 회사나 사회단체 역사의 전반기, 인생의 30대 이전에 해당하는 전반기, 한 사건의 전반부 등에 해당한다. 전반부와 후반부가 조화되고 상층부와 하층부가 조화되어야 전체가 조화를 이룰 수 있기 때문에, 상괘와 하괘의 조화여부를 살피는 것이 『주역』을 읽는 비법 중의 하나이다. 또 상괘에 심각한 문제가 있으면 하괘가 나서서 풀어야 하고, 하괘에 심각한 문제가 있으면 상괘가 나서서 풀어야 한다. 이는 부모에게 심각한 문제가 있으면 자녀가 나서서 풀어야 하고, 자녀에게 심각한 문제가 있으면 부모가 나서서 풀어야 하는 이치와 같다.

4) 각 효의 위치에 따른 기본 성격

① 초효 : 공간적으로는 가장 아랫자리에 해당하고 시간적으로는 초창기에 해당한다. 초목이라면 싹이 터서 자라고 있는 경우이며, 마라톤의 경우라면 출발하여 얼마 가지 않은 상태이다. 가정에서라면 가장 어린 자녀에, 학교에서라면 신입생에, 회사에서라면 신입사원에 해당한다. 그리고 인생 전체에서 보면 10대까지의 어린 시절이다. 따라서 초효의 경우는 가볍게 행동하기 쉽고 책임이 적으며 유혹받기 쉽다.

② 2효 : 하효의 중심이다. 초목이라면 한창 꽃이 핀 상태이다. 가정에서는 자녀 중에 중심적인 위치에 있는 경우이고, 학교에서는 학생회장에 해당하며, 회사에서는 중견사원으로서 실무진에 해당한다. 그리고 인생에서는 전반기의 최 전성기인 20대에 해당한다. 그러므로 2효는 상효의 주목과 지지를 동시에 받기 때문에 큰 능력을 갖지만 그만큼 책임도 크다.

만약 상층부와 하층부가 상하관계가 아니라 횡적인 관계일 때는, 오효가 남편이고 이효는 부인이며, 오효는 교장이고 이효는 교감이며, 오효는 임금이고 이효는 수상이며, 오효는 학생회장이고, 이효는 학생부회장이다. 이처럼 다양한 경우에 대비하여 각 효의 성격을 규정해야 한다.

③ 3효 : 하효 중에서 가장 윗자리에 해당한다. 초목이라면 꽃이 시들어 주목을 받지 못하는 시기이다. 가정에서는 부모의 주목을 받는 나이를 넘긴 자녀이고, 학교에서는 졸업반 학생이며, 회사에서는 실무에서는 물러났으나 아직 간부가 되지 못하고, 상사의 주목도 받지 못

하는 애매한 위치이다. 인생전체에서 보면 30대이니 꽃다운 나이를 지났으나 어른의 세계에 진입하지는 못한 위치이다. 따라서 3효는 후배인 2효에게 주도권을 빼앗겨 불만이 많을 수 있는 위치이고, 시간적으로는 청춘이 다 지난 것 같은 회한에 잠기기 쉬운 위치이다. 그리고 하층부의 마지막이어서 상층부에 진입해야 하는 힘든 상황이다. 취직을 준비해야 하는 고달픈 위치가 이에 해당한다.

④ 4효 : 상층부에 갓 진입한 경우이다. 공간적으로는 윗자리의 아랫부분에 해당하고 시간적으로는 후반부의 첫 출발점에 해당한다. 초목이라면 결실을 할 준비를 하는 시기이다. 가정에서는 숙부 또는 고모, 이모 등에 해당하고, 학교에서는 조교나 전임 강사에 해당하며, 회사에서는 이제 막 진급한 간부사원에 해당한다. 그리고 인생전체로 보면 40대로서 사회활동을 시작한 나이이고, 사건으로 보면 절정에 도달하기 직전의 상태이다. 윗자리에 올랐으나 실권이 없고 사회인이 되었으나 중심인물이 되지 못하는 위치이다. 이 위치는 하층부를 관리하면서 동시에 윗사람을 받들어야 하는 위치이므로 잡무가 많은 대신 영광스러운 일은 없다. 이 위치에서는 하층부에 문제가 생길 경우에는 직접 그것을 해결해야 하므로 일거리가 많다. 이 경우 사효가 상층부에서 유일한 효일 경우, 예를 들면 진괘(☳☳)나 손괘(☴☴)인 경우는 유능하기 때문에 하층부의 문제를 해결할 수 있다. 이 외의 경우에는 하층부의 문제를 제대로 해결하지 못하여 어려움이 따른다. 그러나 문제를 해결하여 큰 역할을 해도 공은 돌아오지 않는다. 공은 5효인 실권자의 몫이다. 이를 인식하지 못하고 공치사를 하면 곤란한 일을 당한다. 이 위치는 위의 실권자에게 가까이 있기 때문에 자칫 잘못 실권자의 권위에 흠집을 내기라도 하면 큰 피해를 입는 조심스런 자리이기도 하다.

⑤ 5효 : 공간적으로는 상층부의 핵심적인 위치이고 시간적으로는 황금기이다. 초목이라면 한창 결실을 하는 시기이다. 가정에서는 호주에 해당하고, 국가 공무원 중에서는 최고 권력자에 해당하며, 학교의 학과에서는 학과장의 지위이고, 학교 전체에서는 총장이나 교장에 해

당하며, 회사에서는 사장에 해당한다. 인생전체로 보면 50대로서 일생 중에서 황금기에 해당한다. 이때는 그 간에 축적해온 힘을 십분 발휘하고 결실을 하도록 힘써야 한다.

⑥ 상효 : 공간적으로는 그 단체의 상징이 되는 가장 높은 자리이고, 시간적으로는 모든 것을 마무리해야 하는 정리기이다. 상효는 명예는 있으나 실권이 없기 때문에 타의 모범이 됨으로써 명예를 지켜나가야 한다. 실권이 없음을 한탄하거나 실권자에게 항의하면 해로움이 있다. 잔치를 베푸는 경우에는 영광이 돌아오지만 어려운 시기에는 실권이 없기 때문에 외로워지기 쉽고 소외당하기 쉽다. 상효가 양효일 경우에는 위로 올라가는 것을 좋아하기 때문에 아랫사람들에게 문제가 있을 경우에도 방관하고 밖에 나가 소일하는 경우가 많다. 그러나 그것은 잘못이다. 전면에 나서지 말고 해결을 위해 뒤에서 조용히 도와야 한다. 또 상효가 음효일 경우에는 아래로 내려가는 것을 좋아하기 때문에 아랫사람들에게 지나치게 간섭하여 아랫사람들을 귀찮게 하는 경향이 있다. 또 노파심이 많아서 온갖 걱정을 한다. 특히 하층부가 일을 꾸밀 때는 더욱 반대하기 쉽다. 그럴수록 믿음이 중요하다.

5) 각 효의 음양의 성격 및 음양의 대대待對와 유행流行의 법칙으로 읽는다

각 효는 기본적으로 서로 잘 통하는 경우가 있다. 초효初爻와 사효四爻, 이효二爻와 오효五爻, 삼효三爻와 상효上爻가 그것이다. 초효가 신입생이라면 사효는 조교이므로 이들이 서로 긴밀하며, 이효가 학생회장이라면 오효는 학과장선생님이므로 역시 서로 긴밀하다. 또 삼효가 졸업반이라면 상효는 퇴직해야 하는 원로이므로 역시 서로 긴밀하다. 이들의 관계는 같은 피붙이처럼 서로 긴밀하게 연결된다. 괘의 성격을 읽을 때 이러한 관계를 중심으로 읽어야 한다.

괘를 읽을 때는 그 괘를 구성하고 있는 음효와 양효의 기본 성격을 중심으로 읽는다. 음은 치밀성, 꼼꼼함, 소극성, 음흉함, 어두움 등의 성격을 갖고, 양은 적극성, 밝음, 명랑성, 엉성함 등의 성격을 갖는다. 음양은 성장하기 이전에는 음은 음끼리 양은 양끼리 어울려 경쟁하며 성장하지만, 성장을 다한 뒤에는 음은 양을 구하고 양은 음을 구하여 조화를 모색한다. 이 법칙을 적용하면 초효는 2효와는 서로 성장하는 관계이므로 동효同爻일 때 친하지만, 사효와는 조화를 이루는 관계이므로 이효異爻일 때가 어울린다. 2효는 초효 또는 3효와는 성장하는 관계이므로 동효일 때 친하지만 5효와는 이효일 때 잘 조화된다. 이러한 것은 해당 상황이 경쟁하거나 성장을 해야 할 상황인지 아니면 조화를 이루어야 하는 상황인지에 따라 결정된다. 성장을 해야 할 상황일 때는 이웃한 효가 동효인 것이 좋지만 조화를 추구할 때에는 이웃한 효라 하더라도 이효가 좋다. 또 여섯 효는 각각 편한 자리와 불편한 자리가 있다. 편한 자리에 있을 때가 불편한 자리에 있을 때보다 상대적으로 능력을 발휘하기 쉽다. 예를 들면 초효는 양의 자리이고, 2효는 음의 자리이다. 또 3효는 양의 자리이고, 4효는 음의 자리이다. 그리고 5효는 양의 자리이고 6효는 음의 자리이다. 그러므로 초효는 음보다는 양일 때 좀 더 편하고 2효는 양일 때보다 음일 때가 좀 더 편하다. 나머지 효도 이와 같다. 편한 자리에 있을 때가 상대적으로 능력을 발휘하기 쉽다.

6) 모두 같은 효로 구성된 괘는 효의 성격을 근거로 읽는다

건괘乾卦와 곤괘坤卦처럼 모두 같은 효로 구성되어 있는 괘는 공간적으로 같은 성격의 구성원으로 구성된 단체이거나 시간적으로 같은 요소로 이어진다는 의미에서 전체적으로 동질적인 성격을 갖는다. 이러한 면에서 이 두 괘는 변화의 표준이 된다. 마치 하늘과 땅이 만물의 표준이 되는 것과 같다. 다만 다른 것은 그 내용이 양적인 성격으로 구성되어 있는가 음적인 성격으로 구성되어 있는가 하는 것뿐이다. 따라서 건괘는 양의 성격을 내용으로 한 표준적 변화이고 곤괘는 음의 성격을 내용으로 한 표준적 변화이다.

7) 하나의 효가 유일하게 음이나 양인 경우는 그 효를 중심으로 읽는다

여섯 효 중 하나의 효가 나머지 다섯 효와 다른 경우는 그 하나의 효를 중심으로 전체를 파악한다. 이는 여러 남자들 가운데 여자 혼자 있을 경우 남자에 비해 그 한 여자의 존재가치가 돋보이고, 또 여러 남자들이 그 한 여자에게 관심을 집중하기 때문에 그 여자를 중심으로 일이 진행되는 양상과 유사하다. 또 유일한 여자는 남자들이 갖지 못한 강점으로 남자들의 문제를 잘 지적하고 보완하기 때문에 매우 유능한 존재로 인정받는다. 따라서 유일한 여자는 전체의 분위기를 좌우하게 된다. 반대로 여러 여자들 가운데 남자 혼자 있는 경우도 마찬가지다.

삼획괘로 된 팔괘의 성격을 이해하는 데도 이 원칙은 적용된다. 팔괘의 세 획 중에서 유일한 효가 위력이 있기 때문에 그 유일한 효를 중심으로 읽으면 된다.

8) 팔괘의 기본 성격을 바탕으로 하여 읽는다

『주역』의 괘는 팔괘가 위아래로 중첩된 형태이므로 팔괘가 위와 아래에서 만나 다양한 변화를 연출한다. 그러므로 『주역』을 이해하는 기본은 위와 아래의 팔괘의 성격을 읽고 그 팔괘가 결합함으로써 나타나는 다양한 변화를 읽어내는 데 있다.

① 건괘(乾卦 · ☰) : 건실하다. 실력과 추진력이 있다. 그러나 모두 양이므로 치밀성이 결여되기 쉽다. 그래서 하는 일이 거칠다. 응집력이 약하다.

② 태괘(兌卦 · ☱) : 기쁨이 있다. 기뻐 날뛴다는 말이 의미하듯이 기쁘면 가만히 있지 않고 설친다. 또 현실에 안주하려는 보수적 성향을 띠기도 한다. 현실에 안주하기 위해 안간힘을 쓰기도 한다. 태괘는 두 양과 한 음으로 구성되어 있으므로 한 음을 중심으로 읽어야 한다. 이 때는 음이 유력하다. 위의 음이 아래의 젊은 두 양을 거느리고 있으므로 나이 든 노처녀가 젊은 두 남자를 거느리고 있는 격이다. 노처녀에게 가장 기쁜 경우는 이 경우다. 그래서 기쁨이 태괘의 기본 성격이 되었다. 그러나 이러한 경우 이 노처녀가 젊은 남자들에게 존중받는 데 익숙해서 시집을 가지 않고 현 상황에 안주하려는 경향도 있어 부작용이 나타나기도 한다. 태괘가 상괘일 경우에는 이 한 음이 물러가지 않기 위해 안간힘을 쓰기 때문에 폐해가 심각하다. 대체로 상육上六은 만족스런 한평생을 살지 못했기 때문에 삶에 미련이 남아 과감하게 물러가지 못하고 고집을 부리는 경우가 많다. 또한 상육은 능력이 있고 역량이 많을수록 심각한 폐해를 끼친다. 그러므로 태괘가 상괘일 경우는 가장 곤란한 사태가 발생한다. 태괘가 하괘일 경우에는 상괘에 어려움이 있으면 상괘로 진입하기 싫어서 보수화되기 쉽다. 또 상괘에 힘이 없을 때는 가만히 있어야 하는 데도 그것을 상관하지 않고 기쁜 일을 자꾸 추진하여 상괘를 성가시게 하는 성향이 있다. 기쁨은 새로운 일을 추진하는 에너지이기 때문이다.

③ 리괘(離卦 · ☲) : 광명. 가운데의 음이 유력하다. 리괘는 가운데의 음이 바깥의 양의 활동으로 얻어진 것을 잘 축적하여 많은 성과를 이룬다. 리괘의 중심은 두 양 속에 존재하는 하나의 음이다. 바깥의 양은 밖에서 활동하지만 안의 음에게 매력을 느끼기 때문에 일이 끝나면 안으로 들어와 조화를 이룬다. 양을 남자로 보고 음을 여자로 본다면 리

괘는 밖에 있는 두 남자가 밖에서 많은 돈을 벌어와 안의 음에게 주고 안의 음은 그것을 받아서 잘 축적하기 때문에 가장 잘 조화되는 형국이다. 만약 세 양이 밖에서 돈을 번다면 돈은 더 많이 벌겠지만 귀가할 때 술집에 가서 써버리기 때문에 축적이 되지 않는다.

음은 성격상 외부로 나가려 하지 않기 때문에 안에서 내조하는 데 불만이 없다. 또 치밀한 성격 때문에 내조하는 능력도 탁월하다. 또 양은 음의 내조를 받아 밖에서의 활동에 전념할 수 있기 때문에 더욱 능력을 발휘할 수 있다. 그래서 조화가 일어나고 그로 말미암아 빛을 발한다. 리괘의 경우에는 자체적으로 완결성을 갖추고 있어서 아무 불만이 없고 아쉬움이 없다.

그러나 리괘의 경우에는 자체적으로 부족함이 없기 때문에 외부에 관심을 가지지 않는 경향이 있다. 리괘가 상괘라면 하괘에 관심을 갖지 않을 것이고, 하괘라면 상괘에 관심을 갖지 않을 수 있다. 그 때문에 이별할 가능성이 생긴다. 아버지와 어머니가 둘이서만 좋아하고 자녀들에게 관심이 없거나, 자녀들끼리 서로 좋아하여 부모에게 관심이 없다면 서로 멀어질 수 있다. 또 남편이 혼자서 모든 것을 해결할 수 있어서 혼자서 사는 데 만족하고, 부인은 부인대로 혼자서 모든 것을 해결할 수 있어서 혼자서 사는 데 만족한다면, 서로 미워하지는 않는다 하더라도 서로에게 관심이 없기 때문에 이별하기 쉽다. 만약 부인이 친정에 가더라도 아쉬움이 없기 때문에 더 있다 오라고 할 것이다. 그러나 혼자서 잘 해나갈 수 있으므로 부인이 필요 없고 남편이 필요 없을 것으로 생각하기 쉽지만 막상 없어지고 나면 그 빈자리는 너무나 크다. 실지로 혼자되고 나면 여러 가지 어려움이 생긴다. 그러므로 리괘의 상황에 처했을 경우에는 서로 관심을 가지고 화합하도록 노력해야 한다. 그래서 리離는 이별의 뜻과 서로 합쳐서 하나로 연결된다는 뜻을 동시에 가지고 있다.

밖이 밝고 강하며 속이 어둡고 부드러운 모양은 불이다. 그래서 리괘離卦는 불을 상징한다. 불은 생명으로 간주되기도 한다. 불이 탄다는 것은 생명현상이 지속된다는 것을 의미하기도 한다. 삶은 '불사름'을 의미하기 때문이다. 또 불은 밝은 문명을 상징하기도 한다.

④ 진괘(震卦 · ☳) : 지각변동이 일어난다. 진괘에서는 아래의 양효가 유일한 양이기 때문에 유력하다. 젊고 어리지만 박력과 실력을 겸비한 건실한 아래의 양이, 나이는 들었지만 힘없고 나약한 위의 두 음을 보고, 분위기를 쇄신하기 위하여 떨쳐 일어남으로써 지각변동이 일어나는 형국이 진괘다. 늦여름에 열매가 너무 많이 달려 나른해 있는 초목들을 위해 열매를 솎아 내려고 천둥과 번개가 치는 것과 같은 경우이다. 이때의 지각변동은 전체를 일깨우기 위한 것이므로 분발하기만 하면 크게 문제될 것이 없다. 그러나 나약하고 안이하게 대처하다가는 살아남기 어렵다. 매우 조심해야 한다. 지진, 천둥, 번개, 우레 등을 상징하기도 한다.

⑤ 손괘(巽卦 · ☴) : 순조로운 형국이다. 손괘에서는 아래의 음이 유력하다. 두 오빠에게 매력 있는 어린 여동생이 순종함으로써 모든 것이 순조롭게 진행되는 것이 이 괘의 형국이다.

순한 사람은 주체성이 없이 남의 말에 휘말릴 가능성이 있다. 그러므로 손괘의 상황에 처한 사람은 특히 주체성을 가지도록 노력할 필요가 있다.

손괘가 하괘일 때는 상괘의 상태에 상관하지 않고 순하게 따르기만 한다. 그러므로 상괘가 어렵고 침체할 때는 그것을 해결하지 못하므로 더욱 어려워지지만, 상괘가 좋은 상황일 때는 잘 따르기 때문에 더욱 좋아진다. 그리고 상괘가 나약하고 힘이 없을 때는 순하게 잘 따르기 때문에 발전할 수 있는 기회가 된다.

순한 것은 산들산들 불어오는 바람과 같다. 바람은 대체로 아랫부분은 부드럽지만 위로 올라갈수록 강력하다. 그래서 손괘는 바람을 상징하기도 한다. 순풍에 돛달고 순조롭게 항해하는 것에 비유되기도 한다.

⑥ 감괘(坎卦 · ☵) : 이전투구가 일어나는 형국이다. 가운데의 한 양은 밖으로 나가려는 성격 때문에 안에 있는 것에 불만이 많다. 또 안에

서의 처리를 잘 하지 못한다. 또 밖에 있는 음은 안으로 들어가려는 성질 때문에 밖에 있는 것이 싫어서 불만이 많다. 그리고 밖에서의 처리를 잘 하지 못한다. 안에 있는 양은 바깥일에 관심이 많아 바깥일을 살피는 경향이 있는데, 그럴수록 밖에서 일을 잘 처리하지 못하는 음이 못마땅하다. 자기라면 잘 처리할 수 있을 것이라고 여기기 때문이다. 밖에 있는 음 또한 안에서 일을 잘 처리하지 못하는 양이 못마땅하다. 자기라면 일을 잘 처리할 수 있을 것이라고 여기기 때문이다. 이 경우는 자신은 자신의 역할을 잘 하지도 못하면서 상대방을 비난한다. 마치 똥 묻은 개가 겨 묻은 개를 나무라는 것과 같은 형국이다. 이 경우에는 처절한 싸움이 일어난다. 밖에 있는 두 음이 힘을 합쳐 안에 있는 강한 양과 싸우기 때문에 힘이 팽팽하다. 그래서 이 싸움은 좀처럼 끝나지 않는다. 이전투구가 벌어지는 형국인 것이다. 그러나 감괘가 상괘가 되었을 때에는, 싸움에 지친 사람이 둘 다 나가떨어져 있는 것처럼, 음과 양 모두 싸움에 지쳐 나가떨어진 채 숨만 헐떡거리고 있는 모습이다. 그렇지만 감괘가 하괘인 경우에는 끝없는 이전투구가 벌어진다. 하괘로서 가장 어렵고 곤란한 상황은 감괘가 하괘일 경우이다.

감괘가 하괘일 경우 너무나 어려운 상황이 벌어지므로 사람들은 이를 극복하기 어렵다. 그러나 이 경우에 처한 사람이 참으로 너른 아량으로 상대를 포용하여 어려움을 극복한다면 그의 능력은 매우 돋보일 것이고 많은 사람들에게 인정을 받을 것이다. 그러므로 위기를 맞는 경우는 그 극복의 여하에 따라서는 큰 업적을 이룰 수 있는 발판이 되기도 한다.

감괘는 밖이 부드럽고 속이 강하므로 물의 성질과도 같다. 그래서 물을 상징하기도 한다. 또 하나의 양이 음 속에 빠져 있는 상황은 사람이 구덩이에 빠져 있는 상황과도 같기 때문에 구덩이를 상징하기도 한다.

⑦ 간괘(艮卦 · ☶) : 일이 막힌다. 간괘에서는 위의 한 양이 유력하다. 위의 한 양이 아래의 두 음을 힘없고 연약하게 보기 때문에, 물러

나지 않고 남아서 계속 일에 관여하는 상황이 일어난다. 그 결과 아래의 두 음은 길이 막혀 나아가지 못한다. 위의 양효는 나가지 않고 아래의 음효는 나아가지 못하기 때문에 전체적으로 일이 진척되지 않고 정지한다. 이는 흐르던 물이 둑에 막혀 정지하고 있는 것과 같다. 흐르는 물은 둑에 막히면 억지로 뚫고 가려고 하지 않는다. 가만히 정지하면서 점점 쌓여서 결국 둑을 넘어서 간다. 둑을 넘어서 갈 때는 수력발전을 일으킬 수 있을 정도로 큰 위력을 발휘한다. 이처럼 뜻이 좌절되고 일이 막힐 때는 무리하게 나아가려 하지 말고 가만히 정지한 상태에서 실력을 쌓아 다음에 대비해야 한다. 성급하게 분통을 터뜨리거나 포기하는 자는 세상의 이치를 모르고 『주역』의 이치를 모르는 소인이다.

막힘을 풀 수 있는 한 방법은 위의 한 양이 집안의 일에 관여하지 않고 외부의 일을 담당할 수 있도록 외부에서 어려운 일을 터뜨리는 것이다. 위의 양이 외부의 어려운 일을 감당하느라 여념이 없게 되면 아래의 음들을 저지하지 않을 것이므로 막힘이 해소될 수 있다.

위의 강한 양이 아래의 음을 가로막고 서 있는 간괘의 모양은 마치 산의 모양과도 같다. 그래서 산을 상징하기도 한다.

⑧ 곤괘(坤卦 · ☷) : 모두 음으로 구성되어 있으므로 음의 성격을 대변한다. 나약하고 속이 허하며 음흉한 면도 있다. 그러나 부드럽고 치밀하여 일을 꼼꼼하게 처리하는 장점이 있다. 땅을 상징하기도 한다.

9) 움직임의 핵심이 되는 효를 중심으로 읽는다

괘 전체의 움직임을 주도하는 핵심적인 효가 어느 효인지를 파악하여 그 효를 중심으로 읽는다. 일반적으로는 괘를 주도하고 결정하는 핵심은 오효다. 그러므로 오효의 입장을 중심으로 괘 전체의 변화를 파악해야 한다.

그리고 괘에서 유일한 양효 또는 유일한 음효가 있다면 그 효가 변화를 일으키는 중심이므로 그 효를 중심으로 파악해야 한다. 이때도 오효의 입장과 역할은 여전히 중요하다.

또 일반적인 괘일 경우에는 상괘의 변화를 주도하는 유일한 음효나 양효와, 하괘의 변화를 주도하는 유일한 음효나 양효의 상관관계를 중심으로 괘 전체의 변화를 파악해야 한다. 이때도 오효의 입장과 역할은 여전히 중요하다.

10) 사효와 이효의 관계를 고려하여 읽는다

일반적으로 각 괘의 중심은 오효이고 이 오효의 보좌역을 하는 효는 사효와 이효이다. 그러므로 이 사효와 이효의 역학관계와 균형관계를 따져서 괘를 읽는다.

11) 착괘錯卦와 종괘綜卦의 경우

① 착괘錯卦 : 어떤 괘와 그 괘의 각 효의 음양을 반대로 했을 때 만들어지는 괘와의 관계를 착괘라 한다. 건괘(䷀)와 곤괘(䷁), 몽괘(䷃)와 혁괘(䷰) 등이 그것이다. 착괘끼리는 그 뜻이 반대가 되는 경우가 많다. 예를 들면 몽괘에서는 아랫사람이 윗사람을 봉양하지만 혁괘에서는 아랫사람이 윗사람에 대하여 혁명하는 것이 그것이다. 그러므로 어떤 괘의 성격이 이해되지 않을 때는 그 괘의 착괘의 성격을 먼저 이해한 다음 그 반대의 뜻으로 읽으면 되는 경우가 있다.

② 종괘綜卦 : 어떤 괘와 그 괘를 뒤집어 놓았을 때의 괘와의 관계를 종괘라 한다. 종괘끼리는 그 뜻이 대체로 반대가 된다. 익괘(䷩)와 손괘(䷨), 태괘(䷊)와 비괘(䷋) 등이 그 예이다. 태괘와 비괘, 기제괘(䷾)와 미제괘(䷿) 등과 같이 착괘이면서 동시에 종괘가 되는 경우도 있다. 『주

역』의 순서는 대체로 종괘끼리 짝으로 배열하고 있다.

12) 효의 변화는 괘 전체의 변화를 바탕으로 읽는다

각 효의 성격은 기본적으로 괘 전체의 성격을 바탕으로 하고 있다. 그러므로 효를 읽을 때는 괘 전체의 변화의 양상을 파악한 후에 읽어야 한다. 예컨대 혁괘의 경우 괘 전체의 성격이 혁명하는 것이기 때문에, 혁괘를 구성하는 각 효의 성격은 혁명하는 가운데에서의 작은 변화들이 된다. 따라서 혁괘의 각 효는 혁명을 하는 과정으로 풀이해야 한다.

13) 주역은 다운 삶을 유도하는 안내자다

『주역』의 각 괘나 효는 각자의 위치에 해당하는 고유한 존재방식을 가지고 있어야 한다. 그래서 언제나 차별성이 요구된다. 그런데 차별성만 강조하면 경쟁과 대립의 차원으로 떨어지기 쉽다. 자신과 남을 대립적인 관계로 파악하면 경쟁심이 발동하여 남보다 자신이 앞서려는 욕심이 발동한다. 그러나 이런 욕심으로 사는 것은 진리가 아니다. 모든 존재는 본질적으로 한 뿌리로 연결되어 있으면서 현실적으로 구별되는 존재다. 이러한 의미에서 모든 존재는 본질적으로 태극이다. 현실적으로 구별되는 각각의 고유한 삶이 태극의 입장에서 서로 조화를 이룬다면, 그러한 삶 또한 태극의 모습이다. 그러므로 모든 삶에는 욕심이 좌우하는 삶과 태극에 입각한 삶의 두 가지 요소가 있다. 『주역』을 읽는 목적은 욕심에 좌우되는 삶에서 태극에 입각한 삶으로 전환하는 데 있다. 그러한 삶이 '다운' 삶이다. 임금은 임금답고 신하는 신하답고 아버지는 아버지답고 아들은 아들다운 삶이 그것이다. 『주역』의 가르침은

답지 않은 삶을 다운 삶으로 바꾸는 데 그 목적이 있다.

모든 괘나 효는 이러한 『주역』의 정신을 바탕으로 접근할 때 제대로 이해할 수 있다.

14) 상용문구 풀이

① 길吉과 흉凶 : 사실판단의 경우이다. 생명과 재물을 얻는 것은 길, 그 반대는 흉이다.

② 리利와 불리不利 : 사실판단의 경우로서 길과 흉보다 정도가 낮다.

③ 구咎와 무구無咎 : 가치판단의 경우이지만 회悔와 무회无悔보다 정도가 낮은 경우이다.

④ 회悔와 무회無悔 : 가치판단의 경우이다. 안중근 의사처럼 의롭게 죽는 경우는, 흉하지만 후회하지 않는 경우이고, 이완용의 매국행위는 개인에게는 길하고 이롭지만 가치판단으로 볼 때 의롭지 못하므로 후회할 일이 된다.

⑤ 정征 : 적극적으로 나서서 따지고 공격하는 경우이다.

⑥ 원元 : 봄에 만물이 시작되듯 일을 시작하는 경우이다.

⑦ 형亨 : 여름에 만물이 무성해지듯 적극적으로 나서서 일을 처리하고 확장하는 경우이다. 소극적으로 대처하지 말고, 사태의 수습을 위해 적극적으로 떨쳐 일어나야 한다.

⑧ 리利 : 가을에 결실을 하듯 거두어들이는 일, 수확을 하는 일, 성과를 이루는 일, 정리하는 일을 한다. 여름에 늘어져 있을 경우에 말해지는 리利는 결실을 하라는 뜻이고, 겨울이 올 것에 대비하여 말해지는 리利는 정리를 하라는 뜻이다.

⑨ 정貞 : 사계절에서의 겨울처럼, 참고 견뎌야 하는 경우이다. 겨울은 만물을 성장시키지 않고 가만히 정지해 있으면서 봄, 여름, 가을의

활동을 조용히 심판하는 계절이다. 심판을 해서 충실한 열매는 통과시키고 부실한 열매는 통과시키지 않는다. 그러므로 겨울의 역할에 해당되는 정貞은 두 가지 뜻을 내포한다. 일반적으로는 가만히 참고 있는 것을 말하지만, 경우에 따라서는 옳고 그름을 잘 판별하여 대처한다는 뜻과 봄을 맞을 준비를 한다는 뜻을 가지기도 한다.

⑩ 이섭대천利涉大川 : 외부에 험난한 일을 일으키는 것이 유리한 경우이다.

⑪ 인吝 : 일이 어렵게 꼬이는 경우이다.

⑫ 려厲 : 자기의 뼈와 살을 깎는 아픔을 말한다.

⑬ 부孚 : 마음이 서로 하나가 되는 것을 말한다. 마음이 하나가 되면 믿음이 형성되지만, 마음이 갈라지면 서로 떨어져 갈등하는 관계가 된다. 한마음의 상태를 유지하면 서로 믿고 조화를 이룰 수 있는데 이를 부孚로 표현했다.

15) 괘사와 효사를 보는 법

괘사나 효사의 내용은 대체로 세 가지 요소로 구성된다. 첫째, 괘나 효가 놓여진 상황을 설명한 것, 둘째, 그 상황에 대처하는 방법을 설명한 것, 셋째, 대처한 결과 나타나는 길흉을 제시한 것이 그것이다. 길흉은 점을 치는 사람에게 괘나 효의 내용을 실천하도록 유도하기 위해 제시한 것이다. 이는 마치 부모가 자녀에게 옳은 일을 하도록 유도하기 위해 매를 때리거나 상을 주는 것과 같은 것이다.

경우에 따라서는 상황설명이 생략된 것도 있고, 길흉판단이 생략된 것도 있다. 그러한 경우는 그 생략된 부분을 보완하여 읽어야 한다.

『주역』의 세 요소에 토를 달면 다음과 같이 읽을 수 있다.

'여차여차한 상황이니, 여차여차하면, 여차여차하다.' 이때 괘의 상황에 놓인 주체가 일인칭이거나 이인칭이 아니고 삼인칭일 때는 주관적인 대처를 할 수 없기 때문에 토를 달리 달아야 한다. 즉, '여차여차한 상황이라, 여차여차할 것이니, 여차여차하다'라고 말이다.

중천건
重天乾

이 괘는 모두 양陽으로만 구성되어 있다. 이처럼 모든 효가 동일한 괘는 이 괘를 제외하고는 곤괘뿐이다. 공간적으로 보면 이 괘는 모두 양陽의 성격을 가진 구성원들로 이루어진 어떤 집단을 상징할 수도 있다. 가정에서는 부모와 자녀가, 학교에서는 선생과 학생이, 회사에서는 경영진과 사원이 모두 동질적이고 건실하며 마음이 밝은 사람으로 구성되어 있는 경우이다. 또 시간적으로 보면 이 괘는 양陽의 성격으로 한평생을 살아가는 일생을 상징할 수도 있다. 마음은 양陽에 속하고 몸은 음陰에 속한다. 양陽으로만 이루어져 있는 이 괘는 마음을 중시하는 특징을 가지고 있다. 마음을 중시하는 사람들로 구성되어 있는 집단이기도 하고 마음을 중시하는 사람의 일생이기도 하다.

순수한 마음의 요소가 하늘이므로 이 괘는 하늘을 상징하는 괘다. 그래서 이 괘의 이름을 건乾이라 붙였다. 만물은 하늘의 요소를 기본적으로 가지면서 살아간다. 그러므로 이 괘는 만물의 삶의 기본 원칙이 된다.

마음을 중시하는 사람들로 구성되어 있는 전형적인 국가는 한국이다. 그러므로 한국의 정서가 건괘에 속한다. 역으로 건괘의 내용을 통해 한국인의 정서를 이해할 수 있다.

乾(건)이라 元(원)코 亨(형)코 利(리)코 貞(정)하니라
[1] [2] [3] [4] [5]

국역 |

하늘의 운행처럼 원칙적인 변화를 하는 상황이다. 봄에 만물의 삶이 시작되듯 일을 시작하며, 여름에 만물이 무성해지듯 떨쳐 일어나 적극적으로 일을 처리하고 확장시키며, 가을에 만물이 결실하듯 일을 마무리하고 정리하며, 겨울에 만물이 정지하여 봄을 기다리듯 가만히 참고 견디면서 만물을 분별한다.

난자풀이 |

[1] 乾(건) : 하늘의 작용. 만물은 땅의 작용을 바탕으로 삶을 영위하고 땅은 하늘의 작용을 바탕으로 삶을 영위하기 때문에 하늘의 작용은 궁극적으로 만물의 삶의 근원으로 이해할 수 있다.

[2] 元(원) : 만물이 삶을 시작하는 작용을 말한다. 이는 사계절 중에서의 봄의 작용에 해당하고, 사람의 마음 중에서의 인仁에 해당한다.

[3] 亨(형) : 만물이 성장을 한 뒤 크게 번창하는 작용을 말한다. 이는 사계절 중에서의 여름의 작용에 해당하고, 사람의 마음 중에서의 의義에 해당한다.

[4] 利(리) : 만물이 번창해진 뒤 결실하는 작용을 말한다. 이는 사계절 중에서의 가을의 작용에 해당하고 사람의 마음 중에서의 예禮에 해당한다.

[5] 貞(정) : 만물이 결실한 뒤 저장되는 작용을 말한다. 이는 사계절 중에서의

겨울의 작용에 해당하고, 사람의 마음 중에서의 지智에 해당한다.

강설 |

만물은 하늘의 작용을 바탕으로 하여 생명을 유지하기 때문에 하늘의 작용은 모든 생명에 공통적으로 적용되는 대 원칙이다. 누구나 하늘의 작용을 도외시하고 살 수는 없다. 그러므로 하늘의 작용은 보편적이고 전체적이며 일반적인 삶의 원리이다. 따라서 모든 사물은 원칙적으로 이 하늘의 작용의 지배를 받는다. 하늘의 작용은 한 해의 사계절을 살펴보면 용이하게 이해할 수 있다. 봄에 만물이 소생하여 성장하고 여름에 번창하며 가을에 결실하고 겨울에 저장하는 것이 사계절의 진행과정이다.

사계절의 진행과정에서 보면 봄, 여름, 가을은 만물이 활동을 하지만 겨울은 성장과 활동이 정지된다. 이것이 하늘의 작용에서 나타나는 대 원칙이다. 생명의 모든 현상도 크게 이 원칙에서 벗어나지 않는다. 이를 삼현일장三顯一藏, 즉 셋은 드러내고 하나는 감춘다는 것이다. 하루 24시간 중에서도 4분의 3인 열여덟 시간은 활동하고 4분의 1에 해당하는 여섯 시간 동안은 자야 한다. 밥을 먹어도 위 용량의 4분의 3에 해당하는 분량만 먹고 나머지는 비워두어야 최선의 건강을 유지할 수 있다. 오락을 하더라도 오락의 재미를 다 추구하지 않고 조금 남겨두어야 즐거움이 계속될 수 있고, 연애를 하더라고 그 즐거움을 다 추구하지 않고 남겨두어야 싫증이 나지 않고 오래 지속된다. 인간의 육체도 다 드러내는 것보다 숨기는 부분이 있어야 아름답고, 그림을 그릴 때도 화면을 다 채우기보다 4분의 1정도의 여백을 남겨두어야 아름답다.

그렇다면 겨울의 의미는 무엇이고 잠의 의미는 무엇이며, 감추고 비워두는 것의 의미는 무엇일까?

겨울은 심판의 계절이다. 겨울이 없다면 만물은 생명을 지속할 수 없다. 가을에 결실한 씨앗이 모두 땅에 떨어져 싹이 튼다면 그 수가 너무 많아 하나도 제대로 살 수 없다. 겨울은 추위라는 무기를 가지고 이것들을 심판하여 착실하게 성장하고 충실하게 결실한 열매만 남겨두고 나머지는 모두 죽여 버린다. 그리하여 이 심판의 계절 동안 살아남은 열매는 봄에 다시 부활하여 생명을 이어가게 된다. 겨울은 봄, 여름, 가을 동안의 활동을 가능하게 하는 근원이다. 겨울이 겨울의 역할을 하지 못하면 만물은 세 계절 동안의 활동이 불가능하게 된다.

수면도 이러한 맥락으로 이해할 수 있다. 수면은 낮의 활동을 가능하게 하는 원동력을 제공한다. 낮에 무리를 하여 손상된 건강을 회복시키는 역할을 할 뿐만 아니라 낮에 일어난 심리적인 여러 요소를 심판하여 스트레스와 같은 불필요한 요소를 제거하는 역할을 한다. 그러므로 밤이 제 역할을 다하지 못한다면 사람은 원만한 삶을 유지할 수 없다. 잠자리에 신경을 써야 하는 이유가 여기에 있다. 감추고 비워두는 이치도 이러한 논리로 이해할 수 있다.

彖曰大哉(단왈대재)라 乾元(건원)이여 萬物(만물)이 資始(자시)[1]하나니 乃統天(내통천)이로다 雲行雨施(운행우시)하여 品物(품물)[2]이 流形(유형)[3]하나니라 大明終始(대명종시)[4]하여 六位時成(육위시성)하나니 時乘六龍(시승육룡)하여 以御天(이어천)하나니라 乾道變化(건도변화)하여 各正性命(각정성명)하나니 保合大和(보합대화)하여 乃利貞(내리정)하나니라 首出(수출)[5] 庶物(서물)이라야 萬國(만국)이 咸寧(함녕)하리라 象曰天行(상왈천행)이 健(건)하니 君子(군자) 以(이)[6]하여 自彊不息(자강불식)하나니라

국역 |

단에서 말했다. "크도다. 건괘의 원元의 작용이여. 만물이 이로 말미암아 시작된다. 그리하여 하늘의 작용을 통괄한다. 구름이 움직이고 비가 내려 품물이 형체를 키워간다. 큰 밝음이 처음부터 끝까지 이어져 여섯 자리가 때맞게 이루어지니 때맞게 여섯 용을 타고 천도天道를 실천한다. 건도가 변화하여 각각의 생명과 삶의 방식을 바르게 하니 그것을 잘 보존하여 모두 하나가 됨으로써 큰 조화를 이루어 결실하고 저장한다. 머리가 만물에서 벗어나야 만국이 모두 편안하게 될 것이다." 상에서 말했다. "하늘의 운행이 꿋꿋하니 군자가 이 괘의 이치를 살펴서 스스로 꿋꿋하게 실천하여 쉬지 아니한다."

난자풀이 |

1 資(자) : 바탕으로 삼는다. 자본으로 삼는다.

2 品(품) : 종류. 품물品物은 물품物品과 같다. 여러 종류의 물체를 말하므로 만물로 번역했다.

3 流(류) : 물이 흐르는 것은 진전되는 것을 말한다. 유형流形이란 형체를 진전시킨다는 뜻이다. 형체를 진전시키는 것은 형체를 키우는 것이다. 따라서 여기서는 '형체를 키운다'고 번역했다.

4 大明(대명) : 『역전易傳』이나 『본의本義』에서는 명明을 종시終始를 서술하는 동사로 보아 '크게 종시를 밝힌다'고 해석했다. 그러나 건괘는 모두 양이기 때문에 크게 밝은 모습을 하고 있는 것이다. 따라서 여기서는 명明을 주어로 보아 '크게 밝은 것이 처음부터 끝까지 계속된다'로 번역했다.

5 首(수) : 『역전』이나 『본의』 등에서는 수首를 '으뜸으로'라는 의미의 부사로 해석했으나 여기서는 하늘의 이치를 이해하고 행동해야 하는 군자의 행동원리로 파악하여 '머리'라는 의미의 주어로 해석했다.

6 以(이) : 건괘乾卦가 목적어이지만 생략되었다. '이 괘의 이치를 살펴'로 번역하였다.

강설

십삼경주소본이나 『역전』 등에서는 건괘에 한해서는 「단전」과 「상전」 및 「문언전」을 괘사와 효사 뒤에 따로 배치했으나 여기서는 편의상 다른 괘와 통일시켜 그 내용 중에서 괘사와 각 효사에 해당하는 부분을 분류하여 해당하는 괘사와 효사 아래에 배치했다. 다만 건괘의 괘사의 부분에 해당하는 단, 상 및 문언의 내용이 길기 때문에 괘사와 독립적으로 단락을 나누어 설명했다.

건괘의 원元은 만물을 낳는 하늘의 역할과 작용을 말한 것으로 사계절에서 보면 봄의 역할에 해당한다. 만물은 봄의 작용을 바탕으로 하여 시작되기 때문에 '만물이 이 건괘의 원元의 작용을 바탕으로 하여 시작된다'고 했다. 봄은 만물을 낳고 살리는 작용을 하고, 여름은 만물을 성장시키는 작용을 하며, 가을은 만물을 결실시키면서 동시에 기존의 나뭇잎이나 풀을 죄다 죽이는 작용을 한다. 그리고 겨울은 결실한 씨앗을 저장하는 역할을 한다. 그러나 이 사계절의 작용은 모두 생명을 유지하는 과정에서 벗어나지 않는다. 예컨대, 가을에 낙엽이 지는 것은 나뭇잎의 입장에서 보면 생명의 소실이지만 나무 전체로 보면 다음의 생명을 이어나가기 위한 것이기 때문에 생명유지의 전 과정에서 나타나는 하나의 현상으로 볼 수 있다. 따라서 봄·여름·가을·겨울의 역할은 크게 보면 만물을 살리는 봄의 역할에 포함된다. 건괘의 원元이 원형리정元亨利貞으로 표현되는 하늘의 작용 전체를 통괄한다고 한 것은 이러한 의미에서이다.

구름이 움직이고 비가 오는 여름 동안에 만물은 많이 성장한다. 그래서 만물이 각자의 형체를 키운다고 했다.

또 건괘는 모두가 양으로 구성되어 있기 때문에 크게 밝은 것이 처음부터 끝까지 지속되어 여섯 효의 자리가 제 때에 이루어진다고 했다. 이러한 건괘가 이루어지고 나면 사람은 이 건괘의 이치를 실천할 수 있게 되어 '때에 맞게 여섯 용을 타고 천도天道를 실천할 수 있게 되었다'고 했다. 여섯 용이란 건괘의 여섯 효의 변화를 말하는 것이고 천天은 건괘의 작용인 천도를 말한다. '대명종시육위시성大明終始六位時成'은 건괘가 이루어지는 모습을 말한 것이고 '시승육룡이어천時乘六龍以御天'은 사람이 건괘의 이치를 실천하는 것을 말한다. 사람이 천도를 실천할 수 있는 능력을 갖춘 것이 『대학』에서 말하는 명덕明德이다. 건도가 변화한다는 것은 천도가 운행한다는 것을 말한다.

만물은 하늘의 운행을 바탕으로 생성되지만, 모두 동일한 모습으로 생성되는 것이 아니다. 한 아버지에게서 태어난 자녀도 모두 다른 모습을 하고 있듯이, 만물도 각기 고유한 성품과 모습을 갖고 생성된다. 개는 청각과 후각이 발달해 있고 잘 달리지만, 소는 동작이 느린 대신 힘이 세다. 이러한 현상을 설명하여 건도가 변화하여 만물이 각각 자기의 성품을 바르게 한다고 한 것이다. 이것을 성리학에서는 리일분수理一分殊라는 말로 설명한다. 그러나 만물이 현실적으로 각기 다른 모습으로 생겨나 다른 모습으로 살아간다 해도, 기본적으로는 모두가 천도를 바탕으로 하여 살아간다. 때문에 그 삶의 바탕에는 모두 동질적인 부분이 있다. 모든 생물의 바탕에 공통적으로 존재하는 가장 근본적인 것은 생명의 의지이다. 이것을 『중용』에서는 성性이라 했고, 천명天命이라 했다. 그러므로 사람을 포함한 만물은 현실적으로 모두 경쟁을 하면서 살아가는 듯하지만 공통으로 가지고 있는 자기의 본질의 입장에서 삶을 영위하게 되면 모두가 한마음으로 살아갈 수 있게 되므로 크게 화합할 수 있다. 그러므로 큰 화합을 보존하여 하나로 통합할 수 있다고 했다. 그렇게 되면 만물이 각각의 삶을 완성하여 결실할 수 있고 마무리할 수 있다. '건도변화각정성명乾道變化各正性命'은 만물이 천도에 의하여 생성되고 성장하는 과정이라면 '보합대화내리정保合大和乃利貞'은 만물이 자기의 삶을 완성하고 마무리하는 과정이라고 할 수 있다. 남과 내가 한마음이 되어서 화합하게 되는 이 과정은 『대학』에서 본다면 친민親民의 과정에 해당한다. 사람은 누구나 땅에 발을 딛고 살지만 삶의 내용은 어디까지나 하늘의 원리에 의한 것이어야 한다. 땅에서 남들과 경쟁하면서 살아가지만, 머리가 하늘의 원리로 살아간다면 만물이 나와 하나인 존재임을 알게 되어 만물일체를 실천하면서 살아가게 된다. 예컨대 경쟁하면서 살아가는 여러 형제가 부모의 마음을 깨닫고 부모의 입장에서 부모의 마음으로 살아가게 될 때, 형제간의 경쟁이 없어지고 한마음이 되어서 살아가게 되는 것과 같다. 남을 나로 여기고 남을 나처럼 사랑하는 것이 바로 인仁을 실천하는 것이다. 이 인仁이 실현되면 이 세상은 경쟁하는 세상에서 평화로운 세상으로 바뀐다. 이것이 『대학』에서 말하는 지어지선止於至善이고 평천하平天下이다.

하늘의 운행은 조금의 쉼도 없다. 봄이 온 뒤에 잠시 쉬었다가 여름이 오는 법은 없다. 잠시의 중단 없이 꿋꿋하게 운행되는 하늘의 운행을 깨달은 군자는 이 하늘의 운행을 본받아 꿋꿋한 삶을 영위하여 쉼 없는 노력을 기울일 수 있다. 이러한 군자의 삶은 하늘의 모습 그 자체이므로 군자를 천인합일을 실천하는 자라 할 수 있다. 모든 사람의 목표가 되는 것이다.

文言曰元者는 善之長也오 亨者는 嘉之會也오 利者는 義之和也오 貞者는 事之幹也니[1] 君子는 體仁하여 足以長人[2]하며 嘉會하여 足以合禮하며 利物하여 足以和義하며 貞固[3]하여 足以幹事니라 君子는 行此四德者라 故曰乾元亨利貞이라 乾元者[4]는 始而亨者也오 利貞者는 性情也라 乾始能以美利로 利天下나 不言所

利하니 大矣哉라 大哉라 乾乎여 剛健中正純粹精也라 六爻發揮하여 旁通情也니 時乘六龍하여 以御天也니 雲行雨施하여 天下平也니라

5

국역 |

문언에서 말했다. "원元이란 선善한 작용을 지속시키는 것이고, 형亨이란 (여름에 녹음이 우거져) 모든 아름다움이 모이는 것과 같은 작용이며, 리利란 의로움이 조화를 이루는 것이고, 정貞이란 일의 원동력이 되는 것이다. 군자는 인仁을 체득함으로써 사람을 기를 수 있고, 아름다움을 모으는 작용을 함으로써 예에 합당하게 실천할 수 있으며, 남을 이롭게 함으로써 의로움과 조화를 이룰 수 있고, 꿋꿋하게 참고 견딤으로써 일의 원동력이 될 수 있다. 군자는 이 네 가지 덕을 행하기 때문에 건괘에서 원형리정元亨利貞이라 했다. 건괘에서 원元은 만물로 하여금 삶을 시작하게 하고 성장하게 하는 작용이고, 리정利貞은 (만물로 하여금 결실하여) 성性과 정情을 발현하도록 하는 작용이다. 만물의 삶을 시작하게 하는 건의 작용은 아름답게 하고 이롭게 함으로써 천하를 이롭게 하지만, 이롭게 했다는 것을 말하지 않으니 위대하도다. 크도다 건의 작용이여. 굳세고 꿋꿋하고 알맞고 바르며 순수하고 정밀하다. 여섯 효가 발휘되어 삶의 작용이 두루두루 통하게 되므로 때맞게 여섯 용을 타고서 천도를 실천한다. 구름이 날고 비가 내려 천하가 화평하게 된다."

난자풀이 |

1 幹(간) : 간幹은 '줄기'라는 뜻인데, 줄기는 잎이나 잔가지의 삶을 지탱하게 하는 원동력이 되므로 여기서는 '원동력'이라고 해석했다.

2 以(이) : 이以는 기본적으로 이以A위爲B의 문장 형태를 취한다. 여기서 以의 목적어인 A에 해당되는 말은 앞에 나온 체인體仁인데 앞에서 나왔기 때문에 생략했다. 이 문장 전체를 해석하면 '군자는 인을 체득한다. 그리고 그 인仁을 체득한 사실을 가지고 남을 기른다'이다.

3 貞(정) : 사계절에서는 겨울의 역할에 해당되고, 하루 중에서는 밤의 역할에 해당한다. 겨울은 만물을 성장시키지 않고 가만히 있는 듯 하지만 사실은 봄·여름·가을의 작용을 가능하게 하는 원동력이 되고, 밤 역시 낮의 활동을 가능하게 하는 원동력이 된다. 따라서 여기서는 정고貞固를 겨울이나 밤의 역할로 이해하여, '꿋꿋하게 참고 견딘다'로 해석했다.

4 元(원) : 원元자 다음에 형亨자가 생략된 것으로 보아야 한다.

5 情(정) : 정情은 살아갈 때 나타나는 마음의 작용이므로 여기서는 '삶의 작용'이라고 번역했다.

강설 |

건괘 문언의 내용은 괘사의 내용을 부연하여 설명한 것이다. 선善은 만물을 살리는 하늘의 작용을 형용한 말이고, 원元이란 그러한 작용의 지속성을 말한다. 그래서 '선을 지속시키는 것'이라고 했다. 남과 자기를 구별하여 남에게 손해를 끼치면서 자신의 이익만을 추구하면 남과 갈등하고 투쟁하게 되어 결국은 자기도 살 수 없는 사회가 되고 만다. 따라서 이러한 이익추구는 궁극적으로는 이로운 것이 아니다. 그래서 이러한 것을 의롭지 못한 것이라고 한다. 참된 이로움이란 사회 전체를 조화로운 사회로 만드는 것이다. 가을이 되면 낙엽이 진다. 이는 나무 전체의 생명을 이어가기 위한 작용이다. 가을에 낙엽이 지지 않는다면 겨울이 나무 전체를 죽일 것이므로 개개 잎의 삶은 의미가 없어진다. 이를 알기 때문에 나뭇잎은 나무 전체의 삶을 위하여 기꺼이 진다. 지는 것은 죽는 것이 아니고 영원히 사는 것이다. 안중근 의사가 나라 전체의 생명을 자신의 생명으로 여기고 자신의 생명을 버린 것이 진정으로 이롭고 의로운 것은 이러한 이유에서이다. 그런 까닭에 '남을 위함으로써 의로움과 조화를 이룰 수 있다'고 했다. 가을의 역할에 해당하는 까닭이다. 가을의 작용은 이러한 이치에서 의로운 것이라고 한다.

봄과 여름에 성장을 한 만물이 가을에 결실을 함으로써 비로소 삶은 완성된다. 예컨대 봄과 여름에 성장한 감나무가 가을에 결실을 한 뒤에야 감으로서의 성격과 감으로서의 역할을 할 수 있다. 따라서 원형元亨은 시작하여 성장하는 것이라고 했고 리정利貞은 성격을 발휘하고 역할을 하는 것이기 때문에 성정性情이라 했다.

하늘의 작용은 만물을 아름답게 하고 이롭게 하는 것이다. 만물을 살려 천하를 이롭게 하지만 자랑하거나 생색을 내지 않는다. 마치 태양이 뜨고 비가 옴으로써 만물이 살아가지만 태양과 비가 만물에게 생색을 내지 않는 것과 같다. 그러므로 만물은 아무 부담이 없이 자유롭게 살아갈 수 있다. 생색을 내고 그 대가를 요구한다면 만물은 제대로 살아갈 수 없을 것이다. 따라서 하늘의 작용인 건乾은 위대하다고 했다. 사계절이 순환하고 주야가 교대하는 하늘의 작용은 조금도 위축되거나 꺾인 일이 없다. 그러므로 '굳세고 꿋꿋하다'고 했다. 그리고 하늘의 작용은 언제나 알맞고 바르기 때문에 '알맞고 바르다'고 했다. 하늘의 작용은 어떠한 의도나 계산이 없다. 그러므로 '순수하다'고 했다. 하늘의 작용은 한치의 오차도 없다. 사시의 운행과 밤낮의 순환은 단 한 번의 어김도 없다. 따라서 '정밀하다'고 한 것이다. 이러한 하늘의 작용을 설명한 것이 『주역』의 건괘이다.

성인聖人은 건괘의 육효를 설치하여 하늘의 작용에 따른 삶이 가능하도록 했다. 그러므로 육효가 발휘되어 삶의 작용이 두루두루 통할 수 있도록 했다고 했다. 그러므로 사람은 이 여섯 효의 작용을 근거로 하여 하늘의 이치를 실천할 수 있게 되었다. 여섯 효의 작용을 바탕으로 삼는다는 뜻을 여기서는 여섯 효의 작용을 상징하는 여섯 용을 탄다고 했고, 천도를 실천하는 것을 하늘을 부린다고 했다. 사람이 건괘의 이치를 실천하여 하늘과 하나가 되면 구름이 날고 비가 오는 현상과 사람의 삶이 일치됨으로써 천하가 화평해진다. 이러한 의미에서 보면 『주역』에서 말하는 세계평화는 지구상에 전쟁이 없어지고 평화가 정착되는 수준을 말하는 것이 아님을 알 수 있다. 세계평화란 자연과 사람이 혼연일체가 되는 것이다.

初九는 潛龍이니 勿用이니라 象曰潛龍勿用은 陽在下也라 文言曰初九曰潛龍勿用은 何謂也오 子曰龍德而隱者也니 不易乎世하며 不成乎名하여 遯世无悶하며 不見是而无悶하여 樂則行之하고 憂則違之하여[1] 確乎其不可拔이[2] 潛龍也라 潛龍勿用은 下也라 潛龍勿用은 陽氣潛藏이라 君子以成德爲行하나니 日可見之行也라 潛之爲言也는 隱而未見하며[3] 行而未成이라 是以君子弗用也니라

국역 |

초구初九는 잠겨 있는 용龍이니 쓰지 말아야 한다. 상에서 말했다. “잠겨 있는 용이라서 쓰지 말아야 하는 것은 양이 아래에 있기 때문이다.” 문언에서 말했다. “초구初九에서 ‘잠겨 있는 용이므로 쓰지 말아야 한다’고 한 것은 무슨 말입니까? 공자께서 말씀하셨다. ‘용의 덕을 가지고서 숨어있는 자이다. 세상을 바꾸지 않고 이름을 내지 않으며, 세상을 벗어나도 고민하지 않고 옳다고 인정받지 못해도 고민하지 않으며, 즐거우면 행하고 걱정되면 그만 둔다. 확고하여 그 뜻을 바꿀 수 없으니 잠겨 있는 용의 도리이다.’ 잠겨 있는 용이라서 쓰지 않아야 하는 것은 아래에 있기 때문이다. 잠겨 있는 용이라서 쓰지 않아야 하는 것은 양의 기운이 잠겨 있고 감추어져 있기 때문이다. 군자는 덕을 이루는 것을 행해야 할 것으로 삼는다. (이것이) 날마다 점점 더 드러낼 수 있는 행동원리이다. 잠긴다는 말은 숨어서 아직은 나타나지 않는다는 것이고, 행하더라도 아직 이루어지지 않는다는 것이다. 이 때문에 군자는 쓰지 않는다.”

난자풀이 |

1 違(위) : ‘어긴다’는 뜻인데, 행하던 것을 어기는 것은 그만두는 것이므로 여기서는 ‘그만 둔다’고 번역했다.

2 拔(발) : ‘뽑는다’는 뜻인데, 뜻을 뽑는 것은 뜻을 옮기도록 하는 것이기 때문에 여기서는 ‘옮긴다’로 번역했다.

3 見(현) : 나타난다. 드러난다. ‘본다’는 뜻일 때는 음이 ‘견’이지만 이때는 음이 ‘현’이 된다.

강설 |

용龍은 인간의 능력을 상징적으로 표현한 말이다. 인간의 능력은 무궁무진하기 때문에 용龍으로 상징한다. 초구初九는 시간적으로는 10대전후의 어린 시절에 해당되고, 공간적으로는 한 집단에서 가장 어린 구성원에 해당한다. 가정에서는 막내아들에, 학교에서는 신입생에, 회사에서는 신입사원에 해당한다. 따라서 이 초구初九는 능력을 발휘하기보다는 힘을 축적하여 장래에 대비해야 한다. 비유컨대 하늘에 올라가 날아야 하는 용이 아직 물에 잠겨 있는 경우와 같다. 그러므로 잠겨 있는 용이니 쓰지 않아야 한다고 했다. 이 경우에 힘을 축적하지 않고 다 써버리면 정작 힘을 발휘해야 할 때가 와도 할 수 없게 되어 좌절하고 만다. 마치 마라톤 선수가 초반전에 전력으로 질주하여 힘을 다 소모하고 나면 얼마 못 가서 기권하게 되는 경우와 같다.

이 괘의 이치는 자녀교육에 특히 많은 참고가 될 수 있다. 초등학교에 다니는 어린 자녀가 지나치게 공부하고 학생활동을 많이 하여 힘을 소모하고 나면 중·고등학교에 진학했을 때는 지쳐버리게 될 것이다. 따라서 부모는, 초반전에 열심히 달리는 마라톤 선수에게 천천히 달리면서 힘을 축적하도록 당부해야 하는 코치처럼, 자녀들에게 쉬면서 힘을 축적하도록 유도하여야 할 것이다. 등산을 다니면서 체력을 단련하게 하든가 바둑이나 서예 등을 배우면서 끈기와 침착성을 기르도록 하는 것은 유익할 것이다. 그러나 전력을 기울여 학업에 매진토록 하고, 힘에 겨운데도 학생간부가 되기를 기대하는 것은 그 자녀를 도중에 좌절하게 만드는 지름길임을 명심해야 할 것이다.

초구初九는 생명이 싹트기 위한 준비를 하는 단계에 해당한다. 이때는 자기의 존재가 아직 이 세상에 알려져 있지 않기 때문에 이 세상을 떠나 다른 세상으로 가려고 해도, 세상에서 이름을 날리려고 해도 안 된다. 남의 인정을 받지 못해도 염려하지 말고 즐거운 마음으로 충실히 실력을 축적해야 한다. 그래야 나중에 때가 왔을 때 그 실력을 발휘할 수 있다. 이러한 경우 군자는 덕을 이루기 위한 수양을 자기의 일로 삼는다. 수양이 쌓이면 날이 갈수록 그의 덕이 빛을 발할 수 있을 것이다. 숨어서 수양하는 행동이 결과적으로 크게 빛을 발하는 행동이 되는 것이다.

九二는 見龍在田[1]이니 利見大人이니라 象曰見龍在田은 德施普也라 文言曰九二曰見龍在田利見大人은 何謂也오 子曰龍德而正中者也니 庸言之信[2]하며 庸行之謹하며 閑邪存其誠하며 善世而不伐하여 德博而化[3]니 易曰見龍在田利見大人이라하니 君德也라 見龍在田은 時舍[4]也라 見龍在田은 天下文明이라 君子는 學以聚之하고 問以辨之하며 寬以居之하고 仁以行之하나니 易曰見龍在田利見大人이라하니 君德也라

국역 |

구이九二는 나타난 용龍이 밭에 있으니 대인을 보는 것이 이롭다. 상象에서 말했다. "나타난 용이 밭에 있는 경우는 덕의 베풂이 넓다." 문언에서 말했다. "구이九二에서 말하기를, '나타난 용이 밭에 있으니 대인을 보는 것이 이롭다'고 했는데, 무엇을 말한 것입니까? 공자께서 말씀하셨다. '용의 덕을 가지고 바르고 알맞은 자리에 있는 자이니, 평소의 말을 미덥게 하며, 평소의 행동을 신중히 하며, 비뚤어진 마음을 막고 정성스러운 마음을 보존하며, 세상을 좋게 해도 자랑하지 않아서,

덕이 넓어져 진리를 얻어야 한다. 역에서 말하기를, 나타난 용이 밭에 있으니 대인을 보는 것이 이롭다고 했으니, 임금의 덕이다.' 나타난 용이 밭에 있는 경우에 때로는 가만히 있어야 한다. 나타난 용이 밭에 있는 경우는 천하가 문명하게 된 경우이다. 군자는 배워서 (진리를) 갖추고, 물어서 변별하며, 너그러움을 가지고 대처하고, 인仁을 가지고 행동해야 한다. 역에서 말하기를, '나타난 용이 밭에 있으니 군자를 보아야 이롭다'고 한 것은, 임금의 덕에 해당되기 때문이다.

난자풀이 |

1 見(현) : 나타난다는 뜻. 이 경우의 음은 '현'.
2 之(지) : 용언庸言과 신信이 도치되었음을 나타내는 역할을 한다. 신용언信庸言으로 바꾸어 해석하면 된다.
3 化(화) : 진리를 얻는 것. 성인聖人이 되는 것. 맹자는 "대이화지지위성大而化之之謂聖"이라 하여, 성인이 되는 단계를 화化로 표현했다.
4 舍(사) : 사捨와 통용. '가만히 있다', '나아가지 않는다' 등의 뜻이다.

강설 |

구이九二는 인생에서는 20대에, 회사에서는 간부사원에, 정부에서는 실무를 담당하는 실무책임자에 해당한다. 건괘의 구이九二는 용이 되어 하늘을 날기 위해 그 준비를 하는 단계에 있는 존재이다. 이 세상에서 왕으로 군림하기 위해 준비해야 하는 왕자가 이에 해당한다. 왕자는 왕이 되어야 한다. 왕이 되어 능력을 발휘하기 위해서는 왕자 시절에 능력을 갖추어야 한다. 그렇게 하기 위해서는 훌륭한 지도자를 만나야 한다. 그래서 '대인을 보는 것이 이롭다'고 했다.

예컨대 생물학을 공부하고자 하는 학생이라면 앞으로 생물학계의 왕이 되기 위해 준비해야 하는 단계이다. 이 단계에서는 좋은 학교를 선택하기보다 생물학의 최고 실력자가 있는 학교를 찾아가는 것이 중

요하다. 회사의 사원이 그 회사의 사장이 되기 위해 준비하는 과정이라면, 자기를 키워줄 수 있는 훌륭한 경영진을 만나는 것이 중요하다. 공자가 자기와 뜻을 같이 할 수 있는 왕을 찾아 천하를 주유한 것이 이에 해당한다.

구이九二는 하늘을 날아야 하는 용이 지금 지상에서 그 능력을 착실히 쌓아 가는 단계에 있는 존재이다. 그래서 '용의 덕을 갖추고서 바르고 알맞은 자리에 있다'고 했다. 왕자가 왕이 되기 위해서 갖추어야 할 가장 중요한 일은 수양을 해서 덕을 갖추는 것이다. 수양은 산에 들어가서 하는 것도 좋지만, 더욱 좋은 것은 일상생활에서 꾸준히 하는 것이다. 평소의 말을 미덥게 하고, 행동을 조심하며, 비뚤어진 마음을 막고 성실한 마음을 보존하며, 세상을 좋게 하는 일을 하더라도 자랑하지 않고 묵묵히 덕을 닦아 진리를 얻어야 한다. 진리를 얻는 것이 화化다.

구이九二는 하늘을 날아야 하는 용이고, 왕이 되어야 하는 왕자다. 그렇기 때문에 임금의 덕이라 했다. 그러나 아직은 하늘을 나는 용이 아니고, 아직은 임금이 아니다. 그러므로 아직은 세상을 위해 능력발휘를 하기보다는 자기의 능력 개발에 힘써야 한다. 그래서 '때로는 가만히 있어야 한다'고 했다.

훌륭한 왕자는 왕을 도와 천하를 문명하게 할 수 있다. 그래서 '천하가 문명하게 된다'고 했다. 그러나 왕자는 어디까지나 왕을 돕는 역할에 머물면서 열심히 수양하여 진리를 얻도록 노력해야 한다. 그래서 '배워서 (진리를) 갖추고, 물어서 변별하며, 너그러움을 가지고 대처하고, 인仁을 가지고 행동해야 한다'고 했다.

九三은 君子終日乾乾[1]하여 夕惕若[2]이면 厲[3]하나 无咎하
리라 象曰終日乾乾은 反復道也[4]라 文言曰九三曰君
子終日乾乾夕惕若厲无咎는 何謂也오 子曰君子
는 進德[5]修業[6]하나니 忠信이 所以進德也오 修辭[7]立其
誠이 所以居業也라 知至至之면 可與幾[8]也며 知終
終之면 可與存義也니 是故로 居上位而不驕하며 在
下位而不憂하나니 故로 乾乾하여 因其時而惕[9]하면 雖
危나 无咎矣리라 終日乾乾은 行事也라 終日乾乾은
與時偕行이라 九三은 重剛而不中하여 上不在天하며
下不在田이라 故로 乾乾하여 因其時而惕하면 雖危나
无咎矣리라

국역 |

구삼九三은 군자가 종일토록 노력하여 저녁때까지 애태우면 뼈를 깎

는 아픔이 있지만 허물이 없을 것이다. 상에서 말했다. "종일토록 노력하는 것은 할 일을 반복하는 것이다." 문언에서 말했다. "구삼九三에서 말하기를, '군자가 종일토록 노력하여 저녁 때까지 애태우면 뼈를 깎는 아픔이 있지만 허물이 없다'는 것은 무엇을 말하는 것입니까? 공자께서 말씀하셨다. '군자는 덕德을 진전시키고 업業을 닦는다. 충과 신은 덕을 진전시키는 수단이 되고, 말을 가다듬고 그 정성스러운 마음을 간직하는 것은 수업을 하는 방법이 된다. 나아가야 함을 알아서 나아가면 조짐을 보고 처신할 수 있고, 마쳐야 함을 알아서 마치면 마땅한 삶을 유지할 수 있다. 이 때문에 윗자리에 있으면서도 교만하지 않고 아랫자리에 있으면서도 걱정하지 않는다. 그러므로 오직 끙끙거리며 애쓸 따름이니, 그 처해 있는 상황으로 인하여 애태우면 비록 위태로우나 허물이 없다.' 종일 노력한다는 것은 일을 하는 것이다. 종일 노력하는 것은 상황에 따라 함께 행한다는 것이다. 구삼九三은 거듭 거듭 꿋꿋하면서 중심에 있지 않고, 또 위로는 하늘에 있지 않으며 아래로는 밭에 있지 않다. 그러므로 노력하여 상황에 따라 끙끙거리면서 상황으로 인하여 애태우면 비록 위태롭지만 허물이 없을 것이다."

난자풀이 |

1 乾乾(건건) : 지극하게 애쓰는 모양. 건건乾乾의 발음대로 '끙끙거린다'로 번역해도 될 것이다.

2 惕若(척약) : 애태우는 모양. 약若은 주로 동사 뒤에 붙어서 그 동사를 형용사나 부사로 만들어 주는 구실을 하는 것이니, 연然의 역할과 같다.

3 厲(려) : 려礪와 통용. 맷돌로 갈다. 여기서는 뼈를 가는 것 같은 느낌을 말하므로, '뼈를 깎는 고통', '제 살 깎는 아픔' 등으로 해석하면 될 것이다.

4 道(도) : 길. 도리. 하던 일.

5 德(덕) : 성性을 바르게 실천하는 마음의 능력. 진덕進德은 덕德을 진전시키는 실천적 수양방법을 말한다.

6 業(업) : 주로 진리를 터득하기 위한 인식론적 공부를 말한다.

7 辭(사) : 수사修辭는 맹자의 지언知言에 해당한다. 말은 마음에서 나오는 것이기 때문에 말을 분석해서 알면 마음을 알 수 있고 마음속에 있는 진리를 알 수 있다.

8 與(여) : 참여한다. 여기與幾는 '조짐을 보고 처리하는 수준에 참여한다'는 것으로 '조짐을 보고 처리한다'는 것을 의미한다.

9 時(시) : '상황'이란 의미이다. 우리말에서도 매우 급한 상황에 처한 사람이 밥을 먹고 있을 경우 '지금이 밥 먹을 때냐?'라고 하는데, 이때의 '때'는 '상황'을 의미한다.

강설 |

구삼九三은 인생에서는 30대에, 학교에서는 졸업반 학생에, 회사에서는 평사원의 말기에 해당한다. 이 경우에는 하층부의 마지막으로서 상층부로 진입해야 하는 시기이다. 물에 잠겨 있던 용이 물 밖으로 나와 하늘로 날아오르기 직전의 상태에 있는 것이고, 활주로로 달리기 시작한 비행기가 하늘로 날아오르기 직전의 상태에 있는 것이다. 이 시기는 상층부로 진입하는가 못하는가의 기로에 있기 때문에 지금까지 축적해온 힘을 총동원하여 전력으로 질주하지 않으면 안 된다. 그러나 대부분의 사람들은 너무 지쳐서 이때 좌절하고 만다. 그러한 사람들은 소인들이다. 이 경우는 하늘을 날아야 하는 용이고, 왕이 되어야 할 왕자이므로 소인이어서는 안 된다. 전력을 다해 날아오르는 군자여야 한다. 이 고비를 넘어서 순조롭게 날아오르면, 그 다음에는 순조로운 길이 이어진다. 하늘로 이륙하는 비행기는 매우 힘들지만, 구만리 상공으로 날아오르고 난 뒤에는 평탄하게 운행할 수 있는 것과 같다. 마라톤 선수가 경기를 할 때도 중간 지점 가까이에서 고비를 맞이한다고 한다. 죽을 힘을 다해 달려서 이 고비를 넘기기만 하면 그 다음부터는 큰 힘을 들이지 않고도 달릴 수 있다고 한다. 구삼九三이 바로 이 고비를 만나는 때다. 그래서 '군자가 종일토록 노력하여 저녁

乾

때까지 애태우면 뼈를 깎는 아픔이 있지만 허물이 없을 것이다'라고 했다.

상에서 '하던 일을 반복한다'고 한 것은 상층부로 진입하기 위하여 계속 노력하는 것을 말한다. 문언에서는 구삼九三이 처한 상황을 군자가 진덕수업해야 하는 상황으로 보았다. 진리를 터득해야 상층부로 진입할 수 있고 또 원만하게 상층부의 역할을 할 수 있다. 진리를 터득하는 방법에는 대체로 두 가지가 있다. 하나는 진리를 직접 실천하는 실천적 수양 방법이고, 다른 하나는 먼저 그 진리를 인식하는 방법이다. 전자를 진덕이라고 한다면 후자는 수업이다. 진덕의 방법은 일마다 진실하게 하고 미덥게 하는 것이 그 핵심이므로 충忠과 신信을 수단으로 들었다. 또 수업은 진리를 인식하는 것인데, 그것은 마음속에 있는 성性을 인식하는 것이고 천명天命을 인식하는 것이다. 그런데 성性은 마음속에 있으므로 성性을 알기 위해서는 먼저 마음을 알아야 하고 마음을 알기 위해서는 먼저 말을 알아야 한다. 마음이 밖으로 표현되는 것이 말이기 때문이다. 그러므로 '말을 가다듬고 그 성실한 마음을 간직해야 한다' 고 한 것이다. 말을 가다듬어서 마음을 알고 성性을 알면 그 성性을 실천할 수 있기 때문에 성誠을 발휘할 수 있다. 성性이 발현되는 것이 성誠이고 천명이 발현되는 것이 성誠이기 때문이다.

구삼九三은 하늘로 올라가야 하고 지상의 일을 마무리해야 한다. 조짐을 보아 하늘로 올라가야 하고, 올바른 도리로 땅의 일을 마무리해야 한다. 구삼九三은 상층부로 진입하는 바쁜 시점에 서 있기 때문에 아랫사람들에게 교만하거나 뽐낼 시간적 여유가 없다. 또 하층부에 있는 것을 걱정할 여유도 없다. 오직 자기가 처한 상황을 알고 부지런히 노력해야 상층부로 올라갈 수 있다.

九四(구사)는 或躍在淵(혹약재연)이면 无咎(무구)하리라 象曰或躍在淵(상왈혹약재연)은 進(진)에 无咎也(무구야)라 文言曰九四曰或躍在淵无咎(문언왈구사왈혹약재연무구)는 何謂也(하위야)오 子曰上下无常(자왈상하무상)이 非爲邪也(비위사야)며 進退无恒(진퇴무항)이 非離群也(비리군야)라 君子進德修業(군자진덕수업)은 欲及時也(욕급시야)[1]니 故(고)로 无咎(무구)니라 或躍在淵(혹약재연)은 自試也(자시야)라 或躍在淵(혹약재연)은 乾道乃革(건도내혁)이라 九四(구사)는 重剛而不中(중강이부중)하여 上不在天(상부재천)하며 下不在田(하부재전)하며 中不在人(중부재인)이라 故(고)로 或之(혹지)하니 或之者(혹지자)는 疑之也(의지야)라 故(고)로 无咎(무구)니라

국역 |

구사九四는 혹 뛰었지만 못에 있으면 허물이 없을 것이다. 상에서 말했다. "혹 뛰었지만 못에 있으면 나아감에 허물이 없을 것이다." 문언에서 말했다. "구사九四에서, '혹 뛰었지만 못에 있으면 허물이 없다'고 한 것은 무엇을 말한 것입니까? 공자께서 말씀하셨다. '위로 올라가기도 하고 아래로 내려오기도 하여 일정함이 없는 것은 사악하기 때문이 아니다. 나아가고 물러나는 것에 항상성이 없다고 해서 무리를 이탈한 것이 아니다. 군자가 덕을 진전시키고 업을 닦는 것은 상황에 알

맞게 대처할 수 있게 되기를 바라서이다. 그러므로 허물이 없다.' 혹 뛰었지만 못에 있는 것은 스스로를 시험하는 것이다. 혹 뛰었지만 못에 있는 것은 건도가 이에 바뀌기 때문이다. 구사九四는 거듭 거듭 꿋꿋하면서도 중심에 있지 못하며 위로는 하늘에 있지도 못하고, 아래로는 밭에 있지도 못하며, 가운데에서는 사람의 위치에 있지도 못하다. 그러므로 혹시나 하고 염려한다. 혹시나 하는 것은 의심스러워하는 것이다. 그러므로 허물이 없다."

난자풀이 |

1 及時(급시) : 시時는 '상황'을 말하므로, 급시及時는 상황에 알맞게 대처할 수 있는 것을 말한다.

강설 |

구사九四는 상층부에 막 진입했으나 온전하게 제자리를 잡지 못한 경우이다. 학교에서는 갓 선생이 된 경우이고, 회사에서는 간부로 갓 승진한 경우이며, 정부에서는 막 고관이 된 경우이다. 하층부의 윗자리인 구삼九三의 위치에 있을 때 상층부로 진입하기 위하여 전력질주를 하여 이제 겨우 상층부로 진입한 것이다. 이 경우 사람들은 대체로 남에게 과시하고 싶은 심리를 갖기도 한다. 그러나 그렇게 하면 곤란한 지경에 봉착할 수 있다. 왜냐하면 이제 막 상층부에 진입한 구사九四는 아직 경험이 부족하기 때문에 지도자로서의 실력이 쌓이기 전이고 나이도 아직 어려서 윗사람이나 아랫사람에게 완전히 인정을 받지는 못했기 때문에, 아랫사람에게는 반발을 사고 윗사람에게는 교만한 사람으로 인식되어, 저지를 당하기 쉽기 때문이다. 따라서 이때는 아직도 자기가 하층부에 있을 때의 마음으로 겸허하게 대처해야 한다. 용이 하늘에 날아올랐더라도 아직도 못에 있는 것처럼 겸허하게 대처해야 한다.

상층부에 진입했어도 하층부에 있는 것처럼 겸손하게 처신해야 하므로, 윗사람이면서도 윗사람으로서만 처신하지 않고 아랫사람처럼 처신하기도 하여 일정함이 없는 것은 사악한 마음으로 기회를 노려서가 아니다. 겸손하기 때문이다. 나아가고 물러가는 것에 일정함이 없이 변덕스러우면 남들과 어울리지 못하고 고립되는 것이 일반적인 원칙이지만 이 경우는 다르다. 오히려 아랫사람이나 윗사람들에게 인정을 받고 함께 어울릴 수 있다.

군자가 덕을 진전시키고 업을 닦는 것은 상황에 알맞게 대처할 수 있게 되기를 바라서이다. 구삼九三과 구사九四에서 동시에 진덕수업進德修業을 말한 것은 수신의 필요성을 동시에 강조한 것이다. 혹 뛰어도 못에 있는 것처럼 처신하는 것은 자기를 시험하는 것이다. 구삼九三은 하늘에 오르기 위해 노력하는 것이라면, 구사九四는 하늘에 오른 자신이 인격을 제대로 갖추었는가를 시험하는 것이다. 뛰었어도 못에 있는 것처럼 해야 하는 까닭은 건도의 입장에서 하괘에서 상괘로 갑자기 변했기 때문이다. 윗자리에 올라 아랫사람들에게 군림하려고 하면 아랫사람들은 반발한다. 건도에서의 아랫사람들 역시 왕자들이기 때문에 거만해 보이는 구사九四를 용납하지 못한다. 그러므로 구사九四는 아직 아래에 있는 것처럼 겸손해야 한다.

구오 비룡재천 이견대인 상왈비룡재천
九五는 飛龍在天이니 利見大人이니라 象曰飛龍在天

대인조야 문언왈구오왈비룡재천이견대인
은 大人造也[1]라 文言曰九五曰飛龍在天利見大人

하위야 자왈동성상응 동기상구 수류
은 何謂也오 子曰同聲相應하며 同氣相求하여 水流

濕하며 火就燥하며 雲從龍[2]하며 風從虎[3]라 聖人作而萬物覩하나니 本乎天[4]者는 親上하고 本乎地者는 親下하나니 則各從其類也니라 飛龍在天은 上治也라 飛龍在天은 乃位乎天德이라 夫大人者는 與天地合其德[5]하며 與日月合其明하며 與四時合其序하며 與鬼神合其吉凶하여 先天而天弗違하며 後天而奉天時하나니 天且弗違而況於人乎며 況於鬼神乎아

국역 |

구오九五는 나는 용이 하늘에 있으니 대인을 보는 것이 이롭다. 상에서 말했다. "나는 용이 하늘에 있는 것은 대인의 작용이다." 문언에서 말했다. "구오九五에서, '나는 용이 하늘에 있으니 대인을 보는 것이 이롭다'고 한 것은 무엇을 말한 것입니까? 공자께서 말씀하셨다. '같은 소리는 서로 응하고 같은 기氣는 서로 구한다. 물은 습한 곳으로 흐르고 불은 마른 곳으로 나아간다. 구름은 용을 따르고 바람은 범을 따른다. 성인이 나타나면 만물이 바라본다. 하늘에 바탕을 두는 자는 위로 친하고 땅에 바탕을 두는 자는 아래로 친한다. 각기 자기와 같은 무리를 따르기 때문이다.' 나는 용이 하늘에 있는 경우는 위에서 다스리는 경우이다. 나는 용이 하늘에 있는 경우는 하늘의 덕에 위치하는 경우

이다. 대저 대인은 천지와 그 덕을 함께 하고 일월과 그 밝음을 함께 하며 사시와 그 순서를 함께 하고 귀신과 그 길흉을 함께 한다. 하늘보다 먼저 할 경우에는 하늘이 그를 어기지 아니하며, 하늘보다 늦게 할 경우에는 하늘의 운행 상황을 받든다. 하늘도 어기지 아니하는데 하물며 사람에 있어서랴. 하물며 귀신에 있어서랴."

난자풀이 |

1 造(조) : 작용.

2 龍(용) : 변화를 가장 많이 일으키는 동물로 이해되는 것 중에 대표적인 것은 용龍과 범이다. 용은 하늘에서 변화를 일으키는 동물이기 때문에 구름이 용을 따른다고 했다.

3 虎(호) : 범은 바람을 일으키며 달리는 동물로 이해되었기 때문에 바람이 범을 따라 일어난다고 했다.

4 天(천) : 사람을 구성하고 있는 두 요소는 마음과 몸인데, 마음은 하늘의 요소이고 몸은 땅의 요소이다. 마음을 중시하는 사람은 하늘에 바탕을 두고 사는 사람이고 몸을 특히 중시하는 사람은 땅에 바탕을 두고 사는 사람이라고 할 수 있다. 공자는 사람의 유형을 인자仁者와 지자知者로 분류했는데 인자仁者는 마음을 중시하는 사람으로서 하늘에 바탕을 두고 사는 사람이고, 지자知者는 몸을 중시하는 사람으로서 땅에 바탕을 두고 사는 사람이다.

5 德(덕) : 이 경우는 '작용'을 의미한다.

강설 |

구오九五는 인생에서는 황금기인 50대에, 학교에서는 교장에, 회사에서는 사장에, 한 나라에서는 임금에 해당한다. 전체의 책임을 맡고 있는 중심적인 존재이기 때문에 겸손은 더 이상 미덕이 아니다. 전체를 위해 지금까지 축적해 온 모든 힘을 발휘해야 한다. 전체를 이끌어 가는 것은 혼자의 힘으로는 불가능하다. 따라서 구오九五가 제대로 역할을 하기 위해서는 훌륭하게 보좌해줄 수 있는 사람을 만나는 것이 중요하다. 선생의 경우에는 우수한 제자를 만나야 하고, 사장의 경우에는 우수한 실무자를 만나야 하며, 임금의 경우에는 훌륭한 신하를 만나는 것이 무엇보다도 중요하다. 사람을 얻으면 성공하고 사람을 얻지 못하면 실패한다. 그러므로 대인을 보는 것이 이롭다고 했다. 여기서의 대인이란 자신을 보좌해 줄 훌륭한 보좌관을 가리킨다. 유비에게 있어서의 제갈공명이, 세종대왕에게 있어서의 황희 정승이 이에 해당한다.

이와 같이 어떤 단체의 장이 된 사람은 그 단체 전체에서 가장 현명한 자를 발탁하여 보좌관으로 삼아야 전체가 발전한다. 그러나 대개의 경우 그렇지 않다. 자기가 단체의 장이 되는데 공을 세운 공신이나 자기에게 아부하는 신하를 보좌관으로 임명하는 경우가 많다. 그렇게 되면 전체가 침체할 것이다. 전체를 이끌어야 할 중심의 위치에 있는 사람은 특히 건괘 구오九五의 가르침을 명심하여야 할 것이다.

나는 용이 하늘에 있는 경우는 인격이 완성된 대인이 활약을 하는 경우이다. 인격이 완성된 사람이 이 세상을 구제하려고 할 때에는 함께 할 동지를 만나야 한다. 뜻이 같은 사람끼리는 서로 만나게 마련이다. 이를 공자는 '같은 소리가 서로 응하고 같은 기가 서로 구한다'고 표현했다.

인격이 완성되면 개인적인 욕심이 소멸되고 본성대로 살 수 있게 된다. 본성은 바로 하늘의 작용 그 자체이기 때문에 인격이 완성된 사람은 하늘의 작용을 실천하는 사람이다. 인격이 완성된 사람은 '자기'라는 의식이 없다. 그의 움직임은 자연현상이다. 그가 아침에 일어나는 것도 자연현상이며 태양이 솟아오르는 것도 자연현상이다. 자연현상은 두 가지가 아니라 하나이다. 따라서 인격이 완성된 사람의 삶의 모습은 태양이 솟아오르는 것과 같고, 사시가 운행되는 것과 같으며, 귀신에 의하여 길흉이 일어나는 현상과도 같다. 천지의 작용과 합일되었기 때문이다. 그가 우산을 가지고 나가면 그 날은 비가 온다. 왜냐하면 비가 오는 자연현상과 그에 대처하는 그의 삶이 일치하기 때문이다. 또 그가 집을 나가기 전부터 비가 온다면 그는 또 하늘의 운행 상황에 맞추기 때문에 우산을 쓰고 나간다. 산사태가 나기 전에 뱀이나 개구리가 피신을 하는 것은 산사태의 발생이라는 하늘의 작용보다 개구리나 뱀이 먼저 대처한 것이다. 이 개구리나 뱀은 부분적으로 그러한 능력이 있지만 대인은 모든 분야에서 그러한 능력을 갖는다. 하늘과 하나가 되어 움직이는 대인의 행동을 막을 수 있는 것은 어디에도 없다.

上九는 亢龍[1]이면 有悔하리라 象曰亢龍有悔는 盈不可久也라 文言曰上九曰亢龍有悔는 何謂也오 子曰貴而无位하며 高而无民하며 賢人이 在下位而无輔라 是以動而有悔也니라 亢龍有悔는 窮之災也라 亢龍有悔는 與時偕極이라 亢之爲言也는 知進而不知退하며 知存而不知亡하며 知得而不知喪이니라 其唯聖人乎아 知進退存亡而不失其正者는 其唯聖人乎아

국역 |

상구上九는 고자세의 용이라면 후회함이 있을 것이다. 상에서 말했다. "고자세의 용이라면 후회함이 있는 것은 가득 차면 오래갈 수 없기 때문이다." 문언에서 말했다. "상구上九에서 '고자세의 용이라면 후회함이 있을 것이다'라고 했는데 무엇을 말한 것입니까? 공자께서 말씀하셨다. '귀한 데도 자리가 없고, 높은 데도 백성이 없으며, 현인이 아랫자리에 있는 데도 보좌해 주는 자가 없다. 이 때문에 움직이면 후회함이 있다.' 고자세의 용이라면 후회함이 있는 것은 궁극에 갔기 때문에 나타나는 재앙이다. 고자세의 용이라면 후회함이 있는 것은 상황과 더불어 함께 극에 달했기 때문이다. 고자세를 취한다는 말의 뜻은 나아갈 줄만 알고 물러날 줄을 모르며, 있는 줄만 알고 없는 줄을 모르며, 얻는 줄만 알고 잃을 줄을 모르는 것을 의미한다. 그 오직 성인이로다! 나아갈 바와 물러날 바, 있어야 할 바와 없어야 할 바를 알아서 그 바른 처신을 잃지 않는 자는 그 오직 성인이로다!"

난자풀이 |

1 亢(항) : '높다', '목' 등의 뜻. '고자세를 취하여 목에 힘준다'는 뜻이다.

강설 |

상구上九는 인생에 있어서는 60세를 지난 시기에 해당한다. 집단에서 보면 세력권에서 벗어나 고문이라는 직책을 맞고 있는 사람의 경우이고, 회사에서는 명예회장에 해당되며, 학교에서는 은퇴한 명예교수나 교장선생님에 해당한다. 이 경우는 명예나 서열은 가장 높지만 실권이 없다. 따라서 과거에 자기를 받들고 따르던 사람들이 따르지 않아 섭섭하고 외로워지기 쉽다. 이럴 때에 그 섭섭함과 외로움을 참지 못하여 간혹 찾아와 주는 사람에게 분풀이를 하고 호통을 치면, 필요에 의해 찾아오는 것이 아니라 인정상 찾아오는 아랫사람들은 그나마 도 찾아와 주지 않게 되어서, 한없이 외롭게 되어 후회할 일만 남는다. 이것이 『주역』의 가르침이다. 따라서 『주역』을 읽는 군자가 자신의 감정을 죽이고 건괘 상구上九의 가르침을 따른다면, 간혹 찾아오는 사람이 있을 경우에 고마움을 표시하고 사랑을 베풀 수 있을 것이다. 가정에서의 할아버지 할머니의 경우는 손자들이 찾아올 경우 과자나 용돈이라도 주는 것이 역의 가르침을 실천하여 슬기롭게 사는 것이다. 달이 차면 곧 기울고 꽃이 피어도 시든다. 이처럼 사람도 한창 때의 세력이 오래가지 않는다. 이 이치를 안다면 자기의 인생이 기울어졌을 때를 인식하지 못하고 계속 목에 힘을 주고 있으면 결국 모두에게 무시당하고 버림받게 되어 낭패를 보게 된다. 그래서 상전에서 '가득 찬 것이 오래갈 수 없다'고 했다. 그러므로 상구上九의 위치에 있는 사람은 겸허한 자세로 참고 견디면서 조용히 기다려야 한다. 고자세의 용이라면 후회함이 있다는 것은 노쇠한 자신과 주위의 상황이 함께 극에 달했기 때문이다. 문언전에서 '시時와 함께 극에 달했다'고 했을 때의 시時는 상황을 의미한다. 자기가 늙어 가는 만큼 주위의 여건도 함께 변하는 법이다. 목에 힘을 주는 사람은 나아갈 줄만 알고 물러갈 줄을 모르며, 있을 줄만 알고 없어질 줄은 모르며, 얻을 줄만 알고 잃을 줄은 모른다. 명예와 능력을 여전히 갖고 있는 상구上九의 입장에서 목에 힘을 주지 않고 겸손하기란 매우 어려운 일이다. 역리를 알고 실천할 수 있는 성인만이 가능한 일이다.

한국인들의 정서는 건괘의 성격에 가장 근접하기 때문에 건괘에서 특히 많은 지혜를 얻을 수 있다. 한국인들은 공주병 환자가 많고, 왕자병 환자가 많다. 한국인들은 대체로 자존심이 강하다. 그래서 노쇠하거나 망하게 되었을 경우에도 계속 자존심을 내세우다가 망하기도 한다. 개인이 어려움에 처했을 경우에도 현실을 직시하지 못하고 자존심을 내세우다가 망하는 경우가 많다. 회사나 나라의 경우도 그러하다. 신라, 고려, 조선이 망할 때도 현실을 직시하지 못하고 큰소리를 치다가 망한 경우이다. 건괘 상구上九의 교훈을 잘 새겨들어야 할 것이다.

용구 견군룡 무수 길 상왈용구 천덕
用九는 見群龍하되 无首면 吉하리라 象曰用九는 天德

불가위수야 문언왈건원용구 천하치야
이니 不可爲首也라 文言曰乾元用九는 天下治也라

건원용구 내견천칙
乾元用九는 乃見天則이라

국역 |

구九를 쓰는 경우는 여러 용을 보되 머리가 없으면 길하다. 상에서 말했다. "구九를 쓰는 것은 하늘의 덕이니 머리가 되려고 하면 안 된다." 문언에서 말했다. "건괘라는 으뜸되는 작용에서 구九를 쓰는 것은 천하가 다스려지기 때문이다. 건괘라는 으뜸되는 작용에서 구九를 쓰는 것은 이에 하늘의 법칙을 보기 때문이다."

강설 |

『주역』 육십사괘는 모두 괘사와 효사로 구성되어 있는데, 오직 건괘와 곤괘에만 효사 외에 용구用九(건괘의 경우)와 용육用六(곤괘의 경우)이라는 내용이 첨부되어 있다. 용구用九를 쓴 건괘는 유일하게 여섯 효 모두가 양인 경우이고 용육用六을 쓴 경우는 유일하게 여섯 효 모두가 음인 경우이다. 용구用九는 건괘에서 여섯 효를 설명한 뒤, 다시 여섯 효사에 대한 총괄적인 설명을 더한 것이고, 용육用六은 곤괘에서 여섯 효를 설명한 뒤, 다시 여섯 효사를 총괄하여 설명한 것이다.

주자는 『주역본의』에서 점괘를 뽑았을 때, 여섯 효 모두 노양이 나왔을 경우 용구用九의 내용으로 점을 치고 여섯 효 모두 노음이 나왔을 경우 용육用六으로 점을 친다고 했다. 이에 대하여 상병화尙秉和는, 여섯 효가 모두 변효일 경우 여섯 효 외에 용구나 용육을 보는 것이라면 나머지 육십이괘에서도 모두 변효일 경우에 대비해 이와 같은 것이 있어야 할 것인데 그렇지 못하다고 하여, 주자의 설을 부정했다. 그런데 용구는 건괘의 효사 전체를 대변하는 말이고, 용육은 곤괘의 효사 전체를 대변하는 말이므로, 용구는 여섯 효 모두 소양이 나왔을 때의 점사로 보고, 용육은 여섯 효 모두 소음이 나왔을 때의 점사로 보아야 할 것이다. 왜냐하면 건괘의 괘사인 원형리정元亨利貞과 곤괘의 괘사인 원형리빈마지정元亨利牝馬之貞 등은 점사가 될 수 없기 때문이다.

양은 그 성격이 진취적이고 남보다 앞서기를 좋아하는 특징이 있다. 그러므로 모두 양으로만 구성된 사회나 집단에서는 구성원 모두가 나서기 좋아하고 남의 위에 서고 싶어하기 때문에 의견통일이나 단합이 어려운 경우가 많다. 따라서 이런 경우 남보다 앞서려고 하면 다른 사람들에게 배척당하기 쉽다. 오히려 남에게 앞서지 않고 남을 자기보다 앞세워주는 인품을 가진 사람이 더 많은 호응을 얻을 수 있다. 결국 그런 사람이 그 사회의 구성원을 결집시킬 수 있는 능력을 갖게 되어, 그 사회를 이끌어 가는 핵심인물이 될 수 있다. 전형적인 건괘에 해당하는 나라는 한국이고, 곤괘에 해당하는 나라는 일본이다. 이런 관점에서 보면, 한국에서는 똑똑하여 나서기 좋아하는 사람보다 똑똑하지는 않지만 너그러워 남을 앞세우는 사람이 성공하는 경우가 많은 것을 이해할 수 있다. 이러한 한국적 특징을 상징적으로 표현해놓은 것이, 곰이 성공하고 범이 실패하는 단군신화의 내용이다. 그러므로 구九만을 사용하는 양들만의 세계에서는 머리를 내세우지 않으면 길하다고 한 것이다.

군룡을 본다는 것은 능력이 있어 앞에 나서는 양들을 말한다. 앞서

乾

설명한 대로 인간의 요소는 마음과 몸의 두 요소로 분류할 수 있다. 마음은 양에 해당되고 몸은 음에 해당된다. 양의 총체적인 표현은 하늘이고 음의 총체적인 표현은 땅이다. 따라서 구九로만 구성되어 있는 경우는 양들만으로 구성된 세계이고 천덕天德의 세계이다. 이러한 세계에서는 하늘을 숭상하고 종교가 발달하게 된다. 한국인들이 종교를 좋아하고 한국에 종교가 발달하는 이유가 여기에 있다.

건괘는 모든 작용의 으뜸이고 표준이다. 그러므로 으뜸이 되는 건괘의 작용을 '건원乾元'으로 표현했다. 건괘에서 양들만을 나열한 것은 하늘의 이치를 설명한 것이다. 만물은 근본적으로 이 하늘의 이치에 바탕을 두고 살아가기 때문에, 양의 작용으로만 설명한 건괘의 이치를 가지고 만물의 삶의 표준을 세울 수 있고, 세상을 평화롭게 할 수 있다. 또 건괘에서 으뜸되는 작용을 양으로만 표현한 것에서 우리는 하늘의 작용과 법칙을 배울 수 있다.

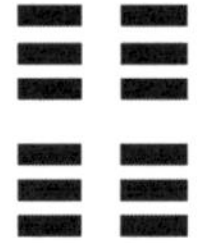

중지곤
重地坤

이 괘는 건괘乾卦와 마찬가지로 동일한 효로 구성되어 있다. 다만 건괘가 모두 양효인데 비해 곤괘坤卦는 모두 음효로 구성되어 있다. 따라서 이 괘는 시간적으로는 음陰의 성격으로 한 평생을 살아가는 일생일 수 있고, 공간적으로는 음陰의 성격을 가진 사람들로 모인 집단일 수 있다. 양陽이 마음이라면 음陰은 몸이고 물질이다. 몸을 중시하면 사람은 서로 몸이 살아가는데 필요한 물질을 차지하기 위하여 다투는 존재가 된다. 이러한 관점의 사상체계 가운데 가장 전형적인 것이 순자의 성악설이다. 따라서 음陰으로만 구성된 곤괘는, 공간적으로는 성악설적 사고방식으로 살아가는 사람들로 구성되어 있는 집단으로 볼 수 있고, 시간적으로는 성악설적 사고로 진행되는 시대로 볼 수 있다. 이러한 점에서는 건괘와 상반된다. 건괘는 가장 양적이고 곤괘는 가장 음적이며 나머지의 괘는 양陽과 음陰이 섞여 있어 모두 그 중간에 위치한다. 마치 하늘과 땅 사이에 만물이 존재하는 것과 같다.

하늘과 땅은 만물을 낳고 기르는 역할을 하는 데 있어서는 공통점이 있듯이 건괘와 곤괘는 나머지 모든 괘를 통괄한다는 의미에서 공통성을 갖고 있기도 하다.

국가적으로 볼 때 건괘에 해당되는 전형적인 나라가 한국이라면, 곤괘에 해당되는 전형적인 나라는 일본이다. 그리고 중국을 포함한 다른 나라들은 나머지의 괘에 해당한다고 볼 수 있다. 모든 나라들을 음陰과 양陽을 끝으로 하는 그라데이션 위에 배열한다면, 한국은 양陽의 방향으로 가장 끝에 존재하고, 일본은 음陰의 방향으로 가장 끝에 존재하며, 다른 나라들은 그 사이에 존재한다.

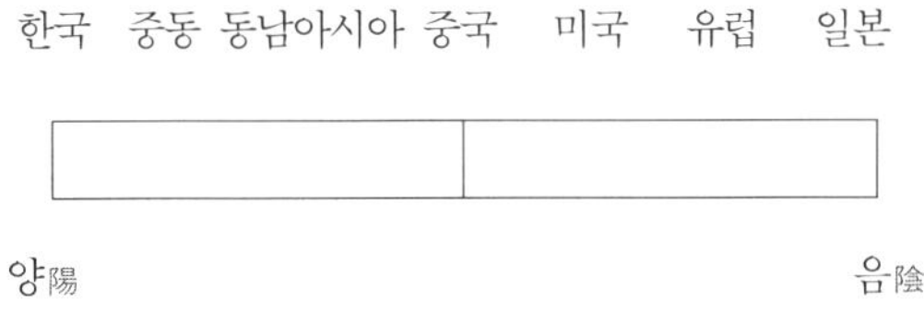

이러한 면에서 보면 한국과 일본은 가장 멀리 존재하므로 서로 상반되는 점이 많다. 한국에서는 정신적 가치를 중시하고 종교와 도덕을 위시한 인문과학이 발달하는 반면, 일본에서는 물질적 가치가 중시되고 법과 윤리를 중시하는 사회과학과 산업을 중시하는 물질과학이 발달한다. 한국과 일본의 가운데에 위치하는 나라가 중국이고 중국에서 일본 쪽으로 위치하는 나라들이 미국, 유럽이며, 한국 쪽으로 위치하는 나라들이 동남아시아의 국가들과 중동의 국가들이다. 이러한 사실을 도표화하면 지구상에 있는 여러 나라들의 특징과 성격을 다 파악할 수 있다.

곤 원 형 리 빈마지정 군자유유왕
坤이라 元코 亨코 利코 牝馬之貞하니 君子有攸往이니
선 미 후 득 주리 서남 득
라 先하면 迷하고 後하면 得하리니 主利하니라 西南은 得
붕 동북 상붕 안정 길 단왈지재
朋이오 東北은 喪朋이니 安貞이면 吉하니라 彖曰至哉
곤원 만물 자생 내순승천 곤후재
라 坤元이여 萬物이 資生하나니 乃順承天이니 坤厚載
물 덕합무강 함홍광대 품물 함형
物이 德合无疆하며 含弘光大하여 品物이 咸亨하나니
빈마 지류 행지무강 유순리정 군자유
라 牝馬는 地類니 行地无疆하며 柔順利貞이 君子攸
행 선 미 실도 후 순 득상
行이라 先하면 迷하여 失道하고 後하면 順하여 得常[1]하리니
서남득붕 내여류행 동북상붕 내종유경
西南得朋은 乃與類行[2]이오 東北喪朋이나 乃終有慶
안정지길 응지무강 상왈지세곤
하리니 安貞之吉은 應地无疆이니라 象曰地勢坤이니
군자 이 후덕 재물 문언왈곤 지유
君子 以하여 厚德으로 載物하나니라 文言曰坤은 至柔
이동야강 지정이덕방 후득 주이유상
而動也剛하고 至靜而德方하니 後得하여 主而有常[3]하
함만물이화광 곤도기순호 승천이시행
니 含萬物而化光하니 坤道其順乎인저 承天而時行
하나니라

국역 |

땅의 원리이다. 일을 시작하며, 일을 처리하고 확장시키며, 일을 마무리하고 정리하며, 참고 견디면서 암말처럼 예리하게 시비를 가린다. 군자가 가는 바가 있다. 앞서서 하면 혼미하고 뒤에서 따라 하면 잘된다. 이익을 중시한다. 서남 방향에서는 벗을 얻고 동북 방향에서는 벗을 잃는다. 편안하게 지내면서 시비판단을 잘하면 길하다. 단彖에서 말했다. "지극하도다. 곤의 으뜸되는 작용이여. 만물이 이를 바탕으로 생겨나 하늘의 작용을 이어받는다. 곤은 두터워서 만물을 싣고 있으니 덕德이 무강한 것에 합치한다. 포용해주고 넓혀주고 빛내주고 키워주므로 품물이 모두 형통하다. 암말은 땅을 잘 달리는 동물이다. 땅을 달리는 것이 끝이 없으며 유순하여 잘 결실하고 잘 보존하니, 군자가 행하여야 할 바이다. 먼저 하면 미혹하여 도를 잃고 나중에 하면 순조로워서 안정을 얻는다. 서남 방향에서 벗을 얻는 것은 같은 무리와 행하기 때문이고, 동북 방향에서는 벗을 잃지만 이에 경사스러운 일로 마칠 수 있다. 편안한 마음으로 시비를 가려 참고 견디면 길한 까닭은 땅에 대응하는 것이 끝이 없기 때문이다." 상象에서 말했다. "땅의 형세가 곤坤이니 군자가 이 괘의 이치를 살펴 두터운 덕으로 만물을 싣는다." 문언에서 말했다. "곤坤은 지극히 유순하면서 움직임은 지극히 강건하고, 지극히 조용하면서 덕이 방정하다. 뒤따르면 잘 되어서 주체가 확립되고 정체성을 갖는다. 만물을 포용하여 감화시키는 작용이 빛난다. 곤도坤道는 그 순조롭도다. 하늘을 이어받아서 때에 맞게 행한다."

난자풀이 |

1 常(상) : 일정한 것. 정체성.

2 類(류) : 같은 종류.

3 主(주) : 『역전易傳』에서는 주主의 아래에 리利자가 생략되었다고 했다.

강설

십삼경주소본이나 『역전』 등에서는 곤괘의 괘사와 효사 밑에 각각에 해당하는 「단전」과 「상전」의 내용을 붙였으나, 「문언전」의 내용은 따로 독립시켜 맨 뒤에 붙였다. 그러나 본서에서는 번거로움을 피하기 위해 「문언전」의 내용도 괘사와 효사 밑에 각각 해당하는 내용을 붙였다.

건괘와 곤괘는 만물을 낳고 기르는 하늘과 땅에 해당하고, 자녀를 낳고 기르는 아버지와 어머니에 해당한다. 그러므로 건괘와 마찬가지로 그 작용이 원형리정元亨利貞으로 설명되지만, 특히 정貞을 강조하여 빈마지정牝馬之貞이라 했다. 빈마牝馬는 암말이다. 암말은 유순하면서도 지상을 멀리까지 달리는 능력을 가진 동물이다. 그러면서도 암말은 성장한 자기의 새끼와 교미를 시키면 거부하는 분별력을 가지고 있다. 그러므로 하늘에 비하여 유순하고 치밀하며 분별력이 있으면서도 구체적이고 실질적인 행동력이 있는 땅의 작용을 암말에 비유하여 설명한 것이다.

어머니 혼자서 자녀를 낳을 수 없듯이, 곤坤의 작용만으로는 만물을 생성할 수 없다. 건乾을 찾아가 건의 도움을 받아야 역할을 할 수 있다. 그러므로 곤의 상황에 처한 사람이 군자라면 '가는 바가 있다'고 했다. 군자가 아니라면 가지 않고 혼자 있다가 제 역할을 하지 못한다.

창의적으로 새로운 이론을 만들고 새로운 일을 시작하는 것은 양陽의 일이고 하늘의 일이다. 그러므로 양陽은 주로 앞에 서서 일을 추진하는 역할을 한다. 이에 비해 새로운 이론을 응용하고 새로운 일을 마무리하는 것은 음陰의 일이고 땅의 일이다. 아버지가 돈을 버는 능력이 있다면 어머니는 그 돈으로 가정의 살림을 꾸려나가는 현실적인 능력이 있는 것과 같다. 그러므로 음陰은 뒤에 따라 다니면서 일을 마무리하는 역할을 한다. 그래서 '앞서서 하면 혼미하고 뒤에서 따라 하면 잘 된다'고 했다.

양陽의 성격을 가진 사람은 마음을 중시하고 음陰의 성격을 가진 사람은 몸을 중시한다. 그래서 양陽의 성격을 가진 사람들은 종교를 발달시키고 음陰의 성격을 가진 사람들은 과학을 발달시킨다. 양陽의 성격을 가진 사람들은 의리를 중시하지만 음陰의 성격을 가진 사람들은 이익을 중시한다. 몸에 필요한 것은 물질적인 가치이기 때문이다. 따라서 '이익을 중시한다'고 했다.

또 방위로 보면 해가 뜨는 동북방은 양陽의 방향이고 해가 지는 서남방은 음陰의 방향이다. 그래서 서남에 사는 사람들은 음陰의 성질을 가지게 되고, 동북에 사는 사람들은 양의 성질을 가지게 된다. 그러므로 곤괘의 성질을 가진 사람은 서남으로 가면 벗을 얻지만 동북으로 가면 벗을 잃는다. 실지로 유라시아 대륙의 동북쪽에 사는 사람들은 양陽의 성질을 가진 사람들이 많고, 서남쪽에 사는 사람들은 음陰의 성질을 가진 사람들이 많다. 다만 일본은 동쪽에 위치하면서도 음陰의 성격을 가진 사람들이 많은 것은 대륙에서 떨어진 섬이라는 특징과 풍토나 환경의 영향이 있기 때문이라고 봄이 좋을 것이다. 음陰의 성격을 가진 사람들은 이익을 중시하기 때문에 남과 이익다툼을 하기 쉽다. 본질적으로 사람을 이익다툼을 좋아하는 악한 존재로 본다면, 사람은 본래적으로 위험한 존재다. 그리고 사람의 삶은 위험한 존재 속에 섞여서 살아가는 불안한 것이다.

그러므로 음陰이 불안감을 해소하고 편안하게 살 수 있는 근본적인 방법은 양陽의 성질을 받아들여야 한다. 참으로 잘 분별하여 양陽의 성질을 받아들이고 편안하게 살도록 노력해야 길한 것이다.

「단전」에서는 건괘와 곤괘에 한하여 건원乾元과 곤원坤元이란 표현을 했다. 원元이란 '으뜸'이란 뜻이다. 건괘와 곤괘의 작용은 육십사괘 전체를 대표하는 으뜸이기 때문이다. 인간이 어머니의 배속에서 10개월간 성장한 다음 태어나듯이 만물은 곤괘의 작용에 의해서 구체적으로 생명이 생겨난다. 그러므로 만물자생萬物資生이라 했다. 어머니가 아이를 낳는 것이 아버지의 뜻에서 비롯되었듯이 땅이 만물을 낳는 것도 하늘의 뜻을 이어받기 때문이다. 그러므로 순조롭게 하늘의 뜻을 이어받는다고 했다. 땅은 봄·여름·가을·겨울을 거치면서 만물을 실어 나르는 작용을 끝없이 되풀이한다. 그러므로 그 덕이 끝이 없는 것에 합치된다고 했다. 땅은 만물을 다 포용하고 확장시키고 빛나게 하고 자라게 하므로 이에 힘입어 만물이 모두 뻗어난다. 따라서 '포용해주고 넓혀주고 빛내주고 키워주므로 품물이 모두 형통하다'고 했다.

서남으로 가면 벗을 얻는다는 것은 음의 성격을 가진 사람들끼리 만나면 금방 친해질 수 있다는 말이다. 동북으로 가면 벗을 잃는다는 것은, 음의 성격을 가진 사람들이 양의 성격을 가진 사람들 틈에 있게 되면, 실질적인 이익을 추구하고 실질적인 효과를 추구하는 성격 때문에, 의리를 중시하고 추상적인 원리를 추구하는 양의 사람들과 어울리기 어려움을 말한 것이다. 그런데 음끼리만 있으면 금방 친해질 수 있지만 오래 있으면 이익을 좋아하는 성격 때문에 마찰이 일어나게 된다. 또, 음의 부족한 점을 보완하여 조화를 이룰 수 있는 양이 없어 조화를 이룰 수 없게 된다. 음의 성격을 가진 사람들은 이익을 중시하기 때문에 양의 성격으로 이를 보완해주지 않으면 이익만을 추구하는 천박한 사람으로 전락하기 쉽다. 따라서 음의 성격을 가진 사람들이 양의 성격을 가진 사람들을 만나면 우선은 이질적인 요소 때문에 서로 마찰이 일어나지만 이것을 참고 견뎌 극복하면 결국 상호간의 단점을 보완하는 기능을 하게 되어 완전한 인격을 형성할 수 있게 된다. 한국인이 일본에 가서 2, 3년 살게 되면 그들과의 마찰 때문에 그들을 비난하는 것으로 일관하기 쉽지만, 이를 극복하고 나면 자신의 인격을 완성하는 데 큰 도움이 된다. 일본인이 한국에서 2, 3년 살게 될 경우에도 마찬가지이다. 한국인의 특징을 인仁이라고 하고 일본인의 특징을 지知라고 한다면, 각각의 특징을 보완하여 완성된 것이 중용이다. 그러므로 동북으로 가면 벗을 잃지만 결국에 가서는 경사스러운 일이 있을 것이라고 한 것이다. 그러므로 잘 따져서 분별하여 참고 견디면 길한 것이니 이것이 땅의 작용에 무궁하게 대처하는 방법이다.

땅의 형세는 곤坤의 덕이다. 그러므로 곤坤의 상황에 처한 군자는 땅의 작용을 참고하여 후덕하게 만물을 실어서 기른다.

곤坤의 성격은 지극히 유순하지만 실질적인 일을 하는 모습은 땅이 영원히 만물을 기르듯이 꿋꿋하다. 지극히 조용하지만 그 작용이 어긋나거나 흐트러짐이 없이 방정하다. 마치 만물을 낳고 기르는 땅의 역할이 흐트러짐이 없는 것과 같다. 그러므로 사람들은 땅은 정직하다고 한다. 땅은 하늘의 뜻을 뒤이어 만물을 낳기 때문에 곤덕坤德을 가진 사람은 뒤에서 따르면 잘 된다고 한 것이다. 곤괘의 성격을 가진 사람들은 이익을 중시하기 때문에 늘 안정성을 확보할 수 있다. 의리를 중시하는 사람들은 이익을 가벼이 여겨서 경우에 따라 재산을 확보하지 못하고 현실적으로 어려움을 겪는 경우가 있다. 공자의 제자인 안연이 그 대표적인 경우이다. 이와 반대로 이익에 관심이 많은 자공은 늘 일정한 재산을 축적하고 있었다. 이는 자공이 곤덕을 가졌기 때문으로 볼 수 있다.

곤坤의 덕은 만물을 포용하여 감화시킴으로써 만물이 그 때문에 성장하고 결실하므로, 곤坤의 덕이 빛남이 있다. 건의 덕을 이어받아 때맞게 작용하는 곤坤의 덕은 순조로운 것이라고 할 수 있다.

초육 이상 견빙 지 상왈이상견빙
初六은 履霜하면 堅氷이 至하나니라 象曰履霜堅氷은
음시응야 순치기도 지견빙야 문언왈적선
陰始凝也니 馴致其道면 至堅氷也라 文言曰積善
지가 필유여경 적불선지가 필유여앙
之家는 必有餘慶하고 積不善之家는 必有餘殃하나니
[1]
신시기군 자시기부 비일조일석지고 기소
臣弑其君하며 子弑其父 非一朝一夕之故라 其所

유래자점의 유변지부조변야 역왈이상견빙
由來者漸矣니 由辨之不早辨也니 易曰履霜堅氷

지 개언순야
至라하니 蓋言順也라

국역 |

초육初六은 서리를 밟으면 딱딱한 얼음이 이른다. 상에서 말했다. "서리를 밟으면 딱딱한 얼음이 이르는 것은 음陰이 처음으로 엉기기 때문이니, 그 길로 계속가면 딱딱한 얼음에 이른다." 문언에서 말했다. "선을 쌓는 집에는 반드시 경사가 남게 되고, 불선을 쌓는 집에는 반드시 재앙이 남게 된다. 신하가 그 임금을 죽이고 아들이 그 아버지를 죽인 까닭이 하루아침 하루저녁에 생긴 것이 아니다. 그 유래하여 온 바는 점진적인 것이 있었다. 다만 그것을 분별하고 일찍 분별하지 못한 것에 말미암는다. 역易에서 말하기를 '서리를 밟으면 딱딱한 얼음이 이른다'고 했으니, 잘 따라야 함을 말한 것이다."

난자풀이 |

1 餘(여) : '남는다'는 뜻. 여경餘慶은 남는 경사라는 말인데, 남는 경사란 경사가 남는다는 뜻이다.

강설 |

초육初六은 음陰의 요소를 가진 사람들로 구성되어 있는 집단에 처음 들어가는 경우이거나, 음陰으로 일관하는 삶을 처음 시작하는 경우이다. 음陰은 외형적으로는 부드럽지만 속에는 음흉한 것이 들어 있다.

마찬가지로 음陰의 성질을 가진 사람은 겉으로는 부드럽지만 속에는 차가운 것이 들어있다. 음陰의 요소가 강한 사람들로 구성되는 사회는 순자의 성악설이 지배되는 사회이다. 성악설적 사고에서는 사람을 본래 악한 존재로 본다. 악한 사람들끼리 함께 산다는 것은 불안하고 위태로운 일이다. 그런데 사람은 불안한 상태로는 살아갈 수 없다. 이 불안을 해소할 수 있는 첫 번째의 방법은 상대를 죽여 버리고 혼자 사는 것이다. 다음으로 선택할 수 있는 두 번째 방법은 상대를 부하로 만드는 방법이다. 그러나 첫 번째와 두 번째의 방법에 자신이 없을 때 취할 수 있는 마지막 방법은 협상의 테이블에 마주 앉아 타협을 함으로써 공존의 원리를 찾아내는 것이다.

공존은 일정한 규칙을 만들어 함께 지킬 때 가능하다. 규칙이 발전한 것이 예절이고 법이다. 그렇기 때문에 성악설이 지배하는 사회에서는 규칙이 중시되고 예법이 강조된다. 그러므로 이러한 사회의 사람들은 규칙과 법을 잘 지켜 외형적으로는 부드럽게 보이지만, 규칙을 어기거나 법을 지키지 않는 사람에 대해서는 단호하다. 규칙이나 예법을 지키지 않는 사람은 첫 번째와 두 번째의 방법을 추구하는 위험인물로 판단되기 때문이다.

그러므로 성악설이 지배하는 사회에서는 특히 규칙이나 법을 어기지 않도록 각별히 조심해야 한다. 그들의 부드러운 모습만을 보고 안이해져서 규칙을 어기기라도 하면 그 다음에는 엄청난 제재가 가해진다. 이러한 상황을 '서리를 밟으면 딱딱한 얼음이 이른다'고 표현한 것이다.

규칙을 지키고 예절을 지키는 것이 선善이고, 지키지 않는 것이 악惡이다. 선善을 쌓으면 모두에게 인정을 받게 되고, 원만하게 살아갈 수 있지만, 그렇지 않을 경우는 반대의 결과가 나타난다. 따라서 선善을 쌓는 집에는 경사가 남고 불선不善을 쌓는 집에는 재앙이 남는다고 했다. 규칙이나 예절은 작은 것을 지키는 데서부터 차츰 차츰 쌓아가지 않으면 안 된다. 임금을 죽이고 부모를 죽이는 끔찍한 일들도 결국 이 작은 예절과 규칙을 쌓아가지 않은 데서 비롯된 것이다. 작은 예절이나 규칙을 어기는 것이 서리를 밟는 것에 해당되고 부모를 죽이거나 임금을 죽이는 것 등의 큰일은 얼음이 이르는 것에 해당한다. 그러므로 『주역』을 읽는 군자는 서리를 밟으면 얼음이 이른다는 이치를 옳게 통찰하여, 작은 예절이나 규칙을 지키는 일에서부터 나중에 올 결과를 미리 예측하여 잘 대비할 수 있어야 한다.

六二는 直方大면 不習[1]이라도 无不利하니라 象曰六二之動이 直以方也면 不習无不利는 地道 光也라 文言曰直은 其正也오 方은 其義也니 君子敬以直內하고 義以方外하여 敬義立而德不孤하나니 直方大不習无不利則不疑其所行也라

국역 |

육이六二는 곧고 방정하고 대담하게 하면 실습하지 않더라도 이롭지 않음이 없다. 상象에서 말했다. "육이六二의 움직임이 곧고 방정하면 실습하지 않더라도 이롭지 않음이 없음은 땅의 도리가 빛나기 때문이다." 문언에서 말했다. "직直은 바르게 하는 것이고, 방方은 의롭게 하는 것이다. 군자가 경敬으로써 안을 곧게 하고 의義로써 밖을 방정하게 하면 경敬과 의義가 확립되어 덕德이 외롭지 않게 된다. 곧고 방정하고

대담하게 하면 실습하지 않더라도 이롭지 않음이 없음은 그 행하는 바에 대해서 의심하지 않기 때문이다."

난자풀이 |

1 習(습) : 원래 새의 새끼가 어미 새에게서 나는 법을 배운 뒤, 실지로 날 수 있도록 실습한다는 의미이다. 이에서 비롯하여 '실습한다', '연습한다' 등의 의미를 갖게 되었다.

강설 |

성악설적 사고를 바탕으로 하는 사회에서는 규칙과 법을 잘 지키지 못할 경우 사회생활을 할 수 없는 사람으로 인식되어 도태되고 만다. 그러나 일단 잘 지켜서 사회생활을 할 수 있는 사람으로 인정을 받게 되면 같은 집단의 동료로서 친밀한 관계를 유지할 수 있다. 육이六二는 하층부의 중심이다. 상층부의 신임을 전폭적으로 받기 때문에 정직하고 방정한 인품을 유지하면서 소신대로 대담하게 자신의 역할을 수행하는 것이 좋다.

음陰의 성질을 가진 사람들은 권위를 중시한다. 몸의 힘으로는 몇 사람 정도밖에 제압할 수 없다. 그러므로 몸을 중시하는 사람이 남을 제압하기 위해서는 권위를 가져야 한다. 육오六五는 권위를 지키기 위해서 자신을 밖으로 잘 드러내지 않는다. 밖으로 드러내다 보면 자신의 한계가 드러나서 권위를 유지할 수 없기 때문이다. 육오六五가 밖으로 잘 드러나지 않을 경우 육오六五의 일을 대행하는 존재가 육이六二이다. 이른바 행동대장인 것이다.

공존의 원리 중의 최선의 방식은 남의 상황과 남의 입장을 고려하여 거기에 자신을 맞추는 것이다. 그런데 서로가 남에게 맞추다 보면 능동적으로 일을 판단하고 처리하기가 어렵다. 이러한 상황에서는 현실적으로 불합리한 요소가 있다 하더라도 개선하기 어렵다. 그래서 이 경우에는 과감하게 개선해줄 행동대장을 필요로 한다.

육이六二는 전체를 이끌어갈 행동대장이다. 이때 주의해야 할 것은 전체가 바라는 것이 무엇인지, 또 개선해야 할 것이 무엇인지, 전체의 입장에서 정직하게 판단해야 하고, 방정하면서도 대담하게 행동해야 한다. 이제는 예절을 지키기 위해서 더 이상 연습하지 않아도 된다.

육이六二는 소신을 가지고 자기가 터득한 규칙이나 예를 방정하게 그리고 대담하게 실천하면 되지만, 한 가지 주의해야 할 것은, 의리의 방향으로 이끌고 가도록 노력해야 한다는 것이다. 그러므로 이 경우에 처한 군자는 이익만을 추구하는 방향으로 흐르지 않도록, 항상 경건함을 유지해야 한다. 곤괘의 성질을 가진 사람들은 이익을 중시하기 때문에 의리 없는 행동을 하기 쉽기 때문이다. 일본의 지도자들이 만약 『주역』을 읽은 군자였다면 그들의 나라를 항상 이익을 얻는 방향으로만 이끌고 가지는 않을 수 있었을 것이다. 인격을 완성하는 방법인 경건함과 의로움을 세워 나라를 의롭게 이끌고 간다면 이웃나라들과 마찰하지 않고 화목하게 지낼 수 있을 것이다. 그러므로 덕을 실천하면 외롭지 않다고 했다. 공자는 『논어』에서 백성들을 의롭게 되도록 힘써야 함을 지자知者가 갖추어야 할 요건으로 제시한 바 있다.

六三(육삼)은 含章(함장)[1]이나 可貞(가정)이니 或從王事(혹종왕사)[2]라도 无成(무성)[3]이라야
有終(유종)[4]이니라 象曰含章可貞(상왈함장가정)은 以時發也(이시발야)오 或從王事(혹종왕사)
는 知光大也(지광대야)라 文言曰陰雖有美(문언왈음수유미)나 含之(함지)하여 以從王(이종왕)

坤

事라도 弗敢成也니 地道也며 妻道也며 臣道也니 地道는 无成而代有終也니라

국역 |

육삼六三은 아름다움을 머금고 있지만 참고 견디어야 한다. 혹 왕의 일에 종사해도 자신이 이루었다는 생각이 없어야 한다. 상象에서 말했다. "아름다움을 머금고 참고 견디어야 하는 것은 때를 봐서 발휘해야 하기 때문이고, 혹 왕의 일에 종사하는 것은 지혜가 광대하기 때문이다." 문언에서 말했다. "음이 비록 아름다움이 있으나 그것을 머금고서 왕의 일에 종사하더라도 감히 이루지 않아야 한다. 지도地道이고 처도妻道이며 신도臣道이기 때문이다. 지도는 이루지 않고 대신 뒷정리를 하는 것이다."

난자풀이 |

1 章(장) : 아름다운 무늬. 여기서는 좋은 능력을 말한다.
2 王(왕) : 여기서는 전체의 중심인 육오六五를 지칭한다.
3 成(성) : 성공하는 것. 자기의 공을 이루는 것.
4 終(종) : 마무리를 하는 것. 뒷정리를 하는 것.

강설 |

육삼六三은 규칙을 지키고 법을 지키면서 열심히 노력해야 하는 집단에서 상당한 수준에 도달한 존재이지만 이미 하층부의 중심의 자리를 벗어났다. 그러므로 윗사람들의 관심은 후배인 육이六二에게 집중

된다. 이러한 상황은 참고 견디기 어렵다. 그러나 이 이치를 잘 이해하면 자신이 관심을 받지 못하는 것을 이해하고 참을 수 있을 것이다.

권위를 중시하는 육오六五는 권위를 지키기 위해 나서기를 좋아하지 않는다. 일을 남에게 맡기기를 좋아한다. 공식적인 일은 육이六二에게 맡기지만 비공식적인 일은 육삼六三에게 맡긴다. 그러므로 간혹 육오六五의 일을 돕게 될 때가 있다. 그러나 이때 육삼六三이 훌륭한 성과를 올린다 하더라도, 자신이 하층부의 사람이라는 사실을 명심해야 한다. 공을 이룰 수 있는 위치가 아니다. 만약 공치사를 하면 권위를 중시하는 윗사람에게 제거당한다. 그러므로 왕의 일에 종사하는 일이 있더라도 자기의 공을 이루거나 명예를 얻을 생각을 하면 안 된다. 자기의 역할은 오직 윗사람의 뒷설거지를 하는 것에 불과함을 명심해야 한다.

상象에서 아름다움을 머금었지만 참고 견디어야 한다는 것은 참고 있다가 때가 왔을 때 발휘하여야 함을 말한 것이다. 남편이 일을 하고 난 뒤의 설거지나 청소를 하는 것은 부인의 몫이듯이 뒷정리를 하는 것은 곤도坤道의 특징이다.

六四(육사)는 括[1]囊[2](괄낭)이라야 无咎(무구)하며 无譽(무예)하리라 象曰括囊无咎(상왈괄낭무구)는 愼不害也(신불해야)라 文言曰(문언왈) 天地變化(천지변화)하면 草木(초목)이 蕃(번)하고 天地閉(천지폐)하면 賢人(현인)이 隱(은)하나니 易曰括囊无咎无譽(역왈괄낭무구무예)라하니 蓋言謹也(개언근야)라

국역 |

육사六四는 주머니를 꽉 묶어야 허물이 없고 명예로움도 없을 것이다. 상象에서 말했다. "자루를 꽉 묶으면 허물이 없는 것은 신중하여 해를 당하지 않기 때문이다." 문언에서 말했다. "천지가 변화하면 초목이 무성하고 천지가 닫히면 현인이 숨는다. 역에서 '자루를 꽉 묶으면 허물이 없고 명예로움도 없다'고 했으니 대개 근신해야 함을 말한 것이다."

난자풀이 |

1 括(괄) : '묶는다'는 뜻.
2 囊(낭) : 주머니. 자루.

강설 |

음陰의 성질을 가진 사람은 유순하지만 몸을 중시하고 물질을 중시하며 힘과 권력을 중시한다. 또 속이 음흉하여 남을 잘 믿지 않고 의심을 잘한다. 따라서 음陰의 성격을 가진 사람이 권력의 핵심부에 있게 되면 자기의 권력을 계속 유지하기 위하여 권력에 접근하는 주위의 사람들을 의심하기 쉽다. 권력에 근접해 있는 존재가 사효이므로 오효가 음효일 때는 늘 사효를 의심하고 경계한다. 그러다가 약간이라도 사효가 권위에 도전하는 것으로 판단되면 가차없이 제거한다. 그러므로 이 경우의 사효는 특히 조심해야 한다. 그래서 주머니 속의 것이 새나오지 않도록 끈으로 꽉 묶듯이, 헛말이 새나가지 않도록 입을 꽉 막고, 허튼 행동이 노출되지 않도록 몸을 단정히 하여야 함을 가르친다. 이렇게 하면 허물이 나지 않을 수 있지만, 또한 명예를 얻을 일도 없다.

일본의 닛꼬日光에 있는 토쇼구東照宮의 처마에는 귀를 막고 있는 원숭이와 눈을 막고 있는 원숭이, 그리고 입을 막고 있는 원숭이 조각이 있다. 이 곤괘 사효의 뜻이 잘 표현되어 있는 것으로 보인다.

하늘과 땅의 작용은 조화를 이루어야 만물이 번성해질 수 있다. 만약 그렇지 않으면 만물이 제대로 자랄 수 없다. 마치 아버지와 어머니가 조화를 이루지 못하면 자녀들이 제대로 성장하지 못하는 것과 같다. 육사六四의 역할은 상층부와 하층부를 연결하는 것이다. 이는 하늘과 땅을 연결하는 것과 같다. 따라서 육사六四가 제 역할을 잘 하면 전체가 원만하게 되어 풍성해지지만, 그렇지 못하면 위와 아래가 단절되고 만다. 위와 아래가 단절되면 아래에 있는 현자는 은거해 버린다. 그러므로 육사六四는 특히 조심해야 한다.

六五(육오)는 黃(황)[1]裳(상)[2]이면 元吉(원길)하리라 象曰黃裳元吉(상왈황상원길)은 文(문)[3]在中(재중)也(야)라 文言曰君子黃中通理(문언왈군자황중통리)하여 正位居體(정위거체)[4]하면 美在(미재)其中而暢(기중이창)[5]於四支(어사지)하며 發於事業(발어사업)하나니 美之至也(미지지야)라

국역 |

육오六五는 노란 치마를 입으면 크게 길하다. 상象에서 말했다. "노란 치마를 입으면 크게 길한 것은 무늬가 속에 있기 때문이다." 문언에서 말했다. "군자가 중앙에 있으면서 이치에 통달하여 자리를 바로 잡고 몸통 부분에 거처하고 있으면, 아름다움이 그 가운데에 있으면서 사지에까지 창달하여 사업에 발휘되니 아름다움의 극치이다."

난자풀이 |

1 黃(황) : 노란 색이다. 노란 색은 중앙을 표시하는 색이므로 황黃은 중앙을 상징한다.

2 裳(상) : 치마. 저고리는 웃옷이므로 화려하게 밖으로 드러나는 것이지만 치마는 아래옷이기 때문에 밖으로 드러나지 않고 감추어진다. 따라서 치마를 입는다는 말은 자기를 드러내지 않고 감춘다는 말이 된다.

3 文(문) : 문紋과 통용. 무늬. 무늬는 화려하고 고운 것이다. 자연상태에서 화려하고 고운 것을 일구는 것이 문명이므로 문文은 문명이란 뜻으로도 쓰인다.

4 體(체) : 사지에 반대되는 말로 '몸통'을 의미한다.

5 暢(창) : 창달한다.

강설 |

육오六五는 전체를 주도하는 중심에 있다. 가정에서는 부모이고 학교에서는 교장이며 회사에서는 사장이다. 그리고 나라에서는 국왕의 자리이다.

음陰의 요소로만 모여 있는 사회에서 산다는 것은 성악설적 사고가 일반화되어 있는 사회에서 산다는 것을 의미한다. 성악설적 사고에서 보면 이 사회는 투쟁하는 사람들로 가득 차 있다. 따라서 혼란이 야기되는 것은 필연적이다. 혼란을 막기 위해서는 사회를 바로잡아야 한다. 그러기 위해서는 예절과 법을 만들어 지켜야 하며, 지키지 않는 사람에게는 법을 집행하여 사회로부터 격리시켜야 한다. 그래서 법을 집행할 수 있는 강력한 정부가 요청되고 실제로 강력한 정부가 만들어진다. 유럽의 절대군주제가 그렇고 일본과 영국의 왕정이 그렇다. 왕에 대한 절대적인 권위를 부여하는 것은 불안을 느낀 백성들의 자발적인 뜻에 기인한다. 왕권이 약화되면 사회가 다시 혼란에 빠질 것으로 생각하기 때문이다.

또한 왕의 입장에서도 왕권을 유지하는 노력을 하지 않으면 안 된다. 왕권을 유지하는 최선의 방법은 양陽의 성질을 가진 사람들끼리는 마음으로 감복시키는 것이고, 음陰의 성질을 가진 사람들끼리는 권위로 제압하는 것이다. 권위를 유지하는 최선의 방법은 자신의 감정을 드러내지 않고 감추는 것이다. 만약 여자를 좋아하는 감정이 노출되면 미인계에 넘어갈 것이고, 재물을 좋아하는 감정이 노출되면 뇌물공세에 넘어갈 것이다. 그러므로 어떠한 감정도 노출하지 말고 숨겨야 한다.

어떤 의견이나 정책도 직접 제시하지 않는 것이 좋다. 자기의 의견을 직접 제시했다가 실패하게 될 경우 권위에 손상을 입을 것이기 때문이다. 자신의 의견을 감추고 신하들의 의견을 들어서 집행하면, 그 결과가 잘못된다 하더라도 책임을 신하에게 돌릴 수 있으므로 자신의 권위는 손상을 입지 않을 수 있다. 일본의 정치제도는 그 전형적인 형태이다. 모든 잘못된 정치의 책임은 내각의 수상이 지기 때문에 왕은 문책당하는 일이 없다. 심지어 2차 세계대전의 전범국가이면서도 왕이 처벌을 받지 않았다. 『주역』에서는 이러한 경우를 일러 치마를 입는 것이라고 했다. 자기를 노출시키는 것이 저고리를 입는 것이라면 치마를 입는 것은 자기를 숨기는 것에 해당한다. 그러나 아무리 자신을 감춘다 해도 왕은 정치권력의 중심부에 있으면서 좌우左右에 신하들을 배치하여 좌左가 약하면 좌左에게 힘을 실어주고, 우右가 약하면 우右에게 힘을 실어주어, 균형을 유지시키면 전체를 통제할 수 있다. 그러므로 치마를 입되 중앙의 색인 노란 치마를 입어야 한다고 했다. 그렇게만 하면 일본의 왕처럼 교체되는 일이 없이 계속 권좌에 머물 수 있고, 그로 인해 전체의 사회가 안정을 유지할 수 있으므로 크게 길하다고 한 것이다.

곤괘 육오六五의 상황에 처한 군자는 『주역』의 이러한 이치를 잘 통찰하여 중심에 자기의 자리를 정해야 한다. 이러한 상황을 역에서는 몸통부분에 자리하고 있으면 사지에까지 전달되어 모든 일에서 그 효과가 발휘된다고 표현했다.

上六은 龍戰于野면 其血이 玄黃이로다 象曰龍戰于野는 其道窮也라 文言曰陰疑於陽하면 必戰하나니 爲其嫌於无陽也라 故로 稱龍焉하고 猶未離其類也라 故로 稱血焉하니 夫玄黃者는 天地之雜也니 天玄而地黃하니라

국역 |

상육上六은 용들이 들에서 싸우면 그 피가 튀어 거먹거먹하고 누릇누릇할 것이다. 상象에서 말했다. "용들이 들에서 싸우는 것은 그 도가 궁하기 때문이다." 문언에서 말했다. "음이 양에게 비견되면 반드시 싸운다. 양이 없는 것에 싫증을 느꼈기 때문이다. 그러므로 용이라 칭했다. 그렇지만 여전히 음의 무리에서 벗어나지 않았기 때문에 혈血이라는 말을 했다. 대저 현황이란 하늘과 땅이 섞인 것이니 하늘은 검고 땅은 누렇다."

난자풀이 |

1 玄(현) : 거먹거먹한 색. 하늘의 본래 색이다.

2 黃(황) : 누릇누릇한 색. 땅의 색을 말한다.

3 疑(의) : 의擬와 통용. '비견된다'는 뜻이다. 여기서는 음이 유순함을 상실하여 양에 비견됨을 말한다.

4 嫌(혐) : 싫증을 낸다는 뜻.

강설 |

음陰의 요소로만 되어 있는 곤괘의 마지막 효가 상육上六이다. 이 효는 사람의 일생에서 보면 순자의 논리로 한 평생을 살아서 노년기에 이른 경우이고, 역사로 보면 순자의 사상에 의하여 진행된 역사가 말기에 이른 경우이며, 공간적으로 보면 순자적 사고로 살아가는 사람들의 집단에서 가장 원로가 된 경우이다. 순자의 사상은 사회의 안정을 중시하고 법과 예절의 준수를 강조한다. 따라서 순자의 사상에 기초하여 일평생을 살게 되면, 만년에 이르러 인생에 대한 허무함을 느끼기 쉽다. 일생을 돌아보면 열심히 법과 예절을 지킨 것 이외에 남는 것이 별로 없다. 이것은 모두 남을 위한 배려였기 때문에 진정으로 자신을 위한 삶을 살았다는 생각을 할 수가 없다. 이렇게 되면 남은 여생이라도 이제까지의 삶의 방식에서 벗어나 진정으로 자신을 위한 삶을 살아보고 싶어진다. 일본의 여성들이 남편의 정년을 맞아 이혼하는 사례가 많은 것은 이러한 이유에서일 것이다. 이 경우 의견대립이나 갈등으로 인한 다툼이 일어나게 되면 체면과 예절을 무시하기 때문에 처참한 전투로 비화하기 쉽다. 음陰이 음陰으로서 살아온 것에 염증을 느껴 음陰으로서의 유순함과 도리를 지키지 않으므로 양陽과 같은 대담한 행동을 하게 된다. 그러므로 이러한 상태의 음陰을 양陽에 비견하여 용龍이라고 표현했다. 음陰의 성질을 가지고 있었을 때는 남을 의식하고 교양을 지키느라 집밖에 알려지도록 싸우지는 않았다. 그러나 허무한 생각이 들면 예절을 지키지 않으므로 남을 의식하지 않는다. 그래서 집밖의 들판에까지 나와 싸운다.

들이란 대규모의 전쟁이 가능하고 또 대중이 모두 알 수 있는 공공연한 장소이다. 용이 들에서 싸운다는 것은 대규모의 전쟁이 공공연히 처참하게 진행된다는 의미이다. 그러므로 피가 흘러 거먹거먹 누릇누릇하다고 했다. 거먹거먹한 것은 하늘의 색이고 누릇누릇한 것은 땅의 색이다. 피가 흘러 거먹거먹 누릇누릇하다는 것은 피가 흘러 하늘과 땅에 그득하다는 뜻이다. 곧 엄청난 유혈의 상태를 표현한 말이다.

몸을 인간존재의 본질로 간주하는 순자적 사고방식은 일신의 안전을 보장하기 힘든 혼란한 사회 상황에서는 설득력이 있다. 하지만 사회가 안정되고 사람들이 먼 장래까지 생각하게 되면 그 한계와 부작용을 드러낸다. 인간의 몸을 중시하는 순자의 철학에서는 인간의 육신이 일정 기간 지난 뒤 한 줌의 흙으로 변하고 마는 허무한 존재라는 사실이 전제되지 않을 수 없고, 이로 인해 허무주의에 빠지지 않을 수 없다. 허무주의의 다음에는 쾌락주의가 대두되고 법이나 규율이 무시된다. 그렇게 되면 그 사회는 통솔할 수 없다. 그래서 그 사회는 거대한 혼란에 빠진다.

중국의 한漢나라는 순자의 사상을 정치이념으로 삼았던 왕조이었다. 때문에 말기에는 순자 사상의 한계에서 나타난 허무주의와 쾌락주의가 만연하게 되었고, 그로 인해 한나라는 멸망하게 되었다. 한나라의 멸망 이후에 맞이한 삼국시대와 위진남북조시대에도 전쟁이 계속되어 수많은 사람들이 피를 흘렸다. 피가 흘러 그득하다고 한 말이 거짓이 아니다.

현대의 문화는 서양의 근대문화를 바탕으로 한 합리주의 문화이다. 합리주의 문화의 특징은 물질적 가치를 중시한다는 데 있다. 이러한 의미에서 현대문화는 성악설을 근간으로 하는 문화이다. 따라서 현대문화에서는 법과 규칙, 그리고 예절과 교양이 중시되지만 그 한계에 도달하면 예절을 무시하고 쾌락주의에 빠질 것이다. 오늘날 대두되고 있는 향락적인 자본주의의 물신주의 문화가 이 경우에 해당한다고 볼 수 있다. 현대인들이 만약 이러한 한계에 봉착하여 욕구를 충족하기 위한 전투를 하게 되면 처참한 전투로 바뀔 가능성이 있다. 『주역』 곤괘 상육上六에서는 이를 경계한 것이다.

곤괘 문화에서 나타나는 병폐를 치유하는 가장 적극적인 방법은 건괘 문화를 수용하는 것이다. 영생의 논리가 있는 건괘의 정신문화는 곤괘 문화에서 나타나는 허무주의를 치유할 수 있다. 이러한 의미에서 본다면 건괘의 성질을 가장 많이 가진 한국인들은 21세기에 큰 역할을 할 수 있을 것이다.

用六(용육)은 利永貞(이영정)하니라 象曰用六永貞(상왈용육영정)은 以大終也(이대종야)라

국역 |

육六을 쓰는 경우는 길이 참고 견디는 것이 이롭다. 상象에서 말했다. "육六을 쓰는 상태에서 길이 참고 견뎌야 함은 위대한 종말을 위해서이다."

강설 |

용육用六은 곤괘에만 있다. 음陰으로만 이루어져 있는 곤괘의 여섯 효의 효사를 포괄하여 설명한 것이 이 용육用六이다. 주자는 이 용육用六의 내용을 점에서 여섯 효가 모두 노음을 만났을 때의 점사로 보았다. 그러나 그것은 납득하기 어렵다. 오히려 모든 효가 소음일 때의 점사로 보는 것이 좋다. 곤괘의 성격에서 보면, 이 괘에 해당하는 집단은 법과 규칙, 그리고 예절을 지킴으로써 질서 있고 안정된 사회를 건설할 수 있는 장점이 있지만, 마지막을 잘 장식하지 못하는 단점이 있다. 용들이 들에서 처참하게 싸우는 상황을 연출하기 쉽다고 표현한 것이 그것이다. 한나라 말기에 전쟁을 일삼은 중국이 위진남북조시대의 혼

란기를 맞이했고 독일과 일본이 세계대전을 일으켜 세계를 혼란에 빠뜨린 것이 이러한 경우이다. 따라서 곤괘의 상황에서 중요한 것은 위대한 종말을 장식하기 위해서 끝까지 인내하는 것이다. 그러므로 길이 참고 견뎌야 이롭다고 했다.

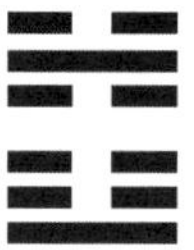

수뢰준
水雷屯

이 괘는 상괘가 감괘坎卦이고 하괘가 진괘震卦이다. 감괘가 하괘일 경우에는 이전전투를 벌여 걷잡을 수 없지만, 상괘일 경우에는 오랜 싸움 끝에 아무 힘없이 늘어져 있는 상태이다. 그리고 하층부의 진괘는 아래의 실력 있고 추진력이 있는 양陽이 위의 침체의 늪에 빠져 있는 두 음陰을 일깨우기 위해 지각변동을 일으킨다. 그러므로 이 괘 전체에서 변화를 일으키는 주체는 초구初九이다. 그러나 지각변동을 일으키고 변화를 시도하는 것은 받쳐주는 힘이 있을 때 가능하다. 만약 받쳐주는 힘이 없을 때 일을 일으키면 좌절하고 만다. 그런데 상괘인 감괘는 힘이 없으므로 하괘인 진괘가 자기의 기분대로 움직이면 안 된다. 그러므로 머물러야 한다는 의미에서 이 괘의 이름을 준屯이라 붙였다. 屯은 일반적으로 '둔'으로 발음하지만 괘의 이름일 때는 '준'으로 발음한다.

준 원 형 리 정 물 용 유 유 왕 리 건 후
屯이라 元코 亨코 利코 貞하니 勿用[1]有攸往이요 利建侯

단 왈 준 강 유 시 교 이 난 생 동 호 험 중
하니라 彖曰屯은 剛柔始交而難生하여 動乎險中하니

대 형 정 뇌 우 지 동 만 영 천 조 초 매 의 건
大亨貞이라 雷雨之動이 滿盈이라 天造草[2]昧[3]에는 宜建

후 이 불 녕 상 왈 운 뢰 준 군 자 이 경 륜
侯而不寧이니라 象曰雲雷 屯이니 君子 以하여 經綸하

나니라

국역 |

머물러야 하는 형국이다. 시작해야 할 때 시작하고 확장해야 할 때 확장하고 거두어야 할 때 거두고 마무리해야 할 때 마무리해야 한다. 가는 바가 있지 않아야 한다. 제후를 세우는 것이 이롭다. 단彖에서 말했다. "준屯은 굳센 것과 부드러운 것이 처음으로 사귐으로써 어려움이 생겨, 험한 가운데에서 움직이므로, 크게 떨쳐 일어나서 잘 분별하여 참고 견뎌야 한다. 번개와 비의 움직임이 가득하기 때문이다. 하늘의 작용이 초창기의 상태에서 어둡고 어지러울 때에는 마땅히 제후를 세우고 편안하게 있지 않아야 한다." 상象에서 말했다. "구름과 번개가 있는 것이 준屯이니 군자가 이 괘의 이치를 살펴 (천하를) 경륜한다."

난자풀이 |

[1] 用(용) : 이以와 같은 뜻.

[2] 草(초) : 초창기.

[3] 昧(매) : 어둡고 무질서한 상태.

강설

준괘의 상괘는 지쳐서 힘이 빠져 있다. 아무 것도 할 수 없다. 그러나 하괘는 분위기를 쇄신하기 위해 지각변동을 일으킨다. 무슨 일이든 강력하게 추진하고 있다. 그래서 위아래가 서로 뜻이 엇갈린다. 이때는 무조건 가만있어도 안 되고 적극적으로 나서도 안 된다. 상황을 잘 살펴서 머물러야 할 때 머물고 나서야 할 때 나서야 한다. 그래서 '시작할 때 시작하고 확장할 때 확장하고 거둘 때 거두고 마무리할 때 마무리해야 한다'고 했다.

뜻이 서로 엇갈리는 상황에서는 우선은 멈추어야 한다. 늘어져 있는 윗사람들에게 힘이 약간 생길 때까지는 어쩔 수 없다. 그래서 '가는 바가 있지 않아야 한다'고 했다. 그러나 언제까지고 멈추어 있으면 안 된다. 윗사람들에게 약간의 힘이 축적되면 아랫사람들을 지원하여 새로운 일을 시작해야 한다. 그러므로 우선 멈추어 있으면서 다음에 적극적으로 나설 준비를 해야 한다. 그래서 '제후를 세우는 것이 이롭다'고 했다.

강剛과 유柔가 처음 사귀어서 어려움이 생긴다는 말은 하괘인 진괘에서 초구初九가 음들 속에서 처음으로 생겨나 음들의 침체한 분위기를 쇄신하려고 하기 때문에 어려움이 생긴다는 말이다. 상괘는 감괘이기 때문에 험난한 형국이고 하괘인 진괘는 분위기를 쇄신하기 위하여 움직이므로 험한 가운데에서 움직인다고 했다.

준괘의 경우는 평탄한 경우가 아니다. 이때는 안이하게 대처하면 안 된다. 어떤 일을 몹시 추진하고 싶은 때이므로 아무 생각 없이 추진하면 큰일이 난다. 정신을 바짝 차리고 살펴야 한다. 긴박한 상황에서 정신을 차리고 살피는 것이 형亨이다. 잘 살펴서 참고 견디면서 사태를 분별하여 시비를 가려서 잘 대처해야 한다. 그래서 '대형정大亨貞'이라 했다.

'번개가 치고 비가 올 움직임이 가득하다'는 것은 초구初九의 출현으로 쇄신의 분위기가 조성된 것을 말한다.

만물을 낳고 기르는 하늘의 작용이 시작되는 초창기에는 만물 전체의 삶을 원만하게 추진하기 위하여 곳곳에 길잡이를 세워서 모범을 삼을 수 있게 하는 것이 효과적이다. 마찬가지로 문명이 형성되기 전의 상태에 있는 사람들을 개화시키기 위해서는 임금 혼자서 곳곳을 다니면서 교화하는 것보다는 각지에 선각자들을 세워 그들로 하여금 자신의 역할을 대행하게 하는 것이 효과적이다. 이러한 이유에서 여기서는 제후를 세우는 것이 이롭다고 했다.

구오九五의 임금의 입장에서 보았을 때, 모두가 음陰으로서 침체된 상황에서 유일하게 개화된 존재가 초구初九이기 때문에 그를 제후로 삼아서 전체를 개화하는 동반자로 삼아야 한다는 것으로 이해할 수 있다. 그러나 그렇다고 해서 초구初九에게 모든 것을 일임하고 편안히 있어서는 안 된다. 초구初九와 힘을 합하여 함께 열심히 일하여야 한다.

이 준괘는 유능한 사람이 사업을 처음 시작할 경우에도 해당된다. 그러므로 군자는 이 준괘의 이치를 살펴 천하를 경륜하고 회사를 경륜하는 원칙으로 삼는다.

初九(초구)는 磐桓(반환)[1]이니 利居貞(이거정)하며 利建侯(이건후)하니라 象曰雖磐桓(상왈수반환)하나 志行正也(지행정야)며 以貴下賤(이귀하천)하니 大得民也(대득민야)로다

국역 |

초구初九는 머뭇거려야 한다. 참고 있는 것이 이롭다. 제후를 세우는 것이 이롭다. 상象에서 말했다. "비록 머뭇거리지만 뜻은 바른 일을 하는 데 있고, 귀한 입장에서 천한 사람에게 낮추니 크게 백성의 뜻을 얻는다."

난자풀이 |

1 磐桓(반환) : 앞으로 나아가지 못하고 머뭇거리는 모양. 반磐은 '나아가지 못하고 머뭇거린다'는 말이고, 환桓은 긍亘과 통용되어 '빙글빙글 돈다'는 뜻으로 쓰인다.

강설 |

초구初九는 어떤 집단에 첫발을 디딘 새로운 존재이다. 자신은 강력한 힘이 있지만 위의 존재들 육이六二, 육삼六三은 허약하기 짝이 없다. 그래서 이를 쇄신하기 위해 일을 벌이고 싶다. 그러나 하층부가 일을 벌일 때는 상층부가 받쳐주어야 한다. 하층부 단독으로 일이 성사될 수는 없다. 그런데 상층부는 받쳐줄 힘이 없다. 그런 것을 생각하지 않고 일을 벌이는 것은 자기의 감정과 욕심에 빠진 독단적 행동이다. 그러므로 욕심을 누르고 참고 머뭇거려야 한다. 이럴 때는 참고 기다리면서 발전할 수 있는 기초를 닦는 것이 좋다. 제후를 세운다는 것은 곧 발전의 기틀을 만든다는 말이다.

제후의 역할에 해당하는 초구初九의 노력은 구오九五의 뜻을 따라 전체를 편안한 사회로 이끌기 위한 것이다. 백성 위에 군림하고자 하는 것이 아니다. 따라서 백성들에게 자신을 낮출 수 있고 또 그렇게 하여야 한다. 초구初九는 위의 음들에게 자신을 낮추고 있는 모습이므로 귀한 존재로서 천한 존재에게 낮춘다고 했다.

六二는 屯如邅如하여 乘馬라도 班如나 匪寇라 婚媾니 女子貞이면 不字라가 十年에야 乃字로다 象曰六二之難은 乘剛也오 十年乃字는 反常也라

국역 |

육이六二는 머뭇머뭇하고 느릿느릿하여, 말을 타더라도 말의 뜻과 엇갈리지만, 도적이 아니라 결혼할 짝이다. 여자가 가만히 있으면서 따지기만 한다면 시집을 못 가다가 십 년이 되어서야 시집을 간다. 상象에서 말했다. "육이六二의 어려움은 굳센 것을 탔기 때문이다. 십 년이 되어서야 시집을 가는 것은 정상으로 돌아가는 것이다."

난자풀이 |

1 屯如(둔여) : 둔屯은 '머문다'는 뜻이고, 여如는 앞의 말을 형용사로 만들어 주는 역할을 하는 접미사. 연然과 같은 역할을 한다.

2 邅如(전여) : 전邅은 '머뭇거린다'는 뜻. 전여邅如는 '나아가지 못하고 머뭇거린다'는 뜻이다.

3 乘(승) : '탄다'는 뜻. 정현鄭玄은 말의 '암수의 짝'이라 했으나 '탄다'는 뜻으로 해석해도 무리가 되지 않는다.

4 班如(반여) : '나눈다'는 뜻의 글자이므로 여기서는 '나누어진다', '갈라진다' 등의 뜻으로 쓰였다.

5 媾(구) : '혼인한다'는 뜻.

6 字(자) : '임신한다', '혼인한다', '약혼한다' 등의 뜻.

강설

육이六二는 하층부를 이끌고 가는 핵심적인 존재이지만 음陰이기 때문에 약간 소극적이다. 또 육이六二는 기득권자이기 때문에 변화를 싫어한다. 그런데 강력한 힘을 가진 초구初九가 나타나 변화를 시도하며 지각변동을 일으킨다. 육이六二는 그것이 싫다. 그래서 그것을 견제함으로써 초구初九와 갈등을 일으키기도 한다. 마치 달리려는 말을 타고 못 달리게 하려고 고삐를 틀어잡고 있는 모습이다.

그러나 초구初九는 원수가 아니다. 그는 쳐진 분위기를 쇄신하려는 것이지 남을 해치고 자기의 욕심을 채우려는 존재가 아니다. 이를 안다면 그의 뜻을 받아들여야 한다. 초구初九를 싫어하는 것은 움직이기 싫은 자기의 감정 때문이고 기득권을 유지하려는 자기의 욕심 때문이다. 욕심을 억제하고 전체를 생각하는 마음에서 순수하게 초구初九의 뜻을 받아들여야 한다.

초구初九의 뜻을 받아들인다 해도 바로 일이 성사되는 것은 아니다. 여전히 상층부는 뒷받침해줄 힘이 없다. 그렇기 때문에 초구初九와 힘을 합해 함께 노력해야 한다.

여자가 정절을 지키는 데만 뜻을 두고 남자의 마음을 거부한다면 시집을 가지 못한다. 남자가 여자에게 접근하는 것은 나쁜 것이 아니다. 그것은 순수한 뜻이고 자연의 이치다. 이를 잘 파악하여 적당한 때에 받아들여야 한다. 초구初九는 순수하다. 그러므로 당장은 그를 이해하지 못하더라도 한참 시간이 흐른 뒤에는 저절로 이해하게 될 때가 올 것이다. 그 때 받아들인다면 손실이 크다. 십 년이란 매우 긴 세월이다. 십 년이면 강산도 변한다 했다. '십 년이 되어서야 시집을 간다'는 말은 강산이 변할 정도로 긴 세월이 흘러야 시집을 가게 된다는 말이다.

화합하는 것 중에 으뜸이 결혼이다. 그래서 육이六二와 초구初九의 화합을 여기서는 결혼하는 것으로 표현했다.

육삼 즉록무우 유입우임중 군자기 불
六三은 卽鹿无虞[1]라 惟入于林中[2]이니 君子幾[3]하여 不

여사 왕 인 상왈즉록무우 이종금야
如舍[4]니 往하면 吝하리라 象曰卽鹿无虞는 以從[5]禽也오

군자사지 왕인 궁야
君子舍之니 往吝은 窮也라

국역 |

육삼六三은 사슴을 쫓는데 안내자가 없다. 그래서 숲속에 들어가 헤매게 된다. 군자는 조짐을 보아 그만두는 것만 같지 못하니 가면 곤란해진다. 상象에서 말했다. "사슴을 좇는데 안내자가 없는 것은 짐승만을 좇아가기 때문이다. 군자가 놓아두어야 하는데 가면 곤란해진다는 것은 (가면) 궁해지기 때문이다."

난자풀이 |

[1] 卽(즉) : '쫓는다', '따른다' 등의 의미.
[2] 虞(우) : 사냥터에서 사냥의 안내역을 맡는 관리.
[3] 幾(기) : 조짐.
[4] 舍(사) : 사捨와 통용. '놓아둔다'는 의미.
[5] 從(종) : 좇는다. 따른다.

강설 |

초구初九라는 존재가 나타나 침체한 국면을 타개하기 위해 새로운 일을 시도한다. 그 국면은 새롭고 참신하다. 현실에 불만이 많은 육삼

六三은 변화를 좋아한다. 그래서 그 새로운 일에 귀가 솔깃해진다.

초구初九의 뜻은 좋다. 그러나 뒷받침할 힘이 없는 상층부는 그것을 도와주지 못한다. 그러므로 그 일은 성공할 수 없다. 이를 모르고 육삼六三이 초구初九가 주도하는 일에 솔깃하여 동참한다면 마치 안내자가 없는 숲 속에 사슴을 잡기 위해 들어가는 것과 같다. 결과는 길을 잃고 헤맬 뿐이다.

가상한 뜻만 보고 성사될 수 없는 일에 동참했다가 낭패를 보는 경우가 이에 해당한다. 육삼六三은 불만이 많기 때문에 새로운 일에 대해서 여건을 따지지 않고 달려가기 쉽다. 그럴수록 여건을 잘 따져보지 않으면 낭패를 보게 된다. 특히 주의를 요한다.

六四(육사)는 乘馬班如(승마반여)나 求婚媾(구혼구)하여 往(왕)하면 吉(길)하여 无不利(무불리)하리라 象曰求而往(상왈구이왕)은 明也(명야)라

국역 |

육사六四는 말을 타면 뜻이 엇갈리지만 혼인할 짝을 구하여 가면 길하여 이롭지 않음이 없을 것이다. 상象에서 말했다. "구하여서 가는 것은 현명하기 때문이다."

강설 |

육사六四는 하층부를 지휘하고 감독하는 위치이다. 그런 의미에서

육이六二와 역할이 비슷한 점이 있다.

분위기를 쇄신하기 위해 지각변동을 일으키는 초구初九의 행위는 육사六四의 지휘권을 무시하는 듯이 보이기도 한다. 또 육사六四는 기득권자이기 때문에 변화를 싫어한다. 그래서 육사六四는 그를 견제한다. 이는 마치 달리려는 말을 타고 못 달리도록 고삐를 틀어잡고 있는 것과 같다. 그러나 초구初九는 욕심으로 그렇게 하는 것이 아니다. 초구初九는 양陽이다. 그는 순수하다. 다만 강한 의지로 지나치게 일을 추진하므로 위험하게 보일 뿐이다. 그러므로 그를 짝으로 생각하고 가서 그와 뜻을 함께 해야 전체가 쇄신될 수 있다. 초구初九와 힘을 합치고 구오九五를 설득하여 침체된 분위기를 일으켜 세우는 것이 육사六四의 역할이다. 현명한 군자라면 자존심을 버리고 그렇게 할 수 있을 것이다. 그러나 육사六四가 소인이라면 자기의 기득권을 지키고 욕심을 채우기 위해 초구初九와 반목할 것이다.

구오 둔기고 소정 길 대정 흉 상
九五는 屯其膏니 小貞이면 吉코 大貞이면 凶하리라 象 [1]

왈 둔 기 고 시 미 광 야
曰屯其膏는 施未光也라

국역 |

구오九五는 그 베푸는 것을 잠시 멈추어야 한다. 잠시 멈추면 길하지만 오래 멈추면 흉하다. 상象에서 말했다. “그 혜택을 멈추어야 하는 것은 베풀어도 아직 빛을 발휘하지 않기 때문이다.”

| 난자풀이 |

1 膏(고) : 원래 '기름'이란 뜻인데 기름은 몸을 윤택하게 하는 물질이기 때문에 여기서는 '윤택', '혜택' 등의 뜻으로 쓰였다.

| 강설 |

참신하고 힘있는 초구初九가 나타나 침체된 분위기를 쇄신하기 위해 지각변동을 일으키고 있다. 그것은 매우 필요한 것이고, 발전을 위해서도 요긴한 것이다. 그러나 전체를 이끌어 가는 구오九五는 그를 도와줄 힘이 없다. 또 육이六二, 육사六四 등의 반대도 심각하다. 이를 무시하고 무리하게 그를 도왔다가는 전체가 무너진다. 안타깝지만 멈출 수밖에 없다. 잠시 멈추었다가 여건이 조성되고 반대자들의 반대도 누그러지면 그 때 추진해야 한다.

일을 추진하는 것은 구오九五 개인을 위한 것이 아니다. 전체를 위한 노력인데도 반대에 부딪치면 섭섭하여 아예 중단하고 물러서기 쉽다. 그러나 아주 멈추고 말면 발전의 기회가 없어지고 만다. 그것은 구오九五의 도리가 아니다. 그렇기 때문에 잠시 멈추었다가 여건이 조성되었을 때 다시 시작해야 한다. 그래서 '조금 멈추면 길하지만 오래 멈추면 흉하다'고 했다

上六은 乘馬班如면 泣血漣如로다 象曰泣血漣如면 何可長也리오 1

(상육 승마반여 읍혈연여 상왈읍혈연여 하가장야)

국역 |

상육上六은 말을 타서 말의 뜻과 엇갈리면 피눈물을 낭자하게 흘릴 것이다. 상象에서 말했다. "피눈물을 낭자하게 흘리게 되면 어찌 오래 갈 수 있겠는가."

난자풀이 |

1 漣如(련여) : 눈물을 낭자하게 흘리는 모양.

강설 |

상육上六은 장래가 얼마 남지 않은 원로이며 음陰이다. 그렇기 때문에 새로운 변화를 가장 싫어한다. 초구初九가 나타나 지각변동을 일으키는 것을 제일 못마땅하게 여기는 존재가 상육上六이다. 그래서 구오九五에게 새로운 일을 하지 못하도록 강요하기 쉽다. 상육上六의 강요는 여력이 없는 초기에는 어느 정도 타당하다. 그러나 여유가 생겼을 때는 부당하다. 그것은 달리려는 말을 타고 못 달리도록 고삐를 틀어쥐는 꼴이다. 이때의 말은 구오九五를 지칭한다. 만약 구오九五에게 끝까지 강요하면 구오九五는 상육上六의 요구를 들어줄 수 없다. 그리하여 구오九五는 상육上六을 격리시킬 것이다. 마치 집안의 할머니가 자꾸 집안의 일을 방해하면 업어다 양로원에 갖다 놓는 것과 같은 꼴이다. 그렇게 되면 피눈물을 낭자하게 흘리게 된다.

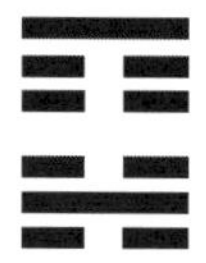

산수몽
山水蒙

이 괘의 상괘는 간괘艮卦이고 하괘는 감괘坎卦이다. 위의 간괘는 정지해 있고 하괘는 이전투구를 벌이고 있다. 상층부에 문제가 있으면 하층부가 해결해야 하고 하층부에 문제가 있으면 상층부가 해결해야 한다. 그런데 이 경우는 상층부와 하층부에 모두 문제가 있기 때문에 아무런 해결책이 없다. 이 경우 전체를 해결해야 하는 존재는 육오六五다. 그러나 육오六五는 상구上九의 힘에 눌려 꼼짝달싹하지 못하는 처지다. 자신의 문제도 해결할 능력이 없으니 전체를 해결할 능력은 더더욱 없다. 이 괘의 상황은 매우 어렵다.

이러한 경우에 해결할 수 있는 방법은 하나뿐이다. 아랫사람들 중에 혹시 전체의 문제를 해결할 능력자가 있는지를 찾아보는 것이다. 이 괘의 경우에는 구이九二가 능력자다. 그는 어리지만 무한한 힘을 가지고 있다. 그러나 현재는 초육初六과 육삼六三에게 묻혀 능력을 발휘하지 못하고 있다. 따라서 육오六五가 이 구이九二를 등용하여 그로 하여금 능력을 발휘하게 한다면 전체의 문제를 해결할 수 있을 것이다. 마치 소년 가장이 집안을 이끌어가야 하는 것과 같은 상황이다. 그래서 이 괘의 이름을 어린이를 지칭하는 몽蒙이라 했다.

蒙(몽)이라[1] 亨(형)하니라 匪我求童蒙(비아구동몽)[2]이라 童蒙(동몽)이 求我(구아)니 初筮(초서)[3]
면 告(곡)[4]하나 再三(재삼)이면 瀆(독)이니 瀆則不告(독즉불곡)하니라 利貞(이정)하니라
彖曰蒙(단왈몽)은 山下有險(산하유험)하고 險而止(험이지) 蒙(몽)이라 蒙亨(몽형)은 以亨(이형)
行(행)이니 時中也(시중야)오 匪我求童蒙童蒙求我(비아구동몽동몽구아)는 志應也(지응야)오
初筮告(초서곡)은 以剛中也(이강중야)오 再三瀆瀆則不告(재삼독독즉불곡)은 瀆蒙也(독몽야)니
蒙以養正(몽이양정)이 聖功也(성공야)라 象曰山下出泉(상왈산하출천)이 蒙(몽)이니 君子(군자)
以(이)하여 果行(과행)하며 育德(육덕)하나니라

국역 |

어린이가 나서야 하는 형국이다. 적극적으로 나서야 한다. 나만이 어린이를 구하는 것이 아니라 어린이도 나를 구한다. 한번 점쳐서 물으면 바른 대로 말해 주지만, 두 번 세 번 점치면 모독하는 것이 된다. 모독하면 바른 것을 말해 주지 않는다. 결실을 하고 마무리를 한다. 단에서 말했다. "어린이가 나서야 한다는 것은 산 아래에 험한 것이 있

고 험한 상태에서 정지되기 때문이니, 어린이가 나서야 한다. 어린이가 나서도록 적극적으로 대처해야 한다는 것은 적극성을 갖고 행해야 한다는 것이니, (그렇게 하는 것이) 시중이다. 나만이 어린이를 구하는 것이 아니라 어린이도 나를 구한다는 것은 뜻이 응하기 때문이다. 한 번 점쳐 물으면 바른 대로 말해 준다는 것은 굳세면서 중심에 있는 것으로 말해준다는 것이다. 두 번 세 번 점치면 모독하는 것이 되고 모독하면 바른 것을 말해주지 않는 까닭은 어린이를 모독하는 것이기 때문이다. 어린이로써 바르게 되도록 기르는 것은 성스러운 공을 이루는 것이다." 상象에서 말했다. "산 아래에 샘물이 솟아나는 것이 몽蒙이다. 군자는 이 괘의 이치를 살펴 행동을 과감하게 하고 덕을 기른다."

난자풀이 |

1 蒙(몽) : '어리다', '어린이' 등의 뜻.
2 匪(비) : 비非와 통용.
3 筮(서) : 서죽筮竹. 여기서는 '서죽으로 점을 친다'는 말이다.
4 告(곡) : '보여준다'는 뜻. 이때의 음은 '곡'.

강설 |

몽蒙이란 어린이를 뜻한다. 이 괘는 어린이가 나서야 하는 상황을 말한다. 상구上九의 저지에 막힌 육오六五는 자기의 역할을 하지 못한다. 그러나 가만있으면 전체가 망하고 만다. 활로를 모색하여 적극적으로 나서지 않으면 안 된다. 그러므로 형亨이라 했다. 형亨은 여름에 만물이 왕성하게 움직이듯 왕성하게 움직여야 함을 말한다.

몽괘의 상황에서 침체된 현실을 타개할 수 있는 유일한 방안은 육오六五가 하층부의 구이九二를 찾아내어 그에게 힘을 실어줌으로써 그로 하여금 전체를 이끌어가도록 하는 것이다. 구이九二 역시 왕성한 활동력을 가진 양陽이므로 자신의 역량을 발휘하고 싶은 처지이다. 그래서 육오六五만이 구이九二의 어린이를 필요로 하는 것이 아니라 구이九二의 어린이도 육오六五의 지지를 구한다고 했다.

전체의 실권을 쥐고 있는 육오六五가 어린 사람에게 전체의 실권을 맡기기는 어렵다. 한 회사의 사장이 어린 사원에게 전권을 다 주기는 참으로 어렵다. 자리에 대한 욕심과 자존심이 허락하지 않는다. 그리고 어린 사람을 믿는다는 것도 쉬운 일은 아니다. 그러므로 점을 치는 사람이 이 괘가 나오면 받아들이지 못해서 두 번 세 번 되풀이하는 경향이 있다. 그래서 『주역』에서는 두 번 세 번 점치면 모독하는 것이 되어서 제대로 알려주지 않는다고 못을 박았다.

또 가령 구이九二에게 전권을 준다 하더라도 이번에는 주위의 세력가들이 구이九二의 권력 행사를 용납하지 못한다. 이를 방비하기 위해서는 육오六五가 구이九二를 극진히 받들어 그가 아니면 안 된다는 것을 인식시켜야 한다. 역사적으로 그렇게 한 인물이 바로 『삼국지연의』에 등장하는 유비다.

유비는 조조의 세력에 눌려 꼼짝할 수 없었을 때 평민인 제갈량을 찾아가 삼고초려했다. 삼고초려하지 않고 그냥 불러 올렸다면 공명은 오지 않았을 것이다. 설사 왔다 하더라도 장비나 관우에게 제거당했을 것이다. 삼고초려하는 동안 유비의 간절한 마음이 전해졌고 또 제갈량의 필요성이 이해되었기 때문에 뒤탈이 없었다. 몽괘의 이치를 실천한 좋은 예이다. 이는 성인聖人의 덕이 없이는 어렵다.

구이九二의 노력에 의해 전체에 활기가 생기면 결실을 할 수 있고 마무리를 할 수도 있다.

단彖에서 산 아래에 험한 것이 있다고 한 것은 몽괘의 상괘인 간괘가 산山을 상징하고, 하괘인 감괘가 수水를 상징함을 말한다. 그리고 험한 상태에서 정지한다고 한 것은 감괘의 험한 양상이 간괘에 막혀 정지되어 있는 상황을 말한다.

몽괘에서 육오六五의 실권자가 구이九二에게 의탁하는 것은 시중이다. 그러므로 이를 성인의 공을 이루는 것이라고 했다.

상象에서 산 아래에 샘이 나온다고 한 것은 상괘인 간괘와 하괘인 감괘의 형상을 말한 것이다. 감괘는 험한 것으로 표현되기도 하고, 물로 표현되기도 하고, 샘으로 표현되기도 한다. 행동을 과감하게 한다는 것은 구이九二에게 부탁하는 것을 말한다. 일반적으로는 구이九二가 육오六五에게 부탁하는 것인데 여기서는 반대로 윗사람이 아랫사람에게 부탁하는 것이기 때문에 과감함이 필요하다. 어린이에게 맡기는 것은 덕 있는 사람이 아니면 불가능하다. 군자가 이 괘의 이치를 알면 덕의 중요성을 알 수 있을 것이다.

초육 발몽 이용형인 용탈질곡이왕 인
初六은 發蒙하되 利用刑人이니 用說桎梏以往이면 吝
1 2 3 4 5
상왈이용형인 이정법야
하리라 象曰利用刑人은 以正法也라

국역 |

초육初六은 어린이를 계발시켜야 한다. 사람에게 형벌로 다스리는 것이 이롭다. 형틀을 놓아두고 가면 해결하기 어렵다. 상象에서 말했다. "사람에게 형벌로 다스리는 것이 이로운 것은 법을 바르게 시행해야 하기 때문이다."

난자풀이 |

1 用(용) : 이以와 통용.

2 說(탈) : 탈脫과 통용.
3 桎(질) : '차꼬', '족쇄'.
4 梏(곡) : '쇠고랑', '수갑'.
5 往(왕) : 간다. 행한다. 나선다.

강설 |

초육初六은 소년 가장이 이끄는 가정에서 자라고 있는 동생들이다. 어린 동생들은 부모의 말은 그럭저럭 듣지만 형의 말은 잘 듣지 않는다. 특히 용돈을 요구했을 경우 부모가 돈 관리를 하면서 주지 않으면 참을 수 있지만 형이 돈 관리를 하면서 주지 않으면 참기 어렵다. 그만큼 권위가 없기 때문이다. 그래서 소년 가장은 이들을 통솔하기 어렵다. 이러한 경우에는 형벌로 다스릴 수밖에 없다. 우선 형벌로 다스려 물리적으로 규율을 잡은 뒤에 차차 교화하는 것이 바람직하다. 체벌하지 않는 것을 기본방침으로 삼고 일체 체벌을 금한다면 몽매한 사람들은 그것을 역이용하여 방자해지기 쉽다. 체벌을 가해야 할 때는 가하고 가하지 않아야 할 때는 가하지 않는 것이 진리다.

효사爻辭는 그 효의 행동방식을 지시하는 것도 있고, 괘의 중심적인 위치에 있는 존재가 그 효에 대처하는 방식을 지시하는 것도 있다. 몽괘 초육初六의 경우는 후자에 해당한다.

九二(구이)는 包蒙(포몽)이면 吉(길)하고 納婦(납부)라도 吉(길)하니 子克家(자극가)로다 象(상)
曰子克家(왈자극가)는 剛柔接也(강유접야)라

국역

구이九二는 몽매한 사람을 포용하면 길하고 부인을 받아들여도 길하니 아들이 집을 담당할 수 있다. 상象에서 말했다. "아들이 집을 담당하는 것은 굳센 것과 부드러운 것이 접하기 때문이다."

강설

몽괘에서의 구이九二는 전체를 이끌고 가야 할 어린 능력자이다. 가정으로 보면 소년 가장이고 회사에서 보면 어려운 회사를 일으켜야 할 실력 있는 사원이다. 어리지만 큰 권력을 잡았다. 자신의 능력에 비해 주위의 어린이는 여전히 몽매하다. 그래서 주위의 어린이를 무시하기 쉽다. 그런데 자기의 권력은 어려서 잡은 권력이기 때문에 권위가 없다. 도전하는 세력이 많다. 초육初六, 육삼六三, 육사六四 등이 모두 그런 세력들이다. 그들을 무시하면 그들이 모두 도전세력으로 돌변한다. 그래서 몽매한 주위의 사람들을 포용하고, 전체를 위해 노력해야 한다.

소년 가장이 혼자서 일을 감당하기 어렵다고 느끼면 아직 어린 나이라 해도 개의치 말고 부인을 맞아도 좋다. 부인을 일찍 맞이한다 해도 주위에서는 비난하지 않는다. 오히려 이해하고 도와준다. 따라서 구이九二는 몽매한 사람들을 포용하고 부인을 맞이하면 능히 그 집을 이끌고 갈 수 있다.

구이九二가 집을 이끌고 갈 수 있는 것은 그의 강력한 추진력에다가 부드럽고 치밀한 육오六五의 도움이 있기 때문이다. 이를 상象에서는 굳센 것과 부드러운 것이 접하기 때문이라고 했다.

六三은 勿用取女니 見金夫[1]하여 不有躬[2]이면 无攸利하니라 象曰勿用取女는 行이 不順也라

국역 |

육삼六三은 여자를 취하지 말 것이니 돈 많은 남자를 보고 자기 몸을 보존하지 못하면 이로울 바가 없다. 상象에서 말했다. "여자를 취하지 말아야 하는 것은 행실이 순조롭지 않기 때문이다."

난자풀이 |

[1] 金夫(금부) : 글자 그대로 '돈 많은 남자'. 여기서는 상구上九를 가리킨다.
[2] 躬(궁) : 몸.

강설 |

육삼六三은 소년 가장이 이끄는 집안에서 손위 누나이거나 무능한 형에 해당한다. 집안이 어려워 남처럼 자기 것을 챙길 수가 없다. 그렇다고 해서 부모가 자신의 사정을 알아주지도 위로해 주지도 않는다. 그러나 부모가 자기에게 관심이 없는 것은 미워서가 아니다. 구이九二를 보살피지 않을 수 없는 상황 때문이다.

그런데 만약 육삼六三이 이를 이해하지 못하고 부모에게 구이九二처럼 대접해 달라고 요구하더라도 통하지 않는다. 구이九二에게는 결혼까지도 허락하지만, 자기가 결혼하려고 하면 허락해주지 않는다. 여자를 취하지 않아야 한다는 말은 남자인 경우이므로 육삼六三이 여자라면 남편을 취하지 않는 것으로 이해해야 한다. 육삼六三은 모든 것이 불만스럽다. 더욱이 후배인 구이九二에게 용돈을 타서 써야 하는 입장이라면 불만은 극에 달한다. 그래서 가출하고 싶은 생각이 든다. 그러나 이 경우 집을 나가면 지조를 지키기 어렵다. 돈 많은 사람의 유혹에 넘어가기 쉽다. 불만이 많을수록 마음을 정상적으로 유지하기가 어렵기 때문이다. 따라서 육삼六三의 입장에 처한 사람은 전체의 분위기와 상황을 잘 이해하여 자신의 개인적인 욕심을 버리고 겸허하게 동생인 구이九二를 도와야 한다.

육사 곤몽 인 상왈곤몽지린 독원실야

六四는 困蒙이면 吝토다 象曰困蒙之吝은 獨遠實也라

국역 |

육사六四는 어린이가 나서는 것을 곤란하게 여긴다면 어려운 상황을 맞이할 것이다. 상象에서 말했다. "어린이가 나서는 것을 곤란하게 여겨 어렵게 되는 것은 자기 혼자 실상과 멀기 때문이다."

강설 |

육사六四는 상층부에 있는 실무 담당자에 해당한다. 가정에서 보면 삼촌이나 고모에 해당하고 회사에서는 전무나 상무에 해당한다. 삼촌이나 고모의 입장이라면 가장이 자기들을 도외시하고 어린 조카에게 가정을 의탁하는 것을 이해하기 어렵다. 그리고 회사의 중역이라면 사장이 자신들이 아닌 평사원에게 회사의 일을 부탁하는 것을 이해하지 못한다. 오히려 자존심이 상한다. 그리하여 어린 구이九二가 나서서 전체를 주도해 가는 것을 용납하지 못하고 반대하기 쉽다. 그러나 이는 전체의 실정을 알지 못하고 자기의 입장에서만 생각하기 때문이다. 육오六五의 깊은 뜻을 잘 헤아려서 협조해야 할 것이다.

유비가 제갈량에게 삼고초려할 때, 장비와 관우는 육사六四의 위치였다. 임금인 유비가 일개 평민인 제갈량에게 공손하게 삼고초려하는 것을 못마땅하게 여긴 것은 바로 이 육사六四의 상황에 처했기 때문이다. 역을 읽는 군자라면 자존심을 버리고 전체의 상황을 파악하여 육오六五를 이해하고 함께 구이九二를 받들어야 할 것이다.

六五(육오)는 童蒙(동몽)이면 吉(길)하니라 象曰童蒙之吉(상왈동몽지길)은 順以巽(순이손)也(야)라

국역 |

육오六五는 어린이처럼 행동하면 길하다. 상象에서 말했다. "어린이처럼 행동하면 길한 것은 순조롭게 따르고 겸손하기 때문이다."

강설 |

육오六五는 전체의 지도자이고, 한 집단의 최고의 어른이다. 최고의 어른이 모든 권한을 위임하기란 어려운 일이다. 개인적 자존심과 권위

를 초월한 성인이라야 가능한 일이다.

역에서는 육오六五가 구이九二를 어른처럼 여기며 받들고 따라야 한다는 의미에서 자신이 어린이같은 기분이 되라고 했다. 유비는 제갈량을 받들 때 마치 어린이가 부모를 받들 듯이 정성을 다했다. 구이九二는 마음이 밝고 양심을 실천하는 사람이다. 그에게 정성으로 받들고 많은 권리를 준다 해도 그는 결코 육오六五를 무시하거나 반역을 하지 않는다. 마치 제갈량이 끝까지 유비를 위해서 진력한 것과 같다.

上九(상구)는 擊(격)[1]蒙(몽)이니 不利爲寇(불리위구)오 利禦寇(이어구)하니라 象曰利用(상왈이용)[2] 禦寇(어구)는 上下順也(상하순야)라

국역 |

상구上九는 어린이를 쳐서 깨우쳐야 한다. 도적이 되면 이롭지 않고 도적을 막는 것이 이롭다. 상象에서 말했다. "도적을 막는 것이 이롭다는 것은 상하가 순조롭게 되기 때문이다."

난자풀이 |

[1] 擊(격) : 충격을 주어서 깨우치는 것을 말한다.

[2] 用(용) : 이以와 통용. 여기서는 '상구上九의 입장을 가지고서'라는 의미로 쓰인 것이다. 통상 번역을 하지 않는 것이 매끄러울 때가 많다.

강설 |

상구上九는 이제 은퇴해야 하는 입장인데도 능력과 힘이 탁월하여 은퇴하지 않고 버티고 있다. 그러나 그것은 잘못이다. 아무리 능력이 있다 하더라도 물러나야 할 때는 물러나야 한다. 그렇지 않으면 아랫사람들의 성장기회를 박탈하게 된다는 것을 알아야 한다. 아랫사람들이 연약해 보인다 해도 자기가 물러나면 나름대로의 역량을 갖추게 될 것이다. 몽괘의 상황은 아랫사람인 구이九二에게 전체의 일을 부탁하고 있기 때문에 초육初六, 육삼六三, 육사六四 등이 불만을 일으키고 있는 상황이다. 불만이 많은 그들은 자연스레 실력자인 상구上九에게 호소하러 올 것이다. 이 경우 그들을 도와주어서는 안 된다. 그들이 육오六五와 구이九二의 일에 협조하도록 설득하여야 한다. 그렇지 않으면 결국 모두가 망한다. 그러므로 그 어린이들을 깨우쳐야 한다고 했다.

상구上九가 구이九二의 일을 방해하거나 초육初六이나 육삼六三을 돕는 것은 도적이 되는 것이다. 상구上九가 도적이 되기 때문에 전체적으로 문제가 발생했다. 상구上九는 자신이 물러나지 않고 버티고 있는 것이 도적이 되는 것임을 자각해야 한다. 또 외부로부터 오는 도적이 있다면 그것을 막는 일에 적극 나서는 것은 유익하다. 그렇게 하면 아랫사람들의 길을 막지 않을 것이기 때문이다.

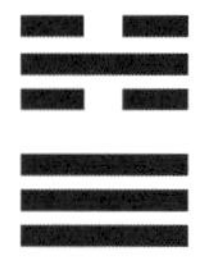

수천수
水天需

이 괘는 상층부가 감괘坎卦이고 하층부가 건괘乾卦이다. 감괘가 상괘일 경우는 오랜 싸움에 지쳐 더 이상 움직이지 못하고 늘어져서 아무것도 하기 싫은 상황이다. 그런데 이 괘에서는 하괘가 건실하고 저력이 있는 건괘다. 따라서 이 괘를 이끌고 가야 할 구오九五는 힘이 빠져있는 자기만 생각하고 소극적인 자세를 취하면 안 된다. 전체를 이끌어가야 하는 위치에 있기 때문에 전체의 상황에서 일을 추진해야 한다. 전체의 입장에서 보면 하층부의 저력을 배경으로 다시 일을 시도해야 한다.

그러나 상층부가 아직 힘이 없기 때문에 바로 일을 시작할 수는 없다. 이때는 일을 시작할 수 있도록 분위기를 조성하고 전열을 가다듬으면서 출발할 시기를 기다려야 한다. 그러므로 이 괘의 이름을 '기다린다'는 의미에서 수需로 붙였다.

이때의 기다림은 힘이 없어서 기회가 올 때까지 무조건 기다린다는 것이 아니다. 결혼식 날짜를 받아놓고 결혼식 때까지 기다리는 것이고, 달리기를 할 사람이 출발선에 서서 출발신호를 기다리며 대기하는 것이며, 전쟁에 나갈 병사들이 출전명령을 기다리는 것이다. 상황을 판단하여 바로 일을 시작해야 한다.

需라 有孚[1]면 光亨[2]하며 貞하면 吉하니 利涉大川하니라 彖曰需는 須也니 險이 在前也나 剛健而不陷이면 其義[3]不困窮矣리라 需有孚光亨貞吉은 位乎天位를 以正[4]中也오 利涉大川은 往有功也라 象曰雲上於天이 需니 君子 以하여 飮食宴樂하나니라

국역 |

대기해야 하는 형국이다. 한마음의 상태를 유지하면 찬란하게 뻗어난다. 잘 판단하여 참고 견디면 길할 것이니 큰 내를 건너는 것이 이롭다. 단彖에서 말했다. "수需는 대기하는 것이다. 험한 것이 앞에 있지만 강건하게 대처하여 빠지지 않으면 그 도리가 곤궁하지 않다. 대기해야 하는 상황에서 한마음의 상태를 유지하면 찬란하게 뻗어나며 잘 판단하여 참고 견디면 길한 것은 바르고 중심 되는 자리에 있으면서 하늘의 자리에 있기 때문이다. 큰 강을 건너는 것이 이롭다는 것은 적극적으로 나서면 공이 있다는 것이다." 상象에서 말했다. "구름이 하늘 위에 있는 것이 수需니 군자는 이 괘의 이치를 살펴 마시고 먹고 잔치

하고 즐거워한다.”

난자풀이 |

1 孚(부) : 한마음의 상태를 유지하는 것.
2 光(광) : 발전하는 모습을 형용하여 찬란하다고 한 것이다.
3 義(의) : 행동원리. 도리.
4 以(이) : 이 문장의 원래의 형태는 ‘이정중위호천위以正中位乎天位’인데, ‘위호천위位乎天位’를 앞으로 낸 것이다. 그러므로 번역을 할 때에는 원래의 상태로 두고 해석하는 것이 부드럽다.

강설 |

전체를 이끄는 구오九五는 힘없는 자기의 처지만 생각하여 소극적으로 판단할 것이 아니라, 아래에 있는 건괘와 한마음의 상태를 유지해야 한다. 그렇게 되면 그들의 힘을 바탕으로 다시 일을 할 수 있고 더 뻗어날 수 있다. 그래서 ‘한마음의 상태를 유지하면 찬란하게 뻗어난다’고 했다. 그러나 성급한 것은 금물이다. 자신의 힘을 회복하고 아래의 건괘와 손발을 맞추는 시간이 필요하고 또 지쳐있는 육사六四와 상육上六을 장려할 시간적 여유가 필요하다. 그러므로 아랫사람들이 보챈다 해서 선불리 나가지 말고 잠시 참고 기다리면서 일을 시작할 수 있는 분위기를 만들어야 한다. 이것은 마치 지쳐서 드러누워 있는 운동선수들을 다시 뛰게 하기 위해 운동장으로 끌고 가야 하는 상황과 같다. 이 경우는 지쳐서 반대하는 자가 있으므로 모두가 한마음 한뜻을 갖는 것이 중요하다. 큰일을 터트리는 것이 전체가 한마음 한뜻이 되는데 도움이 될 수도 있다. 그래서 ‘큰 내를 건너는 것이 이롭다’고 했다.

내를 건너는 것은 대외적으로 위험도가 있는 공동의 일을 일으키는 것을 말한다.

험한 것이 앞에 있다는 것은 아래의 건괘가 앞으로 나아가려고 할 때 험한 감괘가 앞을 가로막고 있는 상황을 말한다. 그렇지만 굳센 의지로 그 험한 것에 빠지지 않는다는 것은 건괘인 하층부의 사람들이 감괘인 상층부의 사람들의 험한 싸움에 휘말리지 않을 수 있다는 말이다.

한마음의 상태를 유지하면 찬란하게 뻗어나며 잘 판단하여 참고 견디면 길한 것은 구오九五가 만물을 다스리는 하늘의 위치에 있으면서도 그 위치가 바르고 또 만물의 중심에 있다는 것을 말한다. 감괘는 일반적으로 물, 비, 샘 등을 상징하는데 유독 여기서 구름이라 한 것은, 구름만 잔뜩 끼어 있을 뿐 비가 내리지 않는 답답한 상황이기 때문이다. 이러한 답답한 상황을 타개하는 방법으로 상象에서 제시한 것은 모두 한자리에 모여 화합의 한마당을 연출하는 것이다. 먹고 마시고 잔치하여 즐거워하면서 화합의 한마당을 연출한 뒤에 과감하게 일을 추진해야 하는 것이다.

초구 수우교 이용항 무구 상왈수우교
初九는 需于郊라 利用恒이니 无咎하리라 象曰需于郊

불범난행야 이용항무구 미실상야
는 不犯難行也오 利用恒无咎는 未失常也라

국역 |

초구初九는 교외에서 대기해야 한다. 변함없는 마음을 가지고서 대처하면 이로우니 (그렇게 하면) 허물이 없다. 상象에서 말했다. "교외에서 대기해야 하는 것은 가기 어려운 상황에서 잘못을 범하지 않기 위해서고, 변함없는 마음을 가지고서 대처하면 이롭고 허물이 없다는 것은 원칙을 잃지 않기 때문이다."

강설 |

초구初九, 구이九二, 구삼九三의 하층부는 빨리 일을 추진하고 싶다. 그 중에서 초구初九가 제일 성급하다. 그러나 일의 결정권자는 매우 소극적이다. 그러므로 성급하게 나서면 늘 야단을 맞고 저지를 당한다. 그러므로 멀찌감치 서서 대기하고 있어야 한다.

간혹 성급하게 굴다가 야단을 맞더라도 딴 마음을 품거나 섭섭하게 생각하지 말아야 한다. 윗사람은 여유가 없어서 그런 것이지 미워서 그런 것이 아니다. 그러므로 섭섭한 마음을 갖지 말고 마음이 변치 않아야 한다.

이는 단거리 육상선수가 출발선상에서 기다리고 있는 상황과 같다. 초구初九는 성급하기 때문에 출발신호가 내리기 전에 먼저 나가다가 실격하기 쉽다. 그러므로 출발선보다 조금 뒤에서 기다리는 것이 좋다. 그리고 부정출발로 야단을 맞더라도 딴 마음을 먹지 말고 다시 출발해야 한다. 상象에서 가기 어려운 상황이라고 한 것은 단거리 선수에게 출발이 가장 어려운 것과 같은 것을 말한다. 이때는 실수를 하지 않기 위해서는 좀 물러나서 출발하는 것이 좋다.

구이 수우사 소유언 종길 상왈수우사
九二는 需于沙[1]면 小有言이나 終吉하리라 象曰需于沙

연 재중야 수소유언 이길 종야
는 衍[2]으로 在中也니 雖小有言하나 以吉로 終也리라

국역 |

구이九二는 모래사장에서 대기하면 조금 말이 있으나 마침내는 길할 것이다. 상象에서 말했다. "모래사장에서 대기하는 것은 느긋한 마음으로 가운데 있는 것을 말한다. 그러면 비록 조금 말이 있으나 길한 것으로 마칠 수가 있을 것이다."

난자풀이 |

1 沙(사) : 모래사장. 모래사장은 물가에 있으면서도 깨끗한 곳이므로 여기서는 음흉한 계산을 하지 말고 깨끗한 상태로 자신을 보존하여야 한다는 의미로 볼 수 있다.

2 衍(연) : '넓다'는 뜻. 여기서는 '너그러운 마음'으로 번역했다.

강설 |

구이九二는 하층부의 핵심이며 전체를 이끌고 가야 하는 중심적인 존재다. 물을 건너려면 물가의 모래사장에서 배가 오기를 기다려야 하듯, 일을 시작하기 위해 전면에 나서야 한다. 마치 단거리 육상선수가 출발선 상에서 기다리는 것에 해당한다.

그러나 상층부는 아직 하층부를 도울 충분한 힘이 없다. 특히 상층부에 있으면서 치밀한 성격을 가진 음陰들은 구이九二가 추진하는 일에 불안해지기 쉽다. 그래서 구이九二를 만류하기도 하고, 구오九五에게 말해서 구이九二의 일을 간접적으로 저지하기도 하며, 말을 퍼뜨려 구이九二를 모함하기도 할 것이다. 그러므로 조금 말이 있을 것이라고 했다. 조금 말이 있다는 것은 일이 추진될 때까지 잠시 구설수가 있다는 말이다. 그러나 그것에 크게 좌우될 필요는 없다. 결국 일은 추진되고 말 것이기 때문이다.

九三은 需于泥면 致寇至하리라 象曰需于泥는 災在外也라 自我致寇하니 敬愼하여야 不敗也리라

국역 |

구삼九三은 진흙에서 대기하면 도적이 오는 상황을 만든다. 상象에서 말했다. "진흙에서 대기하는 것은 재앙이 밖에 있는 것이다. 나로부터 도적을 부르는 것이니 경건하고 신중하여야 패망하지 않을 수 있다."

난자풀이 |

1 泥(니) : '진흙'. 음은 '니'. 물가에 있는 진흙을 말한다.
2 致(치) : '어떤 상황이 되도록 만든다'는 의미이다.

강설 |

구삼九三은 추진세력의 중심에서 벗어나 주도권을 갖지 못하기 때문에 불만이 쌓이는 위치이다. 이러한 불만 때문에 반기를 들기 쉽다. 그러나 불만이 있다고 반기를 들면 모처럼 크게 발전할 수 있는 기회를 망치고 만다. 진흙에서 기다리면 배가 오더라도 탈 수 없다. 그러므로 전체의 발전을 생각하여 진흙에서 기다리는 일이 없도록 해야 할 것이다. 만약 구삼九三이 제 역할을 못하고 진흙탕에 빠져 허우적거리고 있으면 가까운 관계에 있는 상육上六이 도적이 되어 다가온다. 상육上六은 평소 구삼九三과 친하지만 구삼九三에 허점이 생기면 그것을 이용하

는 도적으로 돌변한다. 도적은 언제나 가까운 곳에 있다. 그래서 '진흙에서 기다리면 도적을 불러들인다'고 했다. 이 경우의 도적은 물론 상육上六이다.

몸의 저항력이 약해지면 병균이 침입하는 것처럼, 틈이 생기면 도적이 들어온다. 그러므로 도적이 오는 것은 이 쪽에서 틈을 보였기 때문이다. 불만을 갖거나 불평을 하는 것은 남에게 틈을 보이는 것이고, 도적을 불러들이는 지름길이다.

六四(육사)는 需于血(수우혈)이면 出自穴(출자혈)이로다 象曰需于血(상왈수우혈)은 順以聽也(순이청야)라

국역 |

육사六四는 피투성이가 된 상태에서 대기하면 구멍에서 빠져 나올 수 있을 것이다. 상象에서 말했다. "피투성이가 된 상태에서 대기하는 것은 순리에 따라서 받아들이는 것이다."

강설 |

육사六四, 구오九五, 상육上六은 상괘이다. 상괘인 감괘는 하괘일 때 이전투구를 벌였으므로 상층부에 진입해서 힘이 빠져 축 늘어져 있다. 아직 상처가 아물지 않아 피투성이인 상태다. 그러므로 치밀하고 나약하고 소극적인 음陰인 육사六四의 입장에서는 이제 쉬고 싶은 마음뿐

이다. 그러나 그것은 자기 개인의 감정이다. 『주역』에서 말하는 진리는 자기 개인의 감정을 넘어서 항상 전체의 입장에서 파악하고 행동하는 것이다. 그것이 순리에 따르는 것이다. 이러한 진리를 안다면 육사六四는 아직도 피투성이인 상태를 벗어나지 못했지만 늘어져 있지 말고 새로운 일을 추진해야 한다. 그러면 어려운 상태에서 벗어날 수 있다. 구멍에 빠지는 것은 어려운 상태를 직면하는 것이고 구멍에서 빠져 나오는 것은 어려운 상태에서 벗어나는 것이다.

九五는 需于酒食이니 貞하면 吉하리라 象曰酒食貞吉은 以中正也라

국역 |

구오九五는 술과 밥을 먹는 상태에서 대기해야 한다. 참으면 길하다. 상象에서 말했다. "술과 밥을 먹는 상태에서 참으면 길하다는 것은 중심에 있으면서 바른 자리에 있기 때문이다."

강설 |

구오九五는 전체의 핵심인물이다. 지쳐 있어서 아무 일도 하기 싫고 육사六四와 상육上六 또한 아무 일도 하지 않으려고 하지만, 하층부에서는 일을 추진하자고 조른다. 이 경우는 일을 성급하게 추진해도 안 되고 일을 하지 않아도 안 된다. 우선 모두가 공감할 수 있는 화합의

자리를 만들어야 한다. 화합을 이루는 데 도움이 되는 것은 연회를 베푸는 것이다. ‘술과 밥을 먹는 상태에서 대기해야 한다’는 것은 연회를 하면서 힘을 모아 재충전하는 것을 말한다. 그래도 여전히 움직이기 싫어하는 무리들이 반대하는 일이 있지만, 그것을 응징하지 말고 이해하면서 참아야 한다. 그래서 ‘참으면 길하다’고 했다.

上六은 入于穴이면 有不速[1]之客三人이 來하리니 敬之면 終吉하리라 象曰不速之客來敬之終吉은 雖不當位나 未大失也라

국역 |

상육上六은 구렁텅이에 들어가면 부르지 않은 손님 세 사람이 올 것이니 그들을 공경하면 마침내 길할 것이다. 상象에서 말했다. “부르지 않은 손님이 올 경우 그들을 공경하면 마침내 길하다는 것은 비록 마땅한 자리에 있지 않다 하더라도 아직 (권위를) 크게 잃지는 않았기 때문이다.”

난자풀이 |

[1] 速(속) : 여기서는 ‘부른다’는 뜻으로 쓰였다. 마융馬融은 속速을 소召로 해석했다.

강설 |

상육上六은 상층부에서 은퇴해야 하는 위치이다. 이제 늙고 지쳤다. 이전투구했던 과거를 생각하면 아무 일도 할 수가 없다. 그런데 지금 새로운 일이 시작되려 한다. 도무지 마음이 내키지 않을 뿐만 아니라 노파심만 생긴다.

그래서 상육上六은 동참하기 싫어진다. 그래서 깊숙한 곳에 들어가 나오지 않는다. 이것을 역에서는 '구렁텅이로 들어가는 것'이라 했다. 그러면 안 된다. 상육上六은 자기의 감정에서 벗어나 전체의 흐름에 따라야 한다. 만약 상육上六이 그렇게 하지 못하고 반대를 하면 이를 설득하기 위해 하층부의 세 양陽이 찾아오는 경우가 있다. 이를 역에서는 '부르지 않은 손님 셋이 온다'고 했다. 부르지 않은 손님은 물론 초구初九와 구이九二와 구삼九三이다. 이 세 사람은 하층부의 전체이므로 꼭 세 사람이 아니라 여러 사람이라고 이해해야 할 것이다. 그들이 찾아올 경우 그들을 무시하지 말고 그들을 존경하고 그들의 말에 따라야 침체의 늪에서 벗어나 발전을 이룩할 수 있다.

상육上六은 아직 힘이 많이 남아 있다. 왜냐하면 윗사람들이 소극적인 분위기에서 그 소극적인 분위기를 주도하는 위치에 있기 때문이다. 그렇기 때문에 소극적으로 되지 않도록 특히 주의해야 한다.

천수송
天水訟

이 괘의 상괘는 건괘乾卦이고 하괘는 감괘坎卦이다. 감괘가 아래에 있을 경우에는 끝없는 이전투구를 하는 형국이다. 이때 상괘가 손괘巽卦나 진괘震卦의 경우처럼 하괘를 보살피는 사효가 역량이 있으면 하괘의 이전투구를 해결할 수 있다. 그러나 이 괘의 상괘는 건괘이다. 그러므로 이전투구를 해결하지 못한다. 자체적으로 해결이 안 되는 경우는 소송할 수밖에 없다. 그래서 이 괘에 송訟이라 이름을 붙였다.

訟(송)이라 有孚(유부)[1]라도 窒(질)[2]하여 惕(척)하리니 中(중)이면 吉(길)코 終(종)이면 凶(흉)하니라 利見大人(이견대인)이오 不利涉大川(불리섭대천)하니라 彖曰訟(단왈송)은 上剛下(상강하)

험 험이건 송 송유부질척중길 강래이
險하여 險而健이 訟이라 訟有孚窒惕中吉은 剛來而

득중야 종흉 송불가성야 리견대인 상중
得中也오 終凶은 訟不可成也오 利見大人은 尙中

정야 불리섭대천 입우연야 상왈천여수위
正也오 不利涉大川은 入于淵[3]也라 象曰天與水違

행 송 군자 이 작사모시
行이 訟이니 君子 以하여 作事謀始[4]하나니라

국역 |

송사가 일어나는 형국이다. 한마음으로 추진해도 막혀서 애를 태울 것이니 도중에 중단하면 길하지만 끝까지 하면 흉하다. 대인을 보는 것은 이롭고 큰 강을 건너는 것은 이롭지 않다. 단彖에서 말했다. "송訟은 위는 굳세고 아래는 험하니 험한 상태에서 굳세니 송사가 된다. 송사에서 양심만 믿고 추진하면 막혀서 애를 태울 것이니 도중에 중단하면 길한 것은 굳센 것이 와서 중심을 얻기 때문이다. 끝까지 하면 흉한 것은 송사를 성공할 수 없기 때문이다. 대인을 보는 것이 이로운 것은 중심이 되는 것과 바른 것을 숭상하기 때문이다. 큰 내를 건너는 것이 이롭지 않은 것은 못에 빠지기 때문이다." 상象에서 말했다. "하늘이 물과 어긋나게 가는 것이 송사가 되는 것이니, 군자는 이 괘의 이치를 살펴 일을 할 때에 처음을 잘 헤아린다."

난자풀이 |

[1] 孚(부) : 한마음의 상태를 유지하는 것이다. 한마음은 양심이므로 여기서는 자기 양심만 믿고 소송을 하는 것을 말한다.

2 窒(질) : 막힌다.

3 淵(연) : 이때의 못은 빠져 나오기 힘든 늪으로 이해해야 한다. 단순한 저수지라면 수영을 하러 들어갈 수도 있기 때문이다.

4 謀(모) : '논의하다', '헤아리다' 등의 뜻.

강설 |

대개의 경우 송사를 벌이는 것은 전체적인 입장에서 보면 의로운 행위가 아니다. 따라서 송사는 적절한 선에서 중지해야 한다. 부孚는 한마음의 상태를 유지하는 것을 말한다. 한마음은 양심이다. 소송을 할 때는 한마음으로 추진하더라도 성공하기 어렵다. 조선말 당파싸움이 극한에 이르러 결국 나라가 망하는 지경에 이른 것이 이에 해당한다. 만약 소송을 적절한 선에서 중지한다면 이전의 다툼이 오히려 발전을 위한 활력소가 될 수도 있기 때문에 길하다. 부부싸움을 전혀 하지 않는 가정보다 간혹 하는 가정이 건전한 것과 같은 이치이다. 송사가 좀처럼 해결되지 않을 때는 송사를 해결해 줄 수 있는 대인을 만나는 것이 이롭다.

송사를 할 때는 상대에게 이기기 위해 상대의 비리를 들추어내는데 주력한다. 그러므로 송사를 할 때는 열 받는 일이 많다. 이런 상태에서 다른 집단과 전쟁을 하거나 큰일이 일어나면 열 받은 상대가 이적행위를 하게 되어 분열할 수 있다. 예컨대 고구려가 당나라와 전쟁을 할 때 연개소문의 아들들이 분열하여 당나라의 앞잡이가 된 것이 이 경우이다. 그러므로 '큰 내를 건너는 것이 이롭지 않다'고 했다.

단彖에서 상上이 굳세고 하下가 험하다고 한 것은 상층부가 건실한 건괘이고 하층부가 이전투구를 하는 감괘인 것을 표현한 것이다. 또 험한 상태에서 굽히지 않으면 소송이 일어난다. 소송은 중간에서 중단하는 것이 좋다. 끝까지 하면 흉하다. 소송하는 것 자체가 전체를 위한 의리가 아니기 때문이다. 이 의리가 아닌 이전투구를 극단까지 밀고 나가면 패망의 구렁텅이에 빠져 패망의 결과를 가져온다. 감괘는 하나의 양이 두 음 속에 빠져 있는 모습이다. 적당히 중단하지 않고 끝까지 싸우면 양은 두 음에서 빠져 나오지 못한다. 그리고 또 상층부의 사람들도 이를 해결하는 능력이 없다. 때문에 필연적으로 패망하고 만다. 따라서 역에서는 헤어나지 못하는 늪으로 들어간다고 했다.

상象에서 하늘과 물이 어긋나서 송사가 된다고 한 것은 위의 건괘는 하늘로서 건실하데 아래의 감괘는 물로서 이전투구를 하기 때문에 서로 가는 길이 달라 소송을 하게 된다는 것을 말한 것이다. 이러한 이치를 아는 군자는 일을 추진할 때에 시작부터 잘 헤아려 아예 소송이 일어나지 않는 방향으로 인도할 것이다. 시작부터 전체의 입장에서 공평하게 처리하여 소송이 일어나지 않도록 하는 것이 최선이다.

初六은 不永所事면 小有言하나 終吉하리라 象曰不永所事는 訟不可長也니 雖小有言이나 其辯이[1] 明也라

(초육 불영소사 소유언 종길 상왈불영 소사 송불가장야 수소유언 기변 명야)

국역 |

초육初六은 일삼던 바를 길게 끌고 가지 않으면 조금 말이 있으나 마침내는 길하다. 상象에서 말했다. "일삼던 바를 길게 끌고 가지 않아야 하는 것은 송사를 길게 하면 안 되기 때문이다. 비록 조금 말이 있지만 그 처신이 현명하다."

난자풀이 |

1 辯(변) : 말 잘하다. 다스리다. 바르게 하다. 여기서는 바르게 처신하는 것을 말한다.

강설 |

초육初六은 하층부의 주도권을 차지하기 위해 육삼六三과 힘을 합해 구이九二의 양陽과 이전투구를 벌인다. 투쟁심에 불이 붙어있는 소인은 자신감을 가지고 끝까지 투쟁할 것이다. 그러나 그렇게 하면 둘 다 망하고 만다. 오직 사랑이 깊은 군자는 소송을 끝까지 끌고 가지 않고 도중에 중단한다. 한 아이를 서로 자기의 아들이라고 주장하는 두 여인이 솔로몬에게 소송을 하자 솔로몬은 아이를 반씩 나누어 가지게 했다. 그러자 아이의 친어머니는 소송을 중단했다. 그 여인은 아들을 사랑했기 때문이다.

소송으로 흥분된 상태에서 소송을 중단하기란 어렵다. 그러므로 역을 읽는 군자라야 자신의 감정을 억누르고 양보할 수 있을 것이다. 중도에 소송을 중단하면 구설수가 있기 마련이다. '자신이 없어서 중단했을 것이다'라든가, '자기가 잘못했으니까 양보했을 것이다'라는 등의 비판을 받을 것이다. 그러나 참다운 군자는 그러한 것을 개의치 않아야 한다. 진실은 결국 남들이 알게 되어 있지만, 군자는 그러한 것을 염두에 두고 행동하는 것이 아니다. 그저 묵묵하게 진실한 마음을 실천할 뿐이다.

구이 불극송 귀이포 기읍인 삼백호

九二는 不克訟이니 歸而逋하여 其邑人이 三百戶면

1 2 3

无眚(무생)④하리라 象曰不克訟(상왈불극송)하여 歸而逋(귀이포)는 竄也(찬야)⑤니 自下訟上(자하송상)하여 患至(환지)는 掇也(철야)⑥니라

국역 |

구이九二는 송사를 감당할 수 없다. 돌아가 달아나서 그 읍인이 삼백 호 정도면 재앙이 없을 것이다. 상象에서 말했다. "소송을 감당할 수 없어서 돌아가 달아난다는 것은 숨는 것이다. 아래에서 윗사람을 소송하여 근심이 이르는 것은 자기가 선택한 것이다."

난자풀이 |

1 克(극) : '감당할 수 있다'는 뜻.
2 逋(포) : 달아난다.
3 戶(호) : 지게 문. 외짝으로 된 문. 여기서는 '집'이라는 의미로 쓰였다. 서민의 집에는 호戶는 있었으나 문門은 없었기 때문에 서민의 인구를 호구戶口라고 표현했다.
4 眚(생) : 재앙. 원래의 뜻은 눈에 백태가 낀다는 뜻인데, 눈에 백태가 끼는 것은 큰 재앙이므로 '재앙'이라는 의미로 쓰이게 된 것이다.
5 竄(찬) : '숨는다', '달아난다' 등의 뜻.
6 掇(철) : 줍는다. 선택한다.

강설 |

구이九二는 건실한 하층부의 중심이지만 주위의 초육初六과 육삼六三에게 공격을 받아 고통을 당하는 위치에 있다. 초육初六과 육삼六三은

음흉한 음陰이기 때문에 아량을 기대할 수 없다. 그러므로 구이九二가 피할 수밖에 없다. 피하더라도 초육初六과 육삼六三은 악착같이 따라와 제거하려 할 것이므로 아주 멀리 피하여 다시는 자기들과 다투지 않을 뜻을 보여주는 것이 좋다. 그래서 '달아나 숨되 그 읍인이 삼 백 호 정도의 조촐한 곳이면 재앙이 없다'고 했다. 읍인은 자기의 영향권에 있는 사람들이다. 읍인이 많은 곳으로 달아나면 다시 대항할 것으로 의심하여 끝까지 공격할 것이다. 유방이 항우를 피해 서쪽으로 군사를 이끌고 달아날 때 조금의 군사만을 거느리고 달아나며 잔도를 태워 원수갚을 뜻이 없음을 보임으로써 상대를 안심시킨 것이 이에 해당한다. 일단 안심을 시킨 뒤에 기회를 봐서 재기해야 한다

六三은 食舊德하여 貞하면 厲하나 終吉하리니 或從王事라도 无成이로다 象曰食舊德은 從上이니 吉也라

국역 |

육삼六三은 옛날에 쌓아놓은 덕의 대가를 먹으며 참고 견디면 자기 살을 깎는 아픔이 있지만 마침내는 길하다. 혹 임금의 일에 종사하더라도 이루는 것이 없다. 상象에서 말했다. "옛날에 쌓아놓은 덕의 대가를 먹고 있는 것은 윗사람을 따르는 것이니 길하다."

강설 |

육삼六三은 초육初六의 음陰과 결탁하여 구이九二와 이전투구를 벌이지만 이길 승산이 없다. 이긴다 해도 득이 없다. 자신의 처지를 이해해줄 사람이 아무도 없기 때문이다. 이 경우에는 어떤 대가를 기대할 수 없다. 오직 옛날에 저금해놓은 것을 먹고살면서 조용히 때를 기다리며 참아야 한다. 일이 안될 때는 일을 성사시키려 하면 할수록 더 어려워진다. 그러한 때는 때가 올 때까지 참고 기다리는 것이 상책이다. 참으면 손해라는 생각이 드는데도 참는 것은 자기 살을 깎아내는 듯한 아픔이 있다. 그래서 려厲하다 했다. 려厲는 자기 살을 깎아내는 고통을 말한다. 지금 육삼六三은 어떤 일이건 성사시킬 수 있는 것은 하나도 없다. 현 상황을 유지하며 견디기에도 급급하다. 송괘訟卦의 하층부에서 일어나는 혼란을 직접 해결하기 위해 찾아오는 구오九五와 만나 구오九五의 일에 관여하여 구오九五와 친분이 있다 하더라도 육삼六三이 추진하는 일은 성사될 수 없다. 구오九五는 육삼六三을 일방적으로 지지하거나 도울 수 있는 입장이 아니기 때문이다. 그래서 '혹 임금의 일에 종사하더라도 이루는 것이 없다'고 했다.

과거에 이루어놓은 것을 먹으면서 가만히 있는 것은 전체의 상황을 따르는 것이고, 상층부의 뜻을 따르는 것이며, 하늘의 뜻을 따르는 것이다. 길하지 않을 수 없다.

九四(구사)는 不克訟(불극송)이라 復(복)[1] 卽(즉)[2] 命(명)[3]하여 渝(투)[4]하여 安(안)[5] 貞(정)하면 吉(길)하리라 象曰(상왈) 復卽命渝安貞(복즉명투안정)은 不失也(불실야)라

국역 |

구사九四는 송사를 해결할 수 없다. 돌아와 명에 따르고, 태도를 바꾸어 편안한 마음으로 참고 있으면 길하다. 상象에서 말했다. "돌아와 명에 따르고 태도를 바꾸어 편안한 마음으로 참고 있는 것은 (본래의 일을) 잃지 않는 것이다."

난자풀이 |

1 克(극) : 능能과 같은 뜻.
2 復(복) : '돌아온다'는 뜻이다.
3 卽(즉) : 어느 곳에 딱 붙는다. 나아가다. 다가가다. 따르다.
4 命(명) : 천명天命. 명령. 여기서는 구오九五의 명命을 말한다. 여기서의 즉명卽命은 구오九五의 명령을 따르는 것이다.
5 渝(투) : 달라지다. 바뀌다.

강설 |

사효는 하층부에 문제가 발생했을 때 그 문제를 직접 해결해야 하는 위치이다. 그러나 이 괘에서의 구사九四는 상층부에서의 유일한 음이나 양이 아니므로 위력이 없다. 그래서 '송사를 해결할 수 없다'고 했다.

이런 상황에 이르면 구사九四는 윗사람에게 책임을 추궁당하는 곤경에 처하게 된다. 그러나 구사九四는 원래 무능한 것도 아니고 잘못한 것도 아니다. 다만 문제의 성격이 자신의 능력으로 해결할 수 없는 상황일 뿐이다. 이때는 책임을 회피하기 위해 변명을 하면 자기의 무능함만 더욱 드러나게 된다. 솔직히 자기의 무능함을 시인하고 그 일에서 손을 떼야 한다. 그리고 그 일에서 돌아와 구오九五의 명령과 처분을 기다려야 한다. 그러면 구오九五는 다른 대책을 세워 해결의 방안을 모색할 것이다. 구사九四는 비록 꾸짖음을 당해도 초조해 하지 말고, 편안한 마음으로 참고 있어야 한다. 그것이 최고의 해결책이다.

하층부의 문제를 해결하는 것은 구사九四에게 중요하긴 하지만 그것만이 전부가 아니다. 구사九四의 본연의 임무는 인격을 수양하고 실력을 닦아 구오九五가 되었을 때의 역할에 대비하는 것이다. 따라서 사효로서 제역할을 못한 것에 너무 집착하지 말아야 한다. 모든 것을 잊고 자기의 본래의 일에 전념하면 모든 것이 해결된다. 그러므로 상象에서 본래의 일을 잃지 않아야 함을 말했다.

> 九五는 訟이면 元吉하리라 象曰訟元吉은 以中正也라

국역 |

구오九五는 송사를 직접 해결하면 크게 길하다. 상象에서 말했다. "송사를 직접 해결하면 크게 길한 것은 핵심적이고 바른 자리에서 하기 때문이다."

강설 |

구오九五는 전체를 주도해 나가는 핵심적 존재다. 그리고 이 괘에서의 구오九五는 위력을 가지고 있다. 그러므로 하층부의 이전투구를 다른 사람에게 해결하게 하지 말고 직접 나서서 해결해야 한다. 자기의 힘만 믿고 아랫사람의 이전투구를 안일하게 생각하고 방치하면 전체가 망하는 지경에 이른다. 그래서 '송사를 직접 해결해야 한다'고 했다. 송訟이란 송사를 해결한다는 말이다. 태종 때 아무도 조사위의 난을 평정하지 못하자 태종이 직접 싸움터에 나가 해결한 것이 이에 해당한다.

상구 혹석지반대 종조삼치지 상왈이
上九는 或錫之鞶帶라도 終朝三褫之하리라 象曰以
[1] [2] [3]
송수복 역부족경야
訟受服이 亦不足敬也라

국역 |

상구上九는 혹 반대鞶帶를 하사하더라도 아침이 끝날 때까지 세 번 빼앗을 것이다. 상象에서 말했다. "송사를 하여 옷을 받는 것은 또한 존경할 것이 못되기 때문이다."

난자풀이 |

[1] 錫(석) : 하사하다. 주다.
[2] 鞶(반) : 큰 띠. 반대鞶帶는 관복을 입을 때 두르는 띠이므로 여기서는 관직을 상징한다.
[3] 褫(치) : 옷을 벗기다. 빼앗다.

강설 |

상구上九는 가장 높은 위치에 있는 최고의 원로이다. 아랫사람들에게 최고의 예우를 받아야 하는 위치임에도 소송에 휘말려 있는 이 괘의 상황에서는 제대로 예우를 받지 못한다. 이것에 불만을 품고 구오九

五를 질책하면 구오九五는 이를 무마하기 위해 적당히 대접을 한다. 나라의 경우라면 적당한 직책을 내리기도 할 것이다. 반대鞶帶란 벼슬하는 사람들이 관복에 두르는 띠이므로 반대를 받는다는 말은 벼슬하는 것을 말한다. 상구上九가 벼슬하는 것은 예우차원의 배려이기 때문에 긴요한 것이 아니다. 만일 소송을 해결하는 데 필요한 경우에는 도로 빼앗을 수밖에 없다. 그러므로 여러 번 주었다가 빼앗았다가 한다. 이를 '아침이 끝나기 전에 세 번이나 빼앗는다'고 했다. 역易을 읽는 군자는 상황을 잘 파악하여 조용히 참고 기다려야 할 것이다.

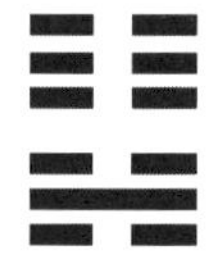

지수사
地水師

이 괘는 강력한 힘을 가진 구이九二가 하층부에 있으면서 초육初六과 육삼六三에 둘러싸여 있기 때문에 외부로 드러나지 않고, 외부로 드러나는 상괘는 곤괘이기 때문에 힘이 없다. 이런 경우에는 외부의 침략을 받기 쉽다. 따라서 괘의 이름을 군대를 의미하는 사師로 붙였다.

하나의 양陽이 초효에 있거나 삼효에 있는 경우는 드러나 있기 때문에 전쟁을 유발하지 않는다. 오직 이효에 있을 때만 전쟁이 일어난다.

사괘師卦에서는 전쟁이 일어난다 해도 실력자인 구이九二가 있어서 결국 막아낼 수 있다. 임진왜란 때 이순신 장군이 왜군을 막아낸 것과 같다.

전쟁을 할 때 일부러 사괘의 형상을 만드는 경우도 있다. 은밀히 군사를 매복시켜 놓고, 외형적으로 빈약한 것처럼 꾸미면 적군은 그 때를 놓치지 않고 공격해오기 때문이다.

師라 貞하니라 丈人이라야 吉코 无咎하리라 彖曰師는 衆也오 貞은 正也니 能以衆正하면 可以王矣리라 剛中而應하고 行險而順하니 以此毒天下而民從之라 吉하니 又何咎矣리오 象曰地中有水 師니 君子 以하여 容民畜衆하나니라

[1] 師 [2] 丈人 [3] 毒

국역 |

전쟁이 일어나는 형국이다. 견뎌내야 한다. 건장한 사람이 나서야 길하고 허물이 없다. 단彖에서 말했다. “사師는 무리라는 뜻이고 정貞은 바르게 한다는 뜻이다. 능히 무리를 바르게 인도하면 왕업을 이룰 수 있다. 강한 것이 안에서 응하여 어려운 일을 수행하면서 온순하니 이를 가지고 천하를 다스리면 백성들이 따를 것이니 길하다. 다시 무엇을 탓하겠는가?” 상象에서 말했다. “땅 속에 물이 있는 것이 사師이다. 군자가 이 괘의 이치를 가지고 백성을 포용하고 대중을 기른다.”

난자풀이 |

[1] 師(사) : 군사. 군사는 전쟁을 하는 사람이므로 여기서는 전쟁을 의미하는 괘로 읽는다.

[2] 丈人(장인) : 원리나 이론만을 알고 있는 이론가가 아니라 구체적인 기술이나 힘을 가지고 있는 건장한 능력자.

3 毒(독) : 독약 또는 극약. 독천하毒天下란 혼란한 천하를 극약처방으로 다스린다는 뜻이다.

강설 |

사師는 전쟁을 의미한다. 이 전쟁은 침략을 하는 전쟁이 아니라 침략을 당하는 전쟁이다. 침략을 받게 되는 미약한 처지이기 때문에 일을 시작하는 상황도, 확장하는 상황도, 결실하는 상황도 아니다. 나라를 지키기 위해 잘 견디면서 침략자를 무찔러 난관을 극복해야 하는 상황이다. 정貞이란 겨울의 역할에 해당한다. 겨울에는 많은 일을 벌이지 말고 봄이 올 때까지 참고 견뎌야 한다. 침략전쟁을 받은 경우에도 이처럼 해야 한다. 나라에 힘이 생길 때까지 참고 견디며 방어해야 한다. 전쟁에서 승리하기 위해서는 구이九二의 장군이 나서야 한다. 그래서 '장인이 나서야 길하고 허물이 없다'고 했다.

단彖에서는 사師를 중衆이라 했다. 이때의 중衆 또한 군인들이다. 미약한 왕이 전쟁을 승리로 이끄는 방법은 구이九二의 장군에게 권한을 위임하는 것뿐이다. 그렇지 않으면 나라를 잃는다. 구이九二의 장군은 유능하면서 선한 마음을 가지고 있기 때문에 전방에서 험난한 일에 대응하고 일을 수행하면서도 왕에게 순종한다. 따라서 이 구이九二를 등용하면 천하를 구제할 수 있고 백성의 지지를 받아 난관을 극복할 수 있다. 정貞을 바르게 하는 것이라 했다. 견딜 때 견디는 것이 바른 것이고 시비를 분별하는 것이 바른 것이다. 침략을 받아 위기에 빠진 나라를 구하는 데엔 원칙적인 방법으로는 통하지 않는다. 구이九二가 평민이라 하더라도 그를 장군에 임명하는 등의 비상수단을 써야 한다. 따라서 이를 극약처방으로 다스린다고 표현했다.

初六은 師出以律이니 否면 臧[1]이라도 凶하니라 象曰師出以律이니 失律이면 凶也라

국역 |

초육初六은 군대가 출병할 때 군율에 따라야 하는 것이니, 그렇지 않으면 잘 통솔한다 하더라도 흉하다. 상象에서 말했다. "군대가 출진할 때는 군율로써 해야 하는 것이니 군율을 잃으면 흉하다."

난자풀이 |

[1] 臧(장) : 선善과 통용된다. 잘한다. 착하다.

강설 |

초육初六은 어린 병사들이 전쟁에 참여하는 경우이다. 이 경우 어린 구이九二가 장군이므로 그 장군의 명령을 듣지 않기 쉽다. 또 초육初六은 성급하기 때문에 군율을 어기고 진격하기 쉽다. 그러나 그렇게 하면 패망한다. 이순신 장군의 휘하 장수인 정운이 이순신 장군의 명령을 어기고 출전했다가 패망한 경우가 이에 해당한다. 매우 어려운 전쟁임을 명심하여 철저하게 장군의 통솔에 따라야 한다. 구이九二의 장군 또한 초육初六에 대해서는 엄한 군율로 다스려야 할 것이다.

九二는 在師에 中이라야 吉코 无咎하니 王三錫命이로다

象曰在師中吉은 承天寵也오 王三錫命은 懷萬邦也라

국역 |

구이九二는 군대에서 중심의 위치에 있어야 길하고 허물이 없다. 왕이 세 번 명령을 내린다. 상象에서 말했다. "군대에서 중심에 있으면 길하다는 것은 하늘의 총애를 받기 때문이고 왕이 세 번 명령을 내린다는 것은 온 나라를 생각해서이다."

강설 |

구이九二는 이 전쟁을 승리로 이끌어야 할 주역이다. 이를 안다면 자신에게 주어지는 장군자리를 남에게 양보하면 안 된다. 겸양이 반드시 미덕이 되는 것은 아니다. 자기가 적임자인데도 겸손한 것은 개인의 감정에 사로잡힌 소인의 행동이다. 전체의 입장에서 판단하여 자기가 적임자일 때는 사양하지 않아야 한다. 이러한 입장을 맹자는 황제의 자리도 사양하지 않았던 순임금을 예로 들어 설명한 바 있다. 그래서 '군대에서 중심의 위치에 있어야 한다'고 했다.

세 번이란 여러 번이란 말이다. 왕이 세 번 명령을 내린다는 것은 위기의 상황이기 때문에 그에게 장군의 지위를 내려주었다가 총사령관의 지위로 승격시켜주는 등 여러 번 벼슬자리를 내려준다는 말이다.

六三(육삼)은 師或輿尸(사혹여시)니 凶(흉)하리라 象曰師或輿尸(상왈사혹여시)면 大无(대무) 功也(공야)리라

국역 |

육삼六三은 군사가 출정하면 혹 시체를 수레에 가득 실을 것이니 흉하다. 상象에서 말했다. "군대가 혹 시체를 수레에 가득 실으면 전혀 공이 없다"

강설 |

육삼六三은 군대의 통수권을 후배인 구이九二에게 빼앗긴 데 유감을 가진 존재이다. 그래서 그는 구이九二의 명령과 지시에 따르기 싫다. 그러나 상황은 침략을 받아 나라가 위태로운 시점이다. 따라서 임금이 서열을 무시하고 구이九二에게 장군의 직책을 부여한 것은 위기의 상황 때문이지 개인적 감정에 의한 것이 아님을 알아야 한다. 이러한 상황에서는 개인적 감정보다는 전체의 흐름을 읽고 모두가 한마음이 되어 구이九二를 중심으로 일사불란하게 움직여야 한다. 만일 개인의 공을 세우기 위해 구이九二의 명령을 무시하고 몰래 군대를 출동하면 실패하여 부하들의 시체를 수레에 가득 싣고 돌아올 가능성이 있다. 그렇게 되면 모두 패망할 수도 있다.

원균이 이순신 장군의 말을 듣지 않고 자기 마음대로 군대를 동원하여 낭패를 당한 경우가 이에 해당한다.

육사 사좌차 무구 상왈좌차무구 미실상 야

六四는 師左[1]次[2]면 无咎로다 象曰左次无咎는 未失常[3]也라

국역 |

육사六四는 군대를 낮은 곳에 주둔하면 허물이 없다. 상象에서 말했다. "낮은 데 주둔하면 허물이 없는 것은 떳떳한 마음을 잃지 않았기 때문이다."

난자풀이 |

[1] 左(좌) : 낮은 곳. 우右는 높은 곳을 말하고 좌左는 낮은 곳을 말한다.
[2] 次(차) : 삼일 이상 주둔하는 것을 차次라 한다.
[3] 常(상) : 떳떳하고 정상적인 마음. 본마음.

강설 |

육사六四는 상층부에 있으면서 전쟁에 참여하는 존재이다. 전시에 정부에서 파견하는 국방부 장관이나 도원수가 이에 해당한다. 이는 대체로 무관보다는 문관인 경우가 많다. 계급서열상 장군인 구이九二보다 서열이 높다. 그러나 이 괘에서의 육사六四는 지휘권을 구이九二에게 위임하고 자신의 군대는 구이九二의 군대보다 낮은 곳에 주둔하여 구이九二를 보좌하도록 해야 한다. 만일 전투에 분주한 구이九二가 자기에 대한 예우를 못한다하여 유감을 가지고 그를 응징하면 전체를 패망시키는 결과를 초래한다. 좌左는 낮은 곳이고 차次는 주둔하는 것이다.

육오 전유금 이집언 무구 장자솔
六五는 田有禽이어든 利執言하면 无咎하리라 長子帥
　　　[1]　[2]

사 제자여시 정 흉 상왈장자솔사
師니 弟子輿尸면 貞하여도 凶하리라 象曰長子帥師는
　　[3]

이중행야 제자여시 사부당야
以中行也오 弟子輿尸는 使不當也라

국역 |

육오六五는 우리 밭에 잡아야 할 새가 있다. 잡으라고 말하는 것을 이롭게 여기면 허물이 없다. 장자가 군사를 통솔해야 한다. 동생이나 차남이 나서서 시체를 수레에 가득 실으면 잘 분별하여 대처하더라도 흉하다. 상象에서 말했다. "장자가 군사를 통솔해야 하는 것은 중심을 가지고 행해야 하는 것이고, 동생이나 차남이 나서면 시체를 수레 가득 싣는 것은 시키는 것이 부당하기 때문이다."

난자풀이 |

[1] 田(전) : 우리 밭. 여기서는 우리의 국토를 말한다.
[2] 禽(금) : 사냥의 대상. 여기서는 외부의 침략자를 말한다.
[3] 子(자) : 장자가 아닌 차자 등의 다른 아들.

강설 |

외적의 침략에 대한 직접적인 토벌능력이 없는 육오六五는 전체구성원을 잘 살펴 가장 유능한 구이九二에게 토벌을 위임해야 한다. 그리고 침략자가 누구인지, 그들의 침략이 왜 부당한지를 선포하여, 모든 사람들에게 알려야 한다. 그래야만 많은 사람들이 의리를 앞세워 방어전에 참여하게 될 것이다. 그래서 '밭에 새가 있으면 잡으라는 말을 해야 이롭고 허물이 없다'고 했다. 밭은 나라 안을 말하고 새는 나라를 해치는 침략자를 말한다.

또 구이九二에게 방어전을 위임할 때는 그를 중심으로 단일한 명령체계를 만들어야 한다. 능력 없는 육사六四나 육삼六三 등이 공명심에 사로잡혀 출전을 할 시에도 철저하게 구이九二의 명령을 따르도록 지시해야 한다. 그래서 장자가 군사를 통솔하여야 한다고 했다. 만약 그렇지 않고 육사六四나 육삼六三이 지휘했다가 패하게 되면 구이九二의 전투력이 위축되기 때문에 그 후에는 잘 분별하여 대처하더라도 어쩔 수 없는 상황에 처하게 된다. 그래서 '동생이나 차남이 나서서 시체를 수레에 가득 실으면 잘 분별하여 대처하더라도 흉하다'고 했다.

上六(상육)은 大君(대군)이 有命(유명)이니 開國承家(개국승가)에 小人勿用(소인물용)이니라

象曰大君有命(상왈대군유명)은 以正功也(이정공야)오 小人勿用(소인물용)은 必亂邦也(필란방야)라

국역 |

상육上六은 대군이 명령을 내려 나라를 열고 집을 잇는 데 소인은 쓰지 말아야 한다. 상象에서 말했다. "대군이 명령이 있는 것은 공을 바르게 평가하는 것이고, 소인은 쓰지 말아야 하는 것은 반드시 나라

를 어지럽힐 것이기 때문이다."

강설 |

사괘師卦에서는 구이九二에게 인기가 집중되기 때문에 육오六五는 별로 지지를 받지 못한다. 지지를 받지 못하는 임금은 힘이 없다. 지지를 받지 못하는 육오六五는 자격지심 때문에 공평하게 사람들을 평가하지 못한다. 군자와 소인을 가릴 힘도 없다. 이런 경우에는 상육上六의 보좌가 필요하다. 상육上六은 권력을 가지고 있지 않기 때문에 비교적 공평하게 관찰할 수 있다. 침략을 당하는 이유는 소인들을 제후로 임명했기 때문이다. 그러므로 소인들은 제후나 대부로 봉하지 않아야 한다. 나라를 여는 것은 제후로 봉하는 것이고 집을 잇게 하는 것은 대부로 봉하는 것이다. 소인들이 제후나 대부가 되면 후에 자신들의 봉토를 근거로 반란을 일으킬 가능성이 있기 때문이다. 이렇게 하는 것이 전쟁을 미연에 방지하는 방법이다.

수지비
水地比

이 괘는 구오九五만 양陽이고 나머지 효는 모두 음陰으로 구성되어 있다. 예컨대 학교라는 집단에서 보면, 중심이 되는 선생님 한 분만 남자이고 나머지 학생과 선생들은 모두 여자인 경우이다.

이 경우 모든 음陰은 유일한 양陽인 구오九五를 좋아하게 되어 있고 따르게 되어 있다. 그래서 괘의 명칭을 비比라고 했다. 비比는 따른다는 뜻이다. 이 경우는 음陰들이 구오九五의 사랑을 받기 위해 서로 시샘을 하기 쉽다. 하지만, 시샘을 하여 서로 다투게 된다면 모두가 어려운 지경에 빠지고 만다. 구오九五의 사랑을 독차지하겠다는 욕심은 버리고 한마음이 되어 따라야 한다.

比(비)라 吉(길)하니라 原筮(원서)하되 元(원)코 永貞(영정)하면 无咎(무구)하리라 不寧(불녕)
[1] [2] [3] [4]

도 方來니 後면 夫라도 凶하리라 彖曰比吉也는 比輔也니 下順從也라 原筮元永貞无咎는 以剛中也오 不寧方來는 上下應也오 後夫凶은 其道窮也라 象曰 地上有水 比니 先王이 以하여 建萬國하고 親諸侯하니라

국역 |

따라야 하는 형국이다. 그러면 길하다. 점의 내용을 살펴 시작하고 길이 참고 있으면 허물이 없을 것이다. 평소 따르지 않던 사람들도 바야흐로 오니 나중에 오는 사람은 남편이라도 흉할 것이다. 단彖에서 말했다. "따르는 것이 길한 것은 따르는 것이 돕는 것이기 때문이니 아래가 순종한다. 점의 내용을 살펴 시작하고 길이 참고 있으면 허물이 없는 것은 굳세면서 중앙의 위치에 있기 때문이다. 따르지 않던 자들이 바야흐로 오는 것은 위와 아래가 응하기 때문이다. 나중에 오면 남편이라도 흉한 것은 그 도가 궁하기 때문이다." 상象에서 말했다. "땅 위에 물이 있는 것이 비比니 선왕이 이 괘의 이치를 살펴 만국을 세우고 제후와 친한다."

난자풀이 |

1 比(비) : '따른다'는 뜻.
2 原(원) : '살핀다'는 뜻.
3 筮(서) : 서죽筮竹으로 점을 친 내용.

4 不寧(불녕) : 옛날에 조공을 하지 않는 제후를 불녕不寧이라 했으므로 여기서는 '평소에 따르지 않던 사람'이란 뜻으로 이해하면 될 것이다.

강설 |

비괘比卦의 상황은 구오九五의 건실한 양陽이 나머지 음陰들을 보살피고 있고, 또 음陰들 역시 유일한 양陽이면서 핵심의 위치에 있는 구오九五를 따르고 있기 때문에 전체가 아무 문제없이 일사불란하게 움직이고 있는 상황이다. 그러므로 구오九五를 따르기만 하면 아무 문제가 생기지 않는다. 그래서 길하다고 했다.

점이 보여주는 계시는 전체의 입장에서 각각이 실천해야 할 바른 행동원리이다. 역에서 '점의 내용을 잘 살펴라'고 하는 경우는 실수하기 쉬운 경우이다. 모두가 일사불란하게 구오九五를 따르면 이에 익숙해진 구오九五는 자기에 대해 반발하는 자들을 용납하지 못하여 독재를 하게 된다. 그래서 시작은 잘 하지만 잘 마치기는 어렵다. 따라서 '시작을 하고 길이 참고 있어야 한다'고 했다. 이는 끝까지 초심을 유지해야 함을 말한 것이다. 이 부분의 설명은 구오九五의 입장을 말한 것이다.

비괘의 상황에서는 모두가 구오九五를 따르는 것이 의리이고, 또 순리이다. 그것은 하늘의 뜻이다. 그런데 이 경우에도 마음이 바르지 않은 사람은 따르지 않는 경우가 있다. 이는 하늘을 거스르는 것이다. 맹자는 '하늘을 따르는 자는 살고 하늘을 거스르는 자는 죽는다'고 했다. 이를 강조해서 역에서는 '만약 따르지 않는다면 남편이라 해도 흉할 것이다'라고 했다. 남편은 여간해서는 부인에게 따돌림을 당하지 않는다. 그렇기 때문에 부인의 말에 일일이 따르지 않더라도 탈이 날 경우가 드물지만, 이 경우는 다르다.

『주역』은 자연의 흐름과 함께 하여 자연과 하나가 되는 지혜를 가르쳐 주는 지혜의 보고寶庫이다. 비괘比卦는 천하대세가 구오九五를 따라 흐르는 상황을 표현한 것이다. 이런 경우 사심 없는 군자라면 버스를 타고 자면서 버스와 함께 흔들리는 사람처럼 전체의 흐름과 함께할 수 있을 것이다. 그러나 사심이 많고 자존심이 강한 소인은 그 흐름에 순응하지 못하고 뒤쳐지거나 이탈하는 경우가 있다. 이 흐름을 이탈하는 것은 하늘을 거스르는 것이다. 패망의 길로 빠지게 될 것이다.

따르는 것이 길한 것은 따르는 것이 돕는 것이기 때문이다. 그것은 자신을 돕고, 구오九五를 돕고, 전체를 돕고, 하늘의 일을 돕는 것이다. 평소에 따르지 않던 자들이 오게 되는 것은 구오九五가 아래에 있는 음을 잘 보살피고, 아래의 음이 윗사람인 구오九五를 잘 따르기 때문이다.

땅위에 물이 있는 상황이 비比라는 것은 상괘가 감괘坎卦이고 하괘가 곤괘坤卦인 것을 말한 것이다. 천자가 이 괘의 괘상을 보면, 모두가 잘 따르는 때를 살펴 만국을 건설하고 제후와 친밀하게 지내게 된다.

初六(초육)은 有孚比之(유부비지)[1]라야 无咎(무구)하리니 有孚盈缶(유부영부)[2]면 終來有他吉(종래유타길)하리라 象曰比之初六(상왈비지초육)은 有他吉也(유타길야)니라

국역 |

초육初六은 한마음을 유지하면서 따라야 허물이 없을 것이다. 한마음이 몸에 가득 차면 결국 다른 좋은 일이 있을 것이다. 상象에서 말했다. "따르는 초육初六에게는 다른 좋은 일이 있을 것이다."

난자풀이 |

1 孚(부) : 한마음을 유지하는 것. 한마음을 유지하는 것은 남을 자기처럼 신뢰하는 마음이므로 '믿음'으로 번역하기도 한다.

2 缶(부) : 장군. 액체를 담는 그릇. 항아리의 일종. 여기서는 몸을 말한다.

강설 |

초육初六은 구오九五를 좋아한다. 그러나 구오九五는 육이六二와 육사六四에게 더 많은 관심과 지지를 표한다. 이를 섭섭하게 생각하여 따르지 않으면 전체의 흐름을 거스르는 것이 되어 낭패를 당하게 된다. 구오九五가 육이六二와 육사六四에게 관심을 갖는 것은 감정 때문이 아니라 상황 때문이다. 따라서 초육初六은 한마음을 유지하며 묵묵히 따르면 성장한 뒤에 구오九五로부터 배려가 있게 될 것이다. 초육初六은 아직 어리기 때문에 참지 못하고 삐치기 쉽다. 그래서 한마음을 몸에 가득 차도록 가져야 한다고 했다. 구오九五에 대한 초육初六의 사랑은 짝사랑이다. 그래서 시인은 노래부른다.

마음으로 이렇게 사랑하면서
어이해서 말 한 마디 하지 못하나
마음속에 사랑 가득 남아 있으니
얼마나 세월가야 잊을 수 있나

―『시경』「소아 · 습상隰桑」 중에서

六二(육이)는 比之自內(비지자내)하여 貞(정)하면 吉(길)하리라 象曰比之自內(상왈비지자내)는 不自失也(부자실야)라

국역 |

육이六二는 따르기를 속에서부터 하여 잘 분별하여 참고 견디면 길하다. 상象에서 말했다. "따르기를 속에서부터 해야 하는 것은 스스로의 위치를 잃지 않기 때문이다."

강설 |

육이六二는 하층부의 중심이다. 구오九五의 관심이 집중되는 것은 당연하다. 그러나 가까이서 사랑을 받으면 존경심을 잃기 쉽다. 그렇게 되면 아랫사람이라는 분수를 잊고 함부로 대하게 된다. 그것은 잘못이다. 상괘는 밖이고 하괘는 안이다. 육이六二는 아랫사람의 분수를 잊지 말고 구오九五를 따라야 한다. 그래서 '속에서부터 따라야 한다'고 했다. 또한 육이六二는 구오九五의 사랑을 독차지하고 싶어지지만, 그것은 잘못이다. 구오九五의 사랑을 독차지하려 하지 말고 참아야 한다. 옛날 궁중에서 왕에게 총애를 받던 궁녀가 자기에게만 관심을 주지 않는 왕에게 서운해 하지 않고 참고 기다려야 하는 이치와 같다. 그래서 '참고 견디면 길하다'고 했다.

六三(육삼)은 比之匪人(비지비인)[1]이라 象曰比之匪人(상왈비지비인)이면 不亦傷乎(불역상호)아

국역 |

육삼六三은 엉뚱한 사람을 따르게 된다. 상象에서 말했다. "엉뚱한

사람을 따르게 되면 또한 상처입지 않겠는가.”

난자풀이 |

1 匪(비) : 비非와 통용. 비인匪人은 마땅한 사람이 아니라 엉뚱한 사람이다.

강설 |

육삼六三은 하층부의 제일 윗자리이다. 구오九五가 자기 후배인 육이六二와 윗자리에 있는 육사六四에게 더 많은 신뢰와 관심을 표하므로 유감이 많다. 또한 상육上六은 가장 존중받아야 한다고 생각하지만 구오九五가 존중받고 있으므로 불만을 가질 수 있다. 그래서 육삼六三을 자기편으로 회유할 수 있다. 그래서 만약 육삼六三이 불만을 가지고 상육上六을 따른다면 순리에 어긋나게 된다. 그것은 엉뚱한 사람을 따르는 것이고 하늘을 거스르는 것이다. 그러므로 육삼六三은 일편단심 구오九五에 대한 사랑을 늦추지 말아야 한다. 그럴수록 몰라주는 구오九五는 더욱 얄밉기만 하다. 그래서 시인은 노래부른다.

> 저 얄미운 사나이 나하고 말도 안 해
> 저 사나이 때문에 밥도 아니 넘어가
> 저 얄미운 사나이 나하고 밥도 안 먹어
> 저 사나이 때문에 잠도 아니 오잖아
>
> —『시경』「정풍 · 교동狡童」 중에서

六四(육사)는 外比之(외비지)하되 貞(정)하면 吉(길)하리라 象曰外比於賢(상왈외비어현)은 以從上也(이종상야)라

국역 |

육사六四는 외형적으로 구오九五를 따르되 참고 견디면 길하다. 상象에서 말했다. "외형적으로 현명한 사람을 따른다는 것은 윗사람을 따르는 것이다."

강설 |

육사六四는 하층부의 사람들을 지도해야 하는 위치이다. 비괘比卦의 상황은 전체가 구오九五를 따라야 하는 형국이므로 육사六四는 아랫사람들을 잘 이끌어 외형적으로 모두가 하나가 되어 구오九五를 따르도록 해야 한다. 그것이 천하대세이고 자신의 도리이다. 그러나 육사六四도 개인적으로 구오九五를 좋아한다. 특히 구오九五의 사랑을 받고 있기 때문에 그 사랑을 독차지하고 싶어진다. 그러나 이 경우는 참아야 한다. 구오九五는 자기만 사랑해줄 수 있는 입장이 아니다. 참고 견디면서 구오九五를 만날 때는 아랫사람들을 데리고 모두 함께 만나도록 해야 한다. 그것이 외형적으로 따르는 것이다.

九五는 顯比[1]니 王用三驅[2]에 失前禽[3]하여 邑人不誡[4]면[5] 吉하리라 象曰顯比之吉은 位正中也오 舍逆取順이 失前禽也오 邑人不誡는 上使中也일새니라

국역 |

구오九五는 따르는 이치를 환하게 파악해야 한다. 왕이 세 방면으로 몰아가다가 앞으로 가는 짐승을 놓치고 읍인이 경계하지 않으면 길할 것이다. 상象에서 말했다. "따르는 이치를 분명하게 파악하면 길한 것은 위치가 바르면서 중앙에 있기 때문이다. 거스르는 것을 놓아두고 따르는 것만 취하는 것이 앞의 짐승을 놓치는 것이다. 읍인이 경계하지 않는 것은 윗사람의 부림이 적중하기 때문이다."

난자풀이 |

1 顯(현) : '밝게 드러낸다'는 뜻인데, 여기서는 '밝게 파악한다'는 의미로 이해하면 될 것이다.
2 驅(구) : 말을 몰 듯이 짐승을 모는 것을 말한다.
3 失(실) : 놓친다.
4 邑人(읍인) : 읍邑은 자기의 식읍을 말하므로, 자기의 식읍에 있는 사람들이란 자기의 관할 하에 있는 사람들을 말한다. 오늘날의 말로 하면 자기의 측근이다.
5 誡(계) : 경계한다.

강설 |

구오九五는 전체가 자신을 따르는 이유를 잘 통찰해야 한다. 그래서 '환하게 파악해야 한다'고 했다. 음陰들이 자신을 잘 따르는 이유는 자신이 양陽으로서 음陰들을 잘 보살피기 때문이다. 그 원리를 모르고 남들이 자기를 따르는 것에 익숙해지면 영웅주의에 빠진다. 그렇게 되면 나중에 혹 자기를 따르지 않는 사람이 있으면 용납하지 못하고 탄압하게 된다. 이것이 독재의 출발이다. 역사적으로 독재자들 가운데에는 초기에 훌륭한 혁신 정치로 대중의 지지를 받았던 사람들이 많다. 그것은 국민들에게 도움이 되는 정치를 했기 때문이다. 그런데 그 원인을 생각하지 않고 지지를 받는 데만 익숙해지면 더 이상 국민을 위한 정치에 힘을 기울이지 않으면서 계속 군림하려고만 한다. 그리고 그것이 여의치 않을 때는 독재를 하게 된다. 그러므로 처음에 국민들이 지지해 준 이유를 잘 파악하여 계속 국민들을 위한 정치를 해야만 그 지지가 계속될 수 있다.

독재로 나아가지 않는 방법은 자신에게 반발하고 비방하는 자가 있다 해도 탄압하지 않고 놓아두면서 그들의 말을 경청하는 것이다. 이것을 역易에서는 사냥을 하는 원리에 비유했다. 사냥을 할 때는 짐승을 세 방향으로만 몰고, 나머지 한 방향은 비워두어 짐승들이 그 쪽으로 달아날 수 있게 한다. 만약 네 방면으로 그물을 펴서 모든 짐승을 다 잡는 것은 어진 사람의 방법이 아니다. 정치도 이렇게 해야 한다. 불평하는 사람들을 놓아두어야 한다. 만약 불평하는 국민들을 모두 잡아들이면 불만이 속으로 쌓였다가 크게 폭발할 것이다.

읍인이란 측근이다. 읍인들이 경계하지 않는다는 것은 측근에서 경계의 말이 나오지 않는다는 말이다. 독재를 하면 제일 먼저 측근자들로부터 경계의 말이 나오기 마련이다. 만일 자기에게 반발하는 자들을 처벌하지 않고, 또 측근자들로부터 독재를 한다는 경계의 말이 없을 정도로 정치를 한다면 그것은 훌륭한 정치이다. 그의 정치는 계속 국민들을 위한 새로운 정치로 이어질 것이다. 이를 『대학』에서는 "날로 새롭고 날로 날로 새롭고 또 날로 새롭다"고 했다.

上六(상육)은 比之无首(비지무수)면 凶(흉)하리라 象曰比之无首(상왈비지무수)면 无所終也(무소종야)니라

국역 |

상육上六은 따르는 데에 앞세우는 것이 없으면 흉하다. 상에서 말했다. "따르는 데에 앞세우는 것이 없으면 마칠 수가 없다."

강설 |

상육上六은, 모두가 후배인 구오九五를 따르고 자기를 따르지 않는 것을 유감스러워 할 수 있다. 그리하여 겉으로는 구오九五를 따르는 척하면서도 자존심 때문에 실제로는 구오九五를 앞세우지 않기 쉽다. 그렇게 되면 하늘에 거스르는 것이 되어 유종의 미를 거둘 수 없다. 자신의 자존심이나 욕심을 버리고 하늘의 뜻에 따르는 것이 중요하다. 머리가 없다는 말은 구오九五를 머리로 삼지 않는다는 말이다.

풍천소축
風天小畜

이 괘에서 제일 눈에 띄는 것은 육사六四다. 괘 전체에서 육사六四가 유일한 음陰이다. 양陽들의 약점을 섬세하게 파악해내는 유일한 음陰은 능력이 돋보인다. 육사六四는 윗사람들의 약점을 잘 발견하여 잘 보완하기 때문에 그 능력을 인정받는다.

소축小畜의 하괘는 건실하고 씩씩하지만 빈틈이 많다. 어떤 일을 기획하여 육사六四에게 결재를 올리면 항상 그 빈틈이 노출되어 지적을 받는다. 때문에 일이 원래의 계획대로 진척되지 않고 저지를 당하여 늘 답답하다. 그러나 육사六四의 지적은 일이 제대로 되게 하려는 것이지 반대를 위한 반대가 아니다. 그러므로 일이 뜻대로 되지 않는다 해서 불만을 가질 것이 아니라 오히려 기쁜 마음으로 받아들이며 반성을 해야 한다. 그러면 일이 훨씬 원만하게 수행되어 성과를 이룰 수 있다. 이러한 의미에서 이 괘의 이름을 소축이라 했다. 축畜이란 저지당한다는 뜻과 쌓인다는 뜻이 있다. 즉 저지당하여 반성하고 수정하면 일이 순조롭게 진행된다. 그리고 또 성과를 쌓을 수 있다. 때문에 축

畜이라는 말에는 이 괘가 가지는 이 두 요소를 동시에 내포하고 있다. 그러나 대축괘大畜卦보다 정도가 덜하기 때문에 괘의 이름을 소축이라 했다.

소축 형 밀운불우 자아서교 단왈
小畜이라 亨하니라 密雲不雨는 自我西郊일새니라 彖曰
[1]

소축 유득위이상하응지 왈소축 건이손
小畜은 柔得位而上下應之할새 曰小畜이라 健而巽

강중이지행 내형 밀운불우 상왕야
하며 剛中而志行하여 乃亨하니라 密雲不雨는 尙往也
[2]

자아서교 시미행야 상왈풍행천상 소축
오 自我西郊는 施未行也라 象曰風行天上이 小畜이

군자 이 의문덕
니 君子 以하여 懿文德하나니라
[3]

국역 |

조금 저지를 당하는 형국이다. 적극적으로 나서야 한다. 빽빽한 구름이 비가 되지 않는 것은 우리 서쪽 교외에서부터 오기 때문이다. 단彖에서 말했다. "소축은 부드러움이 자리를 얻어 위와 아래가 그에게 응하므로 소축이라 한 것이다. 강건하면서 겸손하며 강함이 속에 있으면서 뜻이 행해지니 이에 적극적으로 나서야 한다. 빽빽한 구름이 비가 되지 않는다는 것은 적극적으로 나서는 것을 중시하는 것이고, 우리 서쪽 교외에서부터 온다는 것은 베풂이 아직 행해지지 않는 것이다." 상象에서 말했다. "바람이 하늘 위로 지나가는 것이 소축이다. 군자는 이 괘의 이치를 살펴 문덕을 좋아한다."

난자풀이 |

1 畜(축) : 기르다. 쌓다. 저지하다.
2 往(왕) : 적극적으로 나선다.
3 懿(의) : 아름답게 여긴다. 좋아하다.

강설 |

윗사람에게 저지를 당하면 성급한 사람은 성질을 부리기 쉽다. 그러나 군자는 윗사람이 왜 저지를 하는지 윗사람의 입장에서 그 이유를 파악할 수 있다. 그것은 자신들이 추진하는 일은 목적은 좋을지 모르나 치밀하지 못하기 때문이다. 그러므로 성질을 부려서도 안 되고 포기해서도 안 된다. 배전의 노력으로 자신들의 허점을 보완해야 한다. 그래서 적극적으로 나서야 한다는 의미에서 형亨이라 했다.

빽빽한 구름이 비가 되지 않는다는 것은 하층부의 양陽들의 답답한 심정을 표현한 말이다. 여름에 소나기가 쏟아지기 전의 불쾌지수가 높은 상태를 말한다. 이 답답함의 근원은 육사六四의 치밀하고 비판적인 저지 때문이다. 서쪽은 음陰을 상징하는 방향이므로 육사六四에서 오는 것을 서쪽이라고 표현했다. 그리고 육사六四의 저지는 우리를 잘 되라고 하는 것이기 때문에 우리라는 표현을 썼다.

단彖에서 부드러움이 자리를 얻었다는 것은 육사六四가 유순하면서도 음으로써 가장 잘 활약할 수 있는 사효四爻 자리에 위치함을 말한 것이고, 또 사효는 음의 자리이기 때문에 제자리를 얻었음을 말한 것이다. 위와 아래가 응한다는 말은 위에서 자신들의 결점을 보완해주는 육사六四의 가치를 인정해 주고, 또 아래 역시 자기들의 결점을 보완해주는 육사六四의 지시에 응한다는 의미이다. 강건하면서도 겸손하다는

小畜

말은 하괘가 건괘이고 상괘가 손괘임을 의미하는 것이다. 하지만 아랫사람이 강건한 성격을 가지고 있으면서도 육사六四의 지시를 겸허하게 받아들여야 한다는 의미이기도 하다. 그리고 강함이 안에 있으면서 뜻이 행해진다는 것 역시 하괘가 건괘이고 상괘가 바람처럼 행해지는 손괘임을 의미하는 말이지만, 강건한 아랫사람들이 속으로 강건함을 가지고 있으면서도 육사六四의 지시를 받아들여 그 뜻을 따른다는 뜻이 된다. 하층부의 양陽들이 육사六四의 저지로 답답하지만 그렇다고 포기하면 안 된다. 오히려 더 힘을 내어 자신들의 일을 수정해야 한다. 그래서 '빽빽한 구름이 비가 되지 않는다는 것은 적극적으로 나서는 것을 중시하는 것이다'라고 했다. 답답함이 육사六四로부터 오는 것은 육사六四의 저지에 막혀 아직 일이 추진되기 전이기 때문이다.

상象에서 바람이 하늘 위로 분다고 말한 것은 역시 하괘가 건괘이고 상괘가 손괘임을 표현한 것이다. 무인의 덕은 싸우고 이기는 것에 특징이 있지만 문덕은 참고 견디며 자기를 반성하는 데 특징이 있다. 그러므로 군자는 이 괘를 보고 문덕을 길러 자기를 반성하고 발전의 계기로 삼는다.

初九는 復自①道②면 何其咎리오 吉하니라 象曰復自道는 其義吉也라

국역 |

초구初九는 돌아와 도를 행하면 무슨 허물이 있겠는가? 길하다. 상象

에서 말했다. "돌아와 도를 행하는 것은 그 도리가 길하다."

난자풀이 |

1 自(자) : 유由와 통용되므로 '말미암는다'는 뜻으로 풀이할 수 있다. 도를 말미암는 것은 도를 행하는 것이다.
2 道(도) : 제대로 된 길. 바른 도리.

강설 |

초구初九는 육사六四의 저지를 받아 좌절하거나 구이九二, 구삼九三과 함께 육사六四에게 반발하기 쉽다. 양陽은 앞으로 나가려는 성질이 강하기 때문에 더욱 그렇다. 그러나 냉철하게 육사六四의 저지를 헤아려 그것이 자신의 결함을 지적하는 유익한 것이라는 사실을 알아야 한다. 반발하는 것은 소인의 욕심이고 반성하여 수정하는 것은 군자의 본심이다.

> 九二는 牽復이면 吉하리라 象曰牽復은 在中이라 亦不自失也라

국역 |

구이九二는 이끌고 돌아오면 길하다. 상象에서 말했다. "이끌고 돌아와야 하는 것은 중심에 있기 때문이며 또한 스스로의 마음을 잃지 않

아야 하기 때문이다."

강설 |

구이九二는 하층부의 중심이기 때문에 자기의 마음만을 보존한다고 되는 것이 아니다. 육사六四의 저지에 유감을 가지고 반발하는 하층부를 설득하여 그들을 이끌고 다함께 바른 길로 돌아와야 한다. 반발하는 것은 길이 아니다.

九三은 輿說輻이니 夫妻反目이로다 象曰夫妻反目은 不能正室也라
(구삼 여탈복 부처반목 상왈부처반목 불능정실야)

국역 |

구삼九三은 수레에 바퀴 살이 빠지니 (계속 추진하면) 남편과 부인이 눈을 돌린다. 상象에서 말했다. "남편과 부인이 눈을 돌리는 것은 집을 바로잡을 수 없는 것이다."

난자풀이 |

1 說(탈) : 탈脫과 통용. 벗어난다. 벗는다.
2 輻(복) : 수레바퀴의 살.

강설 |

구삼九三은 불만이 많은 자리다. 불만이 많기 때문에 육사六四의 저지를 받으면 참기 어렵다. 더욱이 육사六四는 가까이 있기 때문에 어렵게 느껴지지 않는다. 그런 육사六四에게 저지를 받으면 참기 어렵다. 그래서 소인들은 이 경우 대개 반발한다. 그러나 육사六四의 입장은 정반대이다. 초구初九는 어리기 때문에 용서하고, 구이九二는 주도권을 가진 자이기 때문에 함부로 대하지 않는다. 하지만 알만한 구삼九三이 반발을 할 때는 용서하지 않는다. 그래서 '수레의 바퀴 살이 빠진다'고 했다. 달리는 수레의 바퀴 살이 빠지면 곤두박질치게 된다. 이보다 더 어려운 지경에 처할 경우는 많지 않다. 그러므로 구삼九三은 특히 조심해야 한다. 선불리 충돌하면 파탄하게 되어 집단을 떠나야 하는 상황에 직면하게 될 것이다. 더 이상 현상을 유지하지 못하고 파탄을 하게 된다는 사실을 '부부가 반목한다'고 했다. 부부가 눈을 돌리면 그 가정은 파탄의 국면을 맞게 된다.

六四(육사)는 有孚(유부)면 血去(혈거)코 惕出(척출)하여 无咎(무구)하리라 象曰有孚(상왈유부)
惕出(척출)은 上合志也(상합지야)라

국역 |

육사六四는 한마음을 유지하면 피가 제거되고 근심에서 벗어나 허물이 없을 것이다. 상象에서 말했다. "한마음을 유지하면 근심에서 벗어나는 것은 윗사람이 뜻을 합하는 것이기 때문이다."

강설 |

육사六四는 위아래로 양陽들만이 있는 집단의 유일한 음陰이다. 치밀한 성격으로 양陽들의 약점을 예리하게 간파하는 육사六四가 허점 많은 아랫사람들에 대해서 일일이 참견하고 저지한다면 그들의 저항에 부딪혀 피투성이가 될 것이다. 하층부의 양陽들은 허점은 많지만 마음이 밝은 양陽이기 때문에 윗사람을 모함하거나 반역하지는 않는다. 그러므로 기본적으로 그들과 한마음의 상태를 유지해야 한다. 그들의 무례한 반항은 저지당한데서 오는 순간적인 화풀이일 뿐이다. 그러나 육사六四는 음陰이기 때문에 그들과 한마음을 유지하기 어렵고 그들을 용서하기 어렵다. 그러나 음陰이 음陰의 차원에 머물고 양陽이 양陽의 차원에 머물기만 하면 한마음이 될 수 없다. 태극으로 승화되어야 한마음을 유지할 수 있다. 역을 읽는 군자는 이를 특별히 고려하여 전체와 한마음을 유지할 수 있을 것이다. 한마음을 유지하면 다른 의견을 가진 사람들을 이해하고 용서할 수 있다.

구오 유부 연여 부이기린 상왈유부연
九五는 有孚면 攣如하여 富以其隣이로다 象曰有孚攣
[1] [2]
여 부독부야
如는 不獨富也라

국역 |

구오九五는 한마음을 유지하면 모두 하나가 되어 넉넉해지기를 그 이웃으로써 할 것이다. 상象에서 말했다. "한마음을 유지하면 하나가 되는 것은 혼자만이 부자가 되는 것이 아니다."

난자풀이 |

1 攣(련) : 서로 연결되다. 하나로 이어지다.
2 如(여) : 앞의 말을 형용사나 부사로 만들어주는 조사. 연然과 같은 역할을 한다.

강설 |

구오九五는 전체를 이끌고 가는 중심의 자리에 있다. 육사六四가 하층부를 저지하고 하층부가 이에 반항하여, 서로 반목하고 있는 상황을 보고 한탄하기 쉽다. 그러나 구오九五는 전체의 입장에서 사태를 읽어, 육사六四와 하층부의 알력이 성격차이 때문이지 나쁘기 때문이 아니라는 사실을 통찰해야 한다.

그래서 구오九五는 어느 누구를 편들거나 꾸짖지 말고 둘 다 믿고 모두와 한마음의 상태를 유지하면서 기다리면 모두가 화합하여 안정을 되찾을 날이 올 것이다. 그렇게 되면 모두가 넉넉해질 것이다.

서로 알력을 일으키는 상황을 보고 환멸을 느껴 모든 것을 포기하는 사람도 있고, 양자를 다 인정함으로써 그것을 원동력으로 삼아 발전으로 유도하는 사람도 있다. 구오九五의 입장에서는 당연히 후자의 길을 밟아야 한다. 그렇게 되면 음과 양이 서로를 고맙게 여겨, 모두가 한 마음이 됨으로써 전체가 크게 발전하게 될 것이다.

상구 기우기처 상덕재 부정 려 월기
上九는 旣雨旣處[1]나 尙德[2]載[3]라 婦貞이면 厲하리라 月幾
망 군자정 흉 상왈기우기처 덕 적
望이니 君子征하면 凶하리라 象曰旣雨旣處나 德이 積
재야 군자정흉 유소의야
載也오 君子征凶은 有所疑也니라

국역 |

상구上九는 이미 비가 오고 이미 제자리에 처했으나 아직도 능력이 발휘되어야 한다. 부인처럼 가만히 있으면 뼈를 깎는 아픔이 있다. 달이 거의 찼으니 군자가 공격하면 흉하다. 상象에서 말했다. "이미 비가 오고 이미 제자리에 처했으나 능력이 발휘되어야 한다. 군자가 공격하면 흉한 까닭은 의심받는 바가 있기 때문이다."

난자풀이 |

[1] 處(처) : 제자리에 처한다는 뜻.
[2] 德(덕) : 능력. 덕德의 옛 글자는 덕悳이니 직直과 심心의 합체어이다. 옛 글자의 뜻에서 보면 덕은 '곧게 실천할 수 있는 마음의 능력'이다.
[3] 載(재) : 싣다. 짐을 싣는 것은 일을 하는 것이고, 능력을 발휘하는 것이다.

강설 |

소축에서 알력이 있는 것은 하층부와 육사六四이고 이를 걱정하는 것은 구오九五다. 상구上九는 이를 걱정하는 위치에서 벗어났다. 만약 상효가 음陰이라면 노파심을 가지지만 양陽이기 때문에 그런 것에 등

한하다. 그래서 '이미 비가 왔고 이미 제자리에 처했다'고 했다.

그러나 사실은 해야 할 역할이 있다. 자기의 피붙이인 구삼九三이 위험에 처할 수 있기 때문이다. 구삼九三을 달랠 사람은 상구上九다. 그러므로 적극적으로 구삼九三을 달래서 바로잡아야 한다. 그래서 '부인처럼 가만히 있으면 뼈를 깎는 아픔이 있다'고 했다. 구삼九三이 다치는 것은 뼈를 깎는 아픔이다. 그러나 전체의 문제가 심각한 것은 아니다. 문제는 저절로 해결되게 되어 있다. 오직 구삼九三만 달래면 된다. 구삼九三을 달래는 것은 전면에 나서지 말고 조용히 진행해야 한다. 만약 구삼九三이 자기의 말을 듣지 않고 고집을 부리면 육사六四에게 처벌받을 수 있다. 육사가 처벌받는 일은 시범사례가 되기 쉽다. 그것은 전체의 안정을 위해 어쩔 수 없는 선택이다. 이를 알지 못하고 상구上九가 처벌받는 구삼九三을 구하기 위해 육사六四와 구오九五를 공격한다면 그것은 옳지 않다. 뼈를 깎는 아픔이 있어도 참아야 한다. 그래서 '달이 거의 찼으니 군자가 공격하면 흉하다'고 했다. 달이 거의 찼다는 말은 문제가 거의 해결되었다는 말이다.

천택리
天澤履

이 괘는 위가 건괘乾卦이고 아래가 태괘兌卦이다. 이 괘에서 주목되는 것은 다섯 양효 사이에서 유일하게 존재하는 육삼六三이다. 하층부의 이 육삼六三은 치밀하고 예리한 분석능력으로 상층부를 비판하기도 하고, 아랫사람들을 질책하기도 한다. 겸괘謙卦 구삼九三이 대단한 실력자라면 리괘履卦 육삼六三은 대단한 평론가인 셈이다. 양陽들은 이 육삼六三의 예리한 지적이 옳은 듯해서 일을 추진하지 못하고 머뭇거리게 된다.

육삼六三은 능력에 비해 주어진 역할이 없다. 그래서 불만이 많다. 그렇기 때문에 육삼六三의 비판이나 반발은 정당한 것이 아니라, 자기의 불만에서 나온 것이고, 자기의 욕심을 채우기 위한 것이다. 그러므로 전체의 일을 추진하지 못하고 머뭇거리는 것은 잘못이다. 온당하지 못한 불만분자의 비판은 항상 있기 마련이다. 그런 비판에 끌려 일을 추진하지 못하고 있으면 되는 일이 없다. 개의치 않고 과감하게 추진해야 한다. 그래서 괘의 이름을 이행해야 한다는 의미로 리履라 붙였다.

履라[1] 虎尾라도 不咥[2]人이라 亨하니라 象曰履는 柔履剛也니 說而應乎乾이라 是以履虎尾不咥人亨이라 剛中正으로 履帝位而不疚[3]면 光明也라 象曰上天下澤이 履니 君子 以하여 辯[4]上下하여 定民志하나니라

국역 |

이행해야 하는 형국이다. 범의 꼬리를 밟더라도 사람을 물지 않는다. 적극적으로 추진해야 한다. 단象에서 말했다. "리履는 부드러운 것이 강한 것을 밟고 있는 것이다. 기쁜 상태에서 강건한 것에 응하고 있다. 이 때문에 범 꼬리를 밟더라도 사람을 물지 않으니 적극적으로 나서야 한다. 굳센 것이 핵심이면서 바른 자리를 차지하여 임금의 자리에 올라 꺼리지 않으면 광명해질 것이다." 상象에서 말했다. "위가 하늘이고 아래가 못이 리履니 군자가 이 괘의 이치를 살펴 위와 아래를 바로잡고 백성들의 뜻을 안정시킨다."

난자풀이 |

[1] 履(리) : 밟는다. 이행한다. 여기서는 리履자가 하나 더 있어야 할 것이다. 후대 사람이 옮기는 과정에서 똑같은 글자가 둘이므로 착각하여 하나를 뺀 것으로 생각된다.

[2] 咥(질) : 물다.

[3] 疚(구) : 꺼림하다. 오랜 병.

4 辯(변) : 변론하다. 바로잡다.

강설 |

옛사람들에게 가장 겁나고 무서운 존재는 범이다. '범의 꼬리를 밟는다'는 것은 가장 두려운 일을 상징적으로 표현한 말이다. 리괘는 육삼六三이 일으키는 문제와 그의 비판에 부딪혀 일을 진행하지 못하는 사람들에게 걱정하지 말고 일을 추진하도록 깨우친다. '걱정 말고 하라', '염려 말고 하라'고 해도 사람들이 의심하고 염려하여 일을 추진하지 못하는 경우가 있다. 이때 가장 설득력 있는 표현이 바로 "범의 꼬리를 밟아도 사람을 물지 않으니 걱정하지 말라"는 말이다.

부드러운 것이 굳센 것을 밟고 있다는 것은 육삼六三이 초구初九와 구이九二 위에 있다는 것이다. 기쁘면서 강건한 것에 응한다는 것은 기쁨으로 이해되는 아래의 태괘兌卦가 위의 건괘乾卦에 응하고 있다는 것이다. 안으로 기쁨이 들어있는 상황이고 밖으로는 건실한 상황이기 때문에 일을 추진해도 기본적으로 아무런 장애가 없다.

그리고 전체의 핵심인 구오九五는 굳센 양陽의 입장에서 바른 자리에 있기 때문에 자신의 역할을 꺼리지 않고 수행한다면 전체가 광명해질 것이다. 순임금처럼 겸손한 사람도 악인들을 제거할 때는 과감하게 추진했다. 적극적으로 나서야 하는 상황에서는 적극적으로 자기의 역할을 하여야 한다. 주저하거나 사양해서는 안 된다. 이것이 역이 가르치는 지혜이다. 나서지 않아야 할 때 나서고, 나서야 할 때 나서지 않는다면 모든 일은 잘못되고 말 것이다. 리괘의 상황에 처한 군자는 겁을 먹거나 머뭇거리지 말고 과감하게 위아래의 질서를 바로잡고, 백성들의 뜻을 안정시켜야 한다. 지도자가 복잡한 일이 있을 때 결단하지 못하고 우유부단하면 민심이 안정되기 어렵다. 과감하게 밀어붙여야 할 때는 밀어붙이는 것이 이 괘의 가르침이다.

初九는 素履니 往하면 无咎하리라 象曰素履之往은 獨行願也라

국역 |

초구初九는 소박하게 이행해야 한다. 적극적으로 나서면 허물이 없다. 상象에서 말했다. "소박하게 이행해야 하는 상황에서 적극적으로 나서야 하는 것은 홀로 원하는 것을 행해야 하기 때문이다."

강설 |

초구初九는 과감하게 이행하여 크게 진전해야 하는 상황에서 가장 어리다. 초구初九가 성장을 위해 노력하면 육삼六三의 비난과 유혹이 있다. 초구初九가 진리를 얻기 위해 학문을 할 경우에는 더욱 그렇다. '오늘날 학문을 해서 먹고 살 수 있겠는가?', '학문이란 과거의 것이지 오늘날에는 맞지 않다.' 등등의 말로 유혹할 것이다. 그러나 그것은 육삼六三의 진실이 아니다. 그것은 잘못된 비판인 것이다. 그러므로 초구初九는 그런 말에 흔들리면 안 된다. 초구初九는 순수해져야 한다. 일편단심으로 전념해야 한다. 그래서 '소박하게 이행해야 한다'고 했다.

九二는 履道坦坦[1]하니 幽人[2]이라도 貞하면 吉하니라 象曰

幽人貞吉은 中不自亂也라

국역 |

구이九二는 가는 길이 탄탄하다. 유인幽人이라도 참고 있으면 길하다. 상象에서 말했다. "유인이라도 참고 있으면 길한 것은 중심에 있으므로 저절로 어지러워지지는 않기 때문이다."

난자풀이 |

[1] 坦坦(탄탄) : 평탄하다.

[2] 幽人(유인) : 유배를 가 있거나 멀리 숨어 있는 사람.

강설 |

구이九二는 하층부의 실무책임자이다. 초구初九는 아직 어리기 때문에 육삼六三이 유혹할 수 있지만, 구이九二는 이제 궤도에 올라 있다. 이제 중심의 자리에서 모두에게 주목을 받고 있고 인정을 받고 있다. 육삼六三이 유혹할 수 있는 단계가 아니다. 그러므로 구이九二는 걱정하지 말고 일을 추진하면 된다. 그래서 '가는 길이 탄탄하다'고 했다. 만약 육삼六三의 반발이 있다 하더라도 일일이 대처할 필요가 없다. 아니면 윗사람이 대신 제거해 줄 것이다. 육삼六三의 반발에 대꾸하지 말고 참고 있으면서 묵묵히 자기의 할 일만 하고 있으면 난관에 부딪힌 구오九五가 부를 것이다. 그래서 '유배를 가 있는 사람이라도 참고 있으면 길하다'고 했다. 유배를 가 있는 사람이라 하더라도 길하다고 한 것은 그렇지 않은 사람에게는 걱정이 하나도 없음을 강조한 것이다.

六三은 眇[1]能視며 跛[2]能履나 履虎尾면 咥人이니 凶하고 武人이면 爲[3]于大君이로다 象曰眇能視라도 不足以有明也오 跛能履라도 不足以與行也라 咥人之凶은 位不當也오 武人爲于大君은 志剛也라

국역 |

육삼六三은 애꾸눈이라도 잘 볼 수 있고, 절름발이라도 잘 걸을 수 있으나 범의 꼬리를 밟으면 사람을 물기 때문에 흉하다. 무인이라면 대군에게 직접 당한다. 상象에서 말했다. "애꾸눈이라도 능히 볼 수 있을 정도라도 족히 눈밝을 수 없고, 절름발이라도 잘 걸을 수 있을 정도라도 족히 더불어 걸을 수 없다. 사람을 물어서 흉하다는 것은 자리가 타당하지 않기 때문이다. 무인이면 대군에게 직접 당한다는 것은 뜻이 굳세기 때문이다."

난자풀이 |

[1] 眇(묘) : 애꾸눈.

2 跛(파) : 절뚝발이.

3 爲(위) : 위爲는 상황에 따라서 여러 가지 동사의 의미로 쓰인다. 여기서는 '제거당한다'는 의미로 이해하면 될 것이다.

강설 |

육삼六三은 리괘의 유일한 음陰이다. 그래서 양陽들의 약점을 파악하는 능력이 돋보인다. 그래서 '애꾸눈이라도 능히 볼 수 있고, 절름발이라도 능히 걸을 수 있다'고 했다. 그러나 하층부의 중심에 있지도 않고, 상층부에 진입한 상태도 아니다. 그런데도 능력이 탁월하다. 육삼六三의 입장에서 보면 양陽들은 엉성하기 짝이 없다. 손해를 보면서도 의리를 지키고, 일을 할 때에도 치밀하지 못하고 엉성하다. 육삼六三에게 있어서는 그런 양陽들이 실권을 쥐고 있는 것이 불만이다. 그래서 그들에게 반발하기 쉽다. 그러나 양陽들의 부족한 점을 채워주는 것은 좋지만 그들의 발목을 잡고 반발하는 것은 옳지 못하다. 계속 그들의 발목을 잡으면 양陽들은 육삼六三을 제거할 수밖에 없다. 그래서 '범의 꼬리를 밟으면 물린다'고 했다.

만일 육삼六三이 무력을 가진 무인이어서 무력으로 상층부에 대항하거나 과욕을 부리면 구오九五의 실권자가 직접 육삼六三을 제거할 것이다. 그만큼 육삼六三이 위협적인 존재이기 때문이다. 그래서 '대군에게 직접 제거 당한다'고 했다. 대군은 '구오九五'를 지칭한다. 김형욱이 박정희 전대통령에게 직접 살해당했다는 소문을 사실로 가정한다면, 김형욱이 처한 상황이 바로 이 리괘의 육삼六三에 해당하는 것으로 볼 수 있다.

애꾸눈이라도 잘 볼 수 있을 것이라 한 것은 두 눈을 가진 경우에는 굉장한 능력을 가졌음을 의미한다. 그러나 육삼의 위치는 마음이 왜곡되기 때문에 아무리 눈이 밝아도 바르게 사용할 수 없고 아무리 다리가 튼튼해도 정당하게 걸을 수 없다. 그래서 상象에서 '족히 눈밝을 수 없고, 족히 더불어 걸을 수 없다'고 했다.

九四는 履虎尾나 愬愬[1]하면 終吉하리라 象曰愬愬終吉은 志行也라

국역 |

구사九四는 범의 꼬리를 밟더라도 조심조심하면 마침내는 길할 것이다. 상象에서 말했다. "조심조심하면 마침내는 길한 것은 뜻대로 되기 때문이다."

난자풀이 |

[1] 愬愬(색색) : 두려워하는 모양. 조심하는 모양..

강설 |

구사九四는 하층부를 직접 관할하고 통솔하는 위치에 있다. 그러나 구사九四는 아직 강력한 권력도 없고 실력도 그다지 없다. 그래서 육삼六三을 제어할 수 있는 능력이 없다. 그래서 구사九四는 육삼六三의 저항으로 고전할 수 있다. 이때 무리하게 육삼六三과 대립하면 다칠 수 있다. 오히려 육삼六三의 저항을 자기 발전의 기회로 삼고 조심하고 반성하는 것이 좋다. 갓 선생이 된 사람이 학생에게 실력 없다고 공개적으로 비판을 받을 때 학생들과 싸우며 학생들을 징계하고자 한다면 오

히려 자기가 다칠 것이다. 그러나 그것을 자기 발전의 기회로 삼고 열심히 노력하여 실력을 쌓는다면 결국 육삼六三이 징계를 당하고 구사九四에게는 좋은 결과가 올 것이다. 그래서 '범의 꼬리를 밟더라도 조심조심하면 마침내는 길할 것이다'라고 했다.

九五는 夬[1]履니 貞하면 厲하리라 象曰夬履貞厲는 位正當也라

국역 |

구오九五는 과감하게 실천해야 한다. 가만있으면 제 살 깎는 아픔이 있다. 상象에서 말했다. "과감하게 실천해야 하는 상황에서 가만있으면 제 살 깎는 아픔이 있다는 것은 자리가 바르고 타당하기 때문이다."

난자풀이 |

[1] **夬**(쾌) : 결決과 통용. 결단력을 갖고 과감하게 추진한다는 뜻이다.

강설 |

구오九五는 전체를 주도하는 위치이다. 그런데 이 괘의 상황은 육삼六三의 반발과 해악 때문에 전체의 일이 잘 진전되지 못하고 주춤해 있는 상태이다. 이러한 상황을 극복하고 전체의 일이 진전될 수 있도

록 과감하게 추진해야 하는 총책임은 이 구오九五에게 있다. 만일 구오九五가 과감하게 일을 추진하지 못하고 우유부단하게 사태를 관망하고 있으면 전체가 침체하고 만다. 그리고 육삼六三 때문에 많은 양陽들이 다친다. 양陽들이 다치는 것은 마치 자기의 피붙이들이 다치는 것과 같다. 그것은 자기 살을 깎아내는 아픔이다. 그러므로 결단을 내려 과감하게 추진해야 한다. 상象에서 '위치가 바르고 또 마땅히 그렇게 해야 되는 자리이기 때문이다'라고 한 것은 바로 이러한 이유에서이다.

上九(상구)는 視履(시리)하여 考祥(고상)호대 其旋(기선)[1]이면 元吉(원길)하리라 象曰(상왈) 元吉(원길)은 在上大有慶也(재상대유경야)니라

국역 |

상구上九는 실천해야 하는 상황을 보고 그 상서로움을 살펴 선회하면 크게 길할 것이다. 상象에서 말했다. "크게 길한 것은 위에 있는 윗자리에 있으면서 크게 경사가 있는 경우이다."

난자풀이 |

[1] 旋(선) : 빙 돌다. 선회하다.

履

강설 |

상구上九는 과감하게 추진해야 하는 어떤 집단의 최고 원로이다. 그러나 상구上九는 양陽이기 때문에 아랫사람들의 문제에 관심이 없다. 그래서 양로원에 바둑이나 두러 가기 쉽다. 그러나 끝나는 위치라서 아무 할 일도 없다고 생각하는 것은 군자가 아니다. 군자는 생사일여生死一如한 진리의 차원에서 판단해야 한다. 사람은 눈을 감는 그 순간까지 역할이 있고 할 일이 있다. 특히 리괘의 상구上九는 더욱 해야 할 일이 많다. 이러한 상황을 읽어 함께 동참하는 것이 상구上九의 도리다. 특히 문제를 일으키고 있는 육삼六三은 상구上九가 달랠 수 있는 존재이다. 이를 파악하고 발걸음을 돌려 적극적으로 육삼六三을 달래는 일에 나서야 한다. 그리고 발전하는 일에 동참해야 한다. 지금 육삼六三의 문제는 심각하다. 그런 만큼 그를 달래서 제 길로 가도록 하는 것은 더욱 영광스러운 일이다. 그래서 '윗자리에 있으면서 크게 경사가 있다'고 했다.

지천태
地天泰

이 괘의 상괘는 곤괘坤卦이고 하괘는 건괘乾卦이다. 곤괘가 단독으로 있으면 나름대로 강인한 힘을 발휘하지만 건괘와 함께 있으면 상대적으로 유약하다. 따라서 이 괘는 자녀는 건실한데 부모가 유약한 가정과 같고, 사원들은 건실한데 경영진이 취약한 회사와 같으며, 학생은 건실한데 선생이 빈약한 학교와 같다. 또 나무에 비유하면 뿌리는 충실한데 줄기와 가지가 빈약한 경우이다.

이 경우는 외형적으로는 매우 빈약하고 부실하지만, 내면적으로는 건실하다. 그래서 장래성이 있다. 그리고 갈수록 태평하다. 그래서 괘의 이름을 태泰라 붙였다.

泰니 小往코 大來면 吉하리니 亨하니라 象曰泰小往大來吉亨은 則是天地交而萬物通也며 上下交而其志同也라 內陽而外陰하며 內健而外順하며 內君子而外小人하니 君子道長하고 小人道消也라 象曰天地交 泰니 后 以하여 財[1]成天地之道하며 輔[2]相天地之宜하여 以左右民하나니라

국역 |

태평하다. 작은 것이 가고 큰 것이 오면 길하다. 떨쳐 일어나야 한다. 단象에서 말했다. “태괘泰卦에서 ‘작은 것이 가고 큰 것이 오면 길하다. 떨쳐 일어나야 한다’라고 한 것은, 천지가 교감하여 만물이 소통하며, 위와 아래가 교감하여 그 뜻이 같기 때문이다. 안은 양이고 밖은 음이며, 안은 강건하고 밖은 유순하며, 안은 군자의 모습이고 밖은 소인의 모습이다. 군자의 도는 자라나고 소인의 도는 소멸한다.” 상象에서 말했다. “천지가 교감하는 것이 태泰니, 임금이 이 괘의 이치를 터득하여 천지의 운행원리를 마름질하여 이루고, 천지의 마땅한 운행방식을 돕고 살펴서 백성들을 돕는다.”

난자풀이 |

1 財(재) : 재裁와 통용. 마름질한다. 여기서는 천지자연의 운행원리를 보고 터득하는 것을 말한다.

2 輔(보) : 돕는다는 뜻이다. 여기서 천지자연의 마땅한 운행방식을 돕는 것은 자연환경을 살펴 마땅히 집을 지어야 할 장소에 집을 짓고 농사를 지어야 할 장소에 농사를 짓는 것을 말한다. 만약 집을 짓지 않아야 할 곳에 집을 짓고 농사를 짓지 않아야 할 곳에 농사를 짓는다면 그것은 자연을 파괴하는 것이다. 그러므로 천지자연의 상황을 보아 마땅하게 대처하는 것은 천지자연을 파괴하지 않는 것이고 그러한 의미에서 천지자연을 돕는 것이라고 말할 수 있다.

강설 |

결정권자인 윗사람은 힘이 없기 때문에 만사에 자신이 없다. 그래서 아무 일도 하기 싫다. 그러나 그것은 자기의 기분만 생각한 것이다. 전체의 입장에서 아래에 힘있는 사람들이 가득 있음을 생각한다면 적극적으로 일을 추진해야 한다. 차츰 연약한 존재는 나가고 건실한 존재들이 주도권을 잡게 될 것이므로 앞으로는 걱정할 것이 없다. 그러니 걱정 말고 떨쳐 일어나 적극적으로 일을 추진해야 한다.

천지가 교감한다는 말은 위와 아래가 교감한다는 말이다. 위의 곤괘는 유순하고 포용력이 있으며 아래로 내려오고 싶어한다. 때문에 권위를 내세우지 않고 아래의 건괘를 보살피고 지지할 수 있다. 또 아래의 건괘는 강건하고 추진력이 있으면서 위로 올라가고 싶어한다. 그래서 교감이 이루어지고 뜻이 일치되어 발전하는 방향으로 나아갈 수 있다. 만물이 통한다고 한 것은 그 집단에 있는 모든 구성원들이 뜻이 통하여 능력을 발휘함을 의미한다.

안이 양이고 강건하고 군자라는 말은 하괘가 건괘임을 말하는 것이다. 그리고 밖이 음이고 유순하고 소인이라는 말은 상괘가 곤괘임을 말하는 것이다.

'군자의 도는 자라나고 소인의 도는 소멸한다'는 말은 상층부인 곤괘가 물러나고 하층부인 건괘가 성장하는 것을 말한다.

군주의 입장에서 이 괘를 보면, 윗사람들이 권위를 내세우지 않고 마음을 비워 아랫사람들을 지지하고 도와야 한다는 것을 알 수 있다. 그리하여 임금은 아래 백성들의 성장을 위하여 천지자연의 운행원리를 탐구하여야 한다. 그리고 또 삶의 마땅한 방법을 연구하여 백성들이 생활과 일을 잘할 수 있도록 안내하여야 한다. 뿌리가 깊으나 줄기가 연약한 식물은 갈수록 뻗어난다. 이러한 자연현상을 이해하는 군자는 내적으로는 건실하지만 외형적으로 망해 있는 사람이나 회사, 또는 국가에게 희망을 주면서 인도할 수 있을 것이다.

다른 괘의 「상전象傳」에서는 모두 괘의 형상을 보고 실천에 반영하는 사람을 군자라 했는데, 여기서 후后라고 한 것은 정치적인 역할이 강조되기 때문이다.

初九(초구)는 拔茅茹(발모여)[1]니 以其彙(이기휘)로 征(정)하면 吉(길)하리라 象曰拔茅(상왈발모) 征吉(정길)은 志在外也(지재외야)라

국역 |

초구初九는 띠를 뽑으면 그 뿌리가 엉켜있다. 그 무리와 하나가 되어 나아가면 길하다. 상象에서 말했다. "띠를 캐는 것과 같은 형국이니 나아가면 길하다는 것은 뜻이 밖에 있기 때문이다."

난자풀이 |

1 茹(여) : 뿌리가 서로 연결되어 엉켜있는 것을 말한다.

강설 |

초구初九는 아직 어린 양陽이기 때문에 적극적으로 나서기 좋아한다. 그러나 지금의 상층부는 자신감이 없기 때문에 움직이기 싫어한다. 섣불리 혼자 나섰다가는 바로 제재를 당한다. 또 상층부의 나약한 모습을 보고 이미 망했다고 생각하고 떠나고 싶기도 하지만 떠나면 안 된다. 그러면 장래가 없다. 그러므로 구이九二, 구삼九三과 더불어 함께 행동하지 않으면 안 된다. 더불어 함께 행동하는 것을 가장 실감나게 표현한 말이 띠 뿌리처럼 엉키는 것이다. 띠 뿌리를 캐보면 서로 엉켜 있다. 초구初九는 띠 뿌리가 엉키듯이 구이九二, 구삼九三과 엉켜 행동을 같이 해야 한다. 뭉치면 살고 흩어지면 죽는다는 말이 이 경우에 해당한다.

일반적으로 하층부는 자신의 성장을 위하여 실력을 다지고 정신수양을 해야 하는 시기이다. 따라서 뜻을 자기의 내부에 두어야 한다. 그러나 이 괘에서는 집안을 다스리고 나라를 다스리는 등, 상층부의 문제를 해결해야 하기 때문에 뜻이 밖에 있다고 했다.

구이 포황 용빙하 불하유 붕망 득상
九二는 包荒하여 用馮河니 不遐遺면 朋亡이라도 得尙
1 2 3 4

우중행 상왈포황득상우중행 이광대야
于中行하리라 象曰包荒得尙于中行은 以光大也라
5

국역 |

구이九二는 거친 것을 끌어안고 황하를 건너는 형국이니, 멀리 있는 사람을 빠뜨리지 않으면 벗이 도망하더라도 시중을 행하게 되어 고상함을 얻을 것이다. 상象에서 말했다. "거친 것을 끌어안고 시중을 행하게 되어 고상함을 얻는 것은 빛나고 크기 때문이다."

난자풀이 |

1 荒(황) : 거칠다는 뜻. 여기서는 거의 망한 상황에서 거칠어진 사람들을 말한다. 어떤 단체가 외형적으로 망하게 되면 사람들이 거칠어진다.

2 馮(빙) : 맨몸으로 건넌다는 뜻. 하河는 황하이므로 강이 크고 물살이 거칠어 건너기 어려운 황하를 좋은 장비도 없이 건넌다는 것은 매우 어려운 상황을 표현한 것이다.

3 遐(하) : 멀리 있는 사람. 여기서는 상육上六, 육사六四 등을 말한다. 하遐와 유遺는 도치되었다. 부정을 나타내는 말인 불不에 동사와 목적어가 오는 경우, 동사와 목적어가 바뀌는 경우가 많은 예에 따라 도치된 것이다.

4 尙(상) : 고상하다. 존중한다.

5 中行(중행) : 시중을 행하다.

강설 |

구이九二는 육오六五의 지지를 받아 침체된 전체를 이끌어 발전시켜야 하는 위치에 있다. 외형적으로 볼 때 이 괘는 망한 회사이고 망한 집안이다. 망한 것처럼 보이는 회사에서는 많은 사원들이 떠나기 마련이다. 특히 성급한 초구初九와 불만이 많은 구삼九三은 떠나려 할 것이다. 또 육사六四나 육오六五, 상육上六 등도 재산을 빼돌리거나 떠나려 할 것이다. 그들은 성실하지 않고 거칠다. 그래서 그들을 거친 존재로 표현했다. 구이九二는 거친 그들을 설득하여 끌어안아야 한다. 그들을 끌어안고 외형적으로 망해 있는 어려운 난국을 극복해야 한다. 그래서

'거친 것을 끌어안고 황하를 건넌다'고 했다. '황하를 건넌다'는 것은 난관을 극복하는 것을 말한다.

구이九二는 모두가 한마음으로 뭉치도록 노력해야 한다. 어려운 난관을 극복하는 비결은 모두가 뭉치는 길뿐이다. 모두가 한마음으로 뭉치는 비결은 부족한 사람이라도 축출하지 않는 것이다. 그래서 '멀리 있는 사람을 빠뜨리지 않아야 한다'고 했다. 모두와 한마음이 되어 멀리 있는 사람을 보살피면 비록 몇몇 사람들이 도망가더라도 그 뒤를 줄줄이 따라가지는 않을 것이다. 그렇지 않고 필요없는 사람들을 내보내면 남아 있는 사람들도 불안하여 줄줄이 나가고 말 것이다. 그렇게 하는 것이 상황에 맞는 시중時中이고 순리며 진리다. 그렇게 하면 결국에 가서는 고상함을 얻을 것이다. 벗이 도망간다는 말은 초구初九와 구삼九三 등이 떠난다는 말이다.

九三(구삼)은 无平不陂(무평불피)며 无往不復(무왕불복)이니 艱貞(간정)[1]이라야 无咎(무구)하며 勿恤(물휼)[2]이라도 其孚(기부)면 于食(우식)에 有福(유복)하리라 象曰无往不復(상왈무왕불복)은 天地際也(천지제야)라

국역 |

구삼九三은 평평하기만 하고 비탈지지 않은 땅은 없으며 가기만 하고 돌아오지 않는 것은 없으니, 어려운 상황으로 알고 참고 견뎌야 허물이 없다. 걱정하지 않더라도 한마음을 유지하기만 하면 밥을 먹는데

복이 있을 것이다. 상象에서 말했다. "가기만 하고 오지 않는 경우는 없다고 한 것은 하늘과 땅이 접해 있기 때문이다."

난자풀이 |

1 艱(간) : 어려운 상황임을 알고 대처하는 것.
2 恤(휼) : 동정하고 보살피는 것.

강설 |

구삼九三은 상층부가 구이九二에게만 관심을 주고 자신을 도외시하는 것에 대해 불만을 품기 쉽다. 또 현 상황이 망한 것으로 판단되기 때문에 떠나고 싶은 생각이 간절하다. 그러나 그것은 자기의 이익만 추구한 짧은 생각이다. 어떤 곳에도 어려운 상황은 있다. 그러므로 어려운 상황을 보고 떠난다면 결국 떠도는 신세가 되고 만다. 평평하기만 하고 비탈지지 않은 땅은 없으며 가기만 하고 돌아오지 않는 것은 없다. 기울 때가 있으면 평평할 때가 있고, 가는 것이 있으면 오는 것이 있다. 그러므로 어려울 때는 떠나는 것만이 상책이 아니다. 참고 견디면서 어려움을 극복해야 한다. 지금이 그 때다. 자기가 모든 것을 다 걱정하지 않아도 된다. 유능한 구이九二도 있고 초구初九도 있다. '하면 된다'는 신념을 가지고 그들과 한마음이 되어 노력한다면 충분히 극복할 수 있다. 그래서 '걱정하지 않더라도 한마음을 유지하기만 하면 밥을 먹는데 복이 있을 것이다'라고 했다.

구삼九三은 성장하여 거의 상층부에 가까이 있기 때문에 상층부에서는 다 성장한 것으로 판단하여 보살핌이 적을 수 있다. 따라서 상象에서는 상층부의 보살핌이 예전과 다른 까닭을 하늘과 땅이 닿아 있는 위치에 있기 때문이라 했다.

육사 편편 불부이기린 불계이부 상왈
六四는 翩翩이라[1] 不富以其隣이니 不戒以孚니라 象曰

편편불부 개실실야 불계이부 중심원야
翩翩不富는 皆失實也오 不戒以孚는 中心願也라

국역 |

육사六四는 푸덕푸덕 열심히 날개 쳐야 한다. 자기 이웃끼리 넉넉하게 되지 않아야 한다. 경계하지 말고 한마음이 되어야 한다. 상象에서 말했다. "푸덕푸덕 열심히 날개 치고 넉넉해지지 않아야 하는 것은 다 실속을 챙기지 않아야 하기 때문이고, 경계하지 말고 한마음이 되어야 하는 것은 속마음으로 원해야 한다는 것이다."

난자풀이 |

[1] **翩翩**(편편) : 푸덕푸덕 열심히 날개 짓을 하는 모양. 편편翩翩은 제비처럼 빠르게 나는 새들의 날개 짓이 아니라 꿩이나 닭과 같이 열심히 날개 짓을 해야 날 수 있는 새들의 날개 짓을 말한다. 그러므로 편편이란 열심히 노력하는 것을 상징적으로 표현한 말이다.

강설 |

육사六四는 하층부를 이끌고 육오六五를 도와 침체된 국면을 극복해야 하는 위치이다. 지금은 소극적인 윗사람과 적극적인 아랫사람의 의견이 엇갈리고 있다. 그러므로 이를 소통시키기 위해 열심히 노력해야 한다. 그래서 '푸덕푸덕 열심히 날개 쳐야 한다'고 했다. 그런데 회사나 가정 또는 국가가 망했다고 생각하면 대개의 기득권자들은 기득권을 이용하여 남은 재산을 나눠먹고 만다. 그렇게 되면 아주 망하고 만다. 회생할 방도가 없다. 그래서 '자기 이웃끼리 넉넉하게 되지 않아야 한다'고 했다. 육사六四의 경우 방법은 오직 한 가지뿐이다. 구이九二를 비롯한 하층부의 힘을 믿고 지원하도록 육오六五와 상육上六을 설득하는 것이다. 육오六五 및 상육上六과 한마음이 되어 하층부가 하는 일에 대해 경계하지 말고 믿고 따라야 한다. 그래서 '경계하지 말고 한마음이 되어야 한다'고 했다. 만약 그들을 간섭하여 일할 맛이 나지 않도록 하면 모든 것이 실패로 돌아갈 것이다. 각별한 주의가 요구된다.

六五(육오)는 帝乙歸妹(제을귀매)①②니 以祉(이지)③며 元吉(원길)하리라 象曰以祉元吉(상왈이지원길)은 中以行願也(중이행원야)라

국역 |

육오六五는 제을帝乙처럼 여동생을 시집보내야 한다. 그렇게 하면 복을 받고 크게 길하다. 상象에서 말했다. "그로써 복을 받고 크게 길하다는 말은 중심의 입장에서 원하는 것을 행하기 때문이다."

난자풀이 |

① 帝乙(제을) : 은나라의 천자. 은나라의 천자는 태어난 날의 간지를 이름으로 붙이기 때문에 제을이란 이름이 있다. 여기서의 제을은 은나라를 세운 탕이라는 설과 마지막 임금인 주紂의 아버지라는 설이 있다. 『자하전子夏傳』에

다음과 같은 말이 있다. "제을이 동생을 시집보낸 것은 탕왕의 동생을 시집보낸 것이다. 탕왕은 천을이라고도 한다."

2 妹(매) : 여동생. 경우에 따라서는 막내딸을 지칭하기도 한다. 일본의 스즈끼요시지로鈴木由次郎는 막내딸로 풀이했다.

3 祉(지) : 복록.

강설 |

육오六五는 전체를 주도하는 중심이다. 현재 침체하여 거의 망하게 된 것은 상층부에 양陽이 없기 때문이다. 육오六五는 이를 파악하여 겸허하게 아래의 양陽들을 지지하고 그 중에서도 특히 구이九二에게 모든 일을 맡겨야 한다. 임금이 여동생을 시집보낸다는 말은 구이九二에게 시집보내는 것을 말한다. 그것은 구이九二에게 힘을 실어주는 것이다. 구이九二에게 힘을 실어주어 구이九二로 하여금 난관을 해결하게 하면 된다.

上六은 城復于隍[1]이라도 勿用師니라 自邑告命[2]에 貞하면 吝하리라 象曰城復于隍은 其命이 亂也라

국역 |

상육上六은 성이 구덩이로 돌아가는 듯하더라도 무력을 사용하지 말아야 한다. 자기 읍에서 보고가 있을 때 가만히 있으면 곤란해진다. 상象에서 말했다. "성이 구덩이로 돌아가는 듯하다는 것은 그 진행과

정이 어지러움을 뜻한다."

난자풀이 |

1 隍(황) : 성을 쌓기 위해 흙을 파내고 난 뒤의 패인 구덩이. 『자하전』에는 황堭으로 되어 있다.

2 命(명) : 개체를 둘러싼 집단, 나라, 세계, 우주자연 등의 전체적인 진행과정, 즉 흐름을 의미한다. 예컨대 봄이 지나면 겨울이 오지 않고 여름이 오는 것은 우주자연 전체의 흐름이므로 이를 명이라고 할 수 있다. '주나라가 비록 오래되었지만 그 명이 계속 새롭다'고 했을 때의 명命은 나라 전체의 정치의 진행과정을 말한다. 목숨이란 삶 전체의 진행과정을 의미하고 목숨이 다했다는 말은 삶 전체의 진행과정이 끝났다는 것을 의미한다.

개인은 자신을 둘러싼 전체의 흐름을 타야만 살아갈 수 있으므로 봄이 왔을 때 여름이 올 것에 대비하여 얼음 장사를 준비하는 사람은 성공할 수 있지만 겨울이 올 것으로 착각하여 난로장사를 준비하는 사람은 실패한다.

강설 |

공들여 쌓은 성벽이 성을 쌓느라 파낸 구덩이 속으로 돌아간다는 말은 모든 일이 수포로 돌아간다는 말이다. 사람의 일 중에 가장 힘드는 일이 성을 쌓는 일이다. 중국의 만리장성이 인류역사의 삼대 불가사의에 꼽힐 정도이다. 그러므로 쌓아놓은 성이 도로 무너져 흙을 파낸 자리로 되돌아간다는 말은 이루어 놓은 모든 것이 수포로 돌아간다는 뜻을 실감나게 표현한 말이다.

상육上六은 나이 많은 할머니에 해당한다. 할머니는 모든 것에 대해서 걱정이 많다. 그래서 할머니처럼 걱정을 많이 하는 사람의 마음을 노파심이라고 한다. 하층부는 모두 양陽이기 때문에 음陰인 상층부와는 일의 추진방식이 사뭇 다르다. 과감한 반면 무모하게 보이기도 한다. 조심성 많고 노파심 많은 할머니의 입장에서 보면 그러한 것들이 그나마 남아 있는 재산까지 모두 거덜날 것으로 보인다. 그래서 '성이 구덩이로 돌아가는 듯하다'고 했다. 그러나 난관을 타개하는 것은 그들에게 맡기는 길밖에 없다는 사실을 알아야 한다. 그렇기 때문에 비록 거덜날 것처럼 보인다 하더라도 가만히 놓아두어야 한다. 그들을 실력으로 저지하면 안 된다.

읍邑이란 자기의 영향권 하에 있는 지역이다. 여기서는 구삼九三이다. 구삼九三이 회사를 떠난다고 은밀히 통보해 올 경우 가만히 있으면 안 된다. 그를 만류하여 구이九二를 도와 전체를 살리도록 유도해야 한다. 그래서 '자기 읍에서 보고가 있을 때 가만히 있으면 한스러워진다'고 했다.

천지비
天地否

이 괘는 위가 건괘乾卦이고 아래가 곤괘坤卦이기 때문에 외형은 건실하고 화려하지만 속은 허약하고 부실하다. 뿌리는 나약하지만 잎과 줄기가 무성한 식물과 같고, 자녀는 나약하지만 부모가 강력한 가정과 같다. 태괘泰卦와 정반대이다. 상괘의 양陽들은 외부적으로 드러내기는 좋아하지만 아래의 음陰들을 포용하거나 부드럽게 감쌀 줄을 모른다.

바람이 없는 날 대기 상층의 온도가 높고 아래의 지표면에 있는 대기의 온도가 낮을 경우 상층부의 공기는 위로 올라가고 하층부의 공기는 아래로 내려오기 때문에 교류가 일어나지 않고 정지하게 되는데 이러한 현상을 역전逆轉이라 한다. 이럴 경우에는 아래의 오염된 공기가 확산되지 않기 때문에 스모그 현상이 일어난다.

인간 사회도 이와 마찬가지다. 강력한 부모들이 연약하고 내성적인 자녀를 살피지 못하면 부모와 자녀가 소통되기 어렵고, 그 때문에 자녀가 제대로 성장하기 어렵다. 그래서 이 괘의 이름을 막힘을 의미하는 비否로 붙였다. 비否의 발음은 일반적으로 '부'로 발음하지만 괘명의 경우 '비'로 발음한다.

비 지비인 불리군자정 대왕소래 단왈
否라 之匪人이니 不利君子貞하니 大往小來니라 彖曰
비지비인불리군자정대왕소래 즉시천지불교
否之匪人不利君子貞大往小來는 則是天地不交
이만물불통야 상하불교이천하무방야 내음
而萬物不通也며 上下不交而天下无邦也라 內陰
이외양 내유이외강 내소인이외군자
而外陽하며 內柔而外剛하며 內小人而外君子하니
소인도장 군자도소야 상왈천지불교 비
小人道長하고 君子道消也라 象曰天地不交 否니
군자 이 검덕피난 불가영이록
君子 以하여 儉[1]德辟[2]難이니 不可榮以祿이니라

국역 |

일이 막히는 형국이다. 군자가 가만히 있기만 하면 이롭지 않다. 큰 것이 가고 작은 것이 오기 때문이다. 단彖에서 말했다. "비否(지비인之匪人)이니 군자가 가만히 있기만 하면 이롭지 않다. 큰 것이 가고 작은 것이 오기 때문이라는 것은, 천지가 교감하지 않아서 만물이 통하지 않으며 상하가 교감하지 않아서 천하에 제대로 된 나라가 없기 때문이다. 안은 음陰이고 밖은 양陽이며 안은 부드럽고 밖은 굳세며 안에는 소인이 있고 밖에는 군자가 있어서 군자의 도는 소멸하고 소인의 도는 자라나기 때문이다." 상象에서 말했다. "천지가 교감하지 않는 것이 비

否니 군자가 이 괘의 이치를 보아 검소한 덕으로 어려움을 피해야 하는 것이니 영예롭게 록을 차지해서는 안 된다."

난자풀이 |

[1] 儉(검) : 정이와 주자는 동사로 해석하여 '덕을 검소하게 한다'고 풀이했다. 그러나 덕德은 성性을 실천하는 능력이기 때문에 밝히는 대상은 되지만 검소하게 하는 대상은 되지 못한다. 따라서 검儉을 덕德을 수식하는 형용사로 보아 '검소하게 실천하는 마음의 능력'으로 해석해야 할 것이다. 검儉이 덕德을 수식하는 말로 쓰인 용례는 『서경書經』「태갑太甲」의 '신내검덕유회영도愼乃儉德惟懷永圖'라는 문장에 보인다.

[2] 辟(피) : 피避와 통용.

강설 |

이 괘는 건실한 양陽들이 위에 있어 현재에는 화려하지만 그 양陽들은 차츰 물러나고 아래의 음陰들이 자라기 때문에 이에 대비하지 않으면 장차 낭패를 당하게 될 것이다. 따라서 소극적으로 가만히 있지 말고 미래에 적극적으로 대비하여야 한다. 조용히 있기만 하면 상하가 교감되지 않고 의사소통이 되지 않기 때문에, 특히 상층부의 인정을 받지 못하는 하층부에 불만이 생기고, 그로 말미암아 제대로 능력을 발휘하지 못한다. 능력을 발휘할 수 없는 사람들이 성장을 하여 집단의 중심이 되면 그 집단은 쇠망의 길로 접어든다.

따라서 이러한 상황에서는 상층부가 자기의 입장에서 하층부의 능력을 평가하지 말고, 하층부의 입장이 되어 그들을 이해하고 그들의 능력을 육성해 주어야 한다. 그들의 입장에 서서 그들을 보면 그들의 능력이 보일 것이다. 그리하여 그들의 적성을 살펴 그에 알맞은 능력을 길러주는 일이 중요하다. 지비인之匪人은 잘못 들어간 문장이다.

다른 괘에서는 모두 괘 아래에 괘명이 독립적으로 붙어있는데 유독

이 괘에는 괘명에 지비인이란 구가 붙어있다. 이에 대해서 주자는 지비인 석자를 잘못 들어간 연문衍文이라 했다. 비괘比卦 육삼효六三爻에 비지비인比之匪人이란 말이 있는데 여기서는 그 문장과 혼동되어 잘못 들어간 말로 보는 것이 타당하다.

初六(초육)은 拔茅茹(발모여)라 以其彙(이기휘)로 貞(정)하면 吉(길)하리니 亨(형)하니라 象(상)

曰拔茅貞吉(왈발모정길)은 志在君也(지재군야)라

국역 |

초육初六은 띠 뿌리를 뽑으면 그 뿌리가 엉켜있다. 그 무리와 하나가 되어 (무시를 당해도) 참고 견디면 길하다. 떨쳐 일어나야 한다. 상象에서 말했다. "띠 뿌리를 뽑았을 때처럼 엉켜서 참고 견디면 길한 것은 뜻이 임금에 있기 때문이다."

강설 |

초육初六을 비롯한 하괘의 음陰들은 나약하고 소극적이기 때문에 상괘의 양陽들에게 인정받기 어렵다. 그래서 이에 불만이 쌓일 수 있다. 또한 초육初六은 어리기 때문에 성급하다. 그래서 초육初六은 성급하게 불만을 토로하기 쉽다. 대개의 경우 어린이는 용서받기 쉽지만 하층부가 무시당하고 있는 입장에서는 용서받기 어렵다. 그래서 단독으로 행동하지 말고 언제나 육이六二, 육삼六三 등과 연대해야 한다. 이를 '띠 뿌리가 엉켜있다'는 말로 표현했다. 하층부가 모두 하나로 엉켜 있으면 모두를 제거하지는 못하기 때문에 용서받을 수 있다.

무시당하는 사람이 무시당하는 것에 불만을 품고 반발한다면 더욱 무시를 당하고 만다. 반발하지 말고 가만히 참고 견디면서 무시당하지 않을 수 있는 자격을 갖도록 노력을 기울여야 한다. 그래서 '(무시를 당해도) 참고 견디면 길하다. 떨쳐 일어나야 한다'고 했다. 무시당하고 야단맞을 경우에도 무시하고 야단치는 윗사람의 심정을 이해하여 참아내어야 하고 또 반성해야 한다. 이렇게 하는 것이 역을 읽은 군자의 모습이다.

참는 것이 길한 이유가 임금에게 뜻이 있기 때문이라고 한 것은 즉 윗사람에게 사랑을 받는 데 목적이 있기 때문이라는 것이다. 참지 못하고 윗사람에게 덤비면 점점 더 무시당하기만 할 것이다.

육이 포승 소인 길 대인 비 형
六二는 包承이라 小人이면 吉코 大人이면 否니 亨하니라

상왈대인비형 불란군야
象曰大人否亨은 不亂群也라

국역 |

육이六二는 끌어안고 이어받아야 한다. 소인처럼 하면 길하고 대인처럼 하면 막히므로 적극적으로 나서야 한다. 상象에서 말했다. "대인처럼 하면 막히나 떨쳐 일어나야 하는 것은 무리를 어지럽히지 않아야 하기 때문이다."

강설 |

육이六二는 하괘의 중심세력이다. 그래서 특히 하층부를 무시하는 상층부에 대해 불만이 많다. 그러나 그들에게 반발하면 안 된다. 만약 육이六二가 그들에게 반발만을 계속하면 영영 화합하지 못한다. 육이六二는 하층부를 이끌고 윗사람들과 화합하도록 노력해야 할 중심인물이다. 윗사람들과 화합하기 위해서는 먼저 윗사람에게 인정을 받고 사랑을 받아야 한다. 그러기 위해서는 윗사람의 뜻을 잘 헤아리고 받들어야 한다. 야단을 맞을 경우에도 야단맞는 그 자체를 싫어할 것이 아니라, '오죽 했으면 야단을 다 칠까'하고 생각해보면 그 심정을 이해할 수 있다. 그렇게 되면 고마워할 수도 있고 반성할 수도 있다. 그리고 육이六二의 경우에는 혼자서 뜻을 받들지 않는 것이 좋다. 초육初六과 육삼六三을 끌어안고 함께 상층부의 뜻을 받들어야 한다. 그래서 '끌어안고 이어받아야 한다'고 했다. 포包는 초육初六과 육삼六三을 끌어안는다는 말이고, 승承은 윗사람의 뜻을 받들어야 한다는 말이다.

상층부 사람들에게 무시당하고 있는 하층부 사람들은 능력이 모자란다. 아무리 노력해도 상층부 사람들에게 인정받기 어렵다. 만약 인정받지 못하면 능력을 발휘할 기회가 오지 않는다. 정상적인 여건에서는 누구나 한마음을 회복하는 것이 가장 중요하다. 한마음을 회복하는 길이 군자의 길이다.

『논어』에는 '군자는 그릇처럼 살지 않는다'는 공자의 말씀이 전한다. 그릇처럼 사는 것은 소인의 삶이다. 소인은 남과의 경쟁에서 이기기 위해 한 가지 분야에만 전력투구한다. 한 분야에서만 두각을 나타내면 그로 인해 먹고사는 문제가 저절로 해결된다. 그러나 군자는 먹고사는 문제를 해결하기 위해 전력투구하지 않는다. 군자는 자기 본래의 마음인 하늘마음을 회복하여 하늘처럼 사는 것을 목표로 삼고 학문에 전념한다. 그러나 윗사람에게 인정받지 못하면 학문에 전념할 수 없다. 이 경우에는 먼저 윗사람에게 인정받는 것이 중요하다. 윗사람에게 인정받는 가장 빠른 방법은 한 가지 분야에서 뛰어난 능력을 발휘하는 것이다. 이를 『주역』에서는 '소인처럼 하면 길하다'고 했다.

군자의 길을 갈 수 없는 상황에서는 먼저 소인처럼 하여 한 분야에서 두각을 나타내야 한다. 한 분야에서 두각을 나타내면 윗사람에게 인정받을 수 있어 군자의 길을 갈 수 있는 여건이 조성된다. 그렇게 되면, 그때 다시 군자의 길을 가면 된다.

상象에서 '무리를 어지럽히지 않아야 한다'고 말한 까닭은 여러 사람과 뜻을 같이하여 전체적인 질서를 유지해야 하기 때문이다.

六三(육삼)은 包(포)면 羞(수)로다 象曰包羞(상왈포수)는 位不當也(위비당야)라

국역 |

육삼六三은 안고 있으면 수치스럽게 된다. 상象에서 말했다. "안고 있으면 수치스럽게 되는 것은 자리가 마땅하지 않기 때문이다."

강설 |

육삼六三은 하층부에서 가장 불만이 많다. 상층부의 관심을 받지 못하는데다가 주도권 역시 육이六二에게 빼앗겨 버렸기 때문이다. 더구나 상층부에게 무시를 당하면 음陰인 육삼六三은 속으로 꽁하고 불만을 갖게 된다. 그렇게 되면 나중에 상층부가 관심을 두어 사랑을 베풀

더라도 풀리지 않는다. 그렇게 되면 결국 남과 화합하지 못하고 따돌림을 당한다. 수치스러운 일이다. 그러므로 육삼六三은 특히 마음속에 앙심을 품지 않아야 하고 감정을 남겨 놓지 않아야 한다.

九四(구사)는 有命(유명)이면 无咎(무구)하여 疇①離②祉③(주리지)하리라 象曰有命无咎(상왈유명무구)는 志行也(지행야)라

국역 |

구사九四는 명이 있으면 허물이 없다. 무리가 복을 만날 것이다. 상象에서 말했다. "명이 있으면 허물이 없는 것은 뜻이 행해지기 때문이다."

난자풀이 |

① 疇(주) : 무리. 동료.
② 離(리) : '만난다'는 뜻.
③ 祉(지) : 복. 행복.

강설 |

구사九四는 학교에서는 조교에, 가정에서는 삼촌이나 고모에 해당된다. 아랫사람들을 파악하여 이끌어야 하는 위치이다. 지금 구오九五는

하층부에 대해 실망을 하고 있다. 그래서 그들을 지원하지 않는다. 그러나 하층부는 하층부 나름대로의 장점도 있고 능력도 있다. 그것을 발견하여 키워주지 않으면 안 된다. 그렇지만 구오九五는 그것을 알지 못한다. 그러므로 구사九四는 하층부의 장점과 능력을 파악하여 구오九五로 하여금 그들을 돕도록 유도해야 한다. 그것이 구사九四의 역할이다. 명命이 있다는 것은 구오九五로부터 하층부를 지원하라는 명命이 있다는 말이다. 그렇게 되면 모두에게 희망이 있고 장래가 있다. 그래서 모두가 복을 받는다.

구오 휴비 대인 길 기망기망 계우
九五는 休否라 大人이라야 吉하니 其亡其亡이면 繫于

포상 상왈대인지길 위정당야
苞桑하리라 象曰大人之吉은 位正當也라
[1] [2]

국역 |

구오九五는 막힌 상태를 끝내야 한다. 대인이라야 길하다. '이러다간 망하지', '이러다간 망하지' 하고 조심하면 빽빽이 가지가 돋아난 뽕나무에 묶어둘 수 있다. 상象에서 말했다. "대인이라야 길하다는 것은 바르고 마땅한 자리에 있기 때문이다."

난자풀이 |

[1] 苞(포) : 가지가 빽빽이 난 모양.
[2] 之(지) : 주격조사.

강설 |

구오九五는 회사의 사장이고 가정의 가장이다. 이 괘에서의 구오九五는 자신의 힘을 과신하여 자기 뜻대로만 모든 일을 결정한다. 하층부를 무시하여 일을 맡기지 않을 뿐만 아니라 관심도 갖지 않는다. 그러나 구오九五는 그렇게 하면 안 된다. 자신의 능력과 수명은 영원한 것이 아니다. 지금 자녀들을 잘 길러놓지 않으면 그들의 세상이 왔을 때 패망의 길로 갈 수밖에 없다. 이를 심각하게 인식하고 그 극복방안을 강구할 때 장래의 안정을 기대할 수 있다.

소인은 남의 단점은 잘 보지만 장점은 잘 보지 못한다. 그러나 대인은 남을 사랑하는 눈으로 바라보기 때문에 단점보다 장점을 더 잘 볼 수 있다. 그러므로 외형적으로 빈약해 보이는 자녀들이라 하더라고 사랑의 눈으로 보면 그들에게 치밀하고 섬세한 성격이 있다는 것을 알게 된다. 그리고 영원히 이 집단을 자신이 이끌고 갈 수 없다는 사실을 알기 때문에 자녀를 이해하고 그들과 대화하면서 그들을 기르기 위해 노력할 것이다.

뽕나무는 뿌리가 견고하고 줄기와 껍질이 질기다. 따라서 말이나 소의 고삐를 뽕나무 그루터기에 묶어두면 안전하다. 더구나 가지가 총총 돋아난 뽕나무는 고삐가 가지에 걸리기 때문에 미끄러질 염려도 없다. 그러므로 안전하다는 말을 실감나게 표현할 때 옛사람은 뽕나무에 묶어둔다고 했다.

위기에 처한 지도자는 특히 대인이어야 한다. 대인이어야 모든 사람과 한마음이 되어 해결할 수 있다.

上九(상구)는 傾否(경비)니 先(선)하면 否(비)코 後(후)하면 喜(희)로다 象曰否終則(상왈비종즉)傾(경)하나니 何可長也(하가장야)리오

국역 |

상구上九는 막힌 상태를 기울여 소통시켜야 한다. 앞에 나서면 막히지만, 뒤에 물러서서 하면 기쁘다. 상象에서 말했다. "막힌 상태가 끝이 나면 기울어지는 것이니 어찌 길게 가겠는가?"

강설 |

상구上九는 가정의 할아버지와 할머니에 해당하고 회사의 명예회장에 해당한다. 오랜 경험을 통한 지혜와 판단력이 있지만 실권이 없다. 하층부와 상층부가 서로 소통하지 못하고 오랜 시간 하층부를 기르지 못하는 상황에서 하층부를 기르도록 구오九五를 설득시킬 최후의 카드는 바로 이 상구上九이다. 그리고 상구上九는 꽁하고 토라져 있는 육삼六三을 달래서 풀어주어야 한다. 그러나 상구上九는 직접적인 결정권이 없기 때문에 막힌 상태를 직접 해결할 수는 없다. 은근히 그리고 서서히 구오九五를 설득하고 육삼六三을 달래며 풀어나가야 한다. 마치 바가지의 물을 기울여서 서서히 붓듯이 해야 한다.

상구上九가 전면에 나서는 것은 옳지 않다. 어디까지나 구오九五를 앞세워야 한다. 자기가 직접 해결하려 하면 실권자인 구오九五의 자존심을 건드려 일을 그르치고 말 경우가 있다. 육삼六三을 달래는 일 또한 그렇다. 앞에 나서서 공개적으로 달래면 육삼六三의 자존심만 건드리게 된다. 뒤에서 조용히 추진해야 한다. 그래서 '앞서면 더욱 막히고 뒤에서 추진하면 성공하여 기쁨이 있다'고 한 것이다.

천화동인
天火同人

이 괘의 상괘는 건괘乾卦이고 하괘는 리괘離卦이다. 상층부는 건실하고 힘이 있다. 그 중에서도 구오九五는 굉장한 능력의 소유자다. 그러나 구오九五는 양陽이기 때문에 치밀성이 부족하다. 그러므로 구오九五의 보좌역으로는 음陰이 좋다. 음陰이 자신의 능력을 최고로 발휘할 수 있는 경우는 하층부의 중심에 위치하면서 초효와 삼효가 양陽일 경우이다. 양陽 가운데 있는 유일한 음陰은 최고의 능력을 발휘할 수 있기 때문이다. 따라서 이 괘는 강력한 상층부가 최고의 보좌를 받아 최대의 역할을 할 수 있는 모습이다. 이러한 경우는 좀처럼 오지 않는다. 천재일우의 기회다. 이러한 기회가 왔을 때는 때를 놓치지 말고 인류 최고의 목표인 이상사회를 건설해야 한다.

정암 조광조 선생은 당시의 왕인 중종을 훌륭한 군주로 보고 자신을 훌륭한 신하로 보아, 이상사회의 건설을 시도했다. 이상사회는 그 사회에 살고 있는 사람들이 모두 한마음이 되는 상태에서 이루어진다. 따라서 이 괘의 이름을 모두 한마음이 된다는 의미에서 동인同人으로 붙였다.

同人이라 于野면 亨하리니 利涉大川이며 利君子貞하니라 彖曰同人은 柔得位하며 得中而應乎乾할새 曰同人이라 同人于野亨利涉大川은 乾行也오 文明以健하고 中正而應이 君子正也니 唯君子이아 爲能通天下之志하나니라 象曰天與火同人이니 君子 以하여 類[1]族으로 辨[2]物하나니라

국역 |

남과 하나가 되는 형국이다. 들에서 (남과 하나가 되는 역할을) 해야 한다. 떨쳐 일어나야 한다. 큰 내를 건너는 것이 이롭다. 군자가 참아야 이롭다. 단彖에서 말했다. "남과 하나가 되는 것은 부드러운 것이 자리를 얻어 가운데에 있으면서 하늘에 응하기 때문에 남과 하나가 된다고 했다. 들에서 남과 하나가 되는 역할을 하고, 떨쳐 일어나야 하며, 큰 내를 건너는 것이 이로운 까닭은 하늘이 행하기 때문이고, 문명으로써 건실하게 대처하고, 가운데 있고 바른 자리에 있으면서 응하는 것은 군자가 바르기 때문이다. 오직 군자라야 능히 천하의 뜻에 통할 수 있다." 상象에서 말했다. "하늘이 불과 어울리는 것이 동인同人이다. 군자가 이 괘의 이치를 살펴 겨레와 하나가 되고 사물을 변별한다."

난자풀이 |

1 類(류) : 동류가 되는 것. 인仁을 달성한다는 의미로 이해할 수 있다.
2 辨(변) : 변별하는 것. 지적知的인 삶을 이루는 것으로 이해할 수 있다.

강설 |

동인同人이란 말이 하나 더 있어야 할 것인데, 이 문장을 옮기는 사람이 같은 말이 반복되는 것에 착각을 하여 하나를 뺀 것으로 보인다.

가족 구성원의 마음이 하나가 되면 이상적인 가정이 되고, 백성들의 마음이 하나가 되면 이상적인 국가가 되며, 온 세상 사람들의 마음이 하나가 되면 이상세계가 된다. 여기서는 특정한 집단을 넘어서 모두가 한마음이 되는 것을 '들에서 한마음이 된다'고 했다.

이 괘의 뛰어난 추진력을 가진 상층부는 하층부의 완벽한 보좌를 받아 이상사회 건설을 위한 역사적 사업을 추진해야 한다. 그래서 '큰 강을 건너는 것이 이롭다'고 했다.

하층부에서 주도적으로 상층부를 보좌하는 것은 육이六二이다. 육이六二는 구오九五의 지지를 받아 엄청난 일을 추진한다. 이때 구삼九三과 구사九四는 소외감을 가지고 반발하기 쉽다. 이에 육이六二가 성급하게 그들을 대항하면 오히려 그들의 저항에 부딪혀 좌절한다. 참고 기다리면서 서서히 추진해야 한다. 그래서 '군자가 참고 견디는 것이 이롭다'고 했다.

이상사회는 구성원 각각이 마음에서는 모두 하나가 되면서 현실적으로는 구별되는 각각의 역할을 수행할 때 가능하다. 모두 하나가 되는 역할을 여기서는 '유족類族'이라 했고 각각 구별되는 삶을 유도하는 역할을 여기서는 '변물辨物'이라 했다.

同人

初九는 同人于門이면 无咎하리라 象曰出門同人을 又誰咎也리오

(초구 동인우문 무구 상왈출문동인 우수구야)

국역 |

초구初九는 문에서부터 남과 한마음이 되면 허물이 없다. 상象에서 말했다. "문을 나서면서 남과 한마음이 되는데 또 누구를 탓하겠는가?"

강설 |

초구初九는 구오九五와 육이六二의 주도하에 대동사회를 건설하려는 집단의 가장 어린 존재이다. 이 경우는 의심하거나 주저할 필요가 없다. 만일 의심이 많아 육이六二와 함께 하지 못하고 망설이다가 자신과 친밀한 구사九四의 유혹에 넘어간다면 싸움에 휘말리게 되어 대동사회를 실현하는 전체의 흐름에 역행하게 된다. 또 일시적으로 구사九四가 성공한다 해도 그것은 정당한 것이 아니어서 오래 지속되지 못한다. 따라서 의심을 하거나 주저하지 말고 바로 육이六二와 한마음이 되어야 한다. 문에서 한마음이 된다는 것은 시작부터 바로 한마음이 된다는 것이다.

六二는 同人于宗이면 吝토다 象曰同人于宗은 吝道也라

국역 |

육이六二는 남과 하나가 되는 일을 종친들에게서만 하면 곤란하다. 상象에서 말했다. "남과 하나가 되는 역할을 종친에게서만 하는 것은 곤란한 도리이다."

강설 |

육이六二는 구오九五의 보좌역으로서 최고의 능력을 가진 존재이다. 구오九五를 도와 이상세계를 건설하는 주역主役이다. 그러나 이 경우에 특히 유의할 것이 있다. 그것은 모든 사람들과 한마음이 되도록 노력해야 한다는 것이다. 소외되는 사람이 있으면 이상세계의 건설은 어렵다. 그래서 '종친들에게서만 하면 한스러워진다'고 했다. 소외되는 사람이 없이 모두가 한마음이 될 수 있도록 세심한 노력이 필요하다.

九三은 伏戎于莽하고 升其高陵이라도 三歲不興이니라
象曰伏戎于莽은 敵剛也오 三歲不興은 安行也니라

국역 |

구삼九三은 풀밭에 군사를 매복하고 높은 언덕에 올라갔더라도 삼 년 동안이나 (군사를) 일으키지 않아야 한다. 상象에서 말했다. "풀밭에 군사를 매복하는 것은 강한 자에게 대적하기 때문이고, 삼 년이나 일으키지 않아야 하는 것은 안락하게 처신해야 하기 때문이다."

강설 |

구삼九三은 후배인 육이六二가 실권과 명예를 독점하고 있는 상황에 반감을 가질 수 있다. 그럴 경우 구삼九三은 육이六二를 공격하기 위해 음모를 꾸밀 수도 있다. 군사를 풀밭에 매복시킨다는 말은 육이六二를 공격하기 위한 흉계를 꾸민다는 말이다.

높은 언덕에 올라갔다는 것은 육이六二를 공격하기 위해 육이六二를 살필 수 있는 위치에 올라갔다는 말이다. 삼 년이란 상당히 긴 시간을 말한다. (군사를) 일으키지 않아야 한다는 말은 육이六二와 싸우지 않아야 한다는 말이다. 구삼九三이 군자라면 육이六二의 노력은 그 개인의 영달을 위한 것이 아니라 모두를 위한 것임을 알기 때문에, 그를 제거할 수 있는 기회를 포착했어도 참을 것이다.

이 괘는 정암 조광조 선생이 중종을 보좌하여 도학정치를 펼쳤던 상황에 해당한다. 탁월한 능력을 소유한 정암은 중종을 보좌하여 이상사회를 실현하기 위한 혁신의 기틀을 잡아나가고 있었고, 중종 역시 이를 적극 지지했다. 이때 정암에게 반감을 가진 무리가 바로 정암보다 선배였던 심정과 남곤이었다. 이들의 흉계로 정암은 결국 제거되었고, 대동사회의 건설은 수포로 돌아갔다. 만일 남곤과 심정이 이 『주역』의 가르침을 알아서 정암을 지지했다면 이상사회가 역사 속에서 실현되었을 것이다.

九四는 乘其墉이라도 弗克攻이면 吉하리라 象曰乘其墉이라도 義弗克也오 其吉은 則困而反則也라
(구사 승기용 불극공 길 상왈승기 용 의불극야 기길 즉곤이반칙야)

국역 |

구사九四는 그 담에 올라갔다 하더라도 공격하지 않을 수 있으면 길하다. 상象에서 말했다. "그 담에 올라갔더라도 응당 이기지 않아야 한다. 그 길한 것은 (이기면) 곤란하다고 여겨 원칙으로 돌아오기 때문이다"

난자풀이 |

1 義(의) : 응당. 의당. 마땅히.

강설 |

구사九四는 육이六二의 실권과 명예를 시기하여 그를 공격할 가능성이 있다. 그렇게 되면 이상사회의 건설은 수포로 돌아가고 전체에 불행한 결과를 가져오게 된다. 『주역』에서는 바로 이 점을 경계하고 있다. 그의 담에 올라갔다는 것은 그를 바로 공격하여 이길 수 있는 위치를 점했다는 말이다. 그렇더라도 역리를 아는 군자라면 공격하지 않을 수 있을 것이다. 정암의 도학정치에 반발한 구삼九三이 심정이라면 구사九四는 남곤이다.

九五는 同人이라 先號咷[1]而後笑니 大師克이라야 相遇로다 象曰同人之先은 以中直也오 大師相遇는 言相克也라

국역 |

구오九五는 남과 하나가 되어야 한다. 먼저 호통을 쳐서 울부짖고 나중에 웃음으로 달래야 한다. 큰 군대가 이겨야 서로 만날 수 있다. 상象에서 말했다. "남과 하나가 되는 역할을 하는 데 먼저 호통을 쳐야 하는 것은 가운데에 있고 곧아야 하기 때문이다. 큰 군대라야 서로 만난다는 것은 상극 관계에 있음을 말한 것이다."

난자풀이 |

[1] 號咷(호도) : 울부짖는다.

강설 |

완벽한 보좌관의 보좌를 받게 된 구오九五는 이에 힘입어 이상사회를 건설해야 한다. 이때 구오九五는 육이六二에 대한 전폭적인 신뢰와 지지를 보내야 한다. 이때 유의할 것은 구삼九三과 구사九四의 반발을 어떻게 무마하는가 하는 것이다. 그들이 육이六二를 모함할 경우 호통을 쳐서 육이六二의 입장을 옹호해야 한다. 이상사회의 건설은 모두가 한마음이 되어야 하므로, 일단 호통을 쳐서 소인들을 저지한 뒤에는 웃음으로 달래야 한다.

만일 모함하는 무리들이 무력으로 공격할 경우에는 군대를 동원해서라도 막아야 한다. 그리해야 구오九五와 육이六二의 뜻이 통하여 이상사회를 건설할 수 있다.

그리고 큰 군대를 동원하여 이긴 뒤라야 육이六二와 만날 수 있다. 상극相克은 구삼九三이나 구사九四가 모함을 해올 때 극해야 한다는 의미이다. 상相은 반드시 '상호간'이란 뜻으로 해석되는 것은 아니다. 둘의 관계에서 일방적으로 이기는 것도 상극관계로 설명된다.

上九는 同人于郊면 无悔니라 象曰同人于郊는 志未得也라

국역 |

상구上九는 교외에 물러나서 남과 하나가 되면 후회할 일이 없다. 상象에서 말했다. "교외에 물러나서 남과 하나가 되어야 하는 것은 뜻을 아직 얻지 못했기 때문이다."

강설 |

상구上九는 권위는 있으나 실권이 없다. 이상사회를 건설하는 절호의 찬스를 맞이하면 자기도 역사의 주역이 되고 싶다. 그래서 전체를 주도하는 일에 나서고 싶지만 그렇게 되면 혼선이 생겨 이상사회의 건설이 실패로 돌아간다. 그러므로 권력의 중심부에서 물러나 뒤에서 보좌하는 역할을 자임해야 한다. 교외에서 한마음이 된다는 것은 바로 권력의 핵심부에서 물러나서 노력한다는 말이다.

상구上九는 뒤에 물러서서 이상사회 건설의 걸림돌이 되고 있는 구삼九三을 달래는 역할을 하는 것이 좋다. 구삼九三을 달래서 모두와 한마음이 되도록 조용히 유도하는 것이 상구上九의 역할이다.

화천대유
火天大有

이 괘의 상괘는 리괘離卦이고 하괘는 건괘乾卦이다. 양陽으로만 구성된 집단에서 육오六五만이 음陰이다. 그리고 이 유일한 음陰은 오효이기 때문에 매우 강력하다. 음陰은 외형적으로는 연약하고 왜소하며 온순한 듯하지만 내적으로는 치밀하고 강단이 있으며 규율이 엄격하다. 특히 육오六五는 이익을 좋아하고 물질적 가치를 중시하기 때문에 다섯 양陽들의 보좌를 받아 재물을 불리고 영토를 크게 확장한다. 그래서 이 괘의 이름을 대유大有라 붙였다. 영토를 크게 확장한 엘리자베스 여왕이나 선덕여왕, 또는 경제발전을 크게 이루어낸 박정희 대통령이 이에 해당한다고 할 수 있다.

대 유 원 형 단 왈 대 유 유 득 존 위 대 중
大有라 元코 亨하니라 彖曰大有는 柔得尊位하고 大中
이 상 하 응 지 왈 대 유 기 덕 강 건 이 문 명
而上下應之할새 曰大有니 其德이 剛健而文明하고
응 호 천 이 시 행 시 이 원 형 상 왈 화 재 천
應乎天而時行이라 是以로 元코 亨하니라 象曰火在天
상 대 유 군 자 이 알 악 양 선 순 천 휴 명
上이 大有니 君子 以하여 遏惡揚善하여 順天休命하나
니라

국역 |

크게 소유하는 형국이다. 잘 시작하고 크게 번창한다. 단彖에서 말했다. "대유大有는 부드러운 것이 높은 자리를 얻어 한가운데에 위치하면서 위아래가 그에게 응하므로 대유라 한 것이다. 그 덕이 강건하고 문명하며 하늘에 응하여 때맞게 행한다. 이 때문에 일을 잘 시작하고 크게 번창한다." 상象에서 말했다. "불이 하늘 위에 있는 것이 대유이니 군자가 이 괘의 이치를 살펴 악을 막고 선을 드러내며 하늘에 따르고 명을 아름답게 한다."

강설 |

박정희 전 대통령은 치밀하고 엄격한 규율로 많은 보좌관들의 보좌에 힘입어 군사쿠데타를 성공으로 이끌었고 또 나라의 대통령까지 되었으므로 시작하는 봄의 역할과 크게 번창하는 여름의 역할을 잘 해내었다고 할 수 있다. 그러므로 괘사에서 봄의 역할과 여름의 역할로 설명했다. 그러나 일이 성공하여 세력을 얻고 나면 야욕을 부려 독재로 나아가기 쉽다. 그렇게 되면 유종의 미를 거두기 어렵다. 따라서 이 괘의 상황은 결실을 하는 가을의 역할과 마무리를 하는 겨울의 역할을 하기 어렵다. 그래서 리利와 정貞을 말하지 않았다.

음陰은 정신적인 감화를 하지 못한다. 그러므로 음陰 하나가 모든 양陽을 통제하기 위해서는 권위를 중시하고 무력을 강화한다. 그러나 그런 것은 양陽들의 생리에 맞지 않다. 그래서 그러한 것을 싫어하는 양陽은 모반을 꾀하기도 한다. 박정희 대통령 시절에 경제가 많이 발전했음에도 불구하고 반대 데모가 많이 일어났던 것이 이러한 이유 때문이다.

이 괘는 하층부에 강건한 건괘乾卦가 있고 상층부에 광명을 상징하는 리괘離卦가 있으므로 강건하면서 문명하다고 했다.

천天이란 괘 전체의 흐름을 말하는데 육오六五는 예리한 분별력과 판단력으로 하층부의 보좌를 받으며 전체의 흐름을 읽고 순리적으로 때에 맞게 움직일 수 있고 또 움직여야 한다. 그러므로 하늘에 응하여 때맞게 시행해야 한다고 했다. 만일 순리를 따르지 못하고 지나친 야욕을 가지면 독재를 하게 되어 낭패를 볼 수 있다. 따라서 군자는 이 괘의 이치를 보고 전체의 흐름에 따라 역할과 작용을 아름답게 완수할 수 있다고 했다.

초구 무교해 비구 간즉무구 상왈대유
初九는 无交①害는 匪咎라 艱②則无咎하리라 象曰大有
초구 무교해야
初九는 无交害也라

국역 |

초구初九는 해로운 자와 사귐이 없는 것은 허물이 아니다. 어렵게 여기면 허물이 없다. 상象에서 말했다. "대유大有의 초구初九는 해로운 자와 사귀지 않아야 한다."

난자풀이 |

1 交(교) : 사귄다. 관여한다.
2 艱(간) : 어려운 일에 처한 듯이 조심한다는 뜻.

강설 |

초구初九는 순수한 마음으로 육오六五를 따르지만 육오六五는 전체를 다 보살펴야 하기 때문에 초구初九에까지 자상하게 보살필 수는 없다. 이에 초구初九는 약간 섭섭할 수도 있다. 이때 육오六五에게 모반을 꾀하는 구삼九三이 어린 초구初九를 유혹할 수도 있다. 모반을 꾀하는 구삼九三은 자기의 욕심에 사로잡혀 전체를 보지 못하는 해로운 존재다. 그러므로 그와 사귀지 않아야 한다. 초구初九는 순수하고 어리기 때문에 유혹에 넘어가기 쉽다.

九二는 大車以載하여 有攸往이면 无咎하리라 象曰大車以載는 積中不敗也라

구이 대거이재 유유왕 무구 상왈대 거이재 적중불패야

국역 |

구이九二는 큰 수레로 짐을 싣고 적극적으로 나서는 바가 있으면 허물이 없을 것이다. 상象에서 말했다. "큰 수레로 짐을 싣는 것은 속에 쌓아도 무너지지 않기 때문이다."

강설 |

구이九二는 육오六五가 중심이 되어 중대한 일을 추진하는 데에 핵심적인 보좌관이다. 경제발전에 박차를 가하는 박정희 대통령시절의 경제장관이기도 하고, 이병철 회장이나 정주영 회장이기도 하다. 육오六五가 추진하는 많은 일을 감당하여야 하므로 '큰 수레에 짐을 실었다'고 했다.

구이九二는 육오六五의 지지를 받기 때문에 짐을 잔뜩 쌓아도 무너뜨릴 사람이 없다. 능력이 있는 대로 최대한 많은 일을 해야 할 때이다.

九三은 公用亨于天子니 小人이면 弗克하리라 象曰公用亨于天子는 小人이면 害也리라

구삼 공용향우천자 소인 불극 상왈공 용향우천자 소인 해야

[1]

국역 |

구삼九三은 공公이 천자가 베풀어주는 잔치를 받아먹는다. 소인은 감당하지 못한다. 상象에서 말했다. "공이 천자가 베풀어주는 잔치를 받아먹는 경우 소인이면 해로울 것이다."

난자풀이 |

[1] 亨(향) : 향享과 통용. 따라서 이때는 발음은 '형'이 아니라, '향'이다.

강설 |

구삼九三은 후배인 구이九二에게 주도권을 빼앗기고 육오六五의 지지도 받지 못해 반감을 갖기 쉽다. 후배인 구이九二가 발전의 주도권을 가지고 있고, 또 육오六五가 무력과 권위로 다스리기 때문에 이에 대한 불만은 극에 달한다. 이것을 예리한 육오六五가 간파하고 그들을 회유하기 위해 잔치를 열어주기도 한다. 이 경우 군자라면 반성하고 받아들이지만, 소인이라면 육오六五의 관심을 자기를 매수하는 것으로 생각하고 더욱 반발한다. 그러다가 결국 반역을 도모하는 등 위험한 일을 획책하게 된다.

구삼九三은 구이九二의 윗자리이기 때문에 공公이라는 호칭을 썼다.

구사 비기방 무구 상왈비기방무구 명
九四는 匪其彭이면 无咎하리라 象曰匪其彭无咎는 明
[1] [2] [3]
변석야
辨晳也라
[4]

국역 |

구사九四는 그 화려한 것이 아니면 허물이 없다. 상象에서 말했다. "그 화려한 것이 아니면 허물이 없는 것은 분별을 밝게 하기 때문이다."

난자풀이 |

[1] 匪(비) : 비非와 통용.
[2] 彭(방) : 성대하고 화려한 모양. 『자하전子夏傳』에는 방旁으로 되어 있다.
[3] 明(명) : 밝게 어떤 일을 한다.
[4] 晳(석) : 밝게 분석한다는 뜻.

강설 |

구사九四는 육오六五를 측근에서 보좌하는 우수한 보좌관이다. 그러나 구사九四의 보좌를 받는 육오六五는 음陰의 성격을 가져 권위나 격식을 잘 따진다. 그리고 왕권이 도전받는 것에 대해 매우 예민하다. 그러므로 권력의 측근에 있는 구사九四는 육오六五를 보좌하면서도 늘 육오六五에게 도전한다는 인상을 주지 않도록 노력해야 한다. 만일 자신을 따르는 사람들과 어울려 잔치를 하거나 화려한 의상을 입고 세력을 과시하거나 하면 육오六五에게 제재를 당할 것이다. 육오六五의 성격을

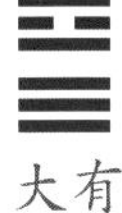

잘 헤아려 불필요한 오해를 받지 않도록 해야 한다.

양陽은 남의 눈을 개의치 않고 자기의 순수한 마음만 믿고 행동하다가 의심을 받고, 본의 아니게 피해를 받는 경우가 많다. 조심하지 않으면 안 된다.

육오 궐부교여 위여 길 상왈궐부교여
六五는 厥孚①交②如니 威如라야 吉하리라 象曰厥孚交如

신이발지야 위여지길 이이무비야
는 信以發志也오 威如之吉은 易③而无備也라

국역 |

육오六五는 그 한마음이 되는 상태가 교차하므로 위엄이 있어야 길하다. 상象에서 말했다. "그 한마음이 되는 상태가 교차한다는 것은 믿음을 유지하는 상태에서 뜻을 펴야 한다는 것이고, 위엄이 있어야 길하다는 것은 업신여김을 받으면 방비할 수 없기 때문이다."

난자풀이 |

① 孚(부) : 한마음을 유지하는 것. 믿음을 유지하는 것.
② 交(교) : 교차한다. 여기서는 신뢰와 불신이 교차한다는 말이다.
③ 易(이) : 업신여긴다. '바꾼다'는 뜻일 때는 음이 '역'이다.

강설 |

육오六五는 양陽들의 지지를 기반으로 하여 세력을 크게 확장하는 주인공이다. 그러나 외형적으로 연약해 보이기 때문에 사람들이 반신반의하게 된다. 그래서 남들과 한마음을 유지하는 것이 교차한다. 말하자면 한마음이 되었다 안 되었다 한다는 것이다. 이때 외형적으로 위엄이 없으면 불신이 심화되어 일이 진척되지 않는다. 또 위엄이 없으면 외형적인 연약함 때문에 사람들에게 업신여김을 받게 된다. 그렇게 되면 통솔할 수 없다. 그러므로 이 경우 중요한 것은 한마음의 상태를 유지하면서 권위를 지키는 것이다.

上九(상구)는 自天祐之(자천우지)니 吉无不利(길무불리)로다 象曰大有上吉(상왈대유상길)은 自天祐也(자천우야)라

국역 |

상구上九는 하늘에서부터 도움이 있으니 길하고 이롭지 않음이 없다. 상象에서 말했다. "대유의 상구上九가 길한 것은 하늘에서부터 도움이 있기 때문이다."

강설 |

상구上九는 부잣집의 할아버지이고 부자 회사의 회장이다. 그리고 육오六五에게 이념을 제공하는 정신적 지주이다. 육오六五는 철저하고 치밀한 능력으로 경제를 크게 발전시키지만 정신문화를 건설하기 어렵다. 이때 정신문화를 일으킬 수 있는 위치에 있는 존재가 상구上九

다. 그래서 육오六五는 상구上九를 존경하고 받든다. 그러므로 상구上九는 정신적 감화력을 유지하고 있기만 하면 아무 문제될 것이 없다. 구삼九三의 반발도 상구上九의 감화력으로 무마할 수 있을 것이다.

육오六五를 중심으로 모두가 일사불란하게 경제건설에 박차를 가할 때 상구上九의 존재와 역할은 중요한 의미를 갖는다. 정신적 지주가 없이 경제만 건설하면 나중에 문제가 되기 때문이다. 그래서 상구上九는 모두가 필요로 하는 존재다. 모두가 필요로 하는 존재는 하늘이 돕는다.

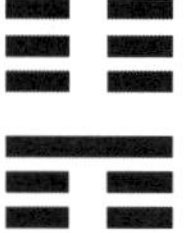

지산겸
地山謙

이 괘의 상괘는 곤괘坤卦이고 하괘는 간괘艮卦이다. 음陰으로만 구성된 집단에 구삼九三만이 유일한 양陽이다. 그래서 이 괘에서 주목해야 할 것은 바로 구삼九三이다. 구삼九三의 입장에서 보면 자기의 아랫사람이나 상층부의 사람들은 빈약하고 실력이 없다. 그래서 오만해지기 쉽다. 그러나 실제 구삼九三의 위치는 하층부의 중심에서 벗어나 있고, 또 상층부에 진입한 상태도 아니다. 만일 이런 위치에서 자기의 위치와 직분을 지키지 않고 오만하게 행동하면 상층부만이 아니라 하층부의 구성원들에게도 배척을 당하게 된다. 조선시대의 걸출한 능력의 소유자였던 남이 장군이 일찍 사형을 당한 경우가 이에 해당한다고 볼 수 있다. 이러한 상황에서 가장 필요한 것은 오직 겸손이다. 겸손만이 살아남을 수 있다. 그래서 이 괘의 이름을 겸謙이라 붙였다.

謙이라 亨하니라 君子라야 有終하니라 彖曰謙亨은 天道下濟而光明하고 地道卑而上行이라 天道는 虧盈[1]而益謙하고 地道는 變[2]盈而流[3]謙하고 鬼神은 害盈而福謙하고 人道는 惡盈而好謙하나니 謙은 尊而光하고 卑而不可踰니 君子之終也라 象曰地中有山이 謙이니 君子 以하여 裒[4]多益寡하여 稱[5]物平施하나니라

국역 |

겸손해야 하는 형국이다. 적극적으로 나서야 한다. 군자라야 마칠 수 있다. 단彖에서 말했다. “겸손하며 적극적으로 나서야 하는 것은 천도天道가 아래에서 일을 이루어 광명하고 지도地道가 낮으면서 위에서 행하기 때문이다. 천도는 오만한 자를 일그러뜨리고 겸손한 자를 도와주며, 지도는 오만한 자를 변모시키고 겸손한 자에게로 흘러가며, 귀신은 오만한 자에게 해를 주고 겸손한 자에게 복을 주며, 인도人道는 오만한 자를 싫어하고 겸손한 자를 좋아한다. 겸손한 자는 높아지면 빛이 나고 낮아지더라도 그를 넘어갈 수 없다. 군자라야 끝을 마칠 수 있는 것이다.” 상象에서 말했다. “땅 속에 산이 있는 것이 겸謙이다. 군자는 이 괘의 이치를 살펴 많은 것에서 취하여 적은 것에 더하며 사물에 맞추어 화평하게 베푼다.”

난자풀이 |

1 盈(영) : 가득 찬다는 뜻인데, 여기서는 오만한 사람이란 뜻으로 쓰였다.

2 變(변) : 변모시킨다는 뜻.

3 流(류) : 흘러간다는 뜻. 어떠한 곳으로 흘러간다는 것은 그곳으로 가서 도와준다는 의미이다.

4 裒(부) : 모으다. 취하다.

5 稱(칭) : 원래는 저울이라는 뜻인데 저울은 저울추와 저울에 다는 물건이 대칭이 되기 때문에 '대칭이 된다'는 뜻으로 쓰이고 또 대칭이 되는 두 무게가 꼭 같기 때문에 '꼭 맞는다', '꼭 같게 한다' 등의 뜻으로도 쓰인다.

강설 |

이 괘의 상황에서는 겸손만이 살길이다. 구삼九三은 뛰어난 실력을 갖고 있으면서 실권이 없기 때문에 겸손하지 않으면 실권자들에게 제거 당한다. 이때는 가만히 있어도 안 된다. 가만히 있는 것도 거만한 것으로 비쳐진다. 먼저 다가가 고개를 숙이는 적극적인 행동을 보여야 한다. 형亨은 적극적인 행동을 보이는 것이다.

군자가 아니면 자기의 실력만 믿고 큰소리를 치다가 결국 중도에 제거되고 만다. 군자만이 겸손할 수 있다.

겸괘謙卦에서의 핵심은 구삼九三이다. 구삼九三이 다른 존재에게 겸손해야 하지만 또 다른 존재는 역으로 구삼九三에게 겸손해야 한다. 구삼九三을 제거하고 말면 전체는 침체의 늪에 빠질 것이다.

천도가 아래에서 일을 이룬다는 말은 천도를 실천하는 유일한 양인 구삼九三이 겸손하게 하층부에 있으면서 중요한 역할을 수행해 광명을 이룬다는 말이다. 그리고 지도가 낮으면서 위에서 행한다는 것은 곤괘인 상층부가 위에서 결정권을 행사한다는 것이다. 천도가 우주전체의 흐름이라면 지도는 땅의 흐름이고, 인도는 사람들의 전체적인 움직임이며 귀신鬼神은 천도와 지도, 그리고 인도의 흐름을 관장하는 구체적인 기운을 말한다. 겸손한 사람은 천도와 지도, 그리고 인도와 귀신이 모두 도와주기 때문에 높이 추앙을 받아 빛나게 된다. 겸손하여 자신을 낮추지만 모두의 지지를 받고 있기 때문에 그를 업신여기거나 넘을 수 없다. 그러므로 군자는 끝까지 영광을 유지할 수 있다.

『주역』 겸괘의 이치를 파악한 군자는 겸허한 자세를 가지고 많은 것을 자랑하지 않고 적은 자를 도와줄 수 있다. 그리고 사심을 버리기 때문에 외부의 상황에 맞게 자유자재로 대처할 수 있다. 그래서 상象에서 '많은 것에서 취하여 적은 것에 더하며, 사물에 맞추어 화평하게 베푼다'고 했다.

初六은 謙謙이니 君子라야 用[1]涉大川하여 吉하리라 象曰謙謙君子는 卑以自牧也라

국역 |

초육初六은 겸손하고 겸손해야 한다. 군자라야 큰 강을 건너 길하다. 상象에서 말했다. "겸손하고 겸손한 군자는 낮춤으로써 자기를 기른다."

난자풀이 |

[1] 用(용) : 이以와 통용. 여기서는 '이러한 상황을 가지고' 또는 '이러한 상황에서' 등의 뜻으로 쓰였다. 번역할 때는 생략하는 것이 좋다.

강설 |

초육初六은 갓 입학한 신입생이고, 갓 입사한 신입사원이다. 그런데 능력 있는 졸업반 학생이 있고 능력 있는 중견 사원이 있다. 바로 구삼九三이다. 그런데 구삼九三은 지위가 없고 실권이 없다. 이를 실권을 가진 육이六二와 육사六四가 협공을 하면 이전투구가 벌어진다. 육이六二, 구삼九三, 육사六四는 이전투구가 일어나는 감괘가 된다. 초육初六이 소인이라면 이 이전투구에 휘말리고 만다. 육이六二와 육사六四가 구삼九三을 비방한다고 해서 자기도 덩달아 비방하면 안 된다. 겸손하고 또 겸손해야 이전투구에 휘말리지 않고 난관을 넘을 수 있다. 그래서 '겸손하고 겸손해야 한다'고 했다. 그리고 이전투구에 휘말리지 않고 넘어가는 것을 큰 내를 건너가는 것에 비유했다. 군자라야 겸손하여 이 내를 건널 수 있다.

六二(육이)는 鳴謙(명겸)이니[1] 貞(정)하면 吉(길)하리라 象曰鳴謙貞吉(상왈명겸정길)은 中心得也(중심득야)라

국역 |

육이六二는 겸손함을 말로 드러내며, 참고 견디면 길하다. 상象에서 말했다. "겸손함을 말로 드러내어 참고 있으면 길한 것은 중심에서 마음으로 터득했기 때문이다."

난자풀이 |

[1] 鳴(명) : '울린다'는 것은 말을 하여 밖으로 드러낸다는 말이다.

강설 |

육이六二는 하층부의 실권자이다. 그러나 하층부에는 구삼九三 외에 실력자가 없다. 그러나 구삼九三은 실력이 있음에도 실권을 갖고 있지 않다. 그러므로 실권자인 육이六二는 육사六四와 협력하여 구삼九三을 제거하기 쉽다. 그만큼 구삼九三의 실력이 아니꼽기 때문이다. 그러나 그렇게 하면 안 된다. 그렇게 하면 전체가 무너진다. 그러므로 아니꼬워도 참아야 한다. 오히려 구삼九三의 실력을 겸허하게 받아들여야 한다. 그리고 초육初六에게도 구삼九三에게 겸손하도록 이끌어야 한다. 그렇게 하면 모두가 잘 되어 크게 발전한다. 그래서 '겸손함을 말로 드러내며 참고 견디면 길하다'고 했다.

九三(구삼)은 勞謙(노겸)[1]이니 君子(군자)라야 有終(유종)하여 吉(길)하리라 象曰勞(상왈노)謙君子(겸군자)는 萬民服也(만민복야)라

국역 |

구삼九三은 겸손함을 애써 실천해야 한다. 군자라야 마침이 있어서 길할 것이다. 상象에서 말했다. "겸손함을 애써 실천하여 군자에게는 만민이 감복한다."

난자풀이 |

[1] 勞(로) : '애쓴다'는 뜻.

강설 |

구삼九三은 대단한 실력을 가졌으면서 실권이 없어 불만이 많다. 그러나 이러한 불만을 드러내어 후배를 괴롭히고 선배에게 대항하면 결국 모두에게 배격을 당하게 된다. 군자라야 겸손하게 대처하여 위험에서 벗어날 수 있다. 구삼九三은 가만있기만 해도 거만하다는 평을 듣는다. 스스로 다른 사람들에게 다가가서 머리를 숙여야 한다. 그래서 '겸손함을 애써 실천해야 한다'고 했다.

맹지반은 용감했다. 그래서 그는 전쟁에서 퇴각할 때 가장 나중에 퇴각했다. 그러나 그것은 먼저 퇴각한 사람들을 비겁자로 만드는 행위가 된다. 그 때문에 먼저 퇴각한 사람들에게 미움을 받는다. 그래서 맹지반은 성문을 들어올 때 말에 채찍을 치면서 "내가 늦게 오려고 한 것이 아닌데 이 말이 느리구나"라고 했다. 이것이 노겸勞謙의 한 방법이다. 『논어』「옹야편」에 나오는 이야기다.

六四(육사)는 无不利撝[1]謙(무불리휘겸)이니라 象曰无不利撝謙(상왈무불리휘겸)은 不違則也(불위칙야)라

국역 |

육사六四는 겸손하도록 지휘하면 이롭지 않음이 없다. 상象에서 말했다. "겸손하도록 지휘하면 이롭지 않음이 없는 것은 원칙을 어기지 않는 것이기 때문이다."

난자풀이 |

1 撝(휘) : 찢다. 자기를 낮추다. 휘두르다. 지휘하다.

강설 |

육사六四는 하층부를 지휘하고 윗사람을 보좌하는 자리다. 겸괘의 육사六四는 초육初六과 육이六二에게는 구삼九三에게 겸손하도록 설득해야 하고, 구삼九三에게는 스스로 겸손하도록 설득해야 하며, 자신도 구삼九三에게 겸손해야 한다. 그리고 육오六五와 상육上六에게도 구삼九三의 하는 일을 겸허하게 받아들이도록 설득해야 한다. 그래서 '겸손하도록 지휘하면 이롭지 않음이 없다'고 했다. 겸괘 육사六四의 역할은 매우 중요하다.

어떤 공모전에서 육사六四가 심사를 하게 될 경우 심사위원으로 참여하는 육사六四는 구삼九三의 작품이 단연 우수하다는 것을 안다. 그러나 아무 실권이 없으면서 거만한 구삼九三이 싫어서 그의 작품을 배제하기 쉽다. 그러나 그렇게 하는 것은 원칙이 아니다. 겸손한 마음으로 원칙에 따라 구삼九三의 작품을 뽑아야 하고, 다른 심사위원들에게도 설득을 해야 한다. 그것이 전체를 위하는 바른 방법이다.

육오 불부이기린 이용침벌 무불리
六五는 不富以其隣이니 利用侵伐이라도 无不利하리
①
상왈이용침벌 정불복야
라 象曰利用侵伐은 征不服也라

국역 |

육오六五는 이웃끼리 부자가 되지 않아야 한다. 쳐들어가 처벌하는 것도 이롭다. 그러면 이롭지 않음이 없다. 상象에서 말했다. "쳐들어가 처벌하는 것을 이롭게 여겨도 되는 것은 복종하지 않는 자를 정벌하는 것이기 때문이다."

난자풀이 |

① 用(용) : 이以와 통용된다.

강설 |

육오六五는 전체의 실권자다. 그러나 지금 육오六五는 자기보다 돋보이는 구삼九三의 능력이 싫다. 그래서 그를 제쳐 두고 육사六四, 상육上六과 의논하여 윗사람들끼리만 해먹기 쉽다. 여러 공모전에서 실력자가 배제되는 경우가 있다면 이러한 이유에서이다. 그러나 이는 잘못이다. 구삼九三의 실력이 인정되지 않으면 전체가 침체하고 만다. 그래서 '이웃끼리 부자가 되지 않아야 한다'고 했다. 이웃은 육사六四와 상육上六이다.

만약 육사六四나 상육上六 또는 육이六二가 구삼九三을 제거하려 하면, 그들을 응징해야 한다. 그래서 '쳐들어가 처벌하는 것도 이롭다'고 했다.

上六(상육)은 鳴謙(명겸)이라 利用行師(이용행사)니 征邑國(정읍국)[1]이라 象曰鳴謙(상왈명겸)은 志未得也(지미득야)오 可用行師(가용행사)는 征邑國也(정읍국야)라

국역 |

상육上六은 겸손함을 말로 드러내어야 한다. 군대를 동원하는 것이 이롭다. 읍국을 정벌해야 한다. 상象에서 말했다. "겸손함을 말로 드러내야 하는 것은 뜻이 아직 얻어지지 못했기 때문이다. 군대를 움직일 수 있다는 것은 읍국을 정벌하는 것이기 때문이다."

난자풀이 |

[1] 邑國(읍국) : 자기의 통치 영역에 있는 지역을 말한다.

강설 |

상육上六은 구삼九三과 상응하여 짝이 된다. 강력한 구삼九三의 반발로 인하여 물의가 일어날 경우, 이 구삼九三을 설득하고 달랠 사람은 오직 상육上六뿐이다. 군주인 육오六五가 구삼九三을 호통치는 역할을 한다면 상육上六은 달래는 역할을 해야 한다. 달래는 경우는 자기만 겸손할 것이 아니라, 다른 사람들도 겸손하도록 유도해야 한다. 그래서 '겸손함을 말로 드러내어야 한다'고 했다.

그러나 설득이 이루어지지 않을 경우에는 무력 응징이 불가피하다. 읍국은 자기의 통치영역을 말하므로 여기서는 상육上六과 짝이 되는

구삼九三을 가리킨다. 전체의 질서를 바로잡기 위해서는 무력이라도 동원하여 구삼九三을 바로잡을 수밖에 없다. 상육上六이 먼저 구삼九三을 응징하여 바로잡으면 구삼九三이 육사六四, 육오六五 등에게 당하는 것을 미연에 방지할 수 있다.

뇌지예
雷地豫

이 괘의 상괘는 진괘震卦이고 하괘는 곤괘坤卦이다. 음陰으로만 구성된 집단에 구사九四만이 유일한 양陽이다. 그러므로 이 괘를 이해하는 초점은 유일한 양陽인 구사九四에 있다.

구사九四는 이제 상층부에 진입하여 권력의 핵심에 오르기 직전에 있다. 그러나 현재의 상황은 순조롭지 않다. 하층부가 모두 빈약한 음陰들이며, 정책의 결정권자도 역시 음陰이다. 그리하여 전체적으로 매우 침체되어 있다. 이런 상황에서 모든 구성원들은 오로지 양陽인 구사九四가 권력의 핵심에 진입하기만을 기쁜 마음으로 기다리고 있다. 구사九四가 핵심의 자리에 오르면 새시대가 도래하여 모든 문제가 해결되고 침체에서 벗어날 수 있으리라 기대하기 때문이다. 비유하자면 국가 전체가 침체해 있는 상황에서 건실하고 실력 있는 자가 차기 대통령으로 물망에 올라 있어, 모두 그가 대통령에 취임하는 날만을 기다리고 있는 상황과 같다. 그래서 이 괘의 이름을 '기다린다', '기뻐한다' 등의 의미를 갖는 예豫라 붙였다.

예 이건후행사 단왈예 강응이지행 순
豫라 利建侯行師[1]하니라 象曰豫는 剛應而志行하고 順

이동 예 예 순이동 고 천지 여지이황
以動[2]하니 豫라 豫는 順以動하니 故로 天地도 如之而況

건후행사호 천지이순동고 일월불과이사시
建侯行師乎아 天地以順動故로 日月不過而四時[3]

불특 성인 이순동즉형벌청이민복 예
不忒[4]하고 聖人이 以順動則刑罰清而民服하나니 豫

지시의대의재 상왈뇌출지분 예 선왕 이
之時義[5]大矣哉라 象曰雷出地奮[6]이 豫니 先王이 以하

작악숭덕 은천지상제 이배조고
여 作樂崇德하여 殷[7]薦[8]之上帝하여 以配[9]祖考[10]하니라

국역 |

기쁜 마음으로 기다려야 하는 형국이다. 제후를 세우고 군사행진을 하는 것이 이롭다. 단象에서 말했다. "예豫는 굳센 것이 응하여 뜻이 행해지고 순조롭게 따르면서 움직이는 것이니, 기쁘게 기다리는 상황이다. 예豫는 순조롭게 따르면서 움직이는 것이다. 그러므로 천지도 이와 같이 하니 하물며 제후를 세우고 군사를 행하는 데 있어서랴! 천지가 순조롭게 따르면서 움직이기 때문에 해와 달이 지나침이 없고 사시四時가 어긋남이 없다. 성인이 순조롭게 따르면서 움직이면 형벌이 맑아지고 백성이 복종한다. 예豫의 상황에서 때맞게 실천해야 하는 도리가 크도다." 상에서 말했다. "번개가 땅에서 나와서 떨치니 선왕이 이 괘의 이치를 살펴 음악을 만들고 덕을 높여 풍성하게 상제에게 받치고 조상을 배향한다."

난자풀이

1 行師(행사) : 군대를 동원하여 열병식 등을 하는 것.

2 以(이) : 이以의 목적어는 순順이다. 바른 순서는 이순동以順動으로 '순順을 가지고 움직인다'이다. 이以의 목적어가 이以의 앞에 나가는 경우는 많이 있다.

3 過(과) : 지나쳐서 잘못되는 것.

4 忒(특) : 어긋나는 것.

5 義(의) : 알맞게 대처하는 행동원리. 도리. 의리.

6 奮(분) : 떨쳐 일어나는 것.

7 殷(은) : 풍성하다.

8 薦(천) : '음식물 등을 바친다'는 뜻.

9 配(배) : 어떤 대상에게 제사지낼 때 그 대상과 함께 다른 대상을 제사지내는 것을 말한다. 이를 보통 '배향한다'고 한다.

10 祖考(조고) : 조祖는 할아버지를 비롯한 그 이상의 선조를 일컫는 말이고, 고考는 돌아가신 아버지를 일컫는 말이다.

강설

오랫동안 침체된 국면을 해소하는 방법은 능력자를 발굴하여 기르는 것이다. 예괘豫卦에서의 능력자는 구사九四이다. 그러므로 구사九四를 발굴하여 기르면 다음 세대에 가서 모든 사태는 해결될 수 있다. 이를 역에서는 제후를 세우는 것으로 표현했다.

그리고 침체된 분위기를 고양시킬 수 있는 또 하나의 방법은 열병식을 하여 그 씩씩한 기상을 대외적으로 드러내는 것이다. 그래서 행사行師를 하는 것이 이롭다고 했다. 행사란 군대행렬이니 오늘날의 열병식으로 이해할 수 있다.

예豫는 구사九四의 강한 양이 모든 음들의 기대에 부응하여 전체의 뜻이 순조롭게 진행되는 상황이다. 전체가 순조롭게 따르는 가운데 새로운 시대를 위한 조용한 움직임을 시작해야 하므로 순이동順以動

이라 했다. 순順은 아래에 있는 곤괘의 성격을 설명한 것이고 동動은 위에 있는 진괘의 성질을 설명한 것이다. 모두가 한마음이 되어 순조롭게 따르는 것은 새시대의 도래到來를 기쁜 마음으로 기다리기 때문이다.

천지의 운행도 이와 같다. 봄이 그 역할을 다하면 천지天地는 한마음이 되어 여름을 향해서 나아간다. 그리고 만물은 여름이 오기를 기쁘게 기다린다. 그리하여 해와 달의 운행도 한치의 어긋남이 없이 순조롭게 운행되어 여름을 향해 나아가고 사시의 운행도 어그러짐이 없이 차례차례 나아간다. 어떤 시인은 한 송이 국화꽃을 피우기 위해 봄부터 소쩍새가 울었고 여름에 천둥이 먹구름 속에서 울었다고 했다. 국화가 꽃을 피우는 것은 가을이다. 이 시는 소쩍새가 우는 봄은 여름을 향해 나아가고 천둥이 치는 여름은 가을을 향해 나아가는 것을 노래했다고 볼 수 있다. 그리고 국화의 개화는 가을의 모습을 상징적으로 표현한 것으로 볼 수 있다. 봄과 여름의 필연적 운행이 없었더라면 결코 가을은 올 수 없다. 마찬가지로 제후를 세우고 군대행렬을 하는 것도 새시대의 도래를 위한 순조로운 준비과정이다. 이는 다음의 계절을 향해 순조롭게 나아가는 천지자연의 작용과도 일치한다.

성인聖人이 이 이치에 따라 백성과 한 마음이 되어 새로운 시대를 준비한다면, 대자연이 순조롭게 운행하듯 모두 한마음이 되어 따르기 때문에 서로 갈등하고 어긋날 일이 없다. 따라서 형벌에 처하는 일이 없어지고 백성들이 모두 감복할 것이라고 했다.

가을에 낙엽이 지고, 겨울에 만물이 칩거하는 것은 봄을 맞이하기 위한 순리적 과정이다. 인간이 이 이치를 안다면 어려운 상황에 처한다 해도 그것이 새로운 봄을 맞이하기 위한 순리적 과정임을 깨달아 기쁜 마음으로 앞날을 준비할 수 있을 것이다. 역을 읽는 군자라면 세상의 타락을 보고 말세라 한탄하기보다는, 성인의 출현을 위한 순리적인 과정으로 여기고 기쁘게 준비할 수 있을 것이다. 그러므로 예괘의 상황에 처한 사람이 상황에 맞게 행동하는 것은 위대하다고 할 수 있다. 그래서 '예豫의 상황에서 때맞게 실천하는 도리가 위대하다'고 했다.

고대의 선왕들은 예괘의 상황에 처하면 새로운 시대를 맞이하기 위해 준비를 했다. 새로운 기풍을 세우는데 가장 중요한 것은 새로운 시대에 맞는 윤리적 덕목을 제정하고 확립하는 일이고, 또 새로운 음악을 만들어 보급하는 것이다. 그래서 음악을 만들고 도덕을 받든다고 했다. 이 음악과 윤리를 백성들에게 반포하여 백성들의 호응을 얻어야만 새로운 시대를 맞이할 수 있다.

백성들을 하나로 통합하는 방법 중의 하나는 하늘에 제사지내고 조상에 제사지내는 것이다. 제사란 사람들 사이의 일체감을 조성하는데 주요한 목적이 있다. 새로 만든 음악과 윤리를 하늘에 고하고 조상에게 고하는 것은 널리 백성들에게 반포하는 효과를 기대하는 것이기도 하다.

初六은 鳴豫[1]면 凶하리라 象曰初六鳴豫는 志窮이니 凶也라

국역 |

초육初六은 기쁜 일이 도래하는 것을 떠들고 다니면 흉하다. 상象에서 말했다. "초육初六이 기쁜 일이 도래하는 것을 떠들고 다니는 것은 뜻이 궁해지는 것이니 흉하다."

난자풀이 |

[1] 鳴(명) : 새가 우는 것처럼 소리를 내어 떠드는 것을 말한다.

강설 |

초육初六은 어리고 성급하다. 그래서 구사九四가 주역이 될 새 시대의 기쁨을 참지 못하고 떠들고 다니기 쉽다. 그러면 현재의 실권자인 육오六五의 기분을 상하게 한다. 육오六五가 기분이 상하면 구사九四를 제거해 버릴 것이다. 그렇게 되면 새 시대를 맞이하는 일은 수포로 돌아갈 것이다. 그러므로 초육初六은 조용히 기다려야 한다. 집안에 좋은 일이 있게 될 때 어린이가 떠들고 다니면 곤란한 경우가 많다.

어려움을 겪다가 중요한 직책을 맡아 발령을 기다리는 경우엔 마음이 설레더라도 조용히 기다려야 한다. 만일 기쁨을 주체하지 못해 떠들고 다니면 반대자들의 방해공작을 받을 수도 있고, 또 발령 전에 소문낸 경솔한 행위로 발령권자를 실망시킬 수도 있다. 그리하여 급기야 발령이 취소될 수도 있다. 이 경우를 가리켜 뜻이 곤궁해진다고 했다. 초육初六은 각별히 조심할 일이다.

六二는 介于石[1]이나 不終日貞이면 吉하리라 象曰不終日貞吉은 以中正也라
(육이 개우석 부종일정 길 상왈부종 일정길 이중정야)

국역 |

육이六二는 돌에 끼어 있다. 종일토록 참고 있지만 않으면 길할 것이다. 상象에서 말했다. "종일토록 참고 있지만 않으면 길한 것은 가운데에서 바른 자리에 있기 때문이다."

난자풀이 |

1 介(개) : 끼인다.

강설 |

육이六二는 하층부의 중심으로 상층부의 관심이 집중되는 위치이다. 이 괘에서 보면 현재의 실권자는 육오六五이지만 곧 구사九四의 시대가 도래한다. 그러므로 육오六五와 구사九四에게 동시에 관심을 받고 있는 육이六二는 육오六五의 명령을 우선 들으면서도 구사九四의 존재를 살피지 않을 수 없다. 그래서 운신이 자유롭지 못하다. 이를 가리켜 '돌에 끼어 있다'고 했다.

육이六二는 새 시대를 맞이해야 하는 주인공이다. 육오六五와 구사九四의 틈에 끼여 종일토록 가만히 있으면 안 된다. 기회를 보아 구사九四가 성장할 수 있는 길을 제공해야 한다. 그러나 이런 일을 공개적으로 하면 육오六五에게 배척을 당하기 때문에 조짐을 보고 은밀하게 추진해야 한다. 육오六五가 궁예라면 구사九四는 왕건이다. 육오六五와 구사九四의 틈에 끼어 조용히 있던 신하 최응은 결정적인 순간에 구사九四를 위해 결정적인 기회를 제공한다. 최응이 처한 상황이 바로 예괘 육이六二로 볼 수 있다.

六三은 盱[1]豫면 悔며 遲라도 有悔하리라 象曰盱豫有悔는 位不當也라

국역 |

육삼六三은 눈을 크게 뜨고 기뻐하면 후회할 것이며, 늦더라도 후회함이 있을 것이다. 상象에서 말했다. "눈을 크게 뜨고 기뻐하면 후회함이 있는 것은 위치가 정당하지 않기 때문이다."

난자풀이 |

[1] 盱(우) : 위로 올려다본다. 눈을 부릅뜬다.

강설 |

육삼六三은 늘 불만이 많고 유감이 많다. 고통스런 현실에서 새 시대의 도래를 참고 기다려야 하는 상황에서 육삼六三은 참기 어렵다. 육삼六三이 육오六五가 이끄는 현실에 불만이 많은 경우에는 새 시대가 빨리 도래하도록 눈을 크게 뜨고 기뻐하며 떠들고 다닐 수 있다. 그러나 그렇게 하면 육오六五를 자극하여 실패한다.

역으로 또 육삼六三이 구사九四가 주목받는 것에 대해 불만이 많은 경우에는 구사九四를 중심으로 전개될 새로운 시대를 환영하지 못한다. 그래서 그는 새 시대를 맞이하는 행렬에서 가장 늦게 따라간다. 그것도 또한 잘못이다. 새 시대를 맞이해야 할 상황에서는 다함께 새 시대를 맞이해야 한다. 그렇게 하는 것은 천명을 따르는 것이다. 천명을

따른다는 것은 전체의 흐름에 맞게 행동하는 것이다. 전체의 흐름보다 더 빨리 나가서도 안되고 더 느리게 가서도 안 된다. 완전히 일체가 되어 함께 가는 것이 천명을 따르는 것이다. 『주역』은 천명을 따르는 길을 제시해주는 책이다.

九四는 由豫라 大有得이니 勿疑면 朋이 盍[1]簪[2]하리라 象曰由豫大有得은 志大行也라

(구사 유예 대유득 물의 붕 합잠 상왈 유예대유득 지대행야)

국역 |

구사九四는 기쁨이 (자기로) 말미암는다. 크게 얻음이 있을 것이니, 의심하지 않으면 벗이 뜻을 합하여 몰려들 것이다. 상象에서 말했다. "기쁨이 말미암는 것이니 크게 얻음이 있는 것은 뜻이 크게 행해지기 때문이다."

난자풀이 |

[1] 盍(합) : '합한다'는 뜻.

[2] 簪(잠) : 비녀. 비녀는 모든 머리를 한 곳으로 모아서 고정시키는 것이므로 여기서는 '모은다', '모인다' 등의 뜻으로 쓰였다.

강설 |

구사九四는 전체의 희망이다. 구사九四가 실권을 잡는 날을 모두가

기대하기 때문이다. 따라서 예괘의 기쁨은 구사九四로 말미암아서 성립된다. 그래서 '기쁨이 (자기로) 말미암는다'고 했다.

구사九四가 실권자가 되기를 모두가 손꼽아 기다린다. 그러므로 오래지 않아 구사九四가 전체의 대표가 되어 큰 역할을 할 때가 온다. 그래서 '크게 얻음이 있을 것이다'라고 했다.

이 효의 위치에 있는 사람은 새 시대의 도래를 의심하지 말고 대비해야 한다. 그것은 하늘의 뜻이다. 그리고 때가 되면 중책을 받아들여야 한다. 받아서 안 되는 것을 받으면 작은 것이라도 의롭지 못하지만, 받아야 하는 것을 받는 것은 아무리 큰 것이라도 의롭다. 순이 요에게 천하를 받은 것도 이러한 이치이다. 구사九四가 실권을 잡도록 하기 위해 많은 벗들이 노력하고 있기 때문에, 초조해하지 말고 느긋하게 기다리면 모든 사람들이 뜻을 합쳐 모여올 것이다. 그래서 '벗이 뜻을 합하여 몰려들 것이다'라고 했다. 그러나 이 효의 상황에 처한 사람은 벌써 자기 세상이 온 것처럼 생각하여 성급해지기 쉽고, 또 그러다가 자기 세상이 오지 않을까 의심하기도 한다. 또 때가 오기 전에 육오六五를 제거하도록 유혹하는 주위의 사람들도 있다. 그러나 이 경우 만약 때를 기다리지 않고 육오六五에게 저항하면 큰일이 난다. 특히 주의를 해야 할 것이다.

六五는 貞하면 疾하나 恒不死로다 象曰六五貞疾은 乘剛也오 恒不死는 中未亡也라

豫

국역 |

육오六五는 참고 견디면 불편하더라도 항구하게 존속하여 죽지 않을 것이다. 상象에서 말했다. "육오六五가 참고 견디면 불편한 것은 굳센 것을 타고 있기 때문이고, 항구하게 존속하여 죽지 않는 것은 중심의 자리를 아직 잃지 않았기 때문이다."

강설 |

육오六五는 군주의 자리를 지키고 있으나 민심은 이미 구사九四에게 옮겨갔다. 때문에 심기가 불편하다. 그러나 만일 이를 참지 못하고 백성들을 원망하거나 구사九四를 해치면 완전히 민심을 잃고 낭패를 당한다. 당면한 상황이 바로 하늘의 뜻이고 자연의 이치라는 사실을 깨달아 힘들더라도 겸허한 마음으로 수용하고 참아야 한다. 참고 견디면 마음이 불편할 것이다. 그러나 참고 견디며 구사九四가 순조롭게 군주의 자리에 오를 수 있도록 도와주면 나중에 구사九四가 실권을 잡은 뒤에 자기를 받들 것이다. 그래서 '참고 견디면 불편하더라도 항구하게 존속하여 죽지 않을 것이다'라고 했다.

그러나 과오가 많은 사람은 보복이 두려워 구사九四와 같은 훌륭한 실력자를 후계자로 삼기 어렵다. 그래서 자기의 수하를 후계자로 선택하는 경우가 많다. 그런 경우는 전체가 망할 것이다. 자신의 과오를 만회할 수 있는 최선의 방법은 최고의 적임자를 후계자로 삼는 것이다. 그것이 바로 천명을 따르는 것이지만 역사적으로 이를 실천한 사람은 거의 없다.

상육 명예 성 유투 무구 상왈명예
上六은 冥豫니 成하여 有渝면 无咎하리라 象曰冥豫는
[1] [2]
재상 하가장야
在上이니 何可長也리오

국역 |

상육上六은 기쁨의 시대를 무감각하게 맞이한다. 이루어진 뒤에 태도를 바꾸면 허물이 없을 것이다. 상象에서 말했다. "기쁨의 시대를 무감각하게 맞이하는 것은 윗자리에 있기 때문이다. 어찌 오랫동안 그래야 되겠는가."

난자풀이 |

[1] 冥(명) : '어둡다'는 뜻. 여기서는 기쁨의 시대가 도래하는 것에 대해서 어둡게 반응하는 것이므로 '무감각하게 맞이한다'고 번역했다.
[2] 渝(투) : 달라지다. 태도를 바꾸다.

강설 |

상육上六은 노쇠하여 은퇴하는 단계에 있는 사람이다. 새 시대가 도래하는 것도 그에게는 달갑지 않다. 그래서 '기쁨의 시대를 무감각하게 맞이한다'고 했다.

그러나 상육上六이 새 시대의 도래를 달가워하지 않는 것은 천명을 따르는 것이 아니다. 자신의 여생이 얼마 되지 않는다 하여 새로운 시대에 대비하지 않는 것은 자기 스스로의 삶을 육체적·물질적 삶의 수준으로 떨어뜨리는 것이다. 전체의 입장에서 영원의 모습으로 살아가는 것이 군자의 모습이다. 그래서 '이루어진 뒤에 태도를 바꾸면 허물이 없을 것이다'라고 했다. 『주역』은 개인적 차원에서의 삶에서 전체적 입장에서의 삶으로 삶의 내용을 바꾸도록 인도하는 것을 목적으로 한다.

기쁨을 무감각하게 맞이하는 것은 제일 윗자리에 있기 때문이다. 그러나 계속 그러한 태도를 취하는 것은 진리의 삶이 아니다. 진리의 삶은 전체의 입장에서 영원의 모습으로 사는 것이다. 몸은 비록 내일 죽는다 하더라도 오늘 한 그루의 나무를 심는 것이 진리의 삶이다.

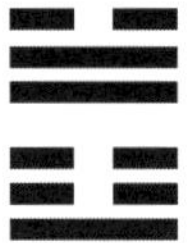

택뢰수
澤雷隨

이 괘의 상괘는 태괘兌卦이고 하괘는 진괘震卦이다. 상층부는 은퇴해야 할 입장에 있는 상육上六이 물러나지 않으려 버티고 있기 때문에 결정권자인 구오九五와 구사九四가 매우 힘들어한다. 그리고 하층부는 이전의 침체된 분위기를 쇄신하기 위해 계속 지각변동을 일으키고 있다. 그래서 전체적으로 혼란기가 전개된다. 역사적으로 대 혼란기였던 춘추전국시대나 위진남북조시대가 이에 해당된다고 볼 수 있다. 이런 의미에서는 괘명을 '어지럽다'는 의미의 란亂으로 붙일 수도 있을 것이다. 그러나 『주역』은 상황을 보고 괘명을 붙이기도 하지만, 당면한 상황에서의 대처방안을 제시하여 괘명을 붙이기도 한다. 이 괘의 이름을 수隨라고 붙인 것은 후자의 경우이다. 혼란기나 격동기에는 상식적인 예禮나 원칙만으로는 상황에 대처할 수 없다. 매 시기의 상황을 정확히 판단하여 임기응변할 수 있어야 한다. 따라서 이 괘의 괘명을 '수시변통隨時變通'해야 함을 상징하는 의미에서 수隨라고 붙였다.

수괘隨卦의 상황과 비슷한 괘는 준괘屯卦이다. 둘 다 지각변동이 일어나는 괘이지만 준괘는 상층부가 힘이 없기 때문에 일단 멈추어야 하는 형국이고, 수괘는 상층부가 침체하기 때문에 우선 움직여야 하는 형국이다.

隨라 元코 亨코 利코 貞하면 无咎하리라 彖曰隨는 剛來而下柔하고 動而說이니 隨라 大亨코 貞하면 无咎하여 而天下隨時하나니 隨時之義大矣哉라 象曰澤中有雷 隨니 君子 以하여 嚮晦入宴息하나니라

①②③④

국역 |

수시변통해야 하는 형국이다. 시작해야 할 때 시작하고 확장해야 할 때 확장하고 거두어야 할 때 거두고 마무리해야 할 때 마무리해야 허물이 없다. 단彖에서 말했다. "수隨는 굳센 것이 와서 부드러운 것 아래에 있고 움직여서 기쁜 것이니, 수시변통隨時變通해야 하는 상황이다. 크게 나서기도 하고 참고 견디기도 하면 허물이 없으니 온 천하가 수시변통하게 된다. 수시변통하는 도리는 위대하다." 상象에서 말했다. "못 속에 번개가 있는 것이 수隨니 군자는 이 괘의 이치를 살펴 어두워지면 들어가 편안히 쉰다."

난자풀이

1 嚮(향) : 향向과 통용. '향한다'는 뜻.
2 晦(회) : 어두움. 그믐.
3 入(입) : '집에 들어간다'는 뜻.
4 宴(연) : 안安과 같은 뜻. 편안하다.

강설

안정된 국가나 사회에서는 상식적으로 통용되는 원칙이나 예법으로도 무리 없이 활동할 수 있다. 그러나 불안정하고 격동하는 국가나 사회에서는 시시각각 가치관과 예법이 달라져 일정한 행동의 원리를 유지할 수 없다. 이런 상황에서는 그때그때의 상황에 대처할 수 있는 변통능력을 갖지 않으면 안 된다. 그렇지 못하면 그 사회에 적응하지 못하고 낙오하고 만다. 비유컨대 잘 뻗어있는 고속도로를 달리는 자동차는 가만히 앉아서 편안히 운전할 수 있다. 그러나 굴곡이 심한 길을 달릴 때는 편안히 앉아만 있을 수 없다. 이때의 운전자는 심한 굴곡에 대처할 수 있는 능력을 갖춰야 한다. 마찬가지로 변화가 극심한 사회에서는 변화에 대응하는 변통능력이 있어야 한다.

변통을 할 때 주의해야 할 것은 잔꾀를 부려서는 안 된다는 것이다. 마음을 비우고 겸허하게 대처할 때 유연한 대처방안이 찾아진다. 변통할 수 있는 능력은 기본에 충실한 사람에게서 배양된다. 평소의 실력이 쌓여 기본이 튼튼한 사람은 복잡한 시기가 도래했을 때 헤쳐나갈 수 있는 유연성이 있다. 기본이 없는 사람은, 바람이 불 때 이리저리 떠돌다가 결국 엉뚱한 데로 흘러가 버리고 마는 부평초같은 인생이 되고 만다.

춘추전국시대 때 수많은 사상가가 등장을 했지만 결국 공자만이 성공적으로 살아남았다. 공자 사상의 핵심은 시중時中이다. 시중은 상황에 맞게 대처하는 삶의 방식이다. 갈 때 가고 멈출 때 멈추며 늙을 때 늙고 죽을 때 죽는 삶의 방식이 그것이다. 이러한 삶은 마음 깊이 존재하는 천명에 뿌리박은 삶일 때 가능하다. 수괘의 가르침이 바로 이 시중의 의미를 깨우치는 것이다. 사심이 있는 사람은 여하한 상황에서도 자신의 욕구를 성취하는 쪽으로 행동하기 때문에 주어진 상황에 알맞게 대응할 수가 없다.

굳센 것이 와서 부드러운 것 아래에 있다고 한 것은 하괘의 초구初九가 육이六二와 육삼六三의 아래에 있는 것을 말한다.

움직이면서 기뻐한다는 것은 하괘인 진괘가 움직임을 뜻하는 괘이고 상괘인 태괘가 기쁨을 뜻하는 괘임을 말하는 것이다.

크게 나서야 할 때 나서고 가만히 참고 있어야 할 때 참고 있으면 전체의 흐름에 자유자재하게 대처할 수 있다. 그러면 온 천하의 사람들도 수시변통을 할 수 있게 된다. 그리하여 종국에는 사회의 혼란이 극복되고 안정을 맞이하게 된다. 그래서 '수시隨時의 뜻이 크다'고 했다.

못은 빠져 나오기 힘든 늪이므로 사회적으로 보면 혼란의 늪이다. 이 늪에 번개가 친다는 것은 아래의 진괘가 번개에 해당되고 위의 태괘가 못에 해당하는 것을 말한 것이지만, 의미 역시 상층부도 어지럽고 하층부도 어지럽기 때문에 극도로 혼란해진 상황을 의미한다. 이러한 상황에서는 각별히 사심을 버리고 주어진 상황에 자유자재로 대처할 수 있어야 한다. 마치 해가 뜨면 나가서 일하고 해가 지면 들어가 쉬는 것과 같아야 한다. 그러므로 군자는 이 이치를 알아서 어두워지면 들어가 편히 쉰다고 했다.

初九(초구)는 官有渝(관유투)나 貞(정)[1]하면 吉(길)코 出門交(출문교)면 有功(유공)하리라 象曰(상왈)

官有渝(관유투)에 從正(종정)이면 吉也(길야)오 出門交有功(출문교유공)은 不失也(불실야)라

국역

초구初九는 관직이 바뀌는 경우가 있으나 참고 있어야 길하다. 문을 나서서 사귀면 공이 있을 것이다. 상象에서 말했다. "관직이 바뀌는 경우가 있을 때 바른 것을 따르면 길하다. 문을 나서서 사귀면 공이 있는 것은 잃지 않기 때문이다."

난자풀이

1 貞(정) : 겨울의 역할에 해당하므로 내면적으로 시비를 가려서 옳은 것을 남겨두고 그른 것을 버리는 역할을 하면서 외형적으로는 활동하지 않고 가만히 참고 견딘다는 의미를 갖는다.

강설

초구初九는 격동하는 어떤 집단의 가장 어린 존재이지만 변화를 일으키는 장본인이다. 비유하자면 춘추전국시대의 혼란을 바로잡기 위해 주유하던 제자백가들이 이에 해당하고, 동학혁명을 일으킨 농민들이 이에 해당한다.

구오九五는 상육上六 때문에 침체해진 상층부를 개선하기 위해 하층부에서 변화를 주도하는 초구初九를 지지하고 초구初九에게 일을 맡긴다. 그러나 변화를 싫어하는 육이六二와 상육上六은 초구初九를 제거하기 위해 구오九五에게 압력을 가할 수 있다. 그 때문에 구오九五는 이들의 압력을 견디지 못하고 초구初九의 관직을 바꾸거나 유배시키기도 한다. 그럴 경우 초구初九는 매우 유의하지 않으면 안 된다. 만일 자신이 옳다고 확신하고 구오九五의 조치에 반발하면 더 큰 문제를 야기할 수 있다. 구오九五의 조치는 자기의 의지에 의한 것이 아니라 불가피한 것이기 때문이다. 그러므로 초구初九는 참고 견디면서 후일을 기약해야 한다. 그것이 부당한 처사라 하더라도 사태의 이면을 헤아려 참고

隨

견뎌야 한다. 그래서 '관직이 바뀌는 경우가 있으나 참고 견디면 길하다'고 했다.

이런 상황에서 초구初九는 조용히 참고 있으면서도 은밀히 자기를 이해해 줄 수 있는 상층부의 구사九四와 교류를 하는 것이 좋다. 초구初九의 필요성을 아는 주위의 사람들은 초구初九를 도우려고 할 것이다. 특히 자기와 친한 구사九四는 더욱 그렇다. 그래서 '문을 나서서 사귀면 공이 있을 것이다'라고 했다. 상층부로 가는 것은 집의 밖으로 가는 것이므로 '문을 나선다'고 했다.

상象에서 잃지 않는다고 한 것은 자기의 뜻이 버려지지 않고 이해된다는 것을 말한다.

六二는 係小子면 失丈夫하리라 象曰係小子는 弗兼與也일새니라

국역 |

육이六二는 소자에게 얽매이면 장부를 잃는다. 상象에서 말했다. "소자와 관계를 하면 (장부를 잃는 것은) 동시에 함께 할 수는 없기 때문이다."

강설 |

육이六二는 하층부의 실권자지만, 실제로 하층부의 쇄신을 위해 움

직이는 것은 초구初九다. 실권자인 육이六二는 변화를 싫어하지만, 현재는 변하지 않으면 안 되는 상황이다. 변화를 주도하는 주체는 구오九五와 초구初九다. 구오九五는 전체의 변화를 주도해야 하고 초구初九는 구오九五를 도와야 한다. 이때 육이六二가 안목이 좁다면 눈앞에서 변화를 주도하는 초구初九에게 휘말리기 쉽다. 그러나 안목이 높다면 전체를 파악하여 구오九五와 협력할 것이다. 육이六二의 도리는 본래 구오九五를 돕는 것이다. 그러므로 성급하게 초구初九에게 휘말려 그에게 끌려가다 보면 본래의 역할을 못하게 된다. 초구初九가 추진하는 일도 옳다. 따라서 초구初九의 일을 도와야 함은 사실이다. 그러나 구오九五의 일도 다급하다. 구오九五도 여유가 없다. 구오九五 혼자서는 일을 처리할 수 없다. 이를 파악하지 못하고 초구初九만 돌보다가는 구오九五의 일을 망치는 경우가 있다. 일에는 경중輕重이 있고 본말이 있고 순서가 있다. 먼저 구오九五를 도와 구오九五를 안정시킨 뒤에 모든 것을 추진해야 한다. 그래서 '소자에게 얽매이면 장부를 잃는다'고 했다. 소자는 초구初九이고 장부는 구오九五다. 아들의 일도 중요하지만 남편의 일은 더욱 중요하다. 유학하는 아들을 도우러 외국에 간 어머니가 남편에게 소홀한 결과 집안을 망친 경우가 있다. 이 괘의 육이六二에 해당한다.

육삼 계장부 실소자 수 유구 득 이
六三은 係丈夫면 失小子니 隨하여 有求면 得하리니 利

거정 상왈계장부 지사하야
居貞하니라 象曰係丈夫는 志舍下也라
①　②

국역 |

육삼六三은 장부에게 얽매이면 소자를 잃는다. 수시변통하여 구하면 얻을 것이다. 참고 견디면 이롭다. 상象에서 말했다. "장부와 관계를 한다는 것은 뜻이 아래를 버리는 것이다."

난자풀이 |

1 居(거) : 참는 일에 거처하는 것은 참는다는 말이다. 그므로 여기서는 거居를 굳이 번역하지 않아도 된다.

2 舍(사) : 사捨와 통용. '버린다'는 뜻.

강설 |

육삼六三은 격변기에 초구初九를 도와 하층부를 쇄신해야 한다. 그리고 육삼六三은 그것이 솔깃하다. 그러나 육삼六三과 짝을 이루는 상육上六은 엄청난 권력을 휘둘러 자기의 세력을 확보하며 물러나지 않는다. 그래서 사태가 심각하다.

육삼六三은 상육上六의 손아귀에서 벗어나기 어렵다. 그러나 만약 그에게 붙들려 그의 주구노릇을 하면 전체를 악화시키는 결과만 초래한다. 그러므로 육삼六三은 상육上六의 손아귀에서 벗어나야 한다. 그에게서 벗어나 초구初九에게로 가서 초구初九를 도와야 한다. 그래야 전체가 개선된다. 그래서 '장부에게 얽매이면 소자를 잃는다. 수시변통하여 구하면 얻을 것이다'라고 했다. 상육上六은 장부이고 초구初九는 소자이다.

할머니나 할아버지가 행패를 부려 침체한 집안에서 이를 타개하기 위해 어린 아들을 외국으로 유학을 보낼 경우, 할머니나 할아버지를 보살필 위치에 있는 큰딸이 그 일을 포기하고 동생을 도우러 외국에 함께 가야 하는 경우가 있다. 바로 이 괘의 육삼六三이 그러한 경우이다. 이러한 선택이 수시변통이다. 이 경우 상육上六의 심한 반발에 부딪히지만 이를 참고 견뎌야 한다.

九四(구사)는 隨(수)에 有獲(유획)이면 貞(정)하여도 凶(흉)하니 有孚(유부)하여 在道以(재도이)明(명)[1]이면 何(하)[2]咎(구)리오 象曰隨有獲(상왈수유획)은 其義凶也(기의흉야)오 有孚在(유부재)道(도)면 明功也(명공야)라

국역 |

구사九四는 수시변통해야 하는 상황에서 얻음이 있으면 참고 견디더라도 흉할 것이다. 한마음을 유지하며 도의 차원에서 분명하게 처리하면 무슨 허물이 있겠는가? 상象에서 말했다. "수시변통해야 하는 상황에서 얻음이 있는 것은 그 도리가 흉한 것이고, 한마음을 유지하며 도의 차원에 있으면 공을 밝게 이룰 수 있다."

난자풀이 |

[1] 明(명) : 분명하게 처리하다.

[2] 何(하) : 구咎의 목적어이지만 의문사이므로 동사인 구咎의 앞에 나왔다. 따라서 해석은 '무엇을 탓하겠는가'이다.

강설 |

구사九四는 하층부를 지휘하고 감독하는 위치에 있다. 그러므로 구사九四는 하층부에 문제가 있을 때 직접 나서서 해결해야 해야 하기 때문에 하층부에 대한 영향력이 매우 크다.

지금은 수시변통을 해야 하는 혼란기다. 이 혼란기의 감독관인 구사九四는 재량권이 많다. 초구初九에게 지원금을 나눠주기도 한다. 이는 넉넉하여 이익배분을 하는 경우가 아니다. 금융 위기 때 어려운 기업을 살리기 위해 공적 자금을 배분하는 경우와도 같다. 이 경우는 투명해야 한다. 지원금을 받고 싶어하는 기업에게 뇌물을 받아도 안 되고, 지원금의 일부를 가로채도 안 되며, 불공정하게 분배를 해도 안 된다. 초구初九가 유학을 가는 아들이라면 유학 비용을 보내주는 담당자인 구사九四는 양심적으로 하지 않으면 안 된다.

집안이 어렵고, 회사가 어렵고, 나라가 어려울 때는 사람들은 멀리 보기 어렵다. 어떻게 될지 모르기 때문에 우선 이익을 챙기고 본다. 그래서 부정이 만연한다. 그렇게 되면 회생하기 어렵다. 그럴수록 원칙적이고 투명하게 하지 않으면 안 된다. 감독관이 자기 이익을 챙기면 다른 사람들도 경쟁적으로 각각의 이익을 챙길 것이다. 그렇게 되면 점점 더 늪으로 빠져 들어간다. 일단 늪으로 빠져들면 아무리 애를 써도 돌이키기 어렵다.

올라가면 내려갈 때가 있고 내려가면 올라갈 때가 있는 법이다. 이것이 세상의 이치고 자연의 이치다. 그러므로 혼란할수록 안정기가 도래할 것이라는 믿음을 가지고 떳떳하게 처리해야 한다. 그렇지 않고 부정하게 자기의 이익을 챙긴 사람들은 안정이 되어 모든 것이 밝혀질 때 크게 후회할 일이 있을 것이다. 또 설사 밝혀지지 않고 넘어가는 일이 있다 하더라도 하늘이 용서하지 않기 때문에 결국 어려움에 처하게 될 것이다.

혼란하고 어려운 상황일수록 옳은 것에 대한 신념이 중요하다. 신념

없이 무원칙하게 행동하면 아랫사람들이 모범으로 삼을 수 없다. 『주역』 「계사전」에는 '역유태극易有太極'이라는 말이 있다. 변하는 가운데 불변의 원리인 태극이 있다고 했다. 태극의 차원에서 유연하게 대처해야 실패하지 않을 수 있다. 상괘에서의 구사九四는 유일한 양도, 유일한 음도 아니기 때문에 하층부의 문제를 전적으로 처리할 수 있는 능력이 부족하다. 그리하여 역할을 제대로 못한다고 비난을 받을 경우도 있다. 그럴수록 불변의 진리에 대한 신념을 가지고 투명하게 처리해야 혼란을 근본적으로 막을 수 있다.

九五(구오)는 孚(부)[1]于(우)嘉(가)면 吉(길)하리라 象曰(상왈)孚于嘉吉(부우가길)은 位正中(위정중)也(야)라

국역 |

구오九五는 아름다운 것에 대한 믿음을 가지면 길하다. 상象에서 말했다. "아름다운 것에 대한 믿음을 가지면 길한 것은 자리가 바르면서 중심에 있기 때문이다."

난자풀이 |

[1] 孚(부) : 한마음을 유지하다. 한마음을 유지하는 사람은 남을 믿기 때문에 '믿는다'는 뜻이 된다.

강설 |

아름다운 것이란 좋은 세상, 또는 안정된 세상을 의미한다. 구오九五는 전체의 중심의 위치에 있다. 구오九五의 입장에서 보면 계속되는 혼란기는 비관적으로 보이기도 한다. 그러나 이럴 때일수록 중요한 것은 모든 것이 하늘의 뜻대로 좋은 방향으로 갈 것이라는 믿음이다. 그것은 하늘과 하나되는 마음을 가질 때 가능하다. 만약 구오九五가 믿음을 가지지 못하고 좌절하면 모두가 좌절하고 말 것이기 때문에 헤어날 방법이 없다. 고난의 시기는 새로운 시대를 맞이하기 위한 준비기간임을 알아야 할 것이다. 믿음을 가지고 어린 초구初九를 길러 장래에 대비할 때 새 시대는 도래한다.

상육 구계지 내종유지 왕용향우서산
上六은 拘係[1]之코 乃從維[2]之면 王用亨[3]于西[4]山이로다

상왈구계지 상궁야
象曰拘係之는 上窮也라

국역 |

상육上六은 붙잡아 간섭하고 이어서 밧줄로 묶으면 왕이 서산에서 잔칫상을 받는다. 상象에서 말했다. "붙잡아 간섭하는 것은 윗사람으로서의 도리가 궁색한 것이다."

난자풀이 |

[1] 係(계) : 가만히 놓아두지 않고 관계를 하는 것이므로 여기서는 '간섭한다'

로 번역했다.

[2] 維(유) : 밧줄로 묶는다..

[3] 亨(향) : 향享과 통용. '잔치를 베푼다'는 뜻.

[4] 西山(서산) : 주나라의 서쪽에 있는 기산岐山을 가리킨다.

강설 |

태괘兌卦가 위에 있을 경우에는 치밀하고 분석적인 상육上六이 물러나지 않고 계속 아랫사람들의 일에 간섭을 하기 때문에 되는 일이 없다. 예컨대 위엄 있는 할머니나 할아버지가 계속 집안일에 간섭하여 부모가 가정을 주도하지 못하는 경우와 같다. 또한 은퇴할 단계에 이른 회사의 회장이 계속 영향력을 행사함으로써 사장이 회사의 일을 제대로 처리하지 못하고 전체가 침체하여 답답하게 되는 상황과도 같다.

상육上六이 계속해서 아랫사람들을 밧줄로 묶듯이 속박하면 궁지에 몰린 구오九五는 더 이상 상육上六을 받들 수 없게 된다. 그래서 상육上六을 옮겨놓는다. 상육上六이 할머니라면 할머니의 친정에, 할아버지라면 고향에 모셔다 놓고 잔치를 베풀어준다. 잔치를 베풀어주는 것은 외형적으로는 공공연하게 받드는 것이지만 사실상 격리시키는 것이다. 서산은 주나라의 발원지이므로 주나라의 고향에 해당한다. 따라서 서산에서 잔치를 베푸는 것은 고향에 모셔놓고 잔치를 베푼다는 말이다. 상육上六은 물러나기 직전까지 권력의 핵심에 있기 때문에 왕王이라는 칭호를 썼다.

산풍고
山風蠱

이 괘는 상괘가 간괘艮卦이고 하괘가 손괘巽卦이다. 위의 간괘는 물러나야 할 상구上九가 강력한 힘으로 버티고 있어 육오六五와 육사六四가 제대로 역할하지 못하는 답답한 상황이다. 그리고 아래의 하괘는 상층부를 잘 따르고 있는 손괘이다. 상층부에 스스로 해결하지 못하는 문제가 있을 때에는, 하층부가 해결해야 한다. 그렇지 않고 순하게 따르고만 있으면 전체의 상황은 개선되기 어렵다. 수괘隨卦가 분위기 쇄신을 위한 하층부의 요동으로 변화가 많은 상황이라면, 이 괘는 반대로 변화를 도모하지 않고 따르기만 하기 때문에 침체되는 상황이 벌어진다.

이 괘는 상구上九의 활약으로 외형적으로는 화려해 보이지만 내면적으로는 곪는다. 그릇은 그릇의 역할을 충실히 해야 한다. 역할을 못하고 방치되어 있으면 그릇에 곰팡이가 슬고 좀이 먹는다. 이러한 의미에서 이 괘의 이름을 '벌레 먹는다'는 의미로서 고蠱라고 붙였다. 회사라면 기능이 마비된 회사이고 가정이라면 잠자는 가정이고 불꺼진 가정이다.

蠱라 元코 亨하니라 利涉大川이니 先甲三日[1]하며 後甲三日이니라 彖曰蠱는 剛上而柔下하고 巽而止니 蠱라 蠱元亨하여 而天下治也오 利涉大川은 往有事也오 先甲三日後甲三日은 終則有始니 天行也라 象曰 山下有風이 蠱니 君子 以하여 振民하며 育德하나니라

국역 |

벌레가 슬어 침체하는 형국이다. 일을 시작하고 적극적으로 나서야 한다. 큰 내를 건너는 것이 이롭다. 갑일甲日 전의 삼일과 갑일 후의 삼일을 신중해야 한다. 단彖에서 말했다. "고蠱는 굳센 것이 위에 있고 부드러운 것이 아래에 있으며 겸손한 상태에서 정지하고 있으니, 벌레가 슬어 침체하는 상황이다. 벌레 먹어 침체하는 상황에서 일을 시작하고 적극적으로 발전시켜야 천하가 다스려진다. 큰 내를 건너는 것이 이로운 것은 가서 일삼음이 있어야 하기 때문이다. 갑일 전의 삼일과 갑일 후의 삼일을 신중해야 하는 것은 마치면 시작함이 있는 것이 하늘의 운행이기 때문이다." 상象에서 말했다. "산 아래에 바람이 있는 것이 고蠱니 군자가 이 괘의 이치를 살펴 백성을 떨쳐 일으키며 덕을 기른다."

난자풀이 |

1 甲(갑) : 십간의 첫 번째. 옛날에는 날짜를 십간과 십이지지로 계산했다. 갑일甲日은 열흘에 한번씩 돌아온다. 날짜의 계산을 갑일부터 시작하므로 갑일은 일을 시작하는 날을 상징한다. 갑일 전의 삼일과 갑일 뒤의 삼일이란 일을 시작하기 전의 삼일과 일을 시작한 뒤의 삼일을 말한다.

강설 |

오랫동안 침체하고 있는데도 불구하고 구성원들이 움직이지 않고 있으면 결국은 전체가 다 패망의 길로 들어서고 만다. 그러므로 이런 상황에서 전체를 주도하는 사람은 구성원들이 모두 분발할 수 있도록 조건을 만들어야 한다. 즉 새로운 일을 시작하고 적극적으로 나서야 한다. 그래서 '일을 시작하고 적극적으로 나서야 한다'고 했다. 불꺼진 집에 불을 켜야 하고 기능이 마비된 공장을 새로 가동해야 한다. 그렇지 않으면 기계가 아주 녹이 슬어 못쓰게 된다.

내적인 침체를 해소할 수 있는 방법 가운데 하나는 대외적으로 어려운 일을 일으키는 것이다. 외부적인 일이 발생하게 되면 내부를 답답하게 누르고 있던 강력한 상구上九가 그 일의 해결에 나서서 큰 역할을 하기 때문에 전체에 도움이 될 뿐 아니라 내적인 문제도 해소된다. 그래서 '큰 내를 건너면 이롭다'고 했다. 모두가 잠들어 일어날 생각도 하지 않는 가정에 '불이야!'라는 소리가 나면 벌떡 일어나는 것도 이러한 경우이다.

오랜 침체 속에서 변화 없이 무기력하게 있던 사람들은 대체로 새로운 일의 시작을 꺼린다. 그러므로 이러한 상황에서 사람들을 분발시키기란 매우 어렵다. 사전에 새로운 일을 하지 않으면 안 되는 상황을 충분히 설명하고 계몽해야 하며, 일을 시작한 뒤에도 유의하여 잘 지도해야 한다. 그래서 일을 시작하는 날인 갑일의 삼일 전부터 주의해야 하고, 갑일의 삼일 뒤까지 주의해야 한다. 거의 꺼진 불을 다시 일으킬 때는 불쏘시개를 잘 만들어 조심조심 불을 붙여야 한다. 그리고 붙은 뒤에라도 방심하고 가버리면 도로 꺼진다. 활활 타오를 때까지 조심조심 지키고 있어야 한다.

고괘蠱卦는 굳센 상구上九가 들어있는 간괘艮卦가 위에 있고 부드러운 손괘巽卦가 아래에 있기 때문에 '굳센 것이 위에 있고 부드러운 것이 아래에 있다'고 했다. 또 아래에 있는 손괘는 겸손하고 위에 있는 간괘는 멈추어 있으므로 '겸손한 상태에서 정지하고 있다'고 했다. 상象에서 '산이 위에 있고 바람이 아래에 있는 것이 고蠱이다'라는 것이 이러한 의미이다.

고괘의 상황에 처한 군자는 침체의 늪에 빠져 움직이지 않고 있는 사람들을 흥기시키고 새로운 일을 담당할 수 있는 능력을 기른다. 덕德이란 하늘의 뜻을 곧게 실천할 수 있는 마음의 능력을 말한다.

初六(초육)은 幹父之蠱(간부지고)니 有子(유자)면 考无咎(고무구)하리니[1] 厲(려)하나 終吉(종길)하리라 象曰幹父之蠱(상왈간부지고)는 意承考也(의승고야)라

국역 |

초육初六은 아버지가 벌인 일의 병폐를 처리해야 한다. 아들처럼 함이 있으면 아버지에게 허물이 없을 것이니, 뼈를 깎는 고통이 있지만 끝내는 길하다. 상象에서 말했다. "아버지가 벌인 일의 병폐를 담당해야 하는 것은, 뜻이 아버지를 이어받아 왔기 때문이다."

난자풀이 |

[1] 考(고) : 아버지. 후대에는 죽은 아버지를 일컫는 말로 쓰이지만 고대에는 부父와 혼용해서 사용했다.

강설 |

가장 어린 위치에 있는 초육初六은 연약하고, 또 손괘에 위치해 있기 때문에 순종적이다. 그러나 고괘는 변혁하지 않고 순종만 하면 벌레가 슬어 더욱 침체하는 상황이기 때문에, 초육初六은 이러한 상황을 잘 인식하여 자신의 순종적인 음陰의 성격을 양陽의 성격으로 바꾸어야 한다. 그래서 '아들처럼 해야 한다'고 했다. 소극적인 딸의 모습에서 벗어나 아버지의 일에 적극적으로 관여해야 함을 말한 것이다.

고괘의 전체를 한 가정으로 보면 상구上九는 아버지이고 육오六五는 어머니이다. 아버지가 고압적으로 행동하여 가족들을 억압하기 때문에 내부적으로 침체하고 있다. 이런 경우 초육初六은 아버지의 그런 행위에 대해 항의함으로써 전체의 분위기를 쇄신해야 한다. 그렇지 않으면 침체한 국면이 개선되지 않는다. 초육初六이 상구上九에게 항의하면 얻어맞기 때문에 '뼈를 깎는 아픔이 있다'고 했다. 그러나 초육初六의 입장에서는 그렇게 하는 것이 도리다.

九二(구이)는 幹母之蠱(간모지고)니 不可貞(불가정)이니라 象曰幹母之蠱(상왈간모지고)는 得中道也(득중도야)라

국역 |

구이九二는 어머니가 일으킨 병폐를 담당해야 한다. 참고 있으면 안 된다. 상象에서 말했다. "어머니가 일으킨 병폐를 담당해야 하는 것은 중도를 얻었기 때문이다."

강설 |

하괘의 중심인 구이九二는 육오六五를 도와 전체를 이끌어가야 하는 실무 책임자이다. 그러므로 다른 효들은 상구上九의 병폐를 담당해야 하지만 구이九二는 육오六五를 직접 도와야 한다. 그래서 '어머니가 일으킨 병폐를 담당해야 한다'고 했다.

구이九二는, 아버지에게 억압되어 자신의 역할을 제대로 못하고 있는 어머니를 격려하고 고무하여 아버지에게 맞설 수 있도록 해야 한다. 참고 견디면서 순종하기만 하면 안 된다.

九三(구삼)은 幹父之蠱(간부지고)니 小有悔(소유회)나 无大咎(무대구)리라 象曰幹父之蠱(상왈간부지고)는 終无咎也(종무구야)니라

국역 |

구삼九三은 아버지가 만든 병폐를 담당해야 한다. 조금 후회할 일이 있으나 큰 허물은 없을 것이다. 상象에서 말했다. "아버지가 만든 병폐를 담당하면 마침내 허물이 없다."

강설 |

구삼九三은 상구上九와 짝을 이루기 때문에 상구上九로 인한 병폐를 해결하는데 중요한 역할을 할 수 있다. 그러나 같은 양陽이기 때문에 순조롭지는 않다. 그렇다고 가만히 참고 있어서는 안 된다. 상구上九에게 항의하기도 해야 한다. 그런 과정에서 호된 꾸지람을 들을 수도 있다. 정치가라면 유배될 수도 있고, 그래서 후회할 수도 있다. 그렇다 해도 그렇게 하지 않으면 안 된다. 안일하게 순종하는 것이 개인적으로는 편안할 수 있지만 전체적으로는 상구上九를 변화시켜야 하는 제 역할을 수행하지 못한 책임을 면할 수 없다. 구삼九三은 귀양갈 각오로 강하게 항의하고 저항하는 것이 제 역할이고 순리다. 잘못되어 귀양을 가게 되더라도 허물이 아니다.

늘 그릇된 일을 일삼는 사람에게 항의할 때 온유한 말이나 평범한 방법으로는 실효를 거둘 수 없는 경우가 많다. 위험을 무릅쓰고라도 강력하게 저지해야 그 상처로 인하여 자신을 되돌아보고 변신할 수 있다. 상처를 입는 것이 효과를 보게 되는 경우이다. 따라서 조금 후회하면 큰 허물이 없다고 한 것이다.

六四(육사)는 裕父之蠱(유부지고)[1]니 往(왕)하면 見吝(견린)[2]하리라 象曰裕父之蠱(상왈유부지고)는 往(왕)하여도 未得也(미득야)라

국역 |

육사六四는 아버지가 만든 병폐에 대해서 느긋하게 있어야 한다. 가

면 인색한 꼴을 당한다. 상象에서 말했다. "아버지가 만든 병폐에 대해서 느긋하게 있어야 하는 것은 가더라도 성공하지 못하기 때문이다."

난자풀이 |

1 裕(유) : 느긋하다. 넉넉하다.
2 見(견) : 일반적으로 '본다'는 뜻으로 쓰이지만, 여기서는 '당한다'는 의미의 피동으로 쓰였다.

강설 |

역은 자기의 사심을 버리고 상황에 지혜롭게 대처할 수 있는 길을 가르쳐 주는 책이다. 소극적인 사람에게 적극적으로 나서야 한다고 할 때도 있고, 참기 어려운 상황에서 참으라고 가르치기도 한다. 투쟁의 와중에 있는 사람에게 물러서라 할 때도 있고 더 적극적으로 투쟁에 임하라고 할 때도 있다. 그러므로 자신의 개인적인 입장을 버릴 수 있는 사람이 아니면 역의 가르침을 받아들이기 어렵다.

고괘의 육사六四는 육오六五와 함께 상구上九의 억압에 눌려 궁지의 극에 달해 있지만 개인적으로 이 문제를 해결할 수 있는 능력이 없다. 싸움의 와중에 휘말려 있는 사람이 그 싸움을 직접 해결할 수 없는 이치인 것이다. 대개는 제 삼자의 도움을 받는 것이 좋다. 고괘의 경우에도 역시 이 상층부의 옹색한 상황을 타개하는 주체는 하괘에서 맡아야 한다. 그럼에도 불구하고 육사六四가 상황을 견디지 못하여 직접 상구上九에게 대항하면 부정적인 결과를 초래하기 쉽다. 상구上九의 입장에서 보면 하층부의 사람들은 어리고 귀여운 자녀에 해당한다. 특히 양陽인 九三이나 구이九二에 대해서는 이해심이 많다. 그러나 음陰인 육오六五와 육사六四는 이해하기 어려운 동생이다. 그래서 상구上九는 육사六四의 대항에 대해서는 너그럽지 않다. 만일 육사六四가 직접 나서서

저항한다면 문제는 더욱 악화될 것이다. 그리고 육사六四는 위치 상 곧 중심의 자리에 올라 전체를 이끄는 중대한 책임을 져야 한다. 이런 까닭에 육사六四는 직접 나서지 말고 느긋하게 있으면서 미래에 대비해 실력을 축적해야 한다. 육사六四에 해당하는 사람들이 전면에 나서다가 희생되면 앞으로의 시대를 이끌 인물이 없어지기 때문에 더욱 심각한 문제가 도래한다.

六五(육오)는 幹父之蠱(간부지고)니 用(용)[1]譽(예)리라 象曰幹父用譽(상왈간부용예)는 承以德也(승이덕야)라

국역 |

육오六五는 아버지가 만든 병폐를 처리하면 명예롭게 될 것이다. 상象에서 말했다. "아버지의 병폐를 담당하여 명예롭게 되는 것은 이어받기를 덕으로써 하기 때문이다."

난자풀이 |

[1] 用(용) : 이以와 통용.

강설 |

육오六五는 전체를 이끄는 핵심이다. 그러나 고괘의 육오六五는 상구

上九의 억압 때문에 옹색한 상황에 처해 있다. 군부세력의 억압에 눌려 운신이 자유롭지 못한 최고권력자가 이에 해당하고, 재단이사장의 억압에 눌려 있는 학교의 총장이나 교장이 이에 해당한다. 그러나 그렇다 해도 늘 상구上九의 억압에 굴복하고 있기만 하면 안 된다. 지금까지 상태가 악화된 것은 육오六五가 제 역할을 다하지 못했기 때문이다. 이제는 강력하게 나서서 상구上九에 맞서야 한다. 충분히 그래야 하는 위치임에도 지금까지 나약하게 대한 것은 잘못이었다. 그래서 아버지가 만든 병폐를 담당해야 한다고 한 것이다. 이때의 아버지는 상구上九이다. 만약 총으로 위협을 받는 경우가 있더라도 굴복하지 않아야 한다. 만일 육사六四가 그렇게 한다면 의미 없는 죽음을 당할 수도 있다. 그러나 육오六五는 죽임을 당하지 않는다. 상구上九가 아무리 강하더라도 육오六五는 죽일 수 없다. 임금을 죽이고 되는 일은 없기 때문이다. 그러므로 강하게 대항하면 성공을 거두게 되고 그 때문에 영예롭게 될 것이다. 만약 상구上九에게 죽는다 하더라도 그것이 아랫사람들을 일깨우는 촉매가 되어 전체가 안정을 얻는 기회가 될 것이다. 그렇게 되면 육오六五는 그 때문에 더 영예롭게 될 것이다. 목숨을 버려서라도 자기의 역할을 다해야 하는 것이 육오六五의 역할이다. 육오六五의 상황에 처한 사람은 잘 음미해야 할 것이다.

상구 불사왕후 고상기사 상왈불사왕후
上九는 不事王侯면 高尙其事로다 象曰不事王侯면
지가칙야
志可則也라

국역 |

상구上九는 왕후의 일을 일삼지 않으면 그 일을 고상하게 끝마칠 수 있을 것이다. 상象에서 말했다. "왕후의 일을 일삼지 않으면 그 뜻을 본받을 수 있다.

강설 |

상구上九는 강력한 힘을 소유하고 있으나 중심의 자리에서 물러난 입장이다. 회사의 강력한 사장이었거나 국가의 권력자였지만 물러나야 하는 처지에 있는 사람이다.

상구上九는 아랫사람들이 빈약해 보이기 때문에 떠나지 않고 자신의 강력한 힘으로 계속 권력의 자리에 머물러 있다. 언제까지나 왕후의 일에 관여하기 쉬운 것이다. 그러나 그것은 도리가 아니다. 늙을 때 늙고 물러나야 할 때 물러나며 죽어야 할 때 죽는 것이 도리이다. 상구上九는 과거에 업적을 많이 쌓았기 때문에 물러날 때를 알아서 물러나면 모두의 존경의 대상이 되어 자기의 여생을 고상하게 마칠 수 있다. 그렇지 않고 끝까지 권력을 고집하여 임금이나 제후의 일에 가담하면 결국 독재가 되어 지금까지의 업적과 공로가 수포로 돌아가고 비참한 최후를 맞이하게 될 것이다. 하늘을 나는 비행기가 착륙할 때는 착륙태세에 들어가 연착륙을 해야 한다. 그렇지 않고 계속 날기를 고집하면 추락하지 않을 수 없다.

지택림
地澤臨

이 괘의 상괘는 곤괘坤卦이고 하괘는 태괘兌卦이다. 위의 곤괘는 나약하여 추진력이 약하고, 아래의 태괘는 현실에 기뻐하며 상층부의 상황도 아랑곳하지 않고 기뻐한다. 자꾸 새로운 일을 추진하여 발전을 시도하기도 하고 소풍을 가자고 조르기도 한다. 이를 나약한 상층부는 받아주지 못한다. 그래서 상층부와 하층부 간에 불협화음이 일어나고 전체적으로 혼란스럽다.

이때는 시기포착을 잘 해서 적당한 때에 일어나야 한다. 아랫사람들이 기뻐하는 것은 발전을 위한 에너지다. 이를 윗사람들이 받아주지 않고 힘이 없다는 이유로 자꾸 거절하다 보면 발전의 기회를 영영 놓치고 만다. 윗사람들은 자기들의 감정에만 사로잡혀 있으면 안 된다. 사람들은 누구나 두 마음을 가지고 있다. 개인의 감정에 사로잡힌 얕은 마음과 모두의 마음에 뿌리박은 깊은 마음이 그것이다. 소인은 얕은 마음에 사로잡힌 사람이고 군자는 깊은 마음으로 움직이는 사람이다. 『주역』은 군자가 되기를 유도하고 깨우친다. 이 괘에 처해 있는 윗사람들은 깊은 마음으로 아랫사람들의 에너지를 파악하여 적당한 때를 보아 일을 추진해야 한다. 그러므로 적당한 기회를 보아 수시변통을 해야 하는 수괘隨卦와도 유사한 상황이다. 그래야만 혼란한 국면에서 벗어나 발전할 수 있다. 그래서 이 괘의 이름을 적당할 때 임해야 한다는 의미에서 임臨이라 했다.

림 원 형 리 정 지 우 팔 월 유 흉
臨이라 元코 亨코 利코 貞하니라 至于八月이면 有凶하리
단 왈 림 강 침 이 장 열 이 순 강 중 이 응
라 彖曰臨은 剛浸而長하며 說而順하고 剛中而應하여
대 형 이 정 천 지 도 야 지 우 팔 월 유 흉 소 불 구
大亨以正하니 天之道也라 至于八月有凶은 消不久
야 상 왈 택 상 유 지 림 군 자 이 교 사 무 궁
也라 象曰澤上有地 臨이니 君子 以하여 教思无窮하
용 보 민 무 강
며 容保民이 无疆하나니라

국역 |

임臨해야 하는 형국이다. 시작해야 할 때 시작하고, 적극적으로 나서야 할 때 나서며, 거두어야 할 때 거두고, 마무리해야 할 때 마무리한다. 팔월이 되면 흉함이 있다. 단彖에서 말했다. "임臨은 굳센 것이 차츰차츰 자라며 기쁘면서 순하고 굳센 것이 중심에 있으면서 응하여 바른 판단으로 크게 떨쳐 일어나야 하는 상황이니 하늘의 도이다. 팔월에 이르러 흉함이 있는 것은 소멸하여 오래갈 수 없기 때문이다."

상象에서 말했다. "못 위에 땅이 있는 것이 임臨이다. 군자는 이 괘의 이치를 살펴, 가르치고 생각함이 무궁하고, 백성을 용납하여 보호함이 끝이 없다."

강설 |

임괘에서는 초구初九와 구이九二가 적극적으로 일을 추진하려고 하고, 육삼六三, 육사六四, 육오六五, 상육上六이 이를 저지하기 때문에 혼란이 일어난다. 이러한 때는 진보적인 태도도 좋지 않고 보수적인 태도도 좋지 않다. 진보적으로 대처해야 할 상황에서는 진보적으로 대처하고 보수적으로 대처해야 할 상황에서는 보수적으로 대처하는 시중時中이 중요하다. 복잡할수록 상황판단을 잘 해서 시중을 해야 한다. 그래서 '시작해야 할 때 시작하고, 적극적으로 나서야 할 때 나서며, 거두어야 할 때 거두고, 마무리해야 할 때 마무리한다'고 했다. 그러나 이 괘 전체의 결정권자는 육오六五다. 육오六五는 힘이 없는 상층부이기 때문에 소극적으로 대처하기 쉽다. 그리고 하층부가 추진하는 일을 저지하는 경향이 있다. 그러나 그것은 잘못이다. 전체의 입장에서 판단해야 하는 육오六五는 하층부의 강력한 힘을 전제로 해서 적당한 때 일을 시작해야 한다. 자기감정에만 빠져 망설이고만 있으면 곤란하다. 망설이고만 있다가 8월이 되면 흉하다고 했다.

농사를 짓는 사람은 봄에 씨를 뿌리고 여름에 김을 매야 하며 가을에 거두고 겨울에 저장을 해야 한다. 일을 제 때 처리하지 못해 망설이다가 시기를 놓치면 아무 것도 되는 일이 없다. 씨를 뿌리는 일은 기쁜 일이다. 기쁨에 넘쳐 있는 하층부의 사람들은 자꾸 씨를 뿌리자고 조른다. 이를 상층부의 사람들은 힘이 없다는 것을 핑계로 받아들이지 않는다. 씨를 뿌리고 김을 매는 일이 조금 늦는다면 회복할 수 있지만, 너무 망설이다가 8월이 되어버리면 씨를 뿌려도 열매를 맺을 수 없다. 때가 너무 늦은 것이다. 그러므로 이 괘의 교훈은 너무 망설이지 말라는 것이다.

인생에 있어서도 마찬가지다. 인생도 농사짓는 것에 비유할 수 있다. 인생농사를 가장 잘 짓는 것은 진리를 얻어 성인聖人이 되고, 영생을 얻는 것이다. 이보다 기쁜 일은 없다.

사람은 늘 진리를 얻고 참된 기쁨을 얻으려는 마음이 있지만, 그 때마다 현실에 안주하려는 얕은 마음이 그것을 거절하거나 다음으로 미룬다. 그러나 인생농사에도 시기가 있다. 20세 전후에 씨를 뿌려야 한다. 진리는 하루아침에 얻어지는 것이 아니다. 늦어도 30세 때에는 시작을 해야 한다. 40세가 넘어서 시작하면 어려워진다. 한 평생을 60년으로 가정한다면 1년에서의 8월은 40세에 해당한다. 그러므로 농사를 지을 때 씨 뿌리기의 마지막 시기가 8월이라면 인생농사를 짓는 마지막 시기도 40세 정도로 볼 수 있다. 이를 넘기면 진리를 얻기 어렵다. 그래서 흉하다. 진리를 얻지 못하고 사는 것이 가장 잘못된 삶이기 때문이다.

임臨은 초구初九와 구이九二가 점점 자라나는 형국이므로 '굳센 것이 점점 자라난다'고 했다. 하층부의 태괘는 기쁨이고, 상층부의 곤괘는 순하다. 그래서 '기쁘면서 순하다'고 했다.

그리고 구이九二가 육오六五와 음양으로 상응하기 때문에 굳센 것이 중심에 있으면서 응한다고 했다.

'바른 판단으로 크게 떨쳐 일어나야 한다'는 것은 육오六五가 구이九二의 도움을 받아 시기를 놓치지 말고 일을 시작해야 함을 말한다. 이는 봄이 와야 할 때 봄이 오고, 여름이 와야 할 때 여름이 오며, 가을이 와야 할 때 가을이 오며, 겨울이 와야 할 때 겨울이 오는 하늘의 작용과도 같다.

육오六五가 개인적 감정을 가지면 초구初九와 구이九二의 능력을 믿고 일을 진전시킬 수 없다. 이 괘를 읽는 군자는 이러한 사실을 알아서 겸허한 마음으로 초구初九와 구이九二의 능력을 발휘할 수 있도록 보살펴야 할 것이다. 그래서 '백성들을 가르치고 생각해주고 용납하고 보호한다'고 했다.

初九(초구)는 咸臨(감림)[1]이니 貞(정)하면 吉(길)하리라 象曰咸臨貞吉(상왈감림정길)은 志行正也(지행정야)라

국역 |

초구初九는 감동시켜서 임해야 한다. 참고 견디면 길하다. 상象에서 말했다. "감동시키는 마음으로 임하여 참고 있으면 길한 것은, 뜻이 바른 것을 행하기 때문이다."

난자풀이 |

[1] 咸(감) : 감感과 통용.

강설 |

초구初九는 어리고 성급하다. 초구初九는 힘이 있고 자신이 있다. 그래서 침체해 있는 현 상태를 개선하기 위해 일을 추진한다. 그러나 그것은 자기만의 기분이다. 육오六五를 비롯한 결정권자들은 전혀 자신이 없고 힘이 없어 매우 소극적이다. 초구初九가 이를 파악하지 못하고 자기의 기분대로 일을 성급하게 추진하면 윗사람들에게 저지를 당하게 된다. 그러므로 먼저 윗사람들을 설득시켜 그들을 감동시킨 뒤에

추진해야 한다. 그래서 '감동시켜서 임해야 한다'고 했다.

초구初九가 만약 일을 서둘다가 저지를 당하고 야단을 맞더라도 참고 견뎌야 한다. 윗사람들의 마음과 기분을 이해한다면 그들이 야단을 치는 것을 용납할 수 있을 것이다.

九二(구이)는 咸臨(감림)이면 吉(길)하여 无不利(무불리)하리라 象曰咸臨吉无不利(상왈감림길무불리)는 未順命也(미순명야)라

국역 |

구이九二는 감동시켜서 임하면 길하여 이롭지 않음이 없다. 상象에서 말했다. "감동시키는 마음으로 임하여 길하고 이롭지 않음이 없는 것은 명령을 따르지 않기 때문이다."

강설 |

구이九二는 하층부의 실권자로서 윗사람들의 지지를 받고 있다. 그리고 초구初九처럼 경솔하지도 않기 때문에 윗사람들을 설득시키고 감동시킨 뒤에 일을 추진한다면 저지당할 일도 없고 야단맞을 일도 없다. 그래서 '길하여 이롭지 않음이 없다'고 했다.

구이九二가 일을 추진하는 것은 상층부의 명령을 따르는 것이 아니다. 상층부의 반대를 무릅쓰고 추진하는 것이다. 그러므로 구이九二는 상층부를 설득하여 감동시킨 뒤에 추진해야 한다.

육삼 감림 무유리 기우지 무구 상
六三은 甘臨이면 无攸利하니 既憂之[1]라야 无咎하리라 象

왈감림 위부당야 기우지 구부장야
曰甘臨은 位不當也오 既憂之면 咎不長也라

국역 |

육삼六三은 달콤한 마음으로 임하면 이로운 바가 없다. 근심을 하고 나야 허물이 없을 것이다. 상象에서 말했다. "달콤하게 여기는 마음으로 임하는 것은 자리가 마땅하지 않기 때문이다. 근심을 하고 나면 허물이 오래가지 않을 것이다."

난자풀이 |

[1] 既(기) : 어떤 시점을 지난 상태를 말하므로, 여기서는 '~하고 나야'로 번역했다.

강설 |

육삼六三은 초구初九와 구이九二가 믿고 따르기 때문에 기쁘다. 또 초구初九와 구이九二가 추진하는 일을 잘 이해하기 때문에 달콤한 마음으로 임하기 쉽다. 그리고 윗사람의 지지와 주목을 받지 못하여 불만이 많았기 때문에 초구初九와 구이九二가 추진하는 일이 달콤하게 여기질 것이다. 그러나 윗사람의 지지 없이 되는 일이 없다. 그러므로 달콤한 마음으로 성급하게 임하면 일을 그르치고 만다. 그래서 '달콤한 마음으로 임하면 이로운 바가 없다'고 했다. 차분히 상층부에게 아랫사

람들의 장점을 설득하여 이해를 얻어낸 뒤에야 성공할 수 있다. 그러기 위해서는 많은 고민을 해야 한다. 그래서 '근심을 하고 나야 허물이 없다'고 했다.

육삼六三이 달콤하게 임하기 쉬운 것은 불만이 많은 자리에 있기 때문이다. 근심을 하며 차근히 풀어나가면 문제는 해결될 것이다.

六四(육사)는 至臨(지림)[1]이면 无咎(무구)하리라 象曰至臨无咎(상왈지림무구)는 位當也(위당야)라

국역 |

육사六四는 나아가서 임하면 허물이 없다. 상象에서 말했다. "나아가서 임하면 허물이 없는 것은 자리가 마땅하기 때문이다."

난자풀이 |

[1] 至(지) : 나아간다. 이른다.

강설 |

육사六四는 하층부를 이끌고 적당한 기회에 새로운 일을 시작해야 한다. 그러나 자신은 겨우 상층부에 진입한 기득권자이기 때문에 새로운 일을 추진하기 싫다. 그러나 그것은 자기의 감정에 사로잡힌 소인의 태도다. 전체의 상황을 읽어서 초구初九와 구이九二의 힘을 바탕으로 새로운 일에 적극적으로 나서야 한다. 육오六五를 설득시키는 일도

자기의 몫이다. 가만히 있으면서 소극적으로 대처하면 안 된다. 그래서 '나아가서 임하면 허물이 없다'고 했다.

> 六五는 知臨이니 大君之[1]宜면 吉하리라 象曰大君之宜는 行中之謂也라

국역 |

육오六五는 지혜로움을 가지고 임해야 한다. 대군의 역할을 마땅히 해내면 길하다. 상象에서 말했다. "대군의 역할을 마땅하게 한다는 것은 중용을 행하는 것을 말한다."

난자풀이 |

[1] 之(지) : 대군大君과 의宜가 도치되었음을 나타낸다. '의대군宜大君'이어야 할 것을, 대군을 강조하여 앞으로 내고 대군과 의宜 사이에 도치되었음을 표시하는 지之가 들어간 것이다.

강설 |

육오六五는 전체의 실권자다. 그러나 힘이 없고 자신이 없다. 그래서 하층부가 새로운 일을 추진하는 것이 달갑지 않다. 그것을 저지하기도 한다. 그러나 그렇게 하는 것은 자기의 감정에만 빠져 있는 소인이다. 전체와 한마음이 되는 군자라면 아랫사람들의 마음과 힘을 읽어서 적

臨

당한 시기에 일을 추진할 것이다. 순임금은 전체와 한마음이 되어 모두가 바라는 중용의 도를 과감하게 실천했다. 그래서 공자는 순임금을 크게 지혜로운 사람이라 했다. 지혜로운 사람은 모두의 마음을 읽어 모두가 바라는 최선의 정책을 과감하게 시행할 수 있다. 육오六五가 바로 그렇게 해야 되는 위치이다. 그래서 '지혜로움을 가지고 임해야 한다'고 했다. 지혜롭게 전체의 마음을 파악하여 모두가 원하는 정책을 시행하는 것이 임금의 도리이다. 그래서 '대군의 역할을 마땅히 해내면 길하다'고 했다.

上六(상육)은 敦臨(돈림)이면 吉(길)하여 无咎(무구)하리라 象曰敦臨之吉(상왈돈림지길)은 志在內也(지재내야)라

국역 |

상육上六은 돈독한 마음으로 임하면 길하고 허물이 없다. 상象에서 말했다. "돈독한 마음으로 임하여 길한 것은 뜻이 안에 있기 때문이다."

강설 |

상육上六은 은퇴해야 하는 위치에 있다. 사는 날이 얼마 남지 않았다고 생각하여 새로운 일을 시작하는 것을 싫어한다. 또 새로 일을 시작하다가 잘못 되기라도 하면 돌이킬 수 없기 때문에 노파심이 많다.

그래서 지금 초구初九와 구이九二를 중심으로 새로운 일을 시작하는 것이 몹시 불안하다. 그러나 그것은 개인적인 감정이고 육체적 삶에 얽매어 있는 소인의 태도다. 군자라면 생사에 상관하지 않고 영원의 입장에서 일을 추진할 것이다.

그러므로 상육上六이 군자라면 내일 종말이 온다 해도 한 그루의 사과나무를 심을 것이다. 군자의 눈으로 보면 초구初九와 구이九二는 엄청난 능력의 소유자다. 그러므로 그들을 중심으로 침체된 국면을 타개하지 않으면 안 된다. 든든한 마음으로 새로 시작하는 일을 지원해야 한다. 그래서 '돈독한 마음으로 임하면 길하고 허물이 없다'고 했다.

돈독한 마음으로 임한다는 말은 마음이 하층부의 젊은이들과 함께 한다는 것을 의미한다. 그래서 '뜻이 안에 있다'고 했다.

풍지관
風地觀

이 괘의 상괘는 손괘巽卦이고 하괘는 곤괘坤卦다. 위의 손괘는 순조롭지만 아래의 곤괘는 유약하며 소극적이고 침체해 있다. 괘의 중심에 있는 구오九五는 지금까지 모든 것이 순조로웠기 때문에 어려움을 모른다. "내 사전에 불가능이란 없다"고 한 나폴레옹처럼 모든 것을 낙관하기 쉽다. 그러나 일은 자기 개인의 기분으로 이루어지는 것이 아니다. 전체의 상황을 잘 읽어서 추진해야 한다. 이 괘 전체의 상황에서 보면 실질적으로 일을 추진하는 하층부가 나약하여 추진력이 없다. 이를 염두에 두지 않고 구오九五의 기분만으로 무리하게 일을 추진하면 실패하고 만다. 그러므로 하층부의 힘이 좋아질 때까지 일의 추진을 유보하고 사태를 관망해야 한다. 이러한 의미에서 이 괘의 이름을 관觀이라 붙였다.

觀이라 盥[1]而不薦[2]이니 有孚면 顒[3]若[4]하리라 象曰大觀으로 在上하여 順而巽하고 中正以觀天下니 觀盥而不薦有孚顒若은 下觀而化也라 觀天之神道而四時不忒하니 聖人이 以神道設教而天下服矣니라 象曰風行地上이 觀이니 先王이 以하여 省[5]方觀民하여 設教하니라

국역 |

관망해야 하는 형국이다. 손을 씻고서도 제사음식을 올려놓지 않아야 한다. 한마음을 유지하면 온화하게 될 것이다. 단象에서 말했다. "크게 관망하는 자세로 윗자리에 있으며 순하면서 겸손하며 중심의 자리에 있고 바른 자리에 있으면서 천하를 관망한다. 관망해야 하는 상황에서 손을 씻고서도 제사음식을 올려놓지 않고 한마음을 유지하면 온화해지는 것은 아랫사람이 보고서 감화를 받기 때문이다. 하늘의 신묘한 도를 보아 사시가 어긋나지 않고, 성인이 신묘神妙한 도道로써 가르침을 베풀어 천하가 감복한다." 상象에서 말했다. "바람이 땅 위로 부는 것이 관觀이니 선왕이 이 괘의 이치를 살펴, 사방을 살피고 백성을 관찰하여 가르침을 베푼다."

난자풀이 |

1 盥(관) : 대야. 씻다.
2 薦(천) : 바치다. 천거하다. 여기서는 신에게 제사음식을 올리는 것을 말한다.
3 顒(옹) : 느긋하다. 온화하다.
4 若(약) : 앞의 단어를 형용사나 부사로 만들어 주는 접미사. 연然과 같은 기능을 한다.
5 省(성) : '살핀다'는 뜻. '줄인다'는 뜻이 될 때는 음이 '생'이 된다.

강설 |

만사를 자기의 기분만으로 추진하면 곤란하다. 일을 담당할 아랫사람들이 힘이 없다면 참고 기다려야 한다. 자신이 있는 사람은 참고 기다리기가 어렵다. 그래서 이를 제사지내는 것에 비유했다. 제사음식을 장만하여 제사상에 올릴 때는 먼저 손을 씻는다. 손을 씻은 다음에는 제사음식을 올리기만 하면 된다. 이런 상태에서 음식을 올리지 않고 관망한다는 것은 상상하기 어려운 일이다. 그래도 올리지 않고 관망해야 한다는 것은 그만큼 이 괘의 상황이 어렵다는 것을 표현한 것이다. 대체로 이 괘의 상황에 처한 사람은 거의가 일을 무리하게 추진하다가 실패를 하고 만다. 그래서 이를 견제하기 위해 음식을 장만한 뒤 손을 씻고서도 음식을 올리지 않아야 한다고 했다. 오늘날의 일로 비유하면 매매계약서를 썼다 하더라도 추진하지 말고 중단하라는 말로 이해하면 될 것이다.

아랫사람들이 일을 할 능력도 없고 준비도 되지 않은 상황에서 일을 추진하면 아랫사람들은 반발한다. 반발하는 아랫사람과 함께 일을 추진하면 성공할 수 없다. 아랫사람의 처지를 살펴 쉬면서 실력을 쌓게 한 뒤에 일을 추진해야 성공할 수 있다. 윗사람과 아랫사람의 관계에서 가장 중요한 것은 서로 한마음이 되는 것이다. 그리하여 아랫사람이 윗사람을 믿고 윗사람이 아랫사람을 믿은 뒤에야 일을 추진할 수 있다. 지금은 서로 믿지 못하는 관계다. 윗사람은 아랫사람을 무시하고 아랫사람은 윗사람을 못마땅하게 생각한다. 그러므로 일을 추진하기 전에 믿음부터 회복하지 않으면 안 된다. 믿음을 회복한다면 비로소 온화하게 될 것이다. 온화하게 된 뒤에는 어떤 일이건 추진할 수 있다.

구오九五가 마음을 넓게 갖고 세심하게 관망하는 자세로 윗자리에 있고, 아래의 곤괘는 순하고 위의 손괘는 겸손하기 때문에 '순하면서 겸손하다'고 했다. 그리고 중심이면서 바른 자리에 있는 구오九五가 하층부의 상황을 관망하기 때문에 단彖에서는 중정中正한 입장에서 천하를 관망한다고 했다.

상층부에서 자신들의 입장대로 일을 추진하지 않고 하층부의 뜻과 상태를 관찰하여 화합을 힘쓴다면 아랫사람들은 지도자의 정성에 감화되어 전체가 온화하게 된다. 그래서 '한마음을 유지하면 온화해지는 것은 아랫사람이 보고서 감화를 받기 때문이다'라고 했다.

만물의 생태를 관찰하여 모두 살아갈 수 있도록 작용하는 것이 하늘이다. 하나도 빠뜨리지 않고 만물을 모두 살리는 이러한 작용을 신비한 작용이라는 의미에서 신도神道라고 했다. 이러한 하늘의 신비한 작용을 살펴 알기 때문에 사시四時를 비롯한 모든 자연현상은 하늘의 작용을 따라 조금의 어김도 없이 운행된다. 하늘과 하나가 되어 천도를 실현하는 사람이 성인聖人이다. 따라서 성인이 신묘한 도를 갖추고 가르침을 베풀면, 천하의 사람들은 사시가 하늘의 도를 따르듯이 모두 감복하여 성인의 도를 따른다. 그리하여 자연이 대 조화를 이루듯이 인간세계도 이상세계를 이룰 수 있다.

이 관괘觀卦의 이치를 아는 선왕들은 백성들에게 어려움이 있을 것을 생각하여 사방을 살피고 백성들의 사정을 관찰하여 가르침을 베푼다. 그래서 상象에서는 '선왕이 이 괘를 살펴 사방을 살피고 백성을 관찰하여 가르침을 베푼다'고 했다. 모두 한 마음이 된 뒤에는 어떠한 일을 추진하더라도 문제될 것이 없다.

초육 동관 소인 무구 군자 인 상
初六은 童觀이니 小人이면 无咎하고 君子면 吝하리라 象

왈 초 육 동 관 소 인 도 야
曰初六童觀은 小人道也라

국역 |

초육初六은 어린이처럼 관망해야 한다. 소인처럼 행동하면 허물이 없지만 군자처럼 행동하면 곤경에 처한다. 상象에서 말했다. "초육初六에서 어린이처럼 관망해야 하는 것은 소인의 모습으로 대처해야 하는 도이기 때문이다."

강설 |

관괘의 상층부는 엄청난 실력자이고 또 자존심이 강한 양陽이기 때문에 하층부를 무시한다. 그 중에서도 어린 초육初六을 더욱 무시한다. 그러므로 초육初六은 아무 것도 모르는 어린이처럼 처신해야 한다. 조금이라도 아는 체를 하면 경솔하다는 낙인까지 찍히고 만다.

군자는 예법을 잘 아는 사람이고, 소인은 예법을 잘 모르는 사람이다. 예의 근본정신은 남과 조화를 이루는 것이므로 참된 군자는 남과 조화를 이루는데 효과가 있다고 판단되면, 예법을 모르는 소인처럼 행동할 수도 있다. 자기가 아는 예법만 옳다고 고집하여 남과 조화를 이루지 못하는 사람은 군자처럼 보이지만 사실은 소인이다. 그러므로 初

六이 참된 군자라면 모든 것을 윗사람에게 물어서 행동함으로써 예법을 모르는 소인처럼 보이기도 할 것이다. 그러나 그것이 조화를 이루는 길이다. 그렇게 하는 것이 참된 예다. 그러나 소인은 예의 근본정신을 모르고 군자인양 많이 아는 척하다가 남과 조화를 이루지 못한다. 소인처럼 행동하는 것이 군자고 군자처럼 행동하는 것이 소인이다.

공자가 태묘에 들어가 제사를 거들 때, 제사의 방법을 일일이 물어서 진행했다. 이것을 본 어떤 사람이 공자는 예를 모르는 사람이라고 비난했지만, 이를 들은 공자는 "그렇게 하는 것이 예禮다"라고 대답했다. 윗사람에게 수용되지 않을 때 처신하는 비결이 바로 이것이다.

육이 규관 이여정 상왈규관여정 역가
六二는 窺觀[1]이니 利女貞하니라 象曰窺觀女貞은 亦可

추야
醜也[2]니라

국역 |

육이六二는 엿보면서 관망해야 한다. 여자처럼 가만히 있으면서 냉철히 대비하는 것이 이롭다. 상象에서 말했다. "엿보면서 관망해야 하는 상황에서 여자처럼 참고 견뎌야 하는 것은 또한 추하게 될 수 있기 때문이다."

난자풀이 |

[1] 窺(규) : 엿본다.

2 醜(추) : 추하다.

강설 |

육이六二는 하층부의 실권자다. 그러나 상층부의 구오九五와 상구上九에게 무시당하기 때문에 그들이 추진하는 일을 저지할 수 없다. 또 그들이 벌이는 일을 뒷받침할 힘도 없다. 이런 상황에서는 상층부가 추진하는 일에 맥없이 끌려갔다가 패망하기 십상이다. 나폴레옹이 무리하게 추진하는 전쟁에 끌려갔다가 패전한 군사들이 이에 해당한다. 무리하게 사업을 추진하는 남편을 저지하지 못하고 끌려갔다가 망하게 된 부인의 처지도 이에 해당한다. 이 경우에 실무책임자인 육이六二는 어떻게 해야 할까? 남편이 추진하는 일을 저지할 힘이 없는데도 무리하게 저지하려고 하면 일은 일대로 되지 않으면서 남편에게 당하기만 한다. 심하면 얻어맞아 상처 입을 경우도 있다. 이러한 경우에는 규방에 앉아서 문틈으로 남편의 하는 일을 살펴보듯 은밀히 관찰해야 한다. 그리고 가만히 있으면서 냉정하게 판단하여 남편이 망했을 경우에 대한 대비책을 세워야 한다. 조용히 등기이전을 하거나 자녀의 교육비를 따로 떼어 놓는 것도 좋을 것이다. 그것은 아무도 모르게 엄밀하게 해야 할 것이다. 그래서 '여자처럼 가만히 있으면서 냉철히 대비하는 것이 이롭다'고 했다. 정貞은 겨울의 역할이다. 겨울은 조용히 있으면서 냉철하게 봄을 대비하는 계절이다.

六三(육삼)은 觀我生(관아생)하여 進退(진퇴)로다 象曰觀我生進退(상왈관아생진퇴)면 未失道也(미실도야)라

국역 |

육삼六三은 나의 생명을 살펴 진퇴해야 한다. 상象에서 말했다. "나의 생명을 보아서 진퇴하면 아직 도道를 잃지는 않는다."

강설 |

육삼六三은 본래 소외당하는 자리이기 때문에 불만이 많다. 거기다가 상층부로부터 무시까지 당하면 견디기 어렵다. 속이 꽁하고 얼어붙는다. 그러나 상층부는 지금 자신만만하다. 성공할 자신이 넘친다. 그런 상층부의 일에 반대를 하면 용서받지 못한다. 하층부가 반기를 들 경우 초육初六은 어리기 때문에 용서받을 수 있고, 육이六二는 실권자이기 때문에 용서받을 수 있지만, 육삼六三은 용서받지 못한다. 상층부는 자신만만하기 때문에 일을 추진할 때 시범케이스로 걸림돌을 제거하는데, 이때 제거의 대상이 되는 것이 육삼六三이다. 그러므로 육삼六三은 선불리 나서다가는 목숨이 없어진다는 것을 알아야 한다. 그러므로 일거수일투족에 생명이 달려있다고 생각하고 행동하지 않으면 안 된다. 그래서 '나의 생명을 살펴 진퇴해야 한다'고 했다.

육삼六三은 자신이 처한 상황이 위기의 상황이라는 것을 잘 인식하여 슬기롭게 대처하면 위기를 넘길 수 있다. 그 방법은 첫째, 육이六二와 상의하여 겉으로는 순종하면서 은밀히 앞일에 대비하고, 둘째, 육사六四와 상의하여 도움을 구하는 것이다. 그렇게 하면 해결이 된다. 그래서 '아직 도道를 잃지는 않는다'고 했다.

육사 관국지광 이용빈우왕 상왈관국
六四는 觀國之光이니 利用賓于王하니라 象曰觀國
1 2
지광 상빈야
之光은 尙賓也라

국역 |

육사六四는 나라의 빛을 살펴야 한다. 그리하여 왕에게 손님이 되는 것이 이롭다. 상象에서 말했다. "나라의 빛을 살펴야 하는 것은 빈객賓客을 높이기 때문이다."

난자풀이 |

1 光(광) : 아름다운 경치. 나라의 아름다운 경치를 살핀다는 것은 그 나라에 관광을 가는 것을 말한다.

2 用(용) : 이以와 통용. 용用의 목적어는 관국지광觀國之光이다. 따라서 이 문장은 이용관국지광빈우왕利用觀國之光賓于王에서 관국지광이 앞으로 나온 것으로 보면 될 것이다.

강설 |

관괘의 육사六四는 상층부의 유일한 음陰이므로 치밀하고 섬세하여 탁월한 능력을 발휘할 수 있다. 그러므로 하층부의 어려움을 찾아내어 윗사람들을 설득할 수도 있다. 관광을 가는 이유도 관광간 곳의 어려운 점을 찾아내어 문제를 해결하기 위해서이다.

군자들의 관광은 명승지를 관람하러 간다는 것을 구실로 삼지만, 실지로는 그 도중에 사람들의 어려운 사정을 살피는 것이 주 목적이다.

『맹자孟子』에는 관광의 방법에 대한 이야기가 나온다. 천자나 제후들이 관광을 가는 것은 그저 경치를 구경하기 위한 것이 아니다. 봄에는 백성들의 밭갈이를 살피고 가을에는 추수하는 것을 살펴 부족한 것을 도와주기 위함이라 하겠다. 관괘의 육사六四는 관광이라는 형태를 빌어 아랫사람들의 어려움을 살펴 윗사람에게 보고하고 윗사람들의 마음을 바꾸도록 해야 하는 위치이다. 이 경우는 왕王의 부하인 관리보다는 왕의 손님이 나서는 것이 유리하다. 아랫사람의 어려움을 살피기도 쉽고 왕에게 설득하기도 쉽다. 그래서 '왕에게 손님이 되는 것이 이롭다'고 했다. 가정의 경우라면 자녀들의 어려움을 살피는 데는 고모나 삼촌, 또는 이모가 나서는 것이 좋다.

관광객처럼 처신하는 것이 좋은 까닭은 손님을 높이는 풍조가 있기 때문이다. 그래서 '나라의 빛을 살펴야 하는 것은 빈객을 높이기 때문이다'라고 했다.

九五(구오)는 觀我生(관아생)이니 君子(군자)라야 无咎(무구)하리라 象曰觀我生(상왈관아생)은 觀民也(관민야)라

국역 |

구오九五는 나의 생명을 살펴야 한다. 군자라야 허물이 없다. 상象에서 말했다. "나의 생명을 살피는 것은 백성을 살피는 것이다."

강설 |

구오九五는 지금까지 모든 것이 순조로웠기 때문에 만사에 자신감이 넘친다. 그래서 일을 무리하게 추진하는 경향이 있다. 그러나 하층부는 이를 뒷받침할 힘이 없다. 그래서 반발을 하지만 구오九五는 그들을 무시하고 추진하기 쉽다. 그러나 실지로 일을 하는 실무자는 하층부다. 그것을 무시하고 일을 추진하면 패망하고 만다. 조금 패망하는 것이 아니라 아주 패망하여 죽음에 이를 것이다. 나폴레옹이 무리한 전쟁을 일으켰다가 재기불능의 상태에 빠진 경우가 이에 해당한다. 그래서 '나의 생명을 살펴야 한다'고 했다.

소인은 자기 개인의 감정에 따라 움직이지만 군자는 늘 전체의 입장에서 판단하고 처리한다. 그러므로 구오九五가 군자라면 아랫사람의 실정을 살펴 무리한 일을 추진하지 않을 수 있다. 그래서 '군자라야 허물이 없다'고 했다.

군자는 늘 백성과 한 마음이 되어 언제나 그들의 뜻을 대변하는 정치를 하기 때문에 독재로 치닫지 않는다. 임금의 존재는 백성들의 뜻에 의해 결정되는 것이기 때문에 민심에 위배되는 정치를 하면 자기의 생명을 잃게 된다. 그러므로 자기의 생명을 살피는 것은 백성의 뜻을 살피는 것이다. 그래서 '나의 생명을 살피는 것은 백성을 살피는 것이다'라고 했다.

上九(상구)는 觀其生(관기생)이니 君子(군자)라야 无咎(무구)하리라 象曰觀其生(상왈관기생)은 志未平也(지미평야)라

국역 |

상구上九는 그들의 생명을 살펴야 한다. 군자라야 허물이 없다. 상象에서 말했다. "그들의 생명을 살펴야 하는 것은 뜻이 아직 온화해지지 않았기 때문이다."

강설 |

상구上九는 이미 일에서 손을 뗀 사람이라 생각하기 때문에 구오九五가 일으키는 일을 남의 일처럼 생각하기 쉽다. 그러나 지금의 사태는 심각하다. 자기의 피붙이인 육삼六三의 생명도 위태롭고 자기가 의지하고 있는 구오九五의 생명도 위태롭다. 그러므로 그들의 생명이 달린 일이라 생각하고 현명하게 대처하지 않으면 안 된다. 그래서 상구上九는 한편으로는 육삼六三을 달래어 구오九五에게 무리하게 반발하지 않도록 유도해야 하고, 다른 한편으로는 구오九五를 설득하여 무리하게 일을 추진하지 않도록 유도해야 한다. 소인은 자기의 이해만을 생각하지만, 군자는 전체의 분위기를 살펴 대처한다. 그래야 전체가 패망의 길로 가지 않는다. 그래서 '그들의 생명을 살펴야 한다. 군자라야 허물이 없다'고 했다. 전체가 위태로운 것은 상층부와 하층부의 사람들이 아직 화합하지 않았기 때문이다. 그러므로 상구上九에게는 그들을 화합하도록 유도해야 하는 역할이 남아있다.

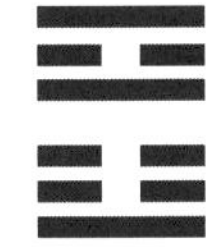

화뢰서합
火雷噬嗑

이 괘의 상괘는 리괘離卦이고 하괘는 진괘震卦이다. 상괘인 리괘는 부족한 것이 없이 만족하고 있고, 하괘인 진괘는 내적인 쇄신을 위해 지각변동을 일으키고 있다. 상층부는 현재에 만족하고 있기 때문에 지각변동을 일으키는 하층부의 마음을 이해하지 못한다. 괘의 핵심인 육오六五는 구사九四의 보좌에 만족하기 때문에 그를 믿고 신뢰한다. 그래서 하층부를 직접 지휘해야 할 존재인 구사九四에게 하층부의 문제를 일임한다. 그러나 구사九四는 육오六五에게는 신뢰를 받지만 하층부의 문제를 해결할 능력이 없다. 하층부의 문제를 해결할 수 있는 사효는 강력하면서도 부드럽고 치밀한 손괘巽卦가 상괘인 경우뿐이다.

하층부의 문제를 해결할 수 없는 서합괘의 구사九四는 육오六五에게 위임받은 권력을 남용하여 하층부를 탄압한다. 그리고 육오六五에게는 걱정 말라고 안심시킨다. 이승만 대통령에게 신임을 받은 이기붕이 국민들을 탄압하여 더욱 혼란해진 경우가 이에 해당한다. 이러한 상황에서 최선의 해결책은 육오六五가 스스로 구사九四를 파면시키는 것이고,

차선책은 하층부가 단결하여 구사九四를 몰아내는 것이다. 그러나 대부분의 경우는 육오六五가 오히려 구사九四를 두둔하기 때문에 차선책을 택하게 된다. 구사九四는 힘이 강하기 때문에 축출하기가 어렵다. 강하고 질긴 것을 제거하는 가장 원시적인 방법은 물어뜯는 것이다. 따라서 이 괘의 이름을 '물어뜯어서 제거한다'는 의미에서 서합噬嗑이라 붙였다.

噬[1]嗑[2](서합)이라 亨(형)하니라 利用獄(이용옥)하니라 彖曰頤[3]中有物(단왈이중유물)일새 曰(왈) 噬嗑(서합)이니 噬嗑而亨(서합이형)하니라 剛柔分(강유분)하고 動而明(동이명)하고 雷電合而章[4](뇌전합이장)하고 柔得中而上行(유득중이상행)하니 雖不當位(수부당위)나 利用獄也(이용옥야)니라 象曰雷電(상왈뇌전)이 噬嗑(서합)이니 先王(선왕)이 以(이)하여 明罰勅[5]法(명벌칙법)하니라

국역 |

물어뜯어 제거해야 하는 형국이다. 적극적으로 나서야 한다. 옥사를 쓰는 것이 이롭다. 단彖에서 말했다. "턱 가운데 물건이 있으니 서합이라 한다. 물어뜯어야 하고 적극적으로 나서야 한다. 굳센 것과 부드러운 것이 갈라지고, 움직이면서 밝으며, 우레와 번개가 합하여 빛이 나고, 부드러운 것이 중심을 얻어 위에서 행하니, 비록 자리가 마땅하지

않더라도 옥을 쓰는 것이 이롭다." 상象에서 말했다. "우레와 번개가 치는 것이 서합이니 선왕이 이 괘의 이치를 살펴 벌을 밝히고 법을 다스린다."

난자풀이 |

1 噬(서) : 씹다. 물어뜯다.
2 嗑(합) : 입을 다문다. 서합은 입을 다물고 물어뜯는 것을 말한다.
3 頤(이) : 턱. 기르다.
4 章(장) : 창彰과 통용. 드러난다. 빛이 난다.
5 勅(칙) : 다스린다. 원래의 글자는 칙勑이다.

강설 |

이 괘는 구사九四에게 탄압을 받은 하층부가 구사九四를 규탄하고 그를 제거하기 위해 시위를 벌이고 있는 상황이다. 구사九四가 강력하기 때문에 좀처럼 물러나지 않는다. 그래서 적극적으로 나서지 않으면 안 된다. 그래서 '적극적으로 나서야 한다'고 했다. 서합의 경우 상책은 육오六五가 구사九四를 처단하는 것이다. 그래서 '옥사를 쓰는 것이 이롭다'고 했다.

'굳셈과 부드러움이 갈라진다'는 것은 초구初九를 중심으로 한 하층부의 굳센 것과 육오六五를 중심으로 한 상층부의 부드러움이 일치하지 않는다는 것을 말한다.

움직인다는 것은 하괘인 진괘의 성격을 말하는 것이고, 밝다는 것은 상괘인 리괘의 성격을 말하는 것이다. 뇌雷는 하괘의 상을, 전電은 상괘의 상을 말한다. 그리고 뇌전雷電이 합하여 드러난다는 것은 상괘와 하괘가 합하여 밝게 드러나는 상황을 말한다. 즉 하층부에서는 구사九四에 반발하여 우레처럼 요동하고, 상층부에서는 그것을 번개처럼 밝게 살펴 구사九四를 제거하는 것을 말한다.

오효는 전체를 강력하게 이끌어야 하는 자리로 양陽이 담당해야 마땅하나 음陰이 담당하고 있어 마땅한 자리가 아니라고 했다.

이 괘의 상황에 처한 집단의 지도자는 현실에 안주하고자 하는 개인적 입장을 떠나 전체의 흐름과 상황을 살펴 구사九四에 대한 과감한 결단을 내릴 수 있어야 한다. 역사적으로 보면 진성여왕은 각간 위홍을 처단했어야 하고, 현종은 양귀비를 처단했어야 하며, 광해군은 이이첨을 처단했어야 하고, 이승만 대통령은 이기붕 부통령을 처단했어야 한다.

初九(초구)는 屨(구)[1]校(교)[2]하여 滅(멸)趾(지)[3]면 无咎(무구)하리라 象曰屨校滅趾(상왈구교멸지)는 不行也(불행야)라

국역 |

초구初九는 족쇄를 채워서 발이 없어지면 허물이 없다. 상象에서 말했다. "족쇄를 채워서 발이 없어지면 허물이 없는 것은 걷지 못하기 때문이다."

난자풀이 |

[1] 屨(구) : 신. 신다. 등의 뜻. '족쇄를 신는 것'은 '족쇄를 채우는 것'이므로 여기서는 '채우다'로 번역했다.

2 校(교) : 족쇄.
3 趾(지) : 발. 복사뼈 이하의 부분.

강설 |

초구初九는 강력한 양陽이면서 어리고 성급하다. 그래서 구사九四를 제거하는 시위에 앞서기 쉽다. 그러나 앞서나가면 사나운 구사九四에게 해만 입을 뿐 아무 일도 이룰 수 없다. 남들과 보조를 맞추어 전체의 흐름에 동화하지 않으면 안 된다. 그러므로 발이 보이지 않을 정도로 큰 족쇄를 채워 나가지 못하게 해야 한다. 그래서 '발에 족쇄를 채워 발이 없어지면 허물이 없다'고 했다.

六二(육이)는 噬膚(서부)하되 滅鼻(멸비)면 无咎(무구)하리라 象曰(상왈)噬膚滅鼻(서부멸비)는 乘剛也(승강야)라

국역 |

육이六二는 피부를 물어뜯어 코가 없어지면 허물이 없다. 상象에서 말했다. "피부를 물어뜯어 코가 없어지면 허물이 없는 것은 굳센 것을 타고 있기 때문이다."

강설 |

육이六二는 하층부의 중심이기 때문에 구사九四를 제거하는 일을 주

도해야 한다. 그러나 소극적인 음陰의 성격 때문에 구사九四를 축출하는 일에 앞서지 않기 쉽다. 그러나 그렇게 되면 전체가 혼란에 빠질 것이므로 개인적 성격에서 벗어나 적극적으로 공격해야 한다. 육이六二가 강력한 초구初九와 힘을 합해 상대를 물어뜯는다면 비교적 물어뜯기가 용이하다. 그래서 피부를 물어뜯는다고 했다. 피부는 딱딱하지 않기 때문이다. 상대의 피부를 물어뜯어 다시는 세상에 나올 수 없도록 코를 없애버려야 한다. 그렇지 않으면 다시 나타나 문제를 일으킬 것이다. 코는 얼굴의 핵심이다. 코가 없어지면 얼굴을 드러낼 수 없다.

육삼 서석육 우독 소린 무구 상
六三은 噬腊肉[1]하다가 遇毒이면 小吝이나 无咎하리라 象
왈우독 위부당야
曰遇毒은 位不當也라

국역 |

육삼六三은 말린 고기를 물어뜯다가 독을 만나면 조금 어렵지만 허물이 없다. 상象에서 말했다. "독을 만나는 것은 자리가 마땅하지 않기 때문이다."

난자풀이 |

[1] 腊(석) : 말린 고기. 포.

강설 |

육삼六三은 평소 불만이 많은데다 구사九四의 탄압까지 받기 때문에 구사九四를 축출하는 일에 적극적으로 나서지만 강력한 힘이 없다. 초구初九와 직접 힘을 합할 수 있는 처지도 아니기 때문에 구사九四를 공격하는 일이 용이하지 않다. 그래서 '말린 고기를 물어뜯는다'고 했다. 이런 상황에서 육삼六三이 섣불리 구사九四를 공격하다가는 살아남기 어렵다. 구사九四를 공격하다가 도중에 배탈이 나거나 팔이 부러지거나 하는 사고가 나서 끝까지 공격할 수 없는 상황이 되면 괜찮다. 그래서 '독을 만나면 조금 어렵지만 허물이 없다'고 했다.

강력한 힘에 대항할 때일수록 힘을 규합하지 않으면 안 된다. 설사 단독으로 행동하다가도 도중에 초구初九와 육이六二의 저지를 받게 되면 즉각 그 궤도를 수정할 수 있어야 한다. 그래서 효사에서는 이를 '말린 고기를 물어뜯다가 독을 만난다'고 했다. 만일 독을 만나지 못해 단독 공격이 너무 깊어지면, 나중에는 돌이킬 수 없는 상황이 되고 말기 때문이다. 길을 잘못 들었을 때는 도중에 저지를 받는 것이 좋다. 그렇지 않으면 돌이키기 힘든 엉뚱한 곳까지 가버리게 되기 때문이다.

구사 서건자 득금시 이간정 길
九四는 噬乾胏[1]하여 得金矢나 利艱貞[2]이라야 吉하리라

상왈이간정길 미광야
象曰利艱貞吉은 未光也라

국역 |

구사九四는 뼈가 붙은 마른 고기를 물어뜯다가 쇠 화살을 얻더라도

어려운 상황으로 여기고 시비판단을 잘 해서 참는 것을 이롭게 여겨야 길하다. 상象에서 말했다. "어려운 상황으로 여기고 시비판단을 잘 해서 참는 것을 이롭게 여겨야 길한 것은 아직 빛이 나지 않기 때문이다."

난자풀이 |

1 胏(자) : 뼈가 붙은 마른 고기.
2 艱(간) : '어려운 상황으로 여기고 잘 대처한다'는 뜻이다.

강설 |

구사九四가 반발하는 아랫사람들을 탄압하지만 아랫사람들의 반발은 거칠다. 그래서 '뼈가 붙은 마른 고기를 물어뜯는다'고 했다. 뼈가 붙은 마른 고기는 물어뜯기가 어렵다. 그만큼 아랫사람들의 반발을 억누르기가 어렵다는 말이다. 그래서 어려움을 겪고 있으면 육오六五에게 진압할 수 있는 전권을 위임받는다. 그래서 '쇠 화살을 얻는다'고 했다. 그러나 그 쇠 화살을 마음대로 휘두르다가는 패망하게 된다. 국민의 마음은 하늘의 마음이다. 국민을 상대로 싸워서 이길 수 있는 사람은 없다. 국민과 싸우는 것은 어렵다. 그것을 인식하고 시비판단을 잘 해서 참아야 한다. 그래서 '어려운 상황으로 여기고 시비판단을 잘 해서 참는 것을 이롭게 여겨야 길하다'고 했다. 정貞은 시비판단을 잘 해서 참는 것이다. 시비판단을 해서 아랫사람들과 맞서지 않고 참는 것은 그들의 요구를 들어주는 것이고, 물러나는 것이다. 그러나 권력을 쥔 자가 그렇게 하기란 어렵다. 군자가 아니면 불가능하다.

구사九四가 얻은 쇠로 만든 화살은 백성들에게 얻은 것이 아니라 육오六五에게 얻은 것이기 때문에 빛나는 것이 아니다. 그래서 상象에서는 '아직 빛이 나지 않기 때문이다'라고 했다.

六五는 噬乾肉하여 得黃金이나 貞하여 厲하면 无咎하리라 象曰貞厲无咎는 得當也라

국역 |

육오六五는 마른 고기를 물어뜯다가 황금을 얻지만 참고 견디면서 시비판단을 잘 하면 자기 살을 도려내는 아픔이 있지만 허물이 없다. 상象에서 말했다. "참고 견디면서 시비판단을 잘 하면 자기 살을 도려내는 아픔이 있지만 허물이 없는 것은 마땅함을 얻었기 때문이다."

강설 |

육오六五는 하층부의 반발을 진압하는 전체의 통치권자다. 그러므로 국가가 위기적 상황을 당했을 때 오늘날의 위수령이나 계엄령 같은 것을 발동할 수 있는 강력한 권력을 가지고 있다. 그래서 '마른 고기를 물어뜯다가 황금을 얻는다'고 했다. 황금은 가장 강력한 무기다.

그러나 이를 섣불리 사용하면 안 된다. 국민과 싸워서 이기는 장사는 없다. 그러므로 반발하는 하층부와 이를 진압하는 구사九四의 상태를 냉철히 살펴 시비를 가려야 한다. 냉철히 판단해 보면 신임하고 있었던 구사九四의 잘못을 알게 된다. 그러므로 오히려 구사九四를 제거해야 한다. 구사九四는 지금까지 신임했던 측근이다. 그를 제거하는 것은 제 살을 도려내듯 아프다. 제 살을 도려내듯 아픈 것을 『주역』에서는 려厲라 한다.

上九(상구)는 何(하)[1]校(교)[2]하여 滅耳(멸이)면 凶(흉)하리라 象曰何校滅耳(상왈하교멸이)는 聰(총)[3]不明也(불명야)라

국역 |

상구上九는 큰칼을 짊어져서 귀를 없애면 흉하다. 상象에서 말했다. "큰칼을 짊어지고 귀가 없어져 흉한 것은 귀로 듣는 것이 밝지 못하기 때문이다.

난자풀이 |

1 何(하) : 하荷와 통용. '짐' 또는 '짐을 진다'는 뜻이다.
2 校(교) : 큰 칼. 목에 채우는 형구刑具. 초구初九에서의 교校는 족쇄이고 여기서의 교校는 큰칼이다.
3 聰(총) : 귀가 밝은 것을 말한다. 여기서는 뒤에 밝다는 의미의 명明이 있으므로 '귀로 듣는 것'으로 번역했다.

강설 |

상구上九는 육오六五를 도와 전체의 방향을 잡아야 하는 위치이다. 리괘가 상괘일 때는 육오六五가 정신적 지도를 하기 어려우므로 정신적 지주로서 전체의 방향을 잡아주어야 하는 역할은 늘 상구上九가 맡아야 한다.

그러므로 상구上九는 늘 국민의 소리를 듣고 육오六五로 하여금 올바른 방향으로 가도록 길을 제시해야 한다. 그런데 선불리 육오六五의

비위에 거슬려 혹 감옥에라도 가서 국민의 소리를 들을 수 없게 되면 역할을 할 수 없게 되어 흉하다. 각별히 주의해야 한다. 그래서 '큰칼을 짊어져서 귀를 없애면 흉하다'고 했다.

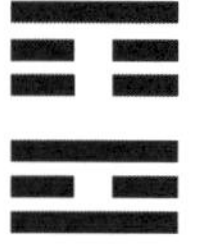

산화비
山火賁

이 괘의 상괘는 간괘艮卦이고 하괘는 리괘離卦이다. 상괘인 간괘는 막혀서 침체하고 있지만, 하괘인 리괘는 만족한 상태에서 상층부에 별 관심을 갖고 있지 않다. 이런 상황에서는 상층부의 문제가 해소되지 않아 차츰 침체한다. 이런 상황에서는 하층부가 나서야 한다. 하층부가 나서서 침체해 가는 상층부의 분위기를 바꾸어야 한다. 지금 상층부의 침체가 최악의 상태는 아니다. 최악의 상태는 태괘兌卦인 경우다. 상층부가 태괘인 경우는 바꾸어야 하지만, 간괘인 경우는 분위기만 바꾸면 된다. 이는 매상고가 서서히 떨어지는 가게가 손님을 끌기 위해 실내장식을 새로 하여 신장개업을 하는 경우와 같다. 따라서 이 괘의 이름을 '꾸민다'는 의미에서 비賁라 붙였다. 賁의 음은 본래 '분'인데 괘의 이름이 될 때에는 '비'로 발음한다.

賁(비)라 亨(형)하니라 小利有攸往(소리유유왕)하니라 彖曰賁亨(단왈비형)은 柔來而(유래이) [1]
文剛(문강)이니 故(고)로 亨(형)하고 分剛(분강)하여 上而文柔故(상이문유고)로 小利有(소리유) [2]
攸往(유왕)하니 天文也(천문야)오 文明以止(문명이지)하니 人文也(인문야)라 觀乎天(관호천)
文(문)하여 以察時變(이찰시변)하며 觀乎人文(관호인문)하여 以化成天下(이화성천하)하나
니라 象曰山下有火(상왈산하유화) 賁(비)니 君子(군자) 以(이)하여 明庶政(명서정)하되 无(무)
敢折獄(감절옥)하나니라
[3]

국역 |

꾸며야 하는 형국이다. 적극적으로 나서야 한다. 가는 바가 있으면 조금 이롭다. 단彖에서 말했다. "꾸며야 하는 형국에서 적극적으로 나서야 하는 것은 부드러운 것이 와서 굳센 것을 꾸며주기 때문이니 그러므로 적극적으로 나서야 한다. 굳센 것을 나누어서 위로 올라와 부드러운 것을 꾸며주기 때문에 가는 바가 있으면 조금 이롭다. 이는 천문天文이다. 문명한 상태에서 그치니 이는 인문人文이다. 천문을 보고 시변時變을 살피며 인문을 보고 천하를 화성化成한다." 상象에서 말했다. "산 아래에 불이 있는 것이 분賁이니 군자는 이 괘의 이치를 살펴 서정庶政을 밝히되 감히 송사를 단행하지 않는다."

난자풀이 |

1 賁(비) : '꾸민다'는 뜻으로 쓰일 때는 음이 '비'이고 '아름답다', '크다', '달린다' 등의 뜻으로 쓰일 때는 음이 '분'이다. 여기서는 '비'로 읽어야 한다.
2 文(문) : '꾸민다', '무늬' 등의 뜻.
3 折(절) : '단행한다', '결단한다' 등의 뜻.

강설 |

약간 침체되어 있는 상황에서는 변화를 추구해야 한다. 특히 하층부는 현재에 만족하기 때문에 나서기 싫어하지만 전체의 입장에서 파악하는 군자라면 자기 일에만 만족하지 않고 적극적으로 나서서 전체를 새로 꾸밀 것이다. 적극적으로 나서서 일을 꾸미면 침체되는 국면이 다소 호전될 수 있다. 그래서 '가는 바가 있으면 조금 이롭다'고 했다. 가는 바가 있다는 것은 분위기를 바꾸기 위해 움직이는 것을 말한다.

부드러운 것이 와서 굳센 것을 꾸민다는 것은 하괘인 리괘가 상괘인 간괘를 꾸민다는 말이다.

굳센 것을 나누어서 위로 올라와 부드러운 것을 꾸민다는 말은 육이六二가 구삼九三, 초구初九의 굳센 양과 함께 상층부의 음인 육사六四와 육오六五를 돕는다는 말이다. 상구上九를 꾸며서 분위기를 바꾸고 육오六五와 육사六四를 도와 상황을 쇄신하는 것은 상층부를 변화시키는 것이므로 천문天文이라 했다. 상층부가 하늘이라면 하층부는 땅이기 때문이다.

이에 비하여 리괘인 하층부는 그 자체로 이미 문명한 상태이기 때문에 따로 꾸밀 것이 없다. 그 상태에 머물러 있는 것이 좋다. 이것을 '문명한 상태에 그친다'고 했다. 그리고 이 문명하게 이미 꾸며진 하층부의 상황을 인문人文이라 했다.

천문은 하늘의 운행질서이다. 인간은 하늘의 운행질서를 보고 거기에 맞추어 변화해야 한다. 그러므로 천문을 살펴 때맞게 변해야 하는 법칙을 살핀다고 했다. 인문은 사람들의 문명한 삶의 질서이므로 이 인문을 살펴 거기에 따라야 인간세계의 일을 이루고 평화롭게 할 수 있다. 그래서 '인문을 보고 천하를 화성한다'고 했다.

하늘의 질서를 보아 따르고 인간의 질서를 통찰하여 따르는 것은 정치이다. 따라서 이 분賁괘의 상象을 깨달은 군자는 정치의 원리를 밝혀 하늘과 사람의 질서에 따르기 때문에 함부로 송사를 단행하지 않는다. 앞의 서합괘가 구사九四를 제거해야 하는 상황이라면 종괘綜卦의 관계에 있는 이 분괘賁卦는 약간의 변화를 주는 정도에서 해결되는 상象이다. 송사를 단행해야 하는 상황이 아니다. 그래서 상象에서는 '군자는 이 이치를 살펴 서정庶政을 밝히되 감히 송사를 하지 않는다'고 했다.

초구 비기지 사거이도 상왈사거이도 의
初九는 賁其趾니 舍車而徒[1]로다 象曰舍車而徒는 義

불승야
弗乘也라

국역 |

초구初九는 그 발을 꾸미는 것이니 수레를 버려두고 걸어 다녀야 한다. 상象에서 말했다. "수레를 놓아두고 걸어 다니는 것은 의당 타지 않아야 하기 때문이다."

난자풀이 |

[1] 舍(사) : 사捨와 통용. '놓아둔다'는 뜻.

강설 |

초구初九는 육이六二를 도와 상층부의 정체된 상황을 쇄신하기 위해 노력해야 하는 위치이다. 초구初九가 할 수 있는 일은 하찮은 것이다. 무대장식을 하는 경우라면 주로 무대의 바닥을 장치하는 위치이므로 '그 발을 꾸민다'고 했다. 신장개업을 하기 위해 실내장식을 하는 것은 장사가 안 되기 때문에 하는 것이므로 화려하게 수레를 타고 다닐 입장이 아니다. 걸어다니면서 검소하게 해야 한다.

六二(육이)는 賁其須(비기수)[1]로다 象曰賁其須(상왈비기수)는 與上興也(여상흥야)라

국역 |

육이六二는 그 수염을 꾸민다. 상象에서 말했다. "꾸미는 형국에서 그 수염을 꾸미는 것은 위와 더불어 흥기興起해야 하기 때문이다."

난자풀이 |

[1] 須(수) : 수鬚와 통용. 수鬚는 수염.

강설 |

육이六二는 실무책임자이므로 꾸미는 역할의 핵심을 담당해야 한다. 무대를 꾸미는 경우라면 무대장치 중의 가장 눈에 띄는 부분을 꾸민다. 옛 조상들이 몸을 단장할 때 가장 핵심적인 부분은 얼굴이었다. 그리고 또 얼굴을 꾸밀 때 가장 중요한 부분은 수염이었다. 그래서 '수염을 꾸민다'고 했다.

이 경우 육이六二는 절약이 무조건 미덕이 되는 것은 아니다. 성과를 높이기 위해서는 어느 정도의 비용은 써야 한다. 육이六二가 제 역할을 못하면 가장 중요한 얼굴이 망가지기 때문이다.

육이六二는 자기의 기분에 빠져 만족한 상태에서 가만있기만 하면 안 된다. 윗사람들이 침체한 것을 해결하여 일으켜 세워야 한다. 그래서 '위와 더불어 흥기해야 한다'고 했다.

九三(구삼)은 賁如(비여)[1] 濡如(유여)[2]하니 永貞(영정)하면 吉(길)하리라 象曰永貞之(상왈영정지)[3] 吉(길)은 終莫(종막)[4]之陵(지릉)[5]也(야)니라

국역 |

구삼九三은 꾸미면 젖으니 길이 참고 있어야 길하다. 상象에서 말했다. "길이 참고 견디면 길한 것은 끝내 능멸할 사람이 없기 때문이다."

난자풀이 |

1 如(여) : 조사.
2 濡(유) : 젖다. 적시다.
3 之(지) : 동격임을 나타내는 역할을 한다. 영정永貞과 길吉이 동격임을 표현한다.
4 之(지) : 부정을 나타내는 말(莫) + 타동사(陵) + 목적어(之)로 이어질 경우 타동사와 목적어가 도치되는 예에 따라 여기서도 도치되었다.
5 陵(능) : 능멸한다.

강설 |

구삼九三은 실내에 변화를 주거나 무대를 꾸미는 일을 하는데 있어 실무책임자도 또 결정권자도 아니기 때문에 마땅한 자기 역할이 없다. 이 경우 쭈뼛거리며 손을 대다가는 오히려 일을 망치기 십상이다. 그래서 '꾸미면 젖는다'고 했다. 그러므로 어디까지나 육이六二가 하는 일에 보조만 해야 한다. 그래서 '길이 참고 있어야 길하다'고 했다. 만약 잘못 손을 대다가 실수를 하여 꾸지람을 들더라도 삐치거나 화를 내면 안 된다. 그것은 오히려 당연하다. 실내장식을 하는 것은 기분 좋아서 하는 일이 아니다. 그러므로 만약 삐치거나 화를 내면 수치스러운 일을 당한다.

이런 경우에는 개인적 감정을 누르고 전체의 흐름을 파악하여 길이 참아야 한다. 그래서 '길이 참고 견디면 길하다'고 했다. 대체로 사람들은 참으면 바보가 되는 것처럼 생각하기 쉽다. 그러나 사실은 그 반대다. 군자는 전체의 입장에서 파악하여 개인감정을 누를 수 있다. 그러므로 참는 자는 군자다. 소인은 참지 못하고 자꾸 항변한다. 그러나 항변을 하면 할수록 점점 더 바보가 된다. 참고 견디는 사람을 능멸할 수 있는 사람은 없다.

六四는 賁如皤如나 白馬翰如니 匪寇라 婚媾로다 象曰六四는 當位疑也니 匪寇婚媾는 終无尤也라

육사 비여파여 백마한여 비구 혼구 상왈육사 당위의야 비구혼구 종무우야

국역 |

육사六四는 꾸미다가 머리가 희끗희끗해진다. 흰말이 날개 다는 것이니 도적이 아니다. 혼인할 짝이다. 상象에서 말했다. "육사六四는 마땅한 자리에 있으나 의심한다. 도적이 아니라 혼인할 짝이라 한 것은 결국은 허물이 없기 때문이다."

난자풀이 |

1 皤(파) : 머리가 하얀 모양. 배가 불룩하고 살찐 모양.
2 翰(한) : 날개.

강설 |

육사六四는 상층부를 이끌고 무대를 꾸미는 총지휘자다. 그러나 육사六四는 머리가 아프다. 원래 소극적이고 자신감이 없다. 그런데 무리하게 투자를 하는 것 같아 머리가 희어질 지경이다. 그러나 새로 꾸미는 것은 백마에 날개를 다는 것 같이 화려해지는 것이니 적극적으로 추진해야 한다. 흰말이 날개 다는 것이라고 한 것은 의욕을 가지도록 하기 위해서 비유적으로 한 말이다.

육사六四의 입장에서는 하층부가 분위기를 바꾸자고 보채는 것이 여

간 귀찮은 것이 아니다. 그들이 원수같이 느껴지기도 한다. 그러나 그들은 발전을 위한 몸부림이지 해롭게 하고자 하는 것이 아니다. 그러므로 그들과 화합해야 한다. 그래서 '혼인할 짝이다'라고 했다.

六五는 賁于丘園이면 束帛[1]이 戔戔[2]하여 吝하나 終吉하리라 象曰六五之吉은 有喜也라

(육오 비우구원 속백 잔잔 인 종길 / 상왈육오지길 유희야)

국역 |

육오六五는 언덕의 동산에서 꾸미면 들어오는 예물이 부족하여 곤란하지만 마침내는 길할 것이다. 상象에서 말했다. "육오六五가 길한 것은 기쁨이 있을 것이기 때문이다."

난자풀이 |

[1] 束帛(속백) : 예물로 주고받는 비단 묶음.
[2] 戔戔(잔잔) : 나머지. 얼마 되지 아니하는 모양.

강설 |

육오六五는 무대를 꾸미거나 실내장식을 하는 총책임자다. 그러나 지금 하는 일은 넉넉해서가 아니다. 그러므로 계약을 체결할 때 예물을 바라거나 부정한 재물을 바라면 안 된다. 명명백백 투명하게 해야

한다. 그렇지 않고 의심받는 분위기가 되면 전체의 분위기가 가라앉는다. 그래서 '언덕의 동산에서 꾸며야 한다'고 했다. 언덕의 동산에서 꾸미는 것은 모두가 보는 데서 투명하게 해야 함을 말한 것이다.

비괘賁卦의 상황은 큰 식당의 경영인이 궁색한 상황에서 무리를 감수하면서 자본을 들여 실내장식을 하는 상황에 비유할 수 있다. 이러한 상황에서는 구성원들이 모두 예민해져 있기 때문에 금전적으로 의심받을 만한 일을 하지 않아야 한다. 그리고 육오六五는 경영의 핵심에서 활동하고 있으므로 더욱 유의해야 한다. 그래서 '남들이 모두 바라볼 수 있는 언덕에서 꾸며야 한다'고 했다. 공개적으로 경영하여 사실대로 보고하면 부정한 뇌물이나 수입으로 인한 문제가 될 일을 미연에 막을 수 있다. 이런 방식의 경영에서 육오六五는 뇌물이나 부수입이 없어 개인적으로는 궁색할 수도 있으나 전체의 입장에서 보면 경영이 순조롭게 진행되는 데 대한 기쁨이 있을 수 있다. 전체의 기쁨이 군자의 진정한 기쁨이다. 그래서 '언덕의 동산에서 꾸미면 들어오는 예물이 부족하여 곤란하지만 마침내 길하다'고 했다.

上九(상구)는 白賁(백비)면 无咎(무구)하리라 象曰白賁无咎(상왈백비무구)는 上得志(상득지)也(야)라

국역 |

상구上九는 하얗게 꾸미면 허물이 없다. 상象에서 말했다. "하얗게 꾸미면 허물이 없는 것은 위가 뜻을 얻었기 때문이다."

강설 |

상구上九는 비괘의 상황을 침체하게 만든 장본인이다. 물러나야 할 위치에 있으면서 은퇴하지 않아 결과적으로 아랫사람들의 진로를 막은 것이 그 원인이다. 그러므로 침체한 분위기의 쇄신을 위해 새로 꾸미고 변화를 주는 일에 동참하여 능력을 발휘해야 한다. 그리고 꾸미는 과정에서 추호도 욕심을 채우지 않아야 한다. 자기의 힘을 이용해서 욕심을 채우면 모두의 분위기가 가라앉고 만다. 그리고 상구上九는 또다시 전체를 침체하게 하는 원인을 제공하고 만다. 그래서 '하얗게 꾸미면 허물이 없다'고 했다.

마음을 비우고 순리에 따르는 것, 그것이 바로 순수해지는 것이다. 순수해져서 아랫사람들의 뜻을 존중한다면 아무 문제가 없을 것이다. 이를 '위가 뜻을 얻는 것'이라고 표현했다.

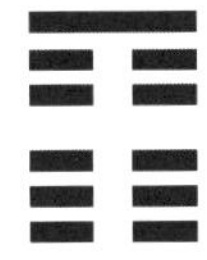

산지박
山地剝

이 괘의 상괘는 간괘艮卦이고 하괘는 곤괘坤卦다. 이 괘에서 가장 눈에 띄는 것은 다섯 음陰 가운데 유일한 양陽으로서 존재하고 있는 상구上九다. 양陽을 생명성, 영원성으로 본다면 이 괘의 생명은 이제 상구上九에게 남아있다. 마치 늦가을의 앙상한 가지 끝에 매달려 있는 열매에 마지막 생명이 결집되어 있는 것과 같다. 그래서 이 괘의 이름을 생명이 다 벗겨져 마지막의 순간을 기다리고 있다는 의미로 박剝이라 붙였다.

초목이 가을에 결실結實할 때가 되면, 열매를 충실하게 맺기 위해 잎과 줄기가 스스로의 영양분을 열매에게 다 주고 자신들은 시들어버린다. 열매가 충실하게 여물어야 봄에 땅에 떨어져 다시 싹이 날 수 있기 때문이다.

사람의 삶도 이와 같아야 한다. 자녀를 낳고 기른 뒤에는 열심히 늙고 열심히 죽어야 한다. 늙지 않고 죽지 않으면 자녀가 자랄 수 없고 자녀가 살 수 없다. 그런데 사람은 그렇지 못하다. 늙기 싫어하고 죽기 싫어한다. 그것은 잘못이다. 사람은 한 포기의 풀처럼 살아야 한다. 그 풀에서 지혜를 얻어야 한다. 그것이 박괘剝卦가 주는 교훈이다.

박 불리유유왕 단왈박 박야 유변강야
剝이라 不利有攸往하니라 彖曰剝은 剝也니 柔變剛也

불리유유왕 소인 장야 순이지지 관상야
니 不利有攸往은 小人이 長也라 順而止之는 觀象也

군자상소식영허 천행야 상왈산부어지박
니 君子尙消息盈虛는 天行也라 象曰山附於地剝이

상 이 후하 안택
니 上이 以하여 厚下하여 安宅하나니라

국역 |

벗겨내는 형국이다. 가는 바가 있으면 이롭지 않다. 단彖에서 말했다. "박剝은 벗기는 것이니 부드러운 것이 굳센 것을 변화시키는 것이다. 가는 바가 있으면 이롭지 않은 것은 소인이 자라나기 때문이다. 순하면서 멈추는 것은 상象을 본 것이다. 군자가 소멸하다가 불어나고 가득 찼다가 비우는 이치를 숭상하는 것은 하늘의 운행원리이기 때문이다." 상象에서 말했다. "산이 땅에 붙어있는 것이 박剝이니 윗사람이 이 괘의 이치를 살펴 아랫사람에게 두텁게 붙어 있으면서 집을 편안케 한다."

강설 |

박괘는 초목에 비유하자면 가을이 되어 열매만 남기고 나머지는 다 시들어 버린 상태이다. 잎과 줄기는 남은 영양분을 열매에게 다 쏟아 붓고 스스로 시들고 만다. 만약 잎과 줄기가 시들지 않으면 열매가 충실하지 못하여 생명을 이어갈 수 없다. 이러한 이치가 바로 '죽으면 살고 살면 죽는다'는 이치다. 이때는 오직 죽는 것만이 살길이다. 그런데 사람들은 늙기 싫어하고 죽기 싫어한다. 그 이유가 무엇일까?

인간의 몸을 움직이는 주인은 원래 우주의 기운이었고 하늘의 뜻이었다. 자연의 기운이라고 해도 될 것이다. 갓난아이는 배가 고프면 운다. 그것은 그 아이의 몸을 움직이는 주인이 그렇게 시키는 것이다. 그 주인은 그 갓난아이뿐만 아니라 다른 아이에게도 똑같이 그렇게 한다. 다른 아이에게 뿐만이 아니라 모든 존재에게도 그렇게 한다. 그 주인은 하나이며 전체이다. 만물은 모두 하나의 주인에 의해 움직여지는 형제와 같다. 그런데 인간은 몸에 붙어있는 감각기관의 감각작용을 통해서 구별능력을 갖게 되었다. 그리고 그 구별능력이 의식이라는 형태로 인간의 마음에 자리잡게 되었다. 그런 뒤 인간의 기억이 의식세계에 쌓여 덩어리를 형성함으로써 '나'라는 개념을 만들어내었다. '나'는 의식세계에 쌓여있는 기억의 덩어리이다. 기억상실증에 걸린 사람은 "나는 누구입니까?"하고 물으러 다닌다. 이는 기억 덩어리를 '나'로 여기는 데서 비롯된다. 그런데 기억에는 감정이 묻어있다. 맛있었던 음식을 떠올리면 또 먹고 싶어지고 좋았던 사람을 떠올리면 다시 만나고 싶어진다. 그것이 욕심이고 그것이 집착이다. 그리고 '나'라는 개념을 만들어낸 뒤에는 바로 '너'라는 개념을 만들어내어 경쟁심을 갖게 된다. 이 경쟁심이 '욕심'이다. 이렇게 만들어진 욕심은 몸을 움직이는 주인노릇을 한다. 욕심이 커지면 본래의 주인을 몰아내고 대신 그 자리에 들어앉아 주인노릇을 한다. 그러므로 욕심은 본래의 주인을 몰아낸 도둑이요 원수다. 그런데 사람은 그것을 모르고 그것이 참 주인인 줄 알고 그 욕심을 채우기 위해 평생을 다 바친다. 마치 자기의 새끼를 잡아죽이고 그 자리를 차지하고 있는 뻐꾸기의 새끼를 자기 새끼인 줄 알고 그를 먹여 살리기 위해 전력투구하는 작은 굴뚝새와도 같다.

욕심은 몸 안에만 들어있다. 욕심은 몸과 함께 없어지는 존재다. 그러므로 욕심을 주인으로 알고 사는 삶은 몸이 늙어 없어지는 것과 동시에 사라지는 존재다. 그러한 삶에는 영생이 없다. 그러므로 욕심으로 사는 사람은 늙기 싫어하고 죽기 싫어한다. 노화의 원인을 연구하여 늙음을 방지하려고 안간힘을 쓰기도 한다. 그러나 그것은 잘못이다. 늦가을에 시들고 있는 한 포기의 풀에게 부끄러운 일이다.

그러나 사람이 만약 욕심을 제거하여 본래의 주인을 되찾아 본래의 주인을 모시고 산다면, 그렇지 않다. 본래의 주인을 모시고 사는 삶은 우주적 삶이고 하늘같은 삶이다. 그대로 영원이고 그대로 전체다. 그래서 전체의 차원에서 개체의 몸이 늙어야 될 때는 열심히 늙고 죽어야 될 때는 열심히 죽는다. 그것이 진리의 삶이다. 그러므로 사람은 본래의 주인을 되찾아야 한다. 본래의 주인을 되찾는 것은 욕심을 제거하는 것이고 욕심을 제거하는 것은 '나'라는 개념을 벗겨낼 때 가능하다. 박괘는 바로 '나'라는 개념을 벗겨내는 것을 의미한다. '나'를 벗겨내는 방법은 쌓아온 기억 덩어리들을 들추어내어 하나하나 지우면 된다. 가장 어릴 때의 기억에서부터 하나하나 지워서 자기의 모든 기억 덩어리들을 지울 때 비로소 '나'라는 개념을 지워낼 수 있다. 기억을 쌓은 것이 의식이므로 기억을 지우는 것도 의식이 할 수 있는 일이다. 기억을 지우면 기억이 없어지는 것이 아니라 기억에 묻어있는 감정이 없어지고 집착이 없어진다. 집착에서 벗어나면 자유를 얻는다. 이것이 박괘의 깨우침이다.

부드러운 것이 굳센 것을 변화시킨다는 것은 아래의 음들이 위에 남아 있는 양에게 영양분을 몰아주어 양을 튼튼하게 만든다는 것을 의미한다. 그리고 소인이 자라났다는 말은 상구上九 아래에 음들만이 자리하여 생명의 활력이 없음을 의미한다. 상象으로 볼 때, 하괘인 곤괘는 순順함을 나타내고 상괘인 간괘는 멈추는 것을 나타낸다. 그래서 '순하면서 멈추어 있다'고 했다.

박괘는 초목이 시들어도 그 열매가 남아 새로운 생명을 이어나가고, 사람이 늙어 죽어도 그 자손이 남아 그 생명을 지속해 가는 과정을 잘 보여주고 있다. 이 박괘가 생명의 소멸을 보여준다면, 이 다음의 복괘는 생명의 부활을 보여준다. 이렇게 생명이 소식영허消息盈虛하는 것이 자연의 이치이고 하늘의 작용이다. 그러므로 군자는 이를 통하여 하늘의 이치를 알고 그 뜻을 따를 수 있는 것이다. 열매 하나를 살리기 위해서 나머지 전체가 시들어야 하는 초목이 이러한 자연의 섭리를 모른다면 하나하나의 이파리들은 가을에 떨어지는 것이 자기희생이라고 여겨, 떨어지지 않으려고 안간힘을 쓸 수도 있을 것이다. 그러나 모두가 하나의 생명체라는 것을 깨닫는다면 전체의 생명체를 이어가기 위해서 개체의 희생을 기꺼이 감수할 수 있을 것이다.

윗사람이 이 괘의 이치를 살핀다면 아랫사람의 생명을 두텁게 하여 집의 생명을 이어가고 나라의 생명을 이어갈 것이다. 부모가 희생하여 자녀를 살리고 군주가 희생하여 백성을 살리는 이치가 바로 이 괘의 가르침이다.

초육 박상이족 멸정 흉 상왈박상이
初六은 剝牀[1]以[2]足이니 蔑[3]貞이면 凶하리라 象曰剝牀以
족 이멸하야
足은 以滅下也라

국역 |

초육初六은 침상을 벗기되 발을 벗겨야 한다. 참고 견디지 못하면 흉할 것이다. 상象에서 말했다. "침상을 벗기되 발을 벗겨야 하는 것은 아래를 소멸시키는 것이다."

난자풀이 |

1 牀(상) : 침상. 침상은 삶의 터전이므로 '침상을 벗긴다'는 것은 삶의 터전을 없앤다는 것이다.
2 以(이) : 여기서는 '이족박以足剝'이어야 할 것인데 박剝이 앞에 나왔으므로 생략되었다. '발을 벗긴다'는 뜻이다.
3 蔑(멸) : 무無와 통용.

강설 |

초육初六은 뿌리 쪽의 가장 밑 부분에 해당한다. 침상은 삶의 터전이다. '침상을 벗긴다'는 것은 삶의 터전을 버린다는 말이다. 박괘 전체를 침상으로 보면 초육初六은 침상의 발에 해당한다. 그러므로 침상의 발을 벗기는 것은 초육初六이 자신을 버리는 것을 의미한다.

그러나 자신을 희생시키는 것은 쉽지 않다. 자신의 희생이 자신의 참 생명을 살리는 것이라는 사실을 알지 못하면 가능하지 않다. 때로는 자신의 생명에 대한 애착이 생기기도 할 것이지만 그 애착은 버려야 한다. 애착을 버리지 않으면 자신의 참 생명을 살릴 수 없다. 그래서 '참고 견디지 않으면 흉하다'고 했다. 일제 강점기에 임시정부를 살리기 위해서 내국인들이 자신의 삶의 터전을 팔아 군자금을 제공해야 했던 경우도 이에 해당한다.

자신의 기억을 지우는 일에서 초육初六은 어릴 때의 기억을 지우는 경우이다.

六二는 剝牀以辨이니 蔑貞이면 凶하리라 象曰剝牀以辨은 未有與也라

육이六二는 박상이변[1]이니 멸정이면 흉하리라 상왈박상이변은 미유여야라

국역 |

육이六二는 침상을 벗기되 침상의 다리와 몸체의 이음새를 벗겨야 한다. 참고 견디지 못하면 흉할 것이다. 상象에서 말했다. “침상을 벗기되 침상의 다리와 몸체의 이음새를 벗겨야 하는 상황은 함께 해야 할 상대가 있지 않기 때문이다.”

난자풀이 |

[1] 辨(변) : 침상과 다리를 연결하기 위해서 붙여놓은 나무. 원래의 의미는 ‘분별한다’는 의미이다. 여기서는 침상과 다리로 나뉘는 부분이라는 의미로 쓰였다.

강설 |

육이六二는 실권자이면서 자기를 버려야 하므로 힘이 든다. 그러면서도 자기를 버리는 핵심적인 역할을 담당하는 중요한 역할을 해야 한다. 침상을 해체하는 데 핵심이 되는 것은 다리와 몸체를 분리시키는 일이다. 그래서 ‘침상을 벗기되 침상의 다리와 몸체의 이음새를 벗겨야 한다’고 했다.

자기의 기득권을 포기하고 자기를 버리는 일은 어려운 일이다. 자기를 버리지 않으면 자신은 물론 전체가 다 함께 망한다는 것을 인식하

여 아깝더라도 자기를 버리는 일을 참고 견뎌내어야 한다. 그래서 '참고 견디지 못하면 흉하다'고 했다.

기억을 지우는 경우에서 보면 육이六二는 청소년시절의 기억을 지우는 것에 해당한다. 그 때는 좋은 추억이 참으로 많다. 그런 기억들을 지우는 것은 싫은 일이다. 그렇다 하더라도 지우지 않으면 안 된다.

六三(육삼)은 剝之(박지)라야 无咎(무구)하리라 象曰剝之无咎(상왈박지무구)는 失上下(실상하)也(야)라

국역 |

육삼六三은 벗겨내어야 허물이 없다. 상象에서 말했다. "벗겨내어야 허물이 없는 것은 위와 아래를 잃기 때문이다."

강설 |

육삼六三은 소외되어 불만이 많다. 그러므로 육삼六三은 희생정신을 가지기 어렵다. 그러므로 전체를 위하여 자신을 희생시키는 일에 동참하지 않을 가능성이 높다. 그러나 자기가 희생하지 않아 전체가 무너진다면 자기가 살아남는다 해도 의미가 없다. 이를 헤아리는 너그러운 군자라면 반발하지 않고 동참할 것이다.

육삼六三의 효사에서는 벗겨야 하는 부분을 정하여 말하지 않고 벗겨야 한다고만 했다. 육삼六三은 동참하지 않을 가능성이 크기 때문이

다. 그래서 희생의 대열에 조건 없이 동참해야 함을 더 강조하여 말한 것이다.

만약 육삼六三이 자기를 희생하는 일에 동참하지 않으면 고립되고 만다. 모두가 한마음이 되어 임시정부를 위해서 헌신하는 상황에서 혼자만 동참하지 않으면 윗사람과 아랫사람에게 모두 배척을 받을 것이기 때문이다. 게다가 그로 말미암아 나라도 찾지 못하게 되어 자신의 생명마저도 보존할 수 없게 된다. 따라서 이 경우에는 반감을 갖거나 주저하지 말고 무조건 동참해야 한다.

기억을 지우는 일에서 보면 육삼六三은 청소년 시절을 지나 사회에 적응하지 못하고 고민이 많았던 시절의 기억들이 대부분이다. 섭섭했던 일이나 어려웠던 일 등은 잘 지워지지 않는다. 그렇다 하더라도 강인하게 지워내어야 한다.

六四는 剝牀以膚면 凶하리라 象曰剝牀以膚는 切近災也라

(육사 박상이부[1] 흉 상왈박상이부 절근[2] 재야)

국역 |

육사六四는 침상을 벗기되 피부를 벗기면 흉할 것이다. 상象에서 말했다. "침상을 벗기되 피부를 벗기면 흉한 것은 재난에 매우 가깝기 때문이다."

난자풀이 |

[1] 膚(부) : 피부. 껍데기.

[2] 切(절) : '절박하다'는 뜻이다. '절박하게 가깝다'는 말은 '매우 가깝다'는 말이므로 여기서는 절切을 '매우'로 번역했다.

강설 |

육사六四는 상층부에 진입하여 처음으로 윗자리를 얻었기 때문에 자리에 대한 애착이 있고 미련이 있다. 그래서 자신을 희생하는 것처럼 하면서 실제로는 거짓시늉만 하는 경우가 있다. 그렇게 되면 일이 제대로 되지 않는다. 그래서 역에서는 이를 깨우쳐 '침상을 벗기되 피부를 벗기면 흉할 것이다'라고 했다. 피부를 벗긴다는 것은 껍데기만 건성으로 벗겨내는 것을 말한다.

육사六四는 육오六五 가까이 있기 때문에 건성으로 벗겨내면 육오六五가 용서하지 않을 것이다. 그래서 '재앙에 가깝다'고 했다.

기억을 지우는 일에서 보면, 육사六四는 성공하여 처음으로 사회에 발을 들여놓는 영광스러운 기억을 지우는 일에 해당한다. 이때 진리를 얻기 위해서는 미련을 버리고 확실하게 지워나가야 한다.

六五(육오)는 貫魚(관어)하여 以宮人寵(이궁인총)이면 无不利(무불리)하리라 象曰以(상왈이)宮人寵(궁인총)은 終无尤也(종무우야)라

국역 |

육오六五는 물고기를 꿰어 궁인으로서 사랑을 하면 이롭지 않음이 없을 것이다. 상象에서 말했다. "궁인으로서 사랑을 하여 이롭지 않음이 없는 것은 끝내 허물이 없기 때문이다."

강설 |

육오六五는 전체의 핵심이다. 임금이고 사장이다. 그러므로 자기를 위해서 남을 희생시키기는 쉬워도 남을 위해서 자신을 희생시키기란 어려운 일이다. 그러나 지금의 상황은 다르다. 상구上九를 위해 육오六五가 희생을 해야 하는 상황이다. 육오六五 혼자서만 희생해서 되는 것도 아니다. 모두를 지휘하여 다 함께 희생하도록 유도해야 한다. 자기를 희생하면서 일편단심 사랑을 하는 자는 궁녀다. 육오六五가 상구上九를 사랑하는 것은 임금이 신하를 사랑하는 형태가 아니라 궁녀가 임금을 사랑하듯 희생적인 사랑을 해야 한다. 그래서 '물고기를 꿰어 궁인으로서 사랑을 해야 한다'고 했다. 물고기를 꿴다는 것은 물고기를 잡아 풀줄기에 아가미를 꿰어 주렁주렁 매다는 것을 말한다. 육오六五가 아랫사람을 지휘하여 모두가 하나가 되어 상구上九를 위해 희생하는 모습을 여실하게 표현한 것이다.

기억을 지우는 일에서 보면, 육오六五는 '나'라는 개념 그 자체다. '나'라는 것은 지금까지 살아온 기억의 총체다. 이제 '나'를 지우는 마지막 단계에 이른 것이다. 지금까지의 기억을 모두 한꺼번에 모아서 동시에 다 지워서 아무 것도 남아있지 않도록 하는 단계이다.

上九는 碩果不食이니 君子면 得輿하고 小人이면 剝廬리라 象曰君子得輿는 民所載也오 小人剝廬는 終不可用也라

국역 |

상구上九는 큰 열매가 되면 먹히지 않는다. 군자라면 수레를 얻고 소인이라면 삶의 터전이 벗겨진다. 상象에서 말했다. "군자처럼 하면 수레를 얻어서 백성들을 실을 수 있고, 소인처럼 하면 집이 벗겨져서 끝내 쓸 수 없기 때문이다."

강설 |

상구上九는 생명을 잇기 위해 충실하게 여물어야 한다. 충실하게 여문 과일은 사람들이 먹지 않았다. 다음 해에 심을 종자로 사용하기 위해서이다. 그래서 '큰 열매가 되면 먹히지 않는다'고 했다. 겨울의 추위는 가을에 잘 여문 열매나 씨앗만 남겨두고 나머지는 죽여버린다. 상구上九는 이 원리를 알아 자기를 충실하게 하는 것에 진력盡力해야 한다. 일제 강점기의 임시정부 요원들도 후원해 주는 사람들에게 미안해하지 말고, 오로지 자신들의 힘을 기르는 데 진력해야 했다. 그것이 바로 은혜를 갚는 길이기 때문이다.

충실한 열매는 땅에 떨어져 이듬해 봄에 다시 부활하지만, 그렇지 못한 것은 겨울을 나지 못하고 죽고 만다. 그러므로 충실한 열매는 과

감하게 떨어질 수 있다. 떨어지는 것이 영원히 사는 길이기 때문이다. 반면에 충실하지 못한 열매는 과감하게 떨어지지 못한다. 그것은 사멸의 길이기 때문이다.

충실하게 일생을 살아온 군자는 부활의 수레를 얻어 타고 겨울의 난관을 건너 영원한 세계로 향해 나아갈 수 있지만, 그렇지 못한 소인은 자기의 삶의 터전을 빼앗기고 사멸하게 된다. 그래서 '군자라면 수레를 얻고 소인이라면 삶의 터전이 벗겨진다'고 했다.

열매가 겨울을 나고 봄에 부활하는 것은 자녀를 낳아 생명을 잇는 현상으로 이해할 수도 있다. 그러나 철학적인 의미로 보면 정신적 삶에 충실하여 육체적 한계를 넘어서는 것으로 이해할 수 있다. 그래서 '군자라면 수레를 얻고 소인이라면 삶의 터전이 벗겨진다'고 했다. 그러므로 여기서는 철학적 의미로 이해하는 것이 타당하다. 만약 자손을 잇는 것이라면 군자와 소인을 구별할 것이 없다.

기억을 지우는 일에서 보면, 상구上九는 기억이 다 지워진 뒤에 나타나는 본래의 마음이고, 하늘의 마음이며, 우주의 마음이다. 군자가 충실하게 수행을 하여 하늘의 마음을 회복하는 것이 진리를 얻는 것이고 영생을 얻는 것이다. 그것이 가장 큰 행복이다. 그러나 군자가 진리를 얻으면 자기 혼자만이 행복해지는 것이 아니다. 다른 사람들을 인도할 수 있다. 그래서 '군자가 수레를 얻으면 백성들을 태울 수 있다'고 했다. 소인은 삶의 터전을 잃고 파멸할 뿐이다.

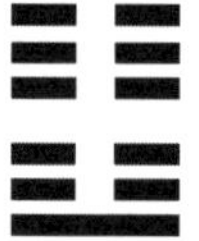

지뢰복
地雷復

이 괘의 상괘는 곤괘坤卦이고 하괘는 진괘震卦다. 이 괘에서 가장 눈에 띄는 것은 다섯 음陰 가운데 유일한 양陽인 초구初九다. 초구初九는 이 괘 전체의 생명이다. 만일 초구初九가 제 역할을 못한다면 전체의 생명은 없어지고 만다. 가을에 떨어진 열매에서 봄에 새싹이 돋아나는 경우와 같다.

새싹이 자라 다시 가지를 뻗고 열매를 맺기 위해서는 작년에 떨어진 낙엽이 모두 썩어서 자양이 되어야 한다. 그래야만 이 씨앗이 부활하여 생명을 이어갈 수 있다. 그래서 이 괘의 이름을 부활시켜야 한다는 의미로 복復이라 붙였다. 부활은 다시 태어나는 것이고 돌아오는 것이다. 집을 나간 자녀가 돌아오는 경우나 유괴된 아이가 돌아오는 경우도 이에 해당한다.

복 형 출입 무질 붕래 무구 반
復이라 亨하니라 出入에 无疾이니 朋來면 无咎하리라 反

복기도 칠일 래복 이유유왕 단왈복
復其道하여 七日에 來復하니 利有攸往하니라 彖曰復

형 강반 동이이순행 시이출입무질붕래
亨은 剛反하여 動而以順行이라 是以出入无疾朋來

무구 반복기도칠일래복 천행야 이유유
无咎하니라 反復其道七日來復은 天行也오 利有攸

왕 강장야 복 기견천지지심호 상왈뇌재
往은 剛長也니 復에 其見天地之心乎인저 象曰雷在

지중 복 선왕 이 지일 폐관 상려불
地中이 復이니 先王이 以하여 至日[1]에 閉關하여 商旅不

행 후불성방
行하며 后不省方하니라

국역 |

돌아오는 형국이다. 적극적으로 나서야 한다. 나가고 들어와도 병이 없다. 벗이 오면 허물이 없다. 그 도를 반복하여 7일이 되어 돌아와 부활하니 가는 바가 있으면 이롭다. 단彖에서 말했다. "돌아와야 하는 형국에서 적극적으로 움직여야 하는 것은 굳센 것이 돌아와 움직이면서 순한 마음으로 행하기 때문이다. 이 때문에 출입하는 것에 걱정거리가 생기지 않고 벗이 오면 허물이 없는 것이다. 그 도를 반복하여 7일이 되어 돌아오는 것은 하늘의 운행이다. 가는 바가 있으면 이롭다는 것은 굳센 것이 자라나기 때문이다. 만물이 돌아오는 것에서 천지의 마음을 볼 수 있다." 상象에서 말했다. "우레가 땅 속에 있는 것이 복復이다. 선왕은 이 괘의 이치를 살펴 지일至日에 관문을 닫아 상인이나 여행객이 길을 다니지 않도록 하며 제후들도 사방을 살피지 않는다."

난자풀이 |

1 至日(지일) : 지일은 동지와 하지의 둘이 있는데 여기서는 동지를 의미한다.

강설 |

복괘復卦는 부활해야 하는 상황을 말한다. 초구初九는 적극적으로 노력하여 싹을 틔우고 성장해야 한다. 그리고 위의 음陰들은 적극적으로 이 초구初九를 지원해주어야 한다. 그래서 '적극적으로 나서야 한다'고 했다. 초구初九는 봄날에 트는 싹이다. 아무도 봄날에 트는 싹을 막을 수 없다. 이는 하늘의 뜻이다. 그래서 '나가고 들어와도 병이 없다'고 했다.

춘추시대의 혼란한 사회상은 위대한 공자의 사상을 출현시킨 토양이 되었다. 그것은 하늘의 뜻이기 때문에 인력으로 막을 수 없다. 죽을 고비를 수없이 넘기고도 살아남은 것은 하늘의 뜻이었기 때문이다.

혼란한 시대를 극복할 수 있는 새로운 사상을 꽃피우는 일은 혼자의 힘으로는 어렵다. 많은 협력자가 필요하다. 그래서 '벗이 오면 허물이 없다'고 했다. 복괘에서 보면 초구初九가 성공적으로 부활하기 위해서는 육이六二에서 상육上六에 이르는 윗사람들이 와서 도와야 한다.

봄·여름·가을·겨울의 사계절은 끝없이 반복되고 만물도 생장성쇠를 반복하며, 사상도 초창기·발전기·전성기·쇠퇴기를 거듭한다. 복復은 생명이 싹튼 복復(䷗)에서 출발하여 사師(䷆), 겸謙(䷎), 예豫(䷏), 비比(䷇), 박剝(䷖)의 과정을 거쳐 일곱 번째 다시 돌아온 모습이다. 한 번 변하는 과정을 하루로 비유한다면 7일 만에 돌아온 것이 된다. 그래서 자연의 운행처럼 삶의 과정을 되풀이하다가 7일째 다시 처음의 모습으로 돌아왔다고 한 것이다.

7은 괘의 여섯 효가 한 번 거친 뒤에 새로이 시작되는 수이므로 반복되는 어떤 변화에서 한 사이클이 지나고 다시 새로운 것이 시작되는 것을 말한다. 날의 경우에는 하루가 지난 다음날의 새벽에 해당하고, 달의 경우에는 한 달이 지난 다음 달의 초하루에 해당하며, 한 해의 경우에는 한 해가 가고 이듬해가 시작되는 동짓달을 말한다.

다시 돌아온 뒤에는 이를 기르기 위해 노력해야 한다. 가만히 있으면 안 된다. 그래서 '가는 바가 있으면 이롭다'고 했다.

옛날의 왕은 양陽이 처음 싹트는 동짓날에 그 양陽이 상하지 않도록 조심하는 의미에서 관문을 닫아서 상인이나 여행객으로 하여금 통행하지 않도록 하며, 제후들도 이날만은 사방을 돌아보지 않고 가만히 있었다. 이 또한 부활하는 양陽을 보호하기 위한 적극적인 노력이었다.

괘의 성격으로 보면, 하괘는 움직이는 진괘震卦이고 상괘는 순한 곤괘坤卦이므로 '움직이면서 순한 마음으로 행한다'고 했다. 봄이 오면 죽은 듯이 보이는 나뭇가지에서 새싹이 돋아난다. 이 작은 움직임을 보면 만물을 살리는 천지의 작용을 읽을 수 있다. 『중용』에서는 '미미한 것보다 더 잘 드러나는 것이 없다'고 했다. 거대한 빌딩에서는 생명의 현상을 느낄 수 없지만 부활하는 작은 새싹 하나에서 오히려 생명의 현상을 느낄 수 있음을 말한 것이다.

복괘의 상象으로 보면 우레가 땅 속에 있는 모습이다. 이는 생명의 움직임이 완전히 밖으로 나오기 전에 땅 속에 있는 상태를 상징하는 것이다. 땅속에서 나오는 생명의 싹은 열심히 움직여야 하지만 지상의 존재들은 이를 조심스럽게 보호하여야 한다.

이 이치를 아는 지상의 지도자는 지하의 생명체가 다치지 않도록 지극히 조심한다.

> 初九는 不遠復이면 无祇[1]悔니 元吉하니라 象曰不遠之[2]復은 以修身也라

국역 |

초구初九는 멀리가지 않고 돌아오면 후회함에 이르지 않을 것이다. 크게 길하다. 상象에서 말했다. "멀리가지 않고 돌아올 수 있는 것은 수신을 했기 때문이다."

난자풀이 |

[1] 祇(지) : 공경한다. 여기서는 지至와 통용되어 '이른다'는 뜻이 된다.

[2] 之(지) : 지之의 여러 용법 중, 어떤 낱말의 수식어가 두 음절 이상일 경우 그 수식어와 낱말 사이에 지之가 들어가는 경우에 해당한다. 불원不遠이 복復의 수식어로 쓰였다.

강설 |

초구初九는 추운 겨울을 지내고 초봄을 맞이하려는 순간이고, 오랜 혼란의 시기가 종말을 고하고 새로운 질서의 시대가 도래하려는 찰나이다. 역사는 사계절이 순환하듯 순환한다. 일정 기간의 혼란을 겪고 나면 안정의 시기를 맞이하고, 안정이 지속되면 다시 혼란에 빠진다. 그러나 역사적으로 볼 때 경우에 따라서 혼란의 방향으로 너무 멀리 가버려서 돌아오지 못하고 멸망해 버리는 역사도 있고(다음 그림에서 A의 경우), 혼란의 방향으로 한참 나아간 뒤에 돌아오는 역사도 있으며(B

의 경우), 약간 갔다가 금방 되돌아오는 역사도 있다(C의 경우).

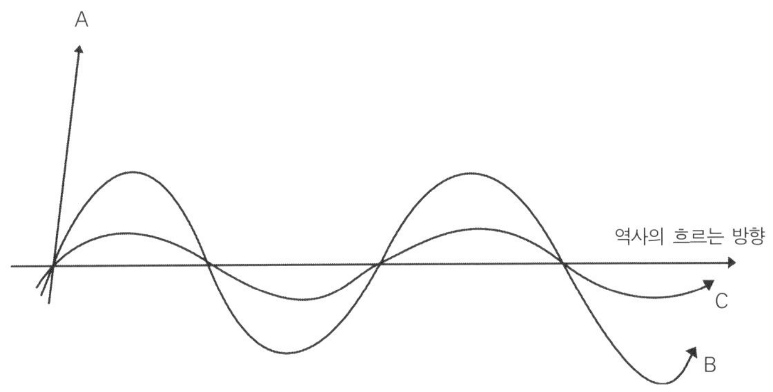

A의 경우는 멸망하여 사라지는 역사이고, B의 경우는 사라지지는 않지만 고난스런 역사이며, C의 경우는 순탄한 역사다. 따라서 A와 B에 해당하는 역사는 후회할 역사이지만, 멀리 가지 않고 돌아오는 C에 해당되는 역사는 최선의 방향에 가까운 순탄한 역사이므로 후회할 일이 없는 바람직한 역사다. 그래서 '멀리 가지 않고 돌아오면 후회함에 이르지는 않는다. 크게 길하다'고 했다.

예컨대, 계속된 독재정치와 이에 저항하는 국민들의 민주화 투쟁으로 인하여 사회혼란이 거듭되고 있는 상황이라고 하자. A의 경우는 부단히 독재의 방향으로 그 정도가 심화됨으로써 파멸하는 경우이다. B의 경우는 강력한 독재세력의 탄압과 이에 대한 극렬한 저항으로 인하여 많은 희생과 혼란을 겪은 뒤에 겨우 정상으로 돌아온 경우이다. 그리고 C의 경우는 약간 독재의 방향으로 나아가다 곧 바람직한 방향으로 돌아옴으로써 희생과 혼란이 적은 순탄한 경우이다.

C와 같은 역사의 방향을 창출하기 위해서는, 국가의 역사라면 국민들의 정치적 수준이 높아야 하고, 개인의 역사라면 개인의 인격과 교양이 있어야 한다. 이는 수신修身의 과정을 거쳐야 가능하다.

육이 휴복 길 상왈휴복지길 이하인
六二는 休復이면 吉하리라 象曰休復之吉은 以下仁
[1] [2]
야
也라

국역 |

육이六二는 돌아옴을 아름답게 여기면 길하다. 상象에서 말했다. "돌아옴을 아름답게 여기는 것이 길한 것은 인자仁者에게 낮추기 때문이다."

난자풀이 |

[1] 休(휴) : 아름답게 여긴다.
[2] 之(지) : 주격조사. 주어와 술어로 된 한 문장이 어떤 문장에서 주어 또는 술어 등의 요소로 될 경우 원래의 주어와 술어 사이에 지之를 넣는 경우이다. 이러한 경우의 지之를 주격조사라 한다.

강설 |

육이六二는 실무책임자이다. 그런데 윗사람들은 새로 태어날 초구初九에게만 관심을 갖는다. 그래서 초구初九가 밉기도 하다. 초구初九가 오는 것을 방해하기도 한다. 그러나 그것은 개인의 욕심이다. 전체의 흐름에서 보면 초구初九의 돌아옴은 전체의 부활이다. 초구初九가 제대로 자라지 못하면 전체의 생명이 자라지 못하고 전체의 생명이 자라지 못하면 결국 육이六二도 자랄 수 없다. 그러므로 전체의 입장에서 이해하고 판단하는 군자는 초구初九의 돌아옴을 아름답게 생각해야 한다.

여러 딸들이 있는 가정에서 막내아들을 낳았을 경우 막내아들 바로 위의 딸이 육이六二에 해당한다. 육이六二는 초구初九가 귀엽기도 하지만 초구初九에게 사랑을 빼앗긴 것으로 생각하여 해코지하기도 한다. 그러나 그것은 잘못이다. 아름다운 마음으로 초구初九의 성장을 돕는 딸이어야 바람직하다. 그러나 새로운 사상이 부활할 경우에 바람직하게 보호하기란 좀더 어렵다. 기존의 사상에 관여하는 사람들은 이미 기득권을 가지고 있기 때문에 새로운 사상을 좀처럼 받아들이지 않는다. 그 사상을 주창하는 자가 어리고 또 권위가 생기지 않았기 때문에 그를 받들고 따른다는 것은 자존심이 상하는 일이다. 또 자기와 관계있는 기존의 사상을 보호하느라 오히려 해칠 가능성도 높다. 이 시대에 참으로 필요한 것이 무엇인지를 아는 군자라야 아름다운 마음으로 그 새로운 사상을 보호할 수 있다.

인仁은 인간에게 내재해 있는 마음의 본질을 말한다. 마음의 본질은 모든 인간에 있어서 동일하기 때문에 인仁은 모든 사람의 동일한 마음이란 뜻이 되기도 하고, 남을 나처럼 여기는 마음을 의미하기도 한다. 그리고 또 이 마음은 육체의 생로병사와 무관한 불변적인 것이어서, 인仁에 입각한 삶은 생사를 초월한다. 따라서 인仁은 영원성을 의미하기도 한다. 복숭아나 살구의 씨에는 그 과실의 영원한 생명이 내재하고 있어, 그 씨를 도인桃仁, 행인杏仁 등으로 표현하기도 한다.

복괘에서 보면 영원한 생명은 초구初九이다. 이는 바로 싹을 틔우고 있는 씨앗에 해당한다. 그래서 초구初九는 인仁에 해당하는 것이다. 육이六二가 초구初九의 부활을 아름답게 여기면 이 초구初九에게 자기를 낮추고 희생할 수 있다. 그래서 '인자仁者에게 낮춘다'고 했다.

六三은 頻復이면 厲하나 无咎하리라 象曰頻復之厲는 義无咎也니라

[1]은 頻에 붙음. 한자 위에 작은 글자로 독음이 달려 있음: 육삼 빈복 려 무구 상왈빈복지려 의무구야

국역 |

육삼六三은 돌아오는 것을 조급해 하면 자기 살을 도려내는 아픔이 있지만 허물은 없을 것이다. 상象에서 말했다. "돌아오는 것을 조급해 하여 자기 살을 도려내는 아픔이 있지만 의당 허물이 없다."

난자풀이 |

[1] 頻(빈) : 자주. 빈번히. 급박하다. 빈번히 왔다 갔다 하는 것은 조급해 하는 것이므로 여기서는 '조급해 한다'로 번역했다.

강설 |

육삼六三은 소외당하여 불만이 많다. 현재에 불만이 많기 때문에 변화를 추구한다. 그래서 육삼六三은 새로운 사상이 등장할 때 그것을 반갑게 맞이한다. 끝에 가서 처음으로 아들이 태어났을 때 동생 때문에 소외되고 있던 큰딸은 막내아들에 대해 집착할 경우가 많다. 얄미운 동생인 육이六二가 초구初九 때문에 소외되는 것을 좋아하기 때문이다. 그래서 자기 일을 하지 않고 동생의 성장을 조급하게 기다리며 자주 찾아와 만지고 어르다가 잘못되어 아프게 할 경우도 있다. 그것은 '자기 살을 도려내는 아픔이다.' 또 잘못하여 초구初九를 다치게 하면 윗

사람에게 꾸지람을 듣기도 한다. 그것 역시 '자기 살을 도려내는 아픔이다.' 새로운 사상이 등장할 때 소외계층이 먼저 받아들이는 것도 이러한 이치이다. 소외계층의 사람들은 새로운 사상에 과잉으로 집착하는 경우가 있다. 그 새로운 사상을 위해 남들에게 무리한 희생을 강요하는 경우도 있다. 그래서 오히려 그 새로운 사상을 해롭게 하는 부작용이 생기기도 한다. 그것은 자기 살을 도려내는 아픔이다. 그러나 그런 것은 그 새로운 사상을 보호하기 위한 데서 나타나는 사소한 부작용이기 때문에 크게 잘못될 일은 없다.

六四(육사)는 中行(중행)하여 獨復(독복)이로다 象曰中行獨復(상왈중행독복)은 以從道(이종도)也(야)니라

국역 |

육사六四는 시중을 행하여 돌아오는 것을 홀로 지킨다. 상象에서 말했다. "시중時中을 행하여 돌아오는 것을 홀로 지키는 것은 도를 따르는 것이다."

강설 |

육사六四는 초구初九와 상응관계에 있어 초구初九를 아끼고 사랑한다. 초구初九가 이 세상을 구제할 새로운 사상이라는 것도 잘 안다. 그러므로 초구初九를 도와 성장시켜야 한다.

그러나 지금 세상에는 허위와 기만이 만연해 있다. 사람들은 진리가 무엇인지, 그것이 얼마나 귀한 것인지 알지 못한다. 이런 세상에서 새로운 사상의 가치를 알리기란 쉽지 않다. 부정이 일반화된 사회에서는 정의로운 사람이 오히려 이상하게 여겨지기 쉽다. 그래서 초구初九의 성장을 도와야 한다고 공공연하게 주장하면 많은 사람들의 반대에 부딪히기 쉽다. 이러한 경우에는 상황을 잘 판단하여 알맞은 때에 홀로 돌아와 조용히 초구初九의 부활을 도와야 한다. 진리가 필요하다는 말은 누구나 다 한다. 그러나 막상 진리가 나타났을 경우 그 진리를 따르자고 주장하면 반대에 부딪히는 것이 현실이다. 옳은 일도 남몰래 조용히 해야 할 때가 있다. 그렇게 하는 것이 시중이다. 그래서 '시중을 행하여 돌아오는 것을 홀로 지킨다'고 했다.

맹자는 "나라에 도가 있을 경우에는 온 천하를 선하게 만들지만 나라에 도가 없을 때는 자기 혼자만이라도 자기 몸을 착하게 해야 한다"고 했다.

六五(육오)는 敦復(돈복)[1]이면 无悔(무회)하리라 象曰敦復无悔(상왈돈복무회)는 中以自(중이자)[2]考也(고야)[3]라

국역 |

육오六五는 돌아오는 것을 도탑게 여기면 후회함이 없을 것이다. 상象에서 말했다. "돌아오는 것을 도탑게 여기면 후회함이 없는 것은 중심의 입장에서 스스로 살피기 때문이다."

난자풀이

1 敦(돈) : 돈독하다. 두텁다. 두텁게 한다. 돈독하게 한다.
2 以(이) : 이以의 목적어는 중中인데, 중中이 강조되어 앞으로 나왔다.
3 考(고) : 살피다. 찰察과 뜻이 같다.

강설

육오六五는 전체를 이끌어 가는 주인이다. 가정의 경우라면 부모다. 육오六五는 늦게 태어난 유일한 아들인 초구初九를 아끼고 전폭적인 지원을 할 것이다. 그러나 범위를 넓혀 나라의 경우라면 상황이 달라진다. 육오六五는 대권을 쥐고 있는 통치자다. 그러나 그가 속해 있는 정당은 부패했다. 그렇다면 새로 생긴 참신하고 진보적인 정당을 키워야 미래가 있다. 그러나 이런 경우 그렇게 할 수 있는 지도자는 드물다. 오히려 탄압하고 만다. 육오六五가 종교의 지도자라면 상황은 더욱 어렵다. 세상을 구제할 새로운 사상이 나타났을 때 자기의 사상을 버리고 그 새로운 사상을 보호하기란 참으로 어렵다. 유대교의 사제들은 예수를 십자가에 처형했다. 오직 군자만이 새로운 사상의 출현을 도타운 마음으로 바라볼 수 있을 것이다. 그리고 지원하고 도울 수 있을 것이다.

전체의 지도자인 육오六五는 개인의 입장에서 벗어나 항시 전체의 입장에서 판단해야 한다. 전체의 입장에서 볼 때 역사의 방향이 전환되어 정의의 방향으로 돌아와야 한다는 것을 알아 그것을 돈독하게 지원해야 한다. 그래서 나무의 생명을 확고하게 하기 위하여 뿌리를 북돋우듯이 북돋우어 주어야 한다. 육오六五는 세상을 이끌어 가는 중심의 위치에 있기 때문에 스스로 잘 살펴 초구初九의 부활을 주도적으로 도와야 한다.

上六은 迷復[1]이면 凶하니 有災眚[2]하여 用行師면 終有大敗하고 以其國이면 君凶하니 至于十年이라도 不克[3]征[4]하리라 象曰迷復之凶은 反君道也라

국역 |

상육上六은 돌아오는 것에 대해 미혹되면 흉하다. 재앙이 생겨 군대를 사용하면 결국 크게 패할 것이다. 나라의 경우라면 임금이 흉할 것이니 십 년에 이르러도 진압할 수 없을 것이다. 상象에서 말했다. “돌아오는 것에 대해서 혼미하면 흉한 것은 군도君道에 위배되기 때문이다.”

난자풀이 |

[1] 迷(미) : 헤매다. 혼미하다.
[2] 眚(생) : 재앙.
[3] 克(극) : 능能의 뜻과 같다.
[4] 征(정) : 진압한다.

강설 |

상육上六은 가정의 할머니이고 국가의 원로이다. 보수파의 우두머리가 되어 있다. 지금은 잘못된 방향으로 너무 멀리 갔기 때문에 돌아와야 할 때이다. 그런데 상육上六은 너무 보수적이기 때문에 돌아와야 할

상황을 잘 간파하지 못한다. 그래서 '돌아오는 것에 대해 미혹된다'는 표현을 했다. 상육上六이 돌아오는 것에 대해 미혹되어 계속가던 길을 고집하면 돌아오는 길을 선택하는 젊은 세력들과 대립하게 된다. 대립이 격화되면 마찰이 일어난다. 이를 여기서는 재앙이 생긴다고 했다. 돌아와야 할 상황에서 돌아오기를 추진하는 젊은 세력들과 싸우는 보수파는 이길 수 없다. 그것이 역사 흐름의 법칙이다. 새로운 시대에는 새 시대를 인도할 새 지도자가 등장한다. 그래서 '나라의 경우라면 임금이 흉할 것이니, 십 년에 이르러도 진압할 수 없을 것이다'라고 했다. 십 년이란 아주 오랜 시간을 의미한다.

군도는 임금의 자리에서 하늘을 대신하여 백성의 뜻을 대행하는 존재이다. 만일 백성들의 뜻을 저버리고 탄압한다면 임금의 위치에 있어도 이미 임금이 아니다. 맹자가 독재자인 걸桀이나 주紂에 대해서 임금이라 칭하지 않고 필부匹夫라 한 것은 이러한 이유에서이다. 군도를 지키지 못하는 임금은 물러나야 하며, 스스로 물러나지 않는다면 혁명에 의해 물러나게 되는 것이 역사의 과정이다. 그래서 '돌아오는 것에 대하여 혼미하면 흉한 것은 군도에 위배되기 때문'이라고 했다. 그러므로 상육上六에 처한 군자는 미혹해져 임금의 도리를 잃어서는 안 된다.

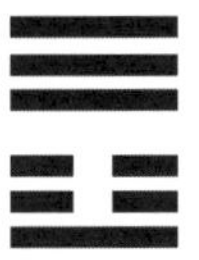

천뢰무망
天雷无妄

이 괘의 상괘는 건괘乾卦이고 하괘는 진괘震卦다. 상괘인 건괘는 양陽들의 집단이라 건실하지만, 하괘인 진괘는 지각변동이 일어난다. 전체적으로 볼 때 이 괘의 변화의 초점은 초구初九이다.

초구初九는 자기가 속해 있는 하층부의 빈약한 음陰들을 쇄신해야 한다고 판단하고 지각변동을 일으킨다. 그러나 그것은 초구初九의 좁은 안목에 지나지 않는다. 전체적으로 보면, 하층부의 음陰들이 빈약하다 해도, 양陽의 집단인 상층부는 강력하고 충실하다. 만일 초구初九가 상층부의 실력을 간과하고 대변혁을 도모하려 하면 경거망동이 되고 만다. 초구初九는 경거망동을 금하고 전체의 흐름을 파악하여 신중하게 행동해야 하며, 상층부와 호흡을 맞추어 오직 하층부의 침체된 국면만 쇄신하도록 노력해야 한다. 그래서 이 괘의 이름을 경거망동하지 말라는 의미로 무망無妄이라 했다.

无妄이라 元코 亨코 利코 貞하니라 其匪正이면 有眚하여 不利有攸往[1]하니라 彖曰无妄은 剛이 自外來而爲主於內라 動而健하고 剛中而應하여 大亨以正[2]하니 天之命也라 其匪正有眚不利有攸往은 无妄之往이면 何[3]之矣리오 天命不祐면 行矣哉아 象曰天下雷行하여 物與无妄하니 先王이 以하여 茂對時[4]하여 育萬物하니라

국역 |

경거망동하지 않아야 하는 형국이다. 시작해야 할 때 시작하고, 적극적으로 나서야 할 때 나서며, 거두어야 할 때 거두고, 마무리해야 할 때 마무리한다. 그 바른 것이 아니면 재앙이 생긴다. 가는 바가 있으면 이롭지 않다. 단彖에서 말했다. "경거망동하지 않아야 하는 것은 강한 것이 밖으로부터 와서 안에서 주인이 되기 때문이다. 움직이고 강건하며, 굳센 것이 중앙에 있으면서 응하기 때문에, 바른 마음으로 크게 떨쳐 일어나야 하는 것이니, (그렇게 하는 것이) 하늘의 명이다. 그 바른 것이 아니면 재앙이 생기고 가는 바가 있으면 이롭지 않다는 것은, 경거망동하지 않아야 하는 상황에서 간다면 어디로 가겠으며, 천명이 돕지 않으면 행해질 수 없을 것이기 때문이다." 상象에서 말했다. "하늘 아래에 우레가 치니 만물이 아울러 경거망동하지 않는다. 선왕이 이 괘의 이치를 살펴 무성하게 상황에 맞게 대처하여 만물을 기른다."

난자풀이

1 往(왕) : 적극적으로 행동하는 것을 의미한다.
2 以(이) : 기본적으로는 이以A위爲B의 문형이지만, 때에 따라서는 위爲B이以A로 될 수도 있다. 여기서는 후자로 볼 수 있으므로 바른 배열은 이정대형以正大亨일 것이다.
3 何之(하지) : 하何는 지之의 목적어이므로 원래는 지하之何이어야 할 것이만, 하何가 의문사이므로 앞에 나왔다.
4 時(시) : 상황. 이때의 時는 시간적 · 공간적 상황을 의미한다.

강설

무망괘无妄卦는 하층부가 지각변동을 일으키기 때문에 대변혁이 일어나 몹시 어지럽다. 혼란기의 삶의 방식은 상황에 맞게 대처하는 시중時中이어야 한다. 그래서 '시작해야 할 때 시작하고, 적극적으로 나서야 할 때 나서며, 거두어야 할 때 거두고, 마무리해야 할 때 마무리한다'고 했다.

시중은 뿌리 깊은 사상이 있어야 가능하다. 뿌리 깊은 사상을 가지고 '나'라는 개념을 벗어나야 가능하다. 『노자』 제8장에는 '상선약수上善若水'라 했다. 물은 자기의 모양을 갖고 있지 않다. 그래서 모든 그릇에 맞게 자유자재로 대응할 수 있다. 이렇게 하는 것이 시중이다. 얄팍하게 부평초처럼 사는 사람들은 시중을 할 수 없다. 그런 사람들은 기회주의자가 되어 망령된 행동만 일삼다가 결국 패망하고 만다. 그러므로 혼란스러운 때일수록 바른 것이 무엇인지를 파악하여 만사에 신중하게 대처해야 한다. 함부로 행동하면 안 된다. 그래서 '그 바른 것이 아니면 재앙이 생긴다. 가는 바가 있으면 이롭지 않다'고 했다.

강剛은 상층부의 건괘를 말한다. 상괘는 밖이고 하괘는 안이다. '강한 것이 밖으로부터 와서 안에서 주인이 된다는 것'은 하층부의 모든 일을 상괘인 건괘가 관장하게 된다는 의미이다.

하괘는 행동력이 있고 상괘는 강건하며, 구오九五의 굳센 양이 가운데 위치하여 하괘의 일에 호응해주기 때문에 하층부는 바른 마음으로 크게 떨쳐 일어나야 한다. 전체의 입장에서 조화를 이루는 것이 하늘의 작용이므로, 상괘와 한마음이 되어 바른 마음으로 크게 떨쳐 일어나는 것은 '하늘의 명'이다.

하늘은 전체를, 명命은 그 작용을 의미한다. 경거망동하지 않아야 하는 상황에서 경거망동을 하면 전체적인 조화를 잃게 되기 때문에 '어디로 가겠는가'라고 했다. 윗사람들을 무시하고 아랫사람이 경거망동하면 윗사람이 도와주지 않는다. 그러면 되는 일이 없다. 그래서 '하늘이 도와주지 않으면 행해지겠는가'라고 했다.

무망괘의 이러한 이치를 안다면 근시안적 안목으로 상황을 쇄신하려는 경거망동을 하지 않고 전체적으로 판단하여 개혁해야 할 것만 적당하게 개혁할 수 있을 것이다. 만물은 전체적인 조화 속에서 생명을 영위하기 때문에 전체적인 조화에 맞게 대처하는 것은 만물의 삶을 기르는 것이다.

初九(초구)는 无妄(무망)으로 往(왕)하면 吉(길)하리라 象曰无妄之往(상왈무망지왕)은 得志也(득지야)라

국역 |

초구初九는 경거망동하지 않고 가면 길하다. 상象에서 말했다. "경거망동하지 않은 상태에서 행동하는 것은 뜻을 얻는다."

강설 |

초구初九는 음陰으로 구성되어 있는 하층부에 새로 들어온 강한 성격의 유능한 존재이다. 그의 입장에서는 음陰들의 침체한 분위기를 쇄신해야 한다고 여겨 지각변동을 일으키기 쉽다. 그러나 그것은 좁은 안목에서의 판단이다. 상층부는 건실하고 능력이 있다. 섣불리 행동하면 상층부의 제재를 받을 수 있다. 이런 상황에서 초구初九는 상층부와 화합하여 하층부의 침체한 부분만 쇄신하도록 해야 한다. 그렇게 되면 하층부의 침체된 국면이 해소되어 전체적으로 이상적인 상태를 이룰 수 있을 것이다. 그러므로 깊은 안목에서의 바른 판단이 필요하다. 그렇게 하지 않고 상층부에 가서 자꾸 따지고 반항하면 처음에는 들어주지만 결국은 들어주지 않을 것이다. 상층부의 건실함 때문에 전체로 보면 초구初九가 생각하는 만큼 잘못된 것이 없기 때문이다.

六二(육이)는 不耕(불경)이라도 穫(확)하며 不菑(불치)[1]라도 畬(여)[2]니 則利有攸往(즉이유유왕)하니라 象曰不耕穫(상왈불경확)은 未富也(미부야)라

국역 |

육이六二는 밭 갈지 않더라도 수확을 하며 개간하지 않더라도 밭을 얻는다. 가는 바가 있으면 이롭다. 상象에서 말했다. "밭 갈지 않더라도 수확하는 것은 아직 넉넉해지는 것은 아니다."

난자풀이 |

1 菑(치) : 묵정밭. 일구다. 개간하다. 개간한 지 일 년 된 밭. 여기서는 '일구다'는 뜻으로 쓰였다.

2 畬(여) : 새 밭. 개간한 지 세 해 또는 이태된 밭. 일구다. 여기서는 '새 밭'이란 뜻으로 쓰였다.

강설 |

육이六二는 하층부의 중심적인 존재다. 지금의 상황을 보면 초구初九가 시도하는 변화가 엄청나다. 초구初九가 하는 일을 저지하지 않고 잘 이끌어만 주면 초구初九의 힘으로 말미암아 자기도 이득을 본다. 예컨대 초구初九의 젊은 사원들이 급여인상 투쟁을 하여 성공을 하면, 육이六二는 가만히 있기만 해도 급여가 올라간다. 그래서 '밭 갈지 않더라도 수확을 하고 개간하지 않더라도 밭을 얻는다'고 했다.

육이六二는 하층부의 주도권을 가진 기득권자이기 때문에 보수적이 되기 쉽다. 또 초구初九가 시도하는 변화는 자신의 기득권을 잃을 것 같은 불안한 생각이 들기도 하여, 초구初九가 하는 일을 반대하기 쉽다. 그러나 그것은 군자의 태도가 아니다. 전체의 흐름을 따르는 군자라면 초구初九와 호흡을 맞추어 개혁을 진행해야 한다. 그래서 '가는 바가 있으면 이롭다'고 했다. 갈 때는 가야하고 안 갈 땐 안 가야 하는 것이 시중이다.

초구初九의 힘으로 보는 육이六二의 이득은 그렇게 큰 것은 아니다. 그래서 '밭 갈지 않더라도 수확하는 것은 아직 넉넉해지는 것은 아니다'라고 했다.

六三은 无妄之災니 或繫之牛면 行人之得이니 邑人[1]之災로다 象曰行人得牛는 邑人災也라

국역 |

육삼六三은 경거망동하지 않아야 하는 재앙이다. 간혹 소를 매어놓으면 행인이 얻게 되어 읍인이 재앙을 당하게 된다. 상象에서 말했다. “행인이 소를 얻는 것은 읍인이 재앙을 당하는 것이다.”

난자풀이 |

[1] 邑(읍) : 읍邑은 자기의 관할 아래에 있는 고을이므로 읍인邑人은 자기의 집안으로 이해할 수 있다.

강설 |

육삼六三은 별다른 주목을 받지 못하고 소외당하기 쉬운 위치이다. 그래서 불만이 많고 잘못을 저지르기 쉽다. 이런 상황에서 초구初九가 나타나 변화를 주도한다. 예컨대 급여인상 투쟁을 하거나 회사 내의 복리개선을 요구하기도 한다. 그러면 상층부는 초구初九의 요구를 들어준다. 이때 초구初九에게만 혜택이 돌아가는 것은 아니다. 중심에 있는 육이六二에게도 혜택이 돌아간다. 그러나 육삼六三에게까지 혜택이 돌아가지는 않는다. 우는 아이에게 떡을 줄 때 그 옆에 있는 아이에게도 주지만 모든 아이에게 다 주는 것은 아니다. 육삼六三의 경우도 이와 같다. 이 경우 육삼六三에게는 자기에게 혜택이 돌아가지 않는 것이

재앙처럼 느껴진다. 이때 만약 육삼六三이 그것을 재앙으로 여겨 불만을 가지고 반항한다면 그것은 경거망동이다. 육삼六三의 경거망동은 용서받기 어렵다. 그러므로 그다지 큰 잘못을 하지 않아도 결과는 큰 손해를 보게 된다. 파면당하는 경우도 있을 것이다.

옛날 농경시대에는 가정에서 가장 귀한 재산이 소다. 소를 잃는 것은 가장 큰 손해를 보는 것이다. 육삼六三이 경거망동을 하면, 소를 매어놓아도 남이 몰고 가버리는 큰 손해를 당하여, 그 때문에 집안이 어렵게 될 수 있다. 경거망동하지 않도록 각별히 조심해야 한다. 소를 잃어버린다는 것은 가장 귀중한 것을 잃는다는 것이므로, 오늘날의 개념으로 보면 파면을 당하는 것에 해당할 것이다. 참으로 신중해야 할 것이다.

九四(구사)는 可貞(가정)이면 无咎(무구)하리라 象曰可貞无咎(상왈가정무구)는 固有之也(고유지야)라

국역 |

구사九四는 가만히 참고 있어야 한다. 그러면 허물이 없다. 상象에서 말했다. "참고 견디면 허물이 없는 것은 본래 소유하고 있기 때문이다."

강설 |

구사九四는 하층부를 지휘해야 하는 자리다. 실력 있는 상층부의 입장에서 보면 초구初九가 도모하는 개혁은 경거망동으로 보일 뿐만 아니라 자기들의 권위에 도전하는 행위로도 보일 수 있다. 그러나 초구初九의 요구는 경솔한 것이지 나쁜 것은 아니다. 개혁을 요구하는 그들의 행동은 발전을 위한 몸부림에서 나온 것이다. 만약 그것을 나쁘게 보고 엄단하면 그들의 의욕을 꺾는 결과가 되어 좋지 않다. 그러므로 그들을 너무 저지하지 말고 어느 정도 참고 놓아두어야 한다. 그래서 '가만히 참고 있어야 한다. 그러면 허물이 없다'고 했다.

그리고 초구初九가 권리주장을 하기도 하고 난동을 부리기도 하지만, 구사九四에게는 그들을 제압할 능력과 힘이 없다. 그래서 구오九五에게 심한 질책을 당한다. 자기가 잘못한 것도 아닌데 야단을 맞기 때문에 억울하다. 그러나 이 경우는 참는 수밖에 없다. 참지 않고 항의를 하면 오히려 더 크게 당한다. 그러므로 구사九四는 참고 있을 수밖에 없다. 그래서 역시 '가만히 참고 있어야 한다. 그러면 허물이 없다'고 했다.

하층부의 움직임에는 일리가 있다. 그러므로 '본래 가지고 있다'고 했다. 본래 가지고 있다는 말은 진실성을 본래 가지고 있다는 뜻이다.

九五(구오)는 无妄之疾(무망지질)이니 勿藥(물약)이라야 有喜(유희)리라 象曰无妄(상왈무망)之藥(지약)은 不可試也(불가시야)니라
[1]

국역 |

구오九五는 경거망동하지 않아야 하는 질병이니 약을 쓰지 않아야 기쁨이 있다. 상象에서 말했다. "경거망동하지 않아야 하는 질병에서의 약은 써서 안 되는 것이다."

난자풀이 |

1 試(시) : 원래 '시험한다'는 뜻인데, 약을 시험하는 것은 약을 쓰는 것이므로 여기서는 '쓴다'로 번역했다.

강설 |

구오九五는 전체를 책임지고 이끌어가야 하는 위치이다. 전체의 상황에서 보면 하층부의 변혁을 시도하고 있는 초구初九의 행동은 골칫거리처럼 보인다. 아무 문제가 없는 상층부에서 보면 그것은 필요 없는 경거망동으로 보이기 쉽다.

하층부의 사람들은 급여인상, 복지정책시행, 환경정화 등등을 들고 나와 개선을 요구하기도 한다. 그러다가 그것을 제지하는 구사九四와 충돌하여 더 혼란해지기도 한다. 그러나 이 혼란은 발전을 위한 몸부림이다. 이 혼란은 경거망동이 되어서 문제인 것이지 그 경거망동이 끝나면 문제될 것이 없다. 오히려 경거망동이 끝나면 서로의 싸움은 우정을 깊게 만드는 계기가 되기도 한다. 만약 가만 두지 못하고 어느 한쪽을 편들거나 제거하거나 하면 의욕이 없어지고 발전의 원동력이 제거되어 생동감이 없어진다. 따라서 가만히 놓아두어야 한다. 이러한 의미로 '약을 쓰지 않아야 한다'고 했다.

병을 앓음으로써 몸이 더 건강해지는 경우가 있다. 몸을 청소하기 위해 열이 나는 경우도 있다. 이런 경우는 해열제를 먹지 말고 가만히 놓아두어야 한다. 몸을 강하게 하기 위해 일부러 약간의 병원균을 투입하는 경우도 있다. 이처럼 몸을 강하게 하기 위해 앓는 질병일 경우에는 약을 쓰면 안 된다. 약을 써서 병의 근원을 제거하면 도로 몸이 약해지고 만다.

上九는 无妄에 行하면 有眚하여 无攸利하리라 象曰无妄之行은 窮之災也라

국역 |

상구上九는 경거망동하지 않아야 하는 상황에서 가면 재앙이 생겨 이로울 바가 없다. 상象에서 말했다. "경거망동으로 행하는 것은 궁해서 재앙이 생기는 것이다."

강설 |

상구上九는 양로원에 가서 바둑이라도 두고 싶지만 지금은 그래서는 안 된다. 가장 아끼는 피붙이인 육삼六三이 위험에 빠져 있기 때문이다. 그러므로 가지 않고 남아서 육삼六三을 달래고 설득해야 한다.

상구上九가 자기의 역할을 하지 않고 다른 데로 가버리면 육삼六三의 문제가 해결되지 않아 곤궁한 처지에 빠지게 된다.

산천대축
山天大畜

이 괘의 상괘는 간괘艮卦이고 하괘는 건괘乾卦다. 상괘인 간괘는 육사六四와 육오六五가 강력한 상구上九에게 막혀 정체되어 있다. 하괘인 건괘乾卦의 세 양陽은 건실하고 추진력이 있지만 육사六四와 육오六五의 치밀한 성격 때문에 허점이 지적되어 나아가지 못하고 막힌다. 위아래가 다 막히기 때문에 추진하는 일이 진척되지 못하고 크게 막힌다. 따라서 괘의 이름을 대축大畜이라 했다. 육사六四의 음陰이 아래의 양陽들의 진출을 막는 경우를 소축小畜이라 한 데 비해, 이 괘에서는 두 음陰이 막고 있고, 또 그 두 음陰도 위의 양陽에게 막혀 있기 때문에 대축大畜이라 한 것이다. 축畜은 저지당한다는 뜻과 쌓인다는 뜻이 있다. 물의 흐름이 저지를 당하여 막히면 흐르지 못하고 쌓인다. 그래서 '저지당한다'는 뜻과 '쌓인다'는 뜻이 서로 통한다.

크게 저지당할 때는 지혜롭게 대처해야 한다. 그것을 참지 못하고 울분을 토로하거나 죽어버리는 것은 최악이다. 저지당하는 것은 실력을 쌓을 수 있는 절호의 기회다. 승진이 안 되거나 귀양을 가는 경우는 실력을 쌓을 수 있는 기회가 된다. 그 기회를 활용하여 실력을 쌓으면 나중에 때가 왔을 때 큰 역할을 할 수 있다. 물이 흐르다가 둑에 막히면 멈추고서 쌓아간다. 물이 쌓여서 둑을 넘을 정도가 되면 그 힘은 매우 커서 전기를 일으킬 수도 있다. 이러한 지혜를 우리는 대축괘에서 얻을 수 있다. 추사 김정희 선생이 제주도에 유배를 가서 큰 실력을 쌓은 것이나 다산 정약용 선생이 강진에 유배를 가서 큰 실력을 쌓은 것이 이러한 이치이다.

大畜이라 利코 貞하니라 不家食하면 吉하니 利涉大川하니라 彖曰大畜은 剛健코 篤實하여 輝光이 日新이라 其德은 剛上而尚賢하고 能止健이니 大正也라 不家食吉은 養賢也오 利涉大川은 應乎天也라 象曰天在山中이 大畜이니 君子 以하여 多識前言往行[1]하여 以畜其德[2]하나니라

▌국역 |

크게 저지당하는 형국이다. 거두고 마무리해야 한다. 집에서 먹지 않으면 길하다. 큰 내를 건너는 것이 이롭다. 단彖에서 말했다. "대축

은 강건하고 독실하여 빛남이 날로 새롭다. 그 덕은 굳센 것이 위로 올라가 현인을 받들고 능히 건실한 것을 머물게 하는 것이니 크게 바른 것이다. 집에서 먹지 않는 것이 길한 것은 현인을 기르는 것이고, 큰 내를 건너는 것이 이로운 것은 하늘에 응하는 것이다." 상象에서 말했다. "하늘이 산 속에 있는 것이 대축이니 군자는 이 괘의 이치를 살펴 전에 한 말과 지난 행동을 많이 기억하여 그 덕을 쌓는다."

난자풀이 |

1 識(지) : '기억한다'는 뜻일 때는 음이 '지'이다.
2 畜(휵) : '기른다'는 뜻으로 쓰일 때는 음이 '휵'이다.

강설 |

물은 흐르다 막히면 고이고, 넘치면 다시 흐른다. 사람의 삶도 마찬가지다. 일을 추진하다가 저지를 당하면 무리하게 추진하지 말고 참고 견디면서 재정비를 해야 한다. 확장은 금물이다. 그러므로 대축의 상황은 확장하는 여름에 해당하는 것이 아니라, 거두고 마무리하는 가을과 겨울에 해당한다. 가을과 겨울에 성장을 멈추는 것은 멈추기 위한 멈춤이 아니다. 다음해 봄에 다시 성장할 수 있도록 대비하는 것이다.

개인의 입장에서 일이 막히고 저지를 당했다면 더 큰일을 준비하기 위한 축적기간으로 삼아야 하고, 사업체가 어려움에 처했다면 발전을 위한 축적기간으로 삼아야 한다. 그리고 국가가 어려움에 처했다면 새 나라를 건설할 수 있는 준비기로 삼아야 한다. 조용히 거두어들여서 내공을 쌓아야 한다. 그러나 그렇게 하기란 참으로 어렵다. 대개는 모든 것이 끝났다고 생각하여 자포자기하기 쉽다.

그러나 이러한 상황에서 좌절하고 자포자기하면 실제로 모든 것이 끝나버리고 만다. 이러한 경우에는 내부의 구성원들이 화합을 하여 미래를 준비하는 것이 중요하다. 전체가 꽉 막힌 상황에서는 자체적으로 해결책을 찾기가 어렵다. 많은 한국 드라마에서 주인공들이 결혼을 전제로 한 연애가 뜻대로 진행되지 않을 때 택하는 방법 중에 외국 유학의 길에 오르는 것을 볼 수 있다. 이러한 것을 여기서 '집에서 밥 먹지 않으면 길하다'고 했다.

대축이 저지당하는 상황이 된 근본원인은 상구上九가 은퇴하지 않고 실력으로 아랫사람의 진출을 저지하기 때문이다. 이를 해결하기 위한 방법 중의 하나는 대외적인 문제를 일으키는 것이다. 대외적으로 큰일이 일어나면 상구上九가 대외적인 일을 담당하느라 아랫사람의 일을 저지하지 않기 때문에 문제가 해소될 수도 있다. 그래서 '큰 내를 건너는 것이 이롭다'고 했다.

대축의 성격은 하괘인 건괘가 강건하고, 상괘인 간괘가 독실하므로 내부가 충만하여 날로 빛이 밖으로 발휘된다. 맹자는 "내부가 충실해지면 아름다워지고 충실해져서 빛이 나면 커진다"고 했다. 이처럼 대축은 저지를 받아 내부로 충실해져서 빛이 나는 상황이다.

대축괘大畜卦를 덕德의 측면에서 보면 하괘의 굳센 양들이 위로 올라가 자신들을 저지하는 육사六四, 육오六五의 음들을 현인으로 숭상하고, 육오六五, 육사六四의 음들이 하괘의 양들을 이해하여 그들을 머물러 있게 할 수 있다. 그러므로 '크게 바르다'고 했다.

일이 진척되지 않는 위기의 상황에서 음양이 서로 대립하여 갈등하면 패망하지만, 서로 화합하여 장래를 대비할 수 있는 현명한 자를 기르면 이 위기를 넘길 수 있다. 큰 내를 건너는 것은 상구上九에게 역할을 주는 것이다. 모두가 각각의 역할을 할 수 있도록 하는 것이 하늘의 뜻이기 때문에 '하늘에 응한다'고 했다.

대축의 상황에 처한 군자는 이러한 이치를 잘 살펴 일을 진전시키지 말고 잠시 시간을 가지고 머물러 있으면서 지금까지의 과정을 성찰하여 반성하고 보완하며, 미래에 대비하여 자신의 능력을 길러야 한다.

初九는 有厲리니 利已니라 象曰有厲利已는 不犯災也라

국역 |

초구初九는 제 살 깎는 아픔이 있다. 그치는 것이 이롭다. 상象에서 말했다. "제 살 깎는 아픔이 있어 그쳐야 하는 것은 재앙을 범치 않아야 하기 때문이다."

강설 |

진취적인 성격을 가진 하층부의 양陽들은 일을 적극적으로 추진하지만 그 때마다 육사六四와 육오六五의 음陰들에게 저지를 당한다. 그래서 양陽들은 음陰들에게 저항하기 쉽다. 그러나 그것은 잘못이다. 자신들이 추진하는 일에 허점이 많으므로 오히려 반성해야 한다. 반성하지 않고 음陰들에게 저항하면 자신들의 잘못을 노출하기만 한다. 그렇게 되면 결과적으로 자기만 상처를 입는다. 자기에게 잘못이 없다고 생각하면서도 상처를 입는 것은 제 살 깎는 아픔이다.

하층부가 상층부의 음陰들에 저항할 경우 앞장서기 쉬운 존재가 바로 발빠른 초구初九이므로 초구初九는 더욱 주의해야 한다. 그래서 '그치는 것이 이롭다'고 했다.

구이 여탈복 상왈여탈복 중 무우야
九二는 輿說輹이로다 象曰輿說輹이나 中이면 无尤也라
①②

국역 |

구이九二는 수레에 당토가 빠진다. 상象에서 말했다. "수레에 당토가 빠지지만 중간에서 멈추면 허물이 없다."

난자풀이 |

① 說(탈) : '말한다', '달랜다', '기뻐한다', '벗는다' 등의 뜻이 있는데, 이 경우 음이 '설', '세', '열', '탈'로 된다. 여기서는 '벗는다'는 뜻으로 음이 '탈'이다.
② 輹(복) : 당토. 수레의 몸체와 차축을 연결하는 물건.

강설 |

구이九二는 적극적으로 일을 추진하는 하층부의 핵심적인 존재이다. 그런데 지금 구이九二가 중심이 되어 추진하는 일은 육사六四와 육오六五의 저지에 부딪혀 나아갈 수 없다. 그래서 이를 '수레에 당토가 빠진다'고 했다. 현대적인 의미로 보면 자동차의 타이어에 펑크가 난 것과 같다. 이런 상황에서 고집을 부려 끝까지 가고자 하면 차가 다 망가지고 만다. 중간에 멈추어서 수리를 해야 하듯, 멈추어서 자기의 부족한 부분을 보완할 기회로 삼아야 한다. 그래서 '중간에서 멈추면 허물이 없다'고 했다.

九三은 良馬逐이니 利艱貞하니라 日[1]閑輿衛이니 利有攸往하니라 象曰利有攸往은 上[2]으로 合志也라

국역 |

구삼九三은 좋은 말이라도 축출된다. 어려운 상황으로 여기고 참고 견디는 것이 이롭다. 날마다 수레를 막아서 보호해야 한다. 가는 바가 있으면 이롭다. 상象에서 말했다. "가는 바가 있으면 이로운 것은 윗사람과 뜻이 통하기 때문이다."

난자풀이 |

[1] 日(일) : 일日의 오자로 보아야 할 것이다.
[2] 上(상) : 상上 앞에 여與가 있는 것으로 보는 것이 좋다.

강설 |

구삼九三은 불만이 많은 자리에 있다. 그러면서 하층부의 가장 윗자리에서 상층부와 접하고 있기 때문에 상층부에게 제지당할 때 가장 견디기 어렵다. 평소 가까이 접했던 윗사람들에게서 저지당하는 것은 그만큼 괴롭다. 그래서 참지 못하고 강력하게 저항하기 쉽다. 그러나 지금의 상황은 상층부의 저지에 일리가 있다. 그것을 무시하고 감정적으로 저항하면 바로 제지당한다. 그리고 하층부 중에서 가장 심한 제재를 받는 것이 구삼九三이다. 상층부의 입장에서 보면 이해해줄 만한 구삼九三이 덤빈다면 그것은 용서하기 어렵다. 그래서 그가 비록 좋은 말

이라 하더라도 축출하고 만다. 그래서 '좋은 말이 축출된다'고 했다. 그러니 보통의 말이라면 말할 필요도 없다. 구삼九三이 처한 상황은 매우 어려운 상황이다. 이를 알고 신중히 대처하지 않으면 안 된다. 그래서 '어려운 상황으로 여기고 참고 견디는 것이 이롭다'고 했다.

구삼九三은 주도권은 없지만 하층부의 제일 윗자리에 있기 때문에 사태를 가장 잘 알 수 있다. 그리고 하층부가 잘못될 때는 전체의 방향을 바로잡아야 할 책임도 있다. 자신만 참고 견뎌서는 안 된다. 그래서 '날마다 앞으로 나아가려는 수레를 막아서 보호해야 한다'고 했다. 수레는 옛날 앞으로 나가는 교통수단의 대표적인 것이었다. 여기서의 수레는 하층부의 양陽들이 앞으로 나가려는 진취적인 성격을 비유적으로 나타낸 것이다.

'가는 바가 있다'는 것은 적극적으로 행동하는 바가 있다는 말이다. 구삼九三은 하층부의 후배들을 설득하고 인도하는 일에 적극적으로 나서야 한다.

육사 동우지곡 원길 상왈육사원길 유
六四는 童牛之牿이면 元吉하리라 象曰六四元吉은 有
① ②
희야
喜也라

국역 |

육사六四는 어린 소를 얽어매면 크게 길하다. 상象에서 말했다. "육사六四가 크게 길한 것은 기쁨이 있기 때문이다."

난자풀이 |

[1] 之(지) : 동우童牛와 곡牿이 도치되었음을 나타내는 역할을 한다. 곡동우牿童牛로 놓고 해석하면 될 것이다.

[2] 牿(곡) : 말이나 소를 가두는 우리. 또는 소가 사람을 떠받지 못하도록 소의 뿔을 나무 막대기로 얽어매는 것.

강설 |

대축괘에서는 하층부의 양陽들이 무리하게 일을 추진해서 문제가 생긴다. 그러므로 하층부를 지휘하는 육사六四는 그들을 적절히 견제하여 일을 추진하지 말고 실력을 쌓도록 유도해야 한다. 특히 육사六四는 초구初九와 상응관계에 있기 때문에 초구初九를 저지하는 역할을 해야 한다. 그래서 '어린 소를 얽어매면 크게 길하다'고 했다. 초구初九를 어린 소에 비유한 이유는 어린 소는 아직 길들여지지 않아 날뛰는 성질이 있기 때문이다.

육사六四가 하층부를 저지하면 결과적으로 많은 실력을 쌓게 되어 나중에 영광스러운 일이 있게 된다. 그래서 '기쁨이 있다'고 했다.

六五(육오)는 豶[1]豕之牙[2](분시지아)면 吉(길)하리라 象曰六五之吉(상왈육오지길)은 有慶也(유경야)라

국역 |

육오六五는 거세한 멧돼지를 물어뜯으면 길하다. 상象에서 말했다. "육오六五가 길한 것은 경사가 있기 때문이다."

난자풀이 |

[1] 豶(분) : 불 깐 돼지. 거세하다.
[2] 牙(아) : 어금니. 물다. 물어뜯다.

강설 |

육오六五는 하층부의 양陽들이 무리하게 추진하는 일을 적절히 막아야 한다. 하층부의 양陽들은 멧돼지처럼 저돌적이지만 허점이 많다. 또 그들은 육사六四에게 저지를 당해 세력이 꺾였다. 그러므로 육오六五가 하층부의 양陽들을 공격하고 저지하는 일은 예상보다 어렵지 않다. 그래서 '거세한 멧돼지를 물어뜯는다'고 했다. 거세된 멧돼지는 예상보다 강하지 않은 양陽들을 말하고 물어뜯는다는 것은 저지하는 것을 말한다.

하층부의 양陽들을 저지하여 실력을 쌓게 하면 나중에 경사스러운 일이 생길 것이다.

上九(상구)는 何天之衢(하천지구)[1][2]니 亨(형)하니라 象曰何天之衢(상왈하천지구)는 道大行也(도대행야)라

국역 |

상구上九는 하늘 길을 담당해야 한다. 적극적으로 나서야 한다. 상象에서 말했다. "하늘의 길을 담당하는 것은 도가 크게 행해지는 것이다."

난자풀이 |

1 何(하) : 하荷와 통용. 짐. 진다. 담당한다.
2 衢(구) : 길. 도로. 네거리.

강설 |

대축괘의 상구上九는 상층부에서 가장 높은 자리에 있으면서 강력한 실력으로 버티고 있어 그 때문에 진출이 저지되는 두 음陰의 저항을 받게 되는 상황에 있다. 또 두 음陰은 아래의 세 양陽을 저지하고 세 양陽은 반발하므로 혼란이 일어난다. 이런 경우 상구上九가 두 음陰을 저지하고 양陽들의 편을 들면 안 된다. 양陽들도 옳은 면이 있지만 음陰들도 옳은 면이 있다. 이 경우는 잘잘못을 따지지 말고 모두가 한마음이 될 수 있는 길을 찾아야 한다. 이것이 바로 하늘 길을 행하는 것이고 천도를 담당하는 것이다. 땅의 길은 걸림이 있고 남과 다투는 길이지만, 하늘 길은 걸림이 없고 남과 하나 되는 길이다. 그러므로 하늘 길을 가면 모두 한 마음이 될 수 있다. 이것이 천부인天符印을 찍는 것이다. 천부인을 찍는다는 것은 하늘에 부합되는 방식으로 해결한다는 뜻이다. 환웅이 가지고 왔다는 천부인이 바로 이러한 의미를 가진 것이다.

상구上九가 양陽의 입장을 고수하면 음陰을 이해하지 못해 양陽들의 편을 들게 된다. 그렇게 하면 편가름이 되는 것이다. 또 양陽의 입장을 고수하면 육사六四나 육오六五의 음陰이 연약해 보여서 그들에게 일을 맡기지 못한다. 오직 승화하여 태극의 입장이 되어야 그들의 장점을 이해할 수 있어, 그들에게 맡길 수 있다. 돼지의 눈에는 부처도 돼지처럼 보인다. 오직 부처가 되어야 돼지도 부처처럼 믿을 수 있다. 이렇게 하는 것이 하늘 길을 담당하는 것이다.

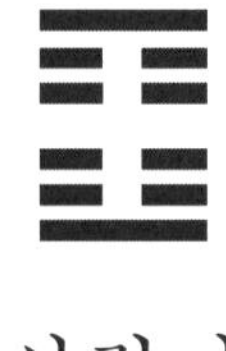

산뢰이
山雷頤

이 괘의 상괘는 간괘艮卦이고 하괘는 진괘震卦이다. 괘 전체로 보면 상층부는 정지해 있고, 하층부는 계속 지각변동을 일으킨다.

이 괘 전체에서 변화의 초점은 초구初九에 있다. 이 괘가 처한 상황은 특이하다. 초구初九가 변혁의 대상으로 삼아야 할 음陰은 위의 두 음陰만이 아니다. 그 위에 있는 육사六四와 육오六五도 변혁해야 될 음陰이다. 오직 하나 상구上九만이 변혁하지 않아도 될 양陽이다. 상구上九는 가만히 정지해 있다. 그래서 상구上九는 초구初九가 음陰들을 변혁시키는 데 있어 모델이 되고 표준이 될 수 있다. 변혁시키는 것은 잘못되어 있는 현재의 어떤 것을 바람직한 것으로 바꾸는 것이다. 그런데 바람직한 것에 대한 모델이 없으면 변혁은 불가능하다. 그런데 이 괘에서는 상구上九가 모델이 되고 기준이 되기 때문에, 초구初九는 위의 음陰들을 상구上九를 목표로 변혁하면 된다. 상구上九는 진리의 표준이고 초구初九는 진리의 담당자이다. 이러한 상황은 상구上九를 하느님으로, 초구初九를 구세주로 비견할 수 있다. 구세주가 하느님의 나라로 사람들을 구제하는 상황이 바로 이 괘에 해당한다. 초구初九가 윗사람을 구제하는 것은 윗사람을 기르는 것이다. 그래서 이 괘의 이름을 이頤라 했다. 이頤에는 턱이라는 의미도 있다. 음식물을 먹어 저작할 때는 주로 위턱은 정지해 있고 아래턱이 움직인다. 초구初九가 움직여서 위에 있는 사람들을 기르는 것이 마치 아래턱이 음식물을 저작하여 몸에 영양을 공급하는 양상과 유사하다. 그러므로 이 괘의 이름인 이頤는 턱과 같은 역할을 한다는 의미를 상징하기도 한다.

頤(이)라 貞(정)하면 吉(길)하리라 觀頤(관이)하여 自求口實(자구구실)이니라 象曰頤(단왈이) [1]
貞吉(정길)은 養正則吉也(양정즉길야)니라 觀頤(관이)는 觀其所養也(관기소양야)오 自求(자구)
口實(구실)은 觀其自養也(관기자양야)라 天地養萬物(천지양만물)하며 聖人(성인)이 養賢(양현)
하여 以及萬民(이급만민)하나니 頤之時大矣哉(이지시대의재)라 象曰山下有(상왈산하유)
雷 頤(뢰 이)니 君子 以(군자 이)하여 愼言語(신언어)하며 節飮食(절음식)하나니라

국역 |

길러야 하는 형국이다. 시비를 가려 심판을 하면 길하다. 턱의 모양을 보고 스스로 입에 넣을 먹거리를 구해야 한다. 단彖에서 말했다. "이頤의 상황에서 시비를 가려 심판을 하면 길하다는 것은 올바른 것을 기르면 길하다는 것이다. 턱의 모양을 본다는 것은 기르는 방법을

본다는 것이고 스스로 입에 넣을 먹거리를 구한다는 것은 자신을 기르는 내용을 살핀다는 것이다. 천지가 만물을 기르고 성인이 현인을 길러 만민에 미치는 것이니 이頤의 상황에서의 시중의 도리는 크도다."
상象에서 말했다. "산 아래에 우레가 치는 것이 이頤니, 군자가 이 괘의 이치를 살펴 언어를 신중히 하며 음식을 조절한다."

난자풀이 |

1 頤(이) : 턱. 봉양하다.

강설 |

심판을 하는 것은 겨울의 역할에 해당한다. 겨울은 초목의 봄·여름·가을 동안의 활동에 대해서 심판을 한다. 그래서 충실한 씨앗은 살려 봄에 부활하게 하고, 그렇지 못한 것은 죽여 없앤다.

구세주가 이 세상에 나타난 목적은 세상을 구하기 위함이다. 세상을 구하는 방식은 먼저 심판을 하여 충실한 것을 고른 다음 그것을 부활시키는 것이다. 그러므로 이 괘를 심판의 계절인 겨울에 해당시켰다.

모든 생물체는 섭생을 할 때 자기의 몸에 필요한 자양분을 주체적으로 골라서 먹는다. 그러므로 이 괘에서는 턱의 모양을 보며 스스로 입에 넣을 음식물을 구해야 한다고 했다. 몸이 몸에 필요한 자양분을 섭취해야 하듯이 마음은 진리를 얻기 위해 마음의 양식을 섭취해야 한다. 이것이 이괘頤卦에서 얻는 지혜다.

음식물을 섭취할 때는 먹어서 좋은 것인지 아닌지를 잘 가려서 섭취해야 몸에 도움이 된다. 마찬가지로 초구初九도 윗사람들을 기를 때에 윗사람들의 요구가 정당한 것인지, 개인적 욕심인지를 잘 심판해야 한다. 음식물을 먹어 몸을 기르는 방법은 턱을 보고 알 수 있다. 아래턱이 움직여 음식물을 씹고 섭취하는 것이다. 이괘에서 아래턱에 해당하는 것은 초구初九다. 그래서 단象에서 '턱을 보는 것은 그 기르는 방법을 보는 것'이라 했다.

모든 생물체는 섭생을 할 때 자기의 몸에 필요한 자양분을 주체적으로 골라서 먹는다. 그래서 '자신을 기르는 내용을 살핀다'고 했다.

기르는 것은 사심 없고 공평해야 하는데 그런 것 가운데 가장 모범이 되는 것이 천지가 만물을 기르는 것이고, 성인이 만민을 기르는 것이다. 이는 이괘의 상황에 처한 사람이 마땅히 본받아야 할 모범이다.

상象에서 '산 아래에 우레가 있는 것이 이頤'라 했다. 산은 움직이지 않는 것이고 우레는 움직이는 것이므로, 위는 정지해 있고 아래는 움직인다. 이는 음식을 먹을 때의 위턱과 아래턱의 모습에 해당한다. 역을 읽는 군자는 이 괘의 이치를 살펴 행동원칙을 찾아내야 한다. 그것은 음식물을 가려먹듯이 신중해야 하는 것이다. 그래서 '언어를 신중히 하며 음식을 조절한다'고 했다.

初九(초구)는 舍爾靈龜(사이영귀)[1]하고 觀我(관아)하여 朶頤(타이)[2]면 凶(흉)하리라 象曰(상왈) 觀我朶頤(관아타이)는 亦不足貴也(역불족귀야)로다

국역 |

초구初九는 너의 신령스런 거북을 놓아두고 나를 보아 턱을 빠트리면 흉하다. 상象에서 말했다. "나를 보고 턱을 빠트리면 흉하다는 것은 또한 귀하게 여길 것이 못되기 때문이다."

난자풀이 |

1 舍(사) : 사捨와 통용. 버린다. 놓아둔다.
2 朶(타) : 늘어지다. 늘어뜨리다.

강설 |

이 말은 상구上九가 초구初九인 구세주를 깨우치고 경계하기 위하여 한 말이다. '신령스런 거북이'란 점에 사용되는 도구다. 거북은 점치는 자에게 해답을 제시해주는 신통한 능력을 가졌다고 믿어진다. 거북의 신통한 능력은 초구初九의 능력을 가리켜 말한 것이다. '나'란 상구上九를 가리키고, '턱을 빠뜨린다'는 것은 입을 벌리고 부러워하고 있다는 것을 의미한다.

이 괘의 상황에서 초구初九는 자신의 능력과 노력으로 윗사람들을 구원하고 길러주는 역할을 한다. 이 세상에서 가장 고달프고 하기 싫은 것은 아마 세상을 구제하는 구세주의 일일 것이다. 혹독한 고생을 하지만 그 고생은 자기를 위해서 하는 것이 아니다. 그리고 고생의 결과 이루어 놓은 공은 모두 상구上九인 하느님께 돌아가고, 자신에게는 아무 것도 돌아오지 않는다. 마치 십자가에 못 박힌 예수 그리스도의 처지와 같다. 그리하여 상구上九인 하느님을 부러워하며 때때로 포기하고 싶은 생각이 들기도 한다. 그러나 그렇게 할 수는 없다. 그렇게 하면 세상이 구제될 수 없기 때문이다. 그래서 '너의 신령스런 거북을 놓아두고 나를 보아 턱을 빠트리면 흉하다'고 했다.

이런 상황에서는 오직 꿋꿋하게 자기의 역할을 다하는 것이 중요하다. 하늘의 영광이 곧 자기의 영광이다. 그리하여 모든 영광을 하늘에 돌리고 자신은 오직 하늘의 뜻에 따라 꿋꿋하게 세상을 구제하는 일에 몰두해야 한다. 그것이 하늘을 따르는 길이다.

고난은 외면하고 나중에 오는 영광만을 바라는 사람들이 있다. 십자가에 못 박히는 것은 싫어하면서 예수처럼 존경받고 싶은 사람들이 있다. 사이비 교주가 그런 사람들이다. 그러나 참으로 귀한 것은 세상을 구제하는 일이고, 고난으로 얼룩진 일이다. 나중에 누리게 되는 영광은 귀한 것이 아니다. 그래서 '귀하게 여길 것이 못된다'고 했다.

六二(육이)는 顚[1]頤(전이)니 拂[2]經[3](불경)이나 于丘(우구)에 頤(이)하니라 征[4](정)하면 凶(흉)하리라 象曰六二征凶(상왈육이정흉)은 行(행)이 失類[5]也(실류야)라

국역 |

육이六二는 거꾸로 길러진다. 일반적인 원칙에 어긋나지만, 언덕 위에서 길러져야 한다. 공격하면 흉하다. 상象에서 말했다. "육이六二가 공격하면 흉한 것은 그 행위가 모든 것을 잃는 것이기 때문이다."

난자풀이 |

[1] 顚(전) : 거꾸로. 전도.
[2] 拂(불) : 어긋난다. 거스르다.
[3] 經(경) : 일반적인 원칙.
[4] 征(정) : 정벌한다. 공격한다.
[5] 類(류) : 무리. 일족. 동류. 온갖 것. 모든 것.

강설 |

육이六二는 자신이 초구初九를 길러주는 것이 아니라 반대로 초구初九의 도움으로 길러지기 때문에 일반적인 상황과는 다르다. 그래서 '일반적인 원칙에 어긋난다'고 했다.

육이六二는 실무책임자이면서 오히려 후배에게 길러지는 것이기 때문에 부끄러워하거나 몰래 길러지려고 하기 쉽지만 그렇게 하면 안 된다. 진리를 얻기 위해서는 목이 말라야 한다. 진리를 얻기 위해서는 어떤 체면도 생각하지 않고 매진해야 한다. 지금의 육이六二는 자기만 길러지면 되는 것이 아니다. 하층부의 사람들을 이끌고 공공연하게 길러져야 한다. 그래서 '언덕 위에서 길러진다'고 했다. 언덕 위에서 길러진다는 것은 모두가 볼 수 있는 형태로 공공연하게 길러진다는 의미이다. 진리를 얻는 것은 쉬운 일이 아니고, 구세주를 만나는 것은 쉽게 얻을 수 있는 기회가 아니다. 그러므로 구세주를 만난 육이六二는 일심으로 진리를 얻고 구원을 받아야 한다.

만약 일시적인 부끄러움을 참지 못하여 초구初九에게 반발하는 것은 금물이다. 그렇게 되면 진리를 얻을 수 없을 뿐만 아니라 온 세상이 암흑세상이 되고 만다. 그래서 '공격하면 흉하다'고 했고 '모든 것을 잃는 것이다'라고 했다.

六三(육삼)은 拂頤(불이)니 貞(정)하면 凶(흉)하리라 十年勿用(십년물용)이면 无攸利(무유리)하리라 象曰十年勿用(상왈십년물용)은 道大悖也(도대패야)라

국역 |

육삼六三은 비정상적으로 길러진다. 가만히 있으면 흉하다. 십 년 동안 쓰지 않으면 이로울 바가 없다. 상象에서 말했다. "십 년 동안 쓰지 않는 것은 도가 크게 어그러지는 것이다."

강설 |

초구初九 위에 있는 음효들이 모두 초구初九에게 길러지는 상황에서 육삼六三은 위치상 육이六二보다 불리한 위치에 있다. 아래에 있으면서 초구初九에서 멀리 위치하고 있기 때문에 육이六二에 비해 길러지기가 어렵다. 또 육삼六三의 상황 자체가 순조롭게 길러질 수 있는 상황이 아니다. 그래서 육삼六三은 소극적으로 되기 쉽다. 그러나 진리를 얻는 일에는 양보란 있을 수 없다. 공자는 "인仁을 얻는 일에는 스승에게도 양보하지 않는다"고 했다. 가만히 자리만 지키고 있으면 영영 진리를 얻지 못한다. 그래서 '가만히 있으면 흉하다'고 했다.

그리고 이러한 상황이 오래 지속되면 완전히 도태되고 만다. 10년이란 오랜 기간을 말한다. 그래서 '10년 동안 쓰지 않으면 이로울 바가 없다'고 했다. 이런 상황에 놓인 육삼六三은 적극적으로 초구初九를 찾아가서 묻고 배우며 구원을 받아야 한다.

십 년간 배우지 않고 가만히 있으면 진리는 영영 배울 수 없게 된다. 그래서 '십 년 동안 쓰지 않는 것은 도가 크게 어그러지는 것이다'라고 했다.

육사 전이 길 호시탐탐 기욕축축
六四는 顚頤면 吉하리라 虎視眈眈[1]하며 其欲逐逐[2]하면

무구 상왈전이지길 상시광야
无咎하리라 象曰顚頤之吉은 上施光也라

국역 |

육사六四는 거꾸로 길러지면 길하다. 호시탐탐하여 그 욕구를 충족시키면 허물이 없다. 상象에서 말했다. "거꾸로 길러지면 길한 것은 윗사람이 베푸는 것이 빛나기 때문이다."

난자풀이 |

[1] 虎視眈眈(호시탐탐) : 날카로운 안광으로 집중하여 목적을 바라보며 기회를 노리는 것을 말한다. 범이 사냥할 짐승을 노리는 모습에서 유래되었다.
[2] 逐逐(축축) : 독실하게 충족시키는 모양.

강설 |

육사六四는 하층부를 지휘하는 자리에 있다. 그러면서도 육사六四는 구세주인 어린 초구初九를 찾아가 적극적으로 구원을 받아야 한다. 육사六四가 초구初九에게 가서 적극적으로 배우면 유리한 입장에서 배울 수 있을 뿐만 아니라, 시설을 잘 만들 수 있어서도 좋다. 그래서 '거꾸로 길러지면 길하다'고 했다. 그러나 그렇게 하기란 쉽지 않다. 선생이 학생에게 배우는 꼴이기 때문에 자존심이 상하기도 할 것이다. 이 경우는 진리를 얻겠다는 일념 외에는 아무 것도 없어야 한다. 그래야만 가능하다. 범은 토끼 한 마리를 사냥할 때에도 집중한다. 그래서 호시

탐탐이란 말이 생겼다. 아무 생각이 없이 한 가지에만 집중하는 범의 눈빛처럼 호시탐탐 오직 진리를 얻는 일에만 집중해야 구원을 받을 수 있다. 육사六四는 기득권자이기 때문에 초구初九에게 배우러 가면 시설을 좋게 만들어 줄 수도 있는 등 여러 가지로 좋은 점이 많다. 그래서 '거꾸로 길러지면 길한 것은 윗사람이 베푸는 것이 빛나기 때문이다'라고 했다.

六五(육오)는 拂經(불경)이나 居貞(거정)하면 吉(길)하려니와 不可涉大川(불가섭대천)이니라 象曰居貞之吉(상왈거정지길)은 順以從上也(순이종상야)라

국역 |

육오六五는 원칙적인 일에 어긋난다. 참고 견디는 자세로 있으면 길하다. 큰 내를 건너면 안 된다. 상象에서 말했다. "참고 견디는 자세로 있으면 길한 것은 유순하게 윗사람을 따르는 것이 되기 때문이다."

강설 |

육오六五는 한 집단의 핵심적 지도자로 전체를 통솔해야 하는 위치에 있다. 하지만 이 괘에서는 그런 위치임에도 불구하고 초구初九에게 구원을 받아야 하기 때문에 원칙적인 것에 어긋난다. 자존심이 상할 것이다. 오직 구원을 받겠다는 일념으로 참고 견뎌야 한다. 그래서 '참고 견디는 자세로 있으면 길하다'고 했다.

육오六五는 전체의 중심에 위치하는 핵심 세력가다. 말하자면 주인공인 셈이다. 그런데 이 경우는 자기가 주인공이 아니고 초구初九가 주인공인 것 같아 견디기 어려울 것이다. 그래서 초구初九를 제거해 버릴 수도 있다. 그러나 그것은 크게 잘못되는 일이다. 그것은 세상을 암흑세상으로 빠뜨리는 것이다. 그것은 큰일을 저지르는 것이다. 그래서 '큰 내를 건너면 안 된다'고 했다. 큰 내를 건너는 것은 초구初九를 제거하는 것이다. 대부분의 경우 육오六五의 상황에 처하게 되면 초구初九를 처형하는 큰 내를 건너고 만다. 예수를 처형케 한 제사장들의 입장이 이 육오六五에 해당한다. 구세주가 나타났을 때 권력을 가진 자들이나 부자들이 구원받기란 더욱 어렵다. 각별히 주의하지 않으면 안 된다.

육오六五가 초구를 따르는 것은 지극히 순수해야 가능하다. 지극히 순수한 사람은 자기가 힘이 세고 세력을 가졌다 하더라도 진리를 위해서라면 힘이 작고 세력이 약한 자를 따른다. 이를 맹자는 '큰 자가 작은 자를 섬기는 것' 즉, '이대사소以大事小'라 했다. 작은 자를 섬기는 것은 하늘을 섬기는 것이고 진리를 섬기는 것이다. 그래서 그러한 것을 '유순하게 윗사람을 따르는 것이다'라 했다. 그러한 사람은 하늘을 즐거워하는 낙천자樂天者다.

上九(상구)는 由頤(유이)니 厲(려)하면 吉(길)하리니 利涉大川(이섭대천)하니라 象曰(상왈)
由頤厲吉(유이려길)은 大有慶也(대유경야)라

국역 |

상구上九는 길러짐이 (자기로) 말미암는다. 자기 살을 도려내는 아픔이 있어야 길하다. 큰 내를 건너는 것이 이롭다. 상象에서 말했다. "말미암아서 길러지는 상황에서 자기 살을 도려내는 아픔이 있어야 길한 것은 크게 경사스러운 일이 있을 것이기 때문이다."

강설 |

초구初九가 구세주라면 상구上九는 하느님이다. 구세주의 구원은 하느님의 뜻으로 말미암는다. 그래서 '길러짐이 (자기로) 말미암는다'고 했다. 초구初九에 의한 구원은 일반적인 형태가 아니기 때문에 순조로울 수 없다. 그래서 어려운 일이 많다. 이 경우 취할 수 있는 가장 효과적인 방법에는 어떤 것이 있을까?

비유하자면 하느님은 극작가이고 구세주는 드라마 속의 주인공이다. 이 드라마의 내용이 모든 시청자들에게 감명을 주는 효과를 극대화할 필요가 있을 때 주인공을 죽인다. 주인공이 죽는 장면은 시청자들을 울릴 수 있다. 그러므로 주인공을 죽이는 것은 극적인 효과를 거둘 수 있다. 하느님이 예수를 죽게 만든 이유도 여기에 있다. 그래서 '자기 살을 도려내는 아픔이 있어야 길하다. 큰 내를 건너는 것이 이롭다'고 했다.

하느님이 예수를 십자가에 못박히게 하는 것은 자기 살을 도려내는 아픔이고 큰 내를 건너는 일이다. 세상을 구제하기 위해서는 그 일을 하지 않을 수 없다.

택풍대과
澤風大過

이 괘의 상괘는 태괘兌卦이고 하괘는 손괘巽卦다. 상괘가 태괘일 때는 상육上六의 해악으로 골치 아픈 일이 전개된다. 상괘가 어려울 때는 하괘가 해결해야 하지만, 하괘인 손괘는 온순하게 따르기만 하기 때문에, 상괘의 뒤엉킨 문제를 해결하지 못한다. 이러한 경우에는 문제들이 해결되지 않은 채 누적되어 결국 전체가 붕괴되는 상황을 맞이할 것이다. 그래서 이 괘의 이름을 '크게 허물이 있을 것'이라는 의미로 대과大過라고 붙였다.

무너지는 것을 표현하는데 적절한 것은 건축물이기 때문에 이 괘는 무너지는 건물의 경우로 설명했다. 성수대교나 삼풍백화점이 붕괴한 것도 이 괘의 상황으로 읽을 수 있다. 이런 상황에서는 방관하거나 순응할 것이 아니라 적극적으로 문제점을 찾아내어 대대적인 수리를 해야 한다.

大過라 棟이 橈니 利有攸往이니 亨하니라 彖曰大過는 大者過也오 棟橈는 本末이 弱也라 剛過而中하고 巽而說行이라 利有攸往이니 乃亨하니라 大過之時大矣哉라 象曰澤滅木이 大過니 君子 以하여 獨立不懼하며 遯世无悶하나니라

국역 |

크게 과부하가 걸려 있는 형국이다. 대들보가 휘니, 적극적으로 대처하는 바가 있어야 이롭다. 적극적으로 나서야 한다. 단彖에서 말했다. "크게 과부하가 걸려 있는 것은 큰 것이 지나치기 때문이고, 대들보가 휜다는 것은 근본과 말단이 다 약하기 때문이다. (상층부는) 강한 것이 지나가야 하는 데도 속에 있고 (하층부는) 겸손한 상태에서 기쁘게 따르고만 있기 때문에 적극적으로 대처하는 바가 있어야 이로우니, 적극적으로 나서야 한다. 대과의 상황에서 대처해야 하는 시중의 도리가 크도다." 상象에서 말했다. "늪에 나무가 없어지는 것이 대과니, 군자는 이 괘의 이치를 살펴 홀로 서서 두려워하지 아니하며 세상에서 물러나도 고민하지 아니한다."

난자풀이 |

1 往(왕) : 적극적으로 대처하는 것을 말한다.

大過

2 橈(요) : 굽다. 구부러진다. 휜다.

3 澤(택) : 못. 진 펄. 늪.

강설 |

대과괘大過卦의 상황은 집이 무너지기 직전에 대들보가 휘어지고 있는 경우에 해당한다. 이럴 때 급히 손을 쓰지 않으면 집이 무너지고 만다. 그래서 '적극적으로 대처하는 바가 있어야 이롭다. 적극적으로 나서야 한다'고 했다. 대과괘에서는 본래 상괘의 문제가 훨씬 심각하다. 하괘는 원래 문제가 없었으나 상괘를 따르다가 함께 문제가 생긴 것이다.

대과괘는 무너지는 건물에 손을 쓰는 시간적인 순서나 과정을 설명해 놓은 것이다.

단彖에서 '큰 것이 지나치다'고 한 것은 가장 중요한 것이 잘못되었음을 말한다. 이 괘에서 가장 중요한 것은 상육上六과 초육初六이다. 상육上六은 보수적으로 버티어서 잘못되었고, 초육初六은 자기 역할을 못해서 잘못되었다. 위아래가 동시에 잘못되어 전체가 무너지는 것이 이 괘의 상황이다. '근본과 말단이 약하다'는 것은 건물을 지탱하고 있는 기초와 지붕을 받치고 있는 기둥에 모두 문제가 있다는 말이다.

'굳센 것이 지나가야 하는 데도 속에 있다'는 것은 강력한 실력자인 구오九五가 위로 나아가야 하는데도 상육上六에게 막혀 그냥 속에 머물러 있다는 것이다. 그리고 '겸손한 상태에서 기쁘게 행한다'는 말은 하괘가 순한 손괘이고 상괘가 기쁨을 상징하는 태괘임을 말한 것이다.

대과괘는 전체가 무너지는 상황에서 대응해야 하는 적절한 방법을 깨우쳐 주고 있다. 이는 매우 중요하다. 그래서 '대과의 상황에서 대처해야 하는 시중의 도리가 크다'고 했다.

상象에서 '늪에 나무가 없어진다'는 것은 상괘의 괘상이 늪이고 하괘의 괘상이 바람 또는 나무임을 말한다. 이것은 상층부가 하층부의 의견을 묵살하여 하층부의 의견이 상층부에 수용되지 않는다는 것을 의미한다. 또 늪에는 의당 나무가 있어야 하는데도 늪에 나무가 없어진다는 것은 전체가 파괴되는 위기적 상황임을 암시하는 것이다.

나라가 무너지고 집이 무너지는 경우에 대처하는 방법에는 크게 두 가지가 있다. 하나는 무너지는 나라를 붙들기 위해서 자기의 생명도 돌아보지 않고, 최후까지 노력하는 것이고, 다른 하나는 그 나라를 피해 초연하게 지내는 것이다. 임진왜란이 발발하기 전은 폭풍전야였고 나라가 무너지기 직전이었다. 율곡은 이를 막기 위해 십만양병설을 주장하며 고군분투했다. 그러다가 속이 타서 자신의 몸을 망가뜨렸다. 전자의 경우였다. 이를 상象에서는 '홀로 서서 두려워하지 않는다'고 했다. 등나라 세자가 맹자에게 붕괴위기에 처한 나라를 구하는 방법을 물었을 때, 백성과 한마음이 되어 죽기를 무릅쓰고 싸우는 방법을 일러 준 것이 이에 해당한다.

그러나 최후까지 노력해도 안 될 때는 어떻게 해야 할 것인가? 군자는 거기를 피한다. 무너지는 건물에 무의미하게 깔려 죽을 수는 없는 것처럼, 붕괴되는 나라를 위해 무의미하게 희생될 수는 없다. 나라도 사람이 살기 위해서 필요한 것이고, 건물도 사람이 살기 위해서 필요한 것이다. 그러므로 나라 때문에 사람이 죽고 건물 때문에 사람이 죽는 것은 근본적으로 온당하지 않다. 진리의 삶은 하늘과 하나되는 삶이고 우주와 하나되는 삶이다. 그런 삶에는 생사가 없고, 소대小大가 없다. 그런 삶에서 보면 지구의 크기는 모래알보다도 더 큰 것이 아니다. 또 사람들이 서로 다투며 살아가는 세상살이는 소꿉장난 같은 것으로 이해되기도 한다. 그러므로 진리의 삶을 사는 사람은 세속의 일에 초연할 수 있다. 그러므로 나라가 무너지는 일에 대해서도 초연하게 살아갈 수 있다. 공자의 제자인 증석이 "봄날에 기수에서 목욕하고 무우에서 바람 쐰 뒤에 노래하며 돌아오겠다"고 대답했고, 공자가 그의 말을 인정해 준 것이 바로 이 경우이다. 그래서 상象에서 '세상에 숨어서도 고민하지 않는다'고 했다.

초육 자용백모 무구 상왈자용백모 유
初六은 藉用白茅면 无咎하리라 象曰藉用白茅는 柔
재하야
在下也라

국역 |

초육初六은 자리를 까는 데 하얀 띠를 쓰면 허물이 없을 것이다. 상象에서 말했다. "자리를 까는 데 하얀 띠를 써야 하는 것은 부드러운 것이 아래에 있기 때문이다."

난자풀이 |

1 藉(자) : 깔개. 자리.
2 茅(모) : 띠.

강설 |

초육初六은 온순하게 위의 양陽들을 보좌한다. 그래서 손괘가 순하다는 뜻을 갖게 되었다. 대과괘의 상황은 허물이 너무 지나치기 때문에 무너지기 직전의 건물에 비유할 수 있다. 건물이 무너지기 전에는 금이 가고 소리가 나는 등의 조짐이 있다. 초육初六은 무너지기 직전의 건물에 금이 가기 시작하는 때이고, 무너지는 나라에 이상한 조짐이 나타나는 때이며, 큰 병이 생기기 전에 소화불량 증세가 나타나는 때이다. 무너지는 건물을 바로잡고, 무너지는 나라를 건지며, 악화되는 건강을 미연에 방지하기 위해서는 이때가 가장 중요하다. 이때 바로잡아 놓기만 하면 간단히 해결된다. 굴뚝에 구멍이 나서 화재의 위험성이 있을 때, 그 굴뚝을 바로잡아놓기만 하면 큰 화재를 간단히 막을 수 있는 것과 같다. 이렇게 하는 것이 조짐을 보고 대처하는 것이다.

그러나 욕심이 많은 사람은 욕심에 눈이 어두워 그러한 조짐이 눈에 들어오지 않는다. 오직 순수한 사람만이 금가는 것만 보아도 위험성을 감지할 수 있다. 그래서 '하얀 띠로 자리를 깐다'고 했다. 하얀 띠로 된 자리에 앉는 것은 돈방석에 앉는 것과 반대다. 그것은 마음 바탕을 깨끗이 하는 것이다. 삼풍백화점이 무너지기 전에 그 백화점으로 들어가던 어떤 아주머니는 함께 가던 딸의 말을 듣고 미장원에 먼저 갔다가 사고를 면했다. 그 딸은 마음이 깨끗했으므로 위험성을 예감한 것이다. '하얀 띠로 자리를 깔아야 하는 것'은 부드러운 초육初六이 맨 아래에 있기 때문이다. 무너지는 건물에 금이 가기 시작할 때 그 조짐을 알고 대처하면 문제는 간단하고 쉽다. 그래서 부드럽게 처리할 수 있다.

구이 고양 생제 노부득기녀처 무불리
九二는 枯楊이 生稊니 老夫得其女妻면 无不利하니라
①　②

상왈노부녀처 과이상여야
象曰老夫女妻는 過以相與也라

국역 |

구이九二는 마른 버드나무가 새 눈을 틔워야 한다. 늙은 남자가 처를 얻으면 이롭지 않음이 없다. 상象에서 말했다. "늙은 남자가 처를 얻는 것은 지나친 상태에서 서로 어울리는 것이다."

난자풀이 |

1 枯(고) : 마른다.
2 稊(제) : 돌피. 싹. 여기서는 '싹'이라는 의미로 쓰였다.

강설 |

구이九二는 하층부의 중심에 있다. 구오九五와 협력하여 위태로운 건물이나 국가를 바로 세워야 하는 실무책임자이다. 이러한 구이九二의 역할은 건물의 기둥에 해당한다. 대과괘의 구이九二는 기울어져 있는 기둥이다. 또 시간적으로 보면 무너지기 시작하는 건물이 상당히 기울어져 있는 경우이고, 무너지기 시작하는 나라에 위험 신호가 켜진 경우이며, 큰 병에 걸릴 징조가 드러난 경우이다. 이때의 해결방법은 무엇인가?

기울기 시작한 건물의 경우에는 본 기둥에다 보조기둥을 받쳐 든든하게 해 주면 되고, 무너지기 시작한 나라의 경우에는 외국의 지원을 받으면 될 것이며, 큰 병에 걸리는 경우에는 보조장치를 달아서 해결하면 될 것이다. 이렇게 하는 것을 옛사람들은 '마른 버드나무가 눈을 틔운다'고 표현했다. 마른 버드나무가 눈을 틔울 정도로 생기를 불어넣어야 한다는 말이다. 이를 또 옛사람들은 '늙은 남자가 젊은 부인을 얻는 것'으로 표현했다. 늙은 남자가 젊은 여자를 부인으로 맞으면 그만큼 생기를 얻는 모양이다. 늙은 남자와 젊은 여자가 어울리는 것은 좀 지나친 상태에서 서로 어울리는 것이다.

버드나무를 예로 든 것은 버드나무는 원래 연약하기 때문에 약함을 표현하기에 적절했기 때문일 것이다.

구삼 동요 흉 상왈동요지흉 불가이유
九三은 棟橈면 凶하리라 象曰棟橈之凶은 不可以有
보야
輔也라

국역 |

구삼九三은 대들보가 휘면 흉하다. 상象에서 말했다. "대들보가 휘면 흉하다는 것은 보조가 있을 수 없기 때문이다."

강설 |

대과괘가 건물이 무너질 정도로 잘못된 첫째 원인은 상육上六 때문이다. 상육上六이 물러나지 않고 버티고 있으면서 해악을 부리는 것이 그 원인이다. 그리고 둘째 원인은 초육初六 때문이다. 초육初六이 온순하여 상괘의 잘못을 바로잡는 힘을 발휘하지 않기 때문이다. 그런데 상육上六을 바로잡을 수 있는 것은 상육上六과 상응하여 짝을 이루는 구삼九三이고, 초육初六을 바로잡을 수 있는 것은 초육初六과 상응하여 짝을 이루는 구사九四다. 그러므로 구삼九三과 구사九四는 전체를 바로잡을 수 있는 대들보 역할을 할 수 있다. 구삼九三과 구사九四는 붕괴되는 건물을 붙들 수 있는 위치에 있고, 붕괴되는 나라를 구할 수 있는 위치에 있다.

구삼九三은 적극적으로 상육上六을 설득하여 은퇴시킴으로써 전체를 붕괴의 위기에서 구해야 한다. 그것은 대들보의 역할이다. 구삼九三이 대들보의 역할을 제대로 못하는 것은 대들보가 무게를 감당하지 못해 아래로 휘는 것이다. 그렇게 되면 건물이 붕괴될 것이므로 흉하다. 그래서 '대들보가 휘면 흉하다'고 했다.

또 시간적으로 보면, 구삼九三은 무너지는 건물이 점점 더 기울어져 보조기둥을 받치는 정도로는 해결되지 않는 경우이고, 약간의 외국의 도움으로는 해결되지 않을 정도로 심각해진 나라의 경우이며, 보조장치로는 해결되지 않을 만큼 병이 심각해진 경우이다. 이 경우에는 직접 대들보를 받치는 근본 처방을 해야 하고, 외국으로부터 대량의 지원을 받아야 하며, 수술을 해서 상당 부분 도려내거나 강력한 항생제를 투입해야 해결된다. 만약 어영부영하다가 대들보가 휘어버리면 되돌리기 어려우므로 극히 조심해야 한다.

상象에서 대들보가 휘면 흉한 이유를 보조가 불가능하기 때문이라고 한 것은 붕괴가 시작되어 보조기둥을 받치는 정도로는 해결되지 않는다는 사실을 말한 것이다.

九四는 棟隆이라야 吉하니 有它[1]면 吝하리라 象曰棟隆之吉은 不橈乎下也일새니라

국역 |

구사九四는 대들보가 위로 솟아올라야 길하다. 다른 방법으로는 곤란하다. 상象에서 말했다. "대들보가 위로 솟아올라야 길한 까닭은 아래로 휘지 않을 것이기 때문이다."

난자풀이 |

[1] 它(타) : 타他의 옛 글자.

강설 |

구사九四는 하층부를 직접 통솔하여 어려운 상황을 타개해야 하는 실무자이다. 회사의 부장이고 학교의 조교이며 건축공사장의 현장감독에 해당한다. 그런데 대과는 건물이 무너지고 나라가 붕괴되는 상황이기 때문에, 구사九四의 역할은 매우 중요하다. 특히 유약한 초육初六을 달래서 강인하게 만드는 역할은 전적으로 구사九四의 몫이다. 그래서 구사九四의 역할을 대들보에 비유했다.

건물이 무너지려는 위급한 상황에 있는 구사九四는 다른 때처럼 평범한 역할을 해서는 안 된다. 전력을 기울여 최선을 다해야 한다. 그래서 '대들보가 위로 솟아올라야 길하다'고 했다. 대들보가 위로 솟아오르면 훨씬 튼튼하다. 훨씬 더 많은 힘을 받아도 견뎌낼 수 있기 때문이다.

구사九四의 상황은 무너지는 건물이 상당히 기울어져 심각해진 경우이고, 나라의 붕괴가 상당히 진행된 경우이며, 건강이 매우 악화된 경우이다. 이때는 다른 방법이 없다. 아무리 기둥을 튼튼하게 해도 소용이 없고, 외국의 보조를 대량으로 받아도 소용이 없으며, 상당한 약을 쓰고 보조 장치를 달아도 해결되지 않는다.

무너지는 건물의 경우에는 직접 대들보에다가 튼튼한 기둥을 대어 대들보가 위로 불룩 솟구칠 정도로 받쳐 올려야 하고, 무너지는 나라의 경우에는 IMF의 지원을 받는 등의 특단의 대책이 이뤄져야 하며, 악화된 건강의 경우에는 수술을 해서 상당 부분 도려내고 다른 것으로 교체하거나 아니면 고단위의 항생제를 다량으로 투여하는 등 강력한 처방을 해야 한다.

회사를 경영하는 사람이 어려운 지경에 처해 1억 정도의 돈을 빌리러 온 경우에는, 3억 정도 빌려주어 확실하게 받쳐주어야 해결된다.

九五는 枯楊이 生華니 老婦[1]得其士夫[2]면 无咎하나 无譽하니라 象曰枯楊生華니 何可久也리오 老婦士夫 亦可醜也로다

(구오 고양 생화 노부득기사부 무구 무예 상왈고양생화 하가구야 노부사부 역가추야)

국역 |

구오九五는 마른 버드나무가 꽃을 피워야 한다. 늙은 여자가 젊은 남자를 얻으면 허물이 없으나 명예로움도 없다. 상象에서 말했다. "마른 버드나무가 꽃을 피우니 어찌 오래가겠는가. 늙은 여자도 젊은 남자도 역시 부끄러운 노릇이다."

난자풀이 |

[1] 老婦(노부) : 늙은 여자.

[2] 士夫(사부) : 젊은 남자.

강설 |

구오九五는 구이九二와 협력하여 무너지는 건물을 떠받들어야 하는 기둥에 해당한다. 그러나 구이九二보다 구오九五가 처한 상황은 더 긴

박하다. 상육上六의 해악을 직접 받아야 하기 때문이다. 상육上六의 해악을 심각하게 받은 구오九五는 힘이 빠졌다. 마른 버드나무가 꽃을 피울 정도로 생기를 불어넣어 주지 않으면 안 된다. 마른 버드나무가 꽃을 피울 정도로 생기를 불어넣어 주는 것을 옛사람들은 '늙은 여자가 젊은 남편을 얻는 경우'로 표현했다. 늙은 여자가 젊은 남자를 얻을 때가 가장 생기가 나는 모양이다.

구오九五는 시간적으로 보면, 건물이 너무 기울어져 자체적으로는 수습이 불가능한 정도가 된 것이고, 나라의 사정이 너무 악화되어 주체적으로 수습할 수 없는 정도가 된 경우이며, 건강이 악화되어 적당히 치료하는 것만으로는 회복이 어려운 상태이다. 이 경우의 해결책은, 대들보나 기둥을 다른 것으로 교체하는 것이고, 나라의 경제권이나 주권 또는 군사지휘권을 다른 나라에 위임하는 것이며, 심장이나 간 등의 주요 장기를 다른 사람에게서 이식 받는 방법이다. 이러한 방법을 옛사람들은 '늙은 여자가 젊은 남자를 얻는 것'으로 표현했다. 늙은 여자가 젊은 남자를 얻으면 가정의 주인이 젊은 남자로 바뀐다. 자신의 것이 회복될 수 없을 만큼 망가져 다른 것으로 대체할 수밖에 없는 경우가 이에 해당한다.

주체적으로 해결하지 못하고 남에게 모든 것을 맡겨서 해결하는 것은 오래 가기 어렵다. 그래서 '늙은 버드나무가 꽃을 피우니 어찌 오래 가겠는가'라고 했다. 극히 조심하지 않으면 영영 망하고 말 것이다. 또 남에게 신탁해서 해결하는 것은 부끄러운 일이다. 그래서 '늙은 여자도 젊은 남자도 역시 부끄러운 노릇이다'라고 했다. 와신상담臥薪嘗膽하는 노력으로 이 부끄러운 일에서 벗어나야 할 것이다.

上六(상육)은 過涉(과섭)이니 滅頂(멸정)[1]하여 凶(흉)하면 无咎(무구)하리라 象曰過(상왈과)涉之凶(섭지흉)은 不可咎也(불가구야)니라

국역 |

상육上六은 너무 건너갔으니 이마를 없애서 흉하면 허물이 없을 것이다. 상象에서 말했다. "너무 건너가서 흉하게 된 것은 허물해서는 안 된다."

난자풀이 |

[1] 頂(정) : 이마. 이마는 얼굴을 대표하는 부분이다. 옛날에 도둑에게 이마에 문신을 새기는 형벌이 있었는데 이마가 눈에 가장 잘 뜨이는 곳이기 때문이다. 그러므로 이마는 얼굴의 상징이며 얼굴은 또 자기 자신의 상징이기 때문에 이마는 자신을 상징하는 것이다. 그러므로 이마를 없앤다는 말은 자기 자신을 없애고 자기의 자존심을 없앤다는 말로 이해할 수 있을 것이다.

강설 |

상육上六은 대과괘의 상황이 붕괴의 위험에 놓이게 한 원인 제공자이다. 예컨대 끝까지 권좌에 버티고 있어서 국가를 붕괴의 위기에 놓이게 한 독재자가 이에 해당한다.

잘못을 저지르는 것을 강을 건너는 것에 비유한다면 상육上六은 강을 너무 건너갔다. 이런 경우 돌이킬 수 있는 유일한 방법은 자존심을

버리는 것이다. 자존심을 버리는 것을 옛사람들은 이마를 없애는 것으로 표현했다. 자존심을 다 버리고 남의 충고를 받아들인다면 길은 생긴다. 겸허하게 다른 사람의 충고를 받아들인다면 그간의 잘못에 대한 수없는 꾸지람과 질타가 있을 것이다. 그런 것을 다 받아들여 흉한 꼴을 당해야 사태가 회복될 수 있다. 용서받을 수 없을 정도로 잘못한 경우에는 남들에게 질타를 당하지도 않는다. 질타를 당한다는 것은 아직 개선의 여지가 있을 때이다. 자존심을 버리고 남들에게서 실컷 질타를 당해 그들의 화가 다 풀어지고 나면 그 다음에는 많은 해결책들이 나오게 마련이다. 그러므로 좋은 해결책이 나올 때까지 흉한 꼴을 당해야 허물이 없다.

시간적으로 보면 상육上六은 너무 기울어져 완전 붕괴하기 직전의 건물이고, 나라가 거의 망한 지경이며, 건강이 악화되어 돌이키기 어려운 경우이다. 이때의 해결책은 자존심을 버리는 것이다. 약간의 자존심도 모두 버리고 공공연하게 남에게 도움을 청하는 길뿐이다. '도와 달라'는 정도로 도움을 청하는 것이 아니라 '살려 달라'고 호소해야 한다. 그렇게 하면 길은 생긴다. 간절히 호소하면 어디선가 구원의 손길은 찾아오기 마련이다. 구원해주는 존재를 만나면 먼저 많은 혼이 날 것이다. 야단맞기도 할 것이다. 구원은 그러한 뒤에 시작될 것이다.

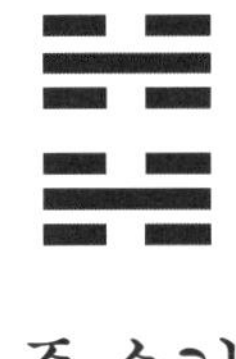

중수감
重水坎

이 괘는 상괘도 감괘坎卦이고 하괘도 감괘坎卦이다. 감괘가 상괘일 때는 오랜 투쟁과 시련에서 겨우 벗어나 정신을 수습하느라 여력이 없는 상태이고, 하괘일 때는 중앙의 양陽과 밖의 두 음陰이 주도권을 다투는 이전투구의 상황을 연출한다.

그리하여 전체적으로 보면 감괘는 하층부의 이전투구를 제지할 능력을 갖추지 못한 상층부와 상층부의 희망에 부응하지 못하는 하층부가 조화를 이루지 못하고 하층부의 이전투구 상황이 지속되고 있는 형국이다. 비유하자면 춘추전국시대에 주나라 왕실의 권위가 미약한 상태에서 제후들이 이전투구하고 있었던 상황과 유사하고, 조선후기 왕권이 미약한 상태에서 끊임없는 당파싸움이 전개된 상황과 유사하다. 그래서 괘의 이름을 '험한 일이 거듭된다'는 의미에서 습감習坎이라 붙였다. 험한 일이 거듭되는 것은 위아래가 다 감坎이기 때문이다. 다른 괘의 경우 위아래가 다 같아도 습習을 붙이지 않았으나 유독 감괘에만 습習을 붙인 것은 그만큼 감괘의 상황이 어렵기 때문일 것이다.

習坎이라 有孚라 維心으로 亨하여 行하면 有尙하리라 彖
曰習坎은 重險也니 水流而不盈이니 行險而不失其
信이오 維心亨은 乃以剛中也니라 行有尙은 往有功
也라 天險은 不可升也오 地險은 山川丘陵也니 王公
이 設險하여 以守其國하나니 險之時用이 大矣哉라 象
曰水洊[1]至 習坎이니 君子 以하여 常德行하며 習敎事[2]
하나니라

국역 |

거듭 구덩이에 빠지는 형국이다. 한마음을 유지해야 한다. 오직 마음으로 떨쳐 일어나 적극적으로 대처하면 고상함이 있을 것이다. 단彖에서 말했다. "거듭된 구덩이는 험난한 것이 거듭되는 것이다. 물이 흘러도 채워지지 않으니, 험한 일을 행해도 그 믿음을 잃지 않아야 한다. 오직 마음으로 떨쳐 일어나야 하는 것은 굳세면서 중심에 있기 때문이다. 적극적으로 대처하면 고상함이 있다는 것은 적극적으로 대처하면 공을 이룬다는 것이다. 하늘이 험한 것은 올라갈 수 없는 것이고, 땅이 험한 것은 산과 내와 구릉이다. 왕공은 험한 것을 설치하여 자기 나라를 지키는 것이니, 험한 상황에서 그것을 때맞게 활용하는 도리가 크도다." 상象에서 말했다. "물이 연거푸 이르는 것이 습감이니 군자가 이 괘의 이치를 살펴 덕행을 변치 아니하며 가르침을 받은 일을 학습한다."

난자풀이 |

1 洊(천) : 연거푸 이른다.
2 敎事(교사) : 가르침을 받은 일.

강설 |

이전투구가 지속된다. 아무리 발버둥쳐도 해결책이 없다. 전혀 희망이 보이지 않는다. 늪에 빠진 사람은 몸부림칠수록 점점 더 빠져들 뿐 헤쳐 나올 수 없다. 이럴 때 사람들은 포기하고 싶어진다. 그러나 포기하고 말면 영영 살아날 길이 없다. 이때의 최선책은 하늘과 한마음이 되는 것이다. 하늘과 한마음이 되면 하늘을 믿는다. 하늘을 믿으면 희망이 생긴다. 하늘이 무너져도 솟아날 구멍이 있다는 말이 이를 말한다. 이 세상은 멸망으로 나아가기만 하는 법은 결코 없다. 추위로 꽁꽁 얼어붙은 대지에도 봄은 오는 법이다. 그러므로 봄이 올 때까지 기다려야 한다. 곰이 그러하고 다람쥐도 그러하다. 그래서 '한마음을 유지해야 한다'고 했다.

그러나 무조건 가만있기만 해서는 안 된다. 봄이 왔을 때 크게 도약할 수 있도록 혼자서 몰래 대비를 해야 한다. 맹자는 '나라에 도가 있으면 천하를 선善으로 인도하지만, 나라에 도가 없을 때에는 혼자서 자기 몸을 선하게 유지해야 한다'고 했다. 혼자서 몰래 대비하는 것은 마음으로 해야 한다. 혼자의 마음으로 진리를 향하여 떨쳐 일어나야 한다. 이것이 바로 위기지학爲己之學이고, 수신修身이다. 수신은 혼자서 마음속으로 하는 것이다. 그래서 '오직 마음으로 떨쳐 일어나 적극적으로 대처해야 한다'고 했다. 그렇게 하면 때가 왔을 때 세상을 구하는 위대한 일을 할 수 있다. 그래서 '고상함이 있다'고 했다. 이로써 본다면 위기가 오히려 기회임을 알 수 있다.

저수지에 물이 차지 않으면, 근방의 전답에 물을 댈 수가 없다. 단彖

에서 '물이 흘러도 차지 않는다'고 한 것은 주위의 사람들을 설득하여 감화시킬 수 없는 군자의 입장을 표현한 말이다.

험한 상황에 처했을 때 살아남을 수 있는 최선의 가능성은 믿음을 가질 때 비로소 생겨난다. 조난을 당하거나 위험한 일에 처했을 때, 또는 낫기 어려운 병에 걸렸을 때 가장 중요한 것은 믿음을 잃지 않는 것이다. 어려움을 극복할 수 있다는 철저한 신념을 가지면 차츰 극복이 되지만, 신념을 잃어버리면 영영 극복할 수 없다. 적극적이고 긍정적인 마음가짐이 참으로 필요하다.

호랑이 등에 업혀가더라도 정신만 차리면 산다고 했다. 마음이 순수하고 느긋하고 착한 사람은 아무리 위급한 상황에 처하더라도, 정신을 차려서 그 위기를 극복할 수 있다. 습감은 매우 어려운 상황이지만, 속에 굳센 마음이 있기 때문에, 그 마음을 조용히 지키고 가꾸면 극복되는 날이 다가올 것이다.

늪에 빠진 것 같은 어려운 상황일수록 마음의 위력이 필요하다. 조급하고 초조하여 성급하게 설치면 패망하지만, 느긋한 마음으로 상황에 잘 대처하면 성공할 수 있다. 그래서 '적극적으로 대처하면 공을 이룬다'고 했다. 춘추전국시대 같은 어려운 시기일수록 정신문화가 꽃피는 이유가 여기에 있다.

춘추시대의 어려운 시기에 공자는 적극적으로 나서서 위대한 문화의 꽃을 피웠다. 어려운 시기에 피워낸 문화의 꽃은 그 뒤 2500년을 유지하는 위대한 원동력이 되었다. 험한 상황은 위대한 지혜를 만들어 내는 원동력이 된다. 삼성그룹의 창업자 이병철 회장은 젊은 시절 농사를 지을 때, 모내기를 한 뒤 그 논에 미꾸라지를 풀어놓았다가 가을에 벼를 수확할 때 함께 수확했다고 한다. 그런데 미꾸라지를 풀어놓을 때 메기 한 마리를 함께 풀어놓으면 미꾸라지의 수확이 훨씬 많아진다고 한다. 험한 상황이 미꾸라지를 더 잘 살게 한 좋은 예다.

산이 험하고 물이 험하면 살기에 불편하지만, 그것이 적을 막는 입장에서는 효과가 크다. 그렇기 때문에 험하다는 것은 여러 가지로 생각해볼 점이 있다.

어려운 시기를 이겨내는 방법은 덕행을 멈추지 않는 것뿐이다. 덕행을 멈추어버리면 더 이상 희망이 없다. 공자가 위나라에 갔을 때, 왕손가라는 권력자가 은근히 공자에게 회유를 했다. 자기에게 잘 보이면 벼슬자리를 줄 수 있다는 것이었다. 그 때 공자는 "하늘에 죄 얻으면 빌 데가 없다"고 답변했다. 그 때 공자가 벼슬에 눈이 어두워 하늘의 뜻을 저버렸다면 문화의 꽃은 피지 않았을 것이다. 덕행을 멈추지 않아야 하는 이유가 여기에 있다. 덕행을 이어가고 정신문화를 꽃피우는 원동력은 수신에서 비롯된다. 수신이 안 된 사람이 남을 구제한다는 것은 있을 수 없다.

수신을 하는 중요한 방법 중의 하나는 배운 것을 끊임없이 학습하는 것이다. 증자가 매일 반성했던 것 중의 하나는 '전해 받은 것을 학습하지 않았는가'에 대해서였다. '가르침을 받은 일을 학습한다'는 말은 이러한 뜻으로 이해할 수 있다.

초육 습감 입우감담 흉 상왈습감
初六은 習坎이니 入于坎窞이면 凶하리라 象曰習坎에
[1]
입감 실도 흉야
入坎은 失道라 凶也라

국역 |

초육初六은 거듭되는 구덩이이다. 그 구덩이에 들어가면 흉하다. 상象에서 말했다. "거듭되는 구덩이의 상황에서 구덩이에 들어가는 것은 도를 잃는 것이므로 흉하다."

난자풀이 |

1 窞(담) : 구덩이.

강설 |

초육初六은 아직 어리지만 이전투구에 휘말리기 직전의 상황에 놓여 있다. 만약 이전투구의 싸움에 휘말리면 벗어날 길이 없다. 그래서 '구덩이에 들어가면 흉하다'고 했다. 이전투구에 휘말리지 않도록 각별히 조심해야 할 것이다.

九二는 坎有險하니 求小得[1]이니라 象曰求小得은 未出中也라

국역 |

구이九二는 구덩이가 험한 상황이 되어 있으니 작은 소득을 구하여야 한다. 상象에서 말했다. "작은 소득을 구해야 하는 것은 아직 속에서 빠져 나오지 않았기 때문이다."

난자풀이 |

1 得(득) : 소득所得. 따라서 소득小得은 작은 소득所得을 말한다.

강설 |

구이九二는 하층부의 핵심이다. 그렇기 때문에 일반적으로는 하층부의 대표로서 큰 역할을 하고, 전체적인 입장에서도 비중 있는 역할을 한다.

그러나 감괘의 경우에는 상황이 다르다. 이전투구가 일어나는 상황이기 때문에 구이九二라 하더라도 공개적으로 인정받을 수는 없다. 자기의 위치와 역할에 걸맞은 몫이 돌아오지 않는다. 그러므로 그것을 다 찾으려고 하지 않아야 한다. 작은 것을 얻는데 만족해야 한다.

이런 상황에서 구이九二는 원래의 자기 몫을 얻으려 하지 말고 작은 역할이라도 충실하게 수행하면서 스스로의 인격 도야에 주력해야 한다. 그래서 '작은 소득을 구해야 한다'고 했다.

춘추시대의 공자는 낮은 벼슬자리에 있었다. 공자의 인품과 능력에 비하면 형편없이 낮은 자리였다. 그러나 공자는 구차하게 높은 자리를 바라지 않았다. 그것은 하늘의 뜻에 위배되는 것이다. 어려운 상황에서도 작은 것에 만족하면서 뒷일을 위해 문화의 꽃씨를 뿌렸다.

六三(육삼)은 來之坎坎(래지감감)이라 險[1]且枕[2](험차침)하여 入于坎窞(입우감담)이니 勿用(물용)이니라 象曰來之坎坎(상왈래지감감)은 終无功也(종무공야)니라

국역 |

육삼六三은 오는 곳도 가는 곳도 구덩이고 구덩이다. 손에 수갑을

차고 또 목에 큰칼을 찬 상태에서 구덩이로 들어가게 될 것이니 용쓰지 말고 가만히 있어야 한다. 상象에서 말했다. "오는 곳도 가는 곳도 구덩이고 구덩이인 것은 끝내 공을 이루지 못하는 상황이다."

난자풀이 |

1 險(험) : 많은 책에서 험險으로 되어 있으나 정현본鄭玄本이나 향수본向秀本에는 검檢으로 되어 있다. 감괘가 험난한 것을 상징하기 때문에 검檢을 험險으로 잘못 쓴 것으로 보인다. 검檢은 손에 차는 수갑을 말한다.

2 枕(침) : 베개. 그러나 여기서는 범인들의 목에 채우는 큰칼을 말한다.

강설 |

육삼六三은 치열하게 전개되는 이전투구의 소용돌이 속에 있는 연약한 존재다. 아래도 구덩이고 위도 구덩이이므로 아래로 내려와도 구덩이에 빠지고 위로 올라가도 구덩이에 빠진다. 진퇴양난이다. 아래로 오면 이전투구에 휘말려 수갑을 차게 되고, 위로 가도 구제 받지 못하고 도리어 큰칼을 차는 형벌을 받는다. 윗사람들은 구이九二는 약간 도와주지만 육삼六三은 처벌한다. 그러므로 육삼六三은 위로 가든 아래로 가든, 이전투구에 휘말리기만 하면 처벌받는다. 이때는 무조건 가만히 있어야 한다. '나죽었다' 하고 꼼짝 않고 있는 것만이 살길이다. 그렇게 하면 상황이 바뀔 때 살아날 수 있다. 그래서 '용쓰지 말고 가만히 있어야 한다'고 했다.

무너진 건물 더미에 깔렸을 경우 살아날 수 있는 최선의 방법은 최대한 힘을 축적하여 구원의 손길이 다가올 때까지 기다리는 것뿐이다.

육사 준주 궤이 용부 납약자유 종무구
六四는 樽酒와 簋貳를 用缶하여 納約自牖면 終无咎
[1] [2] [3] [4][5]
상왈준주궤이 강유제야
하리라 象曰樽酒簋貳는 剛柔際也라

국역 |

육사六四는 잔술과 도시락 두 개를 질그릇으로 된 용기에 담아 검약한 상태로 창으로 넣어주면 마침내 허물이 없을 것이다. 상象에서 말했다. "잔술과 도시락 두개로 해야 하는 까닭은 강함과 부드러움이 싸우는 접점에 있기 때문이다."

난자풀이 |

[1] 樽(준) : 술 단지.
[2] 簋(궤) : 제기의 이름.
[3] 缶(부) : 장군. 액체를 담는 그릇.
[4] 約(약) : 검약한 것. 약소한 것.
[5] 自(자) : ~으로부터. 말미암아.

강설 |

육사六四는 하층부를 직접 통솔해야 하는 위치이다. 그러나 상층부의 유일한 음陰이 아니기 때문에 강력하지 못해 하층부의 이전투구를 해결할 능력이 없다. 선불리 싸움에 개입하면 문제를 해결하지도 못하고 오히려 휘말리게 되어 싸움은 더욱 격렬해진다. 그렇다고 방치해 둘 수도 없다.

이런 경우 육사六四는 선악을 잘 분별하여 선善 쪽을 은밀히 육성하고 보호하는 것이 좋다. 그래야만 앞날을 기약할 수 있다. 이 경우의 선善은 구이九二일 것이다. 투쟁이 치열해진 상태에서 어느 한편을 공개적으로 지원하면 싸움은 더욱 격화된다. 그러므로 아무도 모르게 은밀히 살펴, 선善이 이길 수 있도록 조금만 도와야 한다. 그래서 '잔에 담은 술 조금과 도시락 두 개 정도를 수수한 질그릇의 용기에 담아 검약하게 넣어주어야 하는데, 그것도 남이 알 수 없도록 문을 열고 들어가지 말고 창문을 통하여 은밀하게 전해주어야 한다'고 설명했다.

九五(구오)는 坎不盈(감불영)이니 祗[1]旣[2]平[3](지기평)이면 无咎(무구)하리라 象曰坎不盈(상왈감불영)은 中(중)이 未大也(미대야)라

국역 |

구오九五는 구덩이가 차지 않는 상황이다. 꽉 차서 넘치는 상태에 이르러야 허물이 없을 것이다. 상象에서 말했다. "구덩이가 차지 않는 것은 속이 아직 크지 않았기 때문이다."

난자풀이 |

[1] 祗(지) : 지至와 통용. 이르다.
[2] 旣(기) : 통상 '이미'로 번역하지만 어떤 상태를 막 지난 시점을 의미한다. 기망旣望이 망월望月이 막 지난 시점인 16일을 뜻하는 것도 이러한 의미로

이해할 수 있다.

3 平(평) : 그릇의 물이 가득 차서 밖으로 흘러나오기 직전의 상태.

강설 |

구오九五는 전체의 핵심지도자이다. 모든 초목에 물을 대어 윤택하게 하는 원천源泉이기도 하다. 한 집단에서 이전투구가 일어나는 것은 근본적으로 최고지도자의 인품이 약하기 때문이고, 만물이 시드는 것은 원천에 물이 차지 않았기 때문이다. 그래서 '구덩이가 차지 않은 상황'이라고 설명했다. 구덩이는 원천이다. 원천에 물이 가득 차서 넘쳐흘러야 초목을 윤택하게 할 수 있다. 그러나 현재의 구오九五는 차지 않은 원천의 물과 같아서 이전투구가 일어나는 상황을 해결할 능력이 없다. 그러므로 아무리 권위를 내세워 물리적으로 해결하려 해도 될 일이 아니다. 이때는 정신적으로 감화시키는 길밖에 없다. 군주의 마음이 바르게 되어 감화력이 넘쳐흐르면 신하들의 마음도 바르게 되고, 신하들의 마음이 바르게 되면 그제야 온 나라가 바르게 된다.

물은 구덩이를 채우고 나면 밖으로 흘러 근방의 논밭을 적신다. 인근의 논밭이 척박하게 되었다면 구덩이에 물이 차 넘치지 못하기 때문이다. 이 경우 물이 채워지기 전에는 문제가 해결될 수 없듯이, 하층부의 싸움은 근본적으로 상층부의 고매한 인격이 넘쳐흐르기 전에는 해결되지 않는다. 그러므로 이런 상황에 놓인 군자는 사태의 신속한 해결에만 몰두할 것이 아니라 시간이 걸리더라도 자신의 덕을 닦는 일에 주력하여야 한다. 그래야만 근본적인 해결이 가능하기 때문이다. 보조국사 지눌은 수양단체인 결사結社를 조직했다. 그랬는데 결사에 모인 사람들이 서로 다투고 있었다. 이를 본 보조국사는 산으로 들어가 다시 수도에 몰두했다. 수도를 해서 감화력이 저절로 넘쳐흐르게 되었을 때 다시 나왔다. 그랬더니 그 때는 다투는 일이 없었다고 한다. 그래서 '꽉 차서 넘치는 상태에 이르러야 허물이 없다'고 했다.

上六은 係用徽纆하여 寘于叢棘이면 三歲라도 不得이니 凶하리라 象曰上六失道면 凶三歲也리라

국역 |

상육上六은 튼튼한 밧줄로 묶어 빽빽한 가시밭에 놓여지면 삼 년이 지나도 벗어날 수 없으니 흉하다. 상象에서 말했다. "상육上六이 도를 잃으면 흉한 것이 삼 년이나 지속된다."

난자풀이 |

1 係(계) : 묶는다.
2 徽(휘) : 세 가닥으로 꼰 튼튼한 밧줄.
3 纆(전) : 두 가닥으로 꼰 튼튼한 밧줄. 묵纆으로 된 판본도 있다.
4 寘(치) : 둔다.
5 三歲(삼세) : 시간의 단위를 나타낼 때 쓰는 상투어이다. 이 삼세三歲가 감옥에 있는 경우 등에 사용될 경우에는 매우 오랜 시간을 의미한다.
6 得(득) : 득得 다음에 탈脫이 생략된 것으로 볼 수 있다.

강설 |

상효는 실권은 없으나 최고의 명예를 가진 원로로서 정신적인 모범을 보여야 하는 자리이다. 안정된 상황에서는 원로로서의 예우를 받지만 어려운 상황이거나 혼란이 심한 경우에는 소외되기 쉬운 위치이다.

이전투구가 벌어지는 혼란한 상황에서는 상육上六을 예우할 여유가 없다. 그래서 상육上六은 소외된다. 이러한 상황에 놓인 상육上六이 만

일 소외된 자신의 처지에 불만을 품고 이전투구의 싸움에 말려들면 아주 어려운 상황에 봉착한다. 실권이 없기 때문에 승산이 없다. 또 윗사람의 패배는 아랫사람들의 패배보다 더 비참해진다. 조선조에 일어난 당파싸움에서도 젊은 사람들이 패배했을 경우에는 유배당하는 경우가 많지만, 당의 영수 자리에 있는 원로는 사약을 받는 것이 일반적이었다. 이러한 상황을 『주역』에서는 '튼튼한 밧줄에 묶여 빽빽한 가시밭에 놓여져 벗어나지 못한다'고 경계했다. 송시열이 사약을 받아 죽음을 당하고 대원군이 말년에 거세된 것은 이러한 맥락에서 이해할 수 있다. 삼 년이란 상당한 기간을 말한다.

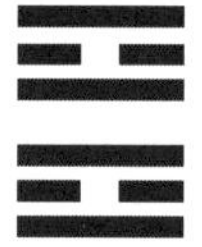

중화리
重火離

이 괘는 상괘도 리괘離卦이고 하괘도 리괘離卦이다. 상괘도 자기완결성을 갖추고 있어 만족하고, 하괘도 자기완결성을 갖추고 있어 만족한다. 부족하면 그것을 충족시켜 줄 사람을 찾아 나서지만, 만족하면 혼자 있기를 좋아한다. 남편은 남편 혼자서 지내는 데 만족하고 부인 또한 부인 혼자서 지내는 데 만족한다면 서로를 필요로 하지 않기 때문에 이별수가 생긴다.

이런 상황은 외견상 양쪽 모두 문제가 없어 보이지만 실제로는 심각하다. 상층부와 하층부가 서로 상대방에 무관심하여 이별할 수 있기 때문이다. 이 경우가 부부관계라면 이혼을 할 수도 있다. 이때의 이혼 사유가 되는 것은 서로의 불화나 성격차이가 아니라 서로의 필요성을 못 느끼기 때문이다. 그래서 이 괘의 이름을 이별한다는 의미에서 리離라 했다.

리離의 상괘와 하괘는 공간적으로는 부모와 자녀, 남편과 부인, 스승과 제자, 친구 사이 등으로 볼 수 있지만, 시간적으로는 초등학교와

중학교, 또는 중학교와 고등학교, 고등학교와 대학교, 대학교와 사회 등의 관계로 볼 수도 있다. 궁극적으로는 이승과 저승을 의미하기도 한다. 또 나무를 옮겨 심는 것이나, 불을 옮겨 붙이는 것도 이에 해당한다.

이별하는 상황에서는 이별하지 않도록 결합해야 하고 결합시켜야 한다. 그러므로 리離는 서로를 결합시킨다는 의미를 가지기도 한다. 일반적으로 『주역』에서 괘명을 붙이는 원칙은 그 괘의 상황을 표현하기도 하고, 또 그러한 상황에 대한 대처방안을 표현하기도 한다. 이 리괘의 경우는 이별하기 쉬운 상황과 이별하지 않도록 하는 대처방안을 동시에 표현했다.

離라 利코 貞하니 亨하니라 畜牝[1]牛[2]면 吉하리라 彖曰離는 麗[3]也니 日月이 麗乎天하며 百穀草木이 麗乎土하니 重明以麗乎正이어야 乃化成天下하나니라 柔麗乎中正故로 亨하니 是以畜牝牛吉也라 象曰明兩이 作離하니 大人이 以하여 繼明하여 照于四方하나니라

국역 |

이별하기 쉬우므로 붙어야 하는 형국이다. 그러면 성과를 이룰 수도

있고 마무리를 잘 할 수도 있다. 그러니 가만있지 말고 적극적으로 나서야 한다. 암소를 기르면 길하다. 단象에서 말했다. "리離는 걸린다는 말이니, 해와 달이 하늘에 걸려 있고, 백곡과 초목이 땅에 걸려 있으니, 거듭 밝음으로써 바른 것에 걸려 있어야 천하를 감화시켜 화평하게 할 수 있다. 부드러운 것이 알맞고 바른 곳에 걸려 있기 때문에 적극적으로 나서야 한다. 이 때문에 암소를 기르면 길한 것이다." 상象에서 말했다. "밝음 두 개가 리離의 상황을 만들었으니, 대인이 이 괘의 이치를 살펴 밝음을 이어받아 사방에서 빛을 발휘한다."

난자풀이 |

1 畜(휵) : '가축', '기른다' 등의 뜻. '가축'이라는 뜻일 때는 음이 '축'이고 '기른다'는 뜻일 때는 음이 '휵'이다.

2 牝(빈) : 암컷.

3 麗(리) : '곱다', '걸려있다', '붙어있다' 등의 뜻. '곱다'는 뜻일 때는 음이 '려'이고 '걸려있다', '붙어있다' 등의 뜻일 때는 음이 '리'이다.

강설 |

리괘는 상하가 모두 스스로에게 만족하여 상대에게 관심을 갖지 않기 때문에 이별수가 생긴 상황이다. 스스로에게 만족하는 사람은 혼자서도 모든 것을 잘해나갈 자신이 있다. 그러나 실상은 그렇지 않다. 혼자서 해나갈 자신이 있던 남편도 막상 부인이 죽고 나면 쩔쩔 맨다. 그 부인의 빈자리는 너무 크다. 그러므로 실지로 이별하면 되는 일이 없다. 지금까지는 급속도로 성장을 해 왔지만, 더 이상 결실을 할 수도 없고 마무리를 할 수도 없다. 그렇기 때문에 이별하지 말고 함께 있어야 한다. 그렇게 해야 비로소 결실을 할 수도 있고 마무리를 할 수도 있다. 그러므로 이를 잘 간파하여 사태의 심각성을 알고 서로 합하도록 적극 노력해야 한다.

서로 합치는 방법 중의 하나는 미래에 대한 설계를 함께 하는 것이다. 여기서는 그것을 암소를 기르는 것으로 표현했다. 관계를 끝내고자 하는 사람은 눈앞의 일만을 생각하기 때문에 암소를 기르지 않는다. 끝내지 않을 사람이라야 먼 장래에 송아지를 낳아줄 암소를 기른다. 그러므로 먼 장래를 위해 암소를 기른다면 역으로 관계를 끝내지 않게 되는 것이다.

상층부의 리離가 하늘에 해당한다면, 하층부의 리離는 땅에 해당한다. 하늘과 땅의 두 밝은 역할이 화합하여 바른 모습을 보여야 천하의 만물을 기를 수 있다.

대인은 상하의 두 리離가 떨어지지 않고 결합해야만 천하의 만물을 기를 수 있다는 이 괘의 이치를 살펴, 스스로의 작은 성공에 안주하지 않고, 밝은 지혜로 분발하여 전체의 입장에서 남과 화합함으로써 세상에 그 모범을 보이는 자다.

초구 리착연 경지 무구 상왈리착지
初九는 履錯然하니 敬之라야 无咎하리라 象曰履錯之
[1] [2]
경 이피구야
敬은 以辟咎也라
[3]

국역 |

초구初九는 행동이 어지러우니 경건한 마음을 간직해야 허물이 없을 것이다. 상象에서 말했다. "행동이 어지러워서 경건한 마음을 간직해야 하는 것은 허물을 피하기 위해서이다."

난자풀이 |

1 履(리) : 행동하는 것.

2 錯(착) : 섞이다. 착연錯然은 어지러이 섞이는 모양.

3 辟(피) : 이 글자는 원래 '임금'이란 뜻이지만, 경우에 따라서 '벽僻', '벽闢', '피避', '비譬' 등의 뜻으로도 쓰인다. 여기서는 피避의 뜻으로 쓰였다. '피한다'는 뜻이고 음은 '피'이다.

강설 |

초구初九는 부모의 관심과 간섭이 없는 가정에 태어난 어린 자녀이고, 선생의 관심이나 간섭이 없는 학교에 입학한 신입생이다. 이 경우는 윗사람의 훈계나 규제가 없고, 또 윗사람을 의식하거나 따르지 않기 때문에 행동이 자유분방하고 버릇이 없다. 그래서 '행동이 어지럽다'고 했다.

이런 경우에는 스스로가 각별히 유의하여 자기 마음대로 하지 말고, 경건한 마음으로 윗사람과 결합하도록 노력해야 한다. 그렇지 않으면 예의바른 시민으로 성장하지 못하여 고립되고 만다.

六二(육이)는 黃離(황리)1면 元吉(원길)하리라 象曰黃離元吉(상왈황리원길)은 得中道也(득중도야)라

국역 |

육이六二는 황색의 입장에서 결합하면 크게 길하다. 상象에서 말했다. "황색의 입장에서 결합하면 크게 길한 것은 중도를 얻었기 때문이다."

난자풀이 |

1 黃(황) : 황색. 황색은 오행에서 보면 토土에 해당하고 방향으로 보면 중앙에 해당한다.

강설 |

육이六二는 하층부의 중앙에 위치하고 있는 책임자이다. 리괘의 하층부는 상층부에 관심을 두지 않고, 자체적으로 만족한 상태에서 모든 일을 진행시키기 쉽다. 그러나 이러한 진행방식은 일견 문제가 없는 것 같지만, 실상은 그렇지 않다. 상층부와 분리될 경우에는 문제가 심각해질 수 있다. 하층부 혼자서는 되는 일이 없다. 가만있기만 하는 남편이라도 없는 것과는 천지차이이다. 그러므로 하층부를 주도하는 육이六二는 하층부를 이끌고 상층부와 결합하는 방향으로 일을 진행해야 한다.

황색은 중앙을 말하고 리離는 결합하는 것을 말하므로 황리黃離란 중앙에서 전체를 이끌고 상층부와 결합하는 것이다. 아무 문제가 없는 상층부와 하층부가 결합할 수만 있다면 이보다 더 훌륭한 것이 없다. 그래서 '크게 길하다'고 했다.

구삼 일측지리 불고부이가즉대질지차 흉
九三은 日昃之離니 不鼓缶而歌則大耋之嗟라 凶하
①②③④
리라 象曰日昃之離니 何可久也리오
상왈일측지리 하가구야

국역 |

구삼九三은 해가 기울어 (서산에) 걸려 있는 상황이다. 장군을 두드리며 노래하지 않으면 80노인이 울부짖게 될 것이니 흉하다. 상象에서 말했다. "해가 기울어 (서산에) 걸려 있으니, 어찌 오래갈 수 있겠는가?"

난자풀이 |

① 昃(측) : '해가 기운다'는 뜻.
② 缶(부) : 액체를 넣는 용기. 장군. 악기로도 쓰인다.
③ 耋(질) : 늙은이. 여든 살이 된 늙은이라고도 하고, 일흔이 넘은 늙은이를 지칭한다고도 한다.
④ 嗟(차) : 울부짖는 소리.

강설 |

구삼九三은 괘의 위치로 볼 때 졸업반 학생이다. 장가나 시집갈 처지이기도 하다. 만일 장성한 구삼九三이 평소 상층부를 동경해 왔다면 조속히 졸업하고 상층부로 진입할 것이다. 중학교 졸업반 학생은 고등학교에 진학할 것이고 고등학교 졸업반 학생은 대학에 진학할 것이며 대학 졸업반 학생은 사회로 진출할 것이다.

그러나 리괘의 구삼九三은 상층부에 별 관심을 두지 않고 성장해 왔기 때문에 상층부로 진입하고 싶지 않다. 그래서 졸업하기 싫다. 졸업은 지금까지의 행복이 종식되는 것으로 인식된다. 그러나 실상 졸업은 지금까지의 행복의 종말이 아니다. 졸업을 하지 않으면 새로운 시작이 불가능하다. 따라서 졸업은 새로운 시작이며 참다운 행복으로 가는 관문이다. 졸업 중에서 가장 충격적인 것은 '죽음'이라는 졸업이다. 그러므로 구삼九三의 상황을 죽음을 맞이하는 상황으로 설명했다. 죽음을 맞이하는 순간은 '서산에 걸려있는 태양이 떨어지는 순간'과 같다.

죽음으로 모든 것이 끝나는 것으로 생각한다면, 죽음은 현세에서의 행복이 닫히는 문으로 인식되기 쉽다. 그러나 장자는 자기의 부인이 죽었을 때 장군을 두드리며 노래를 불렀다. 장자는 죽음을 모든 것의 끝으로 인식하지 않고 영원으로 가는 문으로 생각했기 때문이다. 대자연의 작용이란 만물을 살리는 작용이다. 만물을 모두 살리기 위해서는 늙고 병든 것을 죽여야 한다. 늙은 자가 죽지 않는다면 모두가 다 죽고 말 것이기 때문이다.

나의 육신은 원래 내가 아니다. 자연의 작용으로 숨쉬고 밥 먹고 잠자고 자라는 자연물이다. 이 자연물을 '나'로 의식하는 데 문제가 있다. '나'로 의식하면 '내'가 숨쉬고, '내'가 밥 먹고, '내'가 잠자고 '내'가 자란다. 그리고 '내'가 늙고 '내'가 죽는다. 그러나 원래 '나'란 것이 없었다는 것을 자각한다면 나의 삶은 본래 자연현상 그 자체이었다. 이를 알고 자연현상으로 살아간다면 태어나는 것도 자연이고 늙는 것도 자연이며 죽는 것도 자연이다. 모두 다 같은 자연현상일 뿐이다. 자연현상으로 존재하는 것이 나의 본래모습이었다. 그러므로 그것은 고향이다. 그러나 이를 잃고 인간의 모습으로 사는 것은 본래모습을 잃고 타향살이를 하는 것이다. 그러므로 죽는다는 것은 없어지는 것이 아니라 고향으로 돌아가는 것이다.

얼음이, 자신을 형체를 가진 고체로 인식한다면, 녹는 것은 자신의 형체가 없어지는 것이고, 죽어 없어지는 것이므로, 슬픈 일이 될 것이다. 그러나 얼음은 형체를 가진 고체이면서 동시에 물이다. 여전히 물의 성질에서 벗어나지 않는다. 오직 형체를 가진 고체라고만 생각하는 것은 눈에 현혹된 착각에서 비롯된 것이다. 얼음이 만약 이 사실을 안다면 얼어서 고체로 존재하거나 녹아서 물이 되거나 본질에 있어서 아무런 차이가 없다는 것을 알 것이다. 생사여일生死如一이다.

또 현상적으로 볼 때, 얼음은 본래 물이었기 때문에, 녹는 것은 없어지는 것이 아니라 본래의 모습으로 돌아가는 것이다. 얼음이 이 사실을 안다면, 녹는 것을 고향으로 돌아가는 기쁜 일로 받아들일 수 있을 것이다.

죽음과 삶은 본질적으로는 차이가 없기 때문에 생사일여生死一如이지만, 현상적으로는 형태에서의 차이가 있다. 죽음은 본래의 모습으로 돌아가는 것이고, 고향으로 가는 것이다. 그것은 기쁜 일이다. 이를 아는 사람은 미리 고향 가는 기차표를 사 두지만, 이를 모르는 사람은 차표를 사지 못한다. 차표를 가진 사람은 기쁘게 죽음을 맞이하지만, 그렇지 못한 사람은 죽음을 기쁘게 맞이할 수 없다. 욕심 속에 숨어 있는 본심이 바로 고향 가는 기차표이다.

그렇다고 해서 자살이 좋다는 것은 아니다. 이 세상에 온 것은 할 일이 있어서이다. 마치 옆집에 심부름 온 것과도 같다. 빨리 돌아가고 싶어도 심부름을 끝내지 않으면 안 된다. 산다는 것도 이와 같다.

자연현상이란 물질이 결합했다가 분해하는 과정을 되풀이하는 현상이다. 결합한 뒤에는 분해하고 분해한 뒤에는 결합한다. 삶이란 결합하는 과정을 말하고 죽음이란 분해하는 과정을 말한다. 삶이 끝나면 죽음이 시작되고 죽음이 끝나면 삶이 시작된다. 그러므로 죽음은 끝이 아니라 새로운 시작이다. 죽음은 새로운 시작을 위한 졸업이다. 삶을 잘 마감하고 제대로 죽는 것을 졸卒이라 하는 이유가 여기에 있다. 이러한 이치를 안다면 죽음도 기쁜 마음으로 맞이할 수 있다. 이것이 바로 장자가 장군을 두드리며 노래한 까닭이다.

그래서 『주역』에서는 '장군을 두드리며 노래를 해야 한다'고 했다.

태양이 서산에 떨어지는 것은 동산에 떠오르는 시작에 불과하다. 이러한 이치를 모르는 사람은 태양이 떨어지는 것을 보고 죽어 없어지는 자신의 운명처럼 느끼고 울부짖는다.

80세 노인이 죽음을 두려워하여 울부짖는 것처럼 비참한 것은 없다. 떨어지는 태양을 보고 눈물을 흘리는 동물은 없다. 이런 의미에서 본다면 인간보다 더 불쌍한 동물은 없을 것이다. 『주역』은 인간으로 하여금 이러한 비극적인 삶에서 벗어나게 하는데 주요한 목적이 있다.

구사 돌여기래여 분여 사여 기여 상
九四는 突如其來如면 焚如며 死如하여 棄如니라 象
① ② ③
왈돌여기래여 무소용야
曰突如其來如면 无所容也라

국역 |

구사九四는 돌발적으로 붙어 오면 타버리거나 꺼져서, 버려지게 된다. 상象에서 말했다. "돌발적으로 추진하면 용납되는 바가 없다."

난자풀이 |

① 如(여) : 앞의 단어를 부사로 만들어 주는 역할을 하는 접미사.
② 其(기) : 가정을 하거나 추측을 할 때 사용하는 조음소.
③ 如(여) : 동사에 붙어 어투를 부드럽게 해주는 접미사.

강설

구사九四는 하층부를 인도하며 동시에 육오六五를 보좌해야 하는 위치이다. 지금은 하층부와 상층부가 이별하려 하고 있다. 이를 연결시키는 역할을 하는 존재가 바로 구사九四다. 이때는 매우 조심스럽다. 이혼하려는 두 사람을 도로 합치도록 설득하는 경우도 이에 해당하고, 원수처럼 갈라서 있는 형제를 화합시키는 경우도 이와 같다. 이는 나무를 옮겨 심는 경우와도 같고, 불쏘시개로 불을 옮겨 붙이는 경우와도 같다. 옛날에는 불이 귀했다. 성냥도 없었고 라이터도 없었다. 그러므로 만약 불이 필요하면, 섶으로 불쏘시개를 만들어서, 불이 남아있는 재를 찾아가서 옮겨 붙여 왔다. 이때 불을 너무 많이 붙이면 미처 옮겨오기도 전에 다 타버린다. 또 너무 적게 붙이면 옮기는 도중에 꺼져버린다. 두 경우 다 실패하여 버리게 된다. 그러므로 신중하게 가감하여 알맞게 붙여야 한다.

헤어지려는 사람을 설득하여 결합시키는 것도 마찬가지다. 너무 강압적으로 추진하면 그들의 감정이 불타오르듯이 격화되어 화합하지 못한다. 또 너무 소극적으로 추진하면 화합하려는 마음의 싹이 자라지 못한다. 그러므로 돌발적이고 무계획적인 행동과 말을 하지 말고, 신중하고 치밀하게 추진하지 않으면 안 된다.

六五(육오)는 出涕[1]沱[2]若(출체타약)하며 戚[3]嗟[4]若(척차약)이라야 吉(길)하리라 象曰六(상왈육)五之吉(오지길)은 離[5]王公也(리왕공야)라

국역 |

육오六五는 눈물을 줄줄 흘리며 슬퍼하고 울부짖어야 길하다. 상象에서 말했다. "육오六五가 길할 수 있는 것은 왕공의 지위에 있기 때문이다."

난자풀이 |

1 涕(체) : 눈물.
2 沱若(타약) : 눈물이 줄줄 흐르는 모양.
3 戚(척) : 척慽과 통용.
4 嗟若(차약) : 울부짖는 모양.
5 離(리) : 걸려 있다. 왕공의 자리에 걸려 있다는 것은 왕공의 자리에 있다는 뜻이다.

강설 |

육오六五는 전체의 핵심적인 위치에 있는 존재이다. 리괘의 상황은 상층부와 하층부 모두 현재의 상태에 만족하고 있다. 전체의 리더인 육오六五 역시 현재 상황에 만족하여 아무런 불만이 없다. 그러나 이대로 가다가는 결별하기 쉽다. 예컨대 남북이 분단되어 있는 우리나라의 경우 남한은 남한대로 현재의 상태에 만족하고 북한은 북한대로 현재의 상태에 만족한다면 통일은 요원하다. 별거상태에 있는 부부가 각각의 상태에 만족한다면 재결합은 어렵다. 통일이 되지 않고 결합이 되지 않으면 우선은 불만이 없다 하더라도 장래에 가서는 모두가 망하는 비참한 현실을 맞을 수밖에 없다. 이를 파악한다면 전체를 이끌어야 하는 육오六五는 다가올 슬픔의 시대를 예견하여 눈물을 흘리며 울부짖을 것이다. 이처럼 걱정해야만 이별하지 않고 결합할 수 있어서 비극에서 헤어날 수 있을 것이다.

맹자는 "우환에서 살고 안락에서 죽는다"고 했다. 안일하기 쉬운 육오六五는 맹자의 이 말에 특히 경계해야 할 것이다.

上九는 王用[1]出征이면 有嘉니 折首코 獲匪其醜[2]면 无咎하리라 象曰王用出征은 以正邦也라

국역 |

상구上九는 왕이 나가서 정벌하면 아름다운 일이 있다. 우두머리만 제거하고, 포획하는 것이 그 무리가 아니면 허물이 없을 것이다. 상象에서 말했다. "왕이 나가서 정벌하는 것은 나라를 바로잡기 위한 것이다."

난자풀이 |

[1] 用(용) : 이以와 통용.
[2] 醜(추) : 무리. 같은 종류.

강설 |

상구上九는 집단의 원로이면서 양陽의 성격을 가지고 있기 때문에 전체가 나아가야 할 방향을 가장 잘 알고 있다. 그러므로 상구上九는 육오六五를 도와 바른 방향으로 나아가도록 지도해야 한다. 리괘에서

의 육오六五는 나아가야 할 방향을 잘 모르기 때문에 더욱 그러하다.

상구上九는 물러나야 하는 원로이지만, 이혼하는 아들과 며느리를 만류하거나, 갈라져 있는 형제를 화합시키는 역할은 할 수 있다.

그렇다면 상구上九가 해야 할 구체적인 내용은 무엇일까? 첫째는 화합을 해야할 육오六五와 육이六二를 불러 화합을 하도록 유도하는 것이고, 둘째는 화합에 제일 반대하는 구삼九三을 설득하는 것이다.

육오六五와 육이六二는 소극적이다. 그러므로 다소 강압적으로 추진할 필요가 있다. 또 구삼九三은 애착이 많아 아랫사람과 어울리는 것을 좋아하고, 윗사람과 어울리는 것을 싫어한다. 죽기 싫어 발버둥치는 임종 직전의 사람과도 같다. 그러므로 상구上九는 오랜 인생경험을 바탕으로 차분하게 설득해야 한다.

그런데 만약 육오六五와 육이六二, 또는 구삼九三이 끝까지 말을 듣지 않을 때는 무력행사를 하지 않을 수 없다. 이때는 끝까지 응징할 필요는 없다. 그들의 기만 꺾어 놓으면 된다. 그래서 '우두머리만 제거해야 한다'고 했다. 노사분규가 일어나 서로 화합하지 않을 때도 이와 같다. 우두머리만 처벌하고 일반 조합원은 처벌하지 않아야 한다. 그들은 모두 자기가 보호해야 할 아랫사람들이기 때문이다.

택산함
澤山咸

모든 생명체는 일정기간 성장하고 나면 음양의 결합을 통하여 결실을 한다. 사람 역시 그러하다. 『소학』에 나오는 '남녀칠세부동석男女七歲不同席'이란 말은 성장 중에 있는 남녀는 결합하지 않아야 한다는 것을 의미한다. 성장과정 중에 성장을 하지 않고 결합과 조화를 추구하면 성장이 온전히 이루어지지 않아 조화를 이룰 수도 없다. 그러나 성장이 이루어지고 나면 남녀가 결합하여 가정을 이루고 자녀를 두어야 한다. 결합해야 할 때에는 결합해야 하는 것이다. 함괘咸卦는 바로 결합과 조화를 이루어야 하는 상황을 상징하는 괘이다.

상괘는 위의 한 음陰이 물러나지 않고 버티고 있으면서 온갖 일에 간섭하기 때문에 제대로 되는 일이 없는 국면이고, 하괘는 구삼九三의 자리에 있는 강력한 양陽이 아래의 두 음陰의 진로를 막고 있어 진전을 이루지 못하고 침체되어 있는 국면이다. 위는 고통스럽고 아래는 답답하다. 그런데 자세히 보면 여기서의 상육上六은 자기의 짝인 구삼九三과 조화를 이루고 있다. 상육上六은 음陰이기 때문에 내려오기 좋아하고, 구삼九三은 양陽이기 때문에 올라가기 좋아한다. 그래서 상육上六과 구삼九三은 저절로 조화를 이룬다. 상육上六이 구삼九三과 조화를 이루면 아랫사람들의 일에 간섭하지 않을 것이고, 구삼九三 또한 상육上六과 조화를 이루면 아래의 두 음陰을 저지하지 않기 때문에, 모든 문제가 일시에 해결된다. 그 결과 초육初六은 구사九四와 짝을 이루고, 육이六二는 구오九五와 짝을 이룬다. 그리하여 모든 음陰과 양陽이 각각 짝을 이루어 전체가 조화된다. 그리하여 쌍쌍파티가 일어나는 것이다.

염산(HCL)은 극약이다. 마시면 바로 죽는다. 가성소다(NaOH)는 양잿물이다. 역시 마시면 죽는 극약이다. 그러나 염산과 가성소다를 섞으면 물(H_2O)과 소금(NaCL)으로 바뀌어 마셔도 상관없는 소금물이 된다. 대조화가 일어난 것이다. 혹독한 남자와 고약한 여자가 서로 만나 부드러운 가정을 꾸미는 경우가 이러한 경우이다. 따라서 이 괘의 이름을 함咸으로 붙였다. 함咸은 감感이라는 뜻이니, 음陰과 양陽이 서로 느낌이 통하고 마음이 통하여 조화를 이룬다는 뜻이다.

咸이라 亨코 利코 貞하니라 取女면 吉하리라 彖曰咸은 感也니 柔上而剛下하여 二氣感應以相與하여 止而說하며 男下女라 是以亨利貞取女吉也니라 天地感而萬物化生하고 聖人感人心而天下和平하나니 觀其所感而天地萬物之情을 可見矣리라 象曰山上有澤이 咸이니 君子 以하여 虛受人하나니라

국역 |

교감하는 형국이다. 적극적으로 나서고 결실을 하고 마무리한다. 여자를 취하면 길하다. 단象에서 말했다. "함咸은 감感이니, 부드러운 것이 위에 있고 굳센 것이 아래에 있으면서 두 기운이 교감하여 서로 아우르며, 가만히 정지하고 있으면서 기뻐하며, 남자가 여자에게 낮춘다. 그러므로 적극적으로 나서고 결실하고 저장하며, 여자를 취하는 것이 이롭다. 하늘과 땅이 감응하여 만물이 생겨나고, 성인이 사람의 마음을 감화시켜 천하가 화평하다. 그 감응하는 바를 관찰하면 천지만물의 실상을 알 수 있다." 상象에서 말했다. "산 위에 못이 있는 것이 함이니, 군자는 이 괘의 이치를 살펴 겸허하게 남을 받아들인다."

강설 |

상육上六이 구삼九三과 사귀게 되어 구오九五와 육이六二, 구사九四와 초육初六이 짝을 이루는 상황이 함괘이다. 그러므로 적극적으로 짝을 이루어야 한다는 의미에서 적극적으로 나서야 한다고 했다. 음陰과 양陽, 남과 여가 결합하여 짝을 이루면 그 다음에는 결실을 할 수 있고 마무리를 할 수 있다. 그러므로 함괘에서는 '여자를 취하면 길하다'고 했다. 남녀가 짝을 이룰 때는 통상 남자 쪽에서 먼저 접근한다. 그래서 '여자를 취하라'고 했다. 만약 여자 쪽에서 먼저 접근한다면 '남자를 취하라'고 했을 것이다. 남녀가 짝을 이루는 것은 조화를 이루는 것이므로, 함괘의 깨우침은 적극적으로 짝을 이루고 조화를 추진하라는 것이다.

단象에서 부드러운 것이 위에 있고 굳센 것이 아래에 있다고 한 것은 상육上六과 구삼九三을 지칭한 말이고, 음陰양陽의 두 기운이 감응하여 아우른다고 한 것은 초육初六과 구사九四, 육이六二와 구오九五, 구삼九三과 상육上六이 짝을 이루어 함께 있음을 말한 것이다. 정지하고 있으면서 기뻐한다는 것은 하괘인 간괘艮卦의 성질과 상괘인 태괘兌卦의 성질을 말한 것이고, 남자가 여자에게 낮춘다는 것은 구사九四와 구오九五의 양이 초육初六과 육이六二의 음에게 구애한다는 말이다.

만물은 하늘과 땅의 기운이 교감하여 생겨난 결과이다. 이러한 이치를 안다면 남자와 여자도 서로 교감하여 자녀를 낳아 화평한 세상을 이어가야 한다. 따라서 성인聖人은 사람의 마음을 감동시켜, 천지가 감응하듯 남녀가 감응하게 만든다. 천지가 감응하여 만물을 생성한다는 이치를 통찰한다면 천지만물의 실상을 파악할 수 있을 것이다.

'산 위에 못이 있다'는 말은 하층부의 간괘와 상층부의 태괘를 상징적으로 표현한 것이다.

군자는 상층부의 효들이 각기 하층부의 효들에게 구애하고 있는 이 괘의 형상과 그 이치를 살펴, 겸허하게 자신을 낮추고 남을 받아들인다.

초육 감기무 상왈감기무 지재외야

初六은 咸其拇[1]라 象曰咸其拇는 志在外也라

국역 |

초육初六은 느낌이 그 엄지발가락이다. 상象에서 말했다. "느낌이 엄지발가락인 것은 뜻이 밖에 있기 때문이다."

난자풀이 |

[1] 拇(무) : 엄지손가락 또는 엄지발가락.

강설 |

초육初六은 아직 성장과정의 초기단계에 있기 때문에 남자를 그리워하고 좋아하는 느낌이 아직 낮은 단계에 있다. 그래서 가슴으로 느끼는 것이 아니라 엄지발가락에 머물러 있는 것이라 형용하였다. 이때의 사랑의 주도권은 구사九四에 있다. 구사九四가 구애를 해 올 경우 가만히 받아들이면 될 것이다.

뜻이 밖에 있다는 말은, 초육初六의 마음이 구사九四와 연애하는 데 있지 않고 오히려 구오九五에 있음을 의미한다. 초육初六은 아직 어리기 때문에 연애 감정이 생기지 않는다. 연애감정이 아니라 그저 구오九五를 존경하는 정도에 그치고 있다. 그러나 현실은 구사九四와 연애를 해야 하는 입장이다. 이를 안다면 구사九四의 사랑을 받아들이기 위해 노력을 할 수 있을 것이다.

육이 감기비 흉 거 길 상왈수흉거
六二는 咸其腓라 凶하나 居하면 吉하리라 象曰雖凶居
[1]
길 순 불해야
吉은 順하면 不害也라

국역 |

육이六二는 느낌이 장딴지라서 흉凶하지만 가만히 집에 있으면 길吉하다. 상象에서 말했다. "비록 흉하지만 가만히 집에 있으면 길한 것은 유순하면 해롭지 않기 때문이다."

난자풀이 |

[1] 腓(비) : 장딴지.

강설 |

육이六二는 사춘기에 접어든 여자에 해당한다. 짝을 구하고자 하는 마음이 고조되어 장딴지에까지 와 있다. 장딴지에 힘이 있으면 자꾸 외부로 나가고 싶어진다. 느낌이 장딴지에 있다고 한 것은 짝을 구하기 위해 자꾸 돌아다니고 싶어하는 모습을 상징적으로 표현한 것이다.

육이六二는 매력만점인 여자다. 무수한 남자들이 접근한다. 이 경우 선불리 따라나서면 성급하고 경솔한 남자를 만나게 되어 흉하다. 여자에게 함부로 접근하는 남자일수록 제대로 된 남자가 드물기 때문이다. 그러므로 사랑하는 마음이 움직인다 하더라도 선불리 돌아다니지 말고 가만히 집에서 기다려야 한다. 그러면 부모가 괜찮은 짝을 구해올 것이다. 그 때 잘 분별하여 응해도 늦지 않다. 매력 있는 여자가 선불리 결혼을 하여 실패하는 경우가 왕왕 있는 경우는 이 이치를 몰랐기 때문이다. 유순한 사람은 밖으로 돌아다니지 않고 집에서 부모의 말을 잘 듣고 있기 때문에 해로운 일이 없다.

九三(구삼)은 咸其股(감기고)라 執其隨(집기수)[1]하여 往(왕)하면 吝(인)[2]하리라 象曰咸(상왈감)

其股(기고)는 亦不處也(역불처야)니 志在隨人(지재수인)하니 所執(소집)이 下也(하야)라

국역 |

구삼九三은 느낌이 허벅다리이다. 자기를 따르는 자의 매력에 집착하여 그들에게 가면 한스럽다. 상象에서 말했다. "느낌이 허벅다리에 있으면 또한 가만히 있지 아니한다. 뜻이 따르는 사람에게 있으니, 집착하는 바가 아래에 있다."

난자풀이 |

[1] 股(고) : 허벅다리.
[2] 吝(인) : 한스러운 일이 생긴다.

강설 |

구삼九三은 느낌이 고조되어 허벅다리에까지 와 있기 때문에 사랑을 구하기 위하여 행동에 나서기 쉽다. 그리고 구삼九三과 함께 하층부에 속해 있는 초육初六과 육이六二의 음陰은 구삼九三을 오빠처럼 여기고 따른다. 그리고 초육初六과 육이六二는 매력이 있다. 그 중에서도 특히 육이六二는 매력만점이다. 이런 상황에서 만일 구삼九三이 음陰들의 감정을 애정의 감정으로 착각하여 그들에게 구애하고 결합하려 하면 곤란한 일이 생긴다. 그들의 짝은 따로 있기 때문이다. 초육初六의 상대는 구사九四이고, 육이六二의 상대는 구오九五이다. 구삼九三이 초육初六이나 육이六二에게 구애하면 구사九四나 구오九五에게 제재를 당하게 된다. 구삼九三은 이러한 상황을 잘 파악하여 초육初六과 육이六二의 감정을 친구나 오빠의 입장에서 받아들이고, 조용히 참고 있으면서 상육上六과 짝을 이루어야 한다.

연애하는 데에도 도道가 있다. 짚신도 짝이 있다. 자기에게 어울리는 짝을 찾는 것이 연애의 도道이다. 모두와 한마음의 상태를 유지하

咸

고 있는 군자라면 그것을 알 수 있다. 그래서 최고를 구하는 것이 아니라 어울리는 상대를 구할 것이다. 군자의 몸은 배우의 입장이 되고, 군자의 마음은 감독의 입장이 된다. 그렇게 되면 그 몸의 움직임은 언제나 감독의 입장에서 이루어질 수 있다. 그런 경우는 언제나 전체적으로 어울리는 역할을 할 수 있다.

九四(구사)는 貞(정)하면 吉(길)하여 悔亡(회망)하리니 憧憧往來(동동왕래)[1]면 朋從爾思(붕종이사)리라 象曰貞吉悔亡(상왈정길회망)은 未感害也(미감해야)오 憧憧往來(동동왕래)는 未光大也(미광대야)라

국역 |

구사九四는 참고 견디면 길하여 후회할 일이 없을 것이다. 울렁거리는 마음으로 왕래하면 벗이 너의 생각을 따를 것이다. 상象에서 말했다. "참고 견디면 길吉하여 후회할 일이 없는 것은 느낌이 해를 입는 방향으로 나아가지 않기 때문이다. 울렁거리는 마음으로 왕래해야 되는 것은 아직 빛나거나 크지 않았기 때문이다."

난자풀이 |

[1] 憧(동) : 그리움. 동동憧憧은 그리워서 마음이 울렁거리는 모양.

강설 |

구사九四는 상층부에 소속되어 있으면서, 하층부를 직접 지휘하는 실무책임자이다. 그리고 구사九四는 양陽이기 때문에 하층부의 초육初六과 육이六二의 두 음陰이 그를 잘 따른다. 바로 여기에 구사九四가 잘 분별해야 할 점이 있다. 구사九四가 구애해야 하는 대상은 초육初六이다. 그러나 구사九四는 성숙한 육이六二에게 매료되기 쉽다. 하지만 육이六二의 짝은 구오九五이다. 설사 육이六二에게 마음이 끌린다 하더라도 참고 견뎌야 한다. 그리고 초육初六에게 구애해야 한다. 그래서 '참고 견디면 길하여 후회함이 없다'고 했다.

구사九四가 자신의 짝인 초육初六에게 구애를 해도, 아직 어린 초육初六은 이를 잘 받아들이지 못한다. 그렇다 해도 좋아하는 마음을 가지고, 지속적으로 구애하면 결국 초육初六은 응하여 따르게 될 것이므로 좋은 성과가 있을 것이다. 그래서 '울렁거리는 마음으로 왕래하면 벗이 너의 생각을 따를 것'이라고 했다. 벗이라 한 것은 처음에는 구사九四에게 초육初六이 애인 같은 기분이 들지 않기 때문이다. 성숙한 과일은 빛이 나고 커서 먹음직스럽다. 그런데 초육初六은 아직 성숙하지 않았다. 그래서 '아직 빛나거나 크지 않았다'고 했다. 그러므로 구사九四의 입장에서는 의도적으로 자꾸 그리워하는 마음으로 접근해야 한다.

九五(구오)는 咸其脢(감기매)니 无悔(무회)라 象曰咸其脢(상왈감기매)면 志末也(지말야)라
①

국역 |

구오九五는 느낌이 그 등심이니 후회할 일이 없다. 상象에서 말했다. "느낌이 등심인 것은 뜻은 말단이다."

난자풀이 |

① 脢(매) : 등심. 등에 있는 살.

강설 |

구오九五는 전체를 이끌고 가는 중심적인 위치이다. 사랑의 감정도 가장 왕성하다. '느낌이 등심이다'라는 것은 사랑의 감정이 가장 왕성하다는 것을 표현한 말이다. 왕성한 느낌으로 육이六二와 짝을 이루게 될 것이므로 후회할 일이 없다.

사람의 삶은 느낌과 생각으로 이루어진다. 느낌이 있으면 생각하게 되고, 생각을 하면 느낌이 생긴다. 느낌이 약간 있을 때는 여러 가지 생각으로 판단을 해야 할 것이지만, 느낌이 왕성할 때 그 느낌이 잘못된 느낌이 아니라면, 생각은 필요가 없다. 느낌대로 움직이기만 하면 된다. 구오九五는 느낌이 왕성하다. 더 이상 생각하거나 망설일 필요가 없다. 그래서 '뜻은 말단이다'라고 했다. 뜻은 생각하여 결정하는 것이다. 이 경우는 뜻을 가질 필요가 없다. 느낌대로 움직이기만 하면 된다.

上六(상육)은 咸其輔頰舌(감기보협설)이라 象曰咸其輔頰舌(상왈감기보협설)은 滕①口說(등구설)也(야)라

국역 |

상육上六은 느낌이 그 광대뼈 · 뺨 · 혀이다. 상象에서 말했다. "느낌이 광대뼈 · 뺨 · 혀에 있는 것은 구설에만 올린다."

난자풀이 |

1 滕(등) : 물이 세차게 솟아오르는 모양. 오르다.

강설 |

상육上六은 노쇠했기 때문에 사랑의 감정을 몸으로 표현하지 못하고 주로 얼굴과 말로 표현한다. 그러나 상육上六은 훌륭한 말솜씨와 여성다운 부드러움으로 강한 성격의 구삼九三과 조화를 이룰 수 있는 능력을 갖추고 있다. 그리고 또 상육上六이 구삼九三과 어울려야만 전체가 화합할 수 있다. 그러므로 상육上六은 구삼九三과 짝을 이루기 위해 자신의 화려했던 경력을 비롯한 모든 장점을 부각시켜 구삼九三을 매료시켜야 한다. 그리하여 짝을 이루어야 한다.

뇌풍항
雷風恒

이 괘의 상괘는 진괘震卦이고 하괘는 손괘巽卦다. 상층부는 지각변동을 일으키고, 하층부는 순조롭게 상층부를 따르기만 한다. 이 괘에서 변화를 주도하는 것은 사효四爻다. 사효는 아랫사람들이 순조롭기 때문에 해결해야 할 일이 없고, 오직 자신의 본래 역할인 지각변동을 일으키기만 한다. 그래서 전체적으로 대 혼란이 일어난다. 이 혼란은 성장을 위한 지각변동이다.

성장을 할 때는 혼란스럽다. 그러나 성장이 멎고 조화를 이룰 때는 안정된다. 이 이치를 안다면 혼란스러울 때는 성장을 하고 안정되었을 때는 조화를 이룰 것이다. 이것이 주역의 이치다.

성장을 할 때는 이랬다저랬다 하지 말고 한결같은 마음으로 초지일관해야 한다. 그래서 괘의 이름을 항恒이라 했다.

앞의 함괘咸卦가 음양의 결합과 조화를 상징한다면, 항괘恒卦는 성장을 상징한다.

恒이라 亨이라야 无咎하여 利코 貞하니라 利有攸往하니라

彖曰恒은 久也니 剛上而柔下하고 雷風相與하고 巽而動하여 剛柔皆應이 恒이니 恒亨无咎利貞은 久於其道也니 天地之道恒久而不已也니라 利有攸往은 終則有始也라 日月이 得天而能久照하며 四時變化而能久成하며 聖人이 久於其道而天下化成하나니 觀其所恒而天地萬物之情을 可見矣리라 象曰雷風이 恒이니 君子 以하여 立不易方하나니라

국역 |

한결같아야 하는 형국이다. 떨쳐 일어나 성장해야 허물이 없다. 그래야 결실을 하고 마무리를 한다. 적극적으로 나서는 바가 있어야 이롭다. 단彖에서 말했다. "항恒은 오래 지속함이니 굳센 것이 위에 있고 부드러운 것이 아래에 있어서, 우레와 바람이 서로 아우르고, 겸손하면서 움직여서, 굳센 것과 부드러운 것이 모두 응하는 것이 항恒이니, 한결같아야 하는 형국에서 떨쳐 일어나 성장하여 허물이 없고, 결실을 하고 마무리를 하는 것은, 자기가 하는 일에 오래도록 처하기 때문이다. 천지의 작용은 항구하여 그치지 않는다. 적극적으로 나서는 바가

있어야 이로운 까닭은 마치면 시작함이 있기 때문이다. 해와 달은 하늘을 얻어서 오래도록 비출 수 있고, 사시는 변화하여 오래도록 자기의 일을 완성할 수 있으며, 성인이 자기가 하는 일에 오래도록 처하여 천하가 감화되고 화평해진다. 그 항구하게 하는 바를 보면 천지만물의 실상을 알 수 있다." 상象에서 말했다. "우레와 바람이 항恒이니, 군자가 이 괘의 이치를 살펴 뜻을 세우면 방향을 바꾸지 않는다."

恒

강설 |

성장과정에 있을 때는 흔들리지 않는 마음을 가져야 한다. 혹 외곬이라 비판받아도 좋고, 세상물정 모른다는 말을 들어도 괜찮다. 떨쳐 일어나 한길로 성장을 계속해야 한다. 이리저리 흔들리다 보면 온전한 성장을 이룰 수가 없다. 자기의 길을 충실히 추구하여 완성이 되면, 그때가서는 자연히 성과를 거둘 수도 있고 마무리를 할 수도 있다. 지금은 오직 성장을 할 때다. 성장을 위해서는 적극적으로 나서야 한다. 성장을 할 때는 난관이 많다. 도중에 포기하고 싶어질 때도 있다. 그러나 끝까지 포기하지 않고 적극적으로 나서야 한다.

'굳센 것이 위에 있고 부드러운 것이 아래에 있다'고 한 것은 위의 진괘와 아래의 손괘의 성질을 말한 것이고, 우레와 바람이 서로 아우른다는 말은 진괘와 손괘의 상象을 말한 것이다. 또 겸손하면서 움직인다는 말은 손괘와 진괘의 작용을 말한 것이고, 굳센 것과 부드러운 것이 서로 응한다는 말은 초육初六과 구사九四, 구이九二와 육오六五, 구삼九三과 상육上六이 음양의 관계로 어울리는 것을 말한다.

성장을 위하여 꾸준하고 충실하게 자신을 키우는 것은, 천지가 만물을 성장시키기 위하여 부단히 사시를 순환시키고 태양을 비추게 하는 것을 지속하는 것과 같다. 마치면 새로운 시작이 있다는 말은 성장과정이 끝나면, 결실의 일이 새로 시작된다는 것이다. 사람이 성장하여 혼인을 하고, 새로운 생명을 낳는 것과 같은 것을 말한다.

태양의 작용과 사시의 순환이 항구적으로 지속되어 만물이 발육할 수 있듯이, 인간을 구제하기 위한 지속적인 성인의 활동은 인간을 바람직한 삶으로 인도한다. 이러한 이치를 이해한다면 인간은 누구나 자기의 길을 꿋꿋하고 묵묵하게 나아가야 할 것이다.

상象에서, '뜻을 세우면 방향을 바꾸지 않는다'는 말은, 자기의 길이 정해지면 일로매진一路邁進해야 함을 말한 것이다.

初六(초육)은 浚(준)[1]을 恒(항)이니 貞(정)[2]하면 凶(흉)하여 无攸利(무유리)하니라 象曰(상왈) 浚恒之凶(준항지흉)은 始(시)에 求深也(구심야)라

국역 |

초육初六은 파는 것을 한결같은 마음으로 해야 한다. 소극적으로 대처하면 흉하여 이로울 바가 없다. 상象에서 말했다. "파는 것을 한결같은 마음으로 해야 하는 상황에서 흉하게 되는 경우는 처음부터 깊은 것을 구하기 때문이다."

난자풀이 |

[1] 浚(준) : 깊다. 준설하다.

[2] 貞(정) : 정貞은 사계절의 겨울에 해당한다. 겨울에는 가만히 있거나 소극적이 된다. 그래서 '소극적으로 대처한다'고 번역했다.

강설 |

초육初六은 성장을 해야 하는 초기 단계다. 성장을 하는 최상의 방법은 한 우물을 파는 것이다. 이랬다저랬다 하면 성장할 수 없다. 지금 상층부의 변화는 복잡하다. 그러므로 그것을 따라가다 보면 나중에 자기 것은 하나도 이루지 못한다. 지금 A라는 직업이 제일 좋아 보여서 A라는 직업을 갖기 위해 노력하다가 보면, 다시 B라는 직업이 좋아 보인다. 그리하여 B라는 직업을 갖기 위해 노력하다가 보면 또다시 C라는 직업이 제일 좋아 보인다. 그래서 계속 이랬다 저랬다 하다 보면 되는 것이 하나도 없다. 그러므로 그런 것에 개의치 않고 오직 자기가 파던 우물만 계속 파야 한다. 잠시라도 멈추면 흉하다. 고집스러운 사람만이 자기의 길을 계속 갈 수 있다. 손괘의 초육初六은 부드러운 성격의 음陰으로서 남의 말을 잘 듣기 때문에 더욱 조심해야 한다.

초육初六이 하는 일은 아직 초창기이기 때문에 별 것이 아닌 것처럼 보인다. 그래서 포기하고 쉽고 소극적이 되기 쉽다. 그러나 첫술에 배부른 것은 없다. 한결같은 마음으로 추진하지 않으면 안 된다. 빨리 성공하려고 해서도 안 되고, 조급한 마음을 가져서도 안 된다.

九二(구이)는 悔亡(회망)하리라 象曰九二悔亡(상왈구이회망)은 能久中也(능구중야)라

국역 |

구이九二는 후회함이 없을 것이다. 상象에서 말했다. "구이九二가 후회함이 없는 것은 중심적인 역할을 오래 수행할 수 있을 것이기 때문이다."

강설 |

구이九二는 성장을 해야 하는 상황에서 심한 흔들림의 단계를 거쳐 탄탄한 성장의 길에 들어섰다. 이제는 흔들림이 없다. 탄력이 붙어 일로매진하고 있고 주위에서도 인정을 한다. 이제는 후회할 일이 없다. 멈춤 없이 성장하기만 하면 된다.

九三은 不恒其德이면 或承之羞니 貞하면 吝하리라 象曰不恒其德이면 無所容也로다

국역 |

구삼九三은 그 덕을 항구하게 갖지 않으면 혹 수치스러운 일이 이어질 것이니 소극적으로 대처하면 곤란해진다. 상象에서 말했다. "그 덕을 항구하게 갖지 않는다면 용납되는 바가 없다."

강설 |

성장을 하던 사람이 한 차례 고비를 만나는 단계가 구삼九三이다. 성장을 위해 앞으로만 달려가다 보니 이제는 지치기도 했다. 한동안 주목을 받아왔으나 이제 그 위치를 지났다. 그러나 아직 상층부로 진입하지도 못했다. 지친 상태에서 소외되고 있으므로 심한 갈등이 생긴다. 더욱 성장을 하여 상층부에 진입해야 하지만 상층부는 안정된 상태가 아니라 지각변동이 일어나는 혼란한 상태다. 그래서 상층부로 진

입하고 싶은 생각도 별로 없다. 그래서 성장을 멈추고 그만두고 싶어진다. 그러나 여기서 중단하면 십년공부가 허사가 되고 만다. 나중에 가서 후회해도 때가 늦다. 또 한 번 고집스러움이 요구되는 때다. 그래서 '소극적으로 대처하면 한스러워진다'고 했다. 중단하거나, 포기하는 것이 모두 소극적으로 대처하는 것이다. 여기서 중단하는 것은 다 된 밥에 코 빠뜨리는 꼴이다. 아무도 받아주지 않는다. 그래서 '용납되는 바가 없다'고 했다.

공자도 "40이 되어서야 망설임이 없어졌다"고 했다. 그 전에는 진리의 길을 가면서도 망설임이 있었다. 망설임을 극복하고 계속 나아가지 않으면 진리를 얻을 수 없다. 오직 중단 없는 전진만이 있을 뿐이다.

구사 전무금 상왈구비기위 안득금야
九四는 田无禽이라 象曰久非其位어니 安得禽也리오

국역 |

구사九四는 사냥[田]을 하였으나 잡은 짐승이 없다. 상象에서 말했다. "자기의 자리가 아닌 것에 오래 처하였으니 어떻게 짐승을 얻겠는가!"

강설 |

구사九四는 힘이 넘친다. 침체된 현실을 타개하기 위해 떨쳐 일어난 성장의 주역主役이다. 구사九四는 전체의 성장을 위해 가장 많은 노력을 한다. 그러나 구사九四는 신하일 뿐 주인이 아니다. 그러므로 구사九四는 성장으로 이룬 성과를 자기의 몫으로 챙길 수도 없고 챙겨서도 안 된다. 그것은 어디까지나 육오六五의 몫이다. '사냥을 하였으나 잡은 짐승이 없다'는 말이 이를 의미한다. 구사九四가 만약 자기의 몫을 챙기면 육오六五에게 제거당한다. 한신이 유방에게 제거당한 것이 이런 경우다.

구사九四가 회사의 상무 정도 되는 사람이라면, 그가 회사의 성장을 위해 가장 많은 공을 세우는 사람이다. 그러나 그 성과를 자기의 몫으로 챙기면 안 된다. 자기는 그것을 챙기는 자리에 있지 않다. 오직 월급을 받는 월급쟁이일 뿐이다. 이를 '자기의 자리가 아닌 것에 오래 처하였으니 어떻게 짐승을 얻겠는가'라고 했다.

한결같은 마음을 가지고 있지 않은 사람은 그렇게 하기 어렵다. 대개의 경우는 횡령을 하고 만다. 참으로 어려운 일이다. 구사九四가 구사九四의 일을 무사히 해내고 나면 그 다음에는 영광스러운 날이 다가올 것이다.

六五(육오)는 恒其德(항기덕)하여 貞(정)하리니 婦人(부인)이면 吉(길)코 夫子(부자)[1]면 凶(흉)하니라 象曰婦人貞吉(상왈부인정길)은 從一而終也(종일이종야)[2]라 夫子(부자)면 制義(제의)[3]하여 從婦(종부)니 凶也(흉야)라

국역 |

육오六五는 그 덕을 한결같이 가지면서 참고 견뎌야 한다. 부인처럼 하면 길하고 남편처럼 하면 흉하다. 상象에서 말했다. "부인처럼 하여

참고 견디면 길한 것은 한 사람을 따라서 마칠 수 있기 때문이다. 남편처럼 하면 도리를 내세워 부인으로 하여금 자기를 따르도록 할 것이므로 흉하다."

난자풀이 |

1 夫子(부자) : 남편.
2 一(일) : 한 사람. 또는 한 가지의 일. 여기서는 '한 사람'이라 번역하였으나 때에 따라서는 '한 가지 일'로 번역해도 될 것이다.
3 制義(제의) : 도리를 따지고 명분을 내세우는 것을 말한다.

강설 |

육오六五는 전체를 이끌고 성장을 주도해야 하는 중심이면서도 능력이 모자라 아랫사람인 구사九四에게 모든 것을 일임하고 있다. 그래서 모든 일이 구사九四를 중심으로 진행되고, 구성원들이 모두 구사九四를 따르는 상황이 전개될 수도 있다. 그러나 구사九四는 순수한 성격의 양陽이기 때문에 육오六五를 배반하지 않는다. 구사九四에 대한 의심을 버리고, 한결같은 마음으로 믿고 따라야 한다. 만일 구사九四를 의심하여 그를 파면하면, 성장하고 있던 모든 일들이 중단되어 흉하게 된다. 그러므로 모든 영광과 공이 구사九四에게 돌아가는 듯이 보인다 해도, 구사九四에 대한 신뢰를 한결같이 유지하면서 참아야 한다. 유비가 제갈량에게 모든 것을 일임한 후, 추호의 의심도 없이 그를 믿고 따랐던 것이 이에 해당한다. 이러한 상황에서는 부인이 남편을 따르는 심정으로 구사九四를 대하며 따르면 길하지만, 남편이 부인에게 명령하듯 구사九四에게 명령하며 일을 주도한다면 실패하여 흉하게 된다. 육오六五는 가정에의 남편이고 회사의 사장이며, 나라의 왕이기 때문에 명분을 내세워 구사九四에게 자기의 명령만을 따르게 한다면 되는 일이 없다. 능력자에게 일임할 수 없는 사람이 성공할 수 있는 경우는 없다.

上六은 振恒[1]이면 凶하니라 象曰振恒在上이면 大无功也로다

(독음: 상육 / 진항 / 흉 / 상왈진항재상 / 대무공 / 야)

국역 |

상육上六은 한결같은 마음을 흔들어 요동하면 흉하다. 상象에서 말했다. "한결같은 마음이 흔들리면서 윗자리에 있으면 전혀 공이 없다."

난자풀이 |

[1] 振(진) : 떨치다. 떨쳐 일어나다. 흔들다. 흔들어 요동하다.

강설 |

상육上六은 한결같은 마음을 유지해 온 사람이 마지막에 도달한 경우이다. 어떤 거래처와 마지막 거래를 하는 경우이기도 하고, 회사에서 마지막 역할을 하는 경우이기도 하며, 권력을 가진 사람이 임기가 다 된 경우이기도 하다. 이 경우에는 마지막이라는 생각 때문에 한결같은 마음을 유지하기 어렵다. 한결같던 사람이 마지막에 변심하는 경우가 더러 있는 것도 이 때문이다. 특히 혼란한 때는 더욱 그렇다. 마

지막까지 깨끗한 사람이 군자다. 군자는 마지막이라는 생각을 하지 않는다. 언제나 영원의 입장에서 일을 처리한다. 그래서 한결같다.

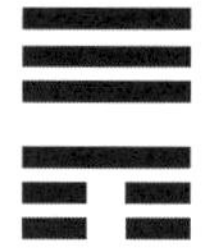

천산둔
天山遯

이 괘의 상괘는 건괘乾卦이고 하괘는 간괘艮卦이다. 이 괘에서 문제가 일어나고 있는 것은 아래의 간괘에서이다. 위의 건괘는 문제가 없다. 주역은 문제가 일어나는 것을 살펴 그 문제를 해결하는 방법을 찾는 데 목적이 있다. 아래의 간괘는 초육初六과 육이六二가 강력한 양陽인 구삼九三에게 막혀 나아가지 못하고 답답하지만, 스스로 해결할 능력이 없다. 이 경우 아래를 관리하는 사효四爻가 강력한 경우, 예를 들면 손巽이나 진震인 경우에는 해결할 수 있다. 그리고 구삼九三을 해결할 수 있는 능력을 가진 상효上爻가 들어있는 태兌가 상괘일 경우에도 해결할 수 있다. 그러나 위의 건괘는 이를 해결할 수 없다. 위의 건괘는 대외적인 힘과 실력을 갖추고 있으나, 내부문제를 해결할 수 있는 치밀성과 섬세함이 결여되어 하층부의 문제를 해결하지 못한다.

부모는 아무런 문제가 없는데 자녀가 학교에서 따돌림을 당하고 있는 경우가 이에 해당한다. 자녀를 따돌림시키는 존재는 상급생일 수도 있고, 선생일 수도 있고, 그 학교의 교육체제일 수도 있다. 자녀 스스로가 이를 해결하지 못하고 부모도 해결할 수 없다. 이 경우는 자녀를 해외로 유학 보내든지, 환경이 좋은 다른 학교로 옮겨야 한다. 그래서 이 괘의 이름을 '달아난다', '물러난다', '피한다' 등의 의미를 갖는 둔괘遯卦라 했다.

遯이라 亨이니 小利코 貞하리라 彖曰遯亨은 遯而亨也 [1]
라 剛當位而應이라 與時行也니라 [2] 小利貞은 浸而長
也니 遯之時義大矣哉라 [3] 象曰天下有山이 遯이니 君
子 以하여 遠小人하되 不惡而嚴하나니라

국역 |

옮겨야 하는 형국이다. 적극적으로 나서서 옮겨야 한다. 그렇게 하면 조금 성과를 거두고 마무리를 잘 할 수 있다. 단彖에서 말했다. "둔遯에서 적극적으로 나서는 것은 옮겨서 적극적으로 나서는 것이다. 굳센 것이 결정권을 가진 자리에 있으면서 대응하기 때문에 상황에 따라 대처할 수 있다. 조금 결실하고 저장하는 것은 점점 호전되어 자라나기 때문이다. 둔괘에서의 상황 설정과 그 상황에 대처하는 실천원리는 위대하다!" 상象에서 말했다. "하늘아래 산이 있는 것이 둔遯이니 군자는 이 괘의 이치를 살펴 소인을 멀리하되 미워하지 않고 엄격하게 대한다."

난자풀이 |

1 遯(둔) : 숨는다. 피한다. 옮긴다.
2 時(시) : 때. 상황.
3 義(의) : 의로움. 사람의 올바른 실천원리.

강설 |

형亨은 가만있지 않고 떨쳐 일어나 적극적으로 대처하는 것을 말한다. 둔괘의 상황은 자녀가 적응하지 못하고 고통을 당하고 있는 상황이다. 그러나 부모는 이를 이해하지 못한다. 왜냐하면 자신들은 능력이 있어 안 되는 일이 없는 사람들이다. 그렇기 때문에 자녀가 스스로 문제를 해결하지 못하리라고는 생각할 수 없다.

또 부모 스스로는 현재의 상황에 불만이 없다. 예를 들면 사는 동네도 마음에 들고 사는 집도 마음에 든다. 굳이 옮겨가고 싶지 않다. 그래서 옮기지 않고 가만히 있고 싶다. 그러나 그렇게 되면 자녀는 스스로의 문제를 해결하지 못하고 망가져 버리고 만다. 이를 냉철하게 파악한다면 손해 보는 것이 문제가 아니다. 자존심을 버리고 적극적으로 나서서 자녀를 다른 환경으로 옮겨야 한다.

'굳센 것이 결정권을 가진 자리에 있으면서 대응한다'는 말은 상괘와 하괘가 다 강한 괘임을 말하는 것이다. '조금 결실하고 저장한다'는 것은, 옮겨가면 완전히 적응해서 최대의 결실을 하는 것이 아니라, 어느 정도 적응해서 결실을 조금 할 수 있다는 것이다. 이는 옮겨 심은 나무에서 최대의 결실을 기대할 수 없는 것과 같다.

군자는 옮겨가더라도 자녀를 따돌림한 자들을 응징하지 않는다. 모두와 한마음을 유지하기 때문에 특별히 어느 것을 미워하는 것이 아니다. 다만 조화가 일어나지 않을 때는 조화를 이룰 수 있는 방향으로 옮길 뿐이다.

초육 둔미 려 물용유유왕 상왈둔미지
初六은 遯尾라 厲라도 勿用有攸往이니라 象曰遯尾之
[1] [2] [3]
려 불왕 하재야
厲에 不往이면 何災也리오

국역 |

초육初六은 꼬리를 감추어야 한다. 뼈를 깎는 아픔이 있더라도 덤비는 바가 있어서는 안 된다. 상象에서 말했다. "꼬리를 감추어 뼈를 깎는 아픔이 있어도 덤비지 않는다면 무슨 재앙이 있겠는가!"

난자풀이 |

[1] 遯(둔) : 여기서는 타동사로 쓰였으므로 '숨긴다', '감춘다' 등의 뜻으로 번역하였다.
[2] 用(용) : 이以와 통용. 용用의 목적어는 앞의 려厲이다. 즉 '뼈를 깎는 아픔이 있다고 해서 그 때문에' 라는 뜻이 된다.
[3] 往(왕) : 원래는 '간다'는 뜻이지만, 경우에 따라서는 '적극적으로 대처한다'는 뜻이 되기도 한다. 여기서는 '덤빈다'는 뜻이다.

강설 |

초육初六은 자기의 진출을 가로막고 있는 위의 강력한 양陽인 구삼九三에게 울분을 가지고 있다. 구삼九三은 자신을 따돌리는 악질이다. 구삼九三은 선배일 수도 있고, 힘이 센 동료일 수도 있으며, 선생일 수도 있고, 학교 교육체제 자체일 수도 있다. 초육初六은 울분이 쌓여 구삼九三을 박살내고 싶다. 그러나 그것은 자기의 감정일 뿐이다. 그럴 힘이 없다. 이를 파악하지 못하고 자기의 감정에 빠져 구삼九三에게 대항하면 바로 파멸하고 만다.

개는 자신이 이길 수 없다고 판단되는 상대를 만나면 꼬리를 감추고 가만히 있다. 그러면 상대가 공격을 멈춘다. 둔괘 초육初六이 처한 상황은 겨루기 힘든 상대를 만난 '개'의 입장과 흡사하다. 그래서 '꼬리를 감추어야 하는 상황'이라고 했다. 꼬리를 감추고 가만있으면 모욕을 당할 수 있다. 그래도 참아야 한다. 만약 모욕을 참지 못하고 가서 저항하면 안 된다. 간다는 말은 가서 덤빈다는 말이다. 부모가 해결해 주지 않고 자기 스스로도 해결할 수 없는 어려움에 봉착했을 때는 가만히 참고 있는 것이 상책이다.

한신은 어릴 때 불량배들에게 그들의 사타구니 사이로 기어서 통과하도록 강요당한 적이 있었다. 한신은 모욕을 참고 사타구니 사이를 통과했다. 만약 한신이 그 모욕을 참지 못하고 불량배들에게 저항했더라면 크게 잘못되었을 것이다.

> 육이
> 六二는
> 집지용황우지혁
> 執[1]之用黃牛之革이라
> 막지승탈
> 莫[2]之[3]勝[4]說[5]이니라
> 상왈
> 象曰
> 집용황우
> 執用黃牛는
> 고지야
> 固志也라

▌국역 |

육이六二는 묶는 데 황소의 가죽을 사용한다면 빠져나갈 수 없다. 상象에서 말했다. "묶는 데 황소의 가죽을 쓰는 것은 뜻을 견고하게 간직하는 것이다."

난자풀이 |

1 執(집) : '잡다', '지키다', '가지다' 등의 뜻. 여기서는 굳게 잡아맨다는 뜻이므로 '묶는다'로 번역했다.

2 莫(막) : 여기서는 '~한 사람이 없다'는 뜻으로 쓰였다.

3 之(지) : 승설勝說과 도치되었다. 부정을 나타내는 말+타동사+목적어가 될 때에는 목적어와 타동사가 도치되는 경우가 많다. 막승탈지莫勝說之로 놓고 해석하면 된다.

4 勝(승) : '해낸다', '할 수 있다' 등의 뜻으로 쓰였다.

5 說(탈) : 탈脫과 통용. '벗는다', '벗긴다' 등의 뜻.

강설 |

육이六二는 하층부의 중심이다. 말하자면 학교의 반장인 셈이다. 그런데 위의 구삼九三에게 모욕을 당하니 견딜 수 없다. 초육初六이 당하는 모욕과는 전혀 다르다. 그래서 십중팔구 육이六二는 구삼九三에게 저항하다가 파멸한다. 그러므로 육이六二는 아무리 모욕을 당하더라도 참고 가만히 있어야 한다. 그러나 그렇게 하기란 참으로 어렵다. 『주역』을 읽어서 자신이 이렇게 어려운 상황에 처해 있다는 사실을 안다면, 그리고 가만히 참고 있어야 하는 상황임을 안다면 아마도 참을 수 있을 것이다. 이것이 『주역』의 힘이다. 『주역』을 읽어서 자신의 상황을 안다는 것은 자신의 상황을 바라보는 또 다른 자신이 있다는 것이다. 자신이 어려움에 빠져만 있는 것이 아니라 어려움에 빠져 있는 자신을 바라보는 제 2의 자신이 있는 것이다. 이 제 2의 자신이 어려움에 처한 자신의 문제를 해결하는 방향으로 인도한다면 문제를 해결하기가 훨씬 용이할 것이다. 이것이 『주역』의 힘이다.

육이六二는 구삼九三에게 달려가 당장 구삼九三을 박살내고 싶다. 그러나 그것은 살길이 아니다. 그것은 자기의 감정일 뿐이다. 자기의 감정을 억누르고 달려가려는 자신을 붙들어야 한다. 단단히 붙들지 않으면 결국 달려가고 말 것이다. 그래서 '황소의 가죽끈으로 묶어야 한다'고 했다. 황소의 가죽으로 만든 끈은 끈 중에서 가장 단단하다. 빠져나가지 못하도록 황소의 가죽끈으로 꽁꽁 묶지 않으면 감정을 억제하지 못하고 달려가서 망하고 말 것이다.

九三은 係遯이라 有疾이면 厲하니 畜[1]臣妾이라야 吉하니라 象曰係遯之厲는 有疾하여 憊[2]也오 畜臣妾吉은 不可大事也니라

국역 |

구삼九三은 옮기는 일에 관계되니, 병폐가 생기면 뼈를 깎는 아픔이 있다. 신첩을 길러야 길하다. 상象에서 말했다. "옮기는 일에 관계되어 뼈를 깎는 아픔이 있는 것은 병이 생겨 고달파지는 경우이고, 신첩을 길러야 길한 것은 큰일을 일으키면 안 되기 때문이다."

난자풀이 |

[1] 畜(휵) : '가축'이란 뜻일 때는 음이 '축'이지만, '기른다'는 뜻의 동사로 쓰일 때는 음이 '휵'이다. 여기서는 동사로 쓰였으므로 음이 '휵'이다.

[2] 憊(비) : '고달프다', '피곤하다', '앓다' 등의 뜻.

강설 |

구삼九三은 아래 두 음陰의 진출을 막아 하층부를 답답하게 만든 장본인이다. 옮기거나 은둔해야 하는 상황이 벌어지는 것은 자신 때문이다. 그래서 '옮기는 일에 관계되는 장본인'이라 했다. 그러므로 결자해지結者解之의 원칙에 따라, 이 답답한 상황을 해결하는 역할도 구삼九三이 해야 한다.

구삼九三은 자신이 하는 일이 잘못되었다는 것을 알지 못한다. 아래의 두 음陰에게 고통을 주고 있으면서도 그것이 잘못되었다는 사실을 알지 못한다. 오직 연약한 그들을 깨우친다는 생각만 하고 있다. 그러나 사실은 그들을 혹독하게 괴롭히고 있는 것이다. 만약 그들을 너무 괴롭혀서 그들이 다치기라도 하면 문제가 심각해진다. 그들이 다른 곳으로 가버릴 수도 있다. 그것은 아픈 일이다. 그래서 '병폐가 생기면 뼈를 깎는 아픔이 있다'고 했다. 그러므로 구삼九三은 자신의 감정에서 벗어나, 자신 때문에 일어나는 문제점을 냉철하게 판단하고, 그 문제를 해결하도록 노력해야 한다. 그것은 자신 때문에 고통받는 어린 사람들을 이해하고 그들을 보살피는 것이다. 그래서 '신첩을 길러야 길하다'고 했다. 신첩은 자신이 보살펴야 하는 아래의 두 음이다.

九四는 好遯이니 君子는 吉코 小人은 否[1]하니라 象曰君子는 好遯하고 小人은 否也라

국역 |

구사九四는 옮기는 것을 좋아해야 한다. 군자라면 길하고 소인이라면 막힐 것이다. 상象에서 말했다. "군자라면 은둔하는 것을 좋아하고 소인이라면 막힐 것이다."

난자풀이 |

1 否(비) : 여기서는 '막힌다'는 뜻으로 쓰였기 때문에 음이 '비'이다.

강설 |

상층부의 아래에 있는 구사九四는 하층부의 답답한 문제를 해결해야 하는 입장이지만 상층부에서의 유일한 양陽이나 음陰이 아니기 때문에 그렇게 할 능력이 없다. 또 자신은 아무런 문제가 없기 때문에 아랫사람들의 문제와 고민을 이해하지 못하고 방치하고 만다. 그렇게 되면 아랫사람들의 문제가 심각한 지경에 이르러 돌이킬 수 없을 것이다. 군자라면 자신의 감정에만 빠져 있지 않고, 남의 일을 자신의 일처럼 파악할 수 있는 겸허함이 있기 때문에, 문제의 심각성을 인식하고 아랫사람들을 다른 데로 옮길 것이다. 그러나 소인은 자기의 감정에만 빠져 아랫사람들의 문제를 이해하지 못하고, 어려움에 봉착할 것이다.

九五는 嘉遯이라 貞하면 吉하리라 象曰嘉遯貞吉은 以正志也라

遯

국역 |

구오九五는 옮기는 것을 아름답게 여겨야 한다. 참고 견디면 길하다. 상象에서 말했다. "은둔하는 것을 아름답게 여겨 참으면 길한 것은 뜻을 바르게 가진 것이기 때문이다."

강설 |

구오九五는 전체의 주도권을 가지고 있다. 그런데 자신에게는 아무런 문제가 없다. 자기는 큰 어려움에 봉착한 적도 없고, 또 있었다 하더라도 극복하지 못한 적이 없다. 그래서 어려움에 처해 있는 자녀들의 심각성을 이해하지 못한다. 그러므로 자녀를 위해 다른 데로 옮기는 것은 상상도 하기 어렵다. 그것은 굴욕적인 것으로 생각된다. 그러나 그것은 자기의 감정에 빠져있는 소인의 수준이다. 자기의 마음을 비우고 자녀의 어려움을 직시해야 한다. 그리고 옮기는 것을 아름답게 생각해야 한다.

정貞에는 두 가지 뜻이 있다. 하나는 참고 견디는 것이고 다른 하나는 냉철하게 사태를 분석하여 시비를 가리는 것이다. 능력 있는 구오九五는 자녀가 어려움에 처해 있다는 말을 들으면 참기 어렵다. 그래서 찾아가 호통이라도 쳐서 바로 해결하고 싶지만, 그렇게 한다고 해결될 상황이 아니다. 그래서 참고 견뎌야 한다. 그리고 사태를 냉정히 파악하여 환경이 다른 곳으로 옮겨야 한다.

문왕의 할아버지인 고공단보의 백성들은 오랑캐에게 시달림을 당했다. 그래서 그는 백성들을 데리고 기산으로 옮겨갔다. 그리고 모진 모욕을 참았다. 고공단보가 처한 상황이 아마도 이 둔괘 구오九五였을 것이다.

上九(상구)는 肥遯(비둔)[1]이라 无不利(무불리)하니라 象曰肥遯无不利(상왈비둔무불리)는 无所疑也(무소의야)라

국역 |

상구上九는 옮기는 것을 기름진 것으로 여겨야 한다. (그렇게 되면) 이롭지 않음이 없다. 상象에서 말했다. "은둔하는 것을 기름진 것으로 여기면 이롭지 않음이 없는 것은 의심할 바가 없다."

난자풀이 |

[1] 肥(비) : '비옥하다', '살찌다', '기름지다' 등의 뜻.

강설 |

자녀를 위해 옮긴다는 것은 크게 손해 보는 일이다. 현재 모든 것이 잘되고 있다고 생각하는 상구上九의 입장에서는 손해 보면서 다른 데로 옮겨간다는 것을 이해하기 어렵다. 그리고 지금의 재산은 모두 자기가 이룬 재산이므로 애착이 더욱 많다. 그리고 장래가 얼마 남지 않았고 자녀들의 어려움도 이해되지 않기 때문에, 이주하는 것에 대해서 상구上九는 극렬하게 반대할 수 있다. 그러나 옮기기 싫은 것은 상구上九 자신의 감정일 뿐이다. 어린 자녀들이 망가지면 전체가 망한다. 이를 냉철히 파악한다면 손해보면서 이주하는 것이 득이 된다는 사실을 알 수 있다. 그래서 그것을 기름지게 여겨야 한다고 했다. 기름진 것으로 여긴다는 것은 재산상으로도 좋은 것으로 여긴다는 말이다.

뇌천대장
雷天大壯

이 괘의 상괘는 진괘震卦이고, 하괘는 건괘乾卦이다. 위의 진괘는 침체된 분위기를 쇄신하기 위해 구사九四가 지각변동을 일으키고, 모두 양陽으로 구성된 아래의 건괘는, 상층부의 개혁주체인 구사九四와 혼연일체가 되어 함께 지각변동을 일으킨다. 이 경우, 개혁주체의 힘이 최고로 왕성하기 때문에 지각변동이 가장 격렬하다. 그래서 괘의 이름을 대장大壯이라 붙였다.

대장　　리　　정　　　　단왈대장　　대자장야　　강이
大壯이라 利코 貞하니라 彖曰大壯은 大者壯也니 剛以

동고　　장　　대장리정　　대자정야　　정대이천지
動故로 壯하니 大壯利貞은 大者正也니 正大而天地

之情[1]을 可見矣리라 象曰雷在天上이 大壯이니 君子以하여 非禮弗履[2]하나니라

국역 |

힘이 매우 왕성하다. 결실해야 하고 마무리해야 하는 형국이다. 단彖에서 말했다. "대장은 큰 자가 씩씩하니, 굳세면서 움직이기 때문에 씩씩하다. 힘이 매우 왕성한 형국에서 결실하고 저장하는 것은 큰 자가 바르게 하기 때문이다. 바르고 크게 되면 천지의 실상을 알 수 있다." 상象에서 말했다. "우레가 하늘 위에 있는 것이 대장이니, 군자는 이 괘의 이치를 살펴서 예가 아니면 실행하지 않는다."

난자풀이 |

[1] 情(정) : 실상.

[2] 履(리) : '실행한다', '이행한다' 등의 뜻.

강설 |

육오六五와 상육上六은 힘이 빠져 있다. 구사九四가 이들을 일깨우고 진작시키기 위해 초구初九, 구이九二, 구삼九三을 거느리고 떨쳐 일어나고 있다. 그 힘이 왕성하기 때문에 대장이라 했다.

초목이 꽃을 피울 때는 있는 에너지를 총동원한다. 흙 속에 있는 에너지를 빨아들여 꿀을 만들고 향기를 뿜는다. 그래야만 벌과 나비가 오기 때문이다. 그래서 초목은 꽃이 피고 나면 기진맥진하여 축 늘어

진다. 그러나 늘어져 있기만 하면 결실을 할 수 없다. 그래서 떨쳐 일어나도록 하늘에서 천둥이 울고 번개가 친다. 그것은 결실을 재촉하는 호통이다. 그래서 초목은 결실을 하고 겨울을 맞는다.

사람도 이와 같다. 연애를 할 때는 가지고 있는 에너지를 다 소모하고 만다. 그래서 연애를 하고 결혼을 한 뒤에는 축 늘어져 있다. 이 괘의 육오六五나 상육上六과 같은 경우이다. 이를 떨쳐 일으키기 위한 번개와 천둥 역을 맡은 존재가 구사九四이고 구사九四와 함께 하는 존재가 초구初九, 구이九二, 구삼九三이다. 그러므로 이 때의 육오六五와 상육上六은 아래 양陽들의 뜻에 따라 결실을 해야 하고 마무리를 해야 한다.

단彖에서 '큰 자가 씩씩하니, 굳세면서 움직이기 때문에 씩씩하다'라고 한 것은 구사九四를 두고 한 말이다. 구사九四에 의한 흔들림은 전체를 나쁘게 하려는 흔들림이 아니라 결실하기 위한 흔들림이다. 그것은 바른 것이다. 그래서 '결실하고 저장하는 것은 큰 자가 바르게 하기 때문이다'라고 했다. 구사九四의 바르고 큰 작용은 번개 치고 천둥이 우는 천지의 실상과 같다.

번개가 치고 천둥이 우는 것은 초목을 죽이기 위한 것이 아니라 살리기 위한 것이다. 그것은 천지의 질서이다. 또한 초목이 떨쳐 일어나는 것도 자연의 질서이다. 그 질서가 예禮다. 사람의 삶도 이처럼 예에 맞을 때 원만해진다. 그래서 '군자는 이 이치를 알아서 예를 실천한다'고 했다.

初九(초구)는 壯于趾(장우지)[1]니 征(정)하면 凶(흉)하리니 有孚(유부)니라 象曰壯于(상왈장우)
趾其孚(지기부)는 窮也(궁야)라

국역 |

초구初九는 발에서 왕성하니 정벌하면 흉하다. 한마음을 유지해야 한다. 상象에서 말했다. "발에서 왕성하니 한마음을 유지해야 하는 것은 (그렇지 않으면) 궁해지기 때문이다."

난자풀이 |

1 趾(지) : 발.

강설 |

초구初九는 신입생 또는 신입사원이다. 이들은 아직 초보자이지만 발이 빠르다. 그래서 '발에서 왕성하다'고 했다.

초구初九는 순수하고 발이 빠르지만 구사九四의 깊은 마음을 헤아리지 못하고 성급하게 행동대원으로 나서기 쉽다. 구사九四가 아래의 양陽들을 데리고 육오六五와 상육上六을 공격하는 까닭은 그들을 떨쳐 일어나게 하기 위함이지 해치기 위해서가 아니다. 이를 간파하지 못하고 구사九四를 따라간 초구初九는 성급하게 육오六五와 상육上六을 해치기 쉽다. 그렇게 되면 결실을 할 수도 없고 마무리를 할 수도 없다. 그래서 정벌하면 흉하다고 했다. 육오六五와 상육上六은 늘어져 있기 때문에 양陽들에게 못마땅하게 보일 뿐이지 나쁜 것은 아니다. 그러므로 그들과 한마음의 상태를 유지해야 한다.

九二(구이)는 貞(정)하면 吉(길)하리라 象曰九二貞吉(상왈구이정길)은 以中也(이중야)라

국역 |

구이九二는 참고 기다리면 길하다. 상象에서 말했다. "구이九二가 참고 기다리면 길한 것은 중심의 자리에 있기 때문이다."

강설 |

구이九二는 하층부의 중심적 위치에 있는 존재이다. 이 괘의 상황에서, 구이九二는 구사九四의 개혁사업에 동참하여 실무를 담당하는 행동대장이다. 육오六五와 상육上六을 쇄신시키기 위해 하층부를 지휘해서 다가갈 경우에는 쇄신만 시키고 멈추어야 하는데, 그렇게 하기가 어렵다. 행동에 탄력이 붙어서 결국 육오六五와 상육上六을 해치고 만다. 그래서 '참고 견디면 길하다'고 했다.

특히 구이九二는 육오六五를 보필해야 하는 입장이다. 구사九四를 위시한 양陽들이 육오六五와 상육上六을 공격하더라도 구이九二는 자기의 역할인 육오六五를 보살피는 일에 게으르지 않아야 할 것이다.

九三(구삼)은 小人(소인)이면 用壯(용장)이오 君子(군자)면 用罔(용망)[1]이니 貞(정)하면 厲(려)하니 羝羊(저양)[2]이 觸藩(촉번)하여 羸其角(이기각)[3]이로다 象曰小人(상왈소인)은 用壯(용장)이오 君子(군자)는 罔也(망야)라

국역

구삼九三은 소인小人이면 왕성한 힘으로 다가가지만 군자君子면 (왕성한 힘이) 없는 것처럼 한다. 참고 가만히 있으면 제 살 깎는 아픔이 있다. 숫양이 울타리를 들이받아 그 뿔을 파리하게 만들듯이 해야 한다. 상象에서 말했다. "소인이면 왕성한 힘으로 다가가고 군자면 (왕성한 힘이) 없는 것처럼 한다."

난자풀이

1 罔(망) : 무無와 통용.
2 羝(저) : 숫양.
3 羸(리) : 여위다. 파리하다.

강설

구삼九三은 학교에서는 졸업반 학생에, 회사에서는 평사원의 마지막 단계에 해당하는 존재이다. 윗사람의 주목을 받지 못하고 소외감을 가지기 때문에 불만이 많다.

그런데 지금 분위기는 네 양陽이 힘을 합쳐 위의 두 음陰을 응징하고 있다. 그리고 구삼九三은 불만이 많기 때문에 응징만 하고 가만있기가 어렵다. 불만이 많은 사람은 칼자루를 쥐면 꼭 휘두르고 만다. 그래서 소인은 왕성한 힘으로 육오六五와 상육上六을 박살내고 만다. 그러나 군자는 자기의 기분에 빠지지 않는다. 전체의 입장에서 판단하기 때문에 육오六五와 상육上六을 살려야 한다는 사실을 안다. 그래서 왕성한 힘을 과시하지 않는다. 만약 구삼九三이 군자라면 육오六五와 상육上六을 보호할 것이다. 만약 구삼九三이 평소의 분을 참지 못하고 육오六五와 상육上六을 박살낸다면 그것은 잎이 뿌리를 해치는 것이다. 그것은 제 살 깎는 아픔이다. 그러므로 구삼九三은 분풀이를 하지 못할 정도로 힘을 소모해야 한다. 불만이 많은 젊은 남자는 가만 놓아두지 말고 힘을 소모시켜야 하는 것도 이러한 이치이다. '숫양이 울타리를 들이받아 뿔을 파리하게 만들 듯이 해야 한다'는 것이 바로 그 뜻이다. 숫양이 울타리를 들이받는 모습은 전력을 기울이는 모습이다. 뒤로 물러나 높이 뛰어오른 뒤에 강력하게 들이받는다. 이처럼 구삼九三은 전력을 기울여 남은 힘을 소모해야 한다.

九四(구사)는 貞(정)하면 吉(길)하여 悔亡(회망)하리니 藩決不羸(번결불리)하며 壯于(장우)大輿之輹(대여지복)[1]이로다 象曰藩決不羸(상왈번결불리)는 尙往也(상왕야)[2]라

국역 |

구사九四는 가만히 참고 있으면 길하여 후회함이 없을 것이다. 울타리가 뚫려 (뿔이) 파리하지 않다. 큰 수레의 당토當兎보다도 강성하다. 상象에서 말했다. "울타리가 뚫려 (뿔이) 파리하지 않은 것은 여전히 나아갈 수 있는 것이다."

난자풀이 |

[1] 輹(복) : 복토. 당토. 수레의 차축과 몸체를 묶는 물건. 보통 가죽으로 만든다.
[2] 尙(상) : 오히려. 아직도. 여전히. 숭상하다. 높이다.

강설

구사九四는 지각변동을 일으키는 주체다. 하층부의 양陽들이 모두 따르므로 힘이 매우 왕성하다. 숫양이 뿔로 울타리를 들이받아 울타리가 뚫어졌는데도 지치지 않는다. 그래서 '당토보다도 더 든든하다'고 했다. 큰 수레의 몸체와 차축을 묶는 당토는 가장 튼튼한 것 가운데 하나이다. 이 경우의 구사九四는 마음먹은 대로 다 할 수 있다. 육오六五는 구사九四에 의해 이미 뚫어진 울타리다. 그래서 대부분의 경우는 육오六五를 몰아내고 자기가 그 자리에 앉고 만다. 수양대군이 단종을 몰아내고 임금이 된 것도 이러한 경우이다. 그러나 그것은 잘못이다. 그것은 신하의 도리가 아니다. 나중에 크게 후회하게 된다.

이 경우에는 육오六五와 상육上六을 쇄신시키기만 하고 자리를 탐하지 말아야 한다. 그래서 '가만히 참고 있으면 길하다'고 했다. 주나라의 주공周公은 어린 성왕成王을 받들고 끝까지 보좌만 했다. 수양대군이 나중에 주공처럼 되지 못한 것을 후회했으나 때가 너무 늦었다. 만약 수양대군이 단종을 몰아내지 않고 끝까지 신하로서 그를 받들었다면 조선시대의 역사가 크게 바뀌었을 것이다.

육오 상양우역 무회 상왈상양우역 위
六五는 喪羊于易이면 无悔하리라 [1] 象曰喪羊于易은 位
부당야
不當也라

국역 |

육오六五는 양羊을 국경지방에서 잃어버리면 후회함이 없을 것이다. 상象에서 말했다. "양을 국경지방에서 잃어버려야 하는 것은 자리가 바르지 않기 때문이다."

난자풀이 |

1 易(역) : 역埸과 통용. 국경지방.

강설 |

육오六五는 명분상의 실권자이므로 모든 일이 구사九四에 의해 주도되는 것을 받아들이기 어렵다. 특히 음陰이기 때문에 더욱 그렇다. 마치 실권을 구사九四에게 빼앗긴 듯한 느낌이 들어 불안하다. 이러한 경우에 처한 육오六五는 구사九四를 제거하기 위해 몰래 자기 사람을 결집하거나 구사九四를 제거해줄 사람을 찾아 내통하기 쉽다. 그러나 이는 금물이다. 구사九四는 원래 밝고 양심적인 존재이기 때문에 웬만해서는 육오六五를 해치지 않는다. 그러나 육오六五가 구사九四를 제거하기 위해 온갖 수단을 다 부린다는 것을 알면 구사九四의 입장은 달라진다. 바로 육오六五를 제거해버릴 것이다. 그러므로 이때의 육오六五는 구사九四를 믿어야 한다. 구사九四를 제거하기 위한 일체의 노력을 하지 말아야 한다. 그러나 그렇게 하기란 매우 어렵다. 자존심을 다 버린 군자라야 가능하다. 자존심이 가장 강한 동물은 양이다. 두 뿔을 잡고 땅에 닿게 하려고 누르더라도 잘 되지 않는다. 그만큼 자존심이 세다. 양을 국경지방에서 잃는다는 말은 자존심을 멀리까지 버린다는 말이다. 그리고 양은 소나 말 등에 비하면 보잘것없는 동물이다. 육오六五가 거느릴 수 있는 세력은 양처럼 보잘것없는 것이다. 그런 세력을 길러 구사九四에게 대항하면 파멸하고 만다. 그래서 양을 국경지방에서 잃어버리면 찾을 생각을 하지 않듯이 자기의 세력을 놓아버려아 한다. 그래야만 자리를 보존할 수 있다.

자리가 바르지 않다는 것은 음인 육오六五가 양의 자리인 오효에 있음을 말한 것이다. 음의 성격을 가진 존재는 양의 추진력을 이해하는 것이 쉽지 않다.

上六(상육)은 羝羊(저양)이 觸藩(촉번)하면 不能退(불능퇴)하며 不能遂(불능수)하여 无攸利(무유리)니 艱[1]則吉(간즉길)하리라 象曰不能退不能遂(상왈불능퇴불능수)는 不詳[2]也(불상야)오 艱則吉(간즉길)은 咎不長也(구부장야)라

국역 |

상육上六은 숫양이 울타리를 들이받으면 물러나지도 못하고 나아가지도 못하여 이로울 바가 없다. 어려운 상황임을 인식하여 잘 대처해야 길하다. 상象에서 말했다. “물러나지도 못하고 나아가지도 못하는 것은 잘 알지 못하였기 때문이고, 어려운 상황임을 인식하여 대처하면 길한 것은 허물이 오래가지 않을 것이기 때문이다.”

난자풀이 |

[1] 艱(간) : 어렵다. 괴로워하다.

[2] 詳(상) : 상세하다. 잘 안다.

강설 |

상육上六은 가장 윗자리에 있으면서, 곧 은퇴해야 하는 입장이지만 노파심이 많아 아랫사람들의 지각변동을 좌시하지 못한다. 그래서 지각변동을 일으키는 아랫사람들에게 저항하기 쉽다. 그러나 상육上六이 만약 아랫사람들에게 저항하면 그들을 저지할 수도 없고, 그렇다고 물러서자니 체면만 손상되어, 진퇴양난이 되고 말 것이다. 그래서 '숫양이 울타리를 들이받으면 물러나지도 못하고 나아가지도 못하여 이로울 바가 없다'고 했다. 상육上六을 막는 울타리는 구사九四와 그 아래의 양陽들이다.

상육上六이 일을 꾸미면 자기만 어려움에 빠지는 것이 아니다. 그것은 육오六五를 망치는 길이다. 그러므로 경솔하게 행동하지 말고 매우 어려운 사태임을 인식하여 가만히 참으면서 구사九四의 일에 협조하고 따라야 한다. 그래서 '어려운 상황임을 인식하여 대처하면[간艱] 길吉하다'고 했다.

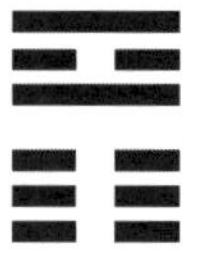

화지진
火地晉

이 괘의 상괘는 리괘離卦이고 하괘는 곤괘坤卦이다. 상층부의 리괘는 자기완결성을 갖추고 있어 내적으로 만족하고 있는 상황이다. 그리고 하층부의 곤괘는 모두 음陰이기 때문에 하층부의 지휘자인 사효의 양陽을 잘 따른다. 그러므로 이 괘의 움직임의 초점은 사효이다.

이 괘는 사효와 육효의 양陽 외에는 모두 음효로 구성되어 있다. 학교라면 여학생만 있는 학교에 젊은 남선생 한 분(구사九四)과 학과장 여선생(육오六五), 그리고 나이 드신 남선생 한 분(상구上九)이 계신 경우이다. 이 경우, 여학생들은 이성적으로는 학과장 선생님을 따르지만 감성적으로는 젊은 남선생을 좋아하고 따른다. 구사九四는 양陽이므로 아랫사람이 자신을 따른다 하더라도 그것을 이용하여 윗사람을 공격하지는 않는다. 오히려 그들을 잘 통솔하여, 육오六五를 보좌하기 때문에, 모든 일이 순조롭게 진행될 수 있다. 그래서 이 괘의 이름을 '잘 진행된다'는 의미의 진晉이라 붙였다.

晉이라 康侯[1]用[2]錫[3]馬蕃庶[4]하고 晝日三接이로다 彖曰晉은 進也니 明出地上하며 順而麗[5]乎大明하고 柔進而上行이라 是以康侯用錫馬蕃庶晝日三接也라 象曰明出地上이 晉이니 君子 以하여 自昭明德하나니라

(진이라 강후용석마번서하고 주일삼접이로다 단왈진은 진야니 명출지상하며 순이리호대명하고 유진이상행이라 시이강후용석마번서주일삼접야라 상왈명출지상이 진이니 군자 이하여 자소명덕하나니라)

국역 |

잘 진행되는 형국이다. 강후康侯가 말을 바치는 것이 많고 낮 동안 세 번 접견한다. 단彖에서 말했다. “진晉은 진進이다. 밝음이 지상으로 나와 있다. 따르면서 매우 밝은 것에 걸려 있고, 부드러운 것이 나아가 위로 올라간다. 이 때문에 강후가 말을 바치는 것이 많고 낮 동안 세 번 접하는 것이다.” 상象에서 말했다. “밝음이 땅 위에 나온 것이 진晉이니, 군자가 이 괘의 이치를 살펴서 스스로 밝은 덕을 밝힌다.”

난자풀이 |

[1] 康侯(강후) : 강康은 나라 이름. 『서경書經』 강고편康誥篇은 주공이 강숙봉康叔封에게 고한 말이다. 강숙봉은 무왕의 동생으로 주나라의 사구司寇가 되었다. 강 땅에 봉해진 제후라는 의미에서 강후라고도 하고, 무왕의 동생이라는 의미에서 강숙이라고도 한다. 이름은 봉封.

[2] 用(용) : 이以와 통용. 이以의 목적어는 ‘이 괘의 상황에서’라는 말이지만 생략되었다.

[3] 錫(석) : ‘준다’, ‘바친다’ 등의 뜻.

[4] 蕃庶(번서) : ‘많다’, ‘무성하다’ 등의 뜻.

5 麗(리) : '걸려 있다'는 뜻으로 이때의 음은 '리'이다.

강설 |

강후는 주나라 무왕의 동생인 강숙봉이다. 강숙봉은 강康이라는 땅의 제후가 되어 백성들의 지지를 받았고, 백성들이 기른 훌륭한 말을 천자에게 진상했다. 천자는 그를 좋아하여 자주 접견했는데, 진괘의 상황은 당시 강숙봉이 처한 상황과 유사하다.

구사九四가 아랫사람들의 지지를 바탕으로 힘을 모아 육오六五를 받들기 때문에 모든 것이 순조롭게 진행된다. 그런데 구사九四가 하층부의 지지를 받아 세력이 커지면 권위를 중시하는 육오六五는 자기에게 도전하는 세력으로 의심할 수 있다. 그러므로 구사九四는 자기에게 들어오는 선물을 육오六五에게 드리고 자주 그를 접견하여 의심받지 않도록 하는 것이 중요하다. 그래서 말을 바치는 것이 많고 낮 동안에 세 번이나 접견한다고 했다.

상괘인 리괘는 밝음을 상징하고 하괘인 곤괘는 땅을 상징한다. 그래서 '밝음이 지상에 나왔다'고 했다. 하괘인 곤괘는 순하고 잘 따르는 성질이 있어 '따르면서 큰 밝음에 걸려 있다'고 했다. 그리고 곤괘는 부드러운 성질도 갖고 있어 '부드러운 것이 나아가 위로 올라간다'고 했다.

상象에서 '밝음이 지상에 나왔다'고 한 것은 리괘의 상象과 곤괘의 상象을 말한 것이다. 이 괘의 중심인 육오六五는 하층부를 통솔하여 자기를 보좌하는 구사九四 및 하층부 전체와 한마음이 되어야 한다. 또한 구사九四 역시 육오六五와 한마음이 되어 잘 보좌해야 한다. 그래야만 전체가 순조롭게 진행될 수 있다. 이것이 친민親民이다. 그런데 친민은 명명덕明明德이 된 사람만이 가능하다. 명명덕이 되지 않은 사람은 친민을 해야 하는 상황에서도 친민하지 못한다. 따라서 친민을 해야 하는 상황에서 군자는 스스로 명명덕이 되었는지를 다시 한번 반성해 보아야 한다. 그래서 '군자가 이 괘의 이치를 살펴서 스스로 밝은 덕을 밝힌다'고 했다.

初六은 晋如摧如[1]에 貞하면 吉하고 罔孚라도 裕면 无咎하리라 象曰晉如摧如는 獨行正也오 裕无咎는 未受命也라

국역 |

초육初六은 나아가다가 꺾이다가 한다. 참고 견디면 길하다. 한마음이 되지 못하더라도 느긋하게 기다리면 허물이 없다. 상象에서 말했다. "나아가다가 꺾이다가 하는 것은 홀로 바른 것을 행하기 때문이고, 느긋하게 기다리면 허물이 없는 것은 아직 명령을 받지 않았기 때문이다."

난자풀이 |

[1] 摧(최) : '꺾다', '꺾이다' 등의 뜻.

강설 |

초육初六은 갓 입학한 여학생의 경우와 같다. 모든 여학생의 인기를

독차지하고 있는 구사九四의 젊은 남선생에게 초육初六도 물론 반했다. 그래서 그를 은근히 좋아하고 따르지만 그는 어디까지나 자기를 어린 학생 취급만 한다. 속이 상한다. 그래서 '나아가다가 꺾이다가 한다'고 했다.

초육初六이 인정받지 못하는 것은, 어려서이지 미움을 받아서가 아니다. 자신의 뜻이 꺾이고, 인정받지 못한다 해서, 반발하거나 자포자기해서는 안 된다. 참고 기다리면서, 충실히 성장하면 점차 인정받을 때가 온다. 그렇게 되면 길하고 허물이 없다. 당장 인정받지 못하더라도 여유를 가지고 느긋하게 기다리면 허물이 없다.

초육初六이 나아가다가 꺾이다가 하는 까닭은 구사九四와 합의된 것을 추구하는 것이 아니라, 자기 혼자서 판단하여 행동하기 때문이다. 그래서 '나아가다가 꺾이다가 하는 것은 홀로 바른 것을 행하기 때문이다'라고 했다. 초육初六이 구사九四에게 주목을 덜 받는 것은 아직 어리기 때문이다. 느긋하게 참고 기다리면서 좀더 성장하면 모든 것이 저절로 잘 될 것이다.

六二(육이)는 晉如愁如(진여수여)나 貞(정)하면 吉(길)하리니 受茲介福于其(수자개복우기)[1] 王母(왕모)[2]리라 象曰受茲介福(상왈수자개복)은 以中正也(이중정야)라

국역 |

육이六二는 나아가는 듯 근심하는 듯하지만 참고 기다리면서 잘 분별하면 길하리니, 이 큰복을 그 왕모王母에게서 받을 것이다. 상象에서

말했다. "이 큰복을 받는 것은 중심의 위치와 바른 자리에 있기 때문이다."

난자풀이 |

[1] 介(개) : '크다'는 뜻.

[2] 王母(왕모) : 조모. 할머니.

강설 |

왕모는 조모다. 여기서는 육오六五를 가리킨다. 육이六二는 여학생 집단의 회장이다. 감정적으로는 구사九四를 따르지만, 이성적으로는 육오六五를 받들어야 한다. 그래서 '나아가는 듯 근심하는 듯하다'고 했다. 이 때는 감정적으로 구사九四를 따르고 싶어진다. 그러나 그렇게 해서는 안 된다. 참아야 한다. 그래서 정貞이라고 했다. 육이六二는 하층부의 중심이므로 특히 전체적인 입장에서 이성적으로 잘 분별하여 육오六五를 따라야 한다. 그래서 정貞이라고 했다. 정貞에는 '참고 기다린다'는 뜻과 '잘 분별하여 옳고 그른 것을 가린다'는 뜻이 동시에 포함되어 있다. 잘 분별하여 자기의 도리를 잘 하면 육오六五에게 인정을 받을 것이다. 그리고 상을 받을 수도 있을 것이다.

(육삼 중윤 회망 상왈중윤지지 상행야)

六三은 衆允[1]이면 悔亡하니라 象曰衆允之[2]志[3]는 上行也라

국역

육삼六三은 여러 사람들이 믿어주어야 후회가 없을 것이다. 상象에서 말했다. "여러 사람들이 믿어주는 것을 의도하는 것은 위로 올라가기 때문이다."

난자풀이

1 允(윤) : '진실로', '믿어준다' 등의 뜻.
2 之(지) : 중윤衆允과 지志가 도치되었음을 나타내는 역할을 한다. 따라서 이 문장은 '지중윤志衆允'으로 놓고 해석하면 될 것이다.
3 志(지) : '뜻한다', '의도한다' 등의 뜻.

강설

육삼六三은 후배에게 주도권을 상실한 졸업반 여학생에 해당한다. 상층부에게 소외당하기 때문에 늘 불만이 많다. 그럴수록 보상받으려는 심리가 작용한다. 그래서 가장 가까운 위치에 있는 인기절정인 구사九四를 독차지하려는 욕심이 발동하기 쉽다. 그러나 그것은 금물이다. 후배들을 따돌리고 그를 독차지하면 후배들의 질투를 받아, 잘 진척되던 전체의 분위기가 손상을 입는다. 그래서 육삼六三은 초육初六, 육이六二의 마음을 자극하지 않도록 행동하는 것이 중요하다. 구사九四와 독점적으로 교류하거나, 은밀히 만나는 것을 삼가야 한다. 오히려 후배들과 함께 공개적으로 만나는 것이 좋다. 그러면 알력 없이 서로 신뢰할 수 있을 것이다. 그래서 '여러 사람들이 믿어주면 후회가 없을 것이다'라고 했다. 여러 사람들이 믿어주도록 의도하지 않으면 안 되는 것은, 자기의 생각이 자꾸 위로 올라가 구사九四를 독차지하고 싶어지기 때문이다.

구사 진여석서 정 려 상왈석서정려
九四는 晉如鼫鼠니 貞하면 厲하리라 象曰鼫鼠貞厲는
[1]
위부당야
位不當也라

국역 |

구사九四는 나아가는 것이 다람쥐와 같아야 한다. 소극적으로 대처하면 뼈를 깎는 고통이 있다. 상象에서 말했다. "다람쥐처럼 소극적으로 대처하면 뼈를 깎는 고통이 있는 것은 자리가 마땅하지 않기 때문이다."

난자풀이 |

[1] 鼫鼠(석서) : 날다람쥐.

강설 |

구사九四는 초육初六, 육이六二, 육삼六三의 지지를 한 몸에 받고 있다. 그들을 거느리고 육오六五를 받들기 때문에 모든 것이 순조롭게 진전된다. 그러나 육오六五는 음陰이다. 음陰인 육오六五는 구사九四에 대하여 은밀히 자기세력을 구축하는 것이 아닌가 의심하고 경계할 것이다. 만약 의심을 받으면 제거당할 수도 있다. 그러므로 자기 마음만 믿고 방심하면 큰일난다. 그래서 '소극적으로 대처하면 뼈를 깎는 고통이 있다'고 했다. 다람쥐라는 동물은 정지하여 주위를 살핀 뒤 앞으로 성큼 나아가고, 또 정지하여 주위를 살핀 뒤 다시 앞으로 나아가는 동물이다. 구사九四가 일을 추진하다가 가끔 육오六五와 만나, 신뢰관계가 유지되고 있음을 확인한 뒤에 다시 일을 추진하곤 하는 모습이 다람쥐의 진행과 같다고 하여 비유적으로 설명했다. 구사九四의 행동요령으로서 중요한 것은 자기에게 들어오는 선물을 육오六五에게 갖다 주는 것과 자주 접견하는 것이다. 구사九四는 양陽이면서 사효이고 육오六五는 음陰이면서 오효이기 때문에 더욱 그렇다. 그래서 '자리가 마땅하지 않기 때문이다'라고 했다.

六五(육오)는 悔亡(회망)하니 失得(실득)을 勿恤(물휼)[1]코 往(왕)[2]하면 吉(길)하여 无不利(무불리)하리라 象曰失得勿恤(상왈실득물휼)은 往有慶也(왕유경야)리라

국역 |

육오六五는 후회할 일이 없다. 득실을 따지지 않고 긍정적으로 받아주면 길하여 이롭지 않음이 없다. 상象에서 말했다. "득실을 따지지 않아야 하는 것은 받아주기만 하면 경사가 있기 때문이다."

난자풀이 |

[1] 恤(휼) : '구휼하다', '동정하다', '돌아보다' 등의 뜻. 득실을 돌아보지 않는다는 말은 득실을 따지지 않는다는 말이다.

[2] 往(왕) : 간다. 『주역』에서는 일반적으로 적극적으로 대처한다는 뜻으로 왕往이라는 말을 쓴다. 여기서는 구사九四가 추진하는 일을 적극적으로 받아준다는 뜻으로 쓰였다.

강설 |

육오六五는 전체의 책임자다. 이 괘의 경우에는 충직한 구사九四의 보좌관이 막강한 세력으로 충실하게 보좌하므로 잘못될 일이 없다. 그러니 의심 없이 구사九四를 전폭적으로 믿고 밀어주면 된다. 그러나 구사九四의 인기가 자꾸 불어나는 것을 보면 그가 그 지지세력을 이용하여 자기 자리를 빼앗지 않을까 불안해진다. 그래서 구사九四의 존재가 득이 되는지 실이 되는지 따지게 되는 것이다. 그러나 이 경우는 그럴 필요가 없다. 구사九四는 위험인물이 아니다. 그러므로 그를 전적으로 믿고 일을 추진하면 길하여 이롭지 않음이 없을 것이다.

上九(상구)는 晉其角(진기각)이니 維用伐邑(유용벌읍)[1]하여 厲(려)면 吉(길)코 无咎(무구)이어니와 貞(정)하면 吝(인)하리라 象曰維用伐邑(상왈유용벌읍)은 道未光也(도미광야)라

국역 |

상구上九는 뿔을 내밀어야 한다. 오직 읍邑을 벌하여 제 살 깎는 아픔이 있어야 길하여 허물이 없다. 가만히 있으면 곤란해진다. 상象에서 말했다. "오직 읍만을 벌해야 하는 것은 도가 아직 빛나지 않기 때문이다."

난자풀이 |

[1] 邑(읍) : 자기의 영향권 아래에 있는 곳. 터전.

강설 |

이 괘에서의 상구上九의 역할은 두 가지다. 하나는 전체의 방향을 잡아주는 것이고, 다른 하나는 내부의 문제를 해결하는 것이다. 구사九四가 육오六五를 따르므로 모든 것이 잘 진행되지만 육오六五는 음陰이므로 나아갈 방향을 정확하게 파악하지 못한다. 모든 것이 잘 진척된다 하더라도 방향이 잘못되면 전체가 다 잘못되고 만다. 그런데 이 괘에서 방향을 잡아줄 존재는 상구上九다. 상구上九는 노련하면서도 양陽이므로 전체의 나아갈 방향을 잡을 수 있다. 사슴 같은 동물이 앞으로 갈 때는 뿔이 제일 앞에 나간다. 뿔은 마치 배의 방향키와도 같다. 그러므로 '뿔을 내밀어야 한다'고 했다. 뿔을 내민다는 것은 방향을 잡는다는 말이다.

아랫사람들 중에 문제를 일으킬 가능성이 있는 것은 육삼六三과 육오六五다. 특히 육삼六三은 자기의 영향권에 있는 존재다. 그러므로 만약 육삼六三이 구사九四를 독차지하려고 음모를 꾸민다면 마음이 아프지만 그를 응징해야 한다. 그를 응징하여 도중에 따끔한 맛을 보여주면 큰 위험에서 벗어날 수 있기 때문에 '제 살 깎는 아픔이 있어야 길하여 허물이 없다'고 했다. 가만있으면 육삼六三의 잘못이 돌이킬 수 없는 데까지 가서 남들에게 처벌을 받을 것이다. 적극적으로 나서서 남들에게 당하기 전에 먼저 응징하여 사전에 막아야 한다. 그래서 '가만히 있으면 한스러워진다'고 했다. 그리고 만약 육오六五가 구사九四를 제거하려 한다면 어떤 일이 있더라도 막아야 한다. 그래서 역시 '가만히 있으면 한스럽다'고 했다. 이 경우는 여러 가지 경우에 있어서 모두 적극적으로 나서야 하는 상황이다.

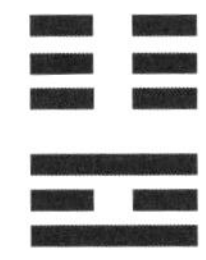

지화명이
地火明夷

이 괘의 상괘는 곤괘坤卦이고 하괘는 리괘離卦이다. 상층부의 곤괘는 그들의 잣대로 하층부를 파악하기 때문에 밝은 하층부를 이해하지도 못하고 인정하지도 않는다. 또 하층부의 리괘는 자족하고 있기 때문에, 윗사람들에 대해서 관심이 없다. 윗사람들은 이를 무시당했다고 생각하여 아랫사람들을 오해하고 구박한다. 그 때문에 아래의 광명이 상처를 받아 암흑시대가 된다. 마치 태양이 땅 속에 있는 격이다. 그래서 이 괘의 이름을 밝음이 상처받는다는 의미에서 명이明夷라 붙였다. 이夷는 '상처받는다'는 뜻이다.

앞서의 진괘晉卦가 모든 것이 순조롭게 진행되는 것을 상징한다면, 이 괘는 밝음이 상처받아 암흑기가 되는 것을 상징한다.

이夷는 동이족이고 한국인이다. 오늘날 한국인은 서구 중심의 문화에 눌려 상처받고 있다. 오늘날은 정신문화가 물질문화에 눌려 상처받고 건괘 문화가 곤괘 문화에 눌려 상처받는 암흑기다. 오늘날의 상황이 바로 이 명이괘明夷卦에 해당한다.

명이　리　간정　단왽명입지중　명이　내
明夷라 利코 艱貞하니라 象曰明入地中이 明夷니 內
[1]　[2]

문명이외유순　이몽대난　문왕　이지
文明而外柔順하여 以蒙大難이니 文王이 以之하니라

이간정　회기명야　내난이능정기지　기자이
利艱貞은 晦其明也라 內難而能正其志니 箕子以
[3]

지　상왈명입지중　명이　군자　이　이중
之하니라 象曰明入地中이 明夷니 君子 以하여 莅衆에
[4]

용회이명
用晦而明하나니라

국역 |

밝음이 상처받는 형국이다. 마무리를 해야 한다. 겨울나기가 어렵다. 단彖에서 말했다. "밝음이 땅 속에 들어가는 것이 명이니 안으로는 문명하고 밖으로는 유순하여 큰 어려움을 뒤집어쓴다. 문왕이 이러한 상황에 처했다. 마무리를 하고, 겨울나기가 어려운 것은 그 밝음을 어둡게 만들기 때문이다. 내부에 어려움이 있어도 그 뜻만은 바르게 할 수 있다. 기자가 그러한 상황에 처했다." 상象에서 말했다. "밝음이 땅 속에 들어가는 것이 명이니 군자는 이 괘의 이치를 살펴 군중에 임할 때 어둡게 하여서 밝아진다."

난자풀이 |

[1] 夷(이) : 상처받는다.
[2] 艱(간) : 어렵다.
[3] 箕(기) : 키.

4 莅(리) : 임한다.

강설 |

광명한 하층부가 전혀 빛을 발하지 못하여 암흑시대가 된다. 이夷는 대大와 궁弓의 합체어로서 '키 큰 활잡이'란 뜻이다. 동이족이 키가 크고 활을 잘 쏘기 때문에 붙여진 동이족의 별명이다. 동이족은 어질다. 그래서 이夷는 '어질다'는 뜻도 있다. 마음을 중시하고 평화를 사랑하는 동이족은 서부의 호전적인 사람들과 만나 상처를 받았다. 그래서 이夷가 '상처받는다'는 뜻이 되었다. 밝음이 상처받는 암흑기는 태양이 땅속으로 떨어지는 상황과 같고 겨울이 다가오는 상황과 같다.

암흑기가 시작이 될 때는 일을 시작할 수도 없고 확장할 수도 없다. 지금까지의 일을 마무리해서 암흑기가 끝날 때까지 버티어야 한다. 그러나 아무리 잘 마무리해도 버티는 것이 쉽지는 않다. 그래서 '마무리를 해야 한다. 겨울나기가 어렵다'고 했다. 겨울이 다가올 때는 마무리를 해야 한다. 그것이 리利다. 리利는 가을에 결실하여 농사를 마무리하는 것이다. 구조를 조정하고 정리를 해서 겨울 맞을 준비를 하는 것이 리利다. 그러나 아무리 겨울채비를 잘 해도 암흑기에는 겨울을 나기 어렵다. 각별히 조심해야 한다. 정貞은 조용히 겨울을 나는 것이다.

동이족은 인仁의 사상을 가지고 마음을 중시하며 밝게 살아가는 민족이다. 그러나 물질을 중시하며 투쟁적 삶을 살아가는 음陰의 성격을 가진 사람들을 만나면 상처를 입는다. 단군조선이 서부의 침략을 받아 멸망한 것이 이에 해당한다. 최근의 동이족 또한 서양의 음陰의 문화를 만나서 상처를 입었다. 식민지를 겪었고 자존심을 잃었다. 오늘날의 세계는 마음을 중시하는 정신문화를 경시하고 물질문화를 강조함으로써 암흑기에 접어들고 있다. 그러므로 암흑기를 넘기는 방법은 한국인의 정신문화를 보존하는 것이다. 그래서 암흑기를 넘길 수 있도록 스스로 구조조정을 하고 정리를 해야 하지만, 그렇다고 해서 워낙 무시를 당하고 있는 현실 때문에 헤쳐나가기가 쉬운 것은 아니다.

'밝음이 땅 속으로 들어간 것이 명이'라는 말은 곤괘와 리괘로 구성된 괘의 상象을 말한 것이다. 내적으로 밝은 지혜를 가지고 있다 해도, 외적으로 부드러운 성격을 가진 인격자는 암흑시대를 만나면 그 지혜를 인정받지 못하고 어려움을 만나게 된다. 이러한 때는 밝은 지혜를 요구하는 시대가 올 때까지 기다려야 한다. 그리고 때가 도래했을 때를 위하여 지혜로운 계책을 준비해야 한다. 이 경우의 전형적인 인물이 주周 무왕의 아버지인 문왕이다. 주紂를 섬기고 있던 문왕은 훌륭한 지혜를 갖추고 있었으나, 오히려 탄압을 받아 유리羑里 땅에 유폐되었다. 그러나 안으로 덕德을 쌓으면서 경세를 위한 계책을 세워 후일을 기다렸기 때문에, 마침내 때가 오자 아들인 무왕이 이를 계승하여 천하를 문명하게 만들었다.

계책을 제시해도 인정해주는 사람이 없을 때에는, 자신의 밝은 지혜를 감추고 때를 기다려야 한다. 이 경우의 전형적인 인물이 기자箕子이다. 기자는 은왕조의 마지막 임금인 주왕紂王의 숙부였다. 기자는 형인 제을帝乙이 미자微子를 후사로 삼기를 바랐으나, 그는 막내아들인 주紂를 사랑하여 주紂를 후사로 삼았다. 주紂는 즉위하자 자기의 형을 후계자로 삼으려 했던 기자를 원망하였으므로, 기자는 거짓으로 미치광이가 되었다가 주紂에게 붙잡혀 노예가 되었다. 그러다가 나중에 은을 멸망시키고 주나라를 세운 무왕에게 천하를 다스리는 방안을 가르쳤다고 한다.

명나라가 망하고 암흑시대가 되자 황종희黃宗羲는 다음에 올 무왕 같은 훌륭한 정치가가 나와 자문할 것에 대비하여 『명이대방록明夷待訪錄』이라는 책을 저술한 바 있다. 이 명이괘의 이치에 따른 것이다.

명이괘의 상황에서 군자가 군중에게 모습을 보이는 것은, 미치광이 행세를 했던 기자처럼, 그 지혜를 감추고 있다가, 때가 되면 밝은 세상을 만들 수 있는 지혜를 전한다. 그래서 '군자는 군중에 임할 때 어둡게 하여서 밝아진다'고 했다.

初九는 明夷하여 于[1]飛에 垂其翼이니 君子于行에 三日不食하여 有攸往에 主人有言이로다 象曰君子于行은 義[2]不食也라

국역 |

초구初九는 밝음이 상처 입었다. 날려고 하는 데도 날개를 축 늘어뜨리고 있다. 군자가 길을 가는 데도 3일 동안을 먹지 못한다. 가는 곳이 있으면 주인이 꾸지람을 한다. 상象에서 말했다. "군자가 길을 가는 데도 의당 먹지 못한다."

난자풀이 |

[1] 于(우) : 어於와 같은 역할을 한다. ~데.
[2] 義(의) : 의宜와 통용. 마땅히 ~하다.

강설 |

초구初九는 지혜롭고 양심적인 존재이지만, 상층부가 인정하지 않는다. 그래서 운신할 수 없다. 마음이 밝고 고운 새색시가 시집을 왔으나 고약한 시어머니 때문에 혹독하게 시집살이하는 경우가 이에 해당한다. 시어머니는 하층부를 관리하는 육사六四다. 육사六四는 초구初九를 돕는 것이 보통이다. 그러나 이 경우의 육사六四는 평소의 열등감과 초

구初九에게 무시당했다는 생각 때문에 초구初九를 구박한다. 따라서 이때의 초구初九는 아무리 자신의 억울함을 호소해도 통하지 않는다. 마치 날개가 부러진 새의 신세와 같다. 아무리 날려고 하나 날 수가 없다. 그저 날개를 드리우고 늘어져 있을 뿐이다.

초구初九는 정신주의 문화가 물질주의 문화에 억눌리기 시작하는 초기의 정신문화에 해당한다. 물질주의 문화가 시작되는 초기에는 정신주의 문화를 사정없이 비판한다. 그로 인해 정신주의는 심하게 상처를 받는다. 마치 날개 부러진 새의 신세와 같다. 서구 근세에 물질주의 문화가 시작될 때 형이상학적인 요소를 강조하는 철학이 혹독하게 비판받았고, 청나라의 실학이 시작될 때, 정신주의 철학의 핵심 개념인 리理가 혹독하게 비판받았다. 서구 물질주의가 밀려오던 구한말에 서구문화와 서구문화에 동화된 일본에 저항하던 선비들과 한국문화는 수구파로 몰려 혹독하게 비판받았다. 그때는 어떤 말을 해도 통하지 않았다. 급기야는 한국인 스스로가 앞장서서 한국문화를 부정하기에 이르렀다. 한국의 정신문화는 새 시대가 올 때까지 고난의 시기를 견뎌야 한다.

육이 명이 이우좌고 용증마장 길 상
六二는 明夷에 夷于左股[1]니 用拯[2]馬壯[3]하면 吉하리라 象

왈육이지길 순이칙야
曰六二之吉은 順以則[4]也라

국역 |

육이六二는 밝음이 상처받는 상황에서 왼쪽 다리에 상처받는 형국이니, 이를 구제할 수 있는 말이 건장해야 길하다. 상象에서 말했다. "육이六二가 길한 것은, 원칙을 가지고 따르기 때문이다."

난자풀이 |

1 股(고) : 다리.
2 用(용) : 이以와 통용. 목적어는 이우좌고夷于左股이다.
3 拯(증) : '건지다', '구조하다' 등의 뜻.
4 以(이) : 이以A위爲B의 기본문형에서 보면 이순칙야以順則也이어야 하지만, 순서가 바뀌었다.

강설 |

밝음이 상처받는 것은, 밝은 문명을 가진 하층부가 상층부에게 핍박을 받고 있기 때문이다. 그러나 육이六二는 초구初九의 상태를 거쳐 하층부의 중심에 있으면서 상층부와 동질적인 음陰이기 때문에 상당한 동질성과 신뢰를 확보했다. 그래서 비교적 상처를 적게 받기 때문에, 오른쪽 다리에 상처받는 것이 아니라 왼쪽 다리에 상처받는다고 표현했다.

육이六二는 시기적으로는 물질주의가 한참 진행되어 안정기에 접어든 시기의 정신주의 문화에 해당한다. 물질주의 초기에는 정신주의를 참혹하게 비판하지만, 중기에는 정신주의의 반항이 저조하므로 정신주의를 적으로 삼지 않고, 오히려 정신주의로 포장하는 경향이 생긴다. 학교의 폭력배들이 세력을 얻어 안정기에 접어들면 공부 잘하는 학생을 친구로 사귀는 것도 그러하고, 서구의 보수적 물질주의가 기독교를 앞세운 것도 그러하며, 물질주의로 안정기에 접어든 중국 한나라가 공자를 신격화하면서 앞세운 것도 그러하다. 따라서 물질주의가 안정기에 접어들었을 때 정신문화는 오히려 연명할 기회를 얻기도 한다.

육이六二가 육오六五의 도움으로 길하게 되는 까닭은 순응하는 것으로 원칙을 삼기 때문이다.

九三은 明夷하여 于南狩하여 得其大首나 不可疾이요 貞하니라 象曰南狩之志는 乃大得也로다

(구삼 명이 우남수 득기대수 불가질 정 상왈남수지지 내대득야)

국역 |

구삼九三은 밝음이 상처받아 남쪽에서 사냥을 하면 그 큰 머리를 얻지만 서둘러서는 안되고 참고 견디며 잘 분별해야 한다. 상象에서 말했다. "남쪽에서 사냥하는 뜻은 크게 얻을 수 있기 때문이다."

난자풀이 |

1 于(우) : 장소를 나타내는 전치사. 어於와 같은 의미이다.
2 狩(수) : 사냥한다.

강설 |

구삼九三은 물질주의 문화가 지배하던 시기 말기의 정신문화이다. 이제 물질주의 문화를 마감하고 정신문화의 불을 밝혀야 하는 시기가 도래하고 있다. 정신문화의 불을 밝히는 방법은 과거에 있었던 정신문화를 두루 섭렵하되 그 핵심을 붙잡아야 한다. 과거의 정신문화는 시간이 흐르면서 많이 왜곡되었으므로, 왜곡되기 이전의 원초적인 사상을 붙잡

아야 한다. 말하자면 유학의 공자 사상, 불교의 석가모니 사상, 기독교의 예수 사상 등을 파악하여 하나로 통하는 진리를 터득하여 오늘날에 맞는 방식으로 재구성해야 한다. 북쪽은 물질문화를 상징하고, 남쪽은 정신문화를 상징한다. 남쪽에서 사냥한다는 의미는 과거의 정신문화를 섭렵한다는 뜻이고, 큰 머리를 얻는다는 의미는 유학, 불교, 기독교 등에서 왜곡된 부분을 제외한 창시자의 순수한 사상을 얻는다는 뜻이다.

六四는 入于左腹하여 獲明夷之心이면 于[1]出門庭이로다 象曰入于左腹은 獲心意也라

국역 |

육사六四는 왼쪽 배로 들어가 밝음을 상처받게 되는 본심을 알고 문과 뜰을 나서야 한다. 상象에서 말했다. "왼쪽 배로 들어가는 것은 마음속의 뜻을 얻는 것이다."

난자풀이 |

[1] 于(우) : 위爲와 같은 뜻으로 볼 수도 있고, 단순한 어조사로 볼 수도 있다.

강설 |

육사六四는 정신문화를 억압하고 물질주의로 진입하는 시기의 초기

에 해당한다. 사람이 물질주의로 진입하게 되는 까닭은 욕심 때문이다. 정신문화를 추구하는 주체가 본심이라면 물질적 가치를 추구하는 주체는 욕심이다. 사람의 욕심은 끊임없이 물질적 가치를 추구하는 것으로 일관한다. 사람이 욕심을 채우는 삶을 살기 시작하면 정신주의 문화 시기에 억눌려 있던 욕심이 폭발한다. 사람은 욕심을 채우지 못하면 불행하고 욕심을 채우면 행복해진다고 착각한다. 욕심을 채우지 못하지만, 욕심을 채워도 행복해지지 않는다. 왜냐하면 욕심은 채울수록 커지기 때문이다. 욕심을 채우는 순간 훨씬 커진 욕심을 더 채워야 하므로 더 큰 욕구불만에 빠진다. 또한 아무리 욕심을 채워도 늙어 죽어야 하는 고통에서는 결코 벗어날 수 없다. 물질주의의 초기에 욕심을 채우는 것이 행복이라는 환상에 빠져 욕심 채우는 길로 달려가다가 보면 결국 큰 불행의 늪에 빠져 헤어나지 못한다. 왼쪽 배는 아랫배이고, 욕심이 들어 있는 곳이다. 욕심에 들어가 욕심이 바로 밝은 정신문화가 상처받게 되는 실상이라는 사실을 알고, 욕심의 문과 뜰에서 벗어나야 한다.

六五는 箕子之明夷니 利貞하니라 象曰箕子之貞은 明不可息也라

| 국역 |

육오六五는 기자箕子의 밝은 지혜도 상처를 입는 형국이니, 잘 분별하여 대처하는 것이 이롭다. 상象에서 말했다. "기자라도 잘 분별해야

하는 것은 밝음을 키워주지 못하기 때문이다."

강설 |

육오六五는 시기적으로 물질문화가 안정적으로 진행되는 전성기에 해당한다. 그럴 때는 정신문화를 깊이 간직한 사람조차도 흔들리기 쉽다. 그래서 기자箕子처럼 현명한 사람도 그 밝음이 상처받는다고 했다. 역사도 사계절처럼 흐른다. 사계절은 사람들이 경험하기 때문에 그 흐름을 쉽게 알 수 있지만, 역사의 흐름은 흐름의 주기가 수백 년 이상씩 걸리므로, 사람이 쉽게 알기 어렵다. 아이스크림을 잘 만드는 장인은 여름에 능력 발휘를 하고, 장사를 잘하지만, 겨울에는 버티기가 어렵다. 그러나 겨울이 지나면 여름이 될 것이고, 여름이 되면 다시 큰 능력을 발휘할 수 있을 것을 알기 때문에, 겨울을 참고 견딜 수 있다. 그러나 정신문화를 깊이 간직한 사람이 물질문화가 압도하는 시대에 버티기는 여간 어렵지 않다. 정신문화가 언제 회복될지 알 수가 없기 때문이다. 그래서 정신문화를 포기하고 물질주의를 추종하는 경우가 많다.

한국인들은 예부터 정신문화를 지켜온 사람들이지만, 서구의 물질주의가 세계를 지배할 때 한국의 고유문화를 버리고 서구문화를 추종하기 바빴다. 한국 고유의 정신문화를 강조하는 사람들은 시대를 역행하는 사람이라는 비판을 받았지만, 그래도 참고 견디며 정신문화를 보존해야 한다.

上六(상육)은 不明(불명)이면 晦(회)니 初登于天(초등우천)하고 後入于地(후입우지)로다 象(상)曰(왈) 初登于天(초등우천)은 照四國也(조사국야)오 後入于地(후입우지)는 失則也(실칙야)라

국역 |

상육上六은 밝지 못하면 어두워진다. 처음에는 하늘에 올라갔다가 나중에는 땅으로 들어간다. 상象에서 말했다. "처음에 하늘에 올라간 것은 사방의 나라를 비추었기 때문이고, 나중에 땅으로 들어간 것은 원칙을 잃었기 때문이다."

강설 |

상육上六은 물질문화의 말기에 해당한다. 물질문화가 시작되던 초기에는 희망에 넘쳤지만, 말기가 되면 수많은 부작용이 나타나 사람들의 삶이 피폐해진다. 르네상스 운동이 일어난 시기는 물질주의가 시작되는 시기였다. 서구인들은 신식 무기를 개발하여 전 세계를 지배했다. 그러나 지금은 물질주의의 폐해가 극심하게 드러나고 있다. 사람들이 극도의 우울증에 시달리게 되었다. 그래서 처음에는 하늘에 올라가다가 나중에는 땅으로 들어간다고 했다.

사람이 밝지 못하여 계속 물질주의만 고집하다가는 멍청해져 인류가 지구상에서 사라질지도 모른다. 지금 정신문화의 유전자를 가진 한국인들이 돋보이기 시작한다. 한국인들이 만들어내는 문화예술에는 정신주의의 요소가 들어 있다. 이로 인해 세계가 한국의 문화예술에 열광하기 시작했다. 이제 한국의 철학이 나오고 한국의 철학으로 살 수 있는 대중적 방법이 나오면 물질주의의 폐해를 극복하고 새로운 정신주의 시대를 맞이할 수 있을 것이다. 사람들이 현명해져야 한다.

풍화가인
風火家人

이 괘의 상괘는 손괘巽卦이고 하괘는 리괘離卦이다. 위의 손괘에서는 유일한 음陰인 육사六四가 유능하기 때문에 아래의 리괘를 관리하여 리괘가 상괘에서 이탈하는 것을 막아주며, 동시에 구오九五를 잘 보좌한다. 또 아래의 리괘에서는 유일한 음陰인 육이六二가 유능하기 때문에 또한 구오九五를 잘 보좌한다. 말하자면 구오九五를 유능한 육사六四와 육이六二가 경쟁적으로 잘 보좌하기 때문에 모든 것이 잘 된다. 가정이면 잘 되는 가정이고, 회사라면 잘 되는 회사다.

그러나 이 경우 문제가 생긴다. 그것은 내부적으로 육사六四와 육이六二가 공 다툼을 하고, 실세경쟁을 하기 때문이다. 실세경쟁에서 이기기 위해서는 자기의 세력을 확보해야 하고, 재력을 확보해야 한다. 그래서 세 규합을 하는 일이 많아지고, 재산을 빼돌리는 일이 많아진다. 그렇지만 육사六四와 육이六二가 모두 음陰이기 때문에 이 싸움은 외부로 비화되지 않는다. 그래서 이 괘의 이름을 집안사람끼리 싸움을 벌인다는 의미에서 가인家人이라 붙였다.

家人이라 利女貞하니라 彖曰家人은 女正位乎內하고 男正位乎外하니 男女正이 天地之大義也라 家人에 有嚴君焉하니 父母之謂也라 父父子子兄兄弟弟夫夫婦婦而家道正하리니 正家而天下定矣리라 象曰 風自火出이 家人이니 君子 以하여 言有物①而行有恒하나니라

국역 |

집안사람들의 싸움이 일어나는 형국이다. 여자들이 가만히 있어야 이롭다. 단彖에서 말했다. "가인은 여자가 안에서 바른 자리에 있고, 남자가 밖에서 바른 자리에 있어, 남녀의 위치가 바로 되는 것이 천지의 큰 도리이다. 가인家人에 엄한 임금이 있으니 부모를 말한다. 아버지는 아버지답고 아들은 아들다우며, 형은 형답고 동생은 동생다우며, 남편은 남편답고 부인은 부인다워야 집안의 도가 바르게 되며, 집을 바로잡아야 천하가 안정된다." 상象에서 말했다. "바람이 불에서 나오는 것이 가인家人이다. 군자는 이 괘의 이치를 살펴 말에 실속이 있고 행동에 일정함이 있다."

난자풀이 |

① 物(물) : 확실한 어떤 것을 말한다. 말에 물物이 있다는 것은 말이 빈말이

아니라는 뜻이다.

강설 |

이 괘의 상황을 가정에 비유해 보면, 외형적으로는 안정되어 보이지만, 내적으로는 아버지를 보좌하는데 유능한 삼촌이나 고모가 아들이나 딸과 경쟁하여 갈등을 일으키고 있는 모양이다. 구오九五가 사장이라면, 사장의 동생과 아들이 대립하고, 왕이라면 왕의 동생과 왕자가 대립하는 양상이다. 이 갈등은 가정이건, 회사이건, 국가이건, 대외적인 문제보다는 내부에서 문제가 일어난다. 이 문제는 육사六四와 육이六二가 참으면 해결된다. 그래서 음陰이 참아야 된다는 의미에서 '여자들이 가만히 있어야 이롭다'고 했다.

나라의 경우에는 음에 해당하는 왕의 동생과 왕의 아들이, 회사의 경우에는 사장의 동생과 아들이 참으면 문제는 일어나지 않을 수 있다.

'여자가 안에서 바른 자리에 있고, 남자가 밖에서 바른 자리에 있다'는 것은 육이六二가 음陰으로서 하괘의 중심에 있음을 말한다.

가정의 화목은 가정 내에서 각기 주어진 역할을 다할 때 가능하다. 남자는 밖에서 대외적인 역할을 하고, 여자는 안에서 대내적인 역할을 하며, 아버지와 아들, 형과 아우, 남편과 아내가 각각의 역할을 하는 것은 천지와 만물이 각각 자기의 역할을 다하여 조화를 이루고 있는 것과 같다. 국가의 안정과 세계의 평화는 가정의 화목을 기초로 할 때 비로소 달성될 수 있다.

집안싸움이 있을 때에는, 지나치게 감정에 흐르지 않아야 한다. 그리고 마음에 없는 말을 하거나 일관성 없이 변덕을 부려서도 안 된다. 만일 그렇지 않으면 집안싸움은 의외로 장기화될 수 있다. 집안사람끼리는 정이 얽혀 있는 관계이기 때문에, 합리적으로 해결하기 어려운 점이 많다. 그래서 '말에 실속이 있고 행동에 일정함이 있다'고 했다.

初九(초구)는 閑有家(한유가)면 悔亡(회망)하리라 象曰閑有家(상왈한유가)는 志未變也(지미변야)라

국역 |

초구初九는 집을 가지려는 욕심을 막으면 후회함이 없다. 상象에서 말했다. "집을 가지려는 욕심을 막는 것은 뜻이 아직 변하지 않아야 하기 때문이다."

강설 |

초구初九는 내분이 있는 집의 막내아들이고, 내분이 있는 회사의 신입사원이다. 육사六四와 육이六二가 실세경쟁을 벌이면서 각각 자기의 영역을 구축한다. 주위의 사람들이 자기의 영역을 구축하면 초구初九도 덩달아 자기의 영역을 구축하고 싶어진다. 그러나 초구初九는 아직 그럴 위치도 아니고 입장도 아니다. 참아야 한다. 또 초구初九는 육사六四와 육이六二의 어느 한쪽에 줄을 서지도 않아야 한다. 줄을 서면 내분이 격화된다. 따라서 초구初九는 중립을 지키면서 자기의 일을 묵묵하게 해야 한다. 그래서 '집을 가지려는 욕심을 막으면 후회함이 없다'고 했다. 유가有家란 자기의 영역을 가지려는 욕심을 말한다.

六二(육이)는 无攸遂(무유수)오 在中饋(재중궤)[1]니 貞(정)하면 吉(길)하리라 象曰六二之吉(상왈육이지길)은 順以巽也(순이손야)라

국역 |

육이六二는 이루는 바가 없어야 하고 안에서 먹여야 한다. 참으면 길하다. 상象에서 말했다. "육이六二가 길한 것은 겸손한 마음으로 따르는 경우이다."

난자풀이 |

[1] 饋(궤) : 음식을 먹이다.

강설 |

육이六二는 하층부의 중심이다. 육이六二는 집안의 기둥이고 실세다. 그런데 여기서는 육사六四도 실세다. 실세가 둘이면 다투기 쉽다. 실세 경쟁을 할 때는 자기의 영역을 확보하고 자기의 재산을 확보해야 이길 수 있다. 그래서 세를 규합하고 재물을 확보한다. 혼자서는 양심대로 살다가도, 경쟁자가 자기 것을 챙기는 것을 보면, 자기도 덩달아 챙기고 싶어지는 것이 인지상정이다. 가만히 있는 것이 바보같아 보이기도 한다. 그러나 육이六二는 어디까지나 구오九五를 보좌하는 보좌관이다. 그것을 망각하면 안 된다. 자기 것을 챙기는 것은 부정이다. 육이六二가 자기 것을 챙기면 육사六四도 더욱 자기 것을 챙길 것이고, 그렇게 되면 전체가 망가질 것이다. 그래서 '이루는 바가 없어야 한다'고 했다. 오직 안살림을 사는 본래의 역할을 다해야 한다. 그래서 '안에서 먹여야 한다'고 했다. 육이六二는 실세경쟁에 뛰어들지 말고 가만히 있어야 한다. 그것이 역이 깨우쳐 주는 진리이고, 도리이다.

> 九三은 家人이 嗃嗃(학학)이면 悔厲(회려)나 吉(길)하며 婦子嘻嘻(부자희희)면 終吝(종린)하리라 象曰家人嗃嗃(상왈가인학학)은 未失也(미실야)오 婦子嘻嘻(부자희희)는 失家節也(실가절야)라

국역 |

구삼九三은 집안사람들이 근엄하면 후회스럽고 뼈를 깎는 아픔이 있더라도 길하며, 부녀자나 아이들이 희희낙락하면 결국은 곤란해진다. 상象에서 말했다. "집안사람들이 근엄하게 있는 것은 아직 절조를 잃지 않은 것이고, 부녀자들이 깔깔거리고 웃는 것은 가정의 절조를 잃은 것이다."

난자풀이 |

1 嗃嗃(학학) : 근엄한 모양.
2 嘻嘻(희희) : 깔깔거리고 웃는 모양.

강설 |

구삼九三은 실세경쟁을 하는 육사六四와 육이六二의 사이에 들어 있다. 이러한 경우 구삼九三은 그들의 관심의 대상이 된다. 육사六四와 육이六二는 구삼九三을 포섭하면 유리하기 때문이다. 그래서 그들은 구삼九三에게 회유를 한다. 그들은 음이기 때문에 그 회유는 집요하고 끈질기다. 그러나 그들의 싸움에 휘말리면 안 된다. 그렇게 되면 모두가 다

망하고 만다. 그러므로 근엄하게 뿌리쳐야 한다. 그것을 뿌리치는 것은 마음이 아픈 일이다. 또 그들의 요구를 뿌리치는 것은 자기에게 불이익이 오는 것으로 생각되어 후회스럽기도 하다. 그러나 참아야 한다. 그것이 자기도 살고 전체도 사는 길이다.

만약에 육사六四와 육이六二의 싸움을 재미있게 구경하면 안 된다. 그들의 싸움에 휘말려서도 안 된다. 그렇게 되면 결국 자기도 피폐해지고 전체도 무너져 곤란해진다.

六四(육사)는 富家(부가)면 大吉(대길)하리라 象曰富家大吉(상왈부가대길)은 順在位(순재위)也(야)라

국역 |

육사六四는 집을 부유하게 하는 일이면 크게 길하다. 상象에서 말했다. "집을 부유하게 하는 일이면 크게 길한 것은 순리대로 따르면서 바른 자리에 있기 때문이다."

강설 |

양陽은 원리를 추구하거나, 정의를 내세워 대의를 실천하는 데 능하고, 음陰은 사리를 따져서 이익을 추구하는 데 능하다. 육사六四는 음陰이므로 육이六二와 공과 이익을 다투면, 집안에 불화가 일어나지만, 집안을 일으키기 위해 협력한다면, 치밀하고 명석한 능력이 발휘되어 집

안을 크게 일으킬 수 있다. 그래서 크게 길하다. 그러므로 육사六四는 오직 자기의 본분인 집안을 일으키는 데만 전력을 기울여야 한다. 손괘의 아래에 있는 육사六四는 본래 순하면서 바른 자리에 있기 때문에 원래의 역할에 충실하여 집안을 부유하게 하는 일에 전력투구하면 집안이 크게 발전할 수 있다.

九五(구오)는 王假有家(왕격유가)[1]로대 勿恤(물휼)이면 吉(길)하리라 象曰王假有家(상왈왕격유가)는 交相愛也(교상애야)라

국역 |

구오九五는 왕이 집에 이르되, 동정심을 베풀지 않으면 길하다. 상象에서 말했다. "왕이 집에 이르는 것은 번갈아 서로 사랑하는 것이다."

난자풀이 |

[1] 假(격) : 격格과 같은 뜻. 이르다. 강림하다.

강설 |

구오九五는 집단의 핵심이다. 집에서라면 아버지, 회사에서라면 사장, 국가에서라면 군주에 해당된다. 여기서는 상징적으로 왕이라 표현했다.

동생과 아들이 다투어 시끄러울 때 웬일인가 하고 아버지가 와 보지만 달리 방법이 없다. 어느 한 쪽을 편들거나 배척하면 안 된다. 둘 다 훌륭한 보좌를 하는 사람들이기 때문이다. 그러므로 둘 다 포용하거나 둘 다 배척하여 공평하게 대해야만 화합으로 유도할 수 있다.

만약 어느 한 쪽을 편들면 다른 한 쪽이 소외되어 분열이 일어난다. 매우 조심해야 한다.

上九는 有孚코 威如면 終吉하리라 象曰威如之吉은 反身之謂也라

국역 |

상구上九는 한마음을 유지하며 위엄을 갖고 있으면 마침내 길하다. 상象에서 말했다. "위엄을 갖고 있으면 길하다는 것은 자기를 반성하는 것을 말한다."

강설 |

육이六二와 육사六四는 서로 주도권을 잡기 위해 상구上九를 등에 업고 싶어한다. 그리고 상구上九는 노파심이 있기 때문에 이들의 실세경쟁에 개입하기 쉽다. 그래서 어느 한 쪽에 업혀 다니기 쉽다. 그러나 그렇게 되면 몹시 추하다. 집안을 망치는 역할만 할 뿐, 개선에 도움이 되지 않는다. 그러므로 어느 누구의 편에 서지 말고 모두와 한마음을

유지하며 가만히 권위를 지키고 있어야 한다. 이는 끝없는 자기반성이 있어야 가능하다.

양녕대군은 원로였을 때 세조의 세력에 업혀 단종을 몰아내는 데 일익을 했다. 추한 꼴을 보인 것이다. 진지하게 자기반성을 해보지 않았기 때문일 것이다.

화택규
火澤睽

이 괘의 상괘는 리괘離卦이고 하괘는 태괘兌卦이다. 상괘의 핵심인 육오六五는 음陰이므로 치밀하고 꼼꼼하지만 추진력이 부족하다. 그러나 구사九四가 그를 잘 보좌한다. 상괘가 어려운 상황일 때는 하효인 태괘가 보수화하지만, 상괘가 순조로울 때는 보수화하지 않는다. 그리고 삼효가 양陽이라면 구이九二는 삼효에 막혀 보좌를 잘하기 어렵지만 삼효가 음陰이므로 구이九二는 육오六五를 훌륭하게 보좌한다. 그러므로 이 괘의 상황은 엄청난 능력을 발휘할 수 있다.

그러나 훌륭한 보좌를 하는 구사九四와 구이九二가 공다툼을 하게 되면 문제는 심각해진다. 가인괘의 경우에는 이러한 불화가 외부로 비화되지 않지만, 이 괘에서는 구이九二와 구사九四가 모두 양陽이기 때문에 외부로 비화될 가능성이 크다. 그리고 육오六五는 그들을 막을 힘이 없다. 그리되면 조직이 분열된다. 그래서 이 괘의 이름을 반목한다는 의미에서 규睽라고 했다. 연개소문의 아들들이 반목해서 나타난 고구려의 분열과, 견훤의 아들들이 반목해서 나타난 후백제의 분열이 모두 이에 해당한다.

睽[1]라 小事면 吉하리라 彖曰睽는 火動而上하고 澤動而下라 二女同居하나 其志不同行하니라 說[2]而麗乎明하고 柔進而上行하여 得中而應乎剛이라 是以小事吉하니라 天地睽而其事同也며 男女睽而其志通也며 萬物睽而其事類[3]也니 睽之時用이 大矣哉라 象曰上火下澤이 睽니 君子 以하여 同而異하나니라

국역 |

등지는 형국이다. 작은 일이라면 길하다. 단彖에서 말했다. "등진다. 불은 움직이면서 위로 올라가고, 못의 물은 움직이면서 아래로 간다. 두 여자가 동거하나 그 뜻이 함께 가지 않는다. 기뻐하면서 밝은 것에 붙어있고 부드러운 것이 나아가 위에서 행하여 중을 얻어서 군센 것에 응한다. 이 때문에 작은 일이면 길하다. 천지가 반목하지만 그 일은 같은 것이고, 남녀가 반목하지만 그 뜻은 통하며, 만물이 반목하지만 그 일은 같은 종류이다. 규괘에서 제시하는 때맞게 쓰는 이치는 위대하도다." 상象에서 말했다. "위가 불이고 아래가 못인 경우가 규睽이니 군자는 이 괘의 이치를 살펴 같으면서도 다르게 대처한다."

난자풀이 |

1 睽(규) : 반목한다. 노려본다. 등진다.
2 說(열) : 기쁘다.
3 類(류) : 같은 종류.

강설 |

구이九二와 구사九四의 반목은 작은 일 때문이라면 오히려 활력소가 되지만 양보하기 어려운 중대한 사안 때문이라면 양보하지 않기 때문에 전체가 분열한다. 과거 한나라당이 국회의원 선거에서는 늘 이기다가 대통령선거에서는 대통령후보자가 분열하여 패배한 것이 이 괘의 상황과 같다.

상괘인 리괘는 불[火]이다. 불은 움직이면서 위로 올라가는 성질이 있다. 아래의 태괘는 연못[澤]을 나타낸다. 연못의 물은 움직이면서 아래로 내려가는 성질이 있다. 그래서 불과 연못은 함께 있어도, 그 지향이 다르다. 두 여자라고 한 것은 리괘가 중녀中女에 해당하고, 태괘가 소녀少女에 해당하기 때문이다.

아래의 태괘는 기뻐하는 성질이 있고, 위의 리괘는 밝음을 상징하기 때문에 기뻐하면서 밝은 것에 붙어있다고 했다.

'부드러운 것이 위로 올라가 가운데 자리를 얻었다'는 것은, 육오六五의 상황을 설명한 것이고, '굳센 것에 응한다'는 말은 아래의 구이九二와 구사九四에 응한다는 것을 말한다. 구이九二와 구사九四가 함께 육오六五를 보좌하면서 반목하지 않고 협조하는 경우는 작은 일에서이다. 그리고 그 단체의 힘이 아직 대외적으로 미약할 때이다. 그래서 작은 일이면 길吉하다고 했다.

이 세계에서는 선善과 악惡, 시是와 비非, 음陰과 양陽, 동東과 서西, 보수와 진보 등등 서로 다른 대립적인 요소들이 서로 반목하고 투쟁한다. 그러나 모든 시비는 각각의 입장에서 판단한 결과이다. 기준을 달리하여 보면, 이것이 저것일 수 있고 저것이 이것일 수 있으며, 선善이 악惡일 수 있고 악惡이 선善일 수 있다. 따라서 한 발 물러나 전체적 입장에서 보면 반목은 오히려 화합일 수 있다. 시是는 비非가 있어야 성립하고, 비非는 시是가 있어야 성립한다. 마찬가지로 선善은 악惡이, 악惡은 선善이 있어야 성립한다. 그래서 결과적으로 시是와 비非, 선善과 악惡은 서로를 존립하게 하는 요소가 될 수 있다.

예컨대, 후백제의 분열은 전체 한민족의 입장에서 보면, 고려의 통일을 앞당긴 것이다. 그러니 분열이 아니라 화합이다. 개인의 입장에서 보면, 죽음은 자신의 소멸이고 슬픈 일이지만, 인류 전체의 입장에서 보면 모두가 살 수 있는 조건을 만드는 삶의 현상이다.

그러므로 늘 전체 대의에 입각하여 판단하고 행동하는 군자는 분열과 반목 속에서도 화합의 논리를 발견한다. 때문에 분열하지 않고 화합하고, 갈등하지 않고 화해하며, 죽음을 또 다른 삶으로 받아들인다. 이러한 인식의 경지가 바로 공자가 말한 '지천명知天命'의 경지이다.

천명, 즉 전체의 차원에서 보면 모든 존재는 다 하나지만, 현실세계에서는 각각 다른 양상으로 살아간다. 군자는 이를 통찰하여, 각각의 상황마다 적절하게 다른 양상으로 대처한다. 그것이 시중時中이다. 예컨대, 전체적인 차원에서 보면 시是가 비非이고, 비非가 시是이지만, 구체적 현실에서는 시是는 시是이고 비非는 비非이다. 군자는 시是와 비非가 같은 차원의 것임을 간파하지만, 구체적 현실에서는 시是와 비非를 가려 시是를 주장한다.

하늘과 땅, 아버지와 어머니, 남자와 여자, 음陰과 양陽은 어떤 의미에서는 정반대의 성질을 가진다. 그 반대되는 점만 따지면 적이 되기도 한다. 그러나 그 반대되는 점 때문에 전체적으로 조화를 이룬다. 음양의 갈등이 태극의 입장에서 조화되는 이치이다.

初九(초구)는 悔亡(회망)하니 喪馬(상마)하고 勿逐(물축)[1]하여도 自復(자복)이니 見惡人(견악인)하면 无咎(무구)하리라 象曰見惡人(상왈견악인)은 以辟咎也(이피구야)[2]라

국역 |

초구初九는 후회할 일이 없다. 말을 잃고서 좇아가지 않더라도 스스로 돌아온다. 악인惡人을 보면 허물이 없다. 상象에서 말했다. "악인을 보는 것은 그래야 허물을 피하는 것이 되기 때문이다."

난자풀이 |

[1] 逐(축) : 붙잡기 위해 좇아간다.

[2] 辟(피) : 피避와 통용. '피한다'는 뜻일 때는 음은 '피'이다.

강설 |

초구初九는 아직 어리지만 구이九二와 구사九四가 불화를 일으키고 있어 서로 자기 세력을 확보하기 위해 회유하러 온다. 이 경우는 어느 한 편을 들지 않는 것이 좋다. 어느 쪽에든 줄을 서지 않으면 잘못되지 않을까 걱정이 되기도 할 것이다. 그러나 한 편을 든다면 오히려 분열을 조장하는 꼴이 된다. 그래서 걱정하지 말라는 의미에서 '후회할 일이 없다'고 못을 박았다.

편을 들어주지 않으면 회유하러 온 사람들이 섭섭하여 떠나갈 것이다. 그러나 불안해서 좇아갈 필요가 없다. 초구初九를 필요로 하는 것은 그들이다. 반드시 다시 찾아오게 마련이다. 그래서 '좇아가지 않더

라도 스스로 돌아온다'고 했다.

구이九二에게 들어보면 구사九四가 악인이고, 구사九四에게 들어보면 구이九二가 악인이다. 악인이란 자기와 다른 입장의 사람들에게 붙인 것이지, 절대적인 개념은 아니다. 그러므로 먼저 어느 한 편을 만난 뒤 그를 동조하여 다른 편을 악인이라 규정하고 그와 등을 돌리면, 결국 분열을 조장하는 꼴이 된다. 그러므로 악인으로 규정된 사람이라도, 그를 만나 존경하는 것이 바람직하다. 그것이 분열을 막는 길이다. 그래서 '악인을 보면 허물이 없다'고 했다.

> 九二(구이)는 遇主于巷(우주우항)하면 无咎(무구)하리라 象曰遇主于巷(상왈우주우항)은 未失道也(미실도야)라

국역 |

구이九二는 골목길에서 주인을 만나면 허물이 없다. 상象에서 말했다. "골목길에서 주인을 우연히 만나는 것은 아직 도를 잃지 않았기 때문이다."

강설 |

구이九二는 구사九四와의 싸움에 이기기 위해 성급해진다. 그래서 육오六五에게 자기를 후계자로 지목해달라고 다그치기 쉽다. 그런데 그렇게 하면 구사九四와 반목한다. 분열해서 성공하기란 어렵다. 또 육오

六五를 공식 석상에서 자주 만나는 것조차도 구사九四의 심기를 거스를 수 있다. 될 수 있는 대로 길거리에서 우연히 만나는 것이 좋다. 우연히 만나면 구사九四를 자극하지 않으면서 부드럽게 이야기를 나눌 수 있다.

그러나 거리에서 우연히 개인적으로 만날 기회가 있다 해도 주도권 경쟁에 매몰되어 신하로서의 도리를 상실하면 아무 의미도 없다. 한마음을 잃지 않을 때만 의미가 있다.

六三(육삼)은 見輿曳(견여예)면 其牛掣(기우체)[1]其人(기인)하며 天且劓(천차의)[2]니 无初(무초)면 有終(유종)하리라 象曰見輿曳(상왈견여예)는 位不當也(위부당야)오 无初有終(무초유종)은 遇剛也(우강야)라

국역 |

육삼六三은 수레가 끌려가는 것을 볼 것 같으면 수레를 끄는 소가 수레 모는 사람을 끌어당기며, 하늘이 또한 코를 베는 형벌을 준다. 처음의 일을 탓하지 않으면 유종지미를 거둘 수 있다. 상象에서 말했다. "수레가 끌려가는 것을 보는 것은 자리가 적당하지 않기 때문이고, 처음의 일을 탓하지 않으면 유종지미를 거둘 수 있는 것은 굳센 것을 만나기 때문이다."

난자풀이 |

1 掣(체) : 당긴다. 끈다.
2 劓(의) : 코를 베는 형벌.

강설 |

육삼六三은 주도권 경쟁 중인 구이九二와 구사九四의 사이에 위치해 있다. 밖으로 드러나지 않지만 구이九二와 구사九四의 사이에서 그들을 화합으로 이끌 수 있는 적임자다. 말하자면 강한 것과 강한 것 사이에 끼어 있는 부드러운 것이기 때문에 강한 것을 누그러뜨릴 수 있는 능력이 있다.

현재는 구이九二와 구사九四가 주도권을 다투느라 육오六五의 말도 듣지 않는 상황이 되었다. 오히려 육오六五를 자기편에 끌어넣기 위해 압박하고 있다. 이를 '수레가 끌려가는 것을 볼 것 같으면 수레를 끄는 소가 수레 모는 사람을 끌어당기는 것'으로 설명했다. 이미 육오六五가 주도하여 수레를 끌고 가는 것이 아니다. 구이九二와 구사九四에 의해 수레가 끌려가는 것이다. 수레를 끄는 사람이 육오六五라면 수레를 끄는 소는 구사九四와 구이九二다. 소가 사람을 끌고 가는 모습으로 설명한 것은 구사九四와 구이九二의 주도권 다툼으로 일어나는 상황을 실감나게 묘사한 것이다.

구사九四와 구이九二의 주도권 다툼은 서로의 이익다툼이다. 이는 추하다. 이를 보면 민심이 떠나간다. 민심은 천심이다. 코는 얼굴의 상징이다. 코를 벤다는 것은 더 이상 얼굴을 봐주지 않는다는 것을 말한다. 구사九四와 구이九二의 다툼이 계속되면 민심이 떠나서 다시 돌아오지 않는다는 것을 말한다. 민심이 돌아오지 않으면 모든 것이 끝나고 만다. 그러므로 구사九四와 구이九二의 다툼을 해결할 수 있는 육삼六三은 사태의 심각성을 인식하고 반드시 해결해야 한다. 해결할 때 주의할

睽

점은 처음의 잘잘못을 따지지 않아야 한다는 것이다. 이미 갈라지기 직전의 상태까지 와 있는데 이렇게 된 처음의 원인을 찾아내어 잘잘못을 가린다면 해결은 불가능하다. 모든 것을 덮어야 한다. 처음에 있었던 잘잘못은 덮어두고 현재의 상황에서 현실을 직시하여 화합하지 않으면 둘 다 망한다는 사실을 확인시키고 서로 좋아할 수 있는 길을 모색하여 대 화합을 이끌어내야 한다.

구사 규고 우원부 교부 려 무구
九四는 睽孤니 遇元夫하여 交孚하여 厲하면 无咎하리라

상왈교부무구 지행야
象曰交孚无咎는 志行也일새니라

국역 |

구사九四는 등지면 외롭게 된다. 원래의 남편을 만나 서로 한마음임을 확인하고 제 살 깎는 아픔을 견디면 허물이 없다. 상象에서 말했다. "서로 한마음임을 확인하면 허물이 없는 것은 뜻이 통하기 때문이다."

강설 |

구사九四는 현재 구이九二와 반목하고 있다. 이 반목을 중단하지 않는다면 결국 전체가 분열하여 다 망하고 말 것이고, 그래서 외로워질 것이다. 분열을 막는 길은 무시하고 있던 원래의 남편인 육오六五를 만나 그를 받드는 것이다. 그를 받들고 그의 말을 들으면, 자기가 양보해야 할 것이 많다. 그것은 제 살을 도려내는 아픔이다. 자기의 기득권을 포기하는 아픔을 겪어야 전체가 화합할 수 있어 허물이 없다.

외형적으로 반목하고 있는 경우, 이를 해결하는 방법 중의 하나는 만나서 한마음임을 확인하는 것이 좋다. 현실적으로 작은 목적 때문에 반목하고 있지만, 본질적인 원래의 목적이 같은 것임을 확인하고 나면 반목할 이유가 없어진다. 서로 뜻이 통하여 양보할 것은 양보하여 큰 화합을 이룰 수 있다. 뜻이 행해진다는 말은 뜻이 통한다는 말이다.

六五(육오)는 悔亡(회망)하니 厥宗(궐종)[1]이 噬膚(서부)니 往(왕)에 何咎(하구)리오 象曰厥(상왈궐)宗噬膚往(종서부왕)은 有慶也(유경야)라

국역 |

육오六五는 후회할 일이 없다. 그 종족끼리 피부를 물어뜯고 있으니 가서 누구를 꾸짖겠는가? 상象에서 말했다. "그 종족끼리 피부를 물어뜯고 있는데 가는 것은 마침내 경사가 있을 것이기 때문이다."

난자풀이 |

[1] 厥(궐) : 기其와 같은 의미이다.

강설 |

육오六五는 구이九二와 구사九四 가운데에서 우수한 인재에게 주도권

을 넘기면 되기 때문에 후회할 일이 없다. 또 누가 주도권을 잡더라도, 자기의 후계자이기 때문에 문제될 것이 없다.

구이九二와 구사九四는 모두 육오六五의 후계자이다. 그러니 그들의 헤게모니 싸움은 종족끼리 서로 피부를 물어뜯고 있는 것에 해당한다. 어디 가서 누구를 꾸짖겠는가? 가만히 관망하고 있다가 승리하는 쪽을 후계자로 정하면 된다.

육오六五가 먼저 나서서 특정인을 지지할 필요는 없다. 그렇게 하면 반대쪽에서 반감을 가져 좋지 않다. 중국혁명 당시, 손문이 육오六五라면 장개석은 구사九四, 모택동은 구이九二에 해당한다. 장개석과 모택동은 끝까지 반목했지만, 둘 다 손문을 추앙한 점에서는 같았다.

上九(상구)는 睽孤(규고)이니 見豕負[1]塗[2](견시부도)와 載鬼一車(재귀일거)라 先張之弧(선장지호)라가 後說[3]之弧(후탈지호)라 匪寇(비구)라 婚媾(혼구)니 往遇雨則吉(왕우우즉길)하리라 象(상)

曰遇雨之吉(왈우우지길)은 羣疑亡也(군의망야)라

국역 |

상구上九는 등지면 외롭게 된다. 멧돼지들이 흙을 뒤집어쓰고 있는 것과 귀신을 수레 하나에 가득 싣고 있는 것을 본다. 먼저 활을 당겼다가 나중에 활을 놓는다. 도적이 아니라 혼인할 짝이기 때문이다. 가서 비를 만나면 길하다. 상象에서 말했다. "비를 만나면 길한 것은 여러 의심이 없어지기 때문이다."

난자풀이

1 豕(시) : 멧돼지.
2 塗(도) : 진흙.
3 說(탈) : 탈脫과 통용. 벗다.

강설

상구上九는 구사九四와 구이九二가 주도권다툼을 하느라 분열하면 홀대를 당한다. 그들은 상구上九에게 예우를 할 여유가 없다. 그래서 상구上九는 외로운 상황에 있다. 은퇴하여 함흥에 있었던 이성계의 입장이 이에 해당한다. 구사九四와 구이九二가 저돌적으로 싸우는 것을 멧돼지들이 흙을 뒤집어쓰고 있는 모습에 비유했다. 수레에 죽은 사람의 귀신을 가득 싣고 있다는 것은, 구사九四와 구이九二의 싸움으로 인해 희생된 사람들이 많음을 표현한 것이다.

육오六五는 음陰이기 때문에 정신적 지도를 하기 어렵고 정치이념을 제시하기 어렵다. 그것은 상구上九의 몫이다. 상구上九는 정신적 지표를 제시해야 하는 정신적 지주다. 전체의 화합을 도모하는 정신적 역할을 담당하는 것도 상구上九다. 그래서 주도권 다툼을 하는 무리를 징계하기 위해 활을 당겼으나, 도로 내려놓는다. 자세히 보니 도적이 아니라 예전에 자신을 돕던 부하들이기 때문이다.

그들에게 다가가도 그들은 계속 다투고 있다. 마치 비는 오지 않고 구름만 끼어 있을 때처럼 답답하다. 그러다 싸움이 끝이나 사태가 수습되면 마치 비를 만난 듯, 답답한 마음이 시원해진다. 그래서 '비를 만난다'는 말로 표현했다. 구사九四와 구이九二는 정신적으로 존경하는 상구上九의 말에는 귀를 기울인다. 그러므로 상구上九는 사태를 해결할 수 있는 중요한 위치에 있다. 상구上九가 인仁의 마음을 가지고 어머니 같은 태도로 다가갈 때 싸움을 해결할 수 있다. 순임금이 그러한 사람이었다. 『중용장구』 제 6장에 그러한 내용이 나온다.

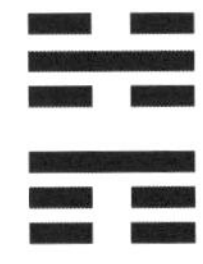

수산건
水山蹇

이 괘의 상괘는 감괘坎卦이고 하괘는 간괘艮卦이다. 하괘인 간괘는, 강력한 구삼九三이 아래 두 음陰의 진출을 저지하므로 두 음陰이 억눌려서 답답하고, 상괘인 감괘는 오랜 투쟁에 지쳐 축 늘어져 있으므로 하층부의 답답함을 해결할 능력이 없다. 그래서 전체적으로 일이 진척되지 못하고 침체한다. 그래서 이 괘의 이름을 '절뚝거린다'는 의미로 건蹇이라 붙였다.

蹇(건)이라 利西南(이서남)하고 不利東北(불리동북)이니 利見大人(이견대인)하여 貞(정)하여야 吉(길)하니라 彖曰蹇(단왈건)은 難也(난야)니 險在前也(험재전야)니 見險而能止(견험이능지)하니 知矣哉(지의재)라 蹇利西南(건이서남)은 往得中也(왕득중야)오 不利東北(불리동북)

기도궁야 이견대인 왕유공야 당위정길
은 其道窮也오 利見大人은 往有功也오 當位貞吉은

이정방야 건지시용 대의재 상왈산상유수
以正邦也니 蹇之時用이 大矣哉라 象曰山上有水

건 군자 이 반신수덕
蹇이니 君子 以하여 反身脩德하나니라

국역 |

절뚝거리는 형국이다. 서남쪽은 이롭고 동북쪽은 불리하다. 대인을 보는 것이 이롭다. 참고 견뎌야 길하다. 단彖에서 말했다. "건蹇은 곤란한 형국이니, 험한 것이 앞에 있기 때문이다. 험한 것을 보고 능히 멈추고 있으니 지혜롭도다! 건蹇에서 서남을 이롭게 여김은 가면 중앙의 자리를 얻기 때문이고, 동북을 불리하게 여김은 그 길이 궁하기 때문이며, 대인을 보는 것이 이로움은 적극적으로 나서면 공이 있기 때문이고, 자리에 있으면서 참고 견디면 길한 것은 그렇게 해서 나라를 바로잡기 때문이다. 건괘蹇卦의 상황에서 때맞게 쓰는 이치는 위대하도다!" 상象에서 말했다. "산 위에 물이 있는 것이 蹇이니, 군자는 이 괘의 이치를 살펴 몸을 돌아보고 덕을 닦는다."

강설 |

건蹇은 앞으로 나아가지 못하고 절뚝거리고 있는 모양이다. 초육初六과 육이六二는 왕성한 힘을 가진 구삼九三에게 막혀 앞으로 나아가지 못하고 절뚝거리고 있다. 구삼九三은 능력이 대단한데도 불구하고 아무런 직책을 부여받지 못하고 소외당하고 있다. 그것이 불만인 구삼九三은 아래의 연약한 두 음陰에게 화풀이를 한다. 말하자면 강력한 졸업반 학생이 폭력배로 돌변하여 후배들을 못살게 구는 형국이다. 이런 경우 하층부의 답답함을 해결해야 하는 것은 육사六四다. 하지만 이 경우의 육사六四는 상층부의 유일한 음陰이 아니기 때문에 해결능력이 없다.

상층부는 힘이 하나도 없다. 아이들이 학교에서 따돌림을 당해 문제가 심각해도 부모들은 이를 해결할 능력이 없다. 이사를 갈 능력도 없다. 능력이 없이 이사를 간다면 상황은 더욱 악화될 뿐이다. 그러므로 이 경우는 평탄한 길로만 조심조심 다녀야 한다. 약간이라도 험악한 길로 가다가는 절뚝거리다가 넘어질 것이다.

서남은 음陰의 방향이다. 음陰은 유순하기 때문에 음陰의 방향은 조용하고 평이하다. 이에 비해 동북은 양陽의 방향이다. 양陽은 거칠기 때문에 양陽의 방향은 거칠고 시끄럽다. 그러므로 건괘蹇卦와 같은 난국에서는 평이한 곳을 조심조심 밟고 다니며 고비를 넘겨야 한다. 그래서 '서남쪽은 이롭고 동북쪽은 불리하다'고 했다.

평이한 곳을 다니면서도 자력으로 걷지 못하고 절뚝거리고 있는 경우에는 붙잡아 주는 누군가를 만나면 좋다. 그래서 '대인을 보면 이롭다'고 했다.

건괘의 경우는 자력으로 해결할 능력이 없기 때문에 국면이 호전될 때까지 참고 견디면서 기다리는 수밖에 없다. 그래서 '참고 견뎌야 길하다'고 했다.

'험한 것이 앞에 있다'는 말은 상괘에 감괘가 있음을 의미한다. 앞에 험한 것을 보고, 하괘인 간괘가 멈추어 나아가지 않고 있으니 지혜롭다 할 수 있다. 이는 괘의 성질을 바탕으로 전체의 입장을 설명한 것이다. 험난한 국면에서는 상황이 바뀔 때까지 기다리는 것이 지혜로운 것이기 때문이다.

『초한지楚漢志』나 『삼국지연의三國志演義』 등의 역사소설을 보면, 대체로 전투에서 실패하는 경우는 달아나는 적을 경솔하게 추격하다가 복병을 만나는 경우이다. 이를 보면 험난한 함정이 있을 가능성을 파악하여, 중지할 수 있는 것이 얼마나 지혜를 요구하는 것인지를 알 수 있다.

양陽인 구오九五와, 음陰인 육이六二가 험한 상황을 잘 참고 견디면 결국 난국을 타개할 수 있을 것이므로 길하다. 상황을 냉철히 파악하여 참고 견딜 수 있는 지혜로운 사람만이 난국을 바로 잡을 수 있다.

그러므로 건괘蹇卦의 상황, 즉 참아야 하는 상황에서 참고 기다릴 수 있는 지혜는 위대한 것이다. 건괘는 참는 진리를 가르쳐주는 위대한 역할을 한다. 상황이 순조로울 때 일을 진척시키는 것보다는 참아야 될 때 참는 것이 더 어렵다. 그리고 평화 시에 화합하는 것보다는, 반목하고 갈등하는 상황에서 마음의 평정을 유지하는 것이 더 어렵다. 그래서 건괘蹇卦나 규괘睽卦의 상황에서 그 시용時用이 위대하다고 한 것이다.

건괘와 같은 어려운 상황에 처하면, 군자는 스스로를 돌아보고 덕을 닦는다.

初六은 往하면 蹇코 來하면 譽리라 象曰往蹇來譽는 宜待也니라

▌**국역 |**

초육初六은 가면 절뚝거리게 되고 오면 명예롭다. 상象에서 말했다. "가면 절뚝거리고 오면 명예로운 것은 기다리는 것이 마땅하기 때문이다."

강설 |

초육初六은 어떤 일을 추진하더라도 선배인 구삼九三의 저항에 부딪혀 절뚝거리고 나아가지 못한다. 구삼九三에게 저지되어 답답하므로 그에게 가서 저항하고 싶지만 이길 수 없다. 구삼九三은 강력한 폭력배다. 그러므로 그에게 가서 저항을 하면 절뚝거리게 될 뿐이다. 그러므로 제자리로 돌아와서 가만히 참고 견디면서 때를 기다려야 한다. 조용히 실력을 쌓으면서 기다리면 국면이 호전된 뒤에 명예로움이 있을 것이다. 군자는 여기서 참고 기다리는 지혜를 배워야 한다.

폭력배에게 둘러싸여 얻어맞을 때 저항하지 않고 조용히 맞고 있을 수 있는 것도 쉽지 않다. 대개는 자존심 때문에 저항하다가 다치고 만다. 초육初六은 조용히 맞고 있어야 하는 상황이다. 조용히 맞고 있으면 상황이 호전될 때가 온다. 흥분하지 않고 난관을 견뎌낸다는 것은 쉽지 않다. 그것만으로도 좋은 평가를 얻을 수 있다. 그래서 '오면 명예롭다'고 했다.

六二(육이)는 王臣蹇蹇(왕신건건)이 匪躬之故(비궁지고)①②라 象曰王臣蹇蹇(상왈왕신건건)이나 終无尤也(종무우야)라

국역 |

육이六二는 왕의 신하가 절뚝거리지만 자기 탓이 아니다. 상象에서 말했다. "왕의 신하들이 절뚝거리지만 결국은 허물이 없다."

난자풀이 |

1 匪(비) : 비非와 통용.

2 躬(궁) : 자신. 몸소.

강설 |

육이六二는 공식적으로는 구오九五의 왕을 돕는 요직의 신하이지만, 구삼九三의 저지에 막히고 구오九五의 도움도 받지 못하기 때문에 일을 진척시키지 못하고 절뚝거리는 존재다. 그래서 '왕의 신하가 절뚝거리지만 자기 탓이 아니다'라고 했다.

육이六二는 본래 구오九五를 도와 엄청난 능력을 발휘해야 되는 위치이지만, 이 괘의 경우에는 능력을 발휘하지 못하고 절뚝거리고 있다. 이는 자기 탓이 아니다. 상황이 그러하다. 만약 절뚝거리는 것을 자기의 탓이라고 생각한다면 자기의 무능을 실감하고 좌절하고 말 것이다. 또는 구삼九三에 대한 열등감을 극복하지 못하고 구삼九三에게 저항하다가 파멸하고 말 것이다. 그러나 역리를 아는 군자라면 그것이 자기 탓이 아니라 상황 때문이라는 것을 알 것이다. 그렇게 되면 못 참을 이유가 없다. 국면이 호전될 때까지 참고 견디면 될 것이다.

살다보면 남의 탓으로 인하여 자신이 불명예스럽게 되는 경우가 있다. 게다가 자신의 변명이 통하지 않는 경우도 있다. 이런 때는 자기 수양을 하면서 참을 수 있는 자가 아니면, 그 난관을 극복하기 어렵다.

九三은 往하면 蹇하리니 來하여 反할지니라 象曰往蹇來反은 內喜之也라

국역 |

구삼九三은 가면 절뚝거리게 될 것이니, 와서 돌이켜야 한다. 상象에서 말했다. "가면 절뚝거리게 될 것이니 와서 돌이켜야 하는 것은 내부에서 그것을 기뻐하기 때문이다."

강설 |

구삼九三은 강력한 힘은 있지만 사회적 지위를 갖지 못했기 때문에 불만이 많다. 그래서 구삼九三은 윗사람들에게 덤비고 싶어진다. 그런데 윗사람들은 구삼九三을 저지할 힘이 없다. 이 경우 구삼九三은 윗사람들을 쓸어버리고 모든 권리를 자기가 독차지하기 쉽다. 그러나 그렇게 하면 내부에서 반발이 일어나 유지하기 어렵다. 진晉나라의 왕자 중이重耳는 망명생활을 하다가 아버지 헌공이 죽었을 때 군사를 몰고 가 왕위에 오를 생각을 했다가, 혼자 가서 울기만 했다. 그 결과 왕으로 추대되어 큰 업적을 남겼다. 만약 강압적으로 임금자리에 올랐다면 내부 반발로 유지할 수 없었을 것이다. 그래서 '가면 절뚝거린다'고 했다. 인간의 도리로 보면 폭력을 행사하지 않고 돌아와 반성을 하고 정도를 걸어야 한다. 그래서 '와서 돌이켜야 한다'고 했다.

六四(육사)는 往(왕)하면 蹇(건)하리니 來(래)하여 連(련)할지니라 象曰往蹇來(상왈왕건래)連(련)은 當位實也(당위실야)라

국역 |

육사六四는 가면 절뚝거리게 될 것이니, 와서 연합해야 한다. 상象에서 말했다. "가면 절뚝거리게 될 것이니, 와서 연합해야 하는 것은 마땅한 자리에 있어서 실속이 있기 때문이다."

강설 |

육사六四는 하층부의 문제점을 해결해야 하는 위치에 있지만 해결할 능력이 없다. 문제를 일으키는 존재는 구삼九三이다. 구삼九三은 강력하다. 그러므로 해결하러 가서 구삼九三을 꾸짖으면 오히려 해를 당한다. 그래서 '가면 절뚝거리게 된다'고 했다. 그러므로 육사六四는 구삼九三에게 곧바로 가지 말고, 구오九五와 상육上六에게 돌아와 그들과 연합해야 한다. 특히 상육上六은 구삼九三을 달래야 하는 위치에 있다. 그러므로 돌아와 그들과 연합하면 구삼九三이 일으키는 문제를 해결할 수 있다. 그래서 '돌아와서 연합해야 한다'고 했다.

'마땅한 자리에 있다'는 것은 육사六四가 음陰이면서 음陰의 자리에 있음을 말한 것이다.

九五(구오)는 大蹇(대건)이면 朋來(붕래)로다 象曰大蹇朋來(상왈대건붕래)는 以中節(이중절)也(야)라

국역 |

구오九五는 크게 절뚝거리면 벗이 온다. 상象에서 말했다. "크게 절뚝거리면 벗이 오는 것은 중앙에 있으면서 절도 있는 행동을 하기 때문이다."

강설 |

구오九五는 상층부의 중심의 자리에 있으면서 전체를 이끌어야 하는 주인이다. 그러나 지금은 축 늘어져 있어 아무 힘이 없다. 또 구삼九三의 저지 때문에 초육初六과 육이六二의 도움도 받지 못한다. 이 경우 국면을 호전시킬 최선의 방법은 자신이 크게 상처를 입는 것이다. 주인인 자신이 크게 상처를 받아 절뚝거리면 사태의 심각성이 내외에 알려져 내외로부터 구원자가 올 것이다. 폭력배에게 시달리는 조그만 업체의 사장이 폭력배에게 폭력을 당해 병원에 실려간다면 국면을 호전시킬 수 있다. 그렇게 되면 내부의 사람들이 총 단결하여 저항할 것이고 외부로도 알려져 경찰이 도우러 올 것이다. 부모가 위독하면 군대 간 아들이 급히 올 수 있는 것도 이 이치이고, 간디가 단식한 것도 이 이치이다.

전체의 핵심인 구오九五가 망하면 전체가 다 패망하게 된다. 구오九五의 어려움은 일 개인의 어려움이 아니다. 따라서 구오九五가 혼자 참고 견디는 것은 겸허한 것이 아니다. 자신의 상황을 널리 알려 공개적으로 도움을 청해야 한다. 그렇게 하는 것이 절도에 맞는 것이다.

上六(상육)은 往(왕)하면 蹇(건)하리니 來(래)하여 碩(석)하여야 吉(길)하리니 利見大人(이견대인)하니라 象曰往蹇來碩(상왈왕건래석)은 志在內也(지재내야)오 利見大人(이견대인)은 以從貴也(이종귀야)라

국역 |

상육上六은 가면 절뚝거리게 되는 것이니, 와서 (수양을 하여) 큰 인물이 되어야 길하다. 대인을 보는 것이 이롭다. 상象에서 말했다. "가면 절뚝거리게 되므로 와서 큰 인물이 되어야 하는 것은 뜻이 안에 있기 때문이고, 대인을 보는 것이 이로운 것은 귀한 것을 따르는 것이기 때문이다."

강설 |

상육上六은 노파심이 많다. 어린아이들이 따돌림을 당하고 있는 현 사태에 대해 심각한 우려를 하기 쉽다. 그래서 구삼九三에게 달려가 추궁을 하지만 무시만 당한다. 함괘咸卦에서의 상육上六은 매력이 넘치기 때문에 구삼九三에게 가면 효과가 있지만 건괘蹇卦에서의 상육上六은 매력이 없다. 이럴 때는 가지 말아야 한다. 문제를 해결하러 갔다가 해결이 안 되는 경우는 근본적으로 해결하러 간 사람의 감화력이 부족하기 때문이다. 이런 경우에는 돌아와 수양을 해야 한다. 그리하여 감화력이 뛰어난 큰 인물이 되어야 한다. 그렇다면 수양을 완성할 때까지 해결책이 없는 것인가? 한 가지가 있다. 그것은 구삼九三을 선도할 수

있는 대인을 만나는 것이다. 그래서 '대인을 보는 것이 이롭다'고 했다. 구삼九三과 같은 폭력배는 치밀하고 부드러운 성격을 가진 권력자에게 약하기 때문에 그러한 사람을 물색하는 것이 좋다. 그러한 사람이 여기서는 대인이다.

뇌수해
雷水解

이 괘의 상괘는 진괘震卦이고, 하괘는 감괘坎卦이다. 감괘는 아래에 있으므로 이전투구하고, 상괘는 지각변동을 일으킨다. 전체적으로 보면 하층부를 이끌어야 하는 구사九四가 상층부의 유능하고도 강력한 양陽이기 때문에 하층부의 이전투구를 해결할 수 있다. 감괘의 육사六四는 힘이 없기 때문에 몰래 구이九二를 밀어주지만, 이 괘의 구사九四는 강력하기 때문에 공개적으로 구이九二에게 강력한 힘을 실어준다. 그런 뒤 강력해진 구이九二와 합세하여 반대하는 무리들을 축출함으로써 문제를 해결한다. 말하자면 구사九四와 구이九二의 역할로 하층부의 혼란과 상층부의 침체된 것이 해결되는 것이다. 그래서 이 괘의 이름을 해결될 수 있다는 의미에서 해解로 붙였다.

해 이서남 무소왕 기래복 길
解라 利西南이라 无所往이라야 其來復하리니 吉하니라

유유왕 숙 길 단왈해 험이동 동
有攸往이어든 夙하면 吉하리라 彖曰解는 險以動이니 動

이면호험 해 해이서남 왕득중야 기래복
而免乎險이 解라 解利西南은 往得衆也오 其來復

길 내득중야 유유왕숙길 왕유공야 천지
吉은 乃得中也오 有攸往夙吉은 往有功也라 天地

해이뇌우작 뇌우작이백과초목 개갑탁
解而雷雨作하며 雷雨作而百果草木이 皆甲坼[1]하나니

해지시 대의재 상왈뇌우작 해 군자 이
解之時 大矣哉라 象曰雷雨作이 解니 君子 以하여

사과유죄
赦[2]過宥[3]罪하나니라

국역 |

해결解決되는 형국이다. 서남쪽이 이롭다. 가는 바가 없어야 돌아와 회복될 것이므로 길하다. 가는 바가 있을 경우는 일찍 하면 길하다. 단彖에서 말했다. "해解는 험하면서 움직이는 것이다. 움직여서 험한 것에서 벗어나는 것이 해解이다. 해解에서 서남쪽이 이롭다는 것은 그 쪽으로 가면 군중을 얻는다는 것이다. 그 돌아와 회복되므로 길한 것은 중용을 얻었기 때문이다. 가는 바가 있을 경우 일찍 하면 길한 것은 가면 공이 있기 때문이다. 하늘과 땅이 풀려서 번개와 비바람이 일어나며, 번개와 비바람이 일어나 백과와 초목이 모두 움을 틔우니 해괘解卦에서의 때맞게 실천하는 원리가 위대하도다." 상象에서 말했다. "번개와 비바람이 일어나는 것이 해解니 군자는 이 괘의 이치를 살펴 허물 있는 자를 사면해주고 죄 있는 자를 용서한다."

난자풀이 |

1 甲坼(갑탁) : 갑甲은 '새싹을 감싸고 있는 껍질'이고, 탁坼은 '터진다'는 뜻이므로, 여기서는 새싹이나 과일의 씨가 껍질을 벗고 움이 터는 것을 말한다.
2 赦(사) : 사면한다.
3 宥(유) : 용서한다.

강설 |

해괘의 하층부는 이전투구를 벌이고 있고 상층부에서는 지각변동이 일어나고 있다. 전체적으로 매우 복잡하고 혼란하다. 그러나 구사九四는 강력한 힘으로 상층부를 쇄신하면서 동시에 하층부의 이전투구를 해결하기 때문에 국면이 해결되고 있다. 이는 마치 병든 몸에 침입한 병균들을 퇴치하기 위해 백혈구가 전력투구함으로써 병세가 호전되고 있는 경우와 같다. 이러한 경우에는 조용히 안정을 취하고 있어야 한다. 무리를 하여 체력이 쇠약해지면 적혈구의 힘으로 감당하기 어렵다. 그러므로 무리하지 말고 평이한 일을 하면서 조용히 대처해야 한다. 그래서 '서남쪽으로 가면 이롭다'고 했다.

이전투구를 해결하는 것과 같은 복잡한 문제를 푸는 경우에는 혼자서 차분히 푸는 것이 좋다. 옆에서 거들면 오히려 더 복잡해진다. 그러므로 육오六五는 구사九四에게 일임하고 가만히 있어야 한다. 그래서 '가는 바가 없어야 한다'고 했다. 가는 바가 없어야 한다는 말은, 가만히 있어야 한다는 말이다. 병세가 악화되는 것 같기도 하고 통증이 더 심해지는 것 같이 보일 경우라도, 자체적으로 치유 능력이 있는 경우에는 가만 두는 것이 좋다. 약을 먹거나 치료를 받으면 자생력을 상실하게 되므로 오히려 더 나쁘다.

만약 문제가 복잡해지기 전이라면 육오六五의 힘만으로도 해결할 수 있다. 병이 커지기 전이라면 간단한 약으로도 해결할 수 있다. 그래서 '가는 바가 있을 경우는 일찍 하면 길하다'고 했다.

아이들이 심하게 다투고 있을 경우, 그 중에 그것을 해결할 수 있는 아이가 있다면 어른들이 개입하지 말고 가만히 두는 것이 상책이다. 넓게 보면 그것이 우정을 돈독히 하는 과정일 수도 있기 때문이다. 만일 개입하여 벌을 주면, 그들 스스로 우정을 다지는 기회를 빼앗는 결과가 될 수도 있다.

'험한 상태에서 움직인다'는 말은 하괘인 감괘와 상괘인 진괘의 상태를 말한다. 움직여서 험한 것에서 벗어난다는 것은 진괘의 움직임으로 하괘의 험한 혼란이 해결된다는 말이다.

서남으로 가는 것은 모험을 하지 않는다는 말이다. 모험을 하지 않고 가만있으면 자체적으로 해결이 된다. 그것은 하층부가 평정을 회복하여 윗사람의 말을 따르게 되는 것이다. 그래서 '서남으로 가면 군중을 얻는다'고 했다.

하층부가 돌아와 안정을 회복하는 것은 중용으로 대처했기 때문이다. 싸움이 한창 벌어지고 있어도 상황에 따라서는 개입하지 않고 지켜보는 것이 최선일 수 있다. 또 그럴 땐 그렇게 하는 것이 중용이다.

초목이 결실하기 위해서는, 또 한번 도약의 힘을 필요로 한다. 이를 하늘과 땅의 침체된 기운이 풀려 번개 치고 비바람이 이는 것으로 설명하고 있다. 번개와 비바람은 초목을 죽이기 위한 것이 아니다. 이들을 일깨워 성장시키려는 것이다. 이런 경우에는 우려하지 말고 가만히 지켜보고 있어도 된다.

번개와 비바람이 일어난다는 것은 위의 진괘와 아래의 감괘의 상象을 말한 것이다.

어떤 조직이나 사회의 침체를 쇄신하고 갈등을 해소하려는 움직임이 진행중일 때는 가만히 두는 것이 좋다. 일일이 개입하고 처벌하면, 오히려 개혁의지가 위축되고 화합의 기세가 위축된다. 처벌의 목적은 처벌 그 자체가 아니라, 개선이다. 저절로 개선이 되고 있을 때는 가만히 두는 것이 더 현명한 것이다. 그것이 중용이다. 그래서 '허물 있는 사람을 사면하고 죄 있는 사람을 용서한다'고 했다.

初六(초육)은 无咎(무구)하니라 象曰剛柔之際(상왈강유지제)라 義无咎也(의무구야)[1]니라

국역 |

초육初六은 허물이 없다. 상象에서 말했다. "굳센 것과 부드러운 것이 교제하므로 마땅히 허물이 없다."

난자풀이 |

[1] 義(의) : 의宜와 통용. 마땅히~한다.

강설 |

강력한 구사九四가 하층부의 이전투구를 해결한다. 그러므로 초육初六이 이전투구에 휘말려 있다 하더라도 바로 해결이 된다. 특히 초육初六은 문제 해결사인 구사九四와 매우 친하다. 피붙이에 해당한다. 아무 걱정 말고 구사九四를 따르기만 하면 만사가 해결된다.

'굳센 것과 부드러운 것이 교제한다'는 것은 구사九四와 초육初六이 만나는 것이다.

구이 전획삼호 득황시 정 길 상왈
九二는 田獲三狐하여 得黃矢니 貞하면 吉하리라 象曰
1
구이정길 득중도야
九二貞吉은 得中道也라

국역 |

구이九二는 사냥을 하여 세 마리의 여우를 잡고 노란 화살을 얻지만 가만히 있으면 길하다. 상象에서 말했다. "구이九二가 참고 견디면서 시비판단을 잘하면 길한 것은 중도를 얻었기 때문이다."

난자풀이 |

1 田(전) : 사냥. 전렵.

강설 |

구이九二는 하층부의 중심이다. 이 괘에서는 구이九二 주위의 초육初六과 육삼六三, 그리고 그들을 지지하는 상육上六 등이 모두 구이九二를 모함하기 때문에 어려운 상황에 있다. 그러나 문제의 해결사인 강력한 구사九四가 이를 해결하기 위해 구이九二에게 강력한 힘을 실어준다. 그래서 구이九二는 강력한 힘으로 반대파인 음陰들을 응징할 수 있다. 구사九四가 지휘자라면 구이九二는 행동대장이다. 그러므로 실지로 반대파를 응징하는 역할을 하는 것은 구이九二다. 여기서 말하는 반대파는 초육初六과 육삼六三, 그리고 상육上六이다. 그래서 '사냥을 하여 여우 세 마리를 잡는다'고 했다. 여우 세 마리는 초육初六, 육삼六三, 상육

上六이다. 여우는 의심이 많은 동물이다. 그래서 의심이 많은 음陰들을 여우에 비유했다.

구이九二는 여우 세 마리를 잡은 공으로 노란 화살을 얻는다. 노란 색은 중앙의 색이요 임금의 색이다. 노란 화살을 얻는다는 말은 큰공을 세운 대가로 임금에게 특권을 하사받는다는 말이다. 이 화살을 쏘아 사람을 죽여도 이미 임금의 허가를 받은 것이 되므로 죄에 걸리지 않는다. 그렇다고 해서 그 권력을 남용하여 실지로 사람을 죽이는 것은 옳지 않다. 그렇게 하면 모든 공이 수포로 돌아간다. 그것은 공에 대한 상일 뿐이다. 그래서 '가만히 있으면 길하다'고 했다.

六三(육삼)은 負且乘(부차승)이면 致寇至(치구지)니 貞(정)하면 吝(인)하리라 象曰負(상왈부)且乘(차승)이 亦可醜也(역가추야)며 自我致戎(자아치융)[1]이어니 又誰咎也(우수구야)[2]리오

국역 |

육삼六三은 등에 지고 있으면서 또한 올라타고 있으면 도적을 오게 한다. 가만히 있으면 한스럽다. 상象에서 말했다. "등에 지고 있으면서 또한 올라타고 있으니 또한 부끄러운 것이며, 나로부터 오랑캐를 불러오니 또한 누구를 허물하겠는가?"

난자풀이 |

[1] 戎(융) : 오랑캐.

2 誰(수) : 누구. 구咎의 목적어이므로 구수咎誰로 되어야 할 것이지만, 수誰가 의문사이므로 앞으로 나왔다. 그러므로 '누구를 허물하겠는가?'로 해석해야 한다.

강설 |

육삼六三이 문제의 해결사인 강력한 구사九四에게 불만을 품고 또 구이九二와 대치하면 위아래에 적을 두어 협공당하고 만다. 그것은 무거운 것을 지고 딱딱한 것에 올라타고 있는 형국이다. 육삼六三이 궁지에 몰리면 육삼六三과 상응관계에 있는 상효가 양효陽爻이고 또 능력이 왕성하다면 구하러 올 것이지만, 음효陰爻이고 또 능력이 별로 없으면서 특히 격변기에 처해 있다면, 친근감을 이용해서 훔치러 올 것이다. 이 경우는 후자에 해당한다.

도적은 언제나 가까운 곳에 있다. 내막을 아는 자나 이웃이 앞가림을 못하고 있는 나를 보면 도적으로 돌변한다. 남에게 사기를 당하는 경우도 그러하고 나라를 잃는 경우도 그러하다. 육삼六三의 상황에서 우리는 이러한 이치를 깨달을 수 있다. 그러므로 자신에게 허점이 있을 때는 특히 이웃이나 평소 친근하게 지내던 사람을 주의해야 한다. 각별히 조심하여 자신의 허점을 노출하지 말고 해결사인 구사九四의 말을 받아들여야 한다. 그래서 '가만있으면 한스럽다'고 했다.

육삼六三이 이 이치를 모른다면 오히려 평소 친근한 상육上六에게 의지하고 도움을 청하다가 멸망할 것이다. 조선 말기 개화파들이 일본에 의지하다가 나라를 잃은 것도 바로 이 이치를 몰랐기 때문이다.

구사　　해이무　　붕지　　사부　　상왈해이무
九四는 解而拇면 朋至하여 斯孚리라 象曰解而拇는
1 2
미당위야
未當位也라

국역 |

구사九四는 너의 엄지손가락을 해체시키면 벗이 와서 한마음이 될 것이다. 상象에서 말했다. "너의 엄지손가락을 해체시켜야 하는 것은 자리가 마땅하지 않기 때문이다."

난자풀이 |

1 而(이) : 이爾와 통용. 너.
2 拇(무) : 엄지손가락.

강설 |

구사九四는 혼란에 빠진 국면을 해결하는 해결사다. 구사九四는 강력하고 화려하다. 마치 엄지손가락 같은 존재다. 엄지손가락은 넘버원이다.

그런데 실지로 엄지손가락에 해당하는 존재는 여전히 육오六五다. 구사九四는 이를 간과하면 안 된다. 구사九四가 어려운 국면을 해결하고 난 뒤에 마치 자기가 넘버원인 것처럼 행세하는 것은 육오六五에 대한 월권이고, 명분을 잃는 일이다. 명분을 잃으면 민심이 떠난다. 오직 자기의 세력을 과시하지 않고 명분을 지킬 때 비로소 민심이 모인

다. 그래서 '너의 엄지손가락을 해체시키면 벗이 와서 한마음이 될 것이다'라고 했다. 벗은 구사九四를 지지하는 백성들이다. 백성들과 한마음이 되는 것보다 더 중요한 것은 없다.

六五는 君子라야 維有解하여 吉하니 有孚于小人이리라

象曰君子有解는 小人退也라

국역 |

육오六五는 군자라야 오직 해결함이 있어서 길하다. 소인과도 한마음이 될 것이다. 상象에서 말했다. "군자가 해결함이 있으면 소인은 물러간다."

강설 |

육오六五는, 문제해결에 전력투구하고 있는 구사九四를 믿고 그에게 모든 것을 맡기기만 하면 문제는 해결된다. 그러나 육오六五가 소인이라면 구사九四를 믿지 못한다. 구사九四가 강력한 세력으로 자신의 자리를 빼앗을까 의심하기 쉽다. 구사九四는 육오六五에게 반역할 사람이 아니지만, 군자가 아니면 그를 믿기 어렵다. 또 구사九四가 모든 것을 처리할 경우 자기가 바보가 되는 것 같아서 참기 어렵다. 오직 군자만이 그를 믿고 맡기며 참을 수 있어서 문제를 해결할 수 있다. 그래서 '군자라야 오직 해결함이 있어서 길하다'고 했다. 육오六五가 군자라서 구사九四의 힘으로 모든 문제를 해결하면 반목이 사라지고 모두가 한마음으로 화합하는 평화의 시대를 맞이할 수 있다. 그렇게 되면 반목하던 소인들까지도 모두 육오六五를 믿고 따르기 때문에 모두가 한마음이 될 수 있다.

上六은 公用射隼于高墉之上하여 獲之면 无不利로다 象曰公用射隼은 以解悖也라

(상육 공용석준우고용지상 획지 무불리 상왈공용석준 이해패야)

국역 |

상육上六은 공의 입장에서 높은 담 위에서 매를 쏘아 맞혀서 잡으면 이롭지 않음이 없다. 상象에서 말했다. "공의 입장에서 매를 쏘아 맞히는 것은 어그러진 것을 해소하기 위해서이다."

난자풀이 |

1 用(용) : 이以와 통용. 용用의 목적어가 공公이므로, 여기서는 '공의 입장에서'로 번역하면 된다.
2 射(석) : '쏘아 맞힌다'는 뜻으로 이때의 음은 '석'이 된다.
3 隼(준) : 새매. 송골매. 사나운 새.
4 墉(용) : 담. 벽. 성.
5 悖(패) : 어그러지다.

강설 |

상육上六은 노파심이 많고 변화를 두려워한다. 그러므로 구사九四가 나서서 해결하는 일에 불만이 많다. 이 경우 평소 가까이 지내는 육삼六三이 구사九四와 구이九二 사이에서 어려움을 당하고 있는 것을 보면 그를 도와주지 않고, 그와의 친분을 이용하여, 그를 보호한다는 명분으로 접근하여, 그의 것을 빼앗으려는 생각이 들 수도 있다. 그러나 그것은 잘못이다. 군자의 도리가 아니다. 군자라면 자기의 개인감정에서 벗어나 전체의 흐름에 따를 것이다. 군자라면 잘못을 저지르고 있는 육삼六三의 잘못을 공개적으로 지적하고 응징하여, 그의 죄를 없애도록 할 것이다. 그래서 '공이 높은 담 위에서 매를 쏘아 맞혀서 잡으면 이롭지 않음이 없다'고 했다. 공公은 상육上六이고 매는 육삼六三이 저지르는 죄악을 말한다.

상육上六이 육삼六三을 먼저 공개적으로 꾸짖어 응징하면, 다른 사람들에게 당할 해를 미연에 방지하는 효과도 있다.

산택손
山澤損

이 괘의 상괘는 간괘艮卦이고, 하괘는 태괘兌卦다. 위의 상층부는 침체해 있고, 하층부는 기뻐하며 현실에 안주해 있다. 육삼六三은 현재의 상태를 기뻐하여 보수적인 성향을 띤다. 특히 상층부에 문제가 있을 때는 더욱 위로 올라가기를 꺼린다. 그래서 전체적으로 상황이 개선되지 않고 침체가 계속된다. 전체적으로 침체되면 하층부 혼자서 기뻐하고만 있을 수 없다. 그러므로 이러한 경우에는 하층부가 떨쳐 일어나 상층부를 개선하기 위해 노력해야 한다. 상층부에 문제가 있으면 하층부가 해결하고, 하층부에 문제가 있으면 상층부가 해결하는 것이 순리다. 이러한 이치에서 본다면, 이 괘는 상층부에 문제가 있으므로 하층부가 풀어야 한다. 마침 이 괘에서는 하층부의 육삼六三이 상층부의 상구上九와 교류할 수 있으므로 조금만 노력하면 상층부의 답답한 상황을 해결할 수 있다.

함괘咸卦의 경우에는 위에 있는 상육上六이 음陰이기 때문에 아래로 내려오기 좋아하고, 아래에 있는 구삼九三이 위로 올라가기 좋아하기 때문에 자연히 화합이 이루어지지만, 손괘損卦의 경우에는 위에 있는 상구上九가 양陽이기 때문에 내려오기 싫어하고, 아래에 있는 육삼六三이 음이기 때문에 올라가기 싫어한다. 그러므로 상하가 화합하려면 인위적인 노력을 기울여야 한다. 올라가기 싫은 육삼六三이 올라가야 하고 내려가기 싫은 상구上九가 내려가야 한다. 그것은 손해보는 것이라 생각하기 쉽다. 하기 싫은 일을 할 때는 손해라는 생각이 든다. 그러나 그렇지 않다. 자기가 손해를 봄으로써 전체의 문제가 해결된다면 그것은 손해가 아니다. 그래서 이 괘는 대국적으로 판단하여 전체를 위해 손해를 보아야 한다는 의미에서 손損이라 붙였다.

損(손)이라 有孚(유부)면 元吉(원길)코 无咎(무구)하리니 可貞(가정)이라 利有攸往(이유유왕)하니 曷[1]之[2]用[3](갈지용)이리오 二簋[4]可用[5]享(이궤가용향)이니라 象曰損(단왈손)은 損下益上(손하익상)하여 其道上行(기도상행)이니 損而有孚(손이유부)면 元吉无咎可貞利有攸往(원길무구가정이유유왕)이니 曷之用二簋可用享(갈지용이궤가용향)은 二簋應[6]有時[7](이궤응유시)며 損剛益柔有時(손강익유유시)니 損益盈虛(손익영허)를 與[8]時偕行(여시해행)이니라 象曰山下有澤(상왈산하유택)이 損(손)이니 君子(군자) 以(이)하여 懲[9]忿窒[10]欲(징분질욕)하나니라

국역 |

손해를 봐야 하는 형국이다. 한마음을 유지하면 크게 길하고 허물이 없을 것이니 (손해라는 생각이 들더라도) 참아야 한다. 적극적으로 대처하는 바가 있음이 이롭다. 무엇을 쓰겠는가? 두 그릇으로도 잔치를 베풀 수 있다. 단彖에서 말했다. "손損은 아래를 덜어서 위를 더하여 그 도가 위에서 행해지는 것이다. 손해를 보더라도 한마음을 유지하면 크게 길하고 허물이 없을 것이니 참아야 하고, 적극적으로 대처하는 바가 있음이 이롭다. 무엇을 쓰겠는가? 두 그릇으로도 잔치를 베풀 수 있는 것은 두 그릇이라도 마땅히 때에 맞음이 있으며, 굳센 것을 덜어서 연약한 것을 더하는 것이 때에 맞음이 있으니, 덜고 더하고 채우고 비우는 것을 때를 봐서 함께 행하는 것이다." 상象에서 말했다. "산 아래에 못이 있는 것이 손이니 군자는 이 괘의 이치를 살펴, 분노가 일어나는 것을 징계하고 욕심을 막는다."

난자풀이 |

1 曷(갈) : 어찌. 언제. 어느 때.

2 之(지) : 갈曷과 용用이 도치되었음을 나타내는 역할을 한다. 따라서 '용갈用曷'로 놓고 해석하면 될 것이다. 그러나 '용갈'일 경우 갈曷이 의문사이므로 저절로 앞으로 나오게 되어 있다. 따라서 이 경우는 도치를 시키는 지之가 없더라도 지장이 없다. 그럴 경우에는 '갈용曷用'이 될 것이다.

3 用(용) : 용用의 목적어는 갈曷이다.

4 簋(궤) : 기장과 피(서직黍稷)를 담는 제기. 바깥쪽은 둥글고 안쪽은 네모짐.

5 用(용) : 이以와 통용.

6 應(응) : 응당히. 마땅히.

7 時(시) : 때. 상황.

8 與(여) : 더불어. 함께. '때와 함께 행동하는 것'은 때를 봐서 행동하는 것이다.

9 懲(징) : 징계한다.

10 窒(질) : 막는다.

강설 |

손괘의 하괘인 태괘는 기뻐하지만 상층부에 문제가 있을 때는 보수화하는 성향이 있다. 그래서 손괘의 하층부는 상층부에 관심이 없이 자기들끼리만 어울리고 싶어한다. 그러나 그것은 잘못이다. 상층부가 없이 하층부만 잘 되는 법은 없다. 그럴수록 상층부와 한마음이 되어야 한다. 그리고 그들이 자신들의 삶을 가능하게 하는 실질적인 바탕이 되는 존재라는 것을 인식해야 한다. 손괘의 상층부는 침체해 있기는 하나 하층부를 독재하는 악한 집단은 아니다. 하층부가 그들과 한마음이 되어 그들을 활성화시키면 전체적으로 개선되어 크게 길하다.

한 집단의 지도부가 무능하다 하여 성토하기만 한다면, 그 지도부는 더욱 무능해질 것이고, 결국은 집단의 구성원 모두가 피해를 당하게 될 것이다. 오히려 각각의 입장에서 지도부를 도와 제 기능을 할 수 있는 방안을 제시할 수 있어야 한다. 지도부가 활발해진 뒤에는 혜택을 모두가 누릴 수 있다. 그래서 목전의 손실을 감수하고서라도 '참아야 한다'고 했다. 그리고 하층부의 사람들이 자기의 일에만 매몰되어 있지 말고 상층부의 일에 나아가 적극적으로 도와야 하므로 '적극적으로 대처하는 바가 있음이 이롭다'고 했다.

하층부가 상층부를 돕는 일은 흔한 일이 아니다. 때문에 조금만 도와도 상층부는 감명을 받을 것이므로 효과가 있다. 그래서 '그릇 두개만 가지고도 잔치를 베풀 수 있다'고 했다.

일반적으로는 부모가 자녀를 보살피고, 정부가 국민을 도와야 하지만 때로는 자녀가 부모를 돕고, 국민이 정부를 도와야 할 때가 있다. 때와 상황에 맞게 적절히 대처하는 것이 군자의 도리이다. 그래서 '덜고 더하고 채우고 비우는 것을 때에 맞게 행한다'고 했다.

위는 산처럼 정지되어 있고, 아래는 못처럼 기뻐하고 있는 상황에서, 군자는 자신이 하층부에 속해 있다 해도 자신의 능력에 자족하여 즐기고 있지는 않는다. 윗사람에 대한 분노를 참고 자기의 욕심을 억제하여, 대의에 입각하여 전체가 발전할 수 있도록 손해를 보면서도 윗사람을 도울 것이다.

초구 이사 천왕 무구 작손지 상
初九는 已事어든 遄往이라야 无咎하리니 酌損之니라 象
(遄往 [1], 酌 [2])

왈이사천왕 상합지야
曰已事遄往은 尚合志也라
(尚 [3])

국역 |

초구初九는 일을 마치고 바로 가서 적극적으로 도와야 허물이 없을 것이니 잘 헤아려 자기 것을 손해보아야 한다. 상象에서 말했다. "일을 마치면 바로 가서 돕는 것은 뜻이 합치되는 것을 고상하게 여기기 때문이다."

난자풀이 |

[1] 遄(천) : 빠르다. 서두르다.
[2] 酌(작) : 따르다. 잔질하다. 헤아리다.
[3] 尙(상) : 숭상하다. 고상하게 여기다.

강설 |

초구初九는 회사라면 갓 입사한 실력 있는 신입 사원에 해당한다. 자신의 일은 쉬워서 간단히 해결할 수 있다. 그러나 자기가 잘 따라야 할 육사六四는 상구上九에 막혀 일을 처리하지 못하고 쩔쩔 매고 있다. 이를 아랑곳 않고 자기의 일만 마치고 퇴근을 해버리면 자기의 일이 완수되었다 해도 전체적으로 일이 그릇되어 자기의 일도 의미가 없어진다. 그러므로 자기의 일을 마치고 빨리 육사六四에게 가서 적극적으로 육사六四를 도와야 한다. 전체의 일이 잘 되어야 결국 자기에게도 좋을 것이다. 이러한 이치를 잘 헤아려 자기가 손해볼 줄 알아야 한다.

정상적인 상황일 때는 남의 일에 관심을 갖거나 신경을 쓰지 말고 오직 자기 일에 충실하는 것이 바른 이치다. 그러나 남이 어려울 때는 관심을 갖고 돕는 것이 또한 바른 삶의 방법이 된다.

九二(구이)는 利貞(리정)이니 征(정)하면 凶(흉)하니 弗損益之(불손익지)니라 象曰九(상왈구)二利貞(이리정)은 中以爲志也(중이위지야)라

국역 |

구이九二는 참고 견뎌야 이로우니 가서 공격하면 흉하다. 손익損益을 하지 말아야 한다. 상象에서 말했다. "구이九二가 참고 견디면 이로운 것은 시중을 지키는 것으로 뜻을 삼아야 하기 때문이다."

강설 |

구이九二가 가까이서 받드는 육오六五는 나약하다. 육오六五는 결재권자인데도 상구上九에 눌려 제대로 결재하지 못하고 쩔쩔맨다. 구이九二는 하층부에 있지만, 전체를 주도하는 핵심 존재다. 구이九二는 자기가 받들어야 할 육오六五가 쩔쩔매고 있는 상황을 보면 육오六五를 돕기 위해 상구上九를 공격하기 쉽다. 그러나 구이九二가 상구上九를 공격하면 오히려 강력한 상구上九에게 치명타를 입는다. 가정에서라면 중심을 잡고 있어야 할 아들이 강력한 할아버지에게 억압당하고 있는 아버지를 돕는다고 할아버지에게 공격했다가 아버지와 함께 곤경에 처하게 될 수도 있다. 회사에서라면 회사의 유능한 사원이 강력한 회장님께 억압당하고 있는 사장님을 돕는다고 회장님에게 공격했다가 사장님과 함께 곤경에 처할 수도 있다. 옛날 정치 상황에서라면 나라의 기둥이 될 유망한 젊은 인재가 임금을 억압하고 있는 강력한 상왕을 공격하다가 자신과 임금이 함께 곤경에 처할 수도 있다. 상구上九의 독재로 문제가 심각해진 상황에서는 많은 사람이 상구上九에게 항거하도록 구이九二를 독촉한다. 이에 구이九二가 섣불리 나서 상구上九를 공격하다가는 전체가 무너질 수 있다. 상구上九를 공격하는 것은 어디까지나 육삼六三의 소임이다.

사람들에게는 각자에게 주어진 소임이 있다. 어려운 정치적 문제가 터졌을 때, 사람들은 인기 있는 연예인더러 나서라고 재촉하기도 하고 학자들에게 나서라고 촉구하기도 하지만, 그것은 연예인이나 학자들의 소임이 아니다. 자기의 소임이 아닌데도 무분별하게 나서면 오히려 전체를 혼란에 빠트리는 결과가 되기도 한다. 잘 판단해야 할 일이다.

손익損益이란 상층부가 해 놓은 일에서 잘못된 것은 폐기하고 잘된 것은 강화한다는 것이니, 말하자면 뜯어고친다는 말이다. 상층부에 문제가 있을 때 누구나 나서서 뜯어고치려 하면 전체가 더욱 혼란에 빠진다. 구이는 중요한 위치에 있더라도 나서지 않아야 한다. 나서야 할 때 나서는 것이 시중時中이고, 나서지 않아야 할 때 나서지 않는 것이 시중時中이다.

六三은 三人行則損一人코 一人行則得其友로다 象曰一人行은 三이면 則疑也리라

국역 |

육삼六三은 세 사람이 가면 한 사람의 손실이 있게 되고, 한 사람이 가면 그 벗을 얻는다. 상象에서 말했다. "한 사람이 가야 하는 것은 세 사람이면 의심이 일어나기 때문이다."

강설 |

육삼六三은 아래의 두 양陽을 잘 거느리며 현재에 만족하고 있다. 그러므로 어디를 다닐 때도 아래의 두 양陽을 데리고 다니기 좋아한다. 손괘가 침체하고 있는 원인은 상구上九 때문이다. 그런데 상구上九를 해결해야 할 존재는 육삼六三 자신이다. 그러나 육삼六三은 답답한 것이 없다. 자신은 걱정이 없기 때문에 문제를 해결할 것이 없다고 생각한다. 그러나 그것은 소인의 생각이다. 전체의 입장에서 상구上九를 만나 문제를 해결해야 한다. 손해본다는 생각이 들면서도 해야 할 것은 하는 것이 군자의 도리다.

육삼六三은 두 동생을 거느리고 다니기를 좋아한다. 그래서 상구上九를 만나러 갈 때도 두 동생을 거느리고 갈 가능성이 높다. 그렇게 되면 그 중의 하나와 소원해 질 수 있다. 구이九二와 가까이 하면 초구初九가, 초구初九와 가까이 하면 구이九二가 소외감을 느껴 이탈할 수 있다. 그래서 '세 사람이 가면 한 사람의 손실이 있다'고 했다. 상구上九

는 홀로 사는 돈 많은 할아버지 신세다. 그는 젊은 새 신부를 필요로 하지만, 새 신부인 육삼六三은 좀처럼 응하려 하지 않는다. 그러나 육삼六三은 자기가 희생을 하여 상구上九와 어울려야 전체의 문제가 해결된다는 것을 알아야 한다. 그러므로 손해보는 듯 하더라도 감수하고 상구上九에게 시집을 가야 한다. 그러나 상구上九를 만나러 갈 때 두 동생을 데리고 가면 할아버지와 젊은 남자가 비교되기 때문에 좋지 않다. 그러므로 혼자서 조용히 가는 것이 좋다. 조용히 가서 은밀하게 진행해야 성공할 수 있다. 그래서 시인은 다음과 같은 노래를 부른다.

> 살짜기 오세요. 가만히 오세요.
> 바둑이 짖으면 안 되잖아요.
> 남몰래 오세요. 조용히 오세요.
> 멍멍개 짖으면 안 되잖아요.
>
> —『시경詩經』「국풍國風, 소남·야유사균召南·野有死麕」 중에서

음양이 화합하고 남녀가 만나는 경우는 더욱 그렇다. 그래서 '한 사람이 가면 그 벗을 얻는다'고 했다. 벗은 상구上九다. 벗을 얻는다는 것은 화합한다는 말이다. 음양이나 남녀가 만났을 때 가장 원만한 관계가 되는 것은 벗처럼 되는 것이다. 『시경』「관저장關雎章」에서는 남녀가 만나서 거문고 타고 비파 타며 벗하는 장면을 노래했다.

六四(육사)는 損其疾(손기질)하되 使遄(사천)이면 有喜(유희)하여 无咎(무구)하리라 象(상)

曰損其疾(왈손기질)은 亦可喜也(역가희야)로다

국역 |

육사六四는 그 질병을 덜어 낼 경우 신속하게 하면 기쁨이 있고 허물이 없을 것이다. 상象에서 말했다. "그 질병을 덜어내는 것은 또한 기쁠 만한 것이다."

강설 |

손괘損卦의 병은 상구上九 때문에 비롯된 것이다. 개선되기 위한 몸부림으로 병이 나는 경우는 가만 놓아두어야 하지만, 그렇지 않은 경우 가만 놓아두면 병이 오래되어 고질병으로 바뀐다. 손괘의 병은 육삼六三이 나서면 고칠 수 있다. 그런데 육삼六三은 나서기 싫어한다. 그 나서기 싫어하는 육삼六三을 설득하여 나서도록 권유해야 할 위치에 있는 것이 육사六四다. 육사六四가 이 육삼六三을 설득하여 상구上九를 만나 문제 해결에 나서도록 유도하기만 하면 문제는 해결된다. 머뭇거리면 육삼六三이 떠나 버리기 때문에 서두르지 않으면 안 된다. 그래서 '신속하게 하면 기쁨이 있고 허물이 없다'고 했다.

예컨대 한漢나라 건국 초 유방이 한중에 있을 때, 소하蕭何는 유방劉邦을 돕기 위해 한신韓信을 유방에게로 데리고 갔다. 그런데 한신이 유방의 환대를 받지 못해 떠나버렸다. 이를 들은 소하는 맨발로 달려가 한신을 다시 데리고 왔다. 이때의 소하의 역할이 바로 이 육사六四에 해당한다. 한신이 육삼六三이라면 소하나 장량張良은 육사六四이고, 유방은 육오六五이며, 항우는 상구上九에 해당한다. 떠나는 한신을 소하가 서둘러 좇지 않았더라면 그가 아주 떠났을 것이다. 그랬다면 유방의 일은 성공하기 어려웠을 것이다.

또 육사六四는 자기의 일을 처리하지 못해 쩔쩔 매고 있는 실정이다. 이를 보다 못해 초구初九가 도와주러 온다. 이때는 빨리 도움을 요청하는 것이 좋다. 어린 사람에게 부탁하는 것에 자존심이 상해 도움을 받지 않고 야단을 쳐서 보내면 안 된다.

六五는 或益之면 十朋之龜도 弗克違리니 元吉하니라
象曰六五元吉은 自上祐也라

국역 |

육오六五는 어떤 사람이 도와주면, 십붕十朋이나 되는 비싼 거북도 어기지 않을 것이니, 크게 길하다. 상象에서 말했다. "육오六五가 크게 길한 것은 위에서부터 돕기 때문이다."

난자풀이 |

1 朋(붕) : 붕朋이란 돈의 단위이다. 조개로 만든 돈 이매二枚를 일붕一朋이라고 한다.

강설 |

육오六五는 전체의 실권자이다. 그러나 연약한 육오六五는 강력한 상구上九의 저지를 받아 진출하지 못하고 있다. 이 경우의 상구上九는 은퇴한 상왕上王일 수도 있고, 외국의 압력일 수도 있다. 가정이라면 강력한 힘을 가진 할아버지일 수도 있다. 강력한 장벽에 부딪치면 연약한 육오六五는 대체로 좌절하게 된다. 그러나 육오六五는 자기 앞의 상황에만 매이지 말고 전체의 상황 속에서 판단해야 한다. 눈을 전체로 돌리면 상구上九의 문제를 해결할 수 있는 육삼六三이 있다. 따라서 육삼六三을 설득하여 상구上九와 짝을 이루도록 하기만 하면, 그 때문에 흡족해진 상구上九는 육오六五를 도와주는 자로 바뀐다. 그래서 이를 확신시키기 위해 '십붕十朋이나 되는 비싸고 신령스러운 거북이를 이용하여 거북점을 치더라도 길한 상황을 어기지 않을 것이므로 크게 길하다'고 했다.

민심이 천심이다. 민중의 마음을 얻는 사람은 하늘이 돕는다. 이러한 맥락에서 맹자는 '백성들의 지지를 얻어 천자가 된다'고 했다. 육오六五가 왕으로서의 역할을 하지 못하는 경우가 있다면, 그것은 민중들의 마음을 잃어서이지, 상구上九의 저지 때문이 아니다. 그래서 상象에서 '육오六五가 크게 길한 것은 위에서부터 돕기 때문이다'라고 했다. 위에서부터의 도움은 하늘의 도움이다. 하늘의 도움이란 민중들의 지지를 의미한다.

또 육삼六三이 상구上九와 어울려 상구上九의 마음이 흡족해지고 나면, 육오六五를 견제하던 상구上九는 마음이 바뀌어 육오六五를 돕게 된다. 그래서 또한 '육오六五가 크게 길한 것은 위에서부터 돕기 때문이다'라고 했다. 여기서 말하는 위에서부터의 도움은 상구上九의 도움이다.

上九(상구)는 弗損益之(불손익지)면 无咎(무구)코 貞(정)하면 吉(길)하며 利有攸往(이유유왕)이니 得臣(득신)이라도 无家(무가)니라 象曰弗損益之(상왈불손익지)는 大得志也(대득지야)라

국역 |

상구上九는 저울질하지 않으면 허물이 없고 참으면서 잘 분별하면 길하니 적극적으로 대처하는 바가 있음이 이롭다. 신하를 얻더라도 정치할 국가를 갖지 않아야 한다. 상象에서 말했다. "저울질하지 않아야 하는 것은 크게 뜻을 얻는 것이기 때문이다."

강설 |

상구上九는 은퇴해야 하는 위치이지만, 양陽으로서의 강한 힘으로 물러나지 않고 육사六四, 육오六五의 일을 간섭하고 저지한다. 상구上九가 돈 많은 할아버지라면 문제는 복잡해진다. 그러나 이때의 문제는 젊고 예쁜 육삼六三과 짝을 이루면 해결된다. 상구上九가 육삼六三과 어울리려 하면 육삼六三이 많은 돈을 요구할 수도 있다. 그러나 이 경우는 너무 저울질하지 않아야 한다. 어느 정도 육삼六三의 요구를 들어주어야 한다. 그래야 성사될 수 있다. 그래서 '저울질하지 않으면 허물이 없다'고 했다. 손익하는 것은 이로운가 손해인가를 저울질하는 것이다.

지금 상황에서의 육삼六三은 상구上九에게 오고 싶어서 오는 것이 아니다. 주위의 권유도 있고, 전체를 위해 헌신하려는 마음도 있기 때문에 오는 것이다. 그러므로 육삼六三의 요구를 웬만하면 참고 들어주어야 한다. 그래서 '참으면서 잘 분별해야 길하다'고 했다. 웬만하면 육삼六三에게 적극적으로 다가가 사귀어야 한다. 그래서 '적극적으로 대처하는 바가 있음이 이롭다'고 했다. 상구上九는 물러나야 하는 존재다. 육삼六三을 얻었다고 해서 물러나지 않고 다시 살림살이에 관여하면 전체가 잘못되고 만다. 나라의 경우라면 정치에서 물러나 육삼六三과 함께 조용히 여생을 보내야 한다. 그래서 '신하를 얻더라도 정치할 국가를 갖지 않아야 한다'고 했다.

상구上九가 너무 따지지 않으면, 육삼六三과 합한다고 하는 큰 뜻을 이룰 수 있다. 상구上九와 육삼六三의 화합은 전체의 문제를 해결하는 큰일을 해결하는 것이 된다.

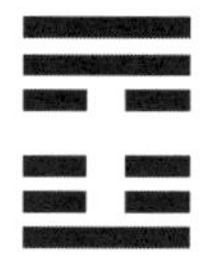

풍뢰익
風雷益

이 괘의 상괘는 손괘巽卦이고 하괘는 진괘震卦다. 상층부는 순조롭고 하층부는 지각변동을 일으킨다. 지각변동이 일어나면 두렵고 골치 아프지만 잘 보면 그 원인은 발전을 위한 초구初九의 몸부림 때문이다. 그러므로 초구初九의 움직임을 견제할 것이 아니라 오히려 그것을 발전의 원동력으로 삼아 크게 발전해야 한다. 빠른 발전은 모든 부문을 동시에 발전시키는 것보다 발전가능성이 있는 것을 선택하여 집중적으로 지원하는 것이 바람직하다. 그리하여 그 분야가 크게 발전한 뒤에는, 그 힘에 의하여 다른 것도 발전할 수 있다. 이른바 선택과 집중의 방법이다. 이 괘에서는 초구初九를 선택하여 집중 지원해야 한다. 그리고 육이六二는 기본적으로 지원해야 하지만, 육삼六三에 대한 지원은 줄여야 한다.

그런데 이 괘를 전체적으로 보면 상층부의 매력 있는 육사六四가 하층부의 개혁주도자인 초구初九와 조화를 이룬다. 육사六四는 음陰이기 때문에 내려오고 싶어하고 초구初九는 올라가고 싶어하기 때문에 둘은 자연히 조화를 이룬다. 하기 싫을 때 하는 것은 손해라는 생각이 들지만, 하고 싶어서 하는 것은 이익이라는 생각이 든다. 초구初九와 육사六四가 조화를 이루면 초구初九의 힘은 전체의 발전을 위한 에너지로 변한다. 그렇게 되면 전체적으로 큰 이익이 생긴다. 그래서 이 괘의 이름을 익益이라 붙였다.

益이라 利有攸往하며 利涉大川하니라 彖曰益은 損上益下하니 民說[1]无疆[2]이오 自上下下하니 其道大光이라 利有攸往은 中正하여 有慶이오 利涉大川은 木道乃行이라 益은 動而巽하여 日進无疆하며 天施地生하여 其益无方[3]하니 凡益之道與時偕行하나니라 象曰風雷益이니 君子 以하여 見善則遷하고 有過則改하나니라

국역 |

도움을 주는 형국이다. 적극적으로 나서는 바가 있음이 이로우며 큰 내를 건너는 것이 이롭다. 단彖에서 말했다. "익益은 위를 덜어서 아래를 이롭게 하는 것이니, 백성의 기쁨이 끝이 없고, 위에서부터 아랫사람에게 낮추니 그 도가 크게 빛난다. 적극적으로 나서는 바가 있음이

이로운 것은 알맞고 바른 도리이기 때문에 경사가 있는 것이다. 큰 내를 건너는 것이 이로운 것은 목도가 이에 행해지기 때문이다. 익益은 움직이면서 겸손하여 날로 나아감이 끝이 없으며, 하늘은 베풀고 땅은 낳아 그 이로움이 모가 없으니, 무릇 익益의 도는 때 맞게 행한다." 상象에서 말했다. "바람과 번개가 익益이니, 군자가 이 괘의 이치를 살펴, 선을 보면 옮겨가고, 허물이 있으면 고친다."

난자풀이 |

1 說(열) : 기쁘다.
2 疆(강) : 끝. 한계.
3 方(방) : 일정한 방향. 무방無方은 '일정한 것이 없이 두루두루 행해진다'는 의미이다.

강설 |

초구初九와 육사六四가 자연스럽게 조화를 이루어 초구初九가 발산하는 강력한 에너지를 발전의 밑거름으로 쓰기 때문에 크게 이익이 난다. 이때는 적극적으로 일을 벌이는 것이 좋다. 가게를 차려도 좋고 새로운 투자를 해도 좋다. 외국에서 차관을 들여와 시설을 크게 확장해도 좋다. 그래야 초구初九의 에너지를 활용할 수 있다. 만약 그렇지 않고 순조롭게 일을 처리하고 무리를 하지 않는다면 모처럼 만난 좋은 기회를 놓친다.

맹자의 어머니가 경제적인 여건이 좋은 시장에서 교육 여건이 좋은 학교 주변으로 이사를 간 것이 이 상황에 해당한다. 그래서 이런 의미에서 '적극적으로 나서는 것이 있음이 이롭다'고 했다. 그리고 상황에 따라서는 유학을 보낼 필요도 있으므로 '큰 내를 건너는 것이 이롭다'고 했다.

'위를 덜어서 아래를 이롭게 하는 것'에는 예컨대 정부의 국고를 덜어서 인민을 이롭게 하는 것도 해당된다. 그래서 '백성들의 기쁨이 끝이 없다'고 했다.

윗사람이 아랫사람을 이롭게 하는 것은, 하늘과 땅이 만물을 이롭게 하는 작용에 해당한다. 그래서 '그 도리가 크게 빛난다'고 했다.

가정에서 가장 중요한 것 중의 하나가 자녀 교육이다. 자녀 교육은 투자 효과가 즉각적으로 나타나지 않기 때문에 소홀히 하기 쉽다. 자녀 교육을 해야 할 상황에서 과감하게 투자하는 것은 시중時中을 실천하는 것이고 바른 도리이다. 그렇게 해야 후에 경사스런 결과가 나타난다. 그래서 '시중을 실천하고 바른 도리를 실천하여 경사가 있을 것이다'라고 했다.

큰 내를 건너는 것은 유학을 보내는 것과 같은 큰 변화를 시도하는 것이다. 그래서 많은 투자가 요구되지만, 투자한 만큼 자녀를 키워 주는 것이고 사랑하는 것이다. 목木은 방위로 보면 동쪽이고, 계절로 보면 만물이 소생하는 봄이며, 사람의 본성으로 보면 인仁에 해당한다. 따라서 목도木道는 인도仁道이며, 만물을 살리는 하늘의 도이다. 그러므로 큰 내를 건너면서까지 자녀를 교육시키는 것은, 인도를 실천하는 것이다. 그래서 '목도가 이에 행해진다'고 한 것이다.

하괘인 진괘는 움직이는 성질이 있고 상괘인 손괘는 겸손하기 때문에 '움직이면서 겸손하다'고 했다. 일반적으로 순조롭게 일이 잘 진행될 경우에는 거만해지기 쉬운데, 거만해지면 그 다음부터는 일이 막히기 시작하는 법이다. 그러나 계속 겸손하게 행동하면 일은 계속 잘 진행될 것이다.

윗사람이 아랫사람을 이롭게 하는 것은, 하늘이 만물에게 베풀고, 땅이 만물을 낳고 기르는 것 같은 큰사랑이다. 그래서 '그 이로움이 두루두루 미친다'고 했다.

그리고 아랫사람을 이롭게 하는 도는 사계절이 만물을 기르는 방향으로 순환하는 것과 같다. 그래서 '때에 맞게 행한다'고 했다.

군자는 바람의 성질처럼 부드러운 상층부가 번개처럼 움직이는 하층부를 이롭게 하는 것을 보고, 스스로 반성하여 선을 보면 선의 방향으로 옮겨가며, 허물이 있으면 바로 고친다.

初九는 利用[1]爲大作이면 元吉코 无咎하리라 象曰元吉无咎는 下不厚[2]事也라

(초구 이용위대작 원길 무구 상왈원길 무구 하불후사야)

국역 |

초구初九는 크게 떨쳐 일어나는 것을 이롭게 여긴다면, 크게 길하고 허물이 없다. 상象에서 말했다. "크게 길하고 허물이 없는 것은 아랫사람이라서 일에 깊숙이 관여하지 않기 때문이다."

난자풀이 |

1 用(용) : 이以와 통용. 용用의 목적어는 초구初九이다. 따라서 이 문장은 '이이초구위대작利以初九爲大作'으로 놓고 해석하면 될 것이니, '초구初九의 입장에서 크게 떨쳐 일어나는 것을 이롭게 여긴다'는 뜻이다.

2 厚(후) : 두터이 한다.

강설 |

초구初九는 넘쳐나는 에너지를 가진 존재다. 그리고 자기가 큰일을 할 수 있도록 육사六四가 분위기를 조성해준다. 그러므로 있는 능력을

다 발휘해서 크게 떨치고 일어나야 한다. 그래서 '크게 떨쳐 일어나는 것을 이롭게 여겨야 한다'고 했다. 그래야만 크게 길하고 허물이 없다.

아직 어린 초구初九는 집안의 경제 형편에 대하여 걱정하고 책임질 입장이 아니다. 자기에게 투자되는 돈이 너무 많다고 염려할 필요도 없다. 오직 열심히 노력하기만 하면 된다. 그래서 '일에 깊숙이 관여할 입장이 아니다'라고 했다.

六二(육이)는 或(혹)[1]益之(익지)니 十朋之龜(십붕지귀)도 弗克違(불극위)리니 永貞(영정)이라야 吉(길)하니 王用(왕용)[2]享于帝(향우제)면 吉(길)하리라 象曰或益之(상왈혹익지)는 自外來(자외래)也(야)라

국역 |

육이六二는 혹 도와줌이 있으니, 십붕十朋이나 되는 비싼 거북도 거스르지 않을 것이다. 길이 참아야 길하다. 왕이 황제皇帝에게 잔치를 받아먹으면 길하다. 상象에서 말했다. "혹 도와주는 것은 밖에서부터 오는 것이다."

난자풀이 |

[1] 或(혹) : 혹~함이 있다.

[2] 用(용) : 이以와 통용. 용用의 목적어에 해당되는 것은 육이효六二爻의 상황이지만 이런 경우 목적어는 생략한다.

강설 |

육이六二는 하층부의 중심이다. 상층부가 초구初九만 지원하는 것처럼 보이지만 절대로 그렇지 않다. 중심인 육이六二를 방치할 리가 없다. 그래서 '십붕十朋이나 되는 비싼 거북도 거스르지 않을 것이다'라고 했다. 그러므로 상층부가 초구初九만 집중 지원하는 것처럼 보이더라도 절대로 그럴 리가 없으므로 길이 참고 기다려야 한다. 상층부는 초구初九를 집중 지원하지만 한편으로는 육이六二가 불만을 가질까 염려한다. 육이六二는 하층부의 중심이므로 육이六二가 불만을 품는 것은 문제가 되기 때문이다. 그렇기 때문에 상층부는 육이六二의 불만을 무마하기 위해 육이六二에게 잔치를 베풀어 주기도 한다. 이 경우 육이六二는 상층부의 배려를 받아들이고 수용해야 한다. 그래서 '왕이 황제에게 잔치를 받아먹으면 길하다'고 했다. 지금 육이六二가 만약 상층부가 초구初九를 집중 지원하는 것에 불만을 품고 상층부의 호의를 받아들이지 않고 끝까지 반항하면 낭패를 당한다.

혹 도와줌이 있다는 것은 외부로부터 오는 도움을 말하는 것이니, 그것은 구오九五 등에게서 오는 것이다.

육삼 익지용흉사 무구 유부중행 고공
六三은 益之用凶事나 无咎니라 有孚中行이면 告公

용규 상왈익용흉사 고유지야
用圭리라 象曰益用凶事는 固有之也라
[1] [2]

국역 |

육삼六三은 도와주는 것은 흉사凶事의 경우이지만 하나 허물이 없다. 한마음이 되어 시중을 행하면 공公에게 보고할 때 홀을 쓸 수 있다. 상象에서 말했다. "도와주는 것을 흉사로써 하는 것은, 본래 (사랑하는 마음을) 가지고 있기 때문이다."

난자풀이 |

1 用(용) : 이以와 통용.
2 圭(규) : 홀. 임금 앞에 갈 때 신표로 가지고 가는 물건.

강설 |

육삼六三은 육이六二보다 더 불만이 많다. 육사六四를 위시한 상층부는 초구初九를 집중 지원하지만 육삼六三은 지원하지 않는다. 다만 아프거나 다치거나 하는 흉사가 일어났을 때만 지원해준다. 그러나 육삼六三이 정상적일 때 지원받지 못한다 해도 허물은 아니다. 초구初九를 집중 지원하여 전체가 넉넉해지면 그 때는 모두가 혜택을 누릴 수 있기 때문이다. 골고루 지원 받으려 하다가 초구初九가 힘을 발휘하지 못하면 그것은 큰 손실이다. 이를 안다면 육삼六三은 불만을 갖지 말고 적극적으로 나서서 초구初九를 도와주는 희생정신을 보여야 할 것이다.

모두가 골고루 지원받는 것은 큰 원칙이다. 그러나 익괘의 경우처럼 크게 성장해야 하는 상황에서는 골고루 지원받을 수 없다. 육삼六三은 지원을 받지 못하더라도 초구初九와 한마음이 되고, 또 초구初九를 지원하는 상층부와 한마음이 되어야 한다. 그렇게 하는 것이 시중이다. 그래서 '한마음이 되어 시중을 행해야 한다'고 했다.

지원받지 못하면서도 참고 있으면 남들이 바보로 볼 수도 있다. 자기 몫도 챙기지 못한다고 우습게 여길 수도 있을 것이다. 그러나 그런 것에 개의치 않고 참아야 한다. 그렇게 하는 것이 진리다. 그러나 그렇게 하기란 참으로 어렵다. 자존심을 버리고 전체를 생각하여 행동하는 위대한 사람이 아니면 불가능하다. 공자는 영무자甯武子를 그러한 사람으로 보았다. 그래서 "그 지혜로움은 따를 수 있지만 그 어리석음은 따를 수 없다"(『논어』 「공야장」)고 했다.

육삼六三은 불만스러운 자리이기 때문에 그 희생은 더욱 빛난다. 사람의 진가는 어렵고 힘들 때의 대처하는 모습에서 발휘된다. 육삼六三이 참고 견디면 그 빛나는 능력을 인정받아 발탁될 수도 있다. 그래서 '공公에게 보고할 때 홀을 쓸 수 있다'고 했다. 공公은 구오九五다. 하층부의 지휘자인 육사六四에 의해 발탁되면 구오九五에게 보고해야 한다. 육삼六三이 공을 만날 때 신분증으로 갖고 가는 것이 홀이다. 따라서 홀을 가지고 보고한다는 것은 관리로 임명된다는 것을 의미한다. 원래 삼효는 발탁되는 자리가 아니기 때문에 익괘 육삼六三이 발탁된다는 것은 그만큼 위력을 발휘할 수 있다는 것을 의미한다. 위기가 기회인 것이다.

평소 육삼六三은 지원을 받지 못하다가 흉사가 있을 때는 지원을 받는다. 그것은 그들이 본질적으로 사랑받고 있다는 증거다. 미움을 받는다면 흉사가 일어났을 때도 지원받을 수 없을 것이다. 그래서 '본래 (사랑하는 마음을) 가지고 있기 때문이다'라고 했다.

六四(육사)는 中行(중행)하여 告公(고공)하면 從(종)하리니 利用爲依遷國(이용위의천국)이니 [1]
라 象曰告公從(상왈고공종)은 以益志也(이익지야)라

국역 |

육사六四는 시중을 행하여 공公에게 보고하면 받아들여질 것이니, 그것을 근거로 수도를 옮기는 것이 이롭다. 상象에서 말했다. "공에게 보고하면 받아들여지는 것은 이롭게 하려는 뜻으로써 하기 때문이다."

난자풀이 |

1 用(용) : 이以와 통용. 용用의 목적어는 '공종公從'이니, 공에게 받아들여지고 신임 받는 것이다. 따라서 '용위의用爲依'는 '이공종위의以公從爲依'로 놓고 해석하면 될 것이다.

강설 |

육사六四가 육이六二나 육삼六三을 놓아두고 초구初九를 집중 지원하는 것이 시중이다. 초구初九를 지원하여 초구初九의 에너지를 크게 활용하기 위해서는 우선 넓고 큰 데로 장소를 옮기는 것이 중요하다. 회사의 경우에는 큰 곳으로 이전을 하는 것이 좋고, 나라라면 수도를 넓고 큰 곳으로 옮기는 것이 좋다. 그래서 '그것을 근거로 수도를 옮기는 것이 이롭다'고 했다. 수도를 옮기는 것과 같은 큰 결정을 내릴 때에는 어디까지나 구오九五의 인가를 받아야 한다.

의依는 '의지하여 바탕으로 삼는다'는 말이다. 국國은 '서울' 또는 '나라'라는 말이니, 천국遷國은 가정이라면 이사를 하고, 나라라면 수도를 옮긴다는 말이다.

九五는 有孚惠心이면 勿問이라도 元吉하니 有孚하여 惠我德하리라 象曰有孚惠心이면 勿問之矣며 惠我德은 大得志也라

국역 |

구오九五는 한마음을 유지하며 은혜를 베풀려는 마음이 있으면, (점을 쳐서) 물어 보지 않아도 크게 길하다. (백성들은) 나와 한마음이 되어 나의 은덕을 은혜롭게 여길 것이다. 상象에서 말했다. "한마음을 유지하며 은혜를 베풀려는 마음이 있으면 물어 볼 것이 없다. 나의 덕을 은혜롭게 여기는 것은 크게 뜻을 얻었기 때문이다."

강설 |

구오九五는 가정의 부모요 회사의 사장이며 국가의 왕이다. 지금 초구初九에게 집중적으로 지원하고 상대적으로 육이六二와 육삼六三을 지원하지 않기 때문에 불만의 소리가 들린다. 그러나 육이六二와 육삼六三을 미워하고 초구初九를 편애하는 마음으로 그렇게 하는 것이 아니라, 모두와 한마음의 상태를 유지하며, 모두에게 은혜를 베풀려는 마음이 있으면 염려할 것이 없다. 초구初九의 힘으로 크게 발전한 뒤에는 모두에게 혜택이 돌아갈 것이기 때문이다. 그 때는 모든 문제가 다 해결된다. 그래서 아랫사람들도 윗사람이 하는 일을 은혜롭게 생각할 것이다.

윗사람이 진실한 마음으로 아랫사람과 한마음이 되면 아랫사람도 진실한 마음으로 윗사람과 한마음이 될 것이다. 그렇게 되면 민심을 얻고, 하늘의 뜻을 얻는다. 그래서 '크게 뜻을 얻었기 때문이다'라고 했다.

上九는 莫益之라 或擊之리니 立心勿恒이면 凶하리라

象曰莫益之는 偏辭也오 或擊之는 自外來也라

국역 |

상구上九는 이롭게 해주는 사람이 없다. 혹 공격을 받을 것이니 마음을 세우되 항심恒心을 잃으면 흉하다. 상象에서 말했다. "이롭게 해주는 사람이 없는 것은 말을 편벽되게 하기 때문이고, 혹 공격을 받는 것은 외부로부터 오는 공격이다."

난자풀이 |

[1] 莫(막) : ~하는 사람이 없다.

강설 |

상구上九는 가정이라면 할아버지에, 회사라면 은퇴한 회장에, 국가라면 전직 대통령에 해당한다. 익괘의 현재 상황은 이전하여 크게 확장해야 하는 상황이다. 이런 경우에는 윗사람에 대한 배려를 할 겨를이 없다. 그래서 '이롭게 해주는 사람이 없다'고 했다.

상구上九는 이러한 상황을 잘 인식하여 모든 것을 참고 견디며 새로운 환경에 순응해야 한다. 만일 순응하지 못하고 자신이 소외되는 것에 대해 반발하면 공격을 받게 될 것이다. 초구初九를 돕는 전체의 분위기에 맞춰 헌신하는 마음이 한결같아야 허물이 없다. 그렇지 않고 반발하여 발전의 걸림돌이 되면 제거당할 수 있다. 그래서 '마음을 세우되 항심을 잃으면 흉하다'고 했다.

이롭게 해주는 사람이 없는 것은 야단을 치거나 불만을 터뜨리면서 말을 치우치게 해서 그렇다. 그리고 혹 내부에서뿐만 아니라 외부로부터 공격을 받기도 한다. 너무나 분명한 상황에서 분위기를 헤아리지 못하고 자기의 입장만 주장하고, 대접받으려 하면 집안사람들에게 뿐만 아니라 출가한 딸이나 이웃에게도 비난을 받게 될 것이다.

택천쾌
澤天夬

이 괘의 상괘는 태괘兌卦이고, 하괘는 건괘乾卦이다. 이 괘에서 가장 주목되는 것은 다섯 양陽 사이의 유일한 음陰인 상육上六이다. 상육上六은 유일하기 때문에 강력한 힘을 가지고 있다. 게다가 음陰이기 때문에 구오九五가 전체를 영도하는데 부족한 부분을 잘 해결한다. 그리하여 구오九五의 인정을 받아 더욱 그 힘이 강력하다. 그러면 상육上六은 어떤 존재인가?

열매가 가지에 견고하게 달려 있는 것을 착실着實이라 한다. 착실한 열매는 양분을 잘 섭취하여 과果가 된다. 과果가 된 열매는 감敢히 떨어질 수 있다. 즉 '과감果敢'하게 떨어질 수 있는 것이다. 왜냐하면 잘 익은 과일은 이듬해 봄 다시 싹터 부활하기 때문이다. 그러나 착실하지 못한 열매는 부활하기 힘들다. 그래서 과감하게 떨어지지 못한다. 심지어 겨울에도 가지에 달려 있는 경우가 있다.

마찬가지로 착실하게 산 사람은 과감하게 죽을 수 있다. 착실한 삶은 정신적인 삶이다. 정신적인 삶은 육체적 죽음과 관계없이 영원하다.

그러므로 정신적 삶을 충실하게 산 사람은 죽음을 두려워하지 않는다. 그러나 착실하게 살지 못한 사람은 그렇지 않다. 착실하지 못한 삶은 육체적인 욕구에 얽매인 삶이다. 그러한 삶은 육체적 죽음과 함께 소멸하는 삶이다. 그래서 과감하게 죽지 못하고 안간힘을 쓴다.

양陽이 정신적 삶을 의미한다면, 음陰은 육체적 삶을 의미한다. 이 괘의 상육上六은 육체적 삶을 살아온 사람에 비유될 수 있다. 그래서 상육上六은 물러나야 할 위치에 있으면서도 물러나지 못하고, 강한 힘을 무기로 안간힘을 쓰면서 버티고 있다. 마치 최후까지 물러나지 않고 버티고 있는 독재자와 같다. 이러한 상황에서는 모두가 이 독재자를 몰아내지 않으면 안 된다. 그래서 이 괘의 이름을 척결한다는 의미에서 쾌夬라 붙였다.

夬[1]라 揚于王庭하여 孚號라도 有厲리니 告自邑이오 不利卽戎[2]이며 利有攸往하니라 彖曰夬는 決也니 剛決柔也니 健而說하고 決而和하니라 揚于王庭은 柔乘五剛也오 孚號有厲는 其危乃光也오 告自邑不利卽戎은 所尙이 乃窮也오 利有攸往은 剛長이 乃終也리라 象曰澤上於天이 夬니 君子 以하여 施祿及下하며 居德하여 則忌[3]하나니라

국역 |

척결해야 하는 형국이다. 왕의 뜰에 드러내놓고 한마음으로 구호를 외치더라도 제 살 깎는 아픔이 있다. 읍에서부터 알려야 한다. 전쟁에 나아가는 것은 이롭지 않다. 적극적으로 나서는 바가 있으면 이롭다. 단彖에서 말했다. "쾌夬는 척결하는 것이니 굳센 것이 부드러운 것을 척결하는 것이다. 굳세면서 기뻐하고 척결해서 화평하다. 왕의 뜰에서 드러내야 하는 것은 부드러운 것이 다섯 굳센 것 위에 있기 때문이고, 한마음으로 구호를 외치더라도 제 살 깎는 아픔이 있다는 것은, 위험하게 여기고 대처해야 빛남이 있기 때문이다. 읍에서부터 알리더라도 바로 전쟁에 나아가는 것이 이롭지 않은 것은, 숭상하는 바가 궁해지기 때문이다. 적극적으로 나서는 바가 있음이 이로운 것은 굳센 것의 자라남이 끝나기 때문이다." 상象에서 말했다. "못이 하늘 위에 있는 것이 쾌夬니, 군자는 이 괘의 이치를 살펴, 녹을 베풀어 아래에 미치며, 덕에 거居하여 싫어하는 뜻을 본받는다."

난자풀이 |

1 夬(쾌) : 터놓는다. 척결한다.
2 戎(융) : 전쟁.
3 忌(기) : 싫어하다. 기피하다.

강설 |

쾌괘夬卦의 상육上六은 자리에 미련이 많아 물러나지 못하고 버틴다. 구오九五는 상육上六의 해악이 피부에 와 닿지 않는다. 상육上六은 구오九五를 탄압하지 않고 오히려 필요한 도움을 주기 때문에 구오九五는 오히려 상육上六을 옹호하기 쉽다. 그래서 상육上六의 해악은 계속된다. 그래서 초구初九, 구이九二, 구삼九三, 구사九四 등이 한마음이 되어 상육上六의 폐해를 공개적으로 성토해도 상육上六의 저항과 구오九五의 옹호로 인해 폐해가 쉽게 제거되지 않는다. 예컨대, 명종 때 대비인 문정왕후의 악폐를 신하와 백성들이 아무리 성토해도 좀처럼 제거되지 않은 것과 같다. 그래서 '왕의 뜰에서 드러내놓고 한마음으로 구호를 외치더라도 제 살 깎는 아픔이 있다'고 했다. 제 살 깎는다는 것은 신하나 백성들 중에서 오히려 다치는 사람이 있게 된다는 뜻이다. 그것은 제 살 깎는 아픔이다.

최선의 방법은 상육上六의 지지기반인 읍에서 상육上六의 폐해와 민심의 향배를 상육上六에게 조용히 알려서 물러나게 하는 것이다. 상육上六의 읍은 구삼九三이다. 문정왕후가 상육上六이라면 구삼九三은 친정親庭에 해당한다. 친정동생인 윤원형이 나서서 문정왕후의 잘못을 해결하는 것이 가장 순조롭다. 그래서 '읍에서부터 알려야 한다'고 했다.

구삼九三이 상육上六에게 잘못을 지적할 경우에도 상육上六을 바로 공격하는 태도를 취하면 안 된다. 상육上六의 저항이 그만큼 거칠기 때문이다. 그래서 '전쟁에 나아가는 것은 이롭지 않다'고 했다. 그러나 전쟁을 일으키지 않는다 하더라도 가만있어서는 안 된다. 상육上六을 몰아내기 위한 노력은 적극적이어야 하고 또 지속되어야 한다. 그래서 '적극적으로 나서는 바가 있음이 이롭다'고 했다.

굳센 양陽들이 상육上六의 음을 척결해야 하는 상황이기 때문에 '굳센 것이 부드러운 것을 척결해야 한다'고 했다.

'강건하면서도 기뻐한다'는 것은 하괘인 건괘의 성질과 상괘인 태괘의 성질을 말한 것이고, '척결하여 화평하다'는 것은 상육上六을 척결하여 전체가 화평하게 되는 것을 말한다.

상육上六의 해악은 보통이 아닌데도 구오九五의 왕이 그것을 모르고 있기 때문에 왕의 뜰에서 공공연하게 드러내야 하는 것이다. 읍에서부터 보고하고 바로 전쟁을 일으켜 공격하면 그간 승상해오던 상육上六의 입지가 곤궁해진다. 막강한 상육上六이 입지가 곤궁해지면 엄청난 비극이 일어날 것이다. 차분하게 그러나 계획을 세워 적극적으로 추진

夬

해야 한다. 그렇게 하지 않으면 굳센 양陽들의 진로가 막혀버리게 된다.

군자가 이 괘의 상황을 본다면 물러나야 하는 상황에서는 자신의 녹을 아랫사람에게 베풀고, 덕을 실천하여 사심을 버린다. 그리고 사람들이 자기를 꺼리는 마음을 본받아 과감하게 물러나는 길을 택할 것이다. 이승만 대통령이 "국민이 원하면 물러나겠다"고 하고 물러난 것이 바로 쾌괘 상육上六의 상황으로 이해할 수 있다.

初九는 壯于前趾[1]니 往하여 不勝하면 爲咎리라 象曰不勝而往이 咎也라

국역 |

초구初九는 발을 앞으로 내딛는 데 왕성하니 공격하러 가서 이기지 못하면 곤란하게 된다. 상象에서 말했다. "이기지 못하면서 공격하러 가는 것은 허물이 된다."

난자풀이 |

[1] 趾(지) : 발. 복사뼈 이하의 부분을 말함.

강설 |

초구初九는 성급하고 경솔하다. 옳다고 생각하면 물불을 가리지 않고 돌격한다. 상육上六의 불의를 규탄하여 공격할 때 선두에 나서기 쉽다. 시위를 할 때 뒤에서 일을 주도한 사람은 도피할 수 있지만, 앞장선 행동대원은 붙잡혀 고생을 하게 된다. 그래서 신중하게 행동하도록 유도하기 위하여 '공격하러 가서 이기지 못하면 곤란하게 된다'고 하여 주의를 환기시켰다.

九二(구이)는 惕號(척호)[1]니 莫夜(모야)[2]에 有戎(유융)이라도 勿恤(물휼)[3]이로다 象曰有(상왈유)戎勿恤(융물휼)은 得中道也(득중도야)라

국역 |

구이九二는 속을 태우며 구호를 외쳐야 한다. 저녁때까지 싸우더라도 동정하지 않아야 한다. 상象에서 말했다. "싸움을 할 때 동정하지 않아야 하는 것은 중도를 얻었기 때문이다."

난자풀이 |

[1] 惕(척) : 속을 태운다.
[2] 莫(모) : 모暮와 통용. 저물다.
[3] 恤(휼) : 구휼하다. 동정하다.

강설 |

구이九二는 하층부의 중심이다. 구오九五를 보좌하여 전체를 이끌어 가는 핵심인물이다. 그리고 상육上六을 제거하는 일을 주도해야 하는 인물이다. 그래서 '속을 태우며 구호를 외쳐야 한다'고 했다.

상육上六은 끈질기고 악착같은 존재다. 적당히 성토하다가 물러서면 허사다. 밤늦게까지 싸우더라도 용서하지 않아야 한다. 끝까지 싸워 도려내지 않으면 안 되는 존재다. 그래서 '저녁때까지 싸우더라도 동정하지 않아야 한다'고 했다.

상육上六과의 싸움은 정의의 싸움이기 때문이다. 최후의 순간까지 단호하게 축출해야 한다. 그래서 상象에서는 '싸움을 할 때 동정하지 않아야 하는 것은 중도를 얻었기 때문이다'라고 했다.

九三은 壯于頄면 有凶하리라 君子夬夬면 獨行遇雨하여 若濡有慍이라도 无咎하리라 象曰君子夬夬라 終无咎也니라

(구삼 장우규 유흉 군자쾌쾌 독행우우 약유유온 무구 상왈군자쾌쾌 종무구야)

1 2 3

국역 |

구삼九三은 광대뼈에서 왕성하면 흉함이 있다. 군자가 결단하여 홀로 가서 비를 만나 만약 젖으면 화나는 일이 있더라도 허물이 없다. 상象에서 말했다. "군자가 결단하는 것이기 때문에 끝내 허물이 없을 것이다."

난자풀이 |

1 頄(규) : 광대뼈. 얼굴.
2 夬夬(쾌쾌) : 결단하는 모양.
3 濡(유) : 젖다. 적시다.

강설 |

구삼九三은 상육上六의 친정이다. 상육上六의 힘의 근거지이다. 그래서 상육上六은 구삼九三을 지지하고 아낀다. 상육上六이 문정왕후라면 구삼九三은 윤원형이다. 구삼九三은 지위도 없고 소외되어 있든 차에 상육上六의 지지를 업고 권력을 잡을 수 있는 기회를 얻었다. 그래서 '광대뼈에서 왕성하다'고 했다. '광대뼈에서 왕성하다'는 것은 얼굴이 왕성하다는 말이다. 구삼九三은 상육上六의 힘을 이용하면 얼굴을 알릴 수 있고 권력을 잡을 수 있다. 그러나 그것은 정당한 것이 아니다. 좋은 결과를 맺을 수 없다. 구삼九三이 군자라면 오히려 상육上六에게 가서 상육上六을 설득하여 상육上六으로 하여금 정치에 손을 떼도록 유도해야 한다. 이 때는 혼자서 가야 한다. 그 과정에서 상육上六에게 야단을 맞아도 괜찮다. '비를 만나 젖는다'는 말은 야단을 맞는다는 말이다. 옳은 일을 하다가 맞는 야단은 섭섭하고 화나는 일이기는 하지만 허물이 없다. 상육上六은 구삼九三에게는 약하다. 또 구삼九三이 수족노릇을 하지 않으면 상육上六 혼자서는 해악을 끼치기 어렵다. 그러므로 이 괘에서는 구삼九三의 역할이 매우 중요하다.

구사 둔무부 기행자저 견양 회망
九四는 臀[1]无膚니 其行次[2]且[3]라 牽羊이라야 悔亡하리라

문언 불신 상왈기행자저 위부당야
聞[4]言하여도 不信하리로다 象曰其行次且는 位不當也

문언불신 총불명야
오 聞言不信은 聰[5]不明也라

국역 |

구사九四는 엉덩이에 살이 없으니 그 가는 것이 머뭇거리고 절뚝거린다. 양羊을 끌고 가야 후회함이 없다. 말을 아뢰어도 신용을 받지 못한다. 상象에서 말했다. "그 가는 것이 머뭇거리는 것은 자리가 마땅하지 않기 때문이고, 말을 아뢰어도 신용을 받지 못하는 것은 귀가 밝지 못하기 때문이다."

난자풀이 |

[1] 臀(둔) : 볼기. 엉덩이. 밑. 바닥.
[2] 次(자) : 자趑와 통용. 머뭇거린다.
[3] 且(저) : 저趄와 통용. 절뚝거린다.
[4] 聞(문) : 여기서는 '듣는다'는 뜻이 아니라, '듣게 한다', '들려준다' 등의 사역형의 동사로 쓰였다.
[5] 聰(총) : 귀가 밝다.

강설 |

엉덩이에 살이 없으면 상체가 힘을 받지 못한다. 엉덩이에 살이 없다는 것은 힘이 없어 추진력이 없다는 것을 말한다. 구사九四는 초구初九, 구이九二, 구삼九三을 데리고 상육上六을 제거하는 일을 지휘해야 하지만, 앞서서 지휘하면 안 된다. 학교라면 구사九四는 조교에 해당한다. 데모를 할 때 조교가 앞서면 곤란하다. 뒤에서 은근히 지원하는 수밖에 없다. 양떼를 몰고 가는 목동은 언제나 뒤에서 몰고 간다. 양들은 자존심이 강해서 앞에서 끌고 가면 잘 따라가지 않는다. 구사九四는 직접 공격할 수 있는 입장이 아니기 때문에, 목동이 양을 앞세우고 가듯, 아래의 양陽들 뒤에서 조심스럽게 따라가야 한다. 그래서 '가는 것이 머뭇거리고 절뚝거린다'고 했다.

만약 구사九四가 구오九五나 상육上六에게 가서 아무리 진실을 말하더라도 그들은 믿어주지 않는다. 그들에게는 이미 진실을 받아들일 수 있는 귀가 없다. 그렇기 때문에 치밀하게 준비하여 때가 왔을 때 힘으로 해결하는 길밖에 없을 것이다.

구오 현륙 쾌쾌 중행 무구 상왈
九五는 莧陸을[1] 夬夬하여 中行이라야 无咎하리라 象曰

중행무구 중미광야
中行无咎는 中未光也라

국역 |

구오九五는 자리공을 자르고 잘라 시중을 행하면 허물이 없다. 상象에서 말했다. "중용을 행하면 허물이 없는 것은 속이 아직 빛나지 않기 때문이다."

난자풀이 |

1 莧陸(현륙) : 뿌리가 견고한 다년초. 자리공.

강설 |

구오九五는 상육上六이 고질적인 악폐를 끼치고 있는 상황에서의 결재권자다. 전체의 입장에서 상육上六을 척결해야 한다. 그러나 지금은 상육上六을 제거하지 못하고 오히려 끌려 다녀서 흉한 상황이 되어 있다.

구오九五의 입장에서 보면, 아랫사람들이 상육上六을 성토하고 공격하지만, 상육上六에게는 합리성과 치밀함을 가지고 구오九五의 단점을 보완하는 강점이 있다. 그래서 구오九五는 상육上六을 필요로 한다. 아랫사람들이 아무리 진실을 말하더라도 듣기 어렵다.

평상시에는 상육上六을 받들어야 한다. 그러나 지금은 상육上六의 폐해 때문에 전체가 무너질 지경이기 때문에 그를 잘라내지 않으면 안 되는 상황이다. 그러므로 상육上六을 제거하는 것이 이때의 시중時中이다. 그래서 '자리공을 자르고 잘라 시중을 행하면 허물이 없다'고 했다. 자리공은 질긴 뿌리를 가지고 있어서 뽑아내기 어려운 풀이다. 상육上六의 악폐는 자리공의 뿌리처럼 견고하다. 그것을 제거하려면 자리공의 뿌리를 자르고 자르듯이 단호하게 해야 한다.

수양을 하여 인의예지가 몸과 마음에 가득하면 저절로 빛이 난다. 맹자는 이를 가리켜 "충실하여 빛이 나는 것을 대인이라 한다"고 했다. 이런 경지에 이르면 상육上六이나 아랫사람에게 일일이 지적하지 않아도 스스로 감화되어 악을 고치게 된다.

쾌괘의 상육上六이 악을 일삼는 것은 아직 구오九五의 인격이 대인의 수준에 도달하지 못했기 때문이다. 이런 경우에는 예리하게 판단하여 악惡을 누르고 선善을 드러내야만 문제가 해결된다. 이것이 중용을 실천하는 길이다.

上六은 无號면 終有凶하리라 象曰无號之凶은 終不可長也니라

(상육 무호 종유흉 상왈무호지흉 종불가장야)

국역 |

상육上六은 구호를 외치지 않으면 마침내 흉함이 있다. 상象에서 말했다. "구호를 외치지 않으면 흉한 것은 결국 연장될 수 없기 때문이다."

강설 |

상육上六은 국민들의 반대와 저항 속에서 권력자인 구오九五의 지지에 의탁해 전횡하며 간신히 버티고 있는 상황이다. 이런 경우, 자기의 자리에 집착하여 고집을 부리면 결국 모든 사람에게 배척받아 위험하다. 자신의 과오를 과감히 인정하고 뉘우쳐 6·29 선언과 같은 성명서를 발표하여 국민들의 뜻을 받아들여야 한다. 그렇지 않으면 모든 국민들의 저항을 받아 결국 패망하고 만다. 국민을 이길 수 있는 권력자는 없고, 자식을 이길 수 있는 부모는 없다.

천풍구
天風姤

이 괘의 상괘는 건괘乾卦이고 하괘는 손괘巽卦다. 이 괘에서 가장 주목되는 것은 다섯 양陽 가운데 유일하게 음陰으로 존재하는 초육初六이다. 동질적인 사람들로만 구성된 어떤 단조로운 집단에 모두가 좋아하는 이질적인 요소가 새로이 들어와 만남이 시작되는 상황이다. 그래서 이 괘의 이름을 만남을 의미하는 구姤라 했다.

이 만남은 활기가 넘치는 만남이다. 단조로운 집단에 신선한 새 요소가 들어왔기 때문이다. 이때는 이 새로운 요소를 중심으로 하여 활기를 계속 유지해 나가야 한다.

姤(구)[1]라 女壯(여장)이니 勿用取女(물용취녀)니라 彖曰姤(단왈구)는 遇也(우야)니 柔遇(유우)
剛也(강야)라 勿用取女(물용취녀)는 不可與長也(불가여장야)라 天地相遇(천지상우)하니

품물 함장야 강우중정 천하대행야 구
品物이 咸章也오 剛遇中正하니 天下大行也니 姤
2 3

지시의 대의재 상왈천하유풍 구 후 이
之時義 大矣哉라 象曰天下有風이 姤니 后 以하여

시명고사방
施命誥四方하나니라
4

국역 |

만남이 이루어진 형국이다. 여자가 강성해진다. 그렇다 하더라도 여자를 취하면 안 된다. 단彖에서 말했다. "구姤는 만나는 것이니, 부드러운 것이 굳센 것을 만난 것이다. 여자를 취하면 안 되는 것은, 함께 자랄 수가 없기 때문이다. 천지가 서로 만나 만물이 모두 빛을 발휘하고, 굳센 것이 알맞고 바른 자리에서 만나니 천하가 크게 행해진다. 만남의 상황에서의 시중과 도리가 크도다." 상象에서 말했다. "하늘 아래 바람이 있는 것이 구姤니, 임금이 이 괘의 이치를 살펴, 명령을 내려 사방에 선포한다."

난자풀이 |

1 姤(구) : '만난다'는 뜻.

2 品物(품물) : 만물.

3 章(장) : 창彰과 통용. '빛이 난다'는 뜻이다.

4 誥(고) : 고告와 통용. 윗사람이 아랫사람에게 훈계하는 것을 말한다.

강설 |

구姤는 만난다는 뜻이다. 삭막하고 건조하던 남자들만의 집단에 어

린 여자가 참여하여, 남녀의 만남이 처음으로 이루어진 것과 같은 상황이다. 모든 성원들이 신선한 존재에 관심을 가지면서, 삭막하던 분위기에서 벗어나 생기를 되찾는다. 남자들만 있는 집단에 여자가 들어오면 모두가 그 여자에게 관심을 보이고 아껴주므로, 그 여자의 위력은 대단하다. 그래서 '여자가 강성하다'고 했다.

그런데 만일 특정의 남자가 그 여자와 개인적으로 친밀해지면 조화로운 분위기가 깨지게 된다. 남자들은 모두 공평하게 이 여자를 여동생처럼 아끼면서 보호해야 한다. 그래서 '여자를 취하면 안 된다'고 했다.

초육初六은 어느 누구와도 개인적으로 친하지 말고, 모두를 화목하게 만드는, 집단의 윤활유 역할을 해야 한다.

천지가 만나 만물이 빛나듯이 남녀가 만나면 생기가 난다. 또 구괘姤卦는 굳센 양陽이 중정中正의 자리에 있으면서 음과 만나기 때문에 전체를 잘 꾸려갈 수 있다. 사방에 새로운 생기가 돋아나면 새로운 도약을 위한 준비를 하는 것이 좋다. 그렇게 하기 위해서는 대對 국민 성명聲明을 발표하는 것도 좋을 것이다. 그래서 '명령을 내려 사방에 선포한다'고 했다.

初六(초육)은 繫于金柅(계우금니)[1]하여 貞(정)하여야 吉(길)코 有攸往(유유왕)이면 見凶(견흉)하리니 羸(이)[2]豕孚(시부)蹢(척)[3]躅(촉)[4]하니라 象曰繫于金柅(상왈계우금니)는 柔道牽也(유도견야)라

국역 |

초육初六은 금니에 묶어놓고 참고 있어야 길하고, 적극적으로 나서는 바가 있으면 흉한 꼴을 본다. 여윈 멧돼지 같은 처지라도 한마음을 가지고 제자리에서 머뭇거리고 있어야 한다. 상象에서 말했다. "금니에 묶어야 하는 것은 부드러운 도는 끌려가기 때문이다."

난자풀이 |

1 柅(니) : 수레를 멈추게 하는 기구.
2 羸(리) : 여위다. 파리하다.
3 蹢(척) : 머뭇거리다. 척躑과 통용.
4 躅(촉) : 머뭇거리다.

강설 |

초육初六은 남자들만이 있는 집단의 홍일점이다. 모두의 관심과 사랑을 받는다. 초육初六 때문에 집단전체에 활기가 넘친다. 이런 상황에서 만일 초육初六이 특정한 남자와 결합을 하고 말면 전체적으로 형성되었던 활기는 다시 침체하고 만다. 그러므로 특정한 남자에게 좋아하는 마음이 매이지 않도록 자제해야 한다. 그래서 '금니에 묶어 놓고 참고 있어야 길하다'고 했다. 수레는 잘 움직이는 물체이고, 금니는 수레를 멈추게 하는 기구이다. 금니로 묶는다는 것은 견고하게 고정시키는 것을 의미한다.

만일 초육初六이 감정을 자제하지 못하고, 한 남자에게 가버리면 전체는 침체하고 자기도 비난받는 상황이 된다. 그래서 '적극적으로 나서는 바가 있으면 흉한 꼴을 본다'고 했다.

멧돼지는 저돌적으로 움직인다. 초육初六은 발이 빠르기 때문에 멧돼지처럼 성급하게 움직인다. 더구나 여윈 멧돼지는 배가 고프기 때문

姤

에 더욱 성급하다. 그렇다 하더라도 여기서는 움직이면 안 된다. 위에 있는 모든 양陽과 한마음이 되어 든든하게 현 상태를 유지해야 한다. 만약 모두와 한마음이 되지 못하고 한 양陽과 결합하고 말면 안 된다. 그래서 '여윈 돼지 같은 처지라도 한마음을 가지고 제자리에서 머뭇거리고 있어야 한다'고 했다. 특히 부드러운 음陰은 잘 끌려가기 때문에 더욱 조심해야 한다.

구이 포유어 무구 불리빈 상왈포유어
九二는 包有魚[1]라도 无咎나 不利賓하니라 象曰包有魚

의불급빈야
라도 義[2]不及賓也라

국역 |

구이九二는 물고기를 싸 두어도 허물은 없으나 손님을 맞이하면 이롭지 않다. 상象에서 말했다. "물고기를 싸 두어도 응당 손님에게 알려져서는 안 된다."

난자풀이 |

[1] 包(포) : 싸다.
[2] 義(의) : 의宜와 통용. 응당. 마땅히.

강설 |

구이九二는 초육初六과 가까운 위치에 있기 때문에, 은밀히 친해질 기회가 많다. 아직 어리기 때문에 은밀히 친해지더라도 공개적으로 드러나지 않으면 무방하다. 그래서 '물고기를 싸 두어도 허물이 없다'고 했다. 남자가 여자친구를, 또는 여자가 남자친구를 얻는 것을 옛날에는 물고기를 낚는 것으로 비유한 듯하다. 물고기를 낚아서 싸두는 것이 곧 이성의 친구를 얻는 것인 모양이다. 구이九二는 초육初六과 친구관계가 되어도 무방하지만 그러나 그것을 공개하면 안 된다. 공개하면 다른 양陽들이 가만 놓아두지 않을 것이기 때문이다. 그래서 '손님을 맞이하면 이롭지 않다'고 했다. 손님을 맞이하는 것은 자기가 잡은 물고기를 자랑하기 위해서다. 젊은 사람은 이성의 친구를 사귀면 남들에게 자랑하고 싶어지지만 이 경우는 그것이 금물이다.

구삼 둔무부 기행자저 려 무대구 상
九三은 臀无膚라 其行次且니 厲하나 无大咎리라 象
왈 기행자저 행미견야
曰其行次且는 行未牽也라

국역 |

구삼九三은 엉덩이에 살이 없다. 그 행동이 머뭇거리니 제 살 깎는 아픔이 있지만 큰 허물은 없다. 상象에서 말했다. "그 행동이 머뭇거리는 것은 가더라도 이끌 수 없기 때문이다."

강설 |

구삼九三은 하층부에 있으나 중심에서 벗어나 있어서 주목받을 수 있는 위치도 아니다. 또 초육初六을 만날 기회도 없다. 그래서 '엉덩이에 살이 없다'고 했다. 엉덩이에 살이 없다는 말은 움직일 힘이 없다는 말이다. 옛 사람들은 소나 말의 힘을 알아보기 위해 그 엉덩이를 보았다. 엉덩이에 살이 있으면 힘이 있다. 이를 사람살이에 비유적으로 표현했다.

사랑하는 사람에게 가지 못하고 머뭇거리고 있으면 속이 탄다. 그래서 '제 살 깎는 아픔이 있다'고 했다. 시인은 이러한 때의 심정을 노래한다.

> 푸르른 님의 옷깃 너무 고와서
> 마음에 서린 걱정 가득합니다
> 내가 비록 그대 곁에 못간다 해도
> 그대 어찌 소식조차 없으신가요
>
> 왔다갔다 서성이며 마음 못잡고
> 성문 위에 올라서서 바라봅니다
> 하루만 그대를 보지 못해도
> 석 달을 못본 듯이 그립습니다

—『시경』「정풍·자금鄭風·子衿」 중에서

구삼九三의 사랑은 짝사랑에 불과하다. 사랑을 이루지 못하기 때문에 다른 사람에게 비난받을 일도 없다. 그래서 '큰 허물은 없다'고 했다.

九四는 包无魚라도 起凶하리라 象曰无魚之[1]凶은 遠民也라

국역 |

구사九四는 싸놓은 것에 물고기가 없더라도 흉한 일이 일어날 수 있다. 상象에서 말했다. "생선이 없더라도 흉하게 되는 것은 백성과 멀어졌기 때문이다."

난자풀이 |

[1] 之(지) : 두 글자 이상이 한 단어를 수식할 때 가운데 들어가는 지之이다.

강설 |

초효初爻는 사효四爻와, 이효二爻는 오효五爻와, 삼효三爻는 상효上爻와 짝을 이룬다. 구괘에서 홍일점인 초육初六의 짝은 구사九四이다. 초육初六은 구사九四의 영향권에 있다. 구사九四는 초육初六을 인도하고 안내하는 역할을 한다. 그렇기 때문에 초육初六을 수중에 넣을 수 있는 가장 유리한 위치에 있다. 그래서 초육初六에 관심이 있는 모든 사람은 일단 구사九四를 의심한다. 그래서 늘 구설수에 오르고 의심을 받는다. 그래서 '싸놓은 것에 물고기가 없더라도 흉한 일이 일어날 수 있다'고 했다. 구사九四가 만약 구오九五에게 의심을 받으면 구오九五에게 제거될 것이다. 또 모두에게 의심을 받으면 전체의 분위기가 침체되고 만

다. 그래서 구사九四는 특히 주의해야 한다. 오얏나무 아래서 갓끈을 고쳐 맨다든지 참외밭에서 신을 고쳐 신는 일은 절대 금물이다. '백성들과 멀어졌기 때문이다'라는 말은 전체와 한마음이 되지 않고 비밀스럽게 행동했기 때문으로 이해할 수 있다.

九五는 以杞包瓜니 含章이면 有隕自天이리라 象曰九五含章은 中正也오 有隕自天은 志不舍命也라

국역 |

구오九五는 버드나무를 가지고 오이를 포장하는 격이니 아름다운 마음을 머금고 있으면 하늘에서부터 떨어져 내려옴이 있다. 상象에서 말했다. "구오九五가 아름다운 마음을 머금고 있어야 하는 것은 중심에 있으면서 바르기 때문이고, 하늘에서부터 떨어져 내려옴이 있는 것은, 뜻이 명을 버리지 않았기 때문이다."

강설 |

구오九五는 최고 권력자이다. 관심의 초점이 되고 있는 초육初六을 취하려 하면 취할 수 있는 위치에 있다. 그러나 이는 '값비싼 버드나무를 가지고 값싼 오이를 포장하는 격'이다. 구오九五의 임금이 어린 여자를 취하는 것이기 때문이다. 만일 초육初六을 취하면 권위와 덕망을 잃게 되고, 다른 사람들의 시기와 반감을 사, 전체의 조화와 화합의 분

위기가 무너지게 된다. 또 초육初六에 비해 구오九五는 늙었다. 그러므로 초육初六이 구오九五를 따른다 해도 구오九五의 힘 때문에 마지못해 따르는 것이지 좋아서가 아니다.

이런 경우에 구오九五는 초육初六을 취하려 하지 말고, 모두를 위하는 '아름다운 마음'으로 화합을 추구하는 것이 좋다. 구오九五의 그런 모습을 보면 초육初六은 존경심을 가지게 된다. 존경심을 가지면 나이가 문제되지 않는다. 그래서 초육初六은 나이를 초월하여 구오九五를 따를 것이고, 나머지도 모두 구오九五의 덕망에 감화되어 따를 것이다. 그리하여 초육初六의 사랑과 존경을 받고, 백성들의 존경을 받으니, 호박이 덩굴 채 들어오는 격이다. 그래서 '아름다운 마음을 머금고 있으면 하늘에서부터 떨어져 내려옴이 있다'고 했다. 하늘의 마음은 백성의 마음이다. 하늘에서 떨어져 내려온다는 것은 민심을 얻게 됨을 말하는 것이다. 뜻이 하늘의 명을 어기지 않은 결과다.

上九(상구)는 姤其角(구기각)이라 吝(인)[1]하나 无咎(무구)하리라 象曰姤其角(상왈구기각)은 上窮(상궁)하여 吝也(인야)니라

국역 |

상구上九는 그 뿔을 만난다. 한스럽지만 허물은 없다. 상象에서 말했다. "그 뿔을 만나는 것은 윗사람이 궁하여 한스러운 것이다."

난자풀이 |

[1] 吝(인) : 한스럽다.

강설 |

상구上九는 늙고 힘이 쇠하여, 어차피 초육初六과는 어울릴 수 없다. 설사 초육初六을 만난다 해도, 가슴으로 만날 수 없다. 초육初六의 머리를 쓰다듬어 주는 정도에서 그치면 된다. 그래서 '그 뿔을 만난다'고 했다. 이러한 경우에는 사랑을 이룰 수 없어 한스럽지만 남의 시기와 반감을 살 일도 없다. 그래서 '허물이 없다'고 했다.

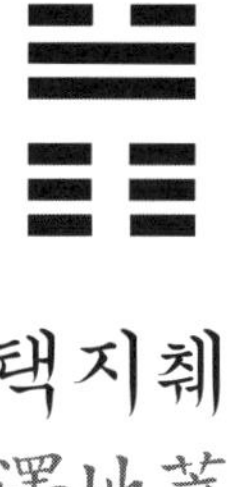

택지췌
澤地萃

이 괘의 상괘는 태괘兌卦이고, 하괘는 곤괘坤卦다. 상층부가 몹시 어렵지만 하층부가 그걸 해결할 힘이 없다. 그래서 전체적으로 보면, 초췌하다. 이러한 초췌한 입장에서는 국면을 타개하기 위한 계기를 마련하지 않으면 안 된다. 전체가 단합하여 마음을 하나로 모아, 새로운 돌파구를 찾아야 한다. 그래서 괘의 이름을 '초췌하다'는 뜻과 '모은다'는 의미를 가진 췌萃라 했다.

萃(췌)[1]라 亨(형)하니라 王假(왕격)[2]有(유)[3]廟(묘)니 利見大人(이견대인)이니 亨(형)하니라 利(리)코
貞(정)하니라 用大牲(용대생)[4]이 吉(길)하니 利有攸往(이유유왕)이니라 彖曰萃(단왈췌)는
聚也(취야)니 順以說(순이열)하고 剛中而應(강중이응)이라 故(고)로 聚也(취야)니라 王假(왕격)

유묘 치효향야 이견대인형 취이정야 용
有廟는 致孝享也오 利見大人亨은 聚以正也라 用
대생길이유유왕 순천명야 관기소취이천지
大牲吉利有攸往은 順天命也니 觀其所聚而天地
만물지정 가견의 상왈택상어지 췌 군자
萬物之情을 可見矣리라 象曰澤上於地 萃니 君子
이 제융기 계불우
以하여 除戎器[5]하여 戒不虞[6]하나니라

국역 |

초췌한 형국이다. 떨쳐 일어나야 한다. 왕이 종묘에 와서 제사를 지내야 한다. 대인을 보는 것이 이로우므로 적극적으로 나서야 한다. 그렇게 되면 거둘 수 있고, 마무리할 수 있다. 큰 희생물을 쓰는 것이 길하니, 적극적으로 나서는 바가 있음이 이롭다. 단彖에서 말했다. "췌萃는 모으는 것이니, 순하면서 기뻐하고, 굳센 것이 가운데에 있으면서 응하는 까닭에 모이는 것이다. 왕이 종묘에 오는 것은 효를 다하여 제사를 지내는 것이고, 대인을 보는 것이 이롭기 때문에 적극적으로 나서야 하는 것은 바른 마음으로 모아야 하기 때문이다. 큰 희생물을 쓰는 것이 길하여 적극적으로 나서는 것이 이로운 것은 천명을 따르는 것이기 때문이다. 그 모이는 바를 보면 천지만물의 실상을 알 수 있다." 상象에서 말했다. "못이 땅 위에 있는 것이 췌萃니, 군자는 이 괘의 이치를 살펴, 병기를 제거하여 만일의 사태에 대비한다."

난자풀이 |

[1] 萃(췌) : 모이다. 초췌하다.

2 假(격) : 격格과 통용. 이른다.
3 有(유) : 뜻이 없이 음률을 맞추기 위해 들어간 글자.
4 牲(생) : 제사 때 쓰는 희생물.
5 除(제) : 제거한다.
6 虞(우) : 헤아리다. 염려하다. 불우不虞는 '생각지 못한 만일의 사태'를 말한다.

강설 |

계속 침체하고 있는 상황에서는 돌파구를 찾지 않으면 안 된다. 그래서 '떨쳐 일어나야 한다'고 했다. 침체한 상황을 타개하는 방법에는 크게 두 가지가 있다. 하나는 내적인 역량을 규합해 그것을 발휘하는 것이고, 다른 하나는 외부의 힘을 빌리는 것이다. 전자前者의 방안 중의 하나가 제사를 지내는 것이고, 후자後者의 방안 중의 하나가 도와줄 수 있는 대인을 만나는 것이다.

제사의 목적 중 하나는 구성원들의 일체감을 조성하여 전체의 화합을 도모하는 것이다. 그래서 제사를 지낸 후에는, 참가한 사람이 모두 한 자리에 모여 잔치를 벌인다. 이러한 과정을 통하여 모두가 단결한다면 화합된 힘으로 침체된 국면을 타개할 수 있을 것이다. 그래서 '왕이 종묘에 와서 제사를 지낸다'고 했다.

외부의 힘을 빌리는 것은, 학교의 경우라면 외부의 인사를 총장으로 초빙하거나, 재단을 영입해 오는 경우에 해당되고, 나라의 경우라면 외국으로부터 자본이나 기술을 도입해 오는 경우에 해당한다. 그래서 '대인을 보는 것이 이로우므로 적극적으로 나서야 한다'고 했다.

그리하여 침체를 벗어나면, 결실을 할 수도 있고, 마무리할 수도 있다.

제사를 지낼 때에는, 모두가 만족스럽게 먹을 수 있도록 소, 돼지 등의 희생물을 큰 것으로 장만하는 것이 좋다. 그래서 '큰 희생물을 쓰는 것이 길하다'고 했다.

'아래가 순하고 위가 기뻐한다는 것'은 아래의 곤괘와 위의 태괘의 성질을 말한 것이다. 기뻐하면 현실에 안주한다. 상부가 현실에 안주하고, 아랫사람이 이에 순하게 따르면 발전이 없다. 그래서 초췌하게 되고, 이렇게 초췌한 상황을 타개하기 위해서는 뜻을 모아야 한다. 굳센 양이 구오九五의 자리에 있기 때문에, 아래 음들의 뜻을 모으는 것이 가능하다. 조상에게 제사를 지냄으로써 전체의 일체감을 조성하기 위해서는, 전체를 하나로 매개할 수 있는 조상과 하나가 되어야 가능하다. 그리고 조상과 하나가 되기 위해서는 조상에 대한 '효'가 중요하다. 그래서 '효도를 다하여 제사를 지낸다'고 했다.

외부의 인사를 초빙하여 발전을 모색하는 것은 바른 마음으로 모두 하나가 되어 모이기 위해서다.

전체가 한마음이 되는 것은, 모두가 공유하고 있는 본성을 따를 때 가능하다. 그 공통적인 본성은 바로 천명이니, 그것은 결국 천명을 따르는 것으로 귀결된다. 모두가 천명을 따를 때 모두는 하나로 모일 수 있다. 그래서 '그 모이는 바를 보면 천지만물의 실상을 알 수 있다'고 했다.

그러므로 전체의 뜻을 모으는 군자는 천명을 따르고 사랑을 실현한다. 전쟁이나 싸움의 사태를 미연에 방지하기 위하여 무기가 될만한 것을 없애야 한다. 제사나 잔치를 하여 분위기를 쇄신하는 상황에서 다툼이 일어나면 만사가 수포로 돌아가기 때문이다. 그래서 '군자는 이 괘의 이치를 살펴 병기를 제거하여 만일의 사태에 대비한다'고 했다.

초육 유부 부종 내란내췌 약호 일악
初六은 有孚라도 不終이니 乃亂乃萃할새 若號면 一握

위소 물휼 왕 무구 상왈내란내췌
爲笑하리니 勿恤코 往하면 无咎하리라 象曰乃亂乃萃는

기지란야
其志亂也라

국역 |

초육初六은 한마음의 상태를 유지하더라도 잘 마치지 못해 어지러워지고 초췌해진다. 만약 구호를 외치면 한 번 악수하고 웃게 될 것이니, 걱정하지 말고 적극적으로 나서면 허물이 없다. 상象에서 말했다. "어지러워지고 초췌해지는 것은 그 뜻이 어지러워지기 때문이다."

강설 |

초육初六은 나약한 하층부에서도 가장 어린 나약한 존재이다. 그러므로 도움을 받거나 인도를 받지 못하면 일을 할 수 없다. 그러나 초육初六은 용기가 없고 적극적이지 못해 자기표현을 하지 못한다. 그러나 만약 초육初六이 표현을 하지 않는다면, 아무리 한마음의 상태를 가지고 있어도, 구사九四는 상육上六의 문제로 골머리를 앓고 있기 때문에 초육初六의 마음을 헤아리지 못한다. 그리하여 초육初六은 구사九四의 도움을 받지 못하므로 일을 마무리할 수 없다. 그래서 '한마음의 상태를 유지하더라도 잘 마치지 못해 어지러워지고 초췌해진다'고 했다.

그러므로 초육初六은 과감하게 자신의 마음을 표현할 필요가 있다. 어린아이는 가만히 있어도 어머니가 밥을 챙겨주기 마련이지만, 어머니가 다른데 마음이 뺏겨 챙겨주지 못할 때는 밥 달라고 소리쳐야 한다. 그렇게 하는 것이 상층부에 자신의 마음을 알리는 기회가 되는 것이다. 그러면 구사九四는 정신이 들어 초육初六을 보살필 것이다. 우리 말에 '우는 아이 젖 준다'는 말이 있다. 그래서 '구호를 외치면 한번 악수하고 웃게 될 것'이라고 했다.

이 경우는 가만있는 것이 미덕이 아니다. 그래서 '걱정하지 말고 적극적으로 나서면 허물이 없다'고 했다.

六二(육이)는 引(인)[1]하면 吉(길)하여 无咎(무구)하리니 孚乃利用禴(부내이용약)[2]이리라 象(상)曰引吉无咎(왈인길무구)는 中(중)하여 未變也(미변야)라

국역 |

육이六二는 끌고 가면 길하여 허물이 없다. 한마음이 되어 약禴이라는 제사를 지내면 이롭다. 상象에서 말했다. "끌고 가면 허물이 없는 것은 중심에 있으면서 변하지 않기 때문이다."

난자풀이 |

[1] 引(인) : 끌다. 끌고 간다.

[2] 禴(약) : 종묘의 제사 이름. 봄이나 여름에 지내는 소박한 제사.

강설 |

육이六二는 하층부의 중심이다. 전체의 초췌한 상황을 타개하기 위해 맹활약을 해야 하는 위치이다. 초췌한 상황을 타개하기 위해서는 상층부의 도움을 받아야 하지만, 지금 상층부는 나약한 하층부를 보살필 겨를이 없다. 이때는 상층부에 가서 보챌 수밖에 없다. 이때는 혼자서 가지 말고 하층부가 모두 가서 보채야 한다. 육이六二는 하층부를 이끌어야 하는 대표이기 때문에 더욱 그렇다. 이른바 노동자가 집단적으로 시위를 해야 하는 것도 이러한 경우이다. 그래서 '이끌고 가면 길하여 허물이 없다'고 했다.

초췌한 상황을 타개하는 데 있어서 금물은 하층부가 한마음이 되지 못하고 개인행동을 하는 경우이다. 그래서 '한마음이 되어야 한다'고 했다.

하층부가 자체적으로 단합하는 방법 중의 하나는 제사를 지내는 것이다. 하층부의 제사는 결의를 다지기만 할 정도로 끝내야지 낭비를 하면 안 된다. 그래서 조촐한 제사인 '약禴이라는 제사를 지내야 한다'고 했다.

전체를 단합하기 위해서는 중심에 있는 사람이 흔들려선 안 된다. 중심이 되는 존재가 확고부동한 모습으로 초지일관해야, 모두가 안심을 하고 따를 수 있기 때문이다. 그래서 '중심에 있으면서 변하지 않아야 한다'고 했다.

六三(육삼)은 萃如嗟如(췌여차여)[1][2]라도 无攸利(무유리)니 往(왕)하여도 无咎(무구)나 小吝(소린)하니라 象曰往无咎(상왈왕무구)는 上(상)이 巽也(손야)라

국역 |

육삼六三은 초췌한 모습을 보이고 탄식하더라도 이로울 바가 없다. 적극적으로 나서더라도 허물은 없지만 조금 한스럽다. 상象에서 말했다. "적극적으로 나서더라도 허물이 없는 것은 윗사람이 겸손하기 때문이다."

난자풀이 |

1 萃(췌) : 췌瘁와 통용. 끙끙 앓다.
2 如(여) : 연然과 마찬가지로 앞의 단어를 부사나 형용사로 만드는 역할을 한다.

강설 |

육삼六三은 초췌한 집단의 나약한 하층부에서 가장 윗자리에 있다. 위치상 실권도 없고, 상층부의 인정도 받지 못해 가장 불만스럽다. 그러나 하층부의 제일 윗자리에 있는 다 자란 존재다. 다 자란 딸아이가 엄마에게 밥 달라고 조르면 '네가 직접 차려 먹어라'고 야단을 칠 것이다. 그래서 '초췌한 모습을 보이고 탄식하더라도 이로울 바가 없다'고 했다.

췌괘萃卦가 초췌해진 원인은 상육上六이 물러나지 않고 해악을 부리기 때문이다. 이 경우 이를 해결할 수 있는 존재는 삼효다. 만약 삼효가 강력한 구삼九三이라면 해결을 할 수 있다. 그러나 현재의 삼효는 연약한 육삼六三이다. 해결할 능력이 없다. 그러므로 가서 해결을 시도하더라도 그것이 자기의 역할이기 때문에 허물은 없지만, 제대로 해결하지 못하고 야단만 맞고 돌아온다. 그래서 '적극적으로 나서더라도 허물은 없지만 조금 한스럽다'고 했다.

九四는 大吉이라야 无咎하리라 象曰大吉无咎는 位不當也라

구사 대길 무구 상왈대길무구 위부당야

국역 |

구사九四는 크게 길해야 허물이 없다. 상象에서 말했다. "크게 길해야 허물이 없는 것은 자리가 마땅하지 않기 때문이다."

강설 |

구사九四는 하층부를 지휘하여 상층부와 화합하도록 유도해야 하는 위치이다. 그런데 지금은 상육上六에 휘말려 하층부를 지휘할 힘도 없다. 구오九五 역시 상육上六에게 휘말려 정신을 못 차리기 때문에 구오九五를 설득하기도 어렵다. 또 하층부는 힘이 하나도 없어 자체적으로 해결될 기미가 보이지 않는다. 달리 대책이 없다. 이 경우는 대단히 어렵다. 크게 길한 일이 있어야만 허물이 없다. 그래서 '크게 길해야 허물이 없다'고 했다. 이런 경우에는 운을 기다리는 것 외에는 방법이 없다.

간절한 마음으로 기도를 드리는 것은 하나의 방법이 될 것이다.

구오 췌유위 무구 비부 원영정 회망
九五는 萃有位면 无咎나 匪孚니 元永貞이라야 悔亡하
1 2 3
상왈췌유위 지미광야
리라 象曰萃有位는 志未光也라

국역 |

구오九五는 초췌하게 자리를 지키고 있으면 허물은 없으나 모두와 한마음을 유지하는 것이 아니다. 어떤 일을 시작한 상태에서 길이 참고 견뎌야 후회할 일이 없다. 상象에서 말했다. "초췌하게 자리를 지키고 있는 것은 뜻이 아직 빛나지 않기 때문이다."

난자풀이 |

1 匪(비) : 비非와 통용.
2 元(원) : '시작한다'는 뜻이다. 여기서 '어떤 일을 시작한다'는 것은 미래를 위해 씨를 뿌리는 것이다.
3 永(영) : 길이 지속적으로 옳은 일을 추진하는 것을 말한다.

강설 |

구오九五는 상층부의 실권자이지만, 상육上六에게 휘말려 능력이 없고 하층부의 도움도 받지 못해 제 역할을 못하고 있다. 그래서 '초췌하게 자리만 차지하고 있다'고 했다. 이 경우에는 초췌한 상태로 자리만 유지하는 것이 일반적인 방식이다. 자리를 지키지 못하겠다고 함부로 떠들면 자리도 지키기 어렵다. 가만히 자리만 지키는 것도 쉽지는 않다. 그렇게만 해도 큰 허물이 없다. 그래서 '허물이 없다'고 했다. 그러나 자리만 차지하고 있으면 초췌한 국면을 호전시키기 어렵다. 지금까지 무시만 당해온 하층부는 집단적으로 시위를 하는 상태다. 상층부를 전혀 믿지 않는다. 그래서 하층부와 한마음의 상태를 유지하지 못한다. 한마음이 되지 않으면 문제의 해결은 근본적으로 불가능하다. 그러나 구오九五는 전체의 지도자이기 때문에 당장은 일을 해결할 수 없다 하더라도 미래를 위해 씨를 뿌려야 한다. 씨를 뿌려도 주위에서 믿어 주지 않는다. 그러나 실망을 하거나 분노하면 안 된다. 끈기 있게 참아야 한다. 설사 국민들이 자신의 뜻을 알아주지 않고 의심한다 해도, 오랜 폭정 하에서 시달려온 탓으로 이해하고 참아야 한다. 그렇지 않으면 결국 실패하고 말 것이다. 맹자孟子는 "물이 불을 끌 수 있지만 한 바가지의 물로 수레에 가득 붙은 불을 끌 수는 없다"고 했다. 수레의 불을 끄기 위해서는 많은 물이 필요하다. 그리고 인내를 가지고 계속 부어야 한다. 그래서 '크게 착한 정치를 시작하여 길이 참고 견뎌야 후회할 일이 없다'고 했다. 대인이 아니라면 해내기 어렵다.

上六은 齎咨涕洟면 无咎하리라 象曰齎咨涕洟는 未安上也라

(상육 재자체이 무구 상왈재자체이 미안상야)

1 2 3 4

국역 |

상육上六은 탄식하고 한탄하며 눈물, 콧물 흘려야 허물이 없다. 상象에서 말했다. "탄식하고 한탄하며 눈물, 콧물 흘려야 하는 것은 윗자리에서 편할 수 없기 때문이다."

난자풀이 |

1 齎(재) : 아! 하고 탄식하는 것.

2 咨(자) : 한탄하는 것.

3 涕(체) : 눈물.

4 洟(이) : '콧물'이란 뜻일 때는 음이 '이'이고, '눈물'이란 뜻일 때는 음이 '체'이다.

강설 |

이 괘의 상황이 전체적으로 초췌하게 된 까닭은 상육上六 때문이다. 이를 알지 못하고 계속 고집을 부리면 결국은 전체가 패망하게 되는 책임을 피할 수 없다. 이런 경우에 상육上六이 택할 수 있는 것은 오직 한 가지, 회개하는 길밖에 없다. 상육上六이 회개하고 뉘우치면 초췌해진 국면은 호전될 수 있다. 그래서 '탄식하고 한탄하며 눈물 콧물 흘려야 허물이 없다'고 했다. 그러나 역사적으로 그렇게 한 사람은 거의 없다. 대부분의 사람들은 망한 뒤에야 정신을 차린다. 망하기 전에 미리 정신을 차리기란 그만큼 어렵다. 아집에서 벗어난 대인만이 가능하다.

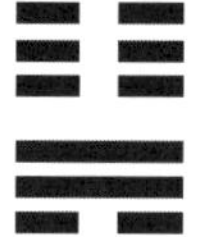

지풍승
地風升

이 괘의 상괘는 곤괘坤卦이고, 하괘는 손괘巽卦다. 상층부는 빈약하고 하층부는 순조롭다. 손괘가 하괘일 때는 순하게 상층부를 따르기만 하므로 상층부의 문제가 심각할 때는 더욱 심각해지고, 상층부가 풍성할 때는 더욱 풍성해진다. 또 상층부가 풍성하거나 문제가 심각하지 않고 약간 힘이 빠진 상태로 가만히 있을 경우에는 하층부의 순종에 힘입어 순조롭게 발전하는 계기가 된다. 승괘升卦와 정괘井卦가 이에 해당한다. 정괘는 상층부가 힘이 빠져 있기 때문에 하층부의 도움으로 떨쳐 일어나야 하는 상황이 되지만, 승괘는 상층부가 나약하기 때문에 하층부의 도움으로 서서히 상승하는 상황이 된다. 그래서 승升이라 이름붙였다.

升이라 元코 亨하니라 用見大人하여[1] 勿恤코 南征하면[2] 吉하리라 彖曰柔以時升하여 巽而順하고 剛中而應이라 是以大亨하니라 用見大人勿恤은 有慶也오 南征吉은 志行也라 象曰地中生木이 升이니 君子 以하여 順德하여 積小以高大하나니라

국역 |

상승하는 형국이다. 시작해야 하고 확장해야 한다. 대인을 보고서 걱정하지 말고 남쪽으로 가서 바로잡으면 길하다. 단彖에서 말했다. "부드러운 것이 때를 만나 상승하여, 겸손하고 순하며 굳센 것이 중심에 있으면서 응하므로, 이 때문에 크게 떨쳐 일어난다. 대인을 보고서 걱정하지 않아야 하는 것은 경사스러움이 있기 때문이고, 남쪽으로 가서 바로잡으면 길한 것은 뜻이 행해지기 때문이다." 상象에서 말했다. "땅 속에서 나무가 생生하는 것이 승升이니 군자는 이 괘의 이치를 살펴 덕에 따르고 작은 것을 쌓아 높고 크게 만든다."

난자풀이 |

[1] 用(용) : 이以와 통용. 용用의 목적어는 원형元亨이다.

[2] 征(정) : 적극적으로 일을 추진한다는 뜻이다. 정貞과 반대의 뜻이다.

강설

상층부는 자신들이 나약하므로 만사에 소극적이다. 그래서 일을 시작하기 싫고 적극적으로 나서기도 싫다. 그러나 그래서는 안 된다. 탄탄한 하층부가 순조롭게 따르므로 그들의 힘으로 순조롭게 발전할 기회가 왔다. 이 기회를 놓치면 안 된다. 자기의 개인 감정에서 벗어나 전체의 흐름을 따르도록 하는 것이 『주역』의 깨우침이다. 『주역』의 이치를 아는 군자라면 이 기회를 놓치지 않고 일을 시작하고 적극적으로 확장할 것이다. 지금은 확장할 때지 거두거나 마무리할 때는 아니다. 그래서 리利와 정貞을 말하지 않았다.

세상물정을 모르면서 오직 시골에서 농사를 짓는 나약한 부모에게 순하고 공부 잘하는 자녀가 있는 경우도 이 괘의 상황에 해당한다. 이 경우는 도시에 있는 상급 학교에 진학을 시켜야 할 것이지만, 어디를 어떻게 보내야 할지 모른다. 이때는 잘 아는 사람을 만나 상담을 하는 것이 좋다. 그래서 '대인을 보아야 한다'고 했다.

대인을 만나 지침을 얻었다면 더 이상 망설이거나 걱정하지 말고 추진해야 한다. 머뭇거리다가 기회를 놓치면 안 되기 때문이다. 그래서 '걱정하지 말라'고 했다.

북쪽은 윗사람이 있는 곳이고 남쪽은 아랫사람이 있는 곳이다. 이 괘에서의 남쪽은 하층부가 있는 곳이다. '남쪽으로 가서 바로잡는다'는 것은 대인에게 들은 내용을 가지고 하층부의 사람들에게 가서 그들이 제 길을 갈 수 있도록 바로잡아 준다는 말이다.

'부드러운 것'이란 상괘를 말한다. 소극적인 상층부라 해도 상승해야 하는 상황에서는 때에 맞게 적극적으로 상승해야 한다.

'겸손하고 순하다'는 것은 하괘의 성질을 말하는 것이고, '굳센 것이 중심에 있으면서 응한다'는 것은 구이九二을 말한다. 땅속에 나무가 있다는 것은 곤괘와 손괘의 상象을 말한 것이다. 손괘의 상象은 바람이기도 하지만, 나무이기도 하다. 이 괘의 이치는 순조로운 덕을 따라서 시작하고 확장하여 자꾸 뻗어나는 것이다.

初六(초육)은 允升(윤승)이면 大吉(대길)하리라 象曰允升大吉(상왈윤승대길)은 上合志(상합지)也(야)라

국역 |

초육初六은 믿고 올라가면 크게 길하다. 상象에서 말했다. "믿고 올라가면 크게 길한 것은 윗사람과 뜻이 합해지기 때문이다."

강설 |

초육初六은 어린 음陰이다. 혼자서 독창적으로 판단할 수 있는 입장이 아니다. 그러나 지금은 상승해야 할 때다. 이때는 윗사람이 성장할 수 있는 기회를 마련해주면 무조건 믿고 상승해야 한다. 도시에 있는 상급학교에 가라고 하면 믿고 가야 한다. 부모의 처지나 어려움을 걱정하여 주저하면 안 된다. 상승할 때 상승하지 않고 기회를 놓치면 결국 모두에게 잘못하는 결과가 되기 때문이다.

九二는 孚乃利用禴이니 无咎하리라 象曰九二之孚는 有喜也라

(구이 부내이용약 무구 상왈구이지부 유희야)

국역 |

구이九二는 한마음이 되어서 약禴이라는 제사를 지내는 것이 이롭다. 허물이 없다. 상象에서 말했다. "구이九二가 한마음이 되어야 하는 것은 기쁨이 있기 때문이다."

난자풀이 |

1 禴(약) : 봄과 여름에 종묘에 지내는 조촐한 제사.

2 之(지) : 주격 조사. 구이九二와 부孚의 관계는 원래 주어와 술어였음을 나타낸다.

강설 |

구이九二는 하층부를 이끌고 성장을 주도해야 하는 위치에 있다. 그러나 하층부의 사람들은 빈약한 상층부를 놓아두고 자기들만 성장하는 것이 마음이 아파 의견이 엇갈린다. 그렇지만 성장해야 할 때는 성장해야 한다. 상층부의 딱한 사정을 배려하여 성장을 하지 못하면 그것은 상층부를 괴롭히는 것이다. 그러므로 성장을 이끌어야 하는 구이九二는 아랫사람들을 설득하여 모두 한마음이 되어 다같이 성장의 길로 나아가도록 해야 한다. 모두 한마음이 되도록 하는 방법 중의 하나는 제사를 지내는 것이다. 그래서 '약禴이라는 제사를 지내는 것이 이

롭다'고 했다. 약禴이라는 제사는 조촐한 제사다. 형편이 어려운 가운데서 아랫사람들끼리 결의를 다지기 위해서 지내는 제사이기 때문에 많은 비용을 쓸 수 없다. 그래서 약禴이라는 제사를 지낸다고 했다. 하층부의 사람들이 한마음이 되어 모두 성공을 하면 모두가 기뻐하는 일이다.

九三(구삼)은 升虛邑(승허읍)이로다 象曰升虛邑(상왈승허읍)은 无所疑也(무소의야)라

국역 |

구삼九三은 빈 읍에 올라간다. 상象에서 말했다. "빈 읍에 올라간다는 것은 의심받는 바가 없음이다."

강설 |

일반적으로 삼효는 상층부의 관심을 받지 못해 불만이 많고, 하층부에서 상층부로 진입해야 하는 힘든 자리이다. 그러나 승괘의 경우에는 윗사람들의 저항이 없다. 그저 구삼九三의 뜻을 아무런 의심 없이 밀어주기 때문에, 마치 비어 있는 마을에 들어가듯 순조롭게 올라갈 수 있다. 그래서 '빈 읍에 올라간다'고 했다.

六四(육사)는 王用亨于岐山(왕용향우기산)이면 吉(길)코 无咎(무구)하리라 象曰王用亨于岐山(상왈왕용향우기산)은 順事也(순사야)라

국역 |

육사六四는 왕이 기산岐山에서 제사를 지내면 길하고 허물이 없다. 상象에서 말했다. "왕이 기산에서 제사를 지내는 것은 일을 순리대로 처리하는 것이다."

난자풀이 |

1 用(용) : 이以와 통용. 용用의 목적어는 왕王이다.
2 亨(향) : 향享과 통용. 제사를 지내다.

강설 |

육사六四는 하층부를 지휘하고 육오六五를 받들어야 하는 위치에 있다. 하층부는 육사六四를 순하게 따른다. 육사六四가 하자는 대로 무엇이든 다 따른다. 그러나 하층부는 육사六四에게만 따르는 것이 아니다. 육오六五에게도 따른다. 다만 육사六四가 앞에서 지휘하고 있기 때문에 육사六四만 따르는 것처럼 보일 뿐이다. 육사六四가 만약 하층부가 자기만 따른다고 생각하면 착각이다. 이를 호가호위狐假虎威라 한다. 하층부가 자기를 따르는 것은 자기가 육오六五의 세력을 업고 아랫사람을 지휘하기 때문이다. 이러한 경우 육사六四가 소인이라면 아랫사람

들이 자기만을 따른다고 생각하고 그 세력을 이용하여 육오六五에게 반역을 꾀하기 쉽다. 그러나 그것은 옳지 않다. 사실은 아랫사람들은 자기에게보다 육오六五에게 더 많이 따르고 있다. 만약 육사六四가 육오六五를 공격하여 자리를 빼앗았다면 그것은 찬탈이다. 그리고 그렇게 되면 민심이 이탈된다.

역사적으로 보면, 주나라 무왕의 아버지인 문왕이 이러한 상황에 처했다. 문왕은 제후이고 그를 추종하는 세력이 컸지만, 아직 황제의 자리에 오를 때가 아니었기 때문에 백성들을 이끌고 은나라의 주왕紂王을 섬겼다. 그때까지만 해도 주왕은 황제의 자격을 유지하고 있었고 백성들이 아직 그를 따르고 있었다. 만일 문왕이 그 때 제위에 올랐다면, 그것은 찬탈행위가 된다. 문왕은 고향인 기산에 가서 제사를 지내면서 백성들과 화합하며 제후로서의 책임을 다했다. 그래서 '왕이 기산에서 제사지내면 길하고 허물이 없다'고 했다. 왕이란 문왕과 같은 경우에 처한 육사六四를 지칭한다.

六五(육오)는 貞(정)하면 吉(길)하여 升階(승계)하리라 象曰貞吉升階(상왈정길승계)는 大得志也(대득지야)리라

국역 |

육오六五는 참고 있으면 길하여 계단에 오른다. 상象에서 말했다. "참고 있으면 길하여 계단에 오르는 것은 크게 뜻을 얻기 때문이다."

강설 |

육오六五는 집단의 장이며 실권자이다. 그런데 지금은 외견상 순한 하층부가 육사六四를 따르는 것처럼 보인다. 그리고 육사六四가 인기를 독점하는 듯이 보인다. 그러나 사실은 그렇지 않다. 그것은 호가호위다. 이것을 알지 못하고 육사六四를 시기하거나 육사六四에게 제재를 가한다면 육오六五는 권위를 상실한다. 육오六五는 이를 깊이 통찰하고 가만히 참고 있어야 한다. 그러면 모든 것이 계단을 오르듯이 순조롭게 발전할 것이다. 그리고 발전한 뒤에는 임금 노릇을 제대로 할 수 있을 것이다.

上六은 冥升이니 利于不息之貞하니라 象曰冥升在上이면 消不富也로다

국역 |

상육上六은 상승하는 일에 어두우니 쉬지 않고 참아야 이롭다. 상象에서 말했다. "상승하는 일에 어두우면서 윗자리에 있으니 약해져서 넉넉해지지 않는다."

강설 |

노쇠한 상육上六은 모두가 상승해야 하는 데에 별 관심도 의욕도 없다. 마치 시골에 사는 가난한 할머니가 손자 손녀들을 도시에 보내 공

부를 시키는 일에 대해 탐탁지 않게 생각하는 것과 같은 경우이다. 장래가 얼마 남지 않았기 때문에 상승하는 일에 관심이 없는 데다가 당장 돈을 써야 하기 때문이다. 그래서 '상승하는 일에 어둡다'고 했다.

순한 하층부는 윗사람들의 지휘를 받아 상승하기 위해 매진하고 있다. 이때는 육사六四의 지휘를 따르고 육오六五를 따른다. 성장하기 바빠서 상육上六을 따르고 보살필 여유가 없다. 이런 상황에서 상육上六은 외롭다. 상승하는 일에도 관심이 없고 외롭기까지 하니 상육上六은 몸과 마음이 편치 못하다. 그렇다 하여 아랫사람들을 탓하거나 불만을 표하면, 무시를 당하고 어려움에 처한다. 그래서 '쉬지 않고 참아야 한다'고 했다. 상육上六 또한 전체의 흐름에 따라 상승할 수 있도록 도와야 한다. 마음으로라도 동참을 해야 외롭지 않다. 장래가 얼마 남지 않았다는 것은 소인의 생각일 뿐이다. 소인의 생각으로 살아가면, 허무주의에 빠지기 쉽다. 성장이 있을 수 없다. 자꾸 소멸되어 넉넉해질 날이 없다.

택수곤
澤水困

이 괘의 상괘는 태괘兌卦이고, 하괘는 감괘坎卦다. 상층부는 골치 아프고 하층부는 이전투구를 하고 있다. 하층부의 이전투구를 해결해야 하는 위치에 있는 구사九四는 강력하지 못하기 때문에 그 역할을 못한다. 그리하여 상층부는 자체적으로도 골치 아픈데다가 하층부의 문제도 해결하지 못하므로 전체적으로 아주 곤란하다. 그래서 이 괘의 이름을 곤困이라 했다.

이 경우의 해결책은 단 한 가지뿐이다. 스스로의 모범적인 행동과 헌신적인 봉사로 남들을 감화시켜, 그들 스스로 변화하기를 기대하는 것이다.

극단적으로 곤란한 상황에 놓였던 순임금의 경우가 이에 해당한다. 순임금은 부모도 자신을 해치려 했고, 동생 역시 자신을 해치려 하는, 아주 어려운 상황에 처해 있었다. 그러나 지극히 선하고 헌신적인 행동과 효도로 그들을 감화시켜, 결국 화합의 길로 이끌었다.

困(곤)이라 亨(형)[1]코 貞(정)하니라 大人(대인)이면 吉(길)코 无咎(무구)하니 有言(유언)이면 不信(불신)하리라 彖曰困(단왈곤)은 剛揜也(강엄야)[2]니 險以說(험이열)하여 困而不失(곤이불실) 其所亨(기소형)하니 其唯君子乎(기유군자호)인저 貞大人吉(정대인길)은 以剛中也(이강중야)오 有言不信(유언불신)은 尙口乃窮也(상구내궁야)라 象曰澤无水(상왈택무수) 困(곤)이니 君子(군자) 以(이)하여 致命遂志(치명수지)하나니라

국역 |

곤란한 형국이다. 떨쳐 일어나 돌파구를 찾아야 하고 참고 견뎌야 한다. 대인이라야 길하고 허물이 없으니 말을 해도 신뢰받지 못한다. 단彖에서 말했다. "곤困은 굳센 것이 엄폐된다. 험한데도 기뻐하여 곤란하지만 그 돌파구를 찾을 바를 잃지 않으니, 그 오직 군자이로다! 참아야 하므로 대인이라야 길한 것은 굳센 능력을 가지고 가운데 빠져 있기 때문이다. 말을 하면 신뢰받지 못하는 것은 입을 중시하면 궁해지기 때문이다." 상象에서 말했다. "못에 물이 없는 것이 곤困이니 군자는 이 괘의 이치를 살펴 천명을 이루고 뜻을 이룬다."

난자풀이 |

[1] 亨(형) : 여름의 역할에 해당한다. 떨쳐 일어나는 것을 말한다. 특히 침체하고 곤란한 상황에서는 떨쳐 일어나 돌파구를 찾는 것을 말한다.

[2] 揜(엄) : 엄폐된다.

강설 |

극도로 곤란한 상황에서의 해결책은 한 가지 뿐이다. 하나는 위대한 인품으로 남을 감화시킬 수 있도록 떨쳐 일어나는 것이다. 머리가 모든 것 위로 쑥 올라가 하늘에 닿으면 하늘같은 모습으로 남을 포용할 수 있다. 그 때가 되면 모든 문제가 저절로 해결된다. 문제가 복잡한 까닭은 하늘같이 위대한 존재가 없기 때문이다. 그러므로 하늘같은 존재가 될 때까지는 문제를 해결하려고 나서지 말고 참는 것이다. 그러나 무조건 참고 가만있으면 안 된다. 잘 분별하여 위험을 피하면서 봄이 올 때까지 기다리는 겨울의 지혜를 보여야 한다. 그래서 '떨쳐 일어나 돌파구를 찾아야 하고 참고 견뎌야 한다'고 했다. 떨쳐 일어나 돌파구를 찾는 것은 주로 개인적으로 수양하는 것에 해당한다.

곤란한 상황은 인품이 탁월한 대인만이 해결할 수 있다. 인품이 탁월한 대인은 무한한 감화력으로 남들을 포용하므로 남들이 스스로 감화되어 문제가 저절로 해결된다. 그러므로 곤란한 상황은 대인의 위력을 증명하는 계기가 된다. 곤란한 상황을 해결한 대인은 그로 말미암아 크게 될 수 있다. 그래서 '대인이라면 길하고 허물이 없다'고 했다. 그러나 소인이라면 상황을 해결하지 못하고 패망할 것이다. 최악의 상황에서는 행동으로 모범을 보이는 것만이 유일한 길이다. 말로는 설득하기 어렵다. 아무리 좋은 말로 설득하더라도 믿어 주지 않을 뿐 아니라, 도리어 엇나가기 쉽다. 그래서 '말을 하면 신뢰받지 못한다'고 했다.

곤괘困卦가 곤란한 상황이 된 것은, 건실한 양陽들이 음陰들에게 둘러싸여 가려져 있기 때문이다. '험하면서도 기쁘다'는 말은 하괘와 상괘의 성실을 말한 것이다. 군자라면 험하고 곤란한 상황에서도 도를 닦는 기쁨과 발전하는 길을 잃지 않을 것이다.

공자의 제자 안연은 밥 한 도시락과 물 한 바가지로 끼니를 때우면서 누추한 거리에 살면서도 도를 닦는 마음의 즐거움을 버리지 않았다고 한다. 이것이 바로 곤란한 상황에 처하는 도리이다. 순임금의 도와 안연의 도는 같다고 볼 수 있다.

못이 위에 있고 물이 아래에 있으면 못에는 물이 없는 것이 된다. 그래서 '못에 물이 없다'고 했다. 못에 물이 없으면 그 밑에 있는 논에 물을 댈 수 없다. 못에 물을 채워야 가능하다. 못에 물을 채우는 것은 사람에 인품을 채우는 것이다. 못에 물이 차면 논을 풍요롭게 할 수 있듯이, 사람의 인품이 넘쳐흐르면 남들을 감화시킬 수 있다. 인품을 채우는 하늘의 마음으로 돌아가는 것이다.

初六(초육)은 臀(둔)[1]困(곤)于(우)株(주)[2]木(목)이면 入(입)于(우)幽(유)谷(곡)하여 三(삼)歲(세)라도 不(부)覿(적)[3]이로다 象(상)曰(왈)入(입)于(우)幽(유)谷(곡)은 幽(유)不(불)明(명)也(야)라

국역 |

초육初六은 엉덩이가 나무 그루터기에 끼여 곤란을 당한다면 어두운 골짜기에 들어가 세 해가 되도록 (햇빛을) 보지 못한다. 상象에서 말했다. "어두운 골짜기에 들어가는 것은 어두워서 밝지 못하기 때문이다."

난자풀이 |

[1] 臀(둔) : 볼기. 엉덩이.

[2] 株(주) : 나무의 그루터기.

[3] 覿(적) : 보다. 만나다.

강설

초육初六은 어린 존재로 육삼六三과 한통속이 되어 구이九二와 이전투구를 벌인다. 그렇게 되면 구이九二에게 눌려 운신하기 어렵다. 마치 신입생이 강한 2학년 선배에게 억압당하고 있는 격이다. 그래서 '엉덩이가 나무 그루터기에 끼어 곤란을 당한다'고 했다. 나무 그루터기는 구이九二를 말한다. 하층부의 중심이기 때문에 나무 밑 부분의 중심인 그루터기에 비유한 것이다.

하층부의 이전투구는 헤쳐 나올 수 없는 늪이다. 한번 빠져들면 헤어나기 어렵다. 그래서 이를 '어두운 골짜기에 들어가 세 해가 되도록 (햇빛을) 보지 못한다'고 했다. 이 경우, 초육初六이 취할 수 있는 현명한 방법은 구이九二와의 대결에 소극적으로 응하면서 자기의 인격향상을 위해 열심히 학업에 열중하는 것뿐이다.

九二(구이)는 困于酒食(곤우주식)이면[1] 朱紱(주불)이[2] 方來(방래)하리니 利用享祀(이용향사)며[3] 征(정)하여 凶(흉)하면 无咎(무구)하리라 象曰困于酒食(상왈곤우주식)이면 中(중)이라 有慶也(유경야)리라

국역

구이九二는 술과 밥이나 먹으며 곤란한 세월을 보내고 있으면, 제사지낼 때 입는 붉은 옷이 바야흐로 도착할 것이니, 그것을 입고 제사를

지내는 것이 이롭다. 가서 따져서 흉하면 허물이 없다. 상象에서 말했다. "술과 밥이나 먹으며 곤란한 세월을 보내고 있으면 가운데에 있기 때문에 경사가 있을 것이다."

난자풀이 |

[1] 食(사) : '밥'이라는 명사로 쓰일 때는 음이 '사'이다.
[2] 紱(불) : 제사지낼 때 입는, 무릎까지 끈을 늘어뜨린 옷.
[3] 用(용) : 이以와 통용. 용用의 목적어는 주불朱紱이다.

강설 |

초육初六과 육삼六三이 부단히 대항해 오는 상황에서, 구이九二가 그들과 직접 대결하면 그들의 반대와 모함에 빠져 끝없는 이전투구를 벌이게 된다. 가급적 대결을 피하고, 곤혹스럽더라도 밥과 술로 화를 삭이면서 지내고 있는 것이 좋다. 그러면 구이九二의 중요성을 인식하고 있는 구오九五가 문제해결을 위해 도와줄 것이니, 그 때를 기다리고 있는 것이 상책이다. 그래서 '술과 밥이나 먹으며 곤란한 세월을 보내고 있어라'고 했다.

초육初六, 육삼六三과 화합하는 방법은 두 가지 정도를 생각해 볼 수 있다. 하나는 제사를 지내 일체감을 조성하는 것이다. 제사를 지내고자 하면 구오九五가 제사 때 쓸 옷과 비용을 보내 올 것이니, 그것을 가지고 화합의 한마당을 연출하면 효과가 있다. 그래서 '제사지낼 때 입는 붉은 옷이 바야흐로 도착할 것이니, 그것을 입고 제사를 지내는 것이 이롭다'고 했다.

또 하나의 방법은 초육初六, 육삼六三의 불만을 해소시켜 주는 것이다. 그들의 불만은 하부의 주도권을 잡지 못한 데 있으므로, 그들과 만나 한바탕 싸우다가 곤욕을 치르고 나면 어느 정도 그들의 불만은 해소될 수 있다. 그래서 '따지러 가서 흉한 꼴을 당하면 허물이 없다'고 했다.

지는 것이 이기는 것이라는 말이 있다. 바로 이런 경우에 해당한다. 져주지 않고 힘으로 그들을 응징하면 불만이 속으로 응축되어 해결이 더욱 어려워진다. 져주어서 상대로 하여금 실컷 화풀이를 하게 하고, 승리의 기쁨을 맛보게 하는 것이 문제해결의 한 방법이 된다.

> 六三(육삼)은 困于石(곤우석)하며 據于蒺藜(거우질려)[1][2]니 入于其宮(입우기궁)하여 不見其妻(불견기처)면 凶(흉)하리라 象曰據于蒺藜(상왈거우질려)는 乘剛也(승강야)오 入于其宮不見其妻(입우기궁불견기처)는 不祥也(불상야)라

국역 |

육삼六三은 돌에 눌려 곤란을 당하고 가시덤불을 깔고 있다. 자기의 집에 들어가 자기의 부인을 볼 수 없으면 흉하다. 상象에서 말했다. "가시덤불을 깔고 있는 것은 굳센 것을 타고 있는 것이고, 자기 집에 가도 자기 처를 보지 못하는 것은 상서롭지 않은 것이다."

난자풀이 |

[1] 蒺(질) : 납가새. 모래땅이나 바닷가에 나는 풀.
[2] 藜(려) : 명아주. 질려蒺藜는 납가새. 열매는 단단하고 억센 가시가 있음.

강설 |

육삼六三은 초육初六을 꼬드겨 구이九二와 이전투구를 벌이기 쉽다. 그러나 그렇게 되면 헤어나기 어렵다. 초육初六은 어리기 때문에 동정의 여지가 있지만, 육삼六三은 동정받지 못하고 엄한 제재를 당한다. 위로는 강력한 구사九四에게 눌리고 아래로는 구이九二에게 당해서 곤란한 처지가 된다. 그래서 '돌에 눌려 곤란을 당하고 가시덤불을 깔고 있다'고 했다.

육삼六三이 곤란한 처지에 놓이게 된 까닭은 육삼六三이 음陰의 입장을 고수하여 구이九二와 구사九四를 투쟁상대로 보기 때문이다. 군자라면 태극의 입장에서 양陽과 화합할 수 있다. 태극의 입장에서 화합할 수 있다면 모든 사람들을 편안하게 만들 수 있지만, 개인의 입장에서 욕심을 부려 다른 사람들과 경쟁한다면 부모, 형제, 처자도 포용할 수 없다. 그러므로 육삼六三이 자기만을 위해 끝까지 싸운다면, 가족들도 등을 돌려 떠나갈 것이다. 그런 지경에 이르면 상서롭지 못함이 이보다 더 클 수 없다. 그래서 '자기의 집에 들어가 부인을 볼 수 없으면 흉하다'고 했다.

맹자는 "어진 마음을 확충하여 기르면 세상을 평화롭게 보존할 수 있지만, 자기의 이익을 극도로 추구하면 처자도 보존할 수 없다"고 했다. 노름을 하여 재산을 탕진했거나 나쁜 무리와 어울렸거나 하여 헤어나기 어려운 지경에 처한 사람이 살아날 수 있는 해결책은 한 가지밖에 없다. 부인에게 가서 모든 것을 털어놓고 용서를 비는 것이다. 이때 부인이 용서를 해 준다면 회생할 가능성이 있다. 그러나 부인조차도 만나주지 않는 지경이 되면 헤어나기 어렵다.

九四는 來徐徐하여 困于金車면 吝하나 有終이리라 象曰來徐徐는 志在下也니 雖不當位나 有與也니라

국역 |

구사九四는 오면서 '더디다, 더디다' 하여 쇠수레 속에서 곤란을 당하면 한스럽기는 하지만 유종지미를 거둘 수 있다. 상象에서 말했다. "오면서 '더디다, 더디다' 하는 것은 뜻이 아래에 있기 때문이니, 비록 자리가 마땅하지 않으나 더불어 함께 할 수 있다."

강설 |

구사九四는 하층부의 문제를 해결해야 하는 자리에 있으면서도 자신이 곤란을 당하고 있는 입장이기 때문에, 하층부의 갈등을 해결할 능력이 전혀 없다. 이런 경우에 취할 수 있는 유일한 방법은 '성실한 모습'을 보이는 것이다. 그러면 즉각 해결되지 않는다 해도, 시간이 지나면서 그의 성실성에 감명을 받아 하층부가 스스로 자중할 것이다. 구사九四가 하층부의 문제를 해결하기 위해, 가장 빠른 쇠수레를 타고 가면서도 그들을 걱정하는 마음에 한없이 느리게만 느껴져, 그 안에서 속을 태우며 곤혹스러워할 정도가 되면, 그의 성실성에 아랫사람들이 감명을 받을 것이다. 그래서 '오면서 더디다, 더디다 하여 쇠수레 속에서 곤란을 당하면 어려움은 있지만 유종지미를 거둘 것'이라 했다. 능력이 부족한 사람이 문제를 해결하는 방법은 성실한 자세로 임하는 것 외에는 없다. '지성至誠이면 감천'이란 말이 이에 해당한다. 어거스틴의

어머니가 방탕한 어거스틴을 바로잡을 수 없었을 때, 혼자서 끊임없이 기도함으로써 어거스틴을 감동시킨 것도 이에 해당한다.

九五는 劓[1]刖[2]하여 困于赤紱[3]이면 乃徐有說하리니 利用祭祀니라 象曰劓刖은 志未得也오 乃徐有說은 以中直也오 利用祭祀는 受福也리라

국역 |

구오九五는 코를 베고 발을 베고, 붉은 제복祭服을 입고서 곤란을 겪고 있으면, 천천히 기쁨이 있을 것이다. 제사를 지내는 것이 이롭다. 상象에서 말했다. "코를 베고 발을 베는 것은 뜻이 아직 통하지 않은 것이고, 천천히 기쁨이 있는 것은 중심에 있으면서 정직하기 때문이다. 제사를 지내는 것이 이로운 것은 복을 받기 때문이다."

난자풀이 |

[1] 劓(의) : 코를 베는 형벌.
[2] 刖(월) : 발을 자르는 형벌.
[3] 紱(불) : 제사를 지낼 때 입는 제복.

강설 |

구오九五는 전체의 책임자이다. 그러나 지금의 구오九五는 자신의 문제도 해결하기 어렵지만 하층부의 싸움도 해결하기 어렵다. 모두와 한마음이 되기 위해 제사지낼 준비를 하고 있어도 동조하는 사람이 없다. 이 경우의 한 가지 해결책은 자기의 곤란한 모습을 보이는 것이다. 그래서 '코를 베고, 발을 벤다'고 했다. 간디가 단식을 한 것도 이런 경우이다. 구오九五의 입장에서 모두와 한마음이 되고자 하는 지극한 정성을 가지고 있으면서 큰 곤란을 겪고 있으면 사람들이 동조할 것이고 그 결과 해결이 될 것이다. 그래서 '붉은 제복을 입고서 곤란을 겪는다'고 했다. 붉은 제복을 입는 것은 모두와 한마음이 되기 위해 성실하게 노력하고 있음을 보여주는 것이다.

구오九五가 붉은 제복을 입고 곤란을 당하고 있는 것은 진실함과 성실성으로 남을 감화시키기 위한 것이다. 진심으로 그들을 염려하고, 끈기 있게 기다린다면 마침내는 그들이 감명을 받고 참여하게 될 것이다. 그래서 '천천히 기쁨이 있을 것'이라고 했다. 그들이 감명을 받고 제사에 참여하기 위해 오면, 함께 제사를 지내면서 화합의 길을 모색할 수 있다. 그래서 '제사를 지내는 것이 이롭다'고 했다.

上六은 困于葛藟[1]며 于臲卼[2][3][4]이면 曰動悔리니 有悔[5]하여 征하면 吉하리라 象曰困于葛藟는 未當也오 動悔有悔吉은 行也라

국역 |

상육上六은 칡넝쿨 등나무넝쿨에 감기어 곤란을 당하고, 높고 위험한 곳에서 곤란을 당하고 있으면 '움직일수록 후회하게 된다'고 말하는 상황에 빠질 것이니, 뉘우침이 있어 가서 바로잡으면 길하다. 상象에서 말했다. "칡넝쿨 등나무넝쿨에 감기어 곤란을 당하는 것은 아직 마땅해지지 않았기 때문이고, 움직일수록 후회하게 되는 상황에서 뉘우침이 있으면 길한 것은 (진리가) 행해지기 때문이다."

난자풀이 |

1 藟(류) : 등나무넝쿨.
2 于(우) : 우于 앞에 곤困이 생략되었다.
3 臲(얼) : 높고 위험한 것.
4 卼(올) : 높고 위험한 것.
5 悔(회) : 앞의 회悔와 달리 여기서의 회悔는 '뉘우친다'는 뜻이다.

강설 |

상육上六은 물러나지 않고 버티고 있으면서 구오九五와 구사九四를 골치 아프게 하는 존재다. 지금은 하층부의 이전투구 때문에 전체적으로 최악의 곤란을 겪고 있다. 이럴 때 상육上六이 계속 문제를 일으키면 구오九五와 구사九四는 비상수단을 쓸 수밖에 없다. 그것은 상육上六을 움직이지 못하도록 제약을 가하는 것이다. 그래서 '칡넝쿨 등나무넝쿨에 감기어 곤란을 당한다'고 했다.

상육上六은 제일 윗자리에 있기 때문에, 상육上六이 묶여있는 것은 모두가 주목한다. 그러므로 그만큼 더 운신이 어렵다. 벗어나려 안간힘을 쓸수록, 그것이 다 악재로 작용하여 더욱 곤란해진다. 마치 수갑 찬 사람이 벗어나려 움직일수록 더욱 조여지는 것과 같다. 만일 상육上

六이 이런 상황에 이르게 된다면, 움직일수록 후회하게 된다고 말하는 곤란한 상황에 놓이게 된다. 그래서 '움직일수록 후회한다고 말하는 상황에 빠진다'고 했다.

이런 경우, 벗어날 수 있는 방법은 단 한 가지 회개하는 것뿐이다. 후회하고 뉘우쳐서 사욕을 버리고 구오九五와 한마음이 돼야 한다. 그리고 육삼六三 등을 설득하고 인도해야 한다. 그러면 전체적으로, 곤란한 상황에서 벗어나는 데 큰 역할을 할 수 있다. 그래서 '뉘우침이 있어 가서 바로 잡으면 길하다'고 했다.

수풍정
水風井

이 괘의 상괘는 감괘坎卦이고, 하괘는 손괘巽卦다. 감괘인 상층부는 오랜 싸움에 지쳐 축 늘어져 있다. 그래서 제대로 정리되어 있는 것이 없다. 그러나 하층부가 순하게 윗사람을 잘 따르고 있기 때문에 그간에 정리되지 않은 것을 정리하여 발전의 기회로 삼아야 한다. 그래야 그간의 침체를 만회할 수 있다. 오랜 가난에서 벗어나기 위해 국민운동을 전개하는 것도 이 경우에 해당한다. 마을 정리, 도로 정비, 주택개량 등을 하여 새로운 삶의 터전을 마련한 '새마을 운동'도 이에 해당한다.

난잡하게 살아온 사람이 주변을 정리하는 것도 이에 해당한다. 정신을 차리고 주변을 정리하여 제대로 된 길로 가야 하는 것도 이 괘의 깨우침이다.

마을을 정리하기 위해서는 제일 먼저 우물을 확보하고, 그 다음 우물을 중심으로 도로를 정비해야 한다. 정井이란 글자에는 '우물'이란 뜻도 있고 '구획을 반듯하게 정리한다'는 의미도 있으며, '정전법'이란 의미도 있다. 말하자면, 우물을 파고, 마을을 만들고, 경지정리를 하는 것이 다 내포되어 있는 셈이다. 그래서 괘의 이름을 '정井'이라 했다.

정 개읍 불개정 무상무득 왕래정
井이라 改邑하되 不改井하며 无喪无得이라야 往來井

정 흘지 역미휼정 이기병 흉
井하나니 汔[1]至라도 亦未繘[2]井하여 羸[3]其甁[4]이면 凶하리라

단왈손호수이상수 정 정 양이불궁야
彖曰巽乎水而上水 井이니 井은 養而不窮也하니라

개읍불개정 내이강중야 흘지역미휼정 미
改邑不改井은 乃以剛中也오 汔至亦未繘井은 未

유공야 이기병 시이흉야 상왈목상유수
有功也니 羸其甁이라 是以凶也라 象曰木上有水

정 군자 이 노민권상
井이니 君子 以하여 勞民勸相하나니라

국역 |

정리를 하는 형국이다. 읍을 바꾸되 우물은 바꾸지 않아야 하며, 잃은 것도 없고 얻은 것도 없어야 왕래가 반듯하게 된다. 거의 우물이 완성되었어도 우물에 두레박줄을 매지 않아 그 두레박이 힘이 없으면 흉하다. 단彖에서 말했다. "물길에 따르면서 물을 솟아나게 하는 것이 정井이니, 정井은 길러서 끝남이 없다. 읍을 바꾸되 우물을 바꾸지 않는 것은 군센 것이 중심에 있기 때문이고, 거의 우물이 완성되었는데도 또한 아직 우물에 두레박줄을 매지 않은 것은 아직 공을 이루지 않

은 것이니, 그 두레박이 힘이 없으면 그 때문에 흉한 것이다." 상象에서 말했다. "나무 위에 물이 있는 것이 정井이니, 군자는 이 괘의 이치를 살펴, 백성을 위로하고 서로를 권하도록 한다."

난자풀이 |

1 汔(흘) : 거의.
2 繘(휼) : 두레박줄. 또는 두레박줄을 매다.
3 羸(리) : 여위다. 파리하다.
4 瓶(병) : 두레박.

강설 |

마을을 이루고 개량사업을 하더라도, 기준이 되는 마을 한복판의 우물은 그 위치를 변경시키지 않아야 한다. 그래서 '읍을 바꾸되 우물은 바꾸지 않아야 한다'고 했다. 기준이 바뀌면 개량사업이 제대로 진척될 수 없기 때문이다. 옛 사람들은 우물을 함부로 파지 않았다. 자연으로 솟아나는 우물을 온 동네 사람들이 먹고살았다. 그 만큼 옛사람들은 보이지 않는 지하의 수맥을 다치지 않기 위해 힘썼던 것이다.

우물을 바꾸지 않는다는 것은 뿌리를 건드리지 않는다는 뜻이기도 하다. 뿌리를 바꾸면 걷잡을 수 없는 혼란이 일어난다. 또 새마을 사업을 할 때 전통문화에 속하는 것이나 민족의 정기는 훼손하지 않아야 하는 것도 이에 해당한다.

굽은 도로를 바르게 하고, 구불구불한 논의 경계를 바로 잡을 때, 각별히 유의해야 하는 것은 이를 통하여 부당하게 이익 보거나 손해 보는 사람이 없도록, 공평하게 주고받게 하는 것이다. 그래야만 마을 주민의 불만이 없다. 그래서 '잃은 것도 없고 얻은 것도 없어야 왕래가 반듯하게 된다'고 했다. 만일 불만이 생기면 마을을 고치고 경지정리를 한 효과를 기대할 수 없다.

새마을운동을 하고 경제를 발전시킬 때 중요한 것은 마무리를 잘 하는 것이다. 경제가 발전한 뒤에 마무리를 잘 못하면, 부자는 더욱 부자가 되고 가난한 자는 더욱 가난해져서, 심각한 사회문제가 된다. 또 경제발전을 한 뒤에는 사람이 물질적 가치를 추구하는 경향이 있기 때문에, 특히 정신문화를 발전시키도록 주의를 해야 한다. 그래서 경제발전을 한 뒤의 마무리가 중요하다. 우물을 수리한 뒤의 마무리는 두레박에 줄을 매는 것이다. 두레박은 물을 길어 올리는 도구이다. 우물을 파 놓았어도 두레박에 줄 매는 일을 소홀히 하면 우물을 마실 수 없다. 애써서 이루어 놓은 일이 효과를 발휘하지 못하는 것이다. 그래서 '우물이 완성되었어도 두레박줄을 매지 않아 두레박에 힘이 없으면 흉하다'고 했다. 새마을운동이나 정리를 하는 과정을 우물을 수리하는 과정으로 설명했으므로 이를 통해서 응용할 수 있어야 한다.

경제건설을 통해 어느 정도 부를 이루었다 해도 성급하게 축하주를 마실 일이 아니다. 차분하게 다져서 그 효과를 지속적으로 유지할 수 있는 방안을 모색해야 한다. 그것은 도덕 교육을 강화하는 것이다. 경제를 운용할 수 있는 도덕성을 갖추지 않으면, 지속적인 발전을 기대하기 어렵다. 그렇지 않으면 어렵게 건설한 경제도 수포로 돌아갈 것이다.

상象에서 '나무 위에 물이 있는 것이 정井'이라 한 것은 손괘가 나무를 상징하기도 하기 때문이다. 나무 위에 물이 있을 경우는, 그 물이 흘러 나무를 자라게 해야 하는 상황이므로, 국민운동과 같은 것을 전개해야 한다.

이러한 상황에서 군자는 일 하느라 고생하는 백성들을 위로하고, 또 그들로 하여금 서로를 권하도록 인도할 것이다.

初六^{초육}은 井泥不食이요 舊井에 无禽이로다 象曰井泥不食은 下也라 舊井无禽은 時舍[1]也라

국역 |

초육初六은 우물이 흐려 먹지 못하고 옛 우물에는 새가 없다. 상象에서 말했다. "우물이 흐려 먹지 못하는 것은 아래에 있기 때문이고, 옛 우물에 새가 없는 것은 때때로 버려두었기 때문이다."

난자풀이 |

[1] 舍(사) : 사捨와 통용.

강설 |

초육初六은 이제 막 우물을 수리하기 시작한 상황에 처해 있다. 새 우물은 아직 흐리므로 먹을 수 없다. 그리고 옛 우물은 이미 사용하지 않아 더러워져서 역시 먹을 수 없다. 그리하여 옛 우물과 새 우물의 과도기에서 먹을 물을 구하지 못하고 곤경에 처하게 되는 것이 초육初六의 상황이다. 그래서 '우물이 흐려 먹지 못하고 옛 우물에는 새가 없다'고 했다. 우물가에는 사람들이 씻다가 흘린 쌀이나 보리 등이 흩어져 있어, 새가 먹으러 날아오기 마련이다. 새가 오지 않는다는 것은 사람들이 사용하지 않는다는 말이다.

초육初六은 배가 고파도 참고 기다리는 수밖에 없다. 조금만 기다리면 물이 맑아져, 곧 마실 수 있을 것이기 때문이다. 한창 경지정리를

할 때는 농사를 제대로 지을 수 없어 오히려 손해를 보는 경우가 있지만 참을 수밖에 없고, 새로 정리를 할 때는 그 전보다 더 어지럽지만 참을 수밖에 없다.

하下라고 한 것은 공간적으로는 '아래'라는 의미이지만 시간적으로는 '초창기'를 의미한다.

九二(구이)는 井谷(정곡)이라 射(사)①鮒(부)②오 甕(옹)③敝(폐)漏(루)로다 象曰井谷射鮒(상왈정곡사부)는 无與也(무여야)라

국역 |

구이九二는 우물이 골짜기처럼 되어 붕어에게 흘러가고 물독은 부서져 물이 샌다. 상象에서 말했다. "우물이 골짜기처럼 되어 붕어에게 흘러가는 것은 함께 하는 자가 없기 때문이다."

난자풀이 |

① 射(사) : 물이 쏜살같이 흘러가는 것을 말한다.
② 鮒(부) : 붕어.
③ 甕(옹) : 독. 단지.

강설 |

구이九二는 경제건설의 역군이요, 산업현장의 주역이다. 산업근로자

들이 이에 해당한다.

구이九二의 역군들이 생산한 가치는 다른 사람들에 의해 유통되고 판매된다. 그리고 그 이익은 다른 사람들이 차지한다. 구이九二의 입장에서 보면, 생산은 자신이 했지만 그것을 통해 이익을 얻는 사람들은 자신이 아니다. 농산물을 생산한 농민보다, 그것을 파는 상인이 더 많은 이익을 남기는 것과 같은 이치이다. 그래서 이를 『주역』에서는, '우물을 수리해 놓았는데 거기서 솟아난 물이 고여있지 않고 골짜기에서 물이 흐르듯 흘러가 붕어들을 먹여 살리는 것'으로 표현했다.

생산의 역군들이 생산한 대가를 다른 사람들이 차지하기 때문에 마치 담아 놓은 물이 새어나가는 것과 같다. 그래서 '물독이 부서져 물이 샌다'고 했다. 그렇다고 해서, 이를 일일이 응징할 수는 없다. 이러한 상황을 이해한다면, 구이九二의 상황에 처한 군자는 일한 만큼의 정당한 대가를 받지 못한다 해도 일일이 따지지 않고 묵묵히 일할 것이다.

'함께 하는 자가 없다'는 것은 모두 다같이 산업의 발전을 위하여 노력하는 것이 아니라, 각자의 이익을 얻기 위하여 노력함으로써 구이九二와 뜻을 같이 하지 않는 것을 말한다.

九三은 井渫[1]不食하여 爲我心惻하니 可用汲[2]에 王明이면 竝受其福하리라 象曰井渫不食은 行을 惻也오 求王明은 受福也라

국역 |

구삼九三은 우물을 준설하고서도 마시지 못하여 내 마음이 애타게 된다. 물을 길어 낼 수 있을 때 왕王이 현명해야만 아울러 그 복을 받을 수 있다. 상象에서 말했다. "우물을 준설하고서도 마시지 못하는 것은 진행을 애태우는 것이고, 왕의 현명함을 구하는 것은 복을 받기 위한 것이다."

난자풀이 |

1 渫(설) : 물밑을 치우다. 치다.
2 用(용) : 이以와 통용. 용用의 목적어는 정설井渫이다.

강설 |

구삼九三 역시 구이九二와 함께 경제건설을 담당한 역군이다. 경제는 어느 정도 건설해 놓았으나 아직 이익을 분배받아 누리는 단계에까지 이르지는 못했다. 그래서 '우물을 준설하고서도 마시지 못하여 내 마음이 애타게 된다'고 했다. 우물을 준설하면 한동안은 흙탕물 때문에 마실 수 없다.

그러나 한참 있으면 차츰 맑아져 마실 수 있게 된다. 이때 먼저 먹기 위해서 다투다보면 혼란이 일어난다. 공평하게 마실 수 있도록 현명한 지도자가 나와야 한다. 경제가 성장할 때도 이와 같다. 경제가 성장하고 나면, 그 혜택은 경제건설의 역군보다 다른 사람들이 더 많이 누리게 된다. 현명한 지도자가 공평하게 분배하지 않으면 근로자들이 불공평하게 착취당하기 쉽다. 그러면 불만이 팽배해져 사회 전체가 혼란해질 우려가 있다. 우물물을 마실 수 있게 되었을 때, 마을 전체의 대표가 공평하게 차례대로 나누어주지 않으면 애쓴 사람이 그 혜택을 누릴 수 없게 되는 것과 같다. 그래서 '왕이 현명해야 그 복을 함께 받을 수 있다'고 했다.

우물을 준설한 뒤 물이 맑아질 때까지 그 진행과정을 애태우며 기다리듯, 경제건설을 한 뒤에도 그 이후의 분배가 순조로울 수 있도록 그 과정을 애태우면서 지켜봐야 한다.

六四(육사)는 井甃(정추)[1]면 无咎(무구)하리라 象曰井甃无咎(상왈정추무구)는 修井也(수정야)라

국역 |

육사六四는 우물을 벽돌로 쌓게 되면 허물이 없다. 상象에서 말했다. "우물을 벽돌로 쌓는 것은 우물을 수리하는 것이다."

난자풀이 |

[1] 甃(추) : 벽돌담. 우물벽돌.

강설 |

우물을 다 수리한 후에는 벽돌로 그 벽을 쌓는다. 벽돌로 쌓는 것은 초육初六, 구이九二, 구삼九三 등이 수리한 우물을 마무리하는 것이다.

육사六四는 하층부를 지휘하여 그들이 이루어놓은 경제를 마무리하는 처지이다. 욕심을 내지 않고, 진실하게 마무리를 하면 무난할 것이다. 그래서 '우물을 벽돌로 쌓게 되면 허물이 없다'고 했다.

구오 정렬한천식 상왈한천지식 중정야
九五는 井冽寒泉食이로다 象曰寒泉之食은 中正也라
1

국역 |

구오九五는 우물이 맑아서 찬 샘물을 마신다. 상象에서 말했다. "찬 샘물을 마시는 것은 중심에 있으면서 바르기 때문이다."

난자풀이 |

1 冽(렬) : 차다. 맑다.

강설 |

구오九五는 경제건설의 총지휘자이다. 경제건설이 완성되었을 때, 제일 먼저 혜택을 누리는 위치에 있다. 우물을 파서 물이 맑아지면 제일 먼저 마신다. 그래서 '우물이 맑아서 찬 샘물을 마신다'고 했다.

이 경우 구오九五는 혼자서 많이 마시지 않도록 유의해야 한다. 바르고 적절하게 분배해야 전체가 원만하다.

상육 정수물막 유부 원길 상왈원길
上六은 井收勿幕고 有孚면 元吉하리라 象曰元吉은
1
재상 대성야
在上이 大成也라

국역 |

상육上六은 우물에서 거두어 마시고 막을 치지 않으면 모두 한마음이 되어 크게 길하다. 상象에서 말했다. "크게 길한 것은 위에 있는 사람이 크게 공을 이루기 때문이다."

난자풀이 |

1 幕(막) : 드리우는 막. 막을 드리운다는 것은 남이 들어오지 못하도록 차단하는 것이므로, 우물에 막을 치는 것은 남이 먹지 못하도록 차단하는 것이다. 따라서 여기서의 막은 우물의 뚜껑에 해당한다.

강설 |

상육上六은 산업역군들이 노력하여 이룩한 성과를 누리게 된다. 그러나 상육上六이 누리는 것은 자기 땀의 대가가 아니다. 초육初六, 구이九二, 구삼九三 등 근로자들의 노고의 결과이다.

경제가 발전함으로써 나타난 개발이익 때문에 땅 주인들이 그 성과를 누려 부자가 되는 경우가 있다. 이들이 부자가 된 원인은 그들 스스로에게 있는 것이 아니다. 졸지에 부자가 되었을 때 자기의 돈을 자기 것이라 여겨 낭비하는 것은 잘못이다. 몰래 숨기거나 외국으로 빼돌려 자기만이 쓰는 것은 더욱 잘못이다. 그래서 '우물에서 거두어 마시고 막을 치지 않아야 한다'고 했다. 자기의 재산을 공공기관에 기부하여 실제로 고생한 사람들에게 혜택이 가도록 배려하는 것도 하나의 방법이다. 그렇게 하면 계층간에 신뢰가 형성되어 균형 잡힌 사회가 될 것이다. 그렇지 않으면 부당한 상육上六의 행동에 모두가 분개할 것이고, 그 때문에 사회적 혼란이 야기될 수 있다.

택화혁
澤火革

이 괘의 상괘는 태괘兌卦이고, 하괘는 리괘離卦다. 상층부는 골치가 아파도 하층부는 자족하므로 상층부의 일에 별 관심이 없다.

상층부가 망하는데 하층부 혼자서 잘될 수는 없다. 따라서 하층부는 떨쳐 일어나 상층부의 문제를 해결하지 않으면 안 된다. 하층부는 그런 능력도 있고 힘도 있다. 상층부의 문제는 개선해서 해결될 것이 아니므로 확 바꾸지 않으면 안 된다. 그래서 괘의 이름을 '혁革'이라 했다. 정치적인 문제라면 혁명을 일으켜야 하는 상황이다.

革(혁)이라 已日(이일)[1]이면 乃孚(내부)하리니 元(원)코 亨(형)코 利(리)코 貞(정)하면 悔亡(회망)하리라 彖曰革(단왈혁)은 水火相息(수화상식)하며 二女同居(이녀동거)하되 其志不(기지불)

상득 왈혁 이일내부 혁이신지 문명이열
相得이 曰革이라 已日乃孚는 革而信之라 文明以說

대형이정 혁이당 기회내망 천지
하여 大亨以正하니 革而當할새 其悔乃亡하니라 天地

혁이사시성 탕무혁명 순호천이응호인
革而四時成하며 湯武革命하여 順乎天而應乎人하니
[2] [3]

혁지시 대의재 상왈택중유화 혁 군자 이
革之時 大矣哉라 象曰澤中有火 革이니 君子 以하여

치력명시
治歷明時하나니라
[4]

국역 |

바꾸어야 하는 형국이다. 고난의 날이 지나면 한 마음이 될 것이다. 시작해야 할 때 시작하고, 적극적으로 나서야 할 때 나서며, 거두어야 할 때 거두고, 마무리해야 할 때 마무리하면 후회함이 없을 것이다. 단彖에서 말했다. "혁革은 물과 불이 서로 멈추게 하며, 두 여자가 함께 거처하되 그 뜻이 서로 통하지 않으니 '바꾸어야 한다'고 한 것이다. 고난의 날이 지나면 한마음이 되는 것은 바꾸어서 신뢰하는 것이다. 문명하여 기뻐하고 바른 마음으로 크게 떨쳐 일어나니, 바꾸어서 마땅한 것이니, 후회함이 없을 것이다. 천지가 바뀌어서 사시가 성립되고, 탕·무가 혁명하여, 하늘에 따르고 사람에게 응한 것이니, 바꾸어야 하는 상황에서 때에 맞게 하는 것이 중요하다." 상象에서 말했다. "못 가운데 불이 있는 것이 혁革이니 군자는 이 괘의 이치를 살펴, 달력을 다스리고 때를 밝힌다."

난자풀이 |

1 已(이) : 그치다. 지나다. 주자朱子는 이已로 보았으나, 하해何楷, 래지덕來知德, 주진朱震, 고염무顧炎武 등은 기己로 보았다. 기己는 십간十干 중의 여섯째에 해당한다. 갑甲이 시작하는 시기라면, 기己는 변하는 시기로 볼 수 있다.
2 湯(탕) : 혁명을 일으켜 하왕조夏王朝를 멸망시키고 은왕조殷王朝를 세운 임금.
3 武(무) : 혁명을 일으켜 은왕조殷王朝를 멸망시키고 주왕조周王朝를 세운 임금.
4 歷(력) : 력曆과 통용.

강설 |

혁명은 고난의 날이 진행된 뒤에 성공하는 법이다. 일日은 고난의 날을 말하고 이已는 마치는 것을 말한다. 고난의 날을 지나면서 그것을 극복하려는 노력이 결실을 맺는 것이 혁명이다. 고난은 지배자가 피지배자를 압박하고 피지배자가 지배자에게 반발하는 데서 비롯된다. 피지배자의 반발이 차츰 커지면 지배자 중에서 피지배자의 편을 드는 사람들이 차츰 많아져서 많은 사람이 한마음이 되는 시기가 온다. 그 때가 혁명이 성공하는 때다. 그래서 '고난의 날이 지나면 한마음이 될 것이다'라고 했다.

혁명을 할 때는 대 혼란이 일어난다. 순조로운 혁명은 없다. 이 혼란기의 삶의 원리는 역시 시중時中이다. 그래서 '시작해야 할 때 시작하고, 적극적으로 나서야 할 때 나서며, 거두어야 할 때 거두고, 마무리해야 할 때 마무리하면 후회함이 없을 것이다'라고 했다.

이已를 기己로 읽으면 다음과 같은 논리로 이해할 수 있다.

십간十干은 갑甲, 을乙, 병丙, 정丁, 무戊, 기己, 경庚, 신辛, 임壬, 계癸이다. 십간은 하나의 단위를 상징적으로 표현한 말이다. 그래서 십간은 일년을 단위로 할 수도 있고, 일주일을 상징할 수도 있으며, 마라톤의 전 코스를 상징할 수도 있고, 역사의 한 기간일 수도 있다. 십간 중의 기己는, 일년을 전반부와 후반부로 나누었을 때, 그 전 후반이 바뀌는 시점이다. 일주일을 상징할 때는 수요일에 해당하며, 마라톤 코스에서는 반환점에 해당한다. 그리고 역사에서 보면 왕조가 바뀌는 시점이다. 기일己日 앞에 혁革자가 하나 더 있어야 하겠지만 생략된 것으로 볼 수 있다. 그러므로 '기일에 바꾼다면'으로 해석해야 할 것이다.

역사의 흐름을 보자.

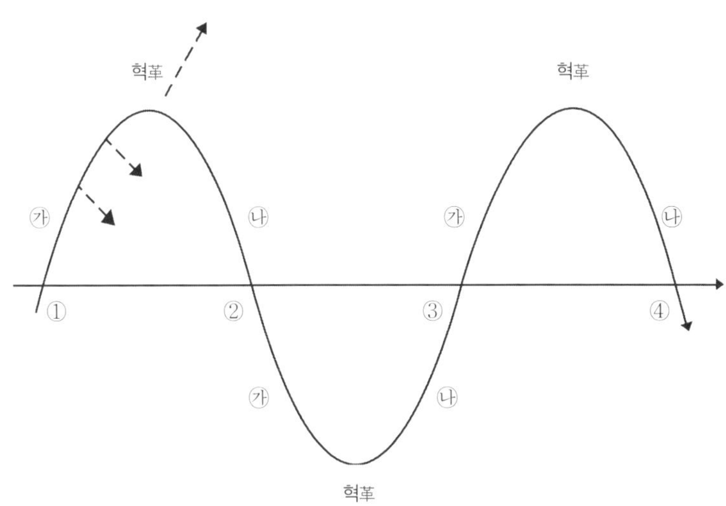

→의 방향이 역사 진행과정에서 가장 바람직한 방향이라 한다면 실제의 역사는 ∿의 형태로 진행된다. ㉮의 부분은 인민이 원하는 방향과 다른 방향으로 진행되는 과정이다. 어떤 대학의 한 졸업반을 예로 들어보자. 그리고 이 집단의 각 구성원의 목표가 '졸업 후의 취직'으로 집약된다고 가정하자. 이런 상황에서, 구성원 모두가 취직할 수 있는 방법을 제시하는 이론이 있다면, 구성원 모두는 이 이론에 따라 소기의 목적을 달성할 수 있게 될 것이다. 그래서 이 이론은 위대한 이론으로 인정될 것이고, 이를 제창한 이론가는 추앙받게 될 것이다. 그 결과 그 이론가는 그 집단에 대한 지도력을 갖게 되고, 그 집단의 구성원 모두와 한 마음이 되어 취직을 하는 방향으로 매진할 것이다.

그런데 구성원 모두가 취직이라는 소기의 목적을 달성하고 나면, 이 이론은 이제 진부한 이론이 되고 만다. 그러나 그 집단의 지도자나 구성원은 관성에 빠져 이를 자각하지 못하기 때문에, 진부한 이론을 지도이념으로 하여 계속 같은 방향으로 나아간다. 이것이 ㉮의 부분에 해당한다.

관성적으로 계속 나아가는 과정에서, 잘못된 방향으로 나아가고 있다는 것을 깨닫는 사람들이 차츰 생겨나 이에 반발하게 된다. 이제 모두에게 필요한 것은 취직이 아니라, 결혼이라고 하자. 그러면 취직의 방향으로 가는 것은 보수적인 것이고, 결혼의 방향으로 가는 것은 진보적인 것이다. 그리하여 보수적인 방향을 추구하는 보수세력과 진보적인 방향을 추구하는 진보세력 간의 대립이 야기된다. 그리고 이 대립에서 진보세력이 승리하는 순간 역사의 방향은 전환된다. 이 시점이 바로 '혁명이 일어나는 시점'이다. 혁명 후에는 모든 사람들이 한마음이 되어 제 방향으로 나아가는데, 그것이 ㉯의 과정이다.

①에서 ②, ②에서 ③, ③에서 ④까지를 각각 하나의 단위로 볼 때, 각각의 단위를 십간으로 나열한다면, 혁명이 일어나는 시점이 기己에 해당한다. 그래서 '기일에 바뀌면 한마음이 된다'고 했다.

태괘는 물에 해당되고, 막내딸에 해당되며, 보수적이다. 그리고 리괘는 불에 해당되고, 가운데 딸에 해당되며, 자체에 만족하여 상부에 관심이 없다. 그래서 '물과 불이 서로 멈추게 하며 두 여자가 동거하지만 뜻을 얻지 못한다'고 했다.

변혁의 시기가 되었는데 변혁하지 않으면, 인민들의 반발이 거세져 한마음이 되지 않는다. 그래서 '바꾸어야 한마음이 된다'고 했다.

리괘는 문명文明을 상징하고, 태괘는 기쁨을 상징한다. 그래서 '문명하여 기뻐하고 바른 마음으로 크게 떨쳐 일어나니, 바꾸어서 마땅한 것이니, 후회함이 없을 것이다'라고 했다.

하늘과 땅의 운행이나 작용도 바뀔 때가 되면 급속히 달라진다. 이러한 천지의 바뀜에 따라 사시四時가 성립된다. 사시가 성립되어 만물이 시작하고, 성장하고, 결실하고 저장하는 등 삶을 영위한다. 그래서 '천지가 바뀌어서 사시가 성립된다'고 했다.

변혁의 시기에 혁명하는 것은 하늘을 따르고 민심에 응하는 것이다. 탕 임금과 무왕의 혁명이 그것이다.

천지자연도 사시도 바뀐다. 사람도 그에 따라 바뀌지 않으면 안 된다. 그래서 군자는 달력을 만들어 사시가 바뀌는 때를 밝혀 사람들로 하여금 변화에 적응할 수 있게 한다. 그래서 '군자는 달력을 다스리고 때를 밝힌다'고 했다.

초구 공용황우지혁 상왈공용황우 불가
初九는 鞏[1]用黃牛之革이니라 象曰鞏用黃牛는 不可
이유위야
以有爲也라

국역 |

초구初九는 황소의 가죽으로 견고하게 묶어야 한다. 상象에서 말했다. "황소의 가죽으로 견고하게 묶어야 하는 것은 일을 추진하면 안되기 때문이다."

난자풀이 |

[1] 鞏(공) : 묶는다.

강설 |

초구初九는 성급하고 발이 빠르다. 불의를 보면 참지 못하고 바로 저항한다. 그러나 혁명에는 때가 있다. 연산군이나 광해군과 같은 폭정과 실정의 시기에도 때가 되기 전에 혁명을 일으키면 안 된다. 혁명의 때는 전체의 흐름에 의해 결정된다. 한두 가지의 문제나 조건으로 결정되는 것이 아니다.

그런데 초구初九는 하나의 잘못만 보아도 참지 못하고 대항하는 성질이 있으니, 이를 억제하지 않으면 안 된다. 그래서 '황소의 가죽으로 만든 끈으로 묶어 놓아야 한다'고 했다. 황소는 다 자란 수소다. 그 가죽으로 만든 끈은 가장 질기다. 황소의 가죽으로 묶어야 한다는 것은 선불리 행동으로 옮기면 안 된다는 것을 상징적으로 표현한 말이다.

六二(육이)는 已日(이일)이면 乃革之(내혁지)니 征(정)하여야 吉(길)하여 无咎(무구)하리라

象曰已日革之(상왈이일혁지)는 行有嘉也(행유가야)라

국역 |

육이六二는 고난의 날이 지나면 바꾸어야 한다. 가서 정벌하면 길하고 허물이 없을 것이다. 상象에서 말했다. "고난의 날이 지나 바꾸는 것은 좋은 일을 행하는 것이다."

강설 |

육이六二는 하층부를 이끄는 중심이니, 혁명을 일으킬 때에 혁명을 지휘하는 지휘관이다. 예컨대, 하夏의 걸桀을 공격하여 혁명한 탕湯, 은의 주紂를 공격하여 혁명한 무왕이 이에 해당한다. 고난의 날이 지나 혁명을 해야 할 때가 되면 혁명을 이끄는 주체 세력은 전력을 다하여 혁명을 성공시켜야 한다. 적극적으로 나서서 승리함으로써 바람직한 역사의 방향을 회복하지 않으면 안 된다. 그렇지 않으면 혁명을 완수하지 못해 불행한 역사가 전개될 것이다. 그래서 '가서 정벌하면 길하고 허물이 없다'고 했다.

九三(구삼)은 征(정)하면 凶(흉)코 貞(정)하면 厲(려)하니 革言(혁언)①하고 三就(삼취)②니 有孚(유부)③니라 象曰革言三就(상왈혁언삼취)어니 又何之矣(우하지의)④리오

국역 |

구삼九三은 적극적으로 공격하면 흉하고 가만히 있으면 제 살 깎는 아픔이 있다. 말을 바꾸기도 하고 여러 번 나아가기도 한다. 한마음을 유지해야 한다. 상象에서 말했다. "말을 바꾸기도 하고 여러 번 나아가기도 하니, 또한 어디로 가겠는가?"

난자풀이 |

① 革言(혁언) : 혁명하자는 말이나 논의.

[2] 三(삼) : 세 번만을 말하는 것이 아니라 '여러 번'이란 뜻이다.
[3] 就(취) : 이루어지는 것.
[3] 之(지) : 하何와 도치되었다. 하何는 의문사이므로 동사 앞으로 나온 것이다. '지하之何'로 놓고 해석하면 될 것이다.

강설 |

구삼九三은 현재의 상태에 불만이 많은 위치에 있다. 그러므로 현재의 상황을 바꾸는 혁명을 몹시 희망하기도 한다. 그래서 만약 현실에 불만을 품은 나머지 혁명의 선봉에 서면 상육上六에게 용서받기 어렵다. 초구初九는 어리기 때문에 어느 정도 용서하고 육이六二는 중심에 있기 때문에 어느 정도 용서하지만, 구삼九三은 중심에 있지도 않고 또 윗사람을 이해할만한 처지이기 때문에 용서받기 어렵다. 또 상층부의 실권자인 상육上六은 믿었던 구삼九三에게 공격을 받으면, 믿었던 도끼에 발등 찍힌 것으로 생각하여 더욱 용서하지 못한다. 그래서 '적극적으로 공격하면 흉하다'고 했다. 그렇다고 해서 혁명을 하지 않고 가만히 있으면 마음이 아프다. 상층부가 공격을 받아 상처를 입을 경우 자기와 통하는 상육上六이 가장 많이 다치기 때문이다. 이 또한 제 살 깎는 아픔이다. 그래서 '가만히 있으면 제 살 깎는 아픔이 있다'고 했다.

그러므로 구삼九三은 갈등이 많다. 혁명에 가담하여 혁명하자고 구호를 외치다가도 물러나 침묵하기도 한다. 또 혁명의 대열에 합류하기도 하고 물러나기도 한다. 그래서 '말을 바꾸기도 하고, 여러 번 나아가기도 한다'고 했다.

이런 경우 구삼九三은 조심해야 한다. 이랬다저랬다 하다 보면 아무에게도 인정받지 못하고 고립되고 만다. 이러할 때 행동지침이 되는 것은 하늘을 따르는 것이고 모두와 한마음을 유지하는 것이다. 잘 살펴서 나아갈 때 나아가야 하고 물러갈 때 물러가야 한다.

혁명을 해야 하는 것은 대세이고 하늘의 뜻이다. 그러므로 구삼九三

은 자기의 개인감정에서 벗어나 대세를 따르고 천명을 따라야 한다.

九四는 悔亡하니 有孚면 改命하여 吉하리라 象曰改命之吉은 信志也라

국역 |

구사九四는 후회함이 없어야 한다. 모두와 한마음이 되면 명命을 바꾸게 되어 길하다. 상象에서 말했다. "명命을 바꾸어 길한 것은 뜻을 믿기 때문이다."

강설 |

구사九四는 하층부를 지휘해서 혁명을 주도해야 할 위치에 있으면서, 한편으로는 기득권을 얻어 보수화하고 싶은 위치에 있다. 그래서 혁명을 주도하다가도 망설이기 쉽다. 그러나 혁명은 역사의 흐름이고 하늘의 뜻이다. 더 이상 망설이지 말아야 한다. 그래서 '후회함이 없어야 한다'고 했다. 혁명할 때 혁명하는 것은 천명을 따르는 것이고 만인과 한마음을 실천하는 것이다. 그래서 '한마음이 되면 명命을 바꾸게 되어 길하다'고 했다.

志는 하늘의 뜻이요, 백성들의 공통된 의지이다.

구오 대인 호변 미점 유부 상왈
九五는 大人이라야 虎變이니 未占이라도 有孚니라 象曰
[1]
대인호변 기문 병야
大人虎變은 其文이 炳也라
[2]

국역 |

구오九五는 대인이라야 범처럼 바꿀 수 있으니 점쳐 보지 않아도 한마음이 될 수 있다. 상象에서 말했다. "대인이 범처럼 바꿀 수 있는 것은 그의 교양이 빛나기 때문이다."

난자풀이 |

[1] 虎(호) : 범. 건괘乾卦 문언전에는 '풍종호風從虎 운종룡雲從龍'이라는 말이 있다. 바람이 범을 따른다는 말은 범이 바람처럼 변화무쌍하게 달리는 동물이란 의미이다.

[2] 文(문) : 교양. 무늬. 문文은 진리를 표현하는 수단이므로, 문文 그 자체를 진리의 상징으로 표현하기도 한다.

강설 |

구오九五는 상육上六의 폐해를 해결하지 못한 대표자이기 때문에 하층부가 혁명을 주도할 때 제거대상이 된다. 근본적으로 하층부의 저항을 받는 것은 상육上六 때문이지만 피지배자를 억압하는 입장에서 상육上六과 한 통속이 된다. 이 상황에서 가장 바람직한 것은 빨리 민심을 읽어 거기에 부응하는 것이다. 그러나 소인은 자존심과 자리에 대한 욕심 때문에 민심의 소리에 부응하지 못하고, 무력으로 축출당할 때까지 버티다가 결국 추한 최후를 맞이한다. 그러나 대인은 모든 사람들과 한마음을 유지하기 때문에 민심을 읽고 민심에 부응할 수 있다. 민심을 읽어 물러나야 할 상황이면 물러나고 쇄신해야 할 상황이면 쇄신할 수 있는 것이다.

범은 날랜 동물이다. 그래서 건괘 '문언전'에 "바람이 범을 따른다(풍종호風從虎)"고 했다. 바람보다 날래다는 뜻이다. 그러므로 범처럼 바꾼다는 말은 빨리 바꾼다는 말이다. 대인은 늘 백성과 한마음이 되어 백성의 뜻대로 행동하는 자이다. 백성이 원하는 것은 바로 따르기 때문에 '범처럼 바꿀 수 있다'고 했다. 대인이 아니면 위급한 상황에서 기득권을 쉽게 포기하지 못하고 점을 쳐서 그 방법을 묻는다. 그러나 대인은 점을 치건 안치건 틀림이 없다. 그래서 '점쳐 보지 않아도 한마음이 된다'고 했다. 점치는 것은 하늘과 한마음이 되고 남들과 한마음이 되는 수단이다. 그런데 구오九五가 범처럼 바꾸는 것은 이미 하늘의 뜻과 하나가 된 것이고, 민심과 한마음이 된 것이다. 이미 한마음이 된 것이기 때문에 점칠 필요가 없다.

上六(상육)은 君子(군자)면 豹變(표변)[1]이오 小人(소인)이면 革面(혁면)이니 征(정)하면 凶(흉)코 居貞(거정)이면 吉(길)하리라 象曰君子豹變(상왈군자표변)은 其文(기문)이 蔚(울)[2]也(야)오 小人革面(소인혁면)은 順以從君也(순이종군야)라

국역

상육上六은 군자라야 표변하는 것이니, 소인은 얼굴만 바꾼다. 적극적으로 공격하면 흉하고, 참는 입장을 취하면 길하다. 상象에서 말했다. "군자가 표변하는 것은 그 교양이 왕성하기 때문이고, 소인이 얼굴을 바꾸는 것은 순順한 마음으로 임금을 따르기 때문이다."

난자풀이

1 豹(표) : 표범.
2 蔚(울) : 초목이 무성하게 우거진 모양.

강설

상육上六은 구오九五보다 기득권이 적기 때문에 그것을 버리는 것이 상대적으로 쉽다. 그래서 대인의 차원이 아닌 군자라도 가능하다. 그래서 '군자라야 표변할 수 있다'고 했다. 또 표범은 범보다 더 빠르기 때문에 상육上六에게 표변이란 말을 썼다.

혁괘革卦가 전체적으로 혁명이나 혁신을 해야 하는 상황이 된 것은 상육上六이 물러나지 않고 버티면서, 아랫사람들을 억압했기 때문이다. 즉 상육上六이 혁명의 원인 제공자이다.

상육上六이 군자라면, 아랫사람들의 마음을 헤아리고 그들과 한 마음이 되어 스스로를 혁신할 수 있다. 그러나 소인은 기득권을 놓지 못하기 때문에 마지못해 얼굴만 가리고 바꾸는 척한다. 그래서 '소인은 얼굴만 바꾼다'고 했다. 얼굴만 바꾸는 것은 '눈 가리고 아웅―'하는 격이다. 그러다가 결국 비참한 최후를 맞이한다.

만일 상육上六이 혁명군중을 탄압하려 한다면 바로 궁지에 몰리게 된다. 그래서 '적극적으로 공격하면 흉하다'고 했다. 자신을 규탄하는

소리가 들려도 참으면서 시비를 가려, 그 말을 받아들인다면 다소 길한 길이 열릴 수 있다. 그래서 '시비를 가려서 참는 입장을 취하면 길하다'고 했다.

구오九五의 효사에서는 대인大人이라 하고, 상육上六의 효사에서는 군자君子라 했다. 군자는 의미의 범위가 넓은 개념이다. 소인小人이 아니면 군자이니, 50% 이상 양심을 실천할 수 있으면 군자이다. 대인은 군자 가운데서도 거의 완벽하게 의리를 실천하는 자이다. 100% 완벽한 자는 성인聖人이라 한다. 그러나 성인은 이상적인 인격이므로 생존해 있는 사람에게 붙이는 최고의 칭호는 대인이다.

화풍정
火風鼎

이 괘의 상괘는 리괘離卦이고, 하괘는 손괘巽卦다. 상층부는 자기 완결성을 갖추고 자족하면서 하층부에 대해 무관심할 수 있지만, 하층부가 순하게 따르기 때문에 무관심할 수도 없다. 그래서 모두가 화합하는 상황이 연출되어 상하가 모두 만족스럽다. 상층부의 능력으로 많은 발전을 했고 빛나는 성적을 이루었다. 윗사람이 보았을 때 자신들의 일이 모두 성공적으로 이루어졌고, 또 아랫사람들이 잘 따른다면, 한번쯤 자축연을 벌일 필요가 있다. 자축연은 새로운 화합과 재도약을 위한 것이다.

대나무는 한 해에 다 자란다. 너무 잘 자라기 때문에 부러지기 쉽다. 그래서 어느 정도 자란 뒤에 마디를 맺어, 힘을 모으고 다시 자란다. 이것이 대나무에 마디가 있는 이유다. 붓글씨를 쓰는 경우도 이와 같다. 획을 죽 그은 뒤에 다시 힘 있게 획이 뻗어날 수 있기 위해, 절節을 준다. 사람의 삶도 이와 같다. 순조롭게 성장을 하고 나면, 다음의 성장을 위해 절節을 줄 필요가 있다. 사람의 삶에서의 절節이 바로 자축연이다.

예술단체에서 공모전이나 각종의 선발대회 등이 모두 이에 해당한다. 이를 잔치하는 것에 비견하여 설명했다. 그리고 잔치를 하는 과정을 시간적 과정과 공간적 과정으로 동시에 표현한 것이 이 괘의 특징이다.

옛날에는 잔치를 하면 먼저 솥거는 일부터 시작했다. 그래서 괘의 이름을 '솥걸고 잔치한다'는 의미에서 정鼎이라 했다. 자축연이라 하여 방심하고 무질서하게 진행하면 역효과가 나기 때문에 역시 조심해야 한다. 절節을 주는 의미를 충분히 살려서 추진해야 한다.

鼎이라 元吉하니 亨하니라 彖曰鼎은 象也니 以木巽火[1]하여 亨飪也[2][3]니 聖人이 亨[4]하여 以享上帝하고 而大亨하여 以養聖賢하니라 巽而耳目聰明[5]하며 柔進而上行하고 得中而應乎剛이라 是以元亨하니라 象曰木上有火 鼎이니 君子 以하여 正位하여 凝命[6]하나니라

국역 |

솥걸고 잔치하는 형국이다. 크게 길하니, 적극적으로 뻗어나야 한다. 단彖에서 말했다. "정鼎은 형상을 취한 것이다. 나무를 불에 넣어 삶고

익히는 것이다. 성인聖人이 삶아서 상제에게 제사시내고, 크게 삶아서 성현을 기른다. 겸손하여 귀가 밝고 눈이 밝으며, 부드러운 것이 나아가 위에서 행하고, 중심을 얻어 굳센 것에 응한다. 이 때문에 크게 뻗어난다." 상象에서 말했다. "나무 위에 불이 있는 것이 솥이니, 군자는 이 괘의 이치를 살펴, 자리를 바로잡고 천명을 응집시킨다."

난자풀이 |

1 巽(손) : 사양한다. 따른다. 나무를 불 밑에 두는 것은, 나무를 불에 넣는 것이므로 '넣는다'로 번역했다.
2 亨(팽) : 팽烹과 통용. 삶는다.
3 飪(임) : 익힌다.
4 亨(팽) : 팽烹과 통용.
5 聰(총) : 귀밝은 것.
6 凝(응) : 엉긴다. 응집된다.

강설 |

정괘鼎卦는 많은 업적을 이루고 만족하는 상황이다. 이러한 상황에서는 거기에 만족하고 주저앉으면 안 된다. 하층부가 잘 따르고 있기 때문에 크게 도약할 수 있는 호기를 맞이했다. 그러므로 이때는 잠시 잔치를 열어 자축을 하면서 새로운 도약을 위해 충전을 해야 한다. 그래서 '솥걸고 잔치하는 형국이다. 크게 길하니, 적극적으로 뻗어나야 한다'고 했다.

지금은 재도약을 해야 하는 상황이므로 거두어들이거나 마무리를 해야 하는 상황은 아니다. 그래서 리利와 정貞은 말하지 않았다.

이 괘의 괘명을 '잔치' 또는 '축제'를 의미하는 말로 붙일 수도 있지만, 불 밑에 나무가 있는 형상을 본떠 '솥'이라 했다. 일단 '솥'이라 이름하고 나면, 초효初爻에서 상효上爻까지 솥걸어 요리하는 과정을 설명

하게 된다.

경제상황이 풍족하고 재난이 없는 태평성대라 해서 모두 소비만 하고 있을 수는 없다. 천명을 실현하는 성인이라면, 전체를 한마음으로 결속하면서, 교육을 통하여 모두가 성현의 경지에 도달할 수 있도록 인도할 것이다. 그래서 '성인이 음식을 장만하여 하늘에 제사지내고 성현을 양육한다'고 했다.

전체 괘의 상象을 보면, 아래는 손괘이니 마음속이 겸손하며, 위는 리괘이니 귀와 눈이 밝다. 그래서 '겸손하여 귀가 밝고 눈이 밝다'고 했다.

또 육오六五는 부드러운 음陰으로, 중심의 자리에 나아가 구이九二와 상구上九, 구사九四의 양陽에 대응하여 큰 역할을 한다. 그래서 '부드러운 것이 나아가 위에서 행하고 중심을 얻어 굳센 것에 응하니 크게 뻗어난다'고 했다.

이 정괘의 상황에 처한 군자는 지금까지 발전해온 것을 한번 점검하고, 그 동안 흐트러진 자세를 바로잡아 힘을 응집한다. 그래야 다음의 발전이 다시 보장되기 때문이다. 그래서 '자리를 바로잡고 천명을 응집시킨다'고 했다. 천명은 전체의 움직임이다. 지금까지 잘 진행되어 온 전체의 움직임을 다시 한번 응집시키는 것은 재도약의 발판을 삼는 것이다.

初六(초육)은 鼎顚趾(정전지)면 利出否(이출부)[1]라 得妾(득첩)이라도 以其子(이기자)면 无咎(무구)하리라 象曰鼎顚趾(상왈정전지)는 未悖也(미패야)오 利出否(이출부)는 以從貴也(이종귀야)라

국역 |

초육初六은 솥을 발이 위로 보이도록 뒤집으면 찌꺼기를 쏟아버리는데 이롭다. 첩을 얻더라도 아들 때문이라면 허물이 없을 것이다. 상象에서 말했다. "솥을 발이 보이도록 뒤집는 것은 어그러뜨리는 것이 아니다. 찌꺼기를 쏟아버리는 데 이로운 것은 귀한 것을 따르는 것이다."

난자풀이 |

1 否(부) : 악한 것. 나쁜 것. 음은 '부'. 여기서는 솥에 남아 있는 좋지 않은 음식이므로 '찌꺼기'로 번역했다.

강설 |

초육初六은 어린 존재이고 잔치의 시작이다. 잔치는 솥을 씻는 일에서부터 시작된다. 그리고 어린 사람이 이 일을 담당한다. 솥을 확실하게 씻으려면 남아 있던 음식찌꺼기를 잘 쏟아내야 한다. 가장 효과적인 방법은 솥을 뒤집는 것이다. 그래서 '솥을 발이 보이도록 뒤집으면 찌꺼기를 쏟아 버리는데 이롭다'고 했다.

솥을 걸어 음식을 장만하는 것은 잔치를 위해서이고, 잔치는 지금까지의 성과에 대해 자축하는 것이지만, 그것보다도 더 중요한 것은 앞으로의 더 큰 번영을 위한 것이다. 초육初六은 잔치를 위한 준비를 하는 처지이고, 번영에 대비한 준비를 하는 처지이다. 크게 재산이 불어나면 그것을 감당할 많은 자녀가 필요하다. 그러므로 자녀를 얻을 대비를 하는 것도 역시 초육初六의 일이다. 그렇기 때문에 자녀를 얻기 위해서라면 첩을 얻어도 상관이 없다. 개인의 감정에서 얻는 것이 아니라 집안을 일으키기 위한 준비과정이기 때문이다. 그래서 '첩을 얻더라도 아들 때문이라면 허물이 없다'고 했다. 만일 색色을 좋아하여

첩을 얻는 것이라면 그 목적에 부합하지 않기 때문에 허물이 될 것이다. 오늘날의 경우라면 공장을 지을 부지를 미리 장만하는 것도 이에 해당할 것이다. 그것은 부동산투기가 아니기 때문에 문제가 될 것이 없다.

九二(구이)는 鼎有實(정유실)하되 我仇有疾(아구유질)[1]이니 不我能卽(불아능즉)[2]이라야 吉(길)하리라 象曰鼎有實(상왈정유실)[3]은 愼所之也(신소지야)[4]니 我仇有疾(아구유질)은 終無尤也(종무우야)리라

국역 |

구이九二는 솥에 음식물을 채우는데, 내 짝이라도 병이 있으니 내 곁에 오지 못하게 해야 길하다. 상象에서 말했다. "솥에 음식을 채우는 것은 행하는 것을 신중히 하는 것이고, 내 짝에 병이 있다는 것은, 끝내 근심거리를 없애기 위해서이다."

난자풀이 |

[1] 仇(구) : 짝.

[2] 不我能卽(불아능즉) : 불능즉아不能卽我가 도치된 문장이다. 부정을 나타내는 말, 동사, 목적어 순으로 이어질 경우, 동사와 목적어가 도치되는 경우가 많다.

[3] 實(실) : 내용물.

④ 之(지) : 간다. 행한다.

강설 |

구이九二는 씻은 솥에 음식물을 넣는 단계이다. 잔치음식을 장만할 때, 제일 중요한 것은 좋은 재료를 골라 솥에 넣는 것이다. 이때는 특히 독이 있거나 부패한 것이 들어가지 않도록 주의해야 한다. 친밀한 후배나 친구라 하더라도 불결한 상태로 곁에 오는 것을 막아야 한다. 그래서 '솥에 음식물을 채우는데, 내 짝이라도 병이 있으니 곁에 오지 못하게 해야 길하다'고 했다.

'솥에 음식을 넣는다'는 것은 어떤 조직에서 중요한 일을 기획하거나 시험을 치르는 일, 또는 미인대회나 공모전에서 심사하는 일 등이 이에 해당한다. 이런 경우에는 공평무사해야 한다. 아무리 친밀한 친구라 해도 가까이 오게 하면 비리가 생길 수 있다. '짝이 병이 있다는 것'은 친구라 해도 문제를 일으킬 수 있다는 것이니, 병이 있는 듯 여겨서 오지 못하게 해야 한다. 그렇게 해야 문제가 생기지 않는다. 그래서 '내 짝에 병이 있다는 것은 끝내 근심거리를 없애기 위해서이다'라고 했다.

九三[구삼]은 鼎耳革[정이혁]이면 其行塞[기행색]하여 雉膏[치고]를 不食[불식]하리니 方雨[방우]면 虧[1]悔[휴회]하여 終吉[종길]하리라 象曰鼎耳革[상왈정이혁]은 失其義也[실기의야]라

국역 |

구삼九三은 솥의 귀가 바뀌면 그 진행이 막혀 꿩의 기름진 고기를 먹지 못할 것이다. 바야흐로 비가 내리면 후회할 일이 줄어들어 마침내 길할 것이다. 상象에서 말했다. "솥의 귀가 바뀌는 것은 그 도리를 잃는 것이다."

난자풀이 |

1 虧(휴) : 줄어든다.

강설 |

구삼九三은 음식을 준비하는 과정에서, 고기를 솥에서 삶는 역할을 한다. 고기를 삶는 일은 지루하고 답답하다. 게다가 음식을 익히는데 시간이 걸리기 때문에 윗사람들에게 독촉받기 쉽다. 이때는 무능한 것으로 오인되어 다른 사람으로 경질되기도 한다. 그래서 '솥귀가 바뀐다'고 했다. 솥귀가 바뀐다는 것은 솥을 담당하는 사람이 교체된다는 것을 말한다.

담당자가 교체될 정도의 상황이 되면, 진행이 더디게 되어 음식을 쉽게 먹지 못한다. 그래서 '꿩의 기름진 고기를 먹지 못할 것'이라고 했다. 꿩고기는 매우 맛있는 음식이다. '꿩 대신 닭'이라는 말이 그래서 나왔다.

잘못이 있을 때는 야단을 맞고 대가를 치러야 불안이 해소되므로 '비가 내리면 후회함이 줄어든다'고 했다. '비가 온다'는 말은 구름만 끼어 있는 답답한 상태가 해소된다는 것을 의미한다. 요리가 준비되어 먹고 즐기게 되면, 결국 그간의 잘못은 다 해소되어 문제가 되지 않는다. 그래서 '마침내 길하다'고 했다.

구삼九三의 경우에는, 상층부로부터 어떤 질책이 있어도 나중에는 문제가 되지 않으므로 이를 이해하고 침착하게 일을 진행하여 다른 사람으로 교체되지 않도록 해야 한다.

경연대회나 선발대회에서 경연을 마치고, 그 채점결과를 기다리고 있는 기간도 이에 해당한다. 이때가 가장 지루한 때이다.

구사 정 절족 복공속 기형 옥 흉
九四는 鼎이 折足하여 覆公餗[1]이면 其形[2]이 渥[3]이라 凶토다

상왈복공속 신여하야
象曰覆公餗이면 信如何也오

국역 |

구사九四는 솥의 발이 부러져 공公이 먹을 음식을 엎으면 그 형벌이 목을 베는 것이니 흉하다. 상象에서 말했다. "공이 먹을 음식을 엎으면 신뢰받는 일이 어떻게 되겠는가?"

난자풀이 |

1 餗(속) : 죽. 또는 솥 안에 든 음식물.
2 形(형) : 형刑과 통용. 정현鄭玄본에는 형刑으로 되어 있다. 형벌.
3 渥(옥) : 옥剭과 통용. 정현鄭玄본에는 옥剭으로 되어 있다. 목을 베는 형벌.

강설 |

구사九四는 잔치의 과정을 총 지휘하는 위치에 있고, 음식을 나르는

일에 해당한다. 오늘날 간사나 사회자에 해당하며, 수상자를 발표하는 일에 해당한다. 잔치를 할 때 제일 중요한 것은 솥에서 음식을 꺼내어 사람에게 분배하는 것이다. 모두가 주시하고 있는 상황이기 때문에, 잘 분배하면 문제가 없지만 실수라도 하면, 당황하여 침착성을 잃고 의외의 사고를 내기도 한다. 그래서 이를 '솥의 다리가 부러진다'고 했다.

구사九四의 역할은 화려하지만 동시에 자신의 역량을 평가받는 계기가 되기도 한다. 원만하게 역할을 수행하면 만사가 순조롭지만, 잘못하면 만회할 수 없는 치명타를 입게 된다. 마치 솥 안의 음식을 엎어 버리면 돌이킬 수 없는 것과 같다. 그래서 '그 형벌이 목을 베는 것에 이른다'고 했다. 그럴수록 침착하고 태연하게 일을 풀어 가는 지혜를 길러야 한다. 각종 공모전이나 미인대회 경연대회 등에서 입상자를 발표하는 것도 이와 같다. 이때 잘못하면 돌이킬 수 없다. 공명정대하고 투명하게 해서 조금의 의혹도 없도록 해야 한다.

육오 정황이금현 리정 상왈정황이 중
六五는 鼎黃耳[1]金鉉[2]이니 利貞하니라 象曰鼎黃耳는 中

이위실야
以爲實[3]也라

국역 |

육오六五는 솥의 노란 귀이고 황금솥귀이다. 가만히 있는 것이 이롭다. 상象에서 말했다. "솥의 노란 귀는 중심에 있으면서 핵심이기 때문이다."

난자풀이 |

1 耳(이) : 솥의 윗부분에 사각형으로 달려 있는 손잡이.
2 鉉(현) : 솥귀. 솥의 중앙 조금 위에 손잡이로 만들어 단 고리.
3 實(실) : 열매. 핵심.

강설 |

육오六五는 연회의 주인이다. 잔치에 참여한 사람 중의 주인공이기 때문에 가장 화려하다. 그래서 '솥에 달려 있는 노란 귀이고 황금솥귀'라고 했다. 솥에 달려 있는 것 중에서 가장 화려한 것이 솥의 귀다. 귀에는 두 종류가 있지만, 모두 화려한 장식이다. 그래서 육오六五를 솥의 귀에 비유한 것이다. 육오六五는 솥에서 삶아낸 음식을 받아서 먹는 존재이다. 이때는 음식이 잘못되거나 맛이 약간 없어도 모르는 체 하는 것이 좋다. 또 각종의 대회에서 진행이 매끄럽지 않더라도 주인공이 가만히 있어야 하는 경우가 이에 해당한다. 호통을 치거나 직접 진행에 대해 간섭하면, 주인공으로서의 권위가 없어질 뿐만 아니라, 실무진들이 더 혼란에 빠지므로 오히려 역효과가 날 수도 있다.

또 시간적으로 보면 이 경우는 삶은 음식을 모두가 나누어 먹는 과정이다. 전체의 과정 중에서 가장 화려하다. 이때는 잘잘못을 가리지 말고 모두 맛있게 먹는 것이 중요하다. 각종의 경연대회나 공모전 등에서 본다면 이 경우는 시상식을 하는 과정이다. 시상식장에서는 약간의 실수가 있어도 상을 수여하는 사람이 참고 가만히 있어야 한다.

上九는 鼎玉鉉이니 大吉하여 无不利하니라 象曰玉鉉在上은 剛柚節也라

(상구 정옥현 대길 무불리 상왈옥현 재상 강유절야)

국역 |

상구上九는 솥에 달려있는 옥으로 된 솥귀다. 크게 길하여 이롭지 않음이 없다. 상象에서 말했다. "옥으로 된 솥귀가 위에 있는 것은 굳센 것과 부드러운 것이 조절되기 때문이다."

난자풀이 |

1 節(절) : 절도가 있는 것. 조절이 되고 조화가 되는 것.

강설 |

상구上九는 실권이 없지만 최고 원로이기 때문에 잔치에 참여하게 되면 가장 윗자리에 앉는다. 가장 윗자리는 점잖고 귀한 자리이다. 그래서 '솥에 달려있는 옥으로 된 솥귀'라고 했다. 옥은 점잖고 귀한 보석이다.

상구上九는 점잖고 귀한 자리에 가만히 앉아 있기만 하면 된다. 그러면 맛있는 음식을 제일 먼저 대접할 것이다. 상구上九는 지금 아무 걱정거리가 없다. 그래서 '크게 길하여 이롭지 않음이 없다'고 했다. 시간적으로는 각종의 경연대회나 공모전에서는 최우수상을 받은 사람을 마지막으로 한번 조명하며 폐회를 선언하는 자리이다. 대미를 장식하

는 가장 화려한 과정이다.

양陽인 상구上九와 음陰인 육오六五가 단상에 나란히 앉아 조화를 이루고 있다. 그래서 '옥으로 된 솥귀가 위에 있는 것은 굳센 것과 부드러운 것이 조절되기 때문이다'라고 했다.

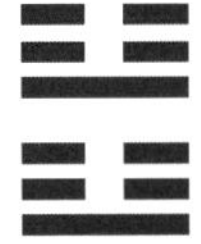

중뢰진
重雷震

이 괘는 상하의 괘가 모두 진괘震卦로 되어 있다. 진괘는 지각변동을 일으킨다. 상하 모두 진괘이므로 상층부와 하층부가 동시에 지각변동을 일으키고 있다. 그래서 괘의 이름을 진震이라 했다.

천둥이 일고 번개가 치는 것은 생명체를 놀라게 하거나 죽이고자 하는 것이 아니다. 봄에 꽃을 피운 뒤에, 피곤해서 늘어져 있는 초목들로 하여금 여름 채비를 할 수 있도록 일깨우는 것이다. 비유컨대, 군대에서 기강을 쇄신하기 위해 단체로 얼차려를 시키는 것과 같고, 맥이 약한 사람에게 기운을 돋우기 위해 침을 놓는 것과 같다. 여름에 우레가 많은 것은 충실한 성장과 결실을 해야 할 때이기 때문이다.

震이라 亨하니라 震來에 虩虩이면 笑言이 啞啞하리니 震驚百里나 不喪匕鬯하나니라 彖曰震은 亨하니 震來虩虩은 恐致福也오 笑言啞啞은 後有則也라 震驚百里는 驚遠而懼邇也니 出可以守宗廟社稷하여 以爲祭主也라 象曰洊雷 震이니 君子 以하여 恐懼脩省하나니라

국역 |

지각변동이 일어나는 형국이다. 떨쳐 일어나야 한다. 천둥이 칠 때 깜짝깜짝 놀라야 웃음소리가 껄껄거릴 것이다. 천둥이 백 리 밖에까지 놀라게 하지만 국을 뜨는 국자와 울창주를 잃지 않는다. 단彖에서 말했다. "진震의 상황은 떨쳐 일어나야 하는 것이니, 천둥이 칠 때 깜짝깜짝 놀라는 것은 두려워해야 복을 받기 때문이고, 웃음소리가 껄껄거리는 것은 나중에 질서가 서기 때문이다. 천둥이 백 리 밖에까지 놀라게 하는 것은, 멀리 있는 것을 놀라게 하고 가까이 있는 것을 두렵게 만드는 것이다. 적극적으로 나서면 종묘사직을 지킬 수 있고 제주가 될 수 있다." 상象에서 말했다. "번개에 이어서 이르는 것이 천둥이다. 군자가 이 괘의 이치를 살펴, 무서워하고 두려워하여 닦고 살핀다."

난자풀이 |

1 震(진) : '천둥소리', '벼락', '흔들다', '떨치다' 등의 뜻.
2 虩虩(혁혁) : 두려워 깜짝깜짝 놀라는 모양.
3 啞啞(액액) : 껄껄 웃는 소리.
4 匕(비) : 비수. 숟가락. 국자.
5 鬯(창) : 신에게 바치는 향기로운 술. 울창주.
6 洊(천) : 이르다. 자주.

강설 |

초구初九와 구사九四의 양陽이 음陰들로 인해 침체된 분위기를 쇄신하기 위해 지각변동을 일으키므로, 멀리 있는 사람들까지 놀라게 하는 일이 발생한다. 그러나 그것은 위의 음陰들을 해치고자 하는 것이 아니라 발전을 위한 것이니, 나머지 음陰들 역시 이를 헤아려 떨쳐 일어나 개혁 사업에 동참해야 한다. 그래서 '떨쳐 일어나야 한다'고 했다.

모든 구성원들이 개혁의 외침에 놀라 정신을 차리고, 떨쳐 일어나 발전을 위해 노력한다면, 크게 성공하여 기쁨의 웃음소리가 들리게 될 것이다. 그래서 '천둥이 와서 깜짝깜짝 놀라게 해야 웃음소리가 껄껄거릴 것이다'라고 했다.

번개와 천둥은 초목을 일깨워 성장시키는 데 뜻이 있는 것처럼, 양陽들의 개혁사업은 파괴를 위한 것이 아니므로, 중요한 기물을 손상하지 않는다. 그래서 '제사 때 쓰는 국자나 울창주를 잃지 않는다'고 했다.

개혁을 외치는 와중에 젊은 무리들의 과격한 행동으로 설사 파괴적인 행동이 일어난다 해도 크게 걱정할 것이 없다. 파괴를 위한 파괴가 아니기 때문이다. 중요한 것은 파괴하지 않는다. 두려워하고 조심하며 자기를 반성하여 떨쳐 일어나면, 크게 성공하여 종묘와 사직도 지켜낼 수 있다. 그래서 단彖에서는 '적극적으로 나서면 종묘사직을 지킬 수 있고, 제주가 될 수 있다'고 했다.

일을 성취하는 과정에는, 오랫동안의 착실한 노력 뒤에 비약적인 도약의 단계가 있어야 한다. 이 도약의 단계에서는 힘이 많이 들기 때문에 지쳐서 주저앉기 쉽다. 그런데 만약 주저앉아 버리면 그간의 노력이 성과를 거둘 수 없다. 이런 상황에서는 주위에서 자극을 주거나 얼차리기를 시켜 해이해진 정신상태를 일신시킬 필요가 있다.

初九는 震來虩虩이라야 後에 笑言啞啞하여 吉하니라

象曰震來虩虩은 恐致福也오 笑言啞啞은 後有則也라

국역 |

초구初九는 천둥이 쳐서 깜짝깜짝 놀라게 해야 나중에 웃음소리가 껄껄거려서 길할 것이다. 상象에서 말했다. "천둥이 칠 때 깜짝깜짝 놀라게 하는 것은 두렵게 해야 복을 받을 것이기 때문이고, 웃는 소리가 껄껄거리는 것은 나중에 질서가 있게 되기 때문이다."

강설 |

초구初九는 전체의 발전과 쇄신을 위해 크게 떨쳐 일어나 뒤흔들어 놓아야 하는 위치에 있다. 마치 번개가 치고 천둥이 치면서 우르릉 쾅 쾅 소리를 내듯 해야 한다. 그러면 초목이 크게 성장하듯, 모두가 떨쳐 일어나 분발할 것이므로, 나중에 그 성과에 즐거워할 것이다. 만일 이러한 상황에서 초구初九가 아무런 역할도 하지 않는다면 전체는 침체하여 발전하지 못하게 된다.

꽃이 피고 난 뒤에 지쳐서 늘어져버리면 열매를 맺을 수 없다. 그렇게 되면 복을 받지 못한다. 그래서 천둥이 쳐서 깜짝깜짝 놀라게 만든다. 그래야 초목들이 다시 힘을 내어 열매를 맺을 수 있다.

'진래혁혁震來虩虩 소언액액笑言啞啞'은 괘사에도 있고 초구初九의 효사에도 있다. 그러나 내용은 다르다. 괘사에서의 '진래혁혁'은 천둥이 칠 때 깜짝깜짝 놀라는 만물의 입장을 설명한 것이므로 '천둥이 칠 때 깜짝깜짝 놀란다'고 해석해야 하지만, 초구初九는 그 자체가 천둥이므로 초구初九의 효사에서는 '천둥이 쳐서 깜짝깜짝 놀라게 한다'로 해석해야 한다. 또 '소언액액'은 두 입장이 공통이다. 말하자면, 천둥에 해당하는 초구도 껄껄 웃고, 천둥에 놀란 만물도 껄껄 웃기 때문이다.

육이 진래려 희상패 제우구릉 물축
六二는 震來厲라 億喪貝하고 躋于九陵이면 勿逐이라
1 2 3 4
칠일득 상왈진래려 승강야
도 七日得하리라 象曰震來厲는 乘剛也라

국역 |

육이六二는 천둥이 옴에 뼈를 깎는 아픔이 있다. 탄식하면서 재산을 잃고 여러 언덕에 올라가면, 찾아다니지 않더라도 곧 얻게 될 것이다.

상象에서 말했다. "천둥이 칠 때 뼈를 깎는 아픔이 있는 것은 굳센 것을 타고 있기 때문이다."

난자풀이 |

1 億(희) : 희噫와 통용. 고본古本에 희噫로 되어 있는 곳도 있다. 한숨 쉬고 탄식하는 소리.
2 貝(패) : 조개. 옛날에는 조개를 화폐로 사용했으므로 조개란 재물을 상징한다.
3 躋(제) : 오른다.
4 九(구) : 중첩된 것을 의미한다.

강설 |

육이六二는 하층부의 중심에 있지만 지각을 뒤흔드는 초구初九의 바로 위에 위치하여 심한 충격을 받아 참기 어려운 상태다. 그런데 상층부가 초구初九의 지각변동을 싫어하여 억제하는 분위기라면 충격이 그처럼 심각하지는 않다. 그러나 지금은 다르다. 상층부에서도 지각변동이 일어난다. 그러므로 그 충격은 상상을 초월한다. 그래서 '천둥이 옴에 뼈를 깎는 아픔이 있다'고 했다.

이런 상황에서는 재산을 다 지키려 해서는 안 된다. 가장 중요한 것만 가지고 피해야 한다. 중요한 것을 놓아두고 사소한 것에 매달려 삶이 왜곡될 때, 이를 시정하고자 하는 뜻에서 매를 때리는 것이 천둥이고 지진이다. 그러므로 이런 경우에는 사소한 것을 버리고 중요한 것만을 가지고 피해야 한다. 그래서 '탄식하면서 재산을 잃고 여러 언덕에 올라가야 한다'고 했다. 언덕은 피신처다.

초구初九의 요동은 육이六二의 지위나 재산을 빼앗기 위한 것이 아니다. 힘이 빠져 있는 육이六二를 떨쳐 일으키기 위한 것이다. 육이六二가 떨쳐 일어나기만 하면 곧 중단하여 평온한 상태를 회복한다. 그리고 그런 뒤에는 잃었던 재산을 도로 찾게 된다. 그래서 '찾아다니지 않더라도 곧 얻게 될 것'이라고 했다. 7일은 한 사이클이 지난 시점을 말한다. 아랫사람들이 윗사람의 무능을 문제 삼아 퇴진운동을 벌일 때는 잠시 피신한 뒤 잠잠한 뒤에 다시 오는 것이 좋다. 한 사이클만 피신한 뒤 새로워진 모습으로 나타나면 모든 것은 원상으로 돌아갈 수 있다. 아랫사람이 일으키는 난동에 밀려 피한다는 것은 자존심이 상하는 일이다. 군자가 아니면 참기 어렵다.

六三(육삼)은 震(진)에 蘇蘇(소소)[1]니 震行(진행)하면 无眚(무생)[2]하리라 象曰震蘇蘇(상왈진소소)는 位不當也(위부당야)라

국역 |

육삼六三은 천둥소리에 시끌시끌하다. 떨쳐 일어나 움직이면 재앙이 없다. 상象에서 말했다. "천둥소리에 시끌시끌한 것은 자리가 마땅하지 않기 때문이다."

난자풀이 |

[1] 蘇蘇(소소) : 떠들며 움직이는 모양. 시끌시끌하다.

[2] 眚(생) : 재앙.

강설 |

육삼六三은 상층부로부터 주목을 받지 못하는 자리에 있기 때문에 불만이 많다. 현재의 상태에 불만이 많으면 변화를 좋아한다. 육삼六三은 초구初九가 일으키는 지각변동에 귀가 솔깃해진다. 귀가 솔깃해진 육삼六三은 초구初九의 지각변동을 은근히 바라면서 흥분되어 시끌시끌하다. 그런데 만약 상층부가 초구初九의 지각변동을 싫어하는 분위기라면 육삼六三은 심하게 제재를 당하겠지만, 지금은 그렇지 않다. 상층부도 지각변동을 일으키는 분위기다. 그러므로 초구初九의 지각변동에 편승하여 떨쳐 일어나기만 하면 된다. 그래서 '떨쳐 일어나 움직이면 재앙이 없다'고 했다.

구사 진 수 니 상왈진수니 미광야
九四는 震을 遂[1]면 泥[2]라 象曰震遂泥는 未光也로다

국역 |

구사九四는 천둥소리를 끝까지 내면 진흙에 빠진다. 상象에서 말했다. "천둥소리를 끝까지 내면 진흙에 빠지는 것은 아직 빛나지 않기 때문이다."

난자풀이 |

[1] 遂(수) : 나아간다. 완수하다. 끝까지 하다.
[2] 泥(니) : 진흙.

강설 |

구사九四는 대학이라면 학과의 조교나 전임강사에, 회사라면 부장이나 전무 정도에 해당한다. 육오六五와 상육上六의 침체된 분위기를 쇄신하기 위해 지각변동을 일으킨다 하더라도 약간만 하고 말아야 한다. 특히 육오六五는 전체의 결정권자다. 지각변동을 끝까지 일으키고 천둥소리를 끝까지 내어 육오六五의 심기를 건드리면 육오六五에게 제재를 당한다. 그것은 조교가 교수에게 저항하는 것이고, 부장이 사장에게 저항하는 것이기 때문이다. 지각변동을 일으키는 것은 분위기를 쇄신시켜 모두를 살리기 위한 것이지, 죽이기 위한 것은 아니다. 그러므로 적당한 선에서 멈출 수 있어야 한다. 구사九四의 위치는 아직 전체를 빛낼 위치가 아니다. 그래서 '아직 빛나지 않기 때문이다'라고 했다.

六五는 震往來하니 厲하여 億하나 无喪이라 有事니라 象曰震往來厲는 危行也[1]오 其事在中하니 大无喪也[2]니라

국역 |

육오六五는 천둥소리가 오락가락하니 제 살 깎는 아픔이 있어 탄식하지만 잃는 것은 없다. 일이 있을 뿐이다. 상象에서 말했다. "천둥소리가 오락가락해서 제 살 깎는 아픔이 있는 것은 위험한 행동으로 보이기 때문이다. 그 일이 내부에 있으니 별로 잃을 것이 없다."

震

난자풀이 |

[1] 危行(위행) : 위험한 행동. 아랫사람들의 지각변동은 육오六五에게 위험한 행동으로 보이기 쉽다.

[2] 大无喪也(대무상야) : 직역하면 '잃음이 없는 것이 크다'라는 뜻이므로, '별로 잃을 것이 없다'는 뜻이다.

강설 |

육오六五는 전체의 실권자이다. 하층부에서는 초구初九가 쇄신을 부르짖으며 집단적으로 행동하고, 상층부에서는 구사九四가 또한 쇄신을 부르짖으며 집단적으로 행동한다. 그래서 '천둥소리가 오락가락 한다'고 했다. 이 천둥소리에 자기의 피붙이인 육이六二가 심각한 상처를 받고 있고, 자신도 구사九四에게 몰려 속이 상한다. 그래서 '제 살 깎는 아픔이 있다'고 했다. 그러나 초구初九와 구사九四가 일으키는 지각변동은 침체된 국면을 쇄신하는 데 목적이 있는 것이지 망치려는 데 목적이 있는 것이 아니다. 그러므로 수습하는 데 일이 있을 뿐, 잃는 것은 없다.

태풍은 막심한 손해를 끼치는 것으로 보이기도 하지만 사실은 그렇지 않다. 사람이 자연을 망가뜨린 지역에서는 큰 피해를 보기도 하지만, 자연 그대로 보존하고 있는 지역에서는 비교적 피해가 적다. 그리고 태풍이 지나간 뒤에 만물이 생기를 얻는 것에 비하면 피해는 큰 것이 아니다. 다만 태풍이 지나고 난 뒤에 일거리가 많은 것은 사실이다.

육오六五가 볼 때, 초구初九나 구사九四가 일으키는 지각변동은 내부에서 일어나는 문제이다. 크게 손상될 것이 없다. 그래서 '그 일이 내부에 있으니 별로 잃을 것이 없다'고 했다.

上六(상육)은 震索索(진삭삭)하여 視矍矍(시확확)이니 征(정)하면 凶(흉)하나 震不于(진불우)其躬(기궁)이오 于其隣(우기린)이니 无咎(무구)하리라 婚媾(혼구)는 有言(유언)이리라 象(상)曰震索索(왈진삭삭)은 中未得也(중미득야)라 雖凶无咎(수흉무구)는 畏鄰戒也(외린계야)라

국역 |

상육上六은 천둥소리가 흩어져 사라지니, 눈동자가 두리번거린다. 가서 따지면 흉하지만, 벼락이 자기 몸에 떨어지지 않고 이웃에게 떨어지니 허물이 없다. 짝을 찾아 혼인하려면 말썽이 생긴다. 상象에서 말했다. "천둥소리가 아득히 흩어져 사라지는 것은 중심의 자리를 아직 얻지 못했기 때문이다. 비록 흉하나 허물이 없는 것은 이웃을 경계하는 데 대해 두려워한 것이기 때문이다."

난자풀이 |

1 索索(삭삭) : 흩어져 사라지는 모양.

2 矍矍(확확) : 불안해서 두리번거리는 모양.

3 于(우) : ~에. 어於와 같은 뜻. 우于 앞에 '떨어지다'는 의미의 동사가 생략되었다.

강설 |

초구初九와 구사九四가 일으키는 지각변동은 상육上六 때문이 아니다. 상육上六은 이미 늙었기 때문에 개혁의 대상이 되지 않는다. 그러

므로 천둥소리가 직접 와 닿지 않고 멀리 흩어져 사라진다. 그런데 노파심이 많은 상육上六은 그것이 무엇인가 하고 눈동자가 두리번거린다. 수소문 끝에 그 원인을 알면, 노파심이 많고 변화를 싫어하는 상육上六은 우선 초구初九나 구사九四의 움직임을 응징하고 싶어진다. 그러나 그것은 잘못이다. 그러한 실권이 없을 뿐만 아니라 초구初九와 구사九四의 움직임은 정당하다. 그래서 가서 따지면 오히려 체면만 구긴다. 그래서 '가서 따지면 흉하다'고 했다. 그러나 초구初九와 구사九四가 일으키는 지각변동의 표적은 상육上六이 아니기 때문에 가서 따진다 하더라도 체면만 구길 뿐이지, 탈이 나지는 않는다.

진괘에서 충격을 가장 많이 받는 존재는 육이六二이고, 다음이 육오六五다. 상육上六도 약간 놀라서 따져보았지만, 지각변동의 표적이 자기가 아니라는 사실을 알게 되면 평소 육이六二와 육오六五에게 소외되어 있었기 때문에 그들이 충격받는 것이 은근히 기쁠 수도 있다. 그리고 이 기회에 자신이 한번 주도권을 잡아보고 싶어지기도 한다. 그래서 구사九四와 초구初九에게 가서 구애를 해보지만, 그것은 분위기 파악이 전혀 안 된 것이다. 바보 취급만 당하고 말썽만 생길 뿐이다.

상육上六은 중심 자리에 있지 않기 때문에 지각변동의 표적이 아니다. 그래서 '천둥소리가 흩어져 사라진다'고 했다.

중산간
重山艮

이 괘는 상괘와 하괘가 모두 간괘艮卦로 되어 있다. 상층부와 하층부가 모두 나아가지 못하고 답답하다. 그래서 이 괘의 이름을 '멈춤'을 의미하는 간艮으로 붙였다.

물은 흐르다가 막히면 멈춘다. 무리하게 앞으로 나아가려 하지 않는다. 둑에 막히면 고여 있다가 넘쳐흐를 수 있을 때 다시 흐른다. 이러한 물의 흐름처럼 사람도 앞이 가로막히는 상황에 봉착하면, 정지해 있다가 그것을 넘을 수 있는 상태가 되었을 때 나아가야 한다. 이것이 간괘가 주는 지혜이다. 이러한 간괘의 지혜를 얻은 사람은 장벽에 부딪쳤을 때, 무리한 욕심을 버리고 막힌 것을 넘을 수 있을 때까지 내실을 기할 것이다.

艮이라 其背하여 不獲其身하며 行其庭하여도 不見其人이면 无咎하리라 彖曰艮은 止也니 時止則止하고 時行則行하여 動靜不失其時면 其道光明하니 艮其止는 止其所也라 上下敵應하여 不相與也라 是以不獲其身行其庭不見其人无咎也라 象曰兼山이 艮이니 君子 以하여 思不出其位하나니라

국역 |

멈추어야 하는 형국이다. 그의 등 뒤에 머물러 서 있어도 그의 몸을 취하지 않으며, 그의 뜰을 지나가더라도 그 사람을 보지 않으면 허물이 없다. 단彖에서 말했다. "간艮은 멈추는 것이니, 때가 멈추어야 하는 경우라면 멈추고 때가 가야 하는 경우라면 가서, 움직이고 멈춤이 그 때를 잃지 않으면 그 도가 빛나고 밝을 것이다. 그 멈추어야 할 곳에서 멈추는 것은 그 바른 자리에서 멈추는 것이다. 상하가 적대 관계로 응하므로 서로 어울리지 않는다. 이 때문에 그 몸을 취하지 않고 그 뜰을 가더라도 그 사람을 보지 않으면 허물이 없다." 상象에서 말했다. "산이 겹해 있는 것이 간艮이니 군자는 이 괘의 이치를 살펴, 자기의 위치에서 벗어나지 않을 것을 생각한다."

강설 |

간괘의 상황에서는 어떤 일을 해도 난관에 봉착해 뜻을 이룰 수 없다. 이런 경우에는 난관에서 벗어날 때까지 기다리면서 내실을 기해야 한다. 사람과 싸울 때는 등뒤에서 공격하는 것이 가장 용이하다. 그것은 이긴 것이나 다름없다. 그러므로 이 경우 멈출 수 있는 사람은 드물다. 그렇더라도 간괘의 상황에서는 멈추어야 한다. 멈추어야 함을 가장 실감나게 표현한 말이 바로 이 말이다. 또 뜰을 지나가면 기침만 하더라도 그 집의 사람을 만날 수 있다. 그만큼 만나기가 쉽다. 그렇더라도 만나지 말아야 한다. 멈추어야 함을 실감나게 표현하기 위해 이런 예를 든 것이다.

진리를 아는 자만이 멈추어야 할 때 멈출 수 있다. 일제 강점기 시대에 일본 경찰에게 모욕을 당한 사람은 화가 나서 복수를 하고 싶을 것이다. 그러나 그는 그 경찰을 공격할 수 있는 기회를 얻었다 하더라도 공격하면 안 된다. 만약 선불리 공격하여 피해를 입히고 달아나면, 자기는 독립투사로 알려질지 모르지만, 그 뒤 자기 마을 사람들이 모두 희생을 당할 것이다. 이를 생각하면 참아야 한다. 독립전쟁을 전개하는 것도 이처럼 냉철해야 한다. 일제강점기 시절에 독립을 가로막는 산은 두 개 있었다. 일본제국이라는 산이 가로막혀 있었고, 그 뒤에 미국이라는 또 하나의 산이 가로막혀 있었다. 오랫동안 한국 침략을 준비해 온 일본으로 하여금 한국을 점령하도록 부추긴 것은 미국이었다. 미국인 태프트와 일본인 카츠라가 미국은 필리핀을 점령하고 일본은 한국을 점령하도록 밀약을 했다. 그러므로 일제강점기 초기의 조선의 상황이 이 간괘의 상황에 해당할 것이다. 이 경우에 감정적으로 독립을 부르짖는 것은 무모할 수 있다. 냉철하게 사태를 파악하고 먼 훗날 독립할 수 있도록 힘을 기르는 것이 상책일 것이다. 도산 안창호 선생의 깨우침이 그러했다.

기배其背 앞에 간艮자가 있어야 하지만, 간艮자가 두 글자이므로 옮기는 과정에서, 잘못 들어간 것으로 착각하여 한 자를 생략했을 것으로 보인다.

간괘는 위도 멈춰있는 산이고, 아래도 멈춰있는 산이다. 따라서 이 경우는 위아래가 만날 수가 없다. 마치 냉전체재에서 적대관계에 있는 나라들끼리 만나지 않고 멈춰 있는 것과도 같다. 그래서 '상하가 적대관계로 응하므로 서로 만나지 않는다'고 했다.

간괘의 이치를 아는 군자가 이런 상황에 처하면 결코 자신의 분수에 벗어나는 일을 무리하게 추구하지 않는다. 자기의 위치에 머물러 있으면서 내실을 다질 것이다.

초육 간기지 무구 이영정 상왈간기지
初六은 艮其趾면 无咎하니 利永貞하니라 象曰艮其趾
미실정야
는 未失正也라

국역 |

초육初六은 그 발을 멈추면 허물이 없다. 길이 참고 견디는 것이 이롭다. 상象에서 말했다. "그 발에서 멈추는 것은 아직 바른 것을 잃지 않은 것이다."

강설 |

초육初六은 혈기는 왕성하지만 아직 정신적으로 성숙하지 않은 상태이다. 무슨 일에든 깊이 사고하기보다는 행동이 앞서기 쉽다. 이 괘에서는 구삼九三의 저지에 대하여 참지 못하고 앞서서 저항하기 쉽다. 그러나 저항하면 즉각 구삼九三의 강력한 제지를 당하여 곤란을 겪게 된다. 만약 구삼九三의 저지를 넘었다 하더라도 상구上九의 저지가 또 있다. 이른바 산 넘어 산이다. 이 경우는 참고 견딜 수밖에 없다. 그래서 '길이 참고 견디는 것이 이롭다'고 했다.

초육初六은 회사의 신입사원에 해당하고 인체의 발에 해당한다. 초육初六은 어리고 성급하다. 매사에 발이 먼저 나가다가 실패하는 경우가 많다. 그래서 '그 발을 멈추어야 한다'고 했다.

六二는 艮其腓[1]니 不拯[2]其隨면 其心不快로다 象曰不拯其隨는 未退聽也라

(육이 간기비 부증기수 기심불쾌 상왈부증기수 미퇴청야)

국역 |

육이六二는 그 장딴지를 멈추어야 한다. 그 따르는 무리를 건져 주지 못하면 그 마음이 유쾌하지 않다. 상象에서 말했다. "그 무리를 건져 주지 못하는 것은 물러서서 들어주지 않기 때문이다."

난자풀이 |

[1] 腓(비) : 장딴지.
[2] 拯(증) : 건지다. 구조하다.

강설 |

간괘의 육이六二는 강력한 구삼九三의 벽에 부딪혀 진출하지 못하고 멈추어 있어야 하는 상황이다. 육이六二는 인체의 장딴지에 해당한다. 육이六二는 하층부의 실권자로서 추진력이 있다. 그래서 장딴지에 비유했다. 그러므로 구삼九三에게 저지를 당하면 초구初九보다 더 참기 어렵다. 그러나 구삼九三을 이길 힘이 없고 도움도 기대하기 어려우므로 구삼九三에게 저항하면 자기가 파멸한다. 추진력이 장딴지에 와있어 나아갈 힘이 있다 하더라도 참아야 한다.

육이六二는 하층부를 이끌어야 하는 위치이므로 자신만이 아니라 초육初六까지 이끌고 함께 멈추어야 한다. 만일 초육初六을 멈추게 하지 못한다면, 초육初六은 불행을 당할 것이고, 그로 인해 육이六二도 가슴이 아플 것이다. 그래서 '그 따르는 무리를 건져주지 못하면 그 마음이 유쾌하지 않다'고 했다.

만일 육이六二가 초육初六을 설득하는데 실패했다면, 그것은 초육初六의 말을 충분히 듣고 헤아려 주지 못했기 때문이다. 물러나서 듣는다는 것은 정면에서 따지며 듣는 것이 아니라, 한 걸음 물러나 상대를 존중하면서 충분히 듣는 것을 말한다. 그래서 '그 무리를 건져 주지 못하는 것은 물러서서 들어주지 않기 때문'이라고 했다.

(구삼 간기한 열기인 려 훈심 상)
九三은 艮其限[1]이니 列[2]其夤[3]이면 厲하여 薰[4]心이로다 象

(왈간기한 위훈심야)
曰艮其限이라 危薰心也라

국역 |

구삼九三은 그 허리를 멈추어야 한다. 그 인연을 끊으면 뼈를 깎는 아픔이 있어 속을 태운다. 상象에서 말했다. "그 허리에서 멈추어야 하는 것은 위태로워 속을 태우기 때문이다."

난자풀이 |

1 限(한) : 한限은 '한계'이니, 위와 아래의 한계는 허리이므로 여기서는 '허리'라는 뜻으로 쓰였다.
2 列(열) : 열裂과 통용. 찢는다. 여기서는 '끊는다'로 해석했다.
3 夤(인) : 인연.
4 薰(훈) : 훈熏과 통용. '태운다'는 뜻이다.

강설 |

구삼九三은 하층부의 제일 윗자리에 있으니, 회사의 고참사원에 해당하고, 학교의 졸업반 학생에 해당하며, 인체의 허리에 해당한다. 허리는 힘을 가장 많이 쓰는 부분이다. 구삼九三은 왕성한 힘으로 아래의 두 음陰의 진출을 막는다. 구삼九三의 입장에서는 초육初六과 육이六二가 나약하여 보호하고 있다고 생각하기 쉽다. 그러나 그것은 일방적인 생각이다. 사실은 그렇지 않다. 초육初六과 육이六二는 진출하지 못해 답답하다. 그런데도 계속 그들을 압박하면 그들은 떠나버리거나 그렇지 않으면 구삼九三을 원수로 삼아 테러를 감행할 수도 있다. 그것은 인연을 끊는 것이다. 그렇게 되면 제 살 깎는 아픔이 있다. 이 경우에는 무조건 중단하고 멈추어 있으면서, 자기 때문에 진출하지 못했던 후배들의 마음을 헤아려 위로하고, 함께 내실을 다져야 한다. 멈추지 않고 끝까지 아랫사람들을 괴롭히면 위태로운 일이 일어날 수도 있다. 그래서 '위태로워 속을 태운다'고 했다.

六四는 艮其身이면 无咎하리라 象曰艮其身은 止諸躬[1]也라

국역 |

육사六四는 그 몸통을 멈추면 허물이 없다. 상象에서 말했다. "그 몸통에서 머물러 있어야 하는 것은 몸통의 상태에서 멈추어야 하기 때문이다."

난자풀이 |

[1] 諸(저) : 지어之於 두 글자의 역할을 한다. 이 때의 음은 '저'.

강설 |

육사六四는 인체의 몸통에 해당한다. 몸통은 몸의 아래와 위를 연결해야 하는 연결고리다. 그러나 지금은 그 역할을 제대로 할 수가 없다. 육사六四는 강력한 양陽이거나 유능한 음陰이 아니기 때문에 하층부의 답답한 문제를 해결할 수도 없고, 또 상구上九에게 막혀 상층부의 일을 제대로 해결할 수도 없다. 이런 상황에서 무리하게 움직이면 실패할 수밖에 없다. 나아갈 수 없을 때는 멈추는 것이 제일이다. 움직일 수 있을 때까지 가만히 있는 것 외에는 방법이 없다. 그래서 '그 몸통을 멈추면 허물이 없다'고 했다. 이른바 좋은 의미의 복지부동伏地不動을 하라는 말이다.

삼국시대의 사마의는 제갈량에게 대항하지 않고 가만히 기다리기만 했다. 그가 만약 제갈량에게 저항했다면 그가 먼저 망했을 것이다. 가만히 있으면서 제갈량이 노쇠하기만을 기다린 덕에 승리했다. 간괘 육사六四의 지혜를 발휘한 것으로 볼 수 있다.

지휘자의 자리에 있는 육사六四가 멈추어 있기란 그 어느 경우보다 어렵다. 오직 사심 없이 시중時中을 행할 수 있는 군자라야 멈추어야 할 때 멈출 수 있다.

六五(육오)는 艮其輔(간기보)[1]면 言有序(언유서)하여 悔亡(회망)하리라 象曰艮其輔(상왈간기보)는 以中(이중)으로 正也(정야)라

국역 |

육오六五는 그 볼을 멈추고 있으면 말에 순서가 있어 후회함이 없을 것이다. 상象에서 말했다. "그 볼에서 멈추는 것은 중심에 있으면서 바르게 처신하는 것이다."

난자풀이 |

[1] 輔(보) : 보酺와 통용.

강설 |

육오六五는 인체에 비유하면 얼굴에 해당한다. 회사라면 사장에, 학교라면 교장에, 나라라면 대통령이다. 말하자면 그 집단의 얼굴이요 자존심이다. 자존심이 강한 사람은 얼굴을 내세운다. 얼굴을 내세우는 것은 주인임을 과시하는 것이다. 그러나 지금은 얼굴을 내세울 때가 아니다. 전직 사장, 전직 교장, 전직 대통령, 또는 그 외의 강력한 힘이 버티고 있기 때문에, 만약 육오六五가 나서면 상구上九에게 해를 입기도 한다. 만약 육오六五가 해를 입으면 자존심이 상해서 견디기 어렵다. 회사에 난입한 폭력배들에게 사원이 모욕을 당한 경우와 사장이 모욕을 당한 경우는 수치심의 정도가 다르다. 사장이 모욕을 당하면 마음의 평안을 유지하기 어렵다. 너무나 창피해서 말도 차분하게 이어가지 못한다. 그러므로 사장은 나서지 말고 멈추어야 한다. 멈추어서 사장의 체면에 다소 손상을 입는 한이 있더라도 치욕적인 일만 당하지 않으면 말을 이어갈 수 없을 정도의 국면에 처하지는 않는다. 그래서 '그 볼을 멈추고 있으면 말에 순서가 있어 후회함이 없을 것이다'라 했다. 모욕을 당하지 말고 때가 올 때까지 냉철하게 견디어야 한다. 국왕이 외국에서 온 장군에게 얻어맞거나 치욕을 당하면 그 치욕은 견디기 어렵다. 그런 사태가 오지 않도록 참고 견뎌야 한다.

상구　　돈간　　　길　　　상왈돈간지길　　이후종야
上九는 敦艮[1]이면 吉하리라 象曰敦艮之吉은 以厚終也[2]라

국역 |

상구上九는 도타운 마음으로 멈추면 길하다. 상象에서 말했다. "도타운 마음으로 멈추면 길한 것은 도타운 마음으로 마치기 때문이다."

난자풀이 |

1 敦(돈) : 두텁다. 두터이 여기다. 도타운 마음.
2 厚(후) : 두텁다. 도타운 마음.

강설 |

상구上九는 강한 위력을 지닌 전직 대통령, 전직 사장, 전직 교장 또는 가정의 할아버지에 해당한다. 상구上九가 자리에서 물러나지 않고 일일이 간섭하면, 육오六五는 자생력이 약화되어 더욱 나약해지고 나머지 사람들도 창조력을 발휘하지 못한다. 상구上九가 물러나지 못하는 이유는 자기가 없으면 아랫사람들이 일을 해결하지 못할 것 같은 불안함 때문이다. 상구上九는 자기가 아니면 안 된다는 생각을 한다. 그러나 그것은 하늘이 있다는 것을 모르는 소인의 얄팍한 생각이다. 하늘을 아는 군자라면 간섭하는 일을 그만두고 넉넉한 마음으로 물러날 수 있을 것이다.

상구上九가 물러나지 않고 끝까지 버티고 있으면 결국은 불상사가 난다. 불만이 팽배해진 아랫사람들이 폭동을 일으키면 결국 비참한 최후를 맞이하게 된다. 그러므로 더 이상 버티지 말고 넉넉한 마음으로 물러나야 한다.

풍산점
風山漸

이 괘의 상괘는 손괘巽卦이고, 하괘는 간괘艮卦다. 상층부는 순조롭지만, 하층부는 막혀서 답답하다. 그러나 하층부의 문제를 해결해야 할 육사六四가 매우 유능하기 때문에 하층부의 답답한 문제를 차근차근 풀어낼 수 있다. 그래서 전체적으로 차츰차츰 문제가 풀린다. 그래서 이 괘의 이름을 점차 해결된다는 의미에서 점漸이라 붙였다.

점 여귀길 리 정 단왈점지진야 여
漸이라 女歸吉하니 利코 貞하니라 彖曰漸之進也는 女

귀길야 진득위 왕유공야 진이정 가이
歸吉也라 進得位하니 往有功也오 進以正이면 可以

정방야 기위 강득중야 지이손 동불궁야
正邦也니 其位 剛得中也라 止而巽할새 動不窮也라

상왈산상유목이 점이니 군자 이하여 거현덕하여 선속하나니라
象曰山上有木이 漸이니 君子 以하여 居賢德하여 善俗하나니라
[1]

국역 |

점차 해결되는 형국이다. 여자가 시집가는 것이 길하다. 결실을 할 수 있고 저장을 할 수 있다. 단彖에서 말했다. "점괘漸卦의 추진해야 하는 상황은 여자가 시집을 가는 것이 길하다. 나아가면 자리를 얻으므로 적극적으로 나서면 공을 세울 수 있다. 추진하기를 바른 것으로 하면 나라를 바로잡을 수 있다. 그 자리가 굳센 것이 중심을 얻은 것이다. 정지하고 있으면서 겸손하니 움직여도 곤궁해지지 않는다." 상象에서 말했다. "산 위에 나무가 있는 것이 점漸이니 군자는 이 괘의 이치를 살펴, 어진 덕을 가지고 풍속을 착하게 한다."

난자풀이 |

[1] 居(거) : 덕德에 거居한다는 말은 덕德을 가진다는 말이다.

강설 |

여름이 지나 가을이 오는 데도 침체하고 있어서 결실을 하지 못하면 답답하다. 점괘의 하층부가 바로 이러한 상황이다. 그런데 점괘에서는 부드럽고 매력 있는 육사六四가 이를 해결할 수 있다. 마치 아랫사람들의 문제가 얽혀 답답한 집안에 부드럽고 매력 있는 여자가 시집을 온 뒤에 모든 문제가 차츰 해결되는 것과 같다. 그래서 이 괘의 이

름을 점漸이라 했고, '여자가 시집을 가면 길하다'고 했다. 그렇게 되면 비로소 가을을 맞을 수 있고, 손자를 볼 수도 있다. 그래서 '결실을 할 수 있고 저장을 할 수 있다'고 했다.

여자가 고관대작이나 부잣집에 시집가는 것이 반드시 좋은 것은 아니다. 자기를 필요로 하는 집에 시집가는 것이 좋다. 자기의 역할을 할 수 있는 곳에 시집가는 것이 좋다. '여자가 시집을 가면 길하다'고 한 것은 이러한 뜻으로 한 말이다. 『시경』에서 '아가씨 시집을 가네. 시집 식구들에게 어울리겠네.'라고 노래한 것도 이러한 뜻이다.

육사六四가 적극적으로 노력하면 시집온 새색시가 온 집안의 문제를 해결하기 위해 노력하는 것처럼 된다. 그래서 '여자가 시집을 가는 것이 길하다. 나아가면 자리를 얻으므로 적극적으로 나서면 공을 세울 수 있다'고 했다.

육사六四가 주도하여 가정이 안정되면 나아가 나라도 안정이 된다. 수신 · 제가 · 치국 · 평천하라 했다. 모범적인 가정이 없이 나라가 안정되는 경우는 없다. 그래서 '추진하기를 바른 것으로 하면 나라를 바로잡을 수 있다'고 했다. '그 자리가 굳센 것이 중심을 얻은 것이기 때문이다'라고 한 것은 구오九五의 입장을 말한 것이다. '정지하면서도 겸손하니, 움직여도 곤궁해지지 않는다'는 것은 하괘와 상괘의 성질로 볼 때 곤궁해지지 않는다는 말이다.

복잡하게 엉켜 있는 문제를 해결하는 가장 근원적인 방법은 현명한 덕으로 풍속을 착하게 하는 것이다. 복잡한 문제가 서서히 풀리는 과정은 늪에 빠진 기러기가 늪에서 빠져 나와 하늘로 날아가는 과정으로 이해할 수 있다. 그래서 점괘에서는 기러기가 늪에서 빠져나오는 과정으로 설명했다.

初六(초육)은 鴻漸于干(홍점우간)이니 小子厲(소자려)하여 有言(유언)이면 无咎(무구)하리라
[1] [2]

象曰小子之厲(상왈소자지려)면 義无咎也(의무구야)니라
[3]

국역

초육初六은 기러기가 점차 물가의 마른 것에 이르렀다. 어린 아이가 뼈를 깎는 아픔이 있어 말로 표현하면 허물이 없다. 상象에서 말했다. "어린 아들이 뼈를 깎는 아픔이 있으면 마땅히 허물이 없다."

난자풀이

[1] 干(간) : 마른 곳.
[2] 有言(유언) : 말이 있다. 말씽이 있다. 잔소리를 듣는다.
[3] 義(의) : 宜와 통용. 마땅히. 응당히.

강설

점漸은 뒤엉킨 실타래의 실이 조금씩 풀려지듯, 문제가 조금씩 풀리고 있는 상황이다. 이것은 늪에 빠져 허우적대던 기러기가 점차 늪에서 빠져 나오기 시작하는 단계이다. 오랜 침체에서 벗어나기 시작하는 가정이나 회사 또는 국가도 이 점괘 초육初六에 해당한다. 도박에 빠져 허우적거리거나 조직폭력배의 무리와 어울렸다가 빠져나오기 시작하는 경우도 이에 해당한다. 사회적으로 상당한 지위를 가지고 안정되게 살아가는 사람이라 하더라도 진리를 모르고 산다면 늪에 빠져 있는 것과 마찬가지다. 이러한 침체에서 벗어나는 것은 여간 어려운 일이 아

니다. 지금까지와 같은 삶의 방식으로는 불가능하다. 지나온 삶을 반성하여 뼈를 깎는 고통이 있어야 하고 참회의 눈물을 흘려야 마음을 닦아내는 수신의 길로 들어설 수 있다. 수신의 길로 들어서기는 쉽지 않다. '나는 반드시 진리를 얻겠다.'라고 각오해야 하고, 말을 해야 하고, 글로 써야 한다.

공자는 15세 때 학문에 뜻을 두었다. 공자가 뜻을 둔 학문은 진리를 얻어 성인聖人이 되기 위한 학문이었다. 퇴계 이황 선생도 어릴 적에 성인이 되기 위한 학문을 하겠다는 뜻을 표명했다.

육이 홍점우반 음식 간간 길 상왈
六二는 鴻漸于磐[1]이라 飮食에 衎衎[2]하면 吉하리라 象曰

음식간간 부소포야
飮食衎衎은 不素[3]飽也라

▌국역 |

육이六二는 기러기가 점차 반석에 이르렀다. 먹고 마시는 데 깐깐하면 길하다. 상象에서 말했다. "먹고 마시는 데 깐깐한 것은 이유 없이 그저 배불리 먹는 것이 아니기 때문이다."

▌난자풀이 |

[1] 磐(반) : 너럭바위.
[2] 衎衎(간간) : 깐깐한 모양. 정성을 들여 정확하게 하는 모양.
[3] 素(소) : 하는 일없이 그저.

강설 |

육이六二는 늪에서 빠져나온 기러기가 하늘로 날아오를 준비를 하는 단계이다. 기러기가 겨울이 오기 전에 북쪽으로 돌아가야 하듯, 사람도 늙기 전에 진리로 향해 나아가야 한다. 진리를 얻는다는 것은 욕심을 없애 본심으로 돌아가는 것을 말한다. 욕심을 없애는 방법에는 여러 가지가 있지만, 그 가운데 중요한 방법이 욕심이 나오는 길을 차단하는 것인데, 그 방법이 예를 지키는 것으로 집약된다. 예절 중에는 음식 예절이 중요하다. 사람들은 식탐하기 쉬우므로 더욱 그렇다. 그래서 『주역』에서 먹고 마시는 데 깐깐하면 길하다고 했다.

공자도 예를 열심히 지켜 30세가 되었을 때 예를 스스로 지킬 수 있는 경지에 도달했다고 술회했다. 『논어』에 나오는 '서른 살이 되었을 때 섰다'라는 말이 그런 뜻이다.

九三(구삼)은 鴻漸于陸(홍점우륙)이니 夫征(부정)이면 不復(불복)하고 婦孕(부잉)이면 不育(불육)하리니 凶(흉)하니라 利禦寇(이어구)하니라 象曰夫征不復(상왈부정불복)은 離羣醜也(이군추야)오[1] 婦孕不育(부잉불육)은 失其道也(실기도야)오 利用禦寇(이용어구)는 順相保也(순상보야)라

국역 |

구삼九三은 기러기가 점차 뭍으로 올라왔다. 남편이 정벌하러 나가면 돌아오지 못하고, 부인이 임신을 하면 기르지 못하니 흉하다. 도적을 막는 것이 이롭다. 상象에서 말했다. "남편이 정벌하러 나가면 돌아오지 못하는 것은 무리를 떠나기 때문이고, 부인이 임신을 하더라도 기르지 못한다는 것은 그 도를 잃은 것이기 때문이며, 도적을 막는 것이 이롭다는 것은 순조롭게 서로 보호하게 되기 때문이다."

난자풀이 |

1 醜(추) : 무리. 같은 무리. 동류.

강설 |

구삼九三은 기러기가 물에서 나와 물가의 언덕 위에까지 올라온 단계이다. 늪에서는 완전히 벗어났다. 하늘을 날 준비만 하면 된다.

진리를 향하는 길에서도 여러 가지 변화가 일어난다. 수양해서 욕심이 많이 없어지면 그만큼 본심이 돌아온다. 본심은 모두가 다 함께 가지고 있는 한마음이고 하늘마음이다. 하늘마음은 전지전능하다. 하늘마음을 많이 회복한 사람에게는 탁월한 능력이 생긴다. 세상을 통찰하는 눈이 열리고, 부귀영화를 누릴 수 있는 길도 보인다. 마음만 먹으면 돈도 벌 수 있고, 권력도 잡을 수 있고, 명예를 얻을 수 있다. 이러한 때 남아 있는 욕심이 유혹한다. 욕심은 아교처럼 달라붙는 성질이 있다. 욕심은 순순히 나가지 않고 남아서 발악한다. 본심을 많이 회복하여 능력이 생긴 사람에게 남아 있는 욕심이 온갖 유혹을 다 한다. 권력을 얻으라고 유혹하고, 돈을 벌라고 유혹하며, 명예를 얻으라고 유혹한다. 예수도 사탄의 유혹을 받았고, 석가모니도 악마의 유혹을 받았다. 사탄과 악마는 외부에서 오는 것이 아니라, 마음속에 있는 욕심이다. 이때 욕심의 유혹에 넘어가면 사이비 종교의 교주가 되어 본인도 불행해지지만, 남들에게도 엄청난 피해를 준다. 욕심의 유혹에 끌려 욕심 채우러 가는 것을 『주역』에서는 남편의 정벌과 부인의 임신에 비유했다. 오직 욕심에 끌려가지 말고 욕심이라는 도적을 막아야 한다.

공자도 유혹을 받았다. 공자가 유혹에 넘어갔으면 역시 사이비 교주가 되었을 것이다. 공자는 40이 되었을 때 욕심의 유혹을 완전히 뿌리칠 수 있었다. 공자는 『논어』에서 40이 되었을 때 유혹에 넘어가지 않을 수 있었다고 술회한 적이 있다.

육사 홍점우목 혹득기각 무구 상왈
六四는 鴻漸于木이니 或得其桷[1]이면 无咎하리라 象曰
혹득기각 순이손야
或得其桷은 順以巽也라

국역 |

육사六四는 기러기가 점차 나무에 이르렀으니 혹 그 가로로 된 가지를 얻으면 허물이 없을 것이다. 상象에서 말했다. "혹 그 가로로 된 나뭇가지를 얻어야 허물이 없는 것은 온순하면서도 겸손하기 때문이다."

난자풀이 |

[1] 桷(각) : 서까래. 나뭇가지. 여기서는 서까래처럼 가로로 뻗은 나뭇가지를 말한다.

강설 |

육사六四는 기러기가 어려운 고비를 넘기고 나무에까지 날아올랐다. 나무에까지 날아오른 것은 일단 지상에서 벗어나 하늘에 올라간 것이다. 그것은 욕심을 없애기 위해 노력한 수도자가 욕심보다 본심이 더 커진 상태가 된 것을 말한다. 본심의 소리는 하늘의 소리다. 본심이 욕심보다 커졌다는 사실은 하늘의 소리에 귀가 뚫렸음을 의미한다. 그것은 외국어를 공부하던 학생에게 외국어에 귀가 뚫린 것과 같다.

공자는 50세에 천명天命을 알았다고 했다. 천명을 안 뒤에는 남아 있는 욕심을 없애기 위해 전력투구하게 된다.

九五는 鴻漸于陵[1]이니 婦三歲不孕이면 終莫之[2]勝[3]이라 吉하리라 象曰終莫之勝吉은 得所願也라

국역 |

구오九五는 기러기가 점차 산 능선까지 날아올랐다. 부인이 한참 동안만 임신을 하지 않으면 결국 그를 이길 사람이 없을 것이니 길하다. 상象에서 말했다. "결국 그를 이길 사람이 없어 길한 것은 소원을 얻기 때문이다."

난자풀이

1 陵(릉) : 서슬. 산 능선.
2 莫(막) : ~하는 사람이 없다.
3 之(지) : 지之는 뒤의 승勝과 도치되었다. 부정을 나타내는 말, 타동사, 목적어가 이어졌을 경우 타동사와 목적어가 도치되는 예에 따른 것이다.

강설

구오九五는 기러기가 산 능선까지 날아올랐으니, 하늘로 날아오르기 직전의 단계이다. 이는 복잡한 문제가 거의 다 해결된 단계다. 어려운 문제를 해결했을 경우 마지막이 중요하다. 일이 다 되었다고 생각하고 방심하면 모든 것이 수포로 돌아갈 수 있다. 불을 끄는 사람이 불을 거의 다 껐을 때 안심을 하고 술이라도 마시러 가면 약간 남은 불씨가 되살아나서 지금까지의 노력이 헛수고가 될 수 있다. 경제건설이라고 하는 어려운 과제를 해결하는 경우도 이와 같다. 거의 성공의 단계에 이르렀을 때 성급하게 샴페인을 터뜨리면 안 된다. 이때는 꼼꼼하게 마지막을 점검해야 한다. 꼼꼼한 부인은 가정 경제가 거의 다 이루어졌다 하더라도 마지막 점검을 한 뒤에 임신을 하고 출산을 한다. 이처럼 어려운 일이 완성단계에 접어들었을 때는 최후의 순간까지 꼼꼼하게 점검하는 일이 중요하다.

공자는 50세에 천명을 알았다. 외국어를 공부하는 학생은 외국어에 귀가 뚫렸을 때, 모르는 단어가 쏟아져 들어오기 때문에, 더 열심히 공부한다. 공자가 천명을 안 뒤에도 공자에게 남아 있는 욕심이 계속 명령한다. 공자는 하늘의 명령과 욕심의 명령을 분별하여 욕심을 제거하기 위해 전력투구했다. 외국어를 공부하던 학생에게 모르는 단어가 없어져 외국어가 귀에 술술 들어오듯이, 60이 된 공자에게는 하늘의 명령이 술술 들어왔으므로 귀를 곤두세울 일이 없었다. 공자는 『논어』에서 60세가 되었을 때 귀가 순해졌다고 술회했다.

上九는 鴻漸于陸[1]니 其羽可用爲儀니 吉하니라 象曰 其羽可用爲儀吉은 不可亂也라

국역 |

상구上九는 기러기가 점점 날아 하늘 길에 이르렀다. 그 날개가 모범이 될 수 있으면 길하다. 상象에서 말했다. "그 날개가 모범이 될 수 있으면 길한 것은 어지럽히면 안 되기 때문이다."

난자풀이 |

[1] 陸(규) : 호원胡援, 정이程頤, 주자朱子 모두 '육陸을 규逵로 보아야 한다'고 했다. 규逵는 '아홉 갈래로 통하여 막힐 데 없는 길'이란 뜻인데, 막힐 데 없는 길은 하늘 위를 날아가는 길이므로 '하늘 길'로 번역했다.

강설 |

상구上九는 이제 모든 문제가 해결된 단계이다. 기러기가 날아가는 데 막힐 것 없는 하늘에 이르렀다. 오랜 고생을 한 마라톤 선수가 골인 지점에 도달한 상태이다.

상구上九는 원래 아무 문제가 없는 처지에 있다. 그래서 아무 걱정을 하지 않고 노인정에서 바둑이나 두면서 세월을 보내기도 한다. 그러나 지금은 그럴 상황이 아니다. 지금의 상구上九는 어려움에 처해 있는 사람들에게 최고 원로로서의 모범을 보여야 할 입장이다. 마치 하늘 위의 기러기가 무리 지어 질서정연하게 날아가는 모습이, 갈등하고

있는 지상의 무리들에게 좋은 본보기가 될 수 있는 것과 같다. 그래서 '그 날개가 모범이 될 수 있으면 길하다'고 했다.

60세의 공자에게는 욕심이 거의 남아 있지 않았지만, 완전히 없어진 것이 아니다. 욕심이 조금이라도 남아 있으면 완전한 자유란 없다. 자유란 마음대로 할 수 있는 상태다. 욕심이 남아 있는 사람이 마음 내키는 대로 행동하면 욕심에 끌려 하늘의 뜻을 어기기도 하고, 법에 저촉되는 일을 하기도 한다. 그러므로 공자는 마지막 남은 욕심을 완전히 없애기 위해 최선을 다했다. 그리하여 70세가 되었을 때 욕심을 하나도 남김없이 완전히 제거했다. 욕심이 하나도 없이 제거되면 마음에는 하늘마음만 남는다. 하늘마음뿐인 사람은 모든 행동이 하늘마음에서 나온다. 그런 사람의 움직임은 하늘의 움직임이다. 그는 예를 실천하지 않는다. 마음 내키는 대로 움직이지만, 그 움직임이 모두 하늘의 움직임이므로 모든 사람의 모범이 된다. 사람들이 하늘의 움직임으로 사는 사람을 따라서 움직이는 행동이 예로 정리된다. 공자는 『논어』에서 70세가 되었을 때, 마음이 내키는 대로 따라 해도 법도를 넘어가지 않았다고 술회했다.

대부분의 사람들은 늪에 빠져 헤어나지 못하고 허우적거리고 있다. 돈이라는 늪에 빠져 헤어나지 못하고 욕심에 빠져 헤어나지 못한다. 그렇게 사는 것은 지옥이다. 이 늪에서 빠져나와 천국에 도달해야 한다. 천국에서 사는 사람의 삶이 모든 삶의 모범인 것이다. 상구上九는 그런 모범된 삶을 살아야 하는 존재이다.

뇌택귀매
雷澤歸妹

이 괘의 상괘는 진괘震卦이고, 하괘는 태괘兌卦다. 상층부는 지각변동이 일어나고 하층부는 기뻐하면서 현 상태에 만족하고 있다. 현재의 상태에 자족하고 있는 육삼六三은, 상층부의 지각변동을 불안스레 여겨, 상층부로의 진입을 거부하고, 현재의 상태에 안주하려 한다. 구사九四의 입장에서 보면, 육삼六三은 시집가지 않고 현재의 상태에 머물러 있는 여동생과 같다.

이 경우 구사九四가 여동생의 말을 들어주면, 초구初九와 구이九二의 혼인길까지 어렵게 만들어 여러 가지 힘든 문제가 야기된다. 그러므로 구사九四는 여동생을 설득하여 결혼시켜야 한다. 그래서 이 괘의 이름을 여동생을 시집보낸다는 의미의 '귀매歸妹'라 붙였다. 여기서의 '여동생'의 범주에는 대학 진학을 거부하는 자녀나 일을 방해하며 걸림돌이 되고 있는 후배 등이 다 포함된다. 그리고 시집보낸다는 것은 보수화되어 있는 현재의 상태를 진보적인 상태로 바꾸는 것을 말한다. 시집보낸다는 것은 움직이지 않으려는 것을 움직이게 하는 것을 말한다.

귀매괘歸妹卦에서 여동생을 시집보낸다는 의미는 육삼六三을 시집보내는 데서 비롯된 것이지만, 한번 '시집보낸다'는 개념으로 괘의 성격이 결정되면 그것이 괘 전체의 성격이 되기 때문에 모든 효가 '시집보낸다'는 개념으로 풀이된다. 이러한 예는 겸괘謙卦, 태괘兌卦, 간괘艮卦 등에서도 보인다.

귀 매 정 흉 무 유 리 단 왈 귀 매 천 지
歸妹라 征하면 凶하니 无攸利하니라 彖曰歸妹는 天地

지 대 의 야 천 지 불 교 이 만 물 불 흥 귀 매 인
之大義也니 天地不交而萬物不興하나니 歸妹는 人

지 종 시 야 열 이 동 소 귀 매 야 정 흉 위 부 당
之終始也라 說以動하여 所歸 妹也니 征凶은 位不當

야 무 유 리 유 승 강 야 상 왈 택 상 유 뢰 귀 매
也오 无攸利는 柔乘剛也라 象曰澤上有雷 歸妹니

군 자 이 영 종 지 폐
君子 以하여 永終하여 知敝하나니라
[1] [2]

국역 |

여동생을 시집보내야 하는 형국이다. 과격하게 추진하면 흉하니 이로울 바가 없다. 단彖에서 말했다. "귀매는 하늘과 땅의 큰 작용이다. 하늘과 땅이 교제하지 않으면 만물이 흥기할 수 없으니, 귀매는 사람의 시작과 끝이다. 기뻐하면서 움직이니 시집가는 것은 여동생이다. 적극적으로 추진하면 흉한 것은 자리가 마땅하지 않기 때문이다. 이로울 바가 없는 것은 부드러운 것이 굳센 것을 타고 있기 때문이다." 상

象에서 말했다. "못 위에 번개가 있는 것이 귀매이니, 군자는 이 괘의 이치를 살펴 길이 종결지어 그 폐단을 처리한다."

난자풀이 |

1 知(지) : 다스리다. 처리하다. 주관하다.
2 敝(폐) : 폐弊와 통용. 폐단.

강설 |

구사九四가 여동생인 육삼六三을 결혼시키기 위해 설득할 때에는, 특별히 한가지 점에 주의해야 한다. 구사九四는 양陽이기 때문에 성급하고 강압적이기 쉽다. 그래서 우격다짐으로 육삼六三을 시집보내려 하면, 자존심 강한 육삼六三은 이에 반발하여, 가출하는 등의 불상사를 일으킬 수도 있다. 그래서 '과격하게 추진하면 흉하다'고 하여 주의를 환기시켰다. 이런 경우에는 차분하게 상대를 안정시키면서 설득해야 한다. 대학 진학을 거부하는 자녀나, 이사를 가지 않으려 고집하는 친척 등, 마땅히 해야 할 일을 하지 않는 사람을 설득할 때는, 조용하고 차분하게 상대를 이해하면서 천천히 진행시켜야 무리가 없다.

남녀가 결혼을 하는 것은, 크게 보면 하늘과 땅의 작용이다. 하늘과 땅의 교류 없이 만물이 생성될 수 없듯이, 남녀의 결합 없이 사람이 생성될 수 없다. 그래서 귀매를 사람의 일이 시작되고 끝나는 일이라 했다. 종시終始 즉, 처음부터 끝까지라는 것은 모든 것이란 말이다. 사람이 결혼하고 자녀를 낳음으로써 새로운 인생이 시작된다. 그리고 그 자녀가 성장하여 결혼하면, 낳고 기르는 부모의 역할이 끝나지만, 그 자녀가 다시 자녀를 낳음으로써, 자녀를 낳고 기르는 새로운 삶이 시작된다. 이것은 영원히 되풀이되는 인생이고 진리이다.

'기뻐하면서 움직인다'는 말은 하괘와 상괘의 성질을 말한 것이다.

'시집가는 것이 여동생이다'라는 것은 육삼六三이 위로 나아가야 함을 말한 것이다. '적극적으로 추진하면 흉한 것'은 구사九四의 양陽이 음陰의 자리에 있어 자리가 마땅하지 않기 때문이다. '이로울 바가 없다'는 것은 육삼六三의 음陰이 강한 양陽을 타고 있기 때문에 강압적으로 대처하면 힘들다는 말이다.

군자가 이 괘를 보면, 시집을 가야 될 사람이 가지 않을 때 나타나는 폐단이 어떤 것인지를 잘 살펴, 결혼시키는 일을 치밀하게 추진하고 종결짓는다.

초구 귀매이제 파능리 정 길 상왈
初九는 歸妹以娣[1]라도 跛[2]能履니 征하면 吉하리라 象曰

귀매이제 이항야 파능리길 상승야
歸妹以娣는 以恒也오 跛能履吉은 相承也라

국역 |

초구初九는 여동생을 남의 첩으로라도 시집보내면 절름발이라도 걸을 수 있다. 강행하더라도 길함이 있다. 상象에서 말했다. "여동생을 남의 첩으로라도 시집보내는 것은 변치 않는 마음이 있기 때문이고, 절름발이라도 걸을 수 있는 것이어서 길한 것은 서로 뜻을 받들기 때문이다."

난자풀이 |

[1] 娣(제) : 첩. 여동생.

[2] 跛(파) : 절름발이.

강설 |

초구初九는 아직 어린 존재로, 영리하고 마음이 순수하다. 시집을 갈 때에도 까다롭게 가리거나 따지지 않는다. 또 안 가려고 저항하지도 않는다. 이 어린 동생은 영리하고 건실하여 설사 남의 첩으로 시집간다 해도 잘 적응해 능력을 발휘한다. 그래서 '절름발이라도 능히 걸을 수 있다'고 했다. 첩이 아니고 절름발이가 아닌 경우라면 더 큰 능력을 발휘할 것이다. 공자의 어머니 안징재顏徵在는 16세의 나이로, 이미 노인이 된 숙량흘叔梁紇에게 시집가 공자를 낳는 큰일을 성취했다.

초구初九의 여동생은 양陽이어서, 어리기는 하지만 영리하고 건실하여 크게 성장할 아이이다. 어떤 열악한 조건으로 시집을 가도 잘 해낼 수 있다. 그렇다고 해서 아무 데나 시집보내도 좋다는 의미는 아니다. 중요한 의미가 있을 경우, 즉 변치 않는 진리의 마음으로 시집을 보낼 경우는 괜찮다는 말이다. 그래서 '변치 않는 마음이 있기 때문이다'라고 했다. 초구初九는 하늘의 뜻을 따르고, 부모의 뜻을 따르기 때문에 헤쳐 나갈 수 있다. 그래서 '서로 뜻을 받들기 때문이다'라고 했다.

九二(구이)는 眇能視(묘능시)[1]니 利幽人之貞(이유인지정)[2]하니라 象曰利幽人之貞(상왈이유인지정)은 未變常也(미변상야)[3]라

국역 |

구이九二는 애꾸눈이라도 볼 수 있으니 숨어 있는 선비가 참고 기다리는 것처럼 하는 것이 좋다. 상象에서 말했다. "숨어 있는 선비가 참고 기다리는 것처럼 하면 이로운 것은 본마음을 바꾸지 않기 때문이다."

난자풀이 |

1 眇(묘) : 애꾸눈. 사팔뜨기.
2 幽人(유인) : 시골에 묻혀서 사는 선비.
3 常(상) : 바뀌지 않고 있는 일정한 것. 변치 않고 있는 것은 인간의 본마음이고 양심이므로 여기서는 '본마음'으로 번역하면 될 것이다.

강설 |

구이九二의 여동생은 양陽이어서, 성격이 밝고 쾌활하며, 착하고 아름답다. 게다가 결혼 적령기에 이르러 고운 자태를 갖추고 있으니 모두가 탐을 내고 있다. 애꾸눈이라도 능히 볼 수 있다는 것은 어떠한 난관도 극복할 수 있는 능력과 자질을 갖추었음을 의미한다. 그러므로 구이九二에게는 접근하는 남자가 많기 때문에 성급하게 시집보내면 최고의 신랑감을 놓치는 경우가 많다.

그러므로 구이九二의 경우에는 적당히 시집보내지 말고, 최고의 배우자가 나타날 때까지 기다리는 것이 좋다. 제갈량이 유비와 같은 영웅이 찾아와 삼고초려할 때까지 기다리고 있었던 것처럼 하면, 최고의 신랑감을 얻을 수 있을 것이다. 그래서 '숨어 있는 선비가 참고 기다리는 것처럼 하면 길하다'고 했다.

'본마음을 바꾸지 않는다'는 말의 뜻은 출세하거나 좋은 배우자를 만나기 위해 초조해 하지 말고, 처음의 마음 상태를 변함없이 유지한다는 의미이다.

육삼 귀매이수 반귀이제 상왈귀매이수
六三은 歸妹以須[1]면 反歸以娣니라 象曰歸妹以須는

미당야
未當也라

국역 |

육삼六三은 여동생을 본처로 시집보내려고 하면 도리어 첩으로 시집보내게 된다. 상象에서 말했다. "여동생을 본처로 시집보내는 것은 타당하지 않은 것이다."

난자풀이 |

[1] 須(수) : 유嬬와 통용. 본처.

강설 |

육삼六三은 시집을 가지 않으려 고집하다가, 결혼적령기를 놓친 여동생이다. 이 여동생을 조건이 좋은 본처 자리로 시집보내려 고집하면 성사시키기가 어렵다. 그러면 도리어 첩으로 시집보낼 수밖에 없는 상황이 될 수도 있다. 더 이상 나이 들기 전에, 조건을 까다롭게 고르지 말고 시집가도록 설득해야 한다. 좋은 조건의 자리로 시집보내려 해도, 이미 시기를 놓쳤기 때문에 마땅하지 않다.

九四는 歸妹愆期면 遲歸니 有時니라 象曰愆期之志는 有待而行也라

(구사 귀매건기 지귀 유시 상왈건기지지 유대이행야)

국역 |

구사九四는 여동생을 시집보내는데 시기를 따지다 보면 시집보내는 것이 늦어지게 된다. 때라는 것이 있는 것이다. 상象에서 말했다. "시기를 따지는 뜻은 기다렸다가 시행하려는 뜻이 있는 것이다."

난자풀이 |

1 愆(건) : 허물. 탓. 탓하는 것은 따지는 것이므로 여기서는 '따진다'로 번역했다.

강설 |

여동생을 시집보낼 때, 시기나 궁합, 인물이나 가문 등이 적당하지 않다 하여 미루고 있으면 혼기를 놓치게 된다. 결혼을 하는 데는 때가 있는 법이다. 시집보내야 할 때에는 여러 가지를 가리지 말고 적당히 추진해야 한다.

육오 제을귀매 기군지메불여기제지메량
六五는 帝乙歸妹니 其君之袂不如其娣之袂良이면
[1] [2]

월기망 길 상왈제을귀매불여기제지메
月幾望이라도 吉하리라 象曰帝乙歸妹不如其娣之袂

량야 기위재중 이귀행야
良也는 其位在中하여 以貴行也라

국역 |

육오六五는 제을帝乙이 여동생을 시집보내니, 시집가는 부인의 옷소매가 그 첩의 옷소매의 아름다움만 같지 못하면 달이 거의 찼더라도 길하다. 상象에서 말했다. "제을이 여동생을 시집보내는데, 그 첩의 소매의 아름다움만 같지 못해야 하는 것은 그 자리가 중심에 있어 귀한 신분으로 가기 때문이다."

난자풀이 |

[1] 君(군) : 임금. 여기서는 '부인'을 말한다. 옛날에는 부인을 소군小君이라 했다.

[2] 袂(메) : 옷의 소매.

강설 |

제을은 은殷나라의 임금이고, 달이 거의 찼다는 것은 나이가 꽉 찼다는 말이다.

육오六五는 시집가는 여인의 나이로 치면 50대에 해당한다. 정상적으로 시집가긴 어렵다. 자존심을 완전히 버려야 겨우 가능하다. 황제의 여동생을 평민에게 시집보내는 것은 자존심을 버리지 않으면 불가능하다. 그래서 자존심을 버려야 한다는 것을 설명하여, '제을이 여동생을 시집보낸다'고 했고, 더욱 자존심을 버려야 함을 설명하여, '그의 옷소매의 아름답기가 임금의 첩들의 옷소매의 아름다움만 같지 않아야 한다'고 했다.

나이가 차서 결혼할 수 있는 나이가 거의 끝났다고 해도 이처럼 자존심을 버리고 겸손하다면 결혼할 수 있다.

상육 여승광무실 사규양무혈 무유리
上六은 女承[1]筐[2]无實이라 士刲[3]羊无血이니 无攸利하니라

상왈상육무실 승허광야
象曰上六无實은 承虛筐也라

국역 |

상육上六은 여자가 광주리를 받아도 들어 있는 물건이 없고, 신랑이 양을 잡아도 피가 없다. 이로울 바가 없다. 상象에서 말했다. "상육上六에서 실實이 없는 것은 빈 광주리를 받아 들기 때문이다."

난자풀이 |

[1] 承(승) : 받들다. 이어받다.
[2] 筐(광) : 광주리.
[3] 刲(규) : 베어 가르다.

강설 |

옛날에는 신부가 시집갈 때, 밤과 대추 등이 담긴 광주리를 신랑 측으로부터 받아 조상에게 제사를 올렸으니, 오늘날 함을 받는 것과 같다. 그리고 신랑이 장가갈 때는, 양을 잡아 그 피를 땅에 뿌려 선조에게 제사를 지냈다.

상육上六은 혼기를 놓친 채 너무 늙어 버린 경우이다. 설사 결혼이 성사되어 식을 올려도 변변히 예물을 받지 못하는 형편이다. 신부의 경우에는 제대로 된 함을 받을 수 없다. 그래서 '광주리를 받아도 들어 있는 물건이 없다'고 했다. 상육上六이 맞이하는 신랑은 변변한 신랑이 아니다. 신랑이 신랑의 예를 갖추기 위해 양을 잡아도 피가 있는 양을 잡을 수도 없다. 그래서 '양을 잡아도 피가 없다'고 했다.

따라서 이 경우는 남들처럼 온전한 격식과 조건을 갖추어 결혼할 수 없다는 것을 말한다. 그럼에도 불구하고 격식과 조건을 고집한다면 평생 결혼하지 못한다. 아무런 격식이나 조건을 따지지 말고 그냥 시집만 가야 한다. 아니면 그냥 동거하는 것도 한 방법이다.

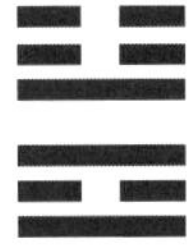

뇌화풍
雷火豊

이 괘의 상괘는 진괘震卦이고, 하괘는 리괘離卦다. 팔괘八卦의 성격 중에서 가장 많은 재산을 축적할 수 있는 형태를 갖춘 것이 리괘이다. 외부에서 경제 능력이 탁월한 양陽이 돈을 벌어들이면 안에서 그것을 모아 축적하는 음陰이 있다. 그리고 실제로 일을 하는 것은 하층부이어서, 리괘가 하괘에 있을 때 더 많은 부富를 축적할 수 있다.

하지만 리괘는 자기 완결성을 갖춰 자족하고 있기 때문에 자기 외적인 것에 관심을 두지 않는다. 그래서 하층부의 리괘는 재산을 축적해도 그것을 활용하기 어렵다. 재산을 활용하지 못한다면 수전노와 같이 되어 풍족한 상황을 만들 수 없다.

그런데 만약 상층부가 하층부에 있는 리괘의 자산을 활용할 수 있다면 그 자산을 토대로 큰 발전을 이룩할 수 있을 것이다. 이 괘의 경우는 하층부를 지휘 감독하는 구사九四가 강하고 정의롭기 때문에 하층부를 잘 관리할 수 있고 하층부의 축적된 자산을 운용하여 크게 확장할 수 있다. 그래서 이 괘의 이름을 풍성하다는 의미에서 풍豊이라 붙였다. 경제가 고도성장을 할 때 특히 살펴야 하는 이치이다.

豐(풍)이라 亨(형)하니라 王假[1]之(왕격지)면 勿憂(물우)라도 宜日中[2](의일중)이리라 象曰(단왈)
豐(풍)은 大也(대야)니 明以動(명이동)이라 故(고)로 豐(풍)이니 王假之(왕격지)는 尙大也(상대야)
오 勿憂宜日中(물우의일중)은 宜照天下也(의조천하야)라 日中則昃[3](일중즉측)하며 月盈(월영)
則食[4](즉식)하나니 天地盈虛(천지영허)도 與時消息(여시소식)이온 而況於人乎(이황어인호)아
況於鬼神乎(황어귀신호)아 象曰雷電皆至(상왈뇌전개지) 豐(풍)이니 君子(군자) 以(이)하여 折[5](절)
獄[6]致[7]刑(옥치형)하나니라

국역 |

풍성하게 불어나는 형국이다. 적극적으로 나서야 한다. 王이 온다면 걱정하지 않더라도 마땅히 태양이 중천에 떠오를 것이다. 단象에서 말했다. "풍豐은 커진다는 것이다. 밝은 상태에서 움직이므로 풍성해진다. 왕이 이른다는 것은 커지는 것을 숭상하는 것이고 걱정하지 않더라도 마땅히 해가 중천에 떠오른다는 것은 마땅히 천하를 비추기 때문이다. 해가 중천에 뜨면 기울어지고, 달이 차면 이지러진다. 천지가 찼다가 비었다가 하는 것도 때에 따라 줄었다가 불었다가 하는 것인데, 하물며 사람에 있어서랴! 하물며 귀신에 있어서랴!" 상象에서 말했다.

"우레와 번개가 모두 이르는 것이 풍豊이니 군자는 이 괘의 이치를 살펴, 송사를 판결하고 형벌을 집행한다."

난자풀이 |

1 假(격) : 지至의 뜻. 이른다.
2 中(중) : 해가 중천에 뜨는 것을 말한다.
3 昃(측) : 해가 서쪽으로 기우는 것을 말한다.
4 食(식) : 보름달에서 차츰 먹어 들어가 이지러지는 것을 말한다.
5 折(절) : 결정한다. 판결한다. 해결한다.
6 獄(옥) : 송사. 소송.
7 致(치) : 시행한다.

강설 |

풍괘豊卦는 하층부의 축적된 자산을 구사九四가 운용하여 풍족한 경제를 건설하고 있는 상황이다. 그래서 '풍성하게 불어나는 형국이다'라고 했다.

그런데 재산을 형성하는 데만 힘쓰고, 교육하지 않는다면 인간다운 삶을 영위할 수 없다. 그리고 그 재산 또한 유흥비 등의 소비적인 데에 탕진하게 되어 다시 패망하게 된다.

이런 경우에는 교육 사업을 활발히 하여, 도덕적 삶을 확립하고, 물질적인 삶과 정신적인 삶이 균형 있게 풍요로워지도록 해야 한다. 그래야 온당한 발전을 할 수 있다. 이러한 정치가 바로 맹자가 말한 왕도정치이고, 왕도정치를 실시하는 사람이 성왕聖王이다. 그러므로 왕王은 개인적으로 성인聖人의 인격을 갖추어야 가능하다.

풍괘의 상황은 풍족하므로 성왕이 나타나 도덕을 확립한다면 근심할 것이 없다. 마땅히 태양이 중천에서 빛나듯, 밝고 아름다운 사회가 건설될 것이기 때문이다. 그래서 '왕이 온다면 걱정하지 않아도 마땅히 태양이 중천에 떠오를 것'이라고 했다. 경제 건설을 주도했던 구사九四는 다시 성왕이 등장할 수 있는 기풍을 조성하기 위해 학교를 설립하고, 인재를 등용하여 현인을 길러야 할 것이다.

풍괘는 하괘가 광명한 리괘離卦이고 상괘가 움직이는 진괘震卦이기 때문에 풍족할 수 있다. '왕이 이른다'는 것은 크게 발전하는 것을 바라기 때문이다.

성인이 나타나면, 해가 중천에 떠서 만물을 고루 다 비추듯, 모든 사람들의 삶을 바르게 인도할 것이다.

그러나 중천의 해는 시간이 지나면 서쪽으로 기울고, 달도 차면 차츰 기운다. 이것이 자연의 이치이다. 그러므로 군자는 풍성한 때일수록, 규율을 확립하고 질서를 바로잡아, 다가올 어려움에 대비한다. 그래서 '송사를 판결하고 형벌을 시행한다'고 했다.

初九(초구)는 遇其配主(우기배주)면 雖旬(수순)이라도 无咎(무구)하리니 往(왕)하면 有尙(유상)이리라 象曰雖旬无咎(상왈수순무구)나 過旬(과순)이면 災也(재야)라

국역 |

초구初九는 자기의 짝이 될 주인을 만나면 비록 열흘 정도 늦더라도 허물이 없다. 가면 존중받음이 있을 것이다. 상象에서 말했다. "비록 열흘 정도 늦더라도 허물이 없으나, 열흘이 지나면 재앙이 된다."

강설 |

경제 개발이 활발하게 이루어져 풍요로워지고 있는 상황에서 초구初九는 산업 역군의 위치에 있다. 산업 역군은 자신의 일터를 찾아야 하므로 '그를 써 주는 주인을 만나야 한다'고 했다. 그를 고용할 주인은 구사九四다.

주인을 제대로 만날 수만 있다면, 만나는 시기가 좀 늦어진다 해도 문제되지 않는다. 경제가 어려워 취직하기 어려운 상황에서는 취직하는 시기가 늦어지면 안 되지만, 경제가 비약적으로 발전하는 시기에는 취직 걱정을 하지 않아도 된다. 그보다는 적성에 맞는 직장을 구하도록 노력해야 할 것이다. 7일이 한 사이클이라면 10일은 한 사이클 반이다. 요새 식으로 말하면 취직의 주기는 주로 일 년 단위이므로 10일은 1년 반 정도로 이해할 수도 있다. 유능한 일꾼은 조금 늦게 시작하더라도 일할 조건만 만들어지면 바로 능력을 발휘한다. 그래서 '가면 존중받음이 있다'고 했다.

그러나 초구初九는 유능하고 왕성한 힘이 있기는 하지만, 아직 어린 일꾼에 불과하다. 고급 기술자가 아니다. 너무 늦으면 존중받지 못한다. 고급 기술자가 될 때까지는 부지런히 움직이면서 전체와 보조를 맞추어야 한다.

육이 풍기부 일중견두 왕 득의질 유
六二는 豊其蔀라[1] 日中見斗니[2] 往하면 得疑疾하리니 有
부발약 길 상왈유부발약 신이발지야
孚發若하면 吉하리라 象曰有孚發若은 信以發志也라

국역 |

육이六二는 그 차양을 풍부하게 쳐서 대낮이라도 북두칠성을 볼 수 있을 정도로 어둡다. 가면 의심하는 병을 얻으리니 한마음이 되어 자기 능력을 발휘해야 길하다. 상象에서 말했다. "한마음이 되어 자기 능력을 발휘하는 것은, 믿음으로 뜻을 발휘하는 것이다."

난자풀이 |

1 蔀(부) : 태양 빛을 가리는 차양. 커튼.
2 斗(두) : 북두칠성.

강설 |

육이六二는 초구初九와 구삼九三이 뜨거운 햇볕 아래서 일해 벌어 온 돈을 실내에 앉아서 받아 회계하고 축적하는 사무원이다. 실내의 사무실은 태양 빛을 가리기 위해 커튼을 치고 있기 때문에 대낮에도 바깥보다 어둡다. 그래서 '북두칠성을 볼 수 있을 만큼 어둡다'고 했다.

사무원과 노동자는 역할을 분담하여 각기 사무실과 현장에서 일하여, 서로 조화를 이루어야 원만한 관계가 유지된다. 그리고 그것이 가능하기 위해서는 서로 간의 돈독한 신뢰가 형성되어야 한다. 만일 사무원이 현장에 나가 있거나, 노동자가 사무실에 와서 간섭을 하면, 서로 자신이 의심받고 있다고 생각하여 불화가 일어날 수 있다. 모두 한마음이 되어 서로 믿고 각각의 역할을 충실히 해야 풍요로운 사회를 건설할 수 있다. 그래서 '가면 의심하는 병을 얻는다'고 했고 '한마음이 되어 자기 능력을 발휘해야 길하다'고 했다. 어려운 때에는 손괘損卦에서처럼 남의 사정을 살펴 부족한 것을 도와야 하지만, 풍성한 때에는 각자의 맡은 바 역할만 잘 하면 된다. 공자는 "그 자리에 있지 않으면 그 일을 도모하지 않는다"고 했다. 바로 풍괘의 이치를 설명한 것이다. 자기의 역할을 제대로 하지 못하는 사람일수록 남의 일에 더 간섭하는 경향이 있다. 주의를 요한다.

구삼 풍기패 일중견말 절기우굉 무구
九三은 豐其沛[1]라 日中見沫이니 折其右肱이면 无咎하
상왈풍기패 불가대사야 절기우굉 종불
리라 象曰豐其沛는 不可大事也오 折其右肱은 終不
가용야
可用也라

국역 |

구삼九三은 늪을 풍부하게 가지고 있어서 대낮에 물방울을 본다. 그 오른팔을 부러뜨리면 허물이 없다. 상象에서 말했다. "그 늪을 풍부하게 가지고 있다는 것은 큰일을 하면 안 된다는 것이고, 그 오른팔을 부러뜨려야 하는 것은 끝내 쓰지 않아야 하기 때문이다."

난자풀이 |

[1] 沛(패) : 늪. 습지.

강설 |

구삼九三은 하층부의 가장 윗자리에 있는, 고참 노동자이다. 그래서 자신이 가장 최고의 역할을 한다고 생각하기 쉽다. 그러면서도 땡볕 아래서 일하고 있으므로 불만을 가질 수 있다. 그리고 자신에 비해 후배인 육이六二가 사무실에 앉아 편안히 일하는 것을 유감스럽게 생각할 수도 있다. 자기의 일에 불만이 많을수록 작업환경에도 불만이 생긴다. 그래서 이를 '늪지대에서 일을 하여 늪의 물방울이 튀어 오르는 것을 본다'고 표현했다. 그만큼 불만스러운 작업환경임을 상징한 것이다.

이 경우, 구삼九三은 불만이 심화되어 육이六二의 후배를 공격하게 될 가능성도 있다. 만일 그렇게 되면 전체의 조화가 무너져 모두에게 해롭다. 적절하게 제재하여 싸우지 못하게 해야 한다. 그래서 '그 오른쪽 팔을 부러뜨리면 허물이 없다'고 했다.

늪이 많다는 것은 많은 일을 할 수 있는 환경이 아니라는 점을 말한 것이고, 오른팔을 부러뜨린다는 것은 오른팔을 무기로 사용할 수 없도록 한다는 것이다. 역사적으로 볼 때 일이 성공한 뒤에 불만을 품은 공신들에 의해 다시 난리가 일어나는 경우가 있다. 대개 구삼九三의 입장에서 나타나는 문제들이다. 구삼九三은 자기가 일등공신이라 생각하기 쉽지만 사실은 구사九四와 육이六二가 일등공신이고, 자기는 이등공신이다. 이를 이해하지 못하고 불만을 품으면 반역을 도모하게 된다. 한나라 초기의 한신이 불만을 품다가 처형당한 것도 이에 해당한다.

九四(구사)는 豐其蔀(풍기부)라 日中見斗(일중견두)니 遇其夷主(우기이주)[1]면 吉(길)하리라

象曰豐其蔀(상왈풍기부)는 位不當也(위부당야)오 日中見斗(일중견두)는 幽不明也(유불명야)오 遇其夷主吉(우기이주길)은 行也(행야)라

국역 |

구사九四는 그 차양을 풍부하게 친다. 대낮에도 북두칠성을 볼 정도이다. 그 분신이 되어 줄 주인을 만나면 길하다. 상象에서 말했다. "그 차양을 풍부하게 쳐야 하는 것은 자리가 마땅하지 않기 때문이다. 대낮에도 북두칠성을 볼 정도라는 것은 어두워서 밝지 않다는 것이며, 그 분신이 되어줄 주인을 만나면 길하다는 것은 일이 잘 진행될 것이기 때문이다."

난자풀이 |

[1] 夷(이) : 평등하다. 동등하다.

강설 |

구사九四는 상층부의 움직임을 주도하면서, 육이六二와 협력하여 전체의 풍요를 이루어 가는 주체이다. 전체를 통괄하는 구심점은 한 자리에 있으면서 사령탑 구실을 해야 하기 때문에 밖으로 돌아다닐 수 없다. 그래서 '차양을 두터이 쳐서 북두칠성이 보일 정도로 어둡다'고 했다.

구사九四는 회사의 전무 정도의 실세이지만, 사장이 나약하여 실질적으로 회사 일을 모두 꾸려 가야 하기 때문에 사장실 같은 어두운 사무실에 있어야 한다. 그러나 구사九四는 양陽이면서 하층부를 지휘 감독해야 하므로 밖으로 활발하게 돌아다녀야 한다. 그럼에도 불구하고 사무실에서 사령탑의 역할을 하며 육오六五를 보좌해야 하므로, 자신을 대신하여 밖에서 활약해 줄 사람을 필요로 한다. 그 사람은 바로 자신과 상응 관계에 있는, 가장 잘 통하는 초구初九이다. 그래서 '분신이 되어 줄 주인을 만나면 길하다'고 했다. 주主는 자기를 알아주고, 자기를 대신해 줄 사람을 지칭한다. 여기서의 주主는 초구初九이다.

六五(육오)는 來章(래장)[1]이면 有慶譽(유경예)하여 吉(길)하리라 象曰六五之吉(상왈육오지길)은 有慶也(유경야)라

국역 |

육오六五는 밝은 사람을 오게 하면 경사와 명예가 있게 될 것이어서 길하다. 상象에서 말했다. "육오六五가 길한 것은 경사가 있을 것이기 때문이다."

난자풀이 |

[1] 章(장) : 창彰과 통용. 밝고 지혜로운 사람.

강설 |

육오六五는 임금이고 사장이지만, 창의력과 지도력이 부족하다. 이런 경우에는 지혜롭고 창조적인 사람의 보좌를 받는 것이 좋다. 그래서 '밝은 사람을 오게 하면 경사와 명예가 있게 될 것이어서 길하다'고 했다. 이때의 밝은 보좌관이란 구사九四를 가리킨다.

실력 없는 자가 사장이 되어, 실력자들을 무시하면 그들 모두 그 조직에 등을 돌려 결국은 조직의 힘을 상실하게 된다. 그러나 현명한 사

람의 의견을 수용하고 존중하면 그들은 더욱 분발하여 조직의 힘이 강화될 것이다.

上六(상육)은 豐其屋(풍기옥)하고 蔀其家(부기가)하여 闚[1]其戶(규기호)라도 闃[2]其无人(격기무인)하여 三歲不覿[3](삼세부적)이면 凶(흉)하리라 象曰豐其屋(상왈·풍기옥)은 天際[4]翔[5]也(천제상야)오 闚其戶闃其无人(규기호격기무인)은 自藏也(자장야)라

국역 |

상육上六은 그 집을 풍성하게 하고, 그 집에 차양을 쳐서, 남들이 그 문을 들여다보아도 고요하여 사람이 없는 듯하며 3년이 되어도 볼 수 없으면 흉하다. 상象에서 말했다. "그 집을 풍성하게 하는 것은 하늘 끝으로 날아오를 듯한 것이고, 그 문을 들여다보아도 사람이 없는 듯 고요한 것은 스스로를 감춘 것이다."

난자풀이 |

[1] 闚(규) : 엿보다. 훔쳐보다.
[2] 闃(격) : 고요하다. 인기척이 없다.
[3] 覿(적) : 본다.
[4] 際(제) : 사이. 가장자리. 천제天際는 하늘의 가장자리.
[5] 翔(상) : 날아오르다.

강설 |

상육上六은 직접 생산 노동에 종사하는 위치가 아니라, 남이 일한 대가를 누리고 있는 위치이다. 경제 성장 과정에서 보면 언제나 분배의 문제가 발생한다. 땀 흘리고 고생한 사람은 노동자들인데, 실제로 부富를 누리는 사람들은 자본가나 부동산 업자들이다.

상육上六이 만일 노동자들이 고생한 대가로 축적한 재산을 가지고, 호화주택을 지어 커튼을 치고 담을 높이면서 호화 생활을 누리는 경우라면 부당한 일이므로, 결국은 흉하게 된다. 집이 없어 고생하는 많은 생산 근로자들이, '저 사람은 우리가 땀흘려 번 돈으로, 호화로운 집을 지어 낭비하고 있다'고 비난하며 규탄할 것이기 때문에, 결국은 흉한 사태를 불러들일 수 있다. 이런 경우, 상육上六은 검소하고 건실하게 생활하면서, 여유 자산이 있다면 고생한 근로자들에게 환원될 수 있도록 배려해야 한다. 군자가 아닌 사람이 일확천금을 하면 그 때문에 욕심이 커져서 불행한 결과를 초래하게 된다. 군자라면 노동하지 않고 얻은 재산을 남을 위해서 쓰기 때문에 탈이 나지 않는다.

'3년이 되어도 볼 수 없다'는 말은 한참 동안이나 볼 수 없다는 말이다.

화산여
火山旅

이 괘의 상괘는 리괘離卦이고, 하괘는 간괘艮卦다. 상층부는 만족하고 있지만, 하층부는 답답하다. 하층부의 간괘가 아래에 있을 때, 답답한 것을 해결할 수 있는 경우는 하괘를 직접 관할하는 사효四爻가 탁월한 능력을 가진 유일한 음陰 또는 양陽이거나, 구삼九三과 상응하여 조화를 이루는 상효上爻가 유일한 음陰인 경우이다. 전자의 경우는 손괘巽卦와 진괘震卦이고, 후자의 경우는 태괘兌卦이다.

그러나 상괘인 리괘에 있는 사효는 탁월한 능력을 가진 유일한 양陽이 아니어서 답답함을 해결하지 못한다. 뿐만 아니라 자기 완결성을 갖춰 자족한 상태에 있기 때문에 하괘에 무관심하기까지 하다.

그래서 이런 상황에서는 답답한 상황을 타개하려 해도 방법이 없다. 취할 수 있는 최선의 방법은 문제를 직접적으로 해결하려 하지 말고, 잠시 문제에서 벗어나 휴식을 취하는 것이다. 예컨대 바둑을 두다가 풀기 어려운 문제에 봉착했을 때, 잠시 자리를 떠나 머리를 식힌 후 다시 들여다보면 수가 보이는 경우가 있는 것과 같다. 그래서 이 괘의 이름을 잠시 떠난다는 의미에서 여旅라고 붙였다.

여 소형 여 정 길 단왈여소형 유
旅라 小亨코 旅하여 貞하면 吉하리라 彖曰旅小亨은 柔

득중호외이순호강 지이리호명 시이소형
得中乎外而順乎剛하고 止而麗[1]乎明이라 是以小亨

려정길야 여지시의 대의재 상왈산상유화 여
旅貞吉也니 旅之時義 大矣哉라 象曰山上有火 旅

군자 이 명신용형 이불류옥
니 君子 以하여 明愼用刑하며 而不留獄하나니라

국역 |

잠시 떠나야 하는 형국이다. 조금 변화를 구해야 한다. 여행을 하여 쉬면서 사리를 분별하면 길하다. 단象에서 말했다. "여괘旅卦에서 조금 변화를 구해야 하는 것은 부드러운 것이 밖에서 중심을 얻어 군센 것을 따르고, 멈춘 상태에서 밝은 것에 붙어있기 때문이다. 이 때문에 조금 변화를 구하고 여행하여, 쉬면서 사리를 분별하면 길하니, 여괘에서 보여주는 시중의 도리가 크도다!" 상象에서 말했다. "산 위에 불이 있는 것이 여旅니, 군자가 이 괘의 이치를 살펴, 밝고 신중하게 형벌을 쓰며 송사를 유보하지 않는다."

난자풀이 |

[1] 麗(리) : '걸려 있다', '붙어 있다'로 해석될 경우에는 음이 '리'이다.

강설 |

복잡하게 막혀 풀리지 않는 문제에 봉착했을 때에는 잠시 시간을 두고 머리를 식히면서 원기를 회복하는 것이 문제 해결에 도움이 될 수 있다. 일상적인 생활에 약간의 변화를 주어 여행을 가는 것이 좋다. 그래서 '조금 변화를 구해야 하고, 여행하여 쉬면서 사리를 분별하면 길하다'고 했다.

여괘에서 문제가 되는 것은 하층부의 답답한 상황이다. 그리고 이 침체가 해결되지 못하는 것은 상층부의 무심함 때문이다. 그런데 문제를 해결해야 하는 주체는 육오六五이다. 육오六五가 나서서 문제를 해결해야 한다. '부드러운 것이 밖에서 중심을 얻어 굳센 것을 따르고 있다'는 것은 육오六五에 대한 설명이다.

괘卦의 성질로 보면, 하괘인 간괘는 정지해 있고, 상괘인 리괘는 광명하다. 그래서 '정지하면서 광명한 것에 붙어있다'고 했다. 여괘에서 보여주는 시중의 도리는, 복잡하게 풀리지 않는 문제에 봉착한 상황에서 문제를 해결하는데 매우 중요하다.

괘卦의 상象으로 보면, 여괘는 산 위에 불이 있는 형상이다. 불은 위로 타올라, 정지해 있는 산 아래를 다 비추지 못하기 때문에 아래의 어두운 부분을 밝게 할 수가 없다. 이런 경우에는 불가피하게 법으로 제압할 수밖에 없다. 그래서 '신중하게 형벌을 쓰고, 송사를 오래 보류하지 않는다'고 했다.

初六(초육)은 旅瑣瑣(여쇄쇄)면[1] 斯其所取災(사기소취재)니라 象曰旅瑣瑣(상왈여쇄쇄)는 志窮(지궁)하여 災也(재야)라

▌국역 |

초육初六은 여행갈 때 촐랑거리면 곧 재앙을 받을 것이다. 상象에서 말했다. "여행갈 때 쫄랑거리면 뜻이 곤궁하여 재앙을 당하게 된다."

▌난자풀이 |

[1] 瑣瑣(쇄쇄) : 쫄랑거린다. 촐랑거리다.

▌강설 |

상층부에서 적지 않은 재정을 들여가면서 여행을 떠나는 데에는 복잡하게 엉켜 있는 문제를 풀어 보려는 고민이 있다. 그런데 어린 초육初六은 그런 내막을 알지 못하고, 여행 간다는 것 자체에 기분이 들떠 촐랑거리기 쉽다. 그러면 어른들의 고민을 이해 못하는 철부지로 보여서, 야단맞거나 꾸지람을 듣기 쉽다.

六二(육이)는 旅卽次(여즉차)[1]하여 懷(회)[2]其資(기자)[3]면 得童僕(득동복)이나 貞(정)이로다 象(상)曰得童僕貞(왈득동복정)이면 終无尤也(종무우야)라

▌국역 |

육이六二는 여행하여 처소에 도착했을 때 자기의 권위를 가지면 후배들을 얻지만 참고 있어야 한다. 상象에서 말했다. "동복童僕을 얻어

서 참고 있으면 결국 허물이 없을 것이다."

난자풀이 |

1 次(차) : 3일 이상 머무는 처소. 여행갈 경우는 텐트나 여관에 해당한다.
2 懷(회) : 품다. 가지다.
3 資(자) : 자기의 권위를 세울 수 있는 바탕이 되는 것. 무기. 실력, 힘, 규율 등이 이에 속한다.

강설 |

육이六二는 하층부의 핵심이니, 학생이라면 학생회장에 해당한다. 여행지에 도착하여, 하층부를 통솔해야 하는 육이六二는, 후배들이 갖지 못한 어떤 권위가 있어야 한다. 통솔자인 육이六二가 권위를 가지면 후배들이 질서 있게 행동하고, 불편함도 참아 주어 여행이 순조롭게 될 수 있지만, 그렇지 못하면 통제가 힘들어질 수 있다. 그러므로 육이六二는 위엄을 가지고 어느 정도 통제를 해야 한다. 그러나 너무 과격하게 통제를 하면 여행의 분위기를 망치기 때문에 최소한의 통제만 하고 나머지는 참아줌으로써 해방감을 가질 수 있도록 해야 한다. 그래서 '참고 있어야 한다'고 했다.

九三(구삼)은 旅焚其次(여분기차)면 喪其童僕(상기동복)하리니 貞(정)하여도 厲(려)하니라

象曰旅焚其次(상왈여분기차)면 亦以傷矣(역이상의)오 以旅與下(이려여하)면 其義喪也(기의상야)라

국역 |

구삼九三은 여행지에서 그 처소를 태우면 후배들을 잃는다. 가만히 참고 있어도 제 살 깎는 아픔이 있다. 상象에서 말했다. "여행지에서 그 처소를 태우면 또한 그로 인하여 상처를 입게 되고, 여행을 하는 입장에서 아랫사람과 어울리면 그 도리를 잃는다."

강설 |

여괘에서, 구삼九三은 강한 힘으로 후배들의 일에 간섭하고 억압하여 많은 문제를 일으킨 장본인이다. 자신으로 인해 발생한 문제를 해소하기 위해 여행을 온 것이기 때문에, 여행지에서는 후배들의 일에 개입하지 말고 그들에게 맡겨 두어야 한다. 만일 여행지에서도 후배들을 억압하면, 해방감에 젖고 싶어하는 후배들이 강렬한 저항을 할 것이기 때문에, 결국 전체의 여행 분위기가 엉망이 되어 버릴 것이다. 이를 상징적으로 '처소를 불태우면 후배들을 잃는다'고 했다. 동복이란 오늘날의 용어로는 후배들이다.

일단 처소를 불태우는 지경이 되고 나면 그 다음에는 아무리 참고 인내해도 돌이킬 수 없다. 그래서 '가만히 참고 있어도 제 살 깎는 아픔이 있다'고 했다.

여행지에서는 긴장이 풀린다. 긴장이 풀린 상태에서 아랫사람들과 어울리면 아랫사람들에게 더욱 상처를 줄 수 있다. 그렇기 때문에 적극 노력하여 자세를 낮추지 않으면 안 된다. 고자세를 취하여 긴장이 풀린 후배들을 흥분시키면 사태는 수습하기 어려워진다. 그것은 도리가 아니다. 매우 주의해야 한다.

구사 여우처 득기자부 아심불쾌 상왈여
九四는 旅于處면 得其資斧나 我心不快로다 象曰旅
[1] [2] [3]
우처 미득위야 득기자부 심미쾌야
于處는 未得位也니 得其資斧하나 心未快也라

국역 |

구사九四는 여행지에서 처리를 잘하면 힘이 되는 도끼를 얻을 것이지만 나의 마음은 유쾌하지 않다. 상象에서 말했다. "여행지에서 처리를 잘해야 하는 것은 아직 자리를 얻지 못했기 때문이다. 그 힘이 되는 도끼를 얻지만 마음은 유쾌하지 않다."

난자풀이 |

[1] 旅于處(여우처) : 문법적으로는 '처우여處于旅'가 되면 좋을 것이다. 그러나 한국어의 어순으로 읽으면 '여우처旅于處'의 순서가 좋다. 『서경』이나 『시경』, 『맹자』 등에는 한국어의 어순으로 되어 있는 문장이 상당히 많다. 이를 보면, 아마 고대에는 한문이 동이족의 언어로 사용되었다는 증거일 가능성이 있다.

[2] 處(처) : 처리하다.

[3] 斧(부) : 도끼.

강설 |

구사九四는 하층부를 관장하면서 상층부를 보좌해야 하는 위치이니, 대학의 경우라면 조교 정도에 해당한다. 여행일정 내내 학생을 총괄적으로 지휘하면서 상층부의 교수들을 잘 모셔, 모두가 즐거운 기분으로 결속할 수 있도록 일 처리를 해야 한다. 그리하여 모든 것이 순조롭게 되면, 자신의 위치가 확고해지고 권위도 선다. 그래서 '여행지에서 처리를 잘하면 힘이 되는 도끼를 얻을 것'이라고 했다.

그러나 학생들을 통솔하고 윗사람을 모시는 일은 잠시도 마음을 놓을 수 없는 긴장되고 피곤한 일이다. 그래서 유쾌하게 여행을 즐길 수 없다. 그래서 '나의 마음은 유쾌하지 않다'고 했다.

이러한 상황을 이해한다면, 불만을 갖지 않고 자신의 임무를 수행할 수 있을 것이다.

六五(육오)는 射雉一矢亡(사치일시망)이면 終以譽命(종이예명)[1]이리라 象曰終以譽命(상왈종이예명)은 上逮也(상체야)[2]라

국역 |

육오六五는 꿩을 쏘느라 화살 하나쯤 잃으면 끝마치기를 명예로운 이름으로 할 수 있다. 상象에서 말했다. "끝마치기를 명예로운 이름으로 할 수 있는 것은 위로부터 은혜가 파급되기 때문이다."

난자풀이 |

[1] 命(명) : 명名과 통용.

[2] 逮(체) : 미친다. 파급된다. 급及과 같은 의미.

강설 |

육오六五는 단체의 실권을 가진 장長이다. 전체의 결속을 도모한다는 귀중한 목적을 얻기 위해서는, 어느 정도의 손실을 감수해야 한다. 이를 '맛있는 꿩고기를 얻으려면, 화살 하나쯤 잃어야 된다'고 표현했다. 전체의 분위기를 고조시키기 위해서 금일봉을 희사하는 것도 하나의 방법이다. 그것은 결국 전체의 화합에 일조하게 될 것이고, 그리하여 명예로운 이름으로 여행을 마칠 수 있을 것이니, 유종지미를 거두는 방법이다.

上九는 鳥焚其巢니 旅人이 先笑後號咷[1]라 喪牛于易[2]이면 凶하리라 象曰以旅在上은 其義焚也오 喪牛于易은 終莫之聞也[3][4][5]니라

국역 |

상구上九는 새가 자기의 둥지를 태우니, 여행하는 사람이 처음에는 웃지만 나중에는 울부짖는다. 국경에서 소를 잃으면 흉하다. 상象에서 말했다. "여행하는 상태에서 윗자리에 있는 것은 의미로 본다면 자기의 둥지를 태우는 것이다. 국경에서 소를 잃는 것은, 끝내 들어주는 사람이 없기 때문이다."

난자풀이

1 咷(도) : 운다.
2 易(역) : 역埸과 통용. 국경.
3 莫(막) : ~하는 사람이 없다.
4 之(지) : 문聞과 도치되었다.
5 聞(문) : 들어주다.

강설

노쇠한 상구上九에게는 여행이 즐거운 일이 아니다. 게다가 어린 사람들과 함께 하는 여행은 더욱 그렇다. 여행지에는, 집에서처럼 편안한 잠자리를 가질 수도 없다. 또 모두들 해방감에 들떠 상구上九를 섬세하게 보살피지 못하기 때문에, 상구上九에게는 고생스러울 뿐이다. 그래서 상구上九가 편안한 집을 떠나 여행가는 것을 '새가 자기의 둥지를 태우는 것'이라 표현했다.

여행을 처음 떠날 때의 상구上九는 기분만으로 어린애처럼 좋아하고 웃을 수도 있지만, 여행지에서 고생하다 보면 힘들어 울고 싶어진다. 그래서 '처음에는 웃지만 나중에는 울부짖는다'고 했다.

소는 중후하고 너그러운 이미지를 갖는 동물이다. 낯선 곳에서 소를 잃는다는 것은, 노인이 여행지에서의 피곤과 불편으로 인해 이전의 너그러움과 중후한 품위를 잃는다는 말이다. 그렇게 되면 자신의 가장 중요한 점을 잃게 되어 흉하다. 그래서 '국경에서 소를 잃으면 흉하다'고 했다.

평상시에는 모두가 상구上九를 존경하기 때문에 모두가 상구上九에게 주목해주고, 상구上九의 말을 들어주지만, 여행지에서는 주목해주는 사람도 별로 없고, 들어주는 사람도 별로 없다. 각자가 다 일이 있고 바쁘기 때문이다.

그런데 상구上九가 이런 상황을 간파하지 못하고 계속 자기에게 주목해주기를 바라고, 들어주기를 바란다면, 권위를 완전히 상실하고 만다. 먼 국경지방에서 권위를 상실하면 매우 비참해진다. 매우 조심해야 할 것이다.

중풍손
重風巽

이 괘는 상괘도 손괘巽卦고, 하괘도 손괘다. 손괘는 아래의 음陰이 두 양陽을 순조롭게 따라, 만사에 거스르는 일이 없다. 상층부와 하층부가 모두 이와 같기 때문에 이 괘의 이름을 '겸손하다', '순조롭다' 등의 뜻을 갖는 손巽이라 붙였다.

이런 상황에서는 너무 겸손해서 문제가 되는 경우가 많다. 겸손하지 않아야 할 상황에서는, 겸손한 상태에 만족하지 말고 떨쳐 일어나야 한다. 겸손한 사람은 겸손한 것에 치우친 사람이다. 그것도 고집이고 집착이다. 겸손해야 할 때는 겸손하고 겸손하지 않아야 할 때는 겸손하지 않는 것이 진리다. 손괘는 겸손해서 문제가 생기는 상황이므로 겸손함에 치우치지 말고 전체의 질서에 맞추어 조화를 이루는 것이 중요하다.

巽이라 小亨하니라 利有攸往하며 利見大人하니라 彖曰 重巽은 以申命하나니 剛巽乎中正而志行하며 柔皆順乎剛이라 是以小亨하니 利有攸往하며 利見大人하니라 象曰隨風이 巽이니 君子 以하여 申命行事하나니라

국역 |

겸손하여 문제가 되는 형국이다. 조금 적극성을 가져야 한다. 적극적으로 나서는 바가 있음이 이롭다. 대인大人을 보는 것이 이롭다. 단彖에서 말했다. "거듭된 손괘에서는 거듭 명령을 내려야 한다. 굳센 것이 중앙의 바른 곳에서 겸손하게 있으므로 뜻이 행해지며, 부드러운 것이 모두 굳센 것에 따르니, 이 때문에 조금 적극성을 가져야 하며, 적극적으로 나서는 바가 있음이 이로우며, 대인을 보는 것이 이롭다." 상象에서 말했다. "바람을 따르는 것이 巽이니 군자는 이 괘의 이치를 살펴 거듭 명령을 내려 일을 행한다."

강설 |

손괘는 상괘와 하괘가 모두 손괘이어서, 겸손하고 또 겸손하다. 너무 겸손하다 보니 소극적인 사람이 되어, 적극성을 요구하는 일에서는 그르치기 쉽다. 이러한 이치를 안다면, 다소 적극성을 가져야 한다.

'적극적으로 나서는 바가 있음이 이롭다'는 것도 이와 같은 맥락으로 이해할 수 있다.

이런 경우에는 작은 일에 만족하여 안주하고 있는 자신을 분발시켜, 뜻을 크게 갖고 떨쳐 일어날 수 있도록 깨워 주고 인도해 줄 대인을 만나는 것이 이롭다.

손괘의 상황에 처해 있는 사람은 겸손하기 때문에 명령을 내려도 사람들이 잘 따르지 않을 수가 있다. 그렇기 때문에 명령을 내릴 때는 거듭해서 내려야 한다. '강한 것이 중정에서 겸손하게 있다'는 것은 구오를 말한다. 또 '부드러운 것이 모두 굳센 것을 따른다'는 것은 초육初六과 육사六四가 위의 양陽을 따른다는 말이다.

初六(초육)은 進退(진퇴)니 利武人之貞(이무인지정)[1]이니라 象曰進退(상왈진퇴)는 志疑(지의)[2]也(야)오 利武人之貞(이무인지정)은 志治也(지치야)[3]라

국역 |

초육初六은 나아갔다가 물러났다가 하니, 무인처럼 꿋꿋하게 지키는 것이 이롭다. 상象에서 말했다. "나아갔다가 물러났다가 하는 것은 뜻이 불안정하기 때문이고, 무인처럼 꿋꿋하게 지키는 것이 이로운 것은 뜻이 안정되었기 때문이다."

난자풀이 |

[1] 貞(정) : 겨울의 역할이니 참고 견딘다는 뜻인데, 참고 견디는 것은 자기의 것을 꿋꿋하게 지킨다는 것을 뜻하기도 한다.

巽

2 疑(의) : 이럴까 저럴까 망설이고 의심스러워하는 것이므로 여기서는 '불안정하다'고 번역했다.
3 治(치) : 다스려졌다. 다스려진 것은 안정된 것이기 때문에 여기서는 '안정되었다'고 번역했다.

강설 |

초육初六은 어린데다 음陰이어서, 자주적인 자기 주장 없이 겸손하게 남의 의견을 잘 따른다. 그래서 남의 주장에 휘말려 우왕좌왕하기 쉽다. 바로 위의 선배인 구이九二의 말을 들으면 그것이 옳은 것 같고, 자기와 친한 육사六四의 말을 들으면 또 그것이 옳은 것 같아서 우왕좌왕하기 쉽다. 그래서 '나아갔다가 물러났다가 한다'고 했다.

이런 경우에는 성급하게 남의 의견에 동조하지 말고, 무인처럼 꿋꿋하게 자기의 위치를 지키고 있는 것이 이롭다. 섣불리 남의 주장에 뇌동하면, 악인에게 속기 쉬울 뿐만 아니라 자신의 위치와 뜻을 잃어버리고 동요하게 된다. 오직 자기의 뜻을 다스려 굳게 지켜야 한다.

九二(구이)는 巽在床下(손재상하)니 用史巫紛若(용사무분약)이라야[1][2][3][4] 吉(길)코 无咎(무구)하리라 象曰紛若之吉(상왈분약지길)은 得中也(득중야)라

국역 |

구이九二는 겸손하게 침대 아래에 있으니, 그 때문에 축사祝史나 무당이 분주하여야 길하고 허물이 없다. 상象에서 말했다. "분주하여야

길한 것은 중심을 얻을 수 있기 때문이다."

난자풀이 |

1 用(용) : 이以와 통용.
2 史(사) : 축사祝史. 제사지낼 때 축문을 읽는 관리.
3 巫(무) : 무당.
4 若(약) : 동사 뒤에 붙어서 그 동사를 형용사나 부사로 만드는 역할을 한다.

강설 |

구이九二는 하층부의 중심이면서 구오九五를 보좌해야 하는 위치이다. 그러나 구이九二는 구오九五와 같은 양陽이기 때문에 그와 조화를 이루기 어렵다. 그래서 구오九五를 불편하게 모시기보다는, 부드럽고 아름다우며 자신을 잘 따르는 초육初六과 함께 시간을 보내는 것이 더 즐겁다.

일반적으로 순종적이고 겸손한 사람은 나약하기 쉽다. 집안사정으로 아직 학생인 어린 아들을 결혼시켰을 경우, 아내의 치마폭에 싸여 헤어나지 못하거나, 심지어 학업마저 중단하는 경우가 있다. 바로 이러한 상황에 해당한다. '침대 아래에 있다'는 것은 이러한 상황을 상징적으로 표현한 말이다.

대장부의 큰 뜻은 멀고 험난하게 느껴지는 반면, 아내와의 달콤한 생활은 눈앞의 행복으로 느껴지기 때문에, 나약하고 겸손한 사람은 그러한 생활에 매몰되어 안주하기 쉽다. 이럴 때는, 무당이나 축사가 하늘의 뜻과 인간을 소통시키는 것처럼, 구이九二와 구오九五의 뜻을 소통시키기 위해 분주히 활약해야 상하가 소통될 수 있다. 그래서 '축사나 무당이 분주해야 길하고 허물이 없다'고 했다.

춘추시대 때에, 진晉나라의 공자 중이重耳는 망명 도중 제齊나라에 간 일이 있었다. 그 때 그는 제나라 공주와 혼인하여 행복한 시간을 보내면서 돌아갈 뜻을 잃었다. 그러자 부인인 제나라의 공주는 '남자가 고생스럽지 않으면 쉽게 안주하므로, 큰 뜻을 이루기가 어렵다'고 하면서 중이를 다시 험한 망명길로 내쫓았다. 중이는 후에 고국으로 돌아가 왕王이 되었고, 훌륭한 정치로 국력을 크게 신장시켰다. 그가 바로 진문공晉文公이다.

구이九二는 중심에 있기 때문에, 중요하고 중대한 역할을 해야 할 존재이다. 나약해져선 안 된다.

九三(구삼)은 頻巽(빈손)이면[1] 吝(인)하리라 象曰頻巽之吝(상왈빈손지린)은 志窮也(지궁야)라

국역 |

구삼九三은 겸손을 자주 하면 한스러워진다. 상象에서 말했다. "겸손을 자주 하면 한스러워지는 것은 뜻이 궁해지기 때문이다."

난자풀이 |

[1] 頻(빈) : 자주. 빈번히.

강설 |

구삼九三은 하층부의 윗자리로, 상층부로의 진입을 준비하는 단계에 있다. 졸업반 학생이 취직준비를 하는 것과 같다. 그런데 너무 겸손하

여, 경쟁 과정에서 양보만 거듭하다 보면 자신이 취직을 못해 곤란하게 된다. 그래서 '겸손을 자주 하면 한스러워진다'고 했다.

자신도 잘되고 남도 잘되는 것이 이상적인 것이다. 양보만 하다 자기 일을 잘못하는 것은 바람직하지 못하다. 예컨대, 버스를 탈 경우에도, 남에게 계속 양보만 한다면, 결국 그 차를 타지 못할 수도 있다. 최선의 방법은 줄을 서서 차례가 되면 타는 것이다. 물방울들이 강을 흐를 때는 앞서가려 하지도 않고 뒤쳐지려고 하지도 않는다. 그저 차례대로 흘러갈 뿐이다. 이렇게 하는 것이 순리다.

이를 무시하고 양보만 하다가 자기 것을 잃어버리면 변명할 여지가 없다. 그래서 '뜻이 궁해진다'고 했다.

六四(육사)는 悔亡(회망)하니 田獲三品(전획삼품)[1]이로다 象曰田獲三品(상왈전획삼품)은 有功也(유[2]공야)라

국역 |

육사六四는 후회할 일이 없다. 사냥을 하여 세 가지 노획물을 얻는다. 상象에서 말했다. "사냥을 하여 세 가지 노획물을 얻는 것은 공을 이루는 것이다."

난자풀이 |

[1] 田(전) : 사냥하다.

[2] 有(유) : 우리말로는 습관적으로 '있다'로 번역하지만, 원래는 '가진다'는 뜻의 타동사이다. 따라서 유공有功은 '공을 가진다'는 뜻이다. '공을 가진다'는 것은 공을 이룬다는 말이다.

강설 |

육사六四는 겸손한 사람이 이제 막 상층부로 진입하여, 윗사람의 위치가 된 경우이다. 이때 가장 필요한 덕목이 겸손이다. 그런데 손괘巽卦 육사六四는 겸손하여 윗사람을 잘 모시고, 거만하지 않아서 아랫사람들이 잘 따른다. 그래서 후회할 일이 없다.

겸손한 사람이 윗자리에 오르고, 모두들 그를 좋아할 경우에는 도와주는 사람이 많아 기쁜 일이 겹치게 마련이다. 비유컨대, 사냥 나가 노획물을 많이 얻는 격이다. 공부하여 학위를 받고, 취직도 하고, 아들도 낳고, 집도 마련하는 등 기쁜 일들이 겹치는 경우가 이에 해당한다. 삼품三品이란 꼭 세 가지만을 말하는 것이 아니다. 많다는 의미이다.

> 九五(구오)는 貞(정)하면 吉(길)하여 悔亡(회망)하여 无不利(무불리)하리니 无初(무초)나 有終(유종)이라 先庚三日(선경삼일)하며 後庚三日(후경삼일)[1]하면 吉(길)하리라 象曰九(상왈구)五之吉(오지길)은 位正中也(위정중야)라

국역 |

구오九五는 시비를 잘 가려야 길하여 후회함이 없을 것이니 이롭지

않음이 없다. 처음 시작하는 일은 없지만 유종지미는 거둘 수 있다. 변화가 있기 전 3일 동안 신중하고 변화가 있고 난 뒤 3일 동안 신중하면 길하다. 상象에서 말했다. "구오九五가 길한 것은 자리가 바르고 중심에 있기 때문이다."

난자풀이 |

1 庚(경) : 십간 중의 일곱 번째. 여섯 번째인 기己는 사태가 급변하는 지점이라면 경庚은 그 다음이므로 사태가 급변한 직후의 시점이다. 따라서 경庚은 '변경된다'는 의미의 경更으로 통용되기도 한다.

강설 |

구오九五는 전체의 실권을 가진 우두머리이다. 모든 일을 최종적으로 판단하여 결정해야 하는 위치이기 때문에, 지나치게 겸손하여 남의 주장에 이끌려 다니면 우왕좌왕하여 배가 산으로 올라가기 때문에 흉하다. 남의 주장을 경청하되, 줏대를 가지고 시비를 잘 가려서 소신껏 판단해야 한다. 그래서 '시비를 잘 가려야 길하고 후회함이 없다'고 했다.

겸손한 사람은 논의의 장에서 자신의 의견이나 주장을 먼저 제시하는 경우는 많지 않다. 그러나 남의 견해를 겸허하게 받아들여 종합하고, 원만하게 처리하여 유종지미를 거두는 경우는 많다. 그래서 '처음 시작하는 일은 없지만 유종지미를 거둘 수는 있다'고 했다. 겸손한 사람이 변화를 추구하여 결단을 내릴 때에는, 결단하기 전에 사람들의 의견을 두루 들어 신중히 판단해야 하며, 결단하고 난 뒤에도 결단의 결과에 대한 반응을 살펴, 조치를 취해야 한다.

구오九五가 만일 독재자라면 사람들은 구오九五의 갑작스런 처사에도 익숙해져 있으므로 수용이 되지만, 평상시 남의 의견을 잘 받아들이던 겸손한 구오九五가 갑작스럽게 일을 추진하면 사람들이 잘 따르지 않는다. 그러므로 변화를 시도할 때는 특히 주의해야 한다. 그래서 '변화가 있기 전 3일 동안 신중하고, 변화가 있고 난 뒤 3일 동안 신중하면 길하다'고 한 것이다.

上九는 巽在床下면 喪其資斧니 貞하면 凶하니라 象曰 巽在牀下는 上窮也오 喪其資斧는 正乎凶也라 [1]

(상구 손재상하 상기자부 정 흉 상왈 손재상하 상궁야 상기자부 정호흉야)

국역 |

상구上九는 겸손하게 침대 아래에 있으면 힘이 되어 주던 도끼를 잃을 것이니, 소극적으로 대처하면 흉하다. 상象에서 말했다. "겸손하게 침대 아래에 있는 것은 윗사람으로서 궁한 것이고, 그 힘이 되어 주던 도끼를 잃는 것은, 틀림없다. 흉한 것이."

난자풀이 |

[1] 正(정) : 이천伊川은 정호正乎를 의문문으로 보았으나, 주자는 정正을 필必의 의미로 보았다. 정호는 '바르다', '확실하다', '틀림없다' 등의 뜻을 강조하여 호乎를 붙인 것으로 볼 수 있다.

강설 |

상구上九는 실권은 없지만, 제일 높은 자리에 있다. 의지할 수 있는 무기는 권위와 명예뿐이다. 침상은 자신의 삶의 터전이다. 그런데 상구上九는 겸손하기 때문에 아랫사람들에게 자신을 너무 낮추는 경향이 있다. 그렇게 되면 권위를 잃을 수 있다. 그래서 지나친 겸손은 예가 아니라고 했다. 상구上九가 권위를 잃는 것은 가장 중요한 것을 잃는 것이다. 그래서 '침대 아래에 있으면, 힘이 되어 주던 도끼를 잃는다'고 했다. 도끼는 권위를 의미한다. 침상 아래에 있는 것은 자신의 권위를 잃는 것이다. 겸손한 할아버지나 할머니가 자녀들에게 재산을 다 준 뒤에 외롭게 되는 경우도 이에 해당한다.

겸손한 사람이 제일 윗자리에 있을 때는 특별히 주의를 해야 한다. 자기의 삶의 터전을 가지고 있으면 아랫사람들이 가만 놓아두지 않는다. 그래서 '소극적으로 대처하면 흉하다'고 했다. 그리고 「상전象傳」에서는 '틀림없다. 흉한 것이.'라고 하여 강조했다. 이 경우의 상구上九는 태도를 바꾸어야 한다. 지금까지 소극적으로 대처해 왔다면 앞으로는 적극적으로 대처해야 한다. 그리하여 자기의 삶의 터전을 확실히 확보해야 한다.

중택태
重澤兌

이 괘는 상괘도 태괘兌卦이고 하괘도 태괘이다. 태괘가 하괘일 경우에는 한 음陰이 아래의 두 양陽의 보조를 받으면서 잘 이끌기 때문에, 전체적으로 기뻐하는 상황이 된다. 이 경우 문제가 있다면 현재의 상태에 안주하려 하여 보수화되는 경향이 있다는 것이다.

그리고 태괘가 상괘일 경우에는, 상육上六이 자리에 미련을 가지고 물러나지 않고 모든 정책에 관여하기 때문에, 정책 담당자들을 힘들게 하는 상황을 만들기 쉽다.

그리하여 전체적으로 보면, 현재까지의 축적에 자족하여 안주하며 변화를 기피하는 상황이 되기 쉽다. 그래서 이 괘의 이름을 기뻐한다는 의미에서 태兌라고 하였다.

그러나 이 경우, 현실에 안주하여 매몰되어 버리면, 지금까지의 실적이 모두 수포로 돌아가 버린다. 각별히 유의하여, 현실에 주저앉지 말고 계속 결실하고 저장하는 방향으로 나아가야 한다. 이것이 바로 초목이 봄에 꽃을 피운 뒤에는 잠시 주춤하였다가 다시 결실하고 저장하는 방향으로 나아가는, 대자연의 원리이다.

兌라 亨코 利코 貞하니라 彖曰兌는 說也라 剛中而柔外하여 說以利貞이라 是以順乎天而應乎人이라 說以先民하면 民忘其勞하고 說以犯[1]難[2]하면 民忘其死하나니 說之大라 民勸[3]矣哉라 象曰麗[4]澤이 兌니 君子 以하여 朋友講習하나니라

국역 |

기뻐하는 형국이다. 떨쳐 일어나야 하고, 열매맺어야 하고, 저장해야 한다. 단彖에서 말했다. "태兌는 기뻐하는 상황이다. 굳센 것이 중심에 있고 부드러운 것이 밖에 있으므로 기쁜 마음으로 결실하고 저장한다. 그리하여 하늘에 따르고 사람에 응하는 것이다. 기쁨을 가지고 백성들에게 솔선하면 백성들이 그 피로를 잊을 것이고, 기쁨으로써 국난에 대처하면 백성들이 그 죽음을 잊을 것이니, 기쁨의 큰 도리라. 백성들이 열심히 한다." 상象에서 말했다. "못이 연결된 것이 태兌이니, 군자는 이 괘의 이치를 살펴, 붕우끼리 강습한다."

난자풀이 |

1 犯(범) : 다가가다. 처리하다.
2 難(난) : 국난.
3 勸(권) : 권장하다. 열심히 하도록 서로 권장하는 것.
4 麗(리) : 연결되다. 걸리다. '곱다'는 뜻일 때는 음이 '려'.

강설 |

태괘는 기뻐하고 있는 상황이다. 꽃이 필 때가 가장 기쁘다. 그러므로 이 괘는 꽃피는 봄에 해당한다. 그러나 꽃을 피우기만 하고 멈추면 안 된다. 멈추어버리면 열매를 맺지 못한다. 떨쳐 일어나 열매를 맺어야 한다. 그래서 '기뻐하는 형국'이며, '떨쳐 일어나야 하고, 열매맺어야 하며, 저장해야 한다'고 했다.

대자연의 움직임은 조금의 나태함도 없이 진행된다. 사람의 삶의 과정도 마찬가지다. 그것은 순간순간마다 기쁨이 충만할 때 가능하다. 그러나 일반적으로 사람들은 기쁜 일이 있으면, 거기에 머무르고자 하는 경향이 있다. 머무르는 것은 자연의 이치에 위배되는 것이다. 잠시의 머무름도 없이 삶이 진행되고, 진행되는 매 순간이 기쁨으로 충만되어야 진리인 것이다. 봄에는 봄의 삶에, 여름에는 여름의 삶에, 가을에는 가을의 삶에, 겨울에는 겨울의 삶에 충족하여 기뻐하며 살아야 한다.

태괘는 굳센 양陽이 중심에 있고, 부드러운 음陰이 위에 있다. 위는 밖이므로, '밖에 있다'고 했다. 태兌의 상태에서, 기뻐하면서도 안주하지 않고 결실과 저장을 위한 방향으로 나아가는 것은 자연의 이치이고 하늘의 뜻이다. 그래서 '하늘을 따르고 사람에게 응하는 것'이라 했다.

현실에 안주하지 않고 기쁜 마음으로 다음의 발전을 위해 노력하는 모범을 보이면, 백성들도 본받아 기쁘게 일할 것이다. 봄에 모내기를 한 후 안주하지 않고, 다시 계속 김매고 거름주며, 가을에 수확한 후에도 안주하지 않고 겨울을 대비하여 창고를 짓고 저장을 할 것이다. 그리고 부역하여 길을 닦고 제방을 쌓는 등 일을 할 것이다. 그래서 '기쁨으로 백성들에게 솔선하면, 백성들이 그 피로를 잊을 것'이라고 했다.

또 모두가 화합하여 기쁜 마음으로 대처한다면 어떠한 국난에도 한마음이 되어 목숨을 걸고 싸울 것이다. 그래서 '기쁨으로써 국난에 대처하면 백성들이 그 죽음을 잊을 것이니, 기쁨의 큰 도리이다. 백성들이 열심히 노력할 것이다'라고 했다.

기쁨이 이어진 것이 태괘이다. 사람이 홀로 있으면 그 상태에 안주하기 쉬우니, 발전을 위해서는 모임을 만드는 것이 좋다. 벗들끼리 서로 독려하면서 함께 나아가는 것이 더 효과적이기 때문이다. 공자는 "글을 배우기 위하여 벗을 모으고, 벗들은 서로 진리에 나아가도록 돕는다"고 했다. '붕우끼리 강습한다'고 한 것은 이러한 의미에서이다.

初九(초구)는 和兌(화태)면 吉(길)하리라 象曰和兌之吉(상왈화태지길)은 行未疑也(행미의야)라

국역 |

초구初九는 화합하는 마음으로 기뻐하면 길하다. 상象에서 말했다. "화합하는 마음으로 기뻐하면 길한 것은 행하는 것이 의심스럽지 않기 때문이다."

강설 |

태兌는 기뻐한다는 뜻이다. 초구初九는 화목한 가정의 막내아들 격이다. 기쁨이 넘치는 가정의 막내아들은 무조건 기쁘다. 그런데 기쁘면 경솔해지기 쉽다. 어린이의 경우는 더욱 그러하다. 경솔해지면 좋아하는 사람들끼리 어울려 기쁨을 나누기 쉽지만, 그것은 잘못이다. 초구初九는 모든 가족의 귀염둥이가 되어야 한다. 낯가림을 하여 특정한 사람만 좋아하면 가정 전체의 기쁨에 금이 간다. 모두의 귀염둥이가 되어 행동하면 아무도 그의 행동을 의심하거나 싫어하는 사람이 없다. 그렇게 되면 초구初九는 온 가정의 기쁨을 만들어내는 역할을 할 수 있다. 요즈음은 애완견이 이 역할을 하는 경우가 많다. 애완견은 가족 모두의 공동의 귀염둥이다. 그 애완견 때문에 온 가정에 기쁨이 찾아오는 경우가 있다. 또 어린 사람은 기쁠 때 흥분하기 쉽다. 주의해야 한다.

九二(구이)는 孚兌(부태)면 吉(길)코 悔亡(회망)하리라 象曰孚兌之吉(상왈부태지길)은 信志也(신지야)라

국역 |

구이九二는 한마음의 상태로 기뻐하면 길하여 후회함이 없을 것이다. 상象에서 말했다. "한마음의 상태로 기뻐해야 길한 것은 뜻을 믿어주기 때문이다."

강설 |

구이九二는 하층부의 핵심이다. 기쁜 일이 있을 때 핵심인물이 자기만 기뻐하고 말면 전체의 분위기가 침체하여 모처럼의 기쁜 분위기가 망가지고 만다. 핵심이 되는 사람은 다함께 기뻐할 수 있도록 언제나 한마음의 상태를 유지하는 것이 중요하다. 어느 단체가 경연대회에서 우승을 하여 상과 상금을 받았을 경우 대표자가 그 상과 상금을 혼자서 차지하면 전체의 분위기가 망가지고 마는 경우도 이에 해당한다. 언제나 한마음의 상태를 유지하는 것이 중요하다. 구이九二가 모두와 한마음이 된 상태에서 기뻐하면 모두가 그의 뜻을 믿어주고 따르기 때문에 모두가 기뻐질 수 있다.

육삼 래태 흉 상왈래태지흉 위부당야

六三은 來兌면 凶하리라 象曰來兌之凶은 位不當也라

국역 |

육삼六三은 와서 기뻐하면 흉하다. 상象에서 말했다. "와서 기뻐하면 흉한 것은 자리가 마땅하지 않기 때문이다."

강설 |

육삼六三은, 하층부에 속해 있지만, 상층부로의 도약을 위해 열심히 노력해야 할 때이다. 그럼에도 육삼六三은 부드럽고 온화하여 동생들을 보살피면서 함께 놀기를 좋아한다. 그러나 고 3인 누나가 공부하지

兌

않고 동생들과 놀거나, 과년한 누나가 결혼할 생각은 않고 동생들과 놀고 있으면, 결국 자신의 일을 성취하지 못하여 흉하게 된다. 가서 자신의 일을 해야지, 와서 기뻐하면 안 된다. 그래서 '와서 기뻐하면 흉하다'고 했다.

삼효三爻는 양陽의 자리로, 진취적인 양인 경우에는 상층부의 진입에 적극적이겠지만, 음陰인 경우에는 위로 가지 않고 현실에 안주할 가능성이 많다. 육삼六三은 음陰이기 때문에 와서 기뻐할 가능성이 많다. 그러나 그것은 잘못이다. 그것은 자기의 감정에 빠져 순리대로 행동하지 못한 것이다. 이러한 이치를 안다면, 현실에 안주하고 싶어도 그것을 참고, 나아가야 할 때 나아갈 수 있을 것이다.

九四(구사)는 商①兌未寧(상태미녕)이니 介疾(개질)이면 有喜(유희)리라 象曰九四之(상왈구사지)喜(희)는 有慶也(유경야)라

국역 |

구사九四는 기쁜 일을 헤아려 편안하지 않아야 한다. 사이에 끼인 것을 병으로 여기면 기쁨이 있을 것이다. 상象에서 말했다. "구사九四의 기쁨은 경사가 있기 때문이다."

난자풀이 |

① 商(상) : 헤아리다.

강설 |

구사九四는 화목한 집단의 상층부에서 가장 아랫자리에 위치한다. 상층부의 구오九五와 상육上六도 그를 사랑하고, 하층부도 그를 믿고 따른다. 그래서 상층부도 그와 함께 어울리기를 바라고, 하층부도 그와 함께 어울리기를 바란다. 그렇기 때문에 구사九四는 기쁘지만 그러나 기뻐하고만 있어서는 안 된다. 오히려 양쪽에 동시에 어울리지 못함에 대해서 편하지 않아야 한다. 그래서 '기쁜 일을 헤아려 편안하지 않아야 한다'고 했다.

이런 경우, 양쪽의 초대를 받은 구사九四는 마음이 달뜨기 쉽지만, 마음이 아파야 한다. 한쪽을 선택하면 다른 한 쪽에서 서운해하기 때문이다. 좋아하지만 말고 어려운 상황임을 잘 헤아려 신중하게 대처해야 한다. 그래서 '사이에 끼인 것을 병으로 여기면 기쁨이 있을 것'이라고 했다.

우호적인 양편에서 한편을 선택해야 할 경우가 모두 이에 해당한다. 이런 상황에서는 중용을 지키는 것이 중요하며, 결정을 할 때에는 감정을 따르지 말고, 객관적인 상황을 고려하고 전례도 살펴보아 합리적으로 판단해야 한다.

九五(구오)는 孚[1]于剝[2](부우박)이면 有厲(유려)리라 象曰孚于剝(상왈부우박)은 位正當(위정당)也(야)라

국역 |

구오九五는 까발리는 일에 충실하면 제 살 깎는 아픔이 있다. 상象에서 말했다. "까발리는 일에 충실하려는 것은 자리가 바르고 마땅하기 때문이다."

난자풀이 |

1 孚(부) : 한마음이 되다. 한마음은 하늘의 마음이고, 하늘의 마음으로 사는 사람은 충실하다. 여기서는 '충실하다'로 번역했다.
2 剝(박) : 벗긴다. 괴롭히다. 까발리다.

강설 |

구오九五는 집단의 실권자이다. 전체가 기쁜 일을 맞이했을 때의 책임자는 어떠해야 하는가? 기쁜 일은 모두가 함께 해야 한다. 이럴 때에는 사소한 잘못을 덮어두는 미덕이 필요하다. 구오九五는 책임자이기 때문에 언제나 책임자로서의 역할을 다해야 한다는 마음을 가지기 쉽다. 그러나 그렇게 되면 기쁜 일이 있을 때도 잘못하는 자가 있으면 빠트리지 않고 그 잘못을 까발리고 책임추궁을 할 것이다. 그러나 그렇게 되면 모처럼의 기쁜 분위기가 망가지고 만다. 그것은 뼈를 깎는 아픔이다. 그렇기 때문에 덮어두는 지혜가 필요하다. 맑은 물에는 고기가 없다고 했다. 죄를 다 까발린다면 떳떳하게 있을 수 있는 사람은 없을 것이다. 그래서 덮어주는 지혜가 필요한 것이다. 기쁜 일이 있을 때는 더욱 그렇다. 노자는 이를 보광葆光이라 했다.

고대 은나라의 탕 임금은 "내 몸에 죄가 있는 것은 만방의 백성들 때문이 아니며, 만방의 백성들에게 죄가 있는 것은 죄가 내 몸에 있는 것입니다"(『논어』「요왈」편)라고 기도한 적이 있다. 탕 임금은 모든 백성의 죄를 추궁하지 않았다. 바로 태괘兌卦 구오九五의 이치를 실천한 것이다.

上六은 引兌라 象曰上六引兌는 未光也라

국역 |

상육上六은 끌어당겨서 기뻐해야 한다. 상象에서 말했다. "상육上六이 끌어당겨서 기뻐해야 하는 것은 빛이 나지 않기 때문이다."

강설 |

상육上六은 가정의 할머니요, 회사의 전직 사장이다. 젊은 사람들이 기뻐하며 즐겁게 모여 노는 곳에 나타나면 분위기가 깨지기도 한다. 어쩔 수 없이 홀로 방안에 앉아 있자니 외롭다. 그러므로 가장 좋은 방법은, 젊은이들에게 다가가지 말고, 그들이 스스로 다가오도록 하는 것이다. 그들이 스스로 와서 함께 어울림으로써 기쁜 시간을 가질 수 있다면 제일 좋다. 그래서 '끌어당겨서 기뻐해야 한다'고 했다.

그렇게 하려면 상육上六에게 매력적인 요인이 있어야 한다. 예컨대 깨끗하게 몸을 가꾸고, 진리에 대한 가르침을 주기도 하고, 용돈을 주기도 하는 등 매력적인 요인을 보여야 한다. 『주역』을 아는 것은 대단한 매력이 될 것이다. 매력 없이 무리하게 끌어당기면 폐해가 생긴다.

풍수환
風水渙

이 괘의 상괘는 손괘巽卦이고, 하괘는 감괘坎卦다. 감괘가 하괘인 경우에는 이전투구를 벌인다. 그런데 이 괘의 경우에는, 상괘에서 하괘를 지휘하고 감독하는 육사六四가 유일한 음陰이기 때문에, 유연하고 치밀한 자신의 능력을 최대로 발휘할 수 있으므로, 하괘의 이전투구를 해결할 수 있다. 그러나 육사六四는 음陰이기 때문에 강력한 힘으로 해결하는 것이 아니다. 부드럽고 치밀한 힘으로 해결하기 때문에 마치 얼음이 녹고 눈이 녹는 것처럼, 알지 못하는 사이에 서서히 해결된다. 그래서 괘의 이름을 환渙이라 했다. 환渙은 눈이 녹듯이 서서히 녹아 흩어지는 것을 말한다.

渙(환)이라 亨(형)하니라 王假[1]有廟(왕격유묘)며 利涉大川(이섭대천)하니 利(리)코 貞(정)하니라 彖曰渙亨(단왈환형)은 剛來而不窮(강래이불궁)하고 柔得位乎外而上同(유득위호외이상동)할새라 王假有廟(왕격유묘)는 王乃在中也(왕내재중야)오 利涉大川(이섭대천)은 乘木(승목)하면 有功也(유공야)라 象曰風行水上(상왈풍행수상)이 渙(환)이니 先王(선왕)이 以(이)하여 享于帝(향우제)하며 立廟(입묘)하니라

국역 |

풀리는 형국이다. 적극적으로 나서야 한다. 왕이 종묘에 이른다. 큰 내를 건너는 것이 이롭다. 해결을 하고, 마무리를 한다. 단彖에서 말했다. "환渙에서 적극적으로 나서야 하는 것은 굳센 것이 와서 끝이 없고, 부드러운 것이 밖에서 자리를 얻어 위에서 함께 하기 때문이다. 왕이 종묘에 이르는 것은 왕이 중심에 있기 때문이고, 큰 내를 건너는 것이 이로운 것은 나무를 타면 공을 이룰 것이기 때문이다." 상象에서 말했다. "바람이 물 위를 가는 것이 환渙이니 선왕은 이 괘의 이치를 살펴, 하느님에게 제사를 지내고 종묘를 세운다."

난자풀이 |

[1] 假(격) : 이른다.

강설 |

전체적으로 이전투구하는 하층부의 문제를 해결할 수 있는 육사六四가 있으므로, 그를 중심으로 해결책이 만들어지는 상황이다. 그래서 '풀리는 형국이다'라고 했다. 그러나 가만히 있는데도 문제가 저절로 풀리는 것은 아니다. 적극적인 노력의 결과다. 다만 그 노력이 밖으로 드러나지 않을 뿐이다. 그래서 '적극적으로 나서야 한다'고 했다.

고사나 제사 등 집단적인 잔치를 통하여 일체감을 조성하는 것도 갈등 해소의 좋은 방법이기 때문에 '왕이 종묘에 이른다'고 했다. 왕이 종묘에 오는 것은 제사를 지내기 위해서이다. 대외적인 일을 일으키는 것도 좋은 방법이다. 이웃집과 운동경기를 하거나, 아니면 다른 큰일을 만들면, 가족들이 결속할 수밖에 없기 때문이다. 그래서 '큰 내를 건너는 것이 이롭다'고 했다.

환괘渙卦에서는 육사六四가 이전투구의 상황을 해결할 수 있으므로, 해결하고 마무리를 한다고 했다. 리利는 가을의 역할에 해당한다. 가을은 여름에 벌여놓은 일을 해결하는 계절이고, 여름에 맺은 열매를 결실하는 계절이다. 그런데 여기서는 문제를 푸는 것을 설명하는 것이므로 '해결한다'고 번역했다.

'굳센 것이 와서 끝이 없다'는 것은 구이九二의 양이 육사六四를 돕기 위해 계속 와주는 것을 말한다. '부드러운 것이 밖에서 자리를 얻어 위에서 함께 한다'는 것은 육사六四가 위에서 알맞은 자리에 있으면서 구이九二와 함께 노력함을 말한다. '왕이 이른다'는 것은 중심 자리에 있는 구오九五가 와서 제사를 지내면 효과가 있기 때문이다. '큰 내를 건너는 것이 이로운 것은 나무를 타면 공을 이룰 것이기 때문이다'라고 한 것은, 상괘인 손괘가 나무를 상징하고 하괘인 감괘가 물을 상징하기 때문이다.

상象으로 보면, 바람이 물 위를 가는 것이 환괘이다. 힘이 있으면서도 순조로운 상괘가 하괘의 복잡한 문제를 해결하는 것을 바람이 물

위를 다니는 것으로 이해한 선왕은, 하늘과 종묘에 제사지내 일체감을 조성함으로써 하층부의 문제를 해결하였다. 군자라 하지 않고 선왕이라 한 것은, 환괘의 문제 해결 방법이 종묘에 제사지내는 정치적인 방법을 택했기 때문이다.

初六은 用拯하되 馬壯이니 吉하리라 象曰初六之吉은 順也라

국역 |

초육初六은 건지는 데 말이 건장하니 길하다. 상象에서 말했다. "초육初六이 길한 것은 온순하기 때문이다."

강설 |

환괘의 초육初六은 중앙의 양陽인 구이九二에 대항하여, 육삼六三과 한편이 되어 투쟁을 벌이기 쉽다. 투쟁이 일단 벌어지면 끝없이 지속된다. 이를 중지시키기 위해서는 훌륭한 중재자가 개입해야 한다. 그러면 초육初六의 싸움은 바로 해결될 수 있다. 어리고 순한 초육初六은 훌륭한 중재자의 말을 잘 받아들일 것이기 때문이다. 싸움의 와중에 있는 초육初六이 늪에 빠진 사람이라면, 중재자는 그를 구하기 위해 온 말이다. 그래서 '건지는데 말이 건장하니 길하다'고 했다. 여기서의 중재자는 육사六四이다.

九二는 渙에 奔其机면 悔亡하리라 象曰渙奔其机는 得願也라

국역 |

구이九二는 풀리는 상황에서 그 안석으로 달려가면 후회할 것이 없다. 상象에서 말했다. "풀리는 상황에서 그 안석으로 달려가는 것은 원하는 것을 얻기 때문이다."

강설 |

구이九二는 하층부의 중심이며 책임자이다. 양陽이기 때문에 마음이 밝고, 양심적이다. 그래서 본래 싸움을 원하지도 즐기지도 않는다. 육삼六三과 초육初六이 자꾸 협공하기 때문에 어쩔 수 없이 이전투구가 일어났을 뿐이다. 때문에 육사六四가 중재안을 내놓는다면 구이九二는 받아들이고 싶을 것이고, 또 받아들이면 싸움은 해결된다. 육사六四가 제시한 해결책은 하층부를 구제하고자 내놓은 것이므로 몸을 편하게 하는 안석으로 비유할 수 있다. 그래서 '안석으로 달려가면 후회함이 없다'고 했다.

六三은 渙其躬이면 无悔리라 象曰渙其躬은 志在外也라

국역 |

육삼六三은 그 몸을 풀면 후회함이 없을 것이다. 상象에서 말했다. “그 몸을 푸는 것은 뜻이 밖에 있기 때문이다.”

강설 |

육삼六三이 ‘그 몸을 푼다’는 것은 이전투구의 와중에 있는 자기 자신을 풀어낸다는 말이다. 자기의 마음이 이전투구의 와중에 있으면 풀어내기 어렵다. 몸은 비록 이전투구의 와중에 있어도 마음이 몸 밖으로 나가서 육사六四의 마음과 하나가 되면, 몸 밖에서 이전투구하고 있는 자신을 바라보고 부끄러울 수 있다. 부끄러워지면 뉘우치게 되고 뉘우치게 되면 비로소 이전투구의 와중에 있는 자신을 끄집어 낼 수 있다. 육삼六三의 해야 할 도리는 바로 이것이다. 그래서 ‘그 몸을 푸는 것은 뜻이 밖에 있기 때문이다’라고 했다. 뜻이 밖에 있다는 것은 마음이 자기의 몸밖으로 나가 육사六四와 함께 있는 것을 말한다.

> 六四는 渙其群이면 元吉하리니 渙에 有丘는 匪①夷②所思리라 象曰渙其羣元吉은 光大也라

국역 |

육사六四는 그 무리를 풀면 크게 길하니, 푸는 데 언덕이 있는 것은 夷人이 생각할 수 있는 바가 아니다. 상象에서 말했다. “그 무리를 풀

면 크게 길한 것은 (공이) 빛나고 크기 때문이다."

난자풀이 |

1 匪(비) : 비非와 통용.

2 夷(이) : 이족夷族. 원래 이夷는 동이東夷를 가리키는 말이었다. 동이인東夷人은 인자仁者가 많고 양陽의 성격을 가진 사람이 많다. 이에 비하여 서부족은 지자知者가 많고 음陰의 성격을 가진 사람이 많다. 사효의 자리에는 음陰의 성격을 가진 사람이 있어야 유능하므로, 양陽의 성격을 가진 동이는 잘 생각하지 못할 것이라고 했다.

강설 |

육사六四는 하층부의 엉킨 문제를 풀어 이전투구를 종식시켜야 하는 입장에 있다. 그래서 '그 무리를 풀어야 한다'고 했다. 무리는 이전투구를 하고 있는 무리를 의미한다.

오랫동안 엉켜 있던 감정을 푸는 것은 결코 쉽지 않다. 많은 난관과 고비가 있게 마련이다. 이를 '언덕이 있다'는 말로 표현했다.

장기간 얽혀 있던 감정은 일시적으로 풀려도 다시 고개를 든다. 얼음과 눈이 녹아 봄이 되다가도 꽃샘추위로 다시 얼어붙는 경우가 있는 것과 같다. 장기간 얽혀 있던 감정 역시 풀린다 해도 다시 고개를 들어 엉키는 고비가 있다. 그것을 감안하여 차근차근 치밀하게 풀어야 한다. 그렇게 하면 육사六四의 역할은 크게 빛날 것이다.

이것은 유연함과 치밀함이 부족한 양陽이 하기 어렵다. 음陰의 성격을 가진 유능한 자들이 잘할 수 있다. 그래서 '이인夷人이 생각할 수 있는 바가 아니다'라고 했다. 이인은 오늘날의 한국인에 해당한다. 한국인은 대부분 양陽의 성격을 가진 사람이므로, 엉킨 문제를 치밀하게 분석하여 차근차근 풀어내는 능력이 부족하다. 특히 주의를 요한다.

九五는 渙에 汗其大號니 渙에 王이 居하면 无咎하리라

象曰王居无咎는 正位也라

국역 |

구오九五는 풀어낼 때, 큰 호령을 땀나도록 내려야 한다. 풀어낼 때 王이 있으면 허물이 없다. 상象에서 말했다. "왕이 있으면 허물이 없는 것은 바른 자리이기 때문이다."

강설 |

구오九五는 단체의 우두머리이다. 단체 내부의 복잡하게 엉켜 있는 문제를 해결하기 위해 직접 나설 입장은 아니다. 그것은 육사六四의 역할이다. 그러나 간혹 구오九五가 문제해결에 직접 나선다면, 그 때는 크게 호통을 쳐서 문제를 일으키는 존재들이 땀이 나도록 하면 단숨에 해결이 된다. 치밀하고 부드럽게 접근하는 것이 육사六四의 역할이라면, 엄하게 접근하는 것은 구오九五의 역할이다. 가정의 경우라면 육사六四는 자모慈母이고 구오九五는 엄부嚴父이다. 그래서 '풀어낼 때 큰 호령을 땀나도록 내려야 한다'고 했다.

그러나 큰 호통을 치지 않아도 되는 경우가 있다. 왕이 있다면 가만히 있어도 저절로 해결이 된다. 왕은 세상을 구제하는 정신적 지주다. 맹자는 '소존자화所存者化'라 했다. 성왕聖王이 존재하면 그 주위의 사람들은 바로 감화된다는 뜻이다. 하층부의 사람들이 서로 싸움을 벌이는 까닭은, 근본적으로 윗사람들에게 덕과 권위가 없기 때문이다. 그러므로 구오九五는 덕과 권위를 가지고 기강을 세우는 일이 중요하다.

그래서 '왕이 있으면 허물이 없다'고 했다.

上九(상구)는 渙其血(환기혈)하여 去(거)하되 逖出(적출)[1]하면 无咎(무구)하리라 象曰(상왈) 渙其血(환기혈)은 遠害也(원해야)라

국역 |

상구上九는 자기의 피붙이를 풀어내어서 떠나되 멀리 벗어나면 허물이 없다. 상象에서 말했다. "자기의 피붙이를 풀어내는 것은 해를 멀리하는 것이다."

난자풀이 |

[1] 逖(적) : 멀다. 아득하다.

강설 |

상구上九는 직책이 없는 자리이기 때문에, 하층부의 문제 해결에 관여할 책임이 없다. 그래서 이전투구를 벌이고 있는 하층부의 문제를 아랑곳하지 않고 노인정에 바둑을 두러 가기도 한다. 그러나 지금은 그럴 때가 아니다. 자기의 피붙이인 육삼六三이 이전투구의 와중에 있기 때문이다. 그러므로 엉켜 싸우고 있는 하층부의 무리 중에서 자기 피붙이인 육삼六三만 데리고 멀리 떠나면 된다. 아이들의 싸움이 벌어

지고 있는 곳에 자기 아이가 있고, 자기에게 싸움을 말려야 하는 책임이 없다면, 자기의 아이만 데리고 거기를 떠나면 된다. 그래서 '자기의 피붙이를 풀어내어서 떠나되 멀리 벗어나면 허물이 없다'고 했다.

어떤 사람이 친구와 동업할까 하고 망설이다가 이 효를 뽑았다면 동업을 하지 말아야 한다. 자기의 지분을 찾아서 빠져 나와야 한다.

수택절
水澤節

이 괘의 상괘는 감괘坎卦이고, 하괘는 태괘兌卦다. 상층부는 오랜 투쟁으로 인해 힘이 빠져 늘어져 있는 상황이고, 하층부는 기뻐하는 상황이다. 전체적으로 보면 부모들에게 전혀 여유가 없는데도 자녀들이 기뻐하며 '소풍을 가자', '여행을 가자' 하고 조르는 상황이다.

그러나 그럴 여력이 전혀 없다. 그래서 하층부의 요구를 들어줄 수 없다. 그래서 그들을 절도 있는 생활을 하도록 규제하지 않으면 안 된다. 규율과 예절을 제정하여 엄격하게 적용시키는 것도 하나의 방법이다. 그래서 이 괘의 이름을, 절도 있는 생활을 유도해야 한다는 의미에서 절節이라 붙였다. 이 괘의 이치는 법제정의 원리가 되기도 한다.

節(절)이라 亨(형)하니라 苦節(고절)이면[1] 不可貞(불가정)하니라[2] 象曰節亨(단왈절형)은 剛(강)
柔分而剛得中(유분이강득중)이오 苦節不可貞(고절불가정)은 其道窮也(기도궁야)라 說(열)
以行險(이행험)이니 當位以節(당위이절)하고 中正以通(중정이통)하니라 天地節(천지절)
而四時成(이사시성)하나니 節以制度(절이제도)라야[3] 不傷財(불상재)하며 不害民(불해민)하
나니라 象曰澤上有水(상왈택상유수) 節(절)이니 君子(군자) 以(이)하여 制數度(제수도)하며[4]
議德行(의덕행)하나니라[5]

국역 |

절도 있는 생활을 하도록 해야 하는 형국이다. 적극적으로 나서야 한다. 지키기 괴로운 예법을 만들면 참아 내지 못한다. 단象에서 말했다. "절도 있는 생활을 해야 하는 형국에서 적극적으로 나서야 하는 것은 굳센 것과 부드러운 것이 나뉘어져 굳센 것이 중심을 얻기 때문이다. 지키기 괴로운 예법을 만들면 참아내기 어려운 것은 그 도가 궁하기 때문이다. 기쁨으로 험한 것을 행하는 것이니, 마땅히 자리를 지키고 있으면서 절도를 지켜야 하고, 알맞고 바르게 처하면서 통해야 한다. 천지가 절도를 지켜 사계절이 이루어진다. 절도를 지켜 법도를 만들어야 재정을 손상시키지 않고 백성을 해치지 않는다." 상象에서 말했다. "못 위에 물이 있는 것이 절節이니, 군자는 이 괘의 이치를 살펴, 수數와 법도를 제정하고 덕행을 논의한다."

난자풀이 |

1 苦(고) : 지키기가 괴로운 것.
2 貞(정) : 참아 낸다. 참고 견딘다.
3 度(도) : 법도. 제도.
4 數(수) : 수. 물건의 수를 헤아리고 분별하는 기능을 하는 것.
5 德行(덕행) : 도덕적 행위. 여기서는 주로 절도 있는 행위를 말한다.

강설 |

안정을 찾은 상층부가 기쁨에 안주해 있는 하층부를 분발시켜 절도 있는 생활을 할 수 있도록 지도해야 하는 상황이다. 기쁨이 충만한 하층부는 에너지가 넘치므로 예법으로 조절하지 않으면 문란해진다. 그러므로 적극적으로 예법을 제정해서 막아야 한다. 그래서 '적극적으로 나서야 한다'고 했다.

예법을 만드는데 가장 중요한 것은 누구나 지킬 수 있는 공평한 예법이 되도록 하는 것이다. 그렇지 않고 지키기에 괴로울 정도로 만들어놓으면 오히려 해로울 수 있다. 그래서 '지키기 괴로운 예법을 만들면 참아 내지 못한다'고 했다.

일단 예법을 만들어놓으면 모두가 그 예법을 지켜야 한다. 하층부는 예법을 지키도록 애써야 할 것이고 상층부는 솔선하여 예법을 지켜야 한다.

하층부가 절도 없이 설치는 것은 음陰인 육삼六三이 두 양陽과 함께 즐기고 있는데서 연유하므로, 절도 있는 생활을 하도록 유도하면, 음陰과 양陽이 각각 분별을 지키게 되고, 그리하여 양陽인 구이九二가 중심에서 제 역할을 해낼 수 있다. 그래서 '굳센 것과 부드러운 것이 나뉘어져 굳센 것이 중심을 얻는다'고 했다.

하층부의 사람들이 엄한 규율을 지키고 어려움을 견딜 수 있도록 하기 위해서는, 상층부가 자신의 자리를 정확하게 지켜 모범을 보이고,

바르게 처신하여 힘들어하는 하층부의 마음과 통해야 한다. 그래서 '기쁨으로 험한 것을 행하는 것이니, 마땅히 자리를 지키고 있으면서 절도를 지키고, 알맞고 바르게 처하면서 통해야 한다'고 했다.

『논어』에서 유자有子는 "예를 쓰는 데는 조화를 이루는 것이 귀하니, 선왕의 도가 그래서 아름다운 것이다. 작고 큰일이 모두 그러하였다. 해서 안될 것이 있으니 조화를 이룸이 귀한 줄을 알아 조화만 이루고 예로써 절제하지 않으면 역시 안 된다"고 했다. 음陰이 음陰의 역할을 하고, 양陽이 양陽의 역할을 하여 각각 구별된 역할을 하는 것이 예禮이다. 그러나 예禮를 지나치게 강조하다가 보면 음陰은 음陰으로, 양陽은 양陽으로 치우쳐 한마음이 되지 못하고 격리될 위험이 있다. 그래서 '알맞고 바른 처신을 하여 (마음이) 서로 통해야 한다'고 한 것이다.

하늘과 땅이 절도 있게 움직여서, 사시가 순환하고 만물이 생장하는 것처럼, 절도 있게 법도와 예절을 제정하여 시행하면, 백성들이 질서 있고 안락한 생활을 할 수 있고, 경제 질서도 유지된다.

그러므로 군자는 절괘節卦를 보고, 도량형과 문물 제도를 만들고, 예의바른 인물을 평가하여 관리로 임명한다.

초구 불출호정 무구 상왈불출호정 지
初九는 不出戶庭이면 无咎하리라 象曰不出戶庭은 知

통색야
通塞也니라

1 2

국역 |

초구初九는 문이나 뜰을 벗어나지 않으면 허물이 없다. 상象에서 말했다. "문이나 뜰 밖을 벗어나지 않아야 하는 것은 통하고 막히는 것을 알아야 하기 때문이다."

난자풀이 |

1 通(통) : 사회적으로 통하는 것. 해도 좋은 것.
2 塞(색) : 사회적으로 통하지 않는 것. 해서 안 되는 것.

강설 |

사회생활을 제대로 하려면 규율과 법도를 익혀 준수해야 한다. 사람을 대하는 법, 교통질서를 지키는 법 등등을 익혀야 거리를 제대로 다닐 수 있고, 인간관계도 제대로 맺을 수 있다.

초구初九는 아직 어리다. 규율과 법도를 아직 모른다. 따라서 그것들을 익힐 때까지는 집 밖에 나가지 않는 것이 좋다.

어떤 단체에 처음 들어간 조직원이나, 외국에 처음 도착한 사람 등이 이에 해당한다. 그 단체나 그 나라의 기본 규율과 법도를 모르는 상태에서 자기 생각대로 행동해서는 안 된다. 그리고 꼭해야 할 일이 있을 때는, 잘 아는 사람에게 겸손히 물어서 하는 것이 좋다. 공자는 태묘의 제사에 참여했을 때 물어서 했고, 맹자는 "외국에 들어갈 때는 먼저 그 나라의 법에 대해서 공부한 뒤에 들어가야 한다"고 했다.

구이 불출문정 흉 상왈불출문정흉 실
九二는 不出門庭이면 凶하리라 象曰不出門庭凶은 失
시극야
時極也라
①

국역 |

구이九二는 문이나 뜰 밖을 벗어나지 않으면 흉하다. 상象에서 말했다. "문이나 뜰 밖을 벗어나지 않으면 흉한 것은 마땅한 때를 잃어버리기 때문이다."

난자풀이 |

① 極(극) : 중中과 같은 뜻. 가장 알맞은 상태. 중中이라고 쓰지 않고 극極이라고 한 것은 앞의 색塞과 운을 맞추기 위해서이다. 시극時極은 '때가 알맞은 것'인데, '때가 알맞은 것'은 '알맞은 때'이므로, 여기서는 '알맞은 때'로 번역했다.

강설 |

구이九二는 어느 정도 성장한 상태이다. 집안에서 배운 것을 사회에서 실습하고, 훈련해야 한다. 그렇지 않고 집안에만 계속 머물러 있으면 사회성을 배양할 기회를 놓치게 된다. 그래서 '문이나 뜰 밖을 벗어나지 않으면 흉하다'고 했다. 집안에서 배워야 할 때에는 집안에서 배우고, 나가서 실습해야 할 때는 나가서 실습하는 것, 그것이 순리이다.

공자도 『논어』에서 "배우고 제때에 익히면 기쁘지 아니한가!"라고 했다. 가정에서 배워야 할 때는 가정에서 배우고, 나가서 실습해야 할 때는 나가서 실습하는 것, 그것이 시중時中이다.

六三은 不節若[1]하여 則嗟若[2]이면 无咎하리라 象曰不節之嗟면 又誰[3]咎也리오

(육삼 불절약 즉차약 무구 상왈부절 지차 우수구야)

국역 |

육삼六三은 예의범절을 지키지 못하여 울부짖으면, 허물이 없다. 상象에서 말했다. "예의범절을 지키지 못해서 울부짖으면 또 누구를 탓하겠는가?"

난자풀이 |

[1] 若(약) : 접미사.
[2] 嗟(차) : 울부짖는다.
[3] 誰(수) : 누구. 원래 구咎의 목적어이지만 의문사이므로 앞으로 나왔다.

강설 |

육삼六三은 하층부의 제일 윗자리에 있지만, 아직 성인成人이 된 것은 아니다. 규율과 법도를 배우고, 실습했지만, 자유자재로 실천할 수 있는 단계는 아니다. 남이 잘되면 겉으로는 축하를 하지만 속으로는 배가 아픈 상태다. 육삼六三은 불만이 많은 자리이기 때문에 더욱 그렇다. 그래서 그간에 배운 예절을 지키기가 매우 어렵다. 그러나 예절

을 바로 지켜내지 못하면 성인이 될 수 없다. 공자는 '허물이 있으면 고치기를 꺼리지 말라'고 했다. 규칙이나 예절을 완벽하게 지키지 못하는 것에 대해서 울부짖을 정도로 절실하게 반성해야 비로소 성인이 될 수 있는 것이다. 그래서 '예의 범절을 지키지 못해 울부짖으면 허물이 없다'고 했다. 잘못을 남의 탓으로 돌리는 사람은 성인이 될 수 없다.

육사　안절　　형　　상왈안절지형　승상도야
六四는 安節이면 亨하니라 象曰安節之亨은 承上道也라

국역 |

육사六四는 예의범절을 편안하게 지키게 되면 적극적으로 나서야 한다. 상象에서 말했다. "예의범절을 편안하게 지키게 되면 적극적으로 나서야 하는 것은 윗사람이 제정한 바른 도리를 잘 이어받아야 하기 때문이다."

강설 |

육사六四는 이제 상층부에 진입하여, 성인이 되었다. 규율과 법도를 몸에 익혀 자유롭게 실천해야 할 때이다. 처음에는 몸에 배지 않아 부자연스러울 수도 있으나, 완전히 몸에 배어들면 저절로 실행되게 된다. 예의범절을 편안하게 실천할 정도가 되었을 때 비로소 성인으로서의 일이 시작되는 것이다. 그렇게 되면 적극적으로 나서서 선생이 되기도

하고, 사장이 되기도 해야 한다. 예절을 지키는 것은 사회인이 되기 위한 수단이지 목적이 아니다. 그러므로 예절을 지키는 데만 얽매여 있으면 안 된다. 그래서 '예의범절을 편안하게 지키게 되면 적극적으로 나서야 한다'고 했다. 공자는 "어린이는 집에 들어와서는 효도하고 나가서는 공경하며 침착하고 미더우며 뭇 사람을 두루 사랑하고 착한 사람을 친해야 한다. 이런 일을 하고 여력이 있으면 글자를 배운다"(『논어』 「학이」편)라고 했다. 먼저 사람이 된 뒤에 큰 사람이 되기 위해 떨쳐 일어나 큰 학문을 해야 한다는 뜻이다.

九五는 甘節이면 吉하니 往하면 有尚하리라 象曰甘節之吉은 居位中也라

국역 |

구오九五는 예의범절을 달게 여기고 지키면 길하니 적극적으로 나서면 고상함이 있을 것이다. 상象에서 말했다. "예의범절을 달게 여기고 지켜서 길한 것은 자리에 거처하는 것이 알맞기 때문이다."

강설 |

구오九五는 단체의 장長이다. 언제나 전체의 입장에서 사고하고 판단할 것이 요구되는 자리다. 사회를 존속하고 질서를 유지하려면 개개인에게는 많은 절제가 요구된다. 예컨대 신호등의 빨간 불은 건너야

하는 사람들을 구속한다. 개인 중심으로 본다면, 그것은 자유를 억압하는 것으로 보아 반감을 가질 수도 있다. 그러나 전체적 입장에서 보면, 빨간 불은 못 가게 하는 것이 아니라 갈 수 있도록 하는 것이다. 신호등이 없다면 서로 엉켜서 아무도 순조롭게 갈 수 없다. 또 이것을 무시하고 자기 의지대로 지나간다면 전체의 질서가 무너지게 된다.

전체의 입장에서 사고하고 판단한다면, 기다리고 지키는 것을 기쁘게 받아들일 수 있다. 구오九五가 이런 자세로 실천하면, 그 스스로가 모범이 되어 전체의 규율과 법질서가 확립될 것이다. 『논어』「이인里仁편」에서, "군자는 형벌 받는 것을 좋아하고 소인은 혜택받기를 좋아한다"고 했다. 실수로 교통법규를 위반하여 적발이라도 되면, 범칙금이 부과되어 손해를 보게 되므로 소인들은 봐달라고 애걸한다. 그러나 전체적인 입장에서 판단하는 군자는 범칙금을 지불하는 것이 전체의 조화를 이루는 것임을 알기 때문에, 오히려 범칙금 내는 것을 바란다. 규칙대로 하는 것을 달게 여기는 것이다. 구오九五가 규칙과 예법을 달게 여길 정도가 된 상태에서 적극적으로 나서서 사회 교화를 하면 큰 효과를 발휘하여 고상하게 될 것이다. 그래서 '적극적으로 나서면 고상함이 있을 것이다'라고 했다. 문제는 언제나 사회의 지도층에 있는 사람들이 예법 지키는 것을 달게 여기는 수준이 되지 못한 상태에서 정치를 하는 데서 비롯된다. 절괘 구오九五의 가르침을 명심해야 할 것이다.

上六(상육)은 苦節(고절)이니 貞(정)하면 凶(흉)하나 悔亡(회망)하리라 象曰苦節(상왈고절)貞凶(정흉)은 其道窮也(기도궁야)라

국역 |

상육上六은 예의범절을 지키는 것이 고통스럽다. 참고 견디면 흉하더라도 후회할 일은 없다. 상象에서 말했다. "법도를 지키는 것이 고통스러운 상황에서 참아도 흉하게 되는 것은 그 도가 궁하기 때문이다."

강설 |

상육上六은 권력의 자리에서 물러난 최고의 어른이다. 평생을 예법을 지키느라 긴장하며 살았다. 이제 여생이 얼마 남지 않았다고 생각하면 더 이상 예법을 지키기 싫어진다. 그래서 '예의범절을 지키는 것이 고통스럽다'고 했다. 그러나 참지 못하고 예법을 어기면 일생의 마무리가 엉망이 되어서 참으로 후회할 일이 되고 만다.

예법을 지키다 보면 모든 일이 구오九五 중심으로 이루어지게 된다. 자신은 더 윗사람인데도 불구하고 뒷전으로 물러나야 하는 위치에 있다. 그러므로 예법을 지키면 자신의 권위가 손상되는 것처럼 보이기도 한다. 그래서 '참고 견디면 흉하다'고 했다. 아랫사람이 중심이 되어 있는 자리에서 한쪽에 밀려나 있는 모습은 처량해 보이기까지 한다. 그래서 '흉하다'고 했다. 그러나 그것이 제대로 되는 것이다. 그래서 '후회할 일은 없다'고 했다. 마지막 순간까지 지속적으로 예법을 지킬 수 있어야 군자다. 공자는 "임금을 섬기면서 예禮를 다했더니 사람들이 아첨하는 것으로 여기더라"고 했다.

흉凶하고 길吉한 것은 사실 판단의 문제이고, 후회하고 안 하는 것은 가치 판단의 문제이다. 죽어도 후회하지 않을 일이 있고, 살아도 후회할 일이 있다. 전자는 흉凶하더라도 회망悔亡이고, 후자는 길吉하더라도 유회有悔이다.

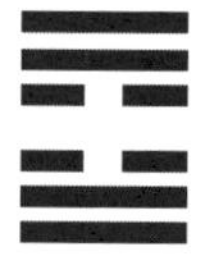

풍택중부
風澤中孚

이 괘의 상괘는 손괘巽卦이고, 하괘는 태괘兌卦다. 상층부는 순조로운 상황이고, 하층부는 기쁘다. 기쁨은 에너지원이고 활력소다.

또 상층부의 실권자인 구오九五와 하층부의 실권자인 구이九二 사이에 부드러운 음陰들이 있기 때문에 둘을 가로막는 칸막이가 없다. 그래서 상층부와 하층부가 긴밀하게 통한다. 임금과 백성이 바로 통하고, 선생과 학생이 바로 통하며, 부모와 자녀가 바로 통한다. 마치 세종대왕이 모든 백성들과 한마음이 되어 백성들을 자식처럼 사랑하고, 백성들이 대왕과 한마음이 되어 대왕을 부모처럼 따르는 것과 같다. 그래서 이 괘의 이름을 마음속에서부터 한마음이 되어 서로 신뢰한다는 의미에서 중부中孚라 붙였다.

중부에서 위와 아래가 서로 통하게 되는 것은 구오九五와 구이九二가 서로 통하기 때문이다. 구오九五와 구이九二가 너무 잘 통하기 때문에 상대적으로 초구初九, 육삼六三, 육사六四, 상구上九 등이 소외감을 느낄 수도 있다. 그러나 만약 소외감을 느끼고 토라지면 그것은 잘못이다. 전체가 한마음이 되어 함께 기뻐해야 되는 상황에서는 다같이 동참해야 한다.

中孚라 豚魚라도 吉하니라 利涉大川이니 利코 貞하니라 彖曰中孚는 柔在內而剛得中할새니 說而巽할새 孚乃化邦也니라 豚魚吉은 信及豚魚也오 利涉大川은 乘木코 舟虛也오 中孚以利貞은 乃應乎天也리라 象曰澤上有風이 中孚니 君子 以하여 議獄하며 緩死[1]하나니라

국역 |

마음속에서부터 한마음이 되는 형국이다. 돼지나 물고기도 길하다. 큰 내를 건너는 것이 이롭다. 결실하고 저장한다. 단彖에서 말했다. "중부는 부드러운 것이 안에 있고 굳센 것이 중심을 얻은 것이니, 기뻐하면서 겸손하고, 한마음이 되어 나라를 감화시킨다. 돼지나 물고기도 길한 것은 믿음이 돼지나 물고기에까지 미침이요, 큰 내를 건너는 것이 이로운 것은 나무를 타고 있는데 배가 비어 있기 때문이다. 마음속에서부터 한마음이 되어 결실하고 저장하는 것은 이에 하늘에 응하는 것이다." 상象에서 말했다. "물 위에 바람이 부는 것이 중부이니, 군

자는 이 괘의 이치를 살펴, 송사를 논의하며 사형을 늦춘다."

난자풀이 |

1 緩(완) : 늦추다.

강설 |

맹자는 "부모와 한마음이 된 뒤에 백성과 한마음이 되고 백성과 한마음이 된 뒤에 만물을 사랑한다"고 했다. 사랑하는 마음이 가족으로부터 타인에게로, 또 타인으로부터 만물에게로 확산되는 과정을 설명한 것이다. 중부에서 구오九五의 사랑이 바로 이와 같다. 그래서 '돼지나 물고기도 길하다'고 했다. 하찮은 미물이라도 구오九五의 혜택을 입는다는 말이다. 사람들이 한마음이 되면 화목한 집에는 개들도 행복하고 화초들도 싱그럽다. 그러나 사람들이 서로 다투는 집에는 개들도 불행하고 화초들도 시든다.

'큰 내를 건너는 것이 이롭다'는 것은 상하가 한마음으로 결속되어 있어서, 어떠한 어려운 일도 해낼 수 있다는 것을 말한다. 모두가 한마음이 되면 위대한 힘이 발휘되어 어려운 일일수록 그 진가가 발휘되기 때문이다.

세종대왕 때에는 역사적으로 거의 불가능해 보이는 어려운 일들이 성취되었다. 최만리 등의 거센 반대에도 불구하고 한글이 창제되었고, 신분의 벽을 뛰어넘어 장영실을 기용함으로써 우수한 과학 장비가 만들어졌으며, 농사기술과 과학기술 그리고 문화·예술 방면의 수준 높은 성과가 이루어졌다.

'큰 내를 건너는 것'에 해당하는 어려운 일들을 완수하고 나면 이제 결실하고 저장하는 일만 남는다. 그래서 '결실하고 저장한다'고 했다. '큰 내를 건너는 일'이 여름에 해당된다면 '결실하고 저장하는 일'은 가을과 겨울에 해당한다.

'중부는 부드러운 것이 안에 있고, 굳센 것이 중심을 얻은 것'이란 음陰인 육사六四와 육삼六三이 안에 있고, 양陽인 구오九五와 구이九二가 중심의 자리에 있음을 말한다.

'기뻐하면서 겸손하고, 한마음이 되어 나라를 감화시킨다'는 것은 아래의 태괘가 기쁨이고, 위의 손괘가 겸손이며, 구오九五와 구이九二가 서로 통하는 것을 말한다. 온 국민이 한마음이 되면 미물들도 그 영향을 받아 완전한 평화가 온다. 동물이나 식물까지도 생기가 넘치는 것이 이러한 경우이다.

중부괘中孚卦는 상괘가 나무이고 하괘가 못이기 때문에, 못에 나무가 떠 있는 꼴이다. 이를 '타고 갈 수 있는 나무'와 '타고 갈 수 있는 빈 배'가 있다는 것으로 표현했다. 빈 배가 있으면 어떤 난관이라도 헤쳐 갈 수 있을 것이다.

마음속으로부터 한마음이 되어 결실하고 저장하는 것은 하늘의 마음과 합치되는 것이다. 군자는 중부괘의 이치를 보고, 모든 일을 처리할 때 사랑과 믿음으로 한다. 송사를 판결하여 사형을 집행할 때도, '이 사형이 정당한가? 문제는 없는가?', '구제책이 있는 것은 아닌가?' 등등을 생각하기 때문에, 집행을 최후까지 늦춘다.

初九(초구)는 虞(우)[1]하면 吉(길)하리니 有他(유타)면 不燕(불연)[2]하리라 象曰初九(상왈초구)

虞吉(우길)은 志未變也(지미변야)라

국역 |

초구初九는 기다리면 길하니 다른 마음을 먹으면 편안치 않다. 상象에서 말했다. "초구初九가 기다리면 길한 것은 뜻이 바뀌지 않았기 때문이다."

난자풀이 |

1 虞(우) : 기다리다.
2 燕(연) : 편안하다.

강설 |

상하가 한마음이 되어 안정된 집단의 신입 회원은 모두에게 사랑을 받는다. 그렇지만 외견상으로는 구이九二가 구오九五의 사랑을 독차지하고 있는 것처럼 보인다. 그러나 그것은 어디까지나 상황이 그러하기 때문에 그렇게 보이는 것일 뿐, 사실은 그렇지 않다. 구이九二에게 먼저 혜택을 준다 하더라도 기다리고 있으면 다음에는 반드시 자기의 차례가 된다. 그러므로 한마음의 상태를 잃지 않고 기다려야 한다. 그래서 '기다리면 길하다'고 했다.

만일 초구初九가 이를 모르고 삐쳐서 다른 곳으로 가면 크게 잘못된다. 다른 데서는 이렇게 분위기 좋은 곳을 만날 수 없기 때문이다. 그래서 '다른 마음을 먹으면 편안치 않다'고 했다.

구오九五가 초구初九를 챙기지 않는 것은 사랑하지 않아서가 아니다. 우선 구이九二부터 챙기기 때문에 순서가 오지 않았을 뿐이다. 구오九五의 마음은 영원히 바뀌지 않는다. 그러므로 조금만 기다리고 있으면 곧 좋은 일이 있을 것이다. 그래서 '초구初九가 기다리면 길한 것은 뜻이 바뀌지 않았기 때문이다'라고 했다.

구이　　명학　　재음　　　　기자화지　　　　아유호작
九二는 鳴鶴이 在陰이어늘 其子和之로다 我有好爵하
　　　　　　　　[1]　　　　　　[2]　　　　　　　　[3]
　오여이미지　　　　　　상왈기자화지　　　중심원야
니 吾與爾靡之하노라 象曰其子和之는 中心願也라
　　　　[4]

국역 |

구이九二는 우는 학이 그늘에 있거늘 그 새끼가 화답한다. 나에게 좋은 술잔이 있으니 내 그대와 함께 기울일 것이로다. 상象에서 말했다. "그 새끼가 화답하는 것은 속마음으로 원하기 때문이다."

난자풀이 |

[1] 陰(음) : 음蔭과 통용. 그늘.
[2] 和(화) : 화답和答. 선창先唱한 시詩나 노래에 대하여 화답하는 것을 말한다.
[3] 爵(작) : 술잔.
[4] 靡(미) : 쓰러지다. 기울이다.

강설 |

중부괘의 구오九五와 구이九二는 위치는 서로 멀지만, 중간에 장애가 없기 때문에 직접 잘 통한다.

가장 가까운 관계는 부모와 자녀 사이이다. 부자유친父子有親이라 했다. 친親이란 하나가 된다는 말이다. 일반적으로 하나 되어야 하는 구이九二와 구오九五는, 그 중간에 있는 방해 요인 때문에 친해지기 어렵지만, 중부에서는 바로 친한다. 마음이 하나로 통하는 관계가 되면 말을 하지 않아도 통한다. 아버지가 '어험' 하고 기침만 해도 아들은 아버지가 지금 약주 한 잔 드시고 싶은지 어떤지를 바로 알고 챙긴다. 이러한 관계가 최고의 관계다. 이를 『주역』에서는 어미 학이 숲 속에서 울어도 멀리 있는 새끼가 그 소리에 화답하는 것으로 표현했다.

서로 좋아하는 사람끼리 마음이 통하면, 그보다 더 행복한 일이 없다. 잔을 기울여 술을 마시며, 그 흥겨움을 표현하고 싶을 것이다. 그래서 '좋은 술잔이 있으니 내 그대와 함께 기울일 것'이라고 했다.

六三은 得敵하여 或鼓或罷或泣或歌로다 象曰或鼓或罷는 位不當也라

국역 |

육삼六三은 적을 얻어 북을 치기도 하고, 그만 두기도 하고, 울기도 하고, 노래하기도 한다. 상象에서 말했다. "북을 치기도 하고, 그만두기도 하는 것은 자리가 마땅하지 않기 때문이다."

강설 |

한마음이 되어 위아래가 하나 되어 있는 상황에서는 구성원 모두가 사랑하고 사랑받는다. 육삼六三이라고 해서 예외는 아니다. 화목한 가정에 맏딸과 아들 둘이 있을 경우, 부모가 특히 아들과 잘 통하는 경우가 있다. 딸을 사랑하지 않는 것은 아니지만, 딸은 어느 정도 성장했기 때문에, 비교적 관심을 적게 표할 뿐이다. 그리고 아들은 가문을 이

어갈 존재이고 또 한창 성장하는 단계에 있으므로, 아들에게 상대적으로 많은 관심을 갖게 된 것이다. 그러나 육삼六三은 이를 이해하지 못하고 사랑스런 동생 구이九二가 부모의 사랑을 독점하여 자신의 몫까지 빼앗아 갔다고 느낄 수도 있다. 그리하여 동생을 적으로 생각하기도 한다. 그래서 북을 치며 부모와 동생을 성토하기도 하고, 때로는 그들을 이해하여 성토를 그치기도 하며, 또 섭섭하여 울기도 하지만, 사랑스런 동생이 잘 되는 모습을 보고 즐거워 노래하기도 한다. 이렇게 되는 것은 삼효三爻의 자리가 갖는 속성이기도 하다.

六四(육사)는 月幾望(월기망)[1]이니 馬匹(마필)[2]이 亡(망)하면 无咎(무구)하리라 象曰(상왈) 馬匹亡(마필망)은 絶類(절류)[3]하여 上也(상야)라

국역 |

육사六四는 달이 거의 찼더라도 짝이 되는 말이 없으면 허물이 없다. 상象에서 말했다. "말의 짝이 없으면 동류를 단절하고 위로 올라간다."

난자풀이 |

[1] 望(망) : 보름달.

[2] 匹(필) : 짝.

[3] 類(류) : 동류. 같은 무리.

강설 |

구오九五와 구이九二가 중심이 되어 상하가 모두 한마음이 되어 조화를 이루고 있는 상황이기 때문에 육사六四 역시 존중받고 있다.

달이 거의 찼다는 말은 거의 보름달이 되었다는 것이니, 나이가 찼다는 말이다. 육사六四는 이제 거의 다 성장을 했다. 거의 다 성장을 한 육사六四는 전체가 화목한 상황에서 방치되지 않을 것이다. 그러나 만약 구오九五와 구이九二가 중심이 되어 있는 것에 대해 소외감을 느낀다면 역시 소외감을 느끼고 있는 초구初九와 짝을 이루어 함께 반발할 수도 있고, 따로 다른 모임을 만들 수도 있다. 그러나 그것은 큰 잘못이다. 그래서 '달이 거의 찼더라도 짝이 되는 말이 없으면 허물이 없다'고 했다. 육사六四의 말은 초구初九다. 초구初九와 짝을 이루면 안 된다. 한마음의 상태를 잃지 않고 믿고 있으면 나이가 많다고 해서 소외시킬 사람은 아무도 없다.

육사六四가 짝을 이루지 않으면, 동류와 다른 단체를 만드는 일을 중단하고, 위에 있는 구오九五와 한마음의 관계를 계속 유지할 수 있다.

구오 유부연여 무구 상왈유부연여 위
九五는 有孚攣如면 无咎하리라 象曰有孚攣如는 位
[1] [2]
정당야
正當也라

국역 |

구오九五는 한마음을 유지하여 모두가 연결되면 허물이 없다. 상象에서 말했다. "한마음을 유지하여 모두가 연결되어야 하는 것은 자리가 바르고 마땅하기 때문이다."

난자풀이 |

1 攣(련) : 연관되다. 이어지다. 걸리다.
2 如(여) : 접미사. 약若, 연然 등과 같은 역할을 한다.

강설 |

구오九五는 모두가 화목한 집단의 우두머리이다. 이런 경우의 우두머리는 구성원 모두를 두루 살피고 공평하게 사랑해야 한다. 그러면 화합이 지속된다. 그러나 여기서는 특히 구이九二를 편애하는 것처럼 비쳐지기 쉽다. 그러므로 만약 자기의 마음만 믿고 다른 사람들을 특별히 배려하지 않으면 오해가 생기고 분열이 일어나 조화가 깨질 수도 있다. 각별히 신경을 써야 한다. 그래서 '한마음을 가지고 모두가 연결되면 허물이 없다'고 했다.

모두가 하나로 연결되도록 해야 하는 것은 구오九五의 자리에서 해야 할 바른 도리이고 마땅한 처신이다.

上九(상구)는 翰(한)[1]音(음)登(등)于(우)天(천)이니 貞(정)하면 凶(흉)하리라 象(상)曰(왈)翰(한)音(음)登(등)于(우)天(천)이니 何(하)可(가)長(장)也(야)리오

국역 |

상구上九는 닭이 하늘에 올라갔으니 가만히 있으면 흉하다. 상象에서 말했다. "닭이 하늘에 올라갔으니 어찌 오래 머물 수 있겠는가?"

난자풀이 |

1 翰音(한음) : 한翰은 '날개'이고, 음音은 '소리'이므로 한음翰音은 '날개 소리'이다. 날개 소리 중에서는 닭의 날개 소리가 유난히 크기 때문에, 여기서는 '닭'을 상징한다.

강설 |

상구上九는 명예는 있지만, 실권이 없는 자리이다. 이름은 있어도 찾아 주는 사람이 없으니 외롭고 쓸쓸하다. 특히 중부괘에서는 구오九五와 구이九二 중심으로 모든 것이 진행되므로 상구上九는 더욱 외롭다. 무언가 사람들을 끌어당길 수 있는 매력이나 실력을 갖추지 않으면 외로움을 감당할 수 없다. 노쇠한 입장에서 그것을 가능하게 하려면 부단히 노력하지 않으면 안 된다. 닭은 멀리 날지 못한다. 공중으로 날아오르려면 끊임없이 날개짓을 해야 한다. 잠시라도 중단하면 곧 떨어지고 만다. 그래서 상구上九가 전력투구하여 최후까지 노력해야 함을 '닭이 하늘에 올라간 경우'에 비유했다. 닭이 잠시라도 날개짓을 중단하면 땅에 떨어져 흉하듯이, 상구上九도 계속 노력하지 않으면 권위가 실추되어 흉하다. 사람의 삶은 시작하는 것보다 마무리하는 것이 더 중요하다. 마무리를 잘 할 수 있도록 평소에 준비하는 것이 삶의 지혜이고 역의 가르침이다.

뇌산소과
雷山小過

이 괘의 상괘는 진괘震卦이고, 하괘는 간괘艮卦다. 상층부는 지각변동을 일으키고 있고 하층부는 답답하다. 그러므로 전체적으로 볼 때, 위는 어지럽고 아래는 답답하여 문제가 심각한 것으로 보일 수도 있다. 그러나 하층부를 관할하는 구사九四가 강력한 양陽이기 때문에, 하괘의 상황을 치밀하고 유연하게 해결하지는 못한다 해도, 어느 정도는 힘으로 제압할 수 있다. 그러므로 조금 허물은 있지만 큰 허물은 없다. 이러한 의미에서 이 괘의 이름을 소과小過라 붙였다.

하층부의 문제를 해결하는 과정에서, 강한 양陽인 구삼九三을 제압해야 하는 구사九四는 평소보다 더 많은 힘을 들여야 한다. 따라서 소과는 힘을 조금 더 들인다는 의미가 되기도 한다. 조금 문제가 있을 때는, 평소보다 조금 더 공을 들여야 해결할 수 있다.

小過(소과)라 亨(형)코 利(리)코 貞(정)하니라 可小事(가소사)나 不可大事(불가대사)라 飛鳥遺之音(비조유지음)하니 不宜上(불의상)이요 宜下(의하)면 大吉(대길)하리라 彖曰小過(단왈소과)는 小者過而亨也(소자과이형야)니 過以利貞(과이리정)은 與時行也(여시행야)니라 柔得中(유득중)이라 是以小事吉也(시이소사길야)오 剛失位而不中(강실위이부중)이라 是以不可大事也(시이불가대사야)니라 有飛鳥之象焉(유비조지상언)하니라 飛鳥遺之音不宜上宜下大吉(비조유지음불의상의하대길)은 上逆而下順也(상역이하순야)라 象曰山上有雷小過(상왈산상유뢰소과)니 君子(군자) 以(이)하여 行過乎恭(행과호공)하며 喪過乎哀(상과호애)하며 用過乎儉(용과호검)하나니라

국역 |

조금 지나친 형국이다. 적극적으로 나서야 하고, 거두어야 하고 마무리해야 한다. 작은 일은 괜찮지만 큰일은 불가하다. 나는 새가 소리를 남기니 마땅히 올라가지 않고 마땅히 내려오면 크게 길하다. 단彖에서 말했다. "소과는 작은 것이 힘을 조금 더 써서 적극적으로 나서야 한다. 힘을 더 써서 결실하고 저장하는 것은 때에 맞게 행하는 것이다. 부드러운 것이 중심에 있기 때문에 작은 일은 길하다. 굳센 것이 자리를 잃고 중심에 있지 못하다. 그 때문에 큰일은 불가하다. 나는 새의 형상이 있다. 나는 새가 소리를 남기니 마땅히 위로 가지 않고 아

래로 가면 크게 길한 것은 위로 가면 거스르게 되고 아래고 가면 순조롭기 때문이다.” 상象에서 말했다. “산 위에서 번개가 치는 것이 소과이니, 군자는 이 괘의 이치를 살펴, 일을 할 때는 좀더 공손하고, 상을 치를 때는 좀더 슬퍼하며, 소비할 때는 좀더 검소하게 한다.”

강설 |

이 괘에서 중심적으로 문제가 되는 것은 하층부의 침체된 상황이다. 해결의 열쇠를 쥐고 있는 구사九四는 평상시보다 더 많은 애를 써야 한다. 그러면 문제가 해결되어 일이 순조롭게 될 수 있다. 그리고 나면 무난히 성과를 거둘 수 있고, 마무리를 할 수도 있다.

구사九四와 구삼九三은 둘 다 양陽이기 때문에 구사九四가 구삼九三을 제압하는 과정에서, 상당한 진통을 겪게 된다. 그리고 상부의 침체된 분위기도 쇄신해야 하니 역시 진통이 따른다. 내적으로 이러한 진통을 겪고 있기 때문에 소소한 일은 추진할 수 있지만, 큰일은 감당할 수 없다. 마치 몸에 진통이 있는 사람이 큰일을 치르기 어려운 것과 같다. 그래서 ‘작은 일은 괜찮지만 큰일은 불가하다’고 했다.

진통을 겪게 되면 소리가 나게 된다. 사람도 아프면 통증을 호소하는 소리를 낸다. 그래서 새가 잘 날지 못하고 끼륵끼륵 소리내는 것에 비유하여 ‘나는 새가 소리를 남긴다’고 했다. 여기서의 나는 새는 문제해결을 주도해야 하는 구사九四를 가리킨다.

이 괘에서의 구사九四의 임무는 상층부의 쇄신과 하층부의 제압이지만, 이 가운데에서도 하층부의 제압이 급선무이다. 괘 전체에서, 가장 큰 문제가 되는 것은 하층부의 침체된 상황이기 때문이다. 그래서 ‘마땅히 위로 가지 말고, 아래로 내려와야 한다’고 했다. 구사九四는 양陽이므로 새가 위로 날아오르고 싶어하듯, 위로 올라가기를 좋아한다. 특히 구삼九三이 빡빡하기 때문에 그를 제압하는 일은 짜증이 난다. 그래서 더욱 위로 올라가고 싶어한다. 그러나 전체의 입장에서 보면, 힘이 들더라도 아래로 내려와 아래의 문제를 해결해야 하는 것이다.

위의 문제도 해결해야 하고 아래의 문제도 해결해야 하는 구사九四이기 때문에 평소보다 힘을 더 써야 하는 것이 소과小過이므로 군자가 이 괘의 상황에 처하게 되면 모든 일을 처리할 때 평소보다 좀더 힘쓸 것이다.

初六(초육)은 飛鳥(비조)면 以凶(이흉)하니라 象曰飛鳥以凶(상왈비조이흉)은 不可如何也(불가여하야)[1]라

국역 |

초육初六은 새를 날아가게 하면 그 때문에 흉하다. 상象에서 말했다. "새를 날아가게 하면 그 때문에 흉한 것은 어떻게 할 수 없기 때문이다."

난자풀이 |

[1] 如何(여하) : '어떻게 하는가?'라는 뜻.

강설 |

초육初六은 제일 아래에 위치한다. 자신은 땅에 있고, 보호해 줄 상부의 구사九四는 하늘에 있다. 그래서 구사九四는 하늘을 나는 새처럼

자꾸 날아가려 한다. 그러나 초구初九는 구삼九三에게 저지되어 상층부에 뜻을 전달하기 어렵다. 그러므로 특히 노력하여 구사九四에게 매력을 보여야 한다. 그렇지 않으면 구사九四가 등을 돌릴 수 있다. 성실하게 노력하면서 주목을 받을 수 있도록 실력을 갖추는 것도 중요한 방법이다. 자기를 구해 줄 사람들이 새처럼 훌쩍 날아서 떠나 버리면 돌이킬 수 없다. 그래서 '새를 날아가게 하면 그 때문에 흉하다'고 했다.

살다보면 나의 출세에 결정적인 역할을 해줄 수 있는 사람들이 있다. 그런데 그러한 사람들의 입장에서 보면 나의 출세가 그다지 중요하지 않은 경우가 많다. 그에게 있어서는 내가 출세를 해도 그만이고 안 해도 그만인 것이다. 그런 경우 그가 나에게 던지는 한마디는 매우 중요하다. "청소 좀 해놓지." "원고 한 장 정리해주지." 등의 간단한 부탁은 사실은 매우 중요한 부탁이다. 그것은 나를 테스트하는 수단인 것이다. 이때 '어떻게 나에게 공짜로 청소를 부탁하는가? 무례하다' 등으로 생각해 거부한다면, 그는 나를 믿어주지 않는다. 나를 구해주는 새는 날아가버리고 만다. 그가 나를 구해주도록 하기 위해서는 성실하게 조건 없이 응해야 한다. 그러나 그에게 잘 보이기 위한 계산으로 응하는 것은 효과가 없다. 그것은 성실을 가장하는 것이다. 바람직한 것은 아무런 이해타산 없이 무조건적으로 응하는 것이다. 그러므로 인간의 바람직한 삶은 먼저 인격이 갖추어진 뒤에 가능한 것이다.

六二(육이)는 過其祖(과기조)라야 遇其妣(우기비)니[1] 不及其君(불급기군)이라도 遇其臣(우기신)이면 无咎(무구)하리라 象曰不及其君(상왈불급기군)은 臣不可過也(신불가과야)라

국역 |

육이六二는 그 할아버지를 지나가야 그 어머니를 만날 수 있으니, 그 임금에 이르지 않더라도 그 신하를 만나면 허물이 없다. 상象에서 말했다. "그 임금에게 이르지 못하는 것은 신하를 지나갈 수 없기 때문이다."

난자풀이 |

1 妣(비) : 어머니. 후대에는 '돌아가신 어머니'에 대해서만 쓰는 용어가 되었다.

강설 |

육이六二가 자신의 짝인 육오六五의 어머니를 만나려면 구삼九三의 장벽을 넘어야 한다. 넘어야 할 장벽인 구삼九三이 강력하기 때문에 무섭고 어려운 존재인 할아버지로 상징하여 '할아버지를 지나가야 어머니를 만날 수 있다'고 했다.

국가라면, 구사九四는 육오六五의 임금을 잘 보좌하는, 막강한 힘을 가진 유능한 신하이다. 따라서 육이六二의 연약한 선비는 육오六五의 임금을 못 만난다 해도, 구삼九三의 장벽을 넘어 구사九四의 신하에게만 가도, 그에 의해 문제가 해결될 수 있다. 그래서 '그 임금에게 이르지 않더라고 그 신하를 만나면 허물이 없다'고 했다. 이 효사의 내용은 전반부는 가정의 경우이고 후반부는 국가의 경우이다. 그러므로 이 효사를 보면 이 효를 쓴 사람이 가정의 경우와 국가의 경우를 다 설명한 것으로 이해할 수도 있다. 그러나 그렇지 않고 한 사람이 가정의 경우로 설명하고, 다른 사람이 국가의 경우로 설명한 것을 제3의 인물이 종합한 것으로 볼 수도 있다. 만약 그렇다면 효사의 작자는 한 사람이 아니고 여러 사람이 된다. 그리고 한 시기에 만들어진 것이 아니라 오랜 시기를 거치면서 완성된 것이 된다.

九三(구삼)은 弗過防之(불과방지)니 從[1]或戕[2]之(종혹장지)면 凶(흉)하리라 象曰終或戕之(상왈종혹장지)면 凶如何也(흉여하야)오

국역 |

구삼九三은 지나치게 방해하지 말아야 한다. 좇아가서 혹 해치기라도 하면 흉하다. 상象에서 말했다. "좇아가서 혹 해치기라도 하면 흉함을 어떻게 감당하겠는가?"

난자풀이 |

[1] 從(종) : '계속해서', '좇아서' 등의 뜻이 있다. '방해하는 데 그치는 것이 아니라 방해하고 계속해서 해치면'이란 뜻이 된다.

[2] 戕(장) : 손상을 입히다.

강설 |

양陽인 구삼九三은 자신의 막강한 힘으로 연약한 후배인 초육初六과 육이六二의 진로를 막기 쉽다. 저력이 있는 자가 게으름을 부릴 때에는 강력하게 꾸짖어 자극을 주는 것이 좋다. 그러나 나약한 자는 조그만 의욕을 보이더라도 칭찬하고 격려해야 한다. 만약 잘못을 꾸짖으면 치명상을 입고 의욕을 완전히 상실한다. 그렇게 되면 문제는 심각해진다.

결국 강력한 구사九四에게 제압을 당할 것이고, 초육初六과 육이六二의 좌절을 마음 아프게 목격해야 할 것이다. 그래서 흉하다.

九四(구사)는 无咎(무구)나 弗過遇之(불과우지)니 往(왕)하면 厲(려)하니 必戒(필계)라 勿用(물용)[1] 永貞(영정)하니라 象曰弗過遇之(상왈불과우지)는 位不當也(위부당야)오 往厲必戒(왕려필계)는 終(종)[2]不可長也(불가장야)라

국역 |

구사九四는 허물이 없다. 너무 많이 만나지 말아야 한다. 적극적으로 나서면 제 살 깎는 아픔이 있으리니, 반드시 경계해야 한다. 그렇다고 길이 참고 있으면 안 된다. 상象에서 말했다. "너무 많이 만나지 말아야 하는 것은 자리가 마땅하지 않기 때문이고, 적극적으로 나서면 제 살 깎는 아픔이 있어 반드시 경계해야 하는 것은 결국은 길러 주면 안 되기 때문이다."

난자풀이 |

[1] 用(용) : 이以와 통용.

[2] 終(종) : 결국. 끝내. 마치다.

강설 |

구사九四는 아래를 지휘하고 윗사람들을 잘 돕는 전체의 기둥이다. 그래서 '허물이 없다'고 했다.

구사九四는 상괘上卦 중에서 유일한 양陽이기 때문에 강력하다. 그렇기 때문에 구삼九三에게 저지당하고 있는 초육初六, 육이六二 등을 구할 수 있고, 또 초육初六, 육이六二 등을 억압하는 구삼九三을 제압할 수 있다. 그러나 그렇다고 해서 자주 구삼九三을 제압하고 초육初六과 육이六二를 구하는 것은 좋지 않다.

노자는 "성인聖人은 사랑을 베풀지 않는다[성인불인聖人不仁]"고 말하고 있다. 길에서 큰 아이에게 얻어맞고 있는 자기 아들을 본 경우 사람들은 대개 어떻게 행동할까? 대개는 달려가 큰 아이를 응징하고 자기 아들을 보호할 것이다. 그러나 그것은 잘못이다. 아들은 험악한 세상을 살아가기 위해 단련을 받고 있는 것이다. 그렇기 때문에 아들을 못 본 척 방치해야 된다. 그래야만 자생력이 생겨 험한 세상을 살아갈 수 있다. 그래서 '너무 지나치게 자주 만나지 말아야 한다'고 했다.

만약 구사九四가 초육初六이나 육이六二를 과보호하면 그들은 자생력이 없어져 불행하게 된다. 그들의 불행을 보는 것은 뼈를 깎는 아픔이다. 그래서 '적극적으로 나서면 뼈를 깎는 아픔이 있으리니 반드시 경계해야 한다'고 했다.

그러나 무조건 방치만 해서는 안 된다. 만약 계속 방치하기만 하면 큰아이에게 맞아 죽을 수도 있다. 상황을 주시하면서 위험할 때는 구제해야 한다. 그래서 '길이 참으면 안 된다'고 했다.

'자리가 마땅하지 않다'는 것은 양陽인 구사九四가 음陰의 자리에 있기 때문이다. 길이 참지 말고, 어느 순간 가서 제압해야 하는 것은 구삼九三의 전횡을 계속 길러 주면 안 되기 때문이다.

육오 밀운불우 자아서교 공 익취피재혈
六五는 密雲不雨는 自我西郊니 公이 弋取彼在穴이
[1]

상왈밀운불우 이상야
로다 象曰密雲不雨는 已上也라
[2]

국역 |

육오六五는 빽빽한 구름이 비가 되지 않는 것은 우리 서쪽 변방에서부터 오기 때문이다. 공公이 주살로 쏘아 소굴에 있는 그를 잡아야 한다. 상象에서 말했다. "빽빽한 구름이 비가 되지 않는 것은 너무 올라와 있기 때문이다."

난자풀이 |

[1] 弋(익) : 주살. 주살로 쏘다.
[2] 已(이) : 너무.

강설 |

육오六五는 단체의 장長이다. 강직한 보좌관인 구사九四는 현명하게 잘 보좌하지만, 치밀함과 유연함의 부족으로 하부의 갈등을 쉽게 해결하지 못하고 힘들어 한다. 그리하여 답답한 마음 금할 길 없다. 그 답답한 마음은 '구름이 빽빽한데도 비가 오지 않을 때'와 같다. 육오六五가 답답한 이유는 초육初六과 육이六二가 제 역할을 못하고 침체하고 있기 때문이다. 초육初六과 육이六二는 음陰이다. 음陰은 서쪽이다. 그래서 '우리 서쪽 변방에서부터 오기 때문이다'라고 했다.

이런 경우 육오六五는 가끔 구사九四에게 지원사격을 해야 한다. 때로는 구삼九三의 소굴로 직접 들어가 그를 제압하기도 해야 한다. 그래서 '공이 주살로 소굴에 있는 그를 잡아야 한다'고 했다.

육오六五의 입장이 답답해진 이유는, 초육初六, 육이六二의 음들과 너무 멀리 떨어져 있기 때문이다. 그래서 상象에서 '너무 올라와 있기 때문이다'라고 했다.

상육 불우 과지 비조리지 흉 시위
上六은 弗遇하고 過之면 飛鳥離之하여 凶하리니 是謂

재생 상왈불우과지 이항야
災眚이라 象曰弗遇過之는 已亢也라
[1]

국역 |

상육上六은 만나지 않고 지나가면 나는 새가 떠나갈 것이므로 흉할 것이다. 이를 재앙이라 이른다. 상象에서 말했다. "만나지 않고 지나가는 것은 너무 고자세이기 때문이다."

난자풀이 |

[1] 亢(항) : 고자세를 취하는 것.

강설 |

소과괘의 상황은, 구사九四가 초육初六, 육이六二 등을 구제하고 구삼九三을 억압하는 일에 힘들어하고 있다. 이러한 상황에서는 상육上六도

방관하지 말고 도와야 한다. 상육上六은 구삼九三이 피붙이이기 때문에 구삼九三을 두둔하기 쉽다. 그래서 구삼九三을 제압하는 일을 방관하고 지나치고 싶지만, 그것은 순리가 아니다. 순리는 진리를 따르는 것이고, 진리는 선善을 따르는 것이다. 그러므로 구삼九三이 비록 피붙이라 하더라도, 그가 잘못을 저지를 때는 처단해야 한다. 그렇지 않고 방관만 하고 있으면 구사九四도 의욕을 잃고 떠나버리고 만다. 그러므로 구사九四로 하여금 의욕을 갖고 역할을 할 수 있도록 주위에서 돕는 것이 중요하다. 가끔 구사九四를 만나 격려하기도 해야 한다. 그래서 '만나지 않고 지나가면 나는 새가 떠나 흉하다'고 했다. '나는 새'란 구사九四를 가리킨다.

수화기제
水火旣濟

이 괘의 상괘는 감괘坎卦이고, 하괘는 리괘離卦다. 상층부는 오랫동안 기운이 없이 축 늘어져 있지만, 하층부는 상층부의 도움 없이도 자체적으로 잘 해 나가고 있다. 이를 본 상층부에서는, 이제야 모든 고생과 어려움이 끝났다고 생각하여 마음을 놓게 되는 것이 이 괘의 전체적인 상황이다.

이 괘에서는 여섯 효가 모두 바른 자리를 얻었다. 초효는 양陽의 자리인데 양陽이 있고, 이효는 음陰의 자리인데 음陰이 있다. 이처럼 여섯 효가 모두 제 자리에 있는 것이다. 그래서 모든 존재가 제 자리를 찾았다는 의미에서도 다 이루어졌다고 할 수 있다.

오랜 고난으로 힘이 빠져 있는 부모가, 부모의 도움 없이도 문제를 잘 해결해 나가는 자녀들을 보았을 때 갖는 마음이 바로 이에 해당한다고 볼 수 있다. 그래서 괘의 이름을 '어려운 일이 다 끝났다'는 의미에서 '기제旣濟'라 했다.

부모가 여유가 있는데도, 자녀가 자체적으로 자기 일을 해 나가면 부모는 섭섭하게 생각할 수 있다. 그러나 부모가 여유 없는 상황에서는, 자녀가 알아서 해결해나가기를 바란다. 상황에 따라서 행동윤리가 이처럼 달라질 수 있다. 이것이 바로 『주역』이 가르쳐 주는 삶의 지혜이다.

旣濟(기제)라 亨(형)하니 小利(소리)코 貞(정)하니라 初(초)는 吉(길)코 終(종)은 亂(란)하니라

彖曰旣濟亨(단왈기제형)은 小者 亨也(소자 형야)니 利貞(이정)은 剛柔正而位當也(강유정이위당야)라 初吉(초길)은 柔得中也(유득중야)오 終止則亂(종지즉란)은 其道窮也(기도궁야)라 象曰水在火上(상왈수재화상)이 旣濟(기제)니 君子 以(군자 이)하여 思患而豫防之(사환이예방지)하나니라

국역 |

다 해결된 형국이다. 성장하고, 조금 성과를 얻고 마무리를 한다. 처음에는 길하고 나중에는 어지러워진다. 단彖에서 말했다. "기제에서 성장하는 것은 작은 것이 성장하는 것이다. 성과를 얻고 마무리하는 것은 굳센 것과 부드러운 것이 바른 위치에 있어서 자리가 마땅하기 때문이다. 처음 길한 것은 부드러운 것이 중심을 얻었기 때문이고, 끝나고 마칠 때에 어지러운 것은 그 도가 궁해지기 때문이다." 상象에서 말했다. "물이 불 위에 있는 것이 기제니, 군자는 이 괘의 이치를 살펴, 환난이 일어날 것을 생각하여 미리 예방한다."

강설 |

기제괘既濟卦는 하층부가 명석하게 잘 처리하여 전체적으로 문제가 해결된 상황이다. 그래서 이제 상층부는 더 이상 늘어져 있지 말고 떨쳐 일어나야 한다. 그래서 새로운 발전의 방안을 찾아야 한다. 그렇게 하면 큰 성과는 얻을 수 없지만 작은 성과는 얻을 수 있다. 그리고 마무리도 잘 할 수 있다.

인생이란 끝없이 야기되는 문제들을 하나하나 풀어 가는 과정이다. 하나의 문제가 해결되는 순간이 바로 다음 문제가 야기되는 시점이다. 때문에 그 순간에 바로 다음 문제에 대비하지 않으면 곤란에 봉착할 가능성이 크다.

기제괘는 문제가 이미 해결되어 안도하고 있는 상황이다. 그래서 이후에 대한 대비를 하지 않기 쉽다. 오랜 수험공부 끝에 대학에 합격한 수험생이, 오랜 고생 끝에 사건을 해결한 형사가, 항우와의 오랜 전투에서 승리한 유방 등이, 안도의 한숨을 쉬는 순간이 이에 해당한다. 그러나 안도의 한숨을 쉬는 순간, 다시 새로운 문제가 준비되고 있다. 더 어려운 대학 공부를 해야 하고, 새로 일어날 사건에 대비해야 하며, 나라를 다스리는 문제에 전력투구를 해야 하는 순간이다.

기쁨에 젖어 안도하고 있다 보면, 차츰 방심하게 되어 새로운 문제를 해결할 수 있는 능력이 약화된다. 그렇게 되면 새로운 문제에 당면했을 때 곤란해진다. 그래서 '처음에는 길하지만 나중에는 어지럽다'고 경고했다.

고려 말기에 불교의 폐단으로 대두된 심각한 문제는 유학을 부흥시킴으로써 해결되었다. 그래서 조선 초기에는 모든 것이 순조로웠다. 그러나 조선시대 말기에 접어들면서 유학은 새로운 문제에 대응하지 못해서 큰 혼란을 초래했다. 기제괘의 가르침을 받아들이지 못했기 때문이다.

기제괘에서 성장한다는 것은 하괘인 리괘離卦를 중심으로 성장하는 것이다. 그래서 '작은 것이 성장한다'고 했다.

'성과를 얻고 마무리한다는 것'은 여섯 효爻가 모두 양효陽爻는 양陽의 자리, 음효陰爻는 음陰의 자리에 위치하여, 바른 자리에서 제 역할을 하기 때문이다. 그래서 '성과를 얻고 마무리한다'고 했다.

가난한 집의 자녀가 일류대학에 입학을 해서 한 시름 놓고 있는 경우를 예로 들어보면, 그 학생의 성장과 동시에 그 집도 성장하지만, 그 자녀의 성장에 의한 성과는 아직 미미하다. 그리고 마무리하는 것도 그러하다.

부드러운 육이六二가 중심에 있으면서 하층부를 잘 이끌고, 상층부의 구오九五를 잘 따르므로 지금은 길한 상태이다. 그래서 '처음은 길하다'고 했다. 그러나 모든 것이 해결되었다고 방심하고 있으면 조만간 새로운 문제가 대두되었을 때 대비하는 방법이 곤궁해져 다시 어지러워진다. 그래서 '그 도가 궁해진다'고 했다.

자녀들의 작은 성공을 보고 모든 문제가 다 해결되었다고 생각하고 방심하는 부모는 새로운 문제에 대처하는 능력을 기르지 못하기 때문에 어려워진다. 이에서 보면 인생의 과정에서 다 해결되었다고 방심해도 될 때는 한번도 없다는 사실을 알 수 있다. 오랫동안 힘들었던 사람들이 문제를 해결했을 때는 특히 방심하기 쉽다. 조심해야 할 일이다.

'물이 불 위에 있다는 것'은 감괘가 리괘 위에 위치해 있음을 말한다. 기제괘의 상황에서, 군자는 현재 상황에서 능력을 발휘하는 것에 자족하지 않고, 장래에 다가올 문제를 해결할 수 있는 능력을 배양하기 위해 노력을 게을리하지 않을 것이다. 이를 '환난을 생각하여 예방한다'고 표현했다.

초구 예기륜 유기미 무구 상왈예기륜
初九는 曳其輪하며 濡其尾면 无咎하리라 象曰曳其輪
[1] [2]

의무구야
하면 義无咎也니라
[3]

국역 |

초구初九는 그 바퀴를 끌어당기며 (여우가) 자기의 꼬리를 물에 적시면 허물이 없을 것이다. 상象에서 말했다. "그 바퀴를 끌어당기면 마땅히 허물이 없다."

난자풀이 |

[1] 曳(예) : 끌다. 끌어당기다.
[2] 濡(유) : 적시다. 젖다.
[3] 義(의) : 의宜와 통용. 마땅히. 응당히. 의당.

강설 |

초구初九는 어려운 문제가 해결되어 안도하고 있는 집단에서 가장 어린 존재다. 하층부는 능력이 있어 빛을 발휘하지만, 상층부가 연약하여 그 역량을 발휘하지 못한다. 때문에 초구初九는 상층부를 도우려는 마음을 가질 수 있다. 그러나 상층부를 돕느라 자기발전을 하지 못하면, 문제가 겨우 해결된 상태에서 더 이상의 발전을 하지 못하고 다시 침체에 빠질 수 있다.

초구初九의 입장에서는 상층부를 그대로 두고, 자기 일에 충실해야 한다. 일류대에 진학한 아들이 부모의 봉양을 위해 무리하게 아르바이

트를 하면, 자신의 공부가 소홀해져 큰 성공을 거두기 어렵다. 부모가 다소 넉넉하지는 못해도 살기 어려운 정도는 아니므로 이제는 자신의 공부에 전력해야 한다. 그래서 '바퀴를 끌다가 꼬리를 물에 적시면 허물이 없을 것이다'라고 했다.

'바퀴를 끈다'는 것은 일을 하여 경제를 건설하는 것이니, 초구初九가 상층부를 돕기 위해 일을 하는 것이다. 상괘인 감괘가 물에 해당하기 때문에, 초구初九가 상층부의 일을 돕는 것을 바퀴를 끌고 물을 건너는 것으로 생각했다. 물을 건너가기만 하는 것은 상층부를 돕기만 하는 것이다. 그것은 잘못이다. 물을 건너지 말고 자기의 일을 해야 장래가 있다. 그래서 물을 건너가다 '꼬리를 적시면 허물이 없다'고 표현했다.

여우는 의심이 많은 동물이어서, 강을 건널 때 꼬리가 물에 잠기면 깊을 것이라 생각하고 돌아 나온다고 한다. 이에 연유하여 '꼬리를 적신다'는 말이 '일을 중단한다'는 뜻을 갖게 되었다. 꼬리가 젖으면 돌아 나오는 여우처럼, 초구初九 역시 상층부의 일 돕기를 중단해야 허물이 없다.

초구初九는 마음이 순수하고 어리기 때문에 상층부를 위하는 마음이 유난히 강할 수 있다. 그래서 이러한 말로 경계한 것이다. 『효경』에 의하면, 효도란 단순히 부모가 잘 살 수 있도록 도와주는 것이 아니다. 부지런히 공부하고 도를 행하여 이름을 후세에 남기고 그 부모의 이름까지도 드러나게 하는 것을 최고의 효도라 했다.

> 六二(육이)는 婦喪其茀(부상기불)[1]이라도 勿逐(물축)이면 七日(칠일)에 得(득)하리라 象(상)曰七日得(왈칠일득)은 以中道也(이중도야)라

국역 |

육이六二는 부인이 머리의 장식물을 잃더라도 찾기 위하여 좇아다니지 않으면 칠일 정도 지나서 얻을 수 있다. 상象에서 말했다. "칠일 정도 지나서 얻는 것은 시중지도時中之道로써 하기 때문이다."

난자풀이 |

1 茀(불) : 머리를 꾸미는 장신구.

강설 |

육이六二는 초구初九와 구삼九三의 활동에 의한 성과물을 잘 수렴하여 하층부의 활약을 빛나게 하는 중심적인 존재이다.

상괘는 외괘이고, 하괘는 내괘이다. 가정의 경우라면 외괘는 남편의 일에 해당하고 내괘는 아내의 일에 해당한다고 볼 수도 있고, 외괘는 부모의 일에 해당하고 내괘는 자녀의 일에 해당한다고 볼 수도 있다. 여기서는 부부의 일로 설명했다.

기제괘는 부인의 공으로 집안의 문제가 다 해결된 경우이다. 이 경우 부인은 그것을 자신을 드러내는 화려한 도구로 삼아선 안 된다. 어디까지나 집안의 가장인 구오九五의 남편을 내세워야 한다. 구오九五의 남편이 그 공과 명예를 자기 것으로 돌려도, 부인이 좇아가 자신의 것이라고 주장하지 말아야 한다. 자기의 공이라 주장하며 공치사를 하면 남편의 권위를 묵살하는 결과가 된다. 그러면 남편이 실망하는 것은 물론이고 주위의 사람들도 실망할 것이다. 일류대학에 입학한 학생의 경우도 마찬가지다. 부모가 만약 그것을 자기들의 공이라고 하더라도 가만히 있어야 한다. 그렇게 하는 것이 시중時中이고 진리다. 좇아가서 아니라고 우기면 안 된다. 부모 없이 자녀가 생겨날 수 없기 때문이다.

구오九五는 양陽이기 때문에 본질적으로 음흉하지 않다. 가만히 있으면 오히려 먼저 부인의 공을 인정하고 평가하며, 부인을 명예롭게 할 것이다. 그래서 '머리의 장식물을 잃더라도 찾기 위하여 좇아다니지 않으면 칠일 정도 지나서 얻을 수 있다'고 했다. 7일은 한 사이클이 지난 시점을 말한다. 남편이 처음에는 우쭐하여 나서다가도 한 사이클 지나면 다시 부인의 진가를 알고 받들게 되는 것이다.

九三(구삼)은 高宗(고종)이 伐鬼方(벌귀방)이라도 三年克之(삼년극지)니 小人勿用(소인물용)이니라 象曰三年克之(상왈삼년극지)는 憊也(비야)라
[1]

국역 |

구삼九三은 고종이 귀방鬼方을 공격하더라도 3년이 걸려야 이기니 소인은 쓰지 않아야 한다. 상象에서 말했다. "3년이 걸려야 이긴다는 것은 고달픈 것이다."

난자풀이 |

[1] 憊(비) : 고달프다. 피곤하다.

강설 |

구삼九三도 역시 빛나는 하층부를 일구는 데 한 몫을 담당한 존재이

다. 자신은 가장 큰 공을 세웠다고 생각하기 쉽다. 그러나 실지로 제일 큰공은 육이六二에게 돌아가므로 유감을 갖기 쉽다. 한漢나라 초기 항우와 유방이 교전하고 있을 때의 상황에서 본다면, 장량이 육이六二에 해당하고 한신이 구삼九三에 해당한다. 실지로 항우와 싸워 이긴 사람은 한신이지만, 전체를 뒤에서 조종하고 이끈 존재는 장량이다. 그러므로 장량이 더 공이 높다. 이를 모르고 한신이 불만을 품는다면 좋은 결과를 얻기 어렵다.

구삼九三은 전쟁이 끝나고 논공행상論功行賞을 하는 과정에서, 육이六二의 공보다 자신의 공이 낮게 평가되는 것에 반감을 갖기 쉽지만 참아야 한다. 불만을 품고 저항하면 오히려 큰 곤경에 처하게 된다. 외양으로는 일견 외부에서 활약한 구삼九三의 공이 더 큰 것 같지만, 실은 안에서 그것을 지휘한 육이六二의 공이 더 크기 때문이다. 그럼에도 불구하고 구삼九三이 자신의 공을 더 큰 것이라 생각한다면 그것은 잘못이다. 만약 반감을 갖고 공격을 하면 명분 없는 전쟁이 되고 만다. 명분 없는 전쟁은 성공할 수 없다. '고종처럼 능력 있는 임금이 일개 오랑캐인 귀방을 공격해도 3년이 걸려야 이긴다'고 했으니 소인인 경우에는 승산이 없다. 3년이란 상당한 기간을 말한다.

고종高宗은 은殷나라의 중흥조인 무정武丁이다. 귀방鬼方은 서북쪽의 오랑캐로 주나라 때는 험윤이라 했고, 한나라 때는 흉노라고 했다. 『후한서』에 "은나라가 쇠약해지자 제후들이 모두 반란을 일으켰다. 고종에 이르러 서융인 귀방을 공격하여 3년만에 정복하였다"는 말이 있다. 고종 같은 훌륭한 임금이 귀방의 오랑캐를 공격해도 이기는데 3년이 걸린다는 것은 대개의 경우는 이길 수 없음을 의미한다.

고종과 같은 능력과 명분을 가지고도 어려운 일이니, 불세출의 영웅이 아니라면 도저히 이길 수 없는 일이다. 아예 일을 일으키지 말아야 한다. 일이 다 마무리된 뒤에 내부의 반발이 일어나 문제가 되는 것은 거의가 기제괘 구삼九三의 경우에 해당한다.

六四는 繻有衣袽니 終日戒니라 象曰終日戒는 有所疑也라

(육사 수유의여 종일계 상왈종일계 유소의야)

국역 |

육사六四는 고운 명주도 해진 옷이 있으니 종일토록 경계해야 한다. 상象에서 말했다. "종일토록 경계해야 하는 것은 의심스러운 바가 있기 때문이다."

난자풀이 |

1 繻(수) : 고운 명주.
2 袽(여) : 해진 옷. 헝겊. 의여衣袽는 해진 옷.

강설 |

육사六四는 시간적으로, 후반부가 시작되는 시기이다. 하나의 문제를 해결하고 나면, 초기에는 안정을 회복하여 마음을 놓는다. 그러나 후기에는 서서히 새로운 문제가 생기기 시작한다. 육사六四가 바로 그 시기에 해당한다.

오랜 고난을 겪어온 사람은 어려움이 해결되고 안정권에 들어서고 나면 쉬고 싶어진다. 고생 끝에 재산을 모은 부자나 고난을 딛고 성공한 정치인은 쉬면서 안락함을 추구하기 쉽다. 그러나 그 때가 새로운 고난이 시작되는 시점이다. 인생은 안락하게 쉬어도 되는 때가 없다. 하나의 문제를 해결하고 나면 다시 다른 문제가 밀려오고, 또다시 밀려온 그 새로운 문제를 해결해 나가는 것이 인생인 것이다. 안락하게 쉬는 것은 무덤 속에서의 일이다.

그러므로 하나의 어려움이 해결되었을 때 그 때가 오히려 긴장해야 하는 때다. 기제괘는 문제가 다 해결되었기 때문에 화려하다. 그래서 '고운 명주옷'에 비유했다. 그러나 방심하다가 보면 다시 문제가 생기기 시작한다. 그래서 '고운 명주에도 해진 옷이 있다'고 했다. 이는 벤츠 같은 자동차도 고장이 날 때가 있고 폐차해야 할 때가 있다는 것과 같은 뜻이다.

육사六四는 종일토록 긴장을 하면서 그 해짐을 방지해야 하는 시기이고 위치이다. 그래야만 다음에 야기되는 문제를 해결할 수 있다. 그래서 '종일토록 경계해야 한다'고 했다.

공간적으로 보면 육사六四는 아랫사람들이 성공했기 때문에 모든 일이 다 해결되었다고 생각하고 방심하기 쉽다. 오랜 고난 끝에 피로해 있기 때문에 더욱 그렇다. 그러나 사실은 아랫사람들이 성공한 것이 아니라 성공의 발판을 마련한 것일 뿐이다. 제대로 된 노력은 이때부터 시작된다. 자녀가 일류대학에 입학했다고 해서 다 해결된 것이 아닌 것과 같다. 육사六四는 이제부터 자녀들이 열심히 공부할 수 있도록 환경을 만들어주어야 하므로, 돈 쓸 곳이 더 많아진다. 그러므로 성공했다고 방심하지 말고, 완전한 성공을 위해 노력해야 한다.

구오 동린살우불여서린지약제실수기복
九五는 東隣殺牛不如西隣之禴祭實受其福이니라 [1]

상왈동린살우불여서린지시야 실수기복 길
象曰東鄰殺牛不如西鄰之時也니 實受其福은 吉

대래야
大來也라

국역 |

구오九五는 동쪽 이웃에서 소를 잡는 것이 서쪽 이웃에서 검소한 제사를 지내서 실지로 그 복을 받는 것만 못하다. 상象에서 말했다. "동쪽 이웃에서 소를 잡는 것이 서쪽 이웃이 때맞게 대처하는 것만 못하다. 실지로 그 복을 받는 것은 길함이 크게 오는 것이다."

난자풀이 |

1 禴(약) : 봄 또는 여름에 종묘에 지내는 조촐한 제사.

강설 |

구오九五의 위치는, 시간적으로 보면 새로운 문제가 한창 생겨나고 있는 시기이고, 공간적으로 보면 고생 끝에 찾아온 안정에 안주하여 안일과 환락에 빠지기 쉬운 자리이다. 그러나 안일과 환락에 빠져 있다 보면 새롭게 대두된 문제를 해결하지 못하여 패망하게 된다. 새로운 문제에 대비하기 위해서는 구오九五의 역할이 아주 중요하다. 하층부가 제대로 일할 수 있도록 분위기를 조성해야 한다. 예컨대, 경제가 어느 정도 궤도에 올랐을 때는 산업의 역군들이 즐거운 기분으로 제 역할을 할 수 있도록 조건을 만들어 주어야 하고, 가정이 어느 정도 안정되었을 때는 자녀들이 공부에 매진할 수 있도록 분위기를 만들어 주어야 한다. 하층부의 사람들은 기분이 좋아지면 신명을 낸다. 그렇게 되면 능력을 더 발휘할 수 있다.

하층부의 분위기를 저해하는 것 중에서 가장 큰 것은 상층부가 안일에 빠져 흥청거리는 것이다. 그리고 분위기를 진작시키는 것 중에서 가장 큰 것은 상층부와 하층부 간에 일체감이 조성되는 것이다. 은나라의 마지막 왕인 주紂는 흥청거리며 환락에 빠져 있었고, 주나라의 기초를 닦은 문왕은 약禴이라는 소박한 제사를 지내면서 전체가 한마음이 되도록 노력했다. 결국 은나라는 망했고, 주나라는 흥했다. 그래서 '동쪽 이웃에서 소를 잡는 것이 서쪽 이웃에서 검소한 제사를 지내서 실지로 그 복을 받는 것만 못하다'고 했다.

'동쪽 이웃에서 소를 잡는 것'은 동쪽에 있는 은나라의 주왕이 주색에 빠져 있던 것을 말하고, '서쪽 이웃에서 제사를 지내 복을 받았다'는 것은 서쪽에 있던 주나라의 문왕이 제사를 통해 백성의 마음을 한마음으로 만들었음을 말한다.

上六(상육)은 濡其首(유기수)면 厲(려)하리라 象曰濡其首厲(상왈유기수려)니 何可久(하가구)也(야)리오

국역 |

상육上六은 (여우가) 그 머리를 적시면 제 살 깎는 아픔이 있다. 상象에서 말했다. "그 머리를 적시면 제 살 깎는 아픔이 있으니, 어찌 오래 지탱할 수 있겠는가!"

강설 |

꼬리를 적시면 중단해야 한다. 욕심에 눈이 어두워 더 깊이 들어가 머리까지 적시면 더 나아가지도 못하고 되돌아오지도 못하는 곤경에 빠져 모든 것을 잃고 회복 불능의 상태에 이르게 된다. 그래서 '머리를

적시면 제 살 깎는 아픔이 있다'고 했다.

오래 고생을 한 가정의 할아버지나 할머니가 손자들이 일류학교에 입학한 것을 보고 이제 모든 것이 해결되었다고 성급히 판단하고 환락에 빠져 술에 머리를 적실 정도가 되면 곤란을 당한다. 손자들은 완성된 것이 아니라 이제부터 완성을 위하여 노력해야 하는 단계이기 때문이다.

고난을 극복하여 영광스러운 삶을 살던 사람이 안락함에 빠져 새로운 문제가 발생했는데도 정신차리지 못하고 있는 경우나, 한 왕조나 한 시대가 끝날 무렵에 수많은 문제가 일어나는데도 안일주의에 빠진 정치인들이 정신차리지 못하고 있는 경우가 이에 해당한다.

백제의 의자왕, 조선의 광해군, 당의 현종 등이 이러한 경우에 해당한다. 그들은 초기에는 상당한 업적을 이루었지만, 말기에는 환락에 빠져 실패했다.

화수미제
火水未濟

이 괘의 상괘는 리괘離卦이고, 하괘는 감괘坎卦다. 상층부는 하층부의 도움 없이도 모든 것이 충족되어 나름대로 잘 해나가고 있기 때문에 하층부에 관심을 갖지 않는다. 그리고 하층부는 서로 주도권을 차지하기 위해 이전투구를 벌이고 있다. 이 경우 하층부에 무심한 상층부가 하층부의 문제해결에 도움을 주지 않기 때문에 해결되는 것이 하나도 없다. 모든 것을 새로이 시작해야 하는 상황이다.

이 괘는, 모든 양陽이 음陰의 자리에 있고, 모든 음陰이 양陽의 자리에 있다. 제자리에 있는 효는 하나도 없다. 앞의 기제괘와 비교해 보면 그 상황이 반대임을 알 수 있다. 그래서 기제괘가 '모두 해결되었음'을 의미한다면, 이 괘는 '하나도 해결된 것이 없음'을 의미한다. 그래서 괘의 이름을 '미제未濟'라고 했다.

모두 해결되었다는 것은, 관점을 달리해 보면 하나도 해결되지 않은 것이다. 고등학교를 졸업했다는 것은 고등학교의 입장에서 보면 다 이룬 것이지만, 대학이라는 관점에서 보면 하나도 이룬 것이 없다.

『주역』에서 미제괘로 마감을 한 것은, 끝남이 바로 새로운 시작을 잉태하여 영원히 진행하는 진리의 양상을 상징적으로 표현하기 위한 것으로 이해할 수 있다. 마지막 순간에 『주역』은, 음陰이 다하는 순간 양陽이 시작되고 양陽이 다하는 순간 음陰이 시작됨으로써 영원히 진행되는 태극의 진리를 보여주고 있는 것이다.

> 未濟(미제)라 亨(형)하니라 小狐汔濟(소호흘제)[1]하여 濡其尾(유기미)니 无攸利(무유리)하니라
>
> 象曰未濟亨(단왈미제형)은 柔得中也(유득중야)오 小狐汔濟(소호흘제)는 未出中也(미출중야)오 濡其尾无攸利(유기미무유리)는 不續終也(불속종야)라 雖不當位(수부당위)나 剛柔應也(강유응야)라 象曰火在水上(상왈화재수상)이 未濟(미제)니 君子(군자) 以(이)하여 愼辨物(신변물)하여 居方(거방)[2]하나니라

국역 |

아무 것도 해결되지 않은 형국이다. 돌파구를 찾아야 한다. 작은 여우가 거의 다 건너가서 꼬리를 적시니 이로울 바가 없다. 단彖에서 말했다. "미제괘에서 돌파구를 찾아야 하는 것은 부드러운 것이 중심의 자리를 얻었기 때문이다. 작은 여우가 거의 다 건넜다는 것은 아직 속에서 벗어나지 않은 것이다. 꼬리를 적시면 이로울 바가 없는 것은 마지막까지 이어지지 않기 때문이다. 비록 자리가 마땅하지는 않으나 군

센 것과 부드러운 것이 응한다." 상象에서 말했다. "불이 물 위에 있는 것이 미제未濟니, 군자는 이 괘의 이치를 살펴, 신중하게 만물을 분별하여 제자리에 거주하게 한다."

난자풀이 |

1 汔(흘) : 거의. 거지반.
2 方(방) : 제대로 된 장소. 만물이 있어야 할 각각의 장소. 제자리.

강설 |

미제괘未濟卦는 모든 양효가 음陰의 자리에, 모든 음효가 양陽의 자리에 있어 바른 자리에 있는 효가 없다.

여름에 시원하게 보이도록 배치한 방안의 가구는, 겨울에 보면 제자리에 있는 것이 하나도 없는 것처럼 보인다. 겨울이 되면 모든 배치를 처음부터 다시 해야 한다. 모든 것이 완료됐다 해도, 다른 입장에서 보면 제대로 된 것이 하나도 없어서 처음부터 새로 시작해야 하는 것이 미제괘의 상황이다. 그러므로 미제괘의 상황에서는, 가만히 있지 말고 새로운 돌파구를 찾아야 한다.

여우는 물을 거의 다 건넌 지점에서라도 꼬리가 젖으면 앞이 깊음을 알고 원점으로 되돌아간다. 늙은 여우는 꾀가 많고 의심이 많아 깊은 듯한 물은 아예 건너지 않을 것이므로, 여기서는 작은 여우를 예로 들었다. 여우에 견준 것은 거의 다 완성했다 하더라도 그것에 미련을 갖지 말고 처음부터 새로 시작해야 함을 강조하기 위해서다. 고등학교 때 우수했던 사람이 그것에 미련을 버리지 못하면 대학생활이 제대로 되지 않는다. 그것을 없던 것으로 하고 백지의 상태에서 새로 시작해야 하는 것이다. 이것이 미제괘에서 얻는 지혜이다.

'하나도 해결되지 않은 상태에서 돌파구를 찾아야 하는' 것은 부드러운 육오六五가 중심에 있기 때문이다.

'여우가 거의 다 건넜다'고 표현한 것은 아직 완전하게 건너지 않았음을 의미한다. 완전히 건넜다면 되돌아올 필요가 없다.

'꼬리를 적시면 이롭지 않은 것'은 끝까지 가지 못하고, 중단해야 하기 때문이다.

미제는 모든 효가 제자리에 있지는 않지만, 각 효의 관계에서 보면 서로 음과 양이 짝이 되어 상응하고 있다. 그래서 '자리는 마땅하지 않으나 굳센 것과 부드러운 것이 응한다'고 했다.

모든 것이 바른 자리에 있지 않아 문제가 될 때에는, 하나 하나 파악하여 모두 바른 자리에 위치하도록 옮겨놓으면 문제는 해결될 수 있다. 그러므로 군자는 이 미제괘의 상황을 보고 모든 것을 잘 분별하여 제자리에 위치하도록 처리한다.

初六(초육)은 濡其尾(유기미)니 吝(인)하리라 象曰濡其尾(상왈유기미)는 亦不知極(역부지극)[1] 也(야)라

▌국역 |

초육初六은 그 꼬리를 적시니 한스러워진다. 상象에서 말했다. "그 꼬리를 적시고 돌아나와야 하는 것은 또한 끝을 알 수 없기 때문이다."

난자풀이 |

1 極(극) : 끝.

강설 |

초육初六이 지금 추진하는 일은 늪에 빠지는 일이기 때문에 곤란하므로 더 빠지기 전에 돌아나와야 한다. 여우는 내를 건너다 꼬리가 젖으면 깊을 것으로 생각하고 돌아온다. 초육初六이 꼬리를 적신다는 말은 상당히 진척된 어떤 일이 있어도 그것은 늪에 빠지는 일이므로 돌아나와야 한다는 뜻이다.

초육初六이 이전투구에 휘말리면 끝없이 휘말리게 된다. 사람들이 어떤 잘못된 일에 자꾸 빠져드는 것은 이미 해 놓은 일에 대한 미련 때문이다. 이미 해 놓은 것이 안타까워서 또는 이미 손해본 것을 만회하기 위해 깨끗이 포기하지 못하고 계속 말려드는 것이다. 그럴수록 현실을 냉철하게 판단하지 않으면 안 된다. 빠져나와야 할 상황이면 아무리 아깝더라도 미련 없이 빠져나와야 한다.

九二(구이)는 曳其輪(예기륜)하되 貞(정)하면 吉(길)하리라 象曰九二貞吉(상왈구이정길)은 中以行正也(중이행정야)라

국역 |

구이九二는 그 수레바퀴를 끌되 참고 견디면 길하다. 상象에서 말했

다. "구이九二가 참고 견디면 길한 것은 중심에서 바른 것을 행하기 때문이다."

강설 |

구이九二는 하층부의 중심적인 존재이지만, 초육初六과 육삼六三이 계속 모함하며 대항하기 때문에 일을 제대로 수행하지 못한다. 그렇다 해서 일일이 시비를 가리게 되면 양쪽 다 같은 수준이 되어 이전투구가 되기 때문에 더 해결하기 어려운 상황이 된다.

구이九二의 입장을 이해해 주는 것은 구사九四와 육오六五이지만 지금은 상부의 도움을 기대하기 어렵다. 기본적으로 상층부는 하층부에 대해 관심이 없기 때문이다.

이런 상황에서의 최선책은 그 싸움에 휘말리지 않는 것이다. 모함을 받더라도 참아야 한다. 시간이 가면 오해는 해소될 것이다. 너그러운 아량으로 용납하며 묵묵히 자신의 일을 해나가야 한다. 그래서 '수레바퀴를 끌되 참고 견뎌야 길하다'고 했다. '수레바퀴를 끄는 것'은 자신의 일을 하는 것이고, 참고 견디는 것은 초육初六, 육삼六三 등과의 싸움에 휘말리지 않는 것을 말한다.

六三은 未濟에 征하면 凶하리니 利涉大川하니라 象曰 未濟征凶은 位不當也라

국역 |

육삼六三은 해결되지 않은 상태에서 적극적으로 따지고 싸우면 흉하니 큰 내를 건너는 것이 이롭다. 상象에서 말했다. "해결되지 않은 상태에서 적극적으로 나서서 따지고 싸우면 흉한 것은 자리가 마땅하지 않기 때문이다."

강설 |

육삼六三은 불만이 많다. 그래서 초육初六과 편을 이루어 구이九二에 대항하기 쉽지만, 그렇게 되면 끝없는 이전투구가 된다. 육삼六三이 취할 수 있는 최선책은 구이九二와의 싸움에 휘말리지 않는 것이다. 시야를 넓혀 상층부를 보면, 모두가 화목하고 서로 양보하는 아름다운 세계가 전개되고 있다. 그들의 세계로 진입하여 동화되면, 자연히 싸우지 않게 되어, 저절로 문제가 해결될 수 있다. 그래서 '적극적으로 따지고 싸우면 흉하다'고 했다.

우虞나라 왕과 예芮나라 왕이 서로 국경문제로 끝없는 싸움을 벌이다가, 문왕을 만나서 해결책을 구하려고 주나라에 갔다. 주나라에 가니 밭을 가는 자는 밭이랑을 양보하고, 길을 가는 자는 길을 양보했다. 고을에 들어가니, 남녀가 길을 달리하고, 나이든 어른은 손에 무거운 물건을 들고 다니지 않았다. 조정에 들어가니 선비는 대부의 벼슬을 사양하고, 대부는 공경의 벼슬을 사양했다. 이 모습을 본 두 왕은 감동하여 돌아갔다. 그리고는 서로 사양하며 싸움을 중단했다.

내가 뺨을 맞은 뒤에 상대의 뺨을 때려 갚는다면 상대는 또 나의 뺨을 때릴 것이다. 내가 또 그의 뺨을 때리면 싸움은 끝없이 이어진다. 이때 중단하는 최선의 방법은 내가 뺨을 맞은 뒤 다른 뺨을 또 대 주는 것이다. 내부에 끝없는 싸움이 있을 경우, 모두가 힘을 합치지 않으면 안 될 정도의 큰 일이 외부에서 일어나면 어쩔 수 없이 뭉치게 된다. 그래서 '큰 내를 건너는 것이 이롭다'고 했다.

구사 정 길 회망 진용벌귀방 삼
九四는 貞하면 吉하여 悔亡하리니 震用伐鬼方이면 三
[1] [2]
년 유상우대국 상왈정길회망 지행야
年에 有賞于大國이로다 象曰貞吉悔亡은 志行也라

국역 |

구사九四는 참고 견디면 길하여 후회할 일이 없다. 떨쳐 일어나 귀방을 정벌하면 삼 년에 대국에서 상이 있을 것이다. 상象에서 말했다. "참고 견디면 길하여 후회할 일이 없는 것은 뜻이 행해지기 때문이다."

난자풀이 |

[1] 震(진) : 떨쳐 일어나는 것.
[2] 用(용) : 이以와 통용.

강설 |

구사九四는 양陽이므로 실력은 있지만 음陰이 가진 치밀성과 유연성, 분석능력 등이 부족하다. 그래서 이전투구하고 있는 하층부의 문제를 해결해야 하는 자신의 역할을 제대로 하지 못한다. 그것 때문에 육오六五의 임금에게 인정받지 못하고, 하층부의 존중도 받지 못하여 진퇴양난에 빠지기 쉽다. 서합괘에서는 아래의 문제가 최악은 아니었기 때문에 육오六五가 구사九四를 신뢰했지만, 미제괘의 경우는 아래의 문제가 심각하기 때문에 그것을 처리하지 못하는 구사九四를 신뢰하지 못한다.

대학의 조교가 실력은 뛰어나지만, 지도교수에게 인정받지 못하고, 또 후배 학생들을 지휘할 능력도 없어 곤경에 처하는 경우도 이에 해당한다. 이러한 경우에는 아무리 해명하려 해도 되지 않는다. 비난을 받더라도 참고 견디는 수밖에 없다. 그래서 '참고 견디면 길하여 후회할 일이 없다'고 했다.

구사九四가 취할 수 있는 또 하나의 방법은 지금의 자리에만 가만있지 말고, 떨쳐 일어나 자신의 실력을 발휘할 수 있는 곳으로 옮겨가는 것이다. 다른 장소에서 실력을 발휘하고 인정받으면 돌아온 뒤에 그 위력이 발휘될 수 있다. 학생이라면 유학을 가고, 회사원이라면 다른 부처나 회사로 가는 것이 그것이다. 자리를 옮길 때에는 현재의 곳보다 더 넓은 곳으로 가는 것이 좋다. 더 큰 곳에 가서 실력을 발휘하여 인정받게 되면, 그것으로 인하여 과거의 모든 갈등관계가 해소되고 다시 인정받게 될 것이기 때문이다. 그래서 '떨쳐 일어나라'고 했다.

큰 나라에 가서 공을 세우는 것은 눈에 보이는 성과를 올리는 것이다. 큰 나라로 유학을 가서 학위를 받는 것도 그 중의 하나이다. 그래서 '떨쳐 일어나 은殷나라와 같은 큰 나라에 가서 귀방을 정벌하는 공을 세우면 3년 만에 큰 상을 받을 수 있다'고 했다. 3년이란 상당한 기간을 말한다.

六五(육오)는 貞(정)하면 吉(길)하여 无悔(무회)리니 君子之光(군자지광)이니[1] 有孚(유부)면 吉(길)하리라 象曰君子之光(상왈군자지광)은 其暉吉也(기휘길야)[2]라

국역 |

육오六五는 참으면서 잘 분별하면 길하여 후회함이 없을 것이다. 군자에게 빛이 나니 한마음의 상태를 유지하면 길할 것이다. 상象에서 말했다. "군자에게 빛이 난다는 것은 그 빛이 길한 것이기 때문이다."

난자풀이 |

1 君子之光(군자지광) : 광어군자光於君子가 도치된 문장이다. 어於가 맨 앞에 오면 생략되고, 도치된 단어 가운데에 지之가 들어간다.
2 暉(휘) : 빛. 광채.

강설 |

육오六五는 하층부가 끝없는 이전투구를 벌이고 있기 때문에, 매우 고심하고 있다. 그래서 하층부의 문제를 제대로 해결 못하는 구사九四를 질책하거나 상구上九에게 하소연하기 쉽다. 그러나 구사九四를 꾸짖는다 해서 해결될 문제가 아니다. 구사九四는 능력이 없어서가 아니라 적성에 맞지 않기 때문에 역할을 못하고 있을 뿐이다. 꾸짖지 말고 참아야 한다. 참고 기다리면 시간이 해결해 줄 것이다. 그래서 '참으면서 잘 분별하면 길하여 후회함이 없을 것'이라고 했다.

하층부가 이전투구를 벌이는 것은 근본적으로 육오六五에게 덕이 없기 때문이다. 만약 육오六五에게 덕이 있다면 덕의 감화력으로 하층부의 이전투구가 저절로 해결될 것이다. 그렇게 되면 육오六五의 위력은 더욱 빛날 것이다. 위대한 사람일수록 어려운 상황에서 돋보인다. 육오六五가 군자라면 그것이 가능하다. 그래서 '군자에게 빛이 날 것'이라고 했다. 군자는 늘 남과 한마음을 유지한다. 한마음을 유지하여 남을 자기처럼 생각하는 사람만이 남들을 감화시킬 수 있다. 그래서 '한마음의 상태를 유지하면 길할 것이다'라고 했다.

上九는 有孚于飮酒면 无咎러니와 濡其首면 有孚라도 失是하리라 象曰飮酒濡首는 亦不知節也라

국역 |

상구上九는 술을 마시는 일에서도 한마음을 유지하면 허물이 없지만, 그 머리를 적시면 한마음을 가지더라도 옳음을 잃을 것이다. 상象에서 말했다. "술을 마시며 머리를 적시는 것은 또한 절도를 모르는 것이다."

강설 |

상구上九는 정신적 지주이다. 정신적 지주가 어려운 시기에 술을 마시고 있어도 탈이 없을 수 있을까? 하층부 사람들이 이전투구를 벌이고 있는 최악의 상황인데 가장 윗자리에 있는 사람이 술을 마시며 즐기고 있어도 된다는 말을 어떻게 받아들일 수 있을까?

자로·증석·염유·공서화가 공자와 함께 있었을 때, 공자가 그들에게 그들의 포부를 말해보라고 한 적이 있었다. 자로는 삼 년 안에 나라를 안정시키겠다고 했고, 염유는 조그만 지역을 다스려 안정시키겠다고 했으며, 공서화는 종묘에 제사 지내는 일과 외국과 교류하는 일을 돕겠다고 했지만, 증석의 대답은 달랐다. 증석은 늦봄에 봄옷이 이미 이루어지면 갓을 쓴 사람 5~6명과 동자 6~7명과 어울려 기수에서 목욕하고 무우에서 바람 쐬고 노래하면서 돌아오겠다고 답했고, 공자는 증석을 높이 평가했다. 당시는 혼란했던 춘추시대였다. 그런데도 혼란한 사회를 해결하지 않고 사람들과 어울려 소풍 다니는 것을

칭찬할 수 있는가?

소인은 욕심에 빠졌다. 욕심에 빠진 사람의 눈에는 이 세상이 지옥으로 보인다. 소인은 남들에게 좋은 일이 있으면 샘이 나지만, 군자는 남들에게 좋은 일이 있으면 기쁘다. 소인과 군자는 모든 것이 반대이다. 마음도 반대이고 세상을 보는 눈도 반대이다. 군자가 바로 서 있는 사람이라면, 소인은 물구나무선 것과 같다. 소인에게는 머리 위에 있어야 할 하늘이 발밑에 있고, 발밑에 있어야 할 땅이 머리 위에 있다. 그리고 만물은 거꾸로 자라고 있다. 어느 하나 제대로 된 것이 하나도 없다. 이 세상이 바로 지옥으로 보인다. 그러나 군자가 보면 다르다. 군자에게는 머리 위에 있어야 할 하늘이 머리 위에 있고, 발밑에 있어야 할 땅이 발밑에 있으며, 만물이 제대로 자란다. 군자가 보면 이 세상이 이대로 천국이다. 산속에서는 생물들이 아비규환의 투쟁을 벌이고 있지만, 멀리서 보면 아름답다. 지구의 곳곳에서 아비규환의 전쟁이 계속 일어나지만, 달에서 보면 아름답다. 하늘의 마음으로 하늘에서 보면 아름답지 않은 곳이 없다. 산속에서 일어나고 있는 약육강식의 투쟁도 알고 보면 조화를 이루고 있다. 사슴이 사자에게 잡아먹히는 것도 전체적으로 보면 사슴의 삶에 도움이 된다. 다투고 있는 사람들도 잠깐 욕심에 빠져 헛짓하는 것일 뿐, 하늘마음을 여전히 가지고 있다. 세상이 혼란한 것은 평화로운 세상으로 가는 과정일 뿐이다. 군자는 이런 사실을 통찰하므로 초연할 수 있다. 그런 군자가 정치하면 제대로 할 수 있다.

그러나 한마음을 잃어버리면 세상사를 비관하며 허무주의에 빠짐으로써 술독에 빠져 일생을 허송할 수 있다. 위진남북조 시대의 죽림칠현에게 그러한 풍조가 있었다. 술독에 빠져 허무한 일생을 사는 사람은 한마음을 회복하려 해도 옳은 방법을 찾기 어렵다. 주의해야 할 일이다.

계사전 상
繫辭傳 上

계繫란 붙인다는 말이고, 사辭란 괘사와 효사를 말한다. 전傳이란 경經에 대한 주석이나 설명을 말하니, 계사전繫辭傳이란 괘사나 효사에 붙여서 그것을 설명한·글이란 뜻이다.

그러나 실제 계사전의 설명은 괘사나 효사에 대한 충실한 자구해설이 아니라, 괘사나 효사 중의 한 두 구절에 대한 윤리적·철학적 해석이 주종을 이룬다. 그 주요 내용은 1. 역易의 형성원리와 실천원리. 2. 건乾·곤坤·단彖·효爻·상象·길吉·흉凶·회悔·인吝 등의 용어에 대한 정의. 3. 점을 치는 방법에 대한 설명 등으로 구성되어 있다.

계사전은 한漢나라 때에는 「역대전易大傳」이라고도 불려졌으며, 「계사繫辭」로 약칭되기도 했다. 계사전은 상하上下 두 편으로 나뉘어져 있는데, 주자의 『주역본의周易本義』에서는 상하 편 각 12장으로 분류하였다. 학자들의 분류방법에 따라서 13장으로 되어 있는 것도 있고, 11장으로 되어있는 것도 있으며, 12장으로 되어있는 것도 있다. 그러나 후대에는 12장으로 분류한 것이 가장 많이 통용되었다. 여기서도 주자의 분류방식에 따라 12장으로 분류하기로 한다.

제 1 장

天尊地卑(천존지비)하니 乾坤定矣(건곤정의)오 卑高以陳(비고이진)하니 貴賤位矣(귀천위의)오 動靜有常(동정유상)하니 剛柔斷矣(강유단의)[1]라

국역 |

하늘이 높고 땅이 낮으니, 건괘와 곤괘의 성격이 정해진다. 낮은 것과 높은 것이 나열하니, 귀한 것과 천한 것이 자리잡는다. 움직였다가 멈추었다가 하는 것에 일정한 법칙[상도常道]이 있으니, 굳세게 할 것과 부드럽게 할 것이 결정된다.

난자풀이 |

[1] 斷(단) : 절단하다. 끊다. 여기서는 '나뉘어진다'는 뜻이다.

강설 |

하늘은 위에서 높이 만물을 비추며 덮고 있고, 땅은 아래에서 낮게

위치하며 만물을 실어 키워낸다. 하늘과 땅의 이러한 역할을 상징적으로 표현한 것이 건괘와 곤괘이니, 이로써 건괘와 곤괘의 성격이 정해졌다. 건괘는 하늘처럼 꿋꿋하게 만물을 이끌어 가는 성격을 가졌고, 곤괘는 부드럽게 건乾을 추종하는 성격을 갖는다.

하늘과 땅 사이에 만물이 각각의 자리에 위 아래로 나열되어 있듯이, 괘를 구성하는 효 역시 초효에서 육효까지 아래에서 위로 나열되어 있으니, 각 효에는 높고 낮은 자리가 각각 주어진다.

자연의 운행에는 일정한 법칙이 있다. 움직임이 있으면 정지함이 있다. 낮이 있으면 밤이 있고, 여름이 있으면 겨울이 있다. 산은 정지해 있고 물은 움직이며, 지진은 강하게 요동치며 움직이고, 바람은 부드럽게 움직인다. 자연의 운행을 상징적으로 형상화한 것이 괘이니, 괘는 굳세게 움직이는 성질을 가진 괘와 부드럽게 움직이는 성질을 가진 괘로 분류된다. 그리고 각 효에서도 굳세게 움직이는 양陽효와 부드럽게 움직이는 음陰효가 있다.

> 방이류취　물이군분　길흉생의　재천성상
> 方[1]以類[2]聚코 物以群[3]分하니 吉凶生矣오 在天成象[4]코
>
> 재지성형　변화현의
> 在地成形하니 變化見矣라

국역 |

같은 방위에는 같은 종류끼리 모이고, 만물은 무리를 지어 나눠지니, 여기에서 길吉하고 흉凶함이 생겨난다. 하늘에서는 상象을 이루고 땅에서는 형形을 이루어 변화가 나타난다.

난자풀이 |

1 方(방) : 동서남북 등의 방향.
2 類(류) : 같은 종류. 만물을 분류하는 범주 중에서 가장 큰 범주를 말한다.
3 群(군) : 류類를 다시 작은 범주로 나누는 단위. 예를 들면, 사람의 범주를 인류라고 한다면, 그 인류를 다시 황인군, 흑인군, 백인군 등으로 나누기도 하고 또는 군자군과 소인군으로 나눌 수도 있으며, 기독교 신자군, 불교 신자군 등으로 나눌 수도 있다.
4 象(상) : 구체적인 형태로 되기 전 단계에서 존재하는 이미지.

강설 |

대자연 속에서 사는 모든 존재는 자연의 영향을 받지 않을 수 없다. 해가 뜨는 방향에서 사는 것과 지는 방향에서 사는 것의 삶의 방식이 다르다. 해뜨는 동방에는 양陽의 성격을 가진 것이 살고, 해지는 서방에는 음陰의 성격을 가진 것이 산다. 각각의 조건에 맞는 방식으로 존재하는 것이다. 그러므로 음陰의 성질을 가진 것은 서방에 살면 길하고 동방에 살면 흉하며, 양陽의 성질을 가진 것은 이와 반대이다.

모든 생물은 단독으로 살아가는 것이 아니라, 무리를 이루어 살아간다. 초목은 초목대로 동물은 동물대로 무리를 이루고 있으며, 사람도 무리를 만들어 살기 때문에 나라를 만들고 사회를 만든다. 그러므로 만물은 자신이 소속된 집단의 흐름에 하나되면 길하고 그렇지 못하면 흉하다. 대자연 속에서의 만물의 삶을 형상화하여 그 이치를 상징적으로 표현한 것이 괘이니, 역易에서는 삶의 방식을 길흉으로 평가한다.

상象이란 구체적인 형태로 만들어지기 전 단계에 존재하는 하나의 이미지이다. 도자기를 만들 때에는 도예가가 먼저 그 도자기의 이미지를 구상한 다음, 그에 따라 작업을 하여 완료함으로써 실물 도자기가 만들어진다. 이때의 구상된 이미지가 상象이다.

하늘이 만물을 생성할 때에도 먼저 그 이미지를 보이며, 사시를 운행하여 만물을 성장시킬 때에도 사전에 먼저 이미지를 보인다. 그리고 그 이미지에 따라서 실물로 구체화시키는 역할은 땅에서 이루어진다. 일반적으로 가정경제의 운용에 있어서도 아버지가 구상하면, 그에 따라 어머니가 구체적으로 경제를 운용한다. 이때 아버지가 구상한 것은 상象이고, 어머니가 이룬 것은 형形이다. 하늘이 구상하고 땅이 이루어, 만물이 생성되고 변화하는 것과 같다.

시고 강유상마 팔괘상탕 고지이뢰정
是故로 剛柔相摩[1]하며 八卦相盪[2]하여 鼓之以雷霆[3]하며
윤지이풍우 일월운행 일한일서 건도
潤之以風雨하며 日月運行하며 一寒一暑[4]하여 乾道
성남 곤도성녀 건지대시 곤작성물
成男하고 坤道成女하니 乾知大始[5]오 坤作成物이라

국역 |

그러므로 굳센 것과 부드러운 것이 서로 비비고, 팔괘八卦가 서로 움직여, 천둥과 벼락으로 고무시키며, 바람과 비로 적시며, 해와 달이 운행하며 추웠다 더웠다 하여, 건도乾道에서는 남성을 만들고 곤도坤道에서는 여성을 만든다. 건乾은 위대한 창조를 주관하고 곤坤은 만물을 완성시키는 일을 한다.

난자풀이 |

[1] 摩(마) : 갈다. 문지르다. 비비다. 연마하다.
[2] 盪(탕) : 움직인다. 밀고 간다.

3 霆(정) : 천둥소리.

4 一(일) : '한번 추웠다가 한번 더웠다가 하는 것'이라기보다 '추웠다가 더웠다가 하는 자연현상'을 표현한 말이다.

5 知(지) : 주관하다. 처리하다. 일을 처리하는 것을 지사知事라고 한다.

강설 |

주역의 육십사괘 모두는 상괘와 하괘로 구성되어 있고, 각괘는 여섯 개의 효로 이루어져 있다. 그래서 역易은 각 괘를 구성하고 있는 효爻의 음陰양陽 관계에 따라 그 성격이 드러나고, 상괘와 하괘의 관계에 따라 내용이 결정된다.

역易에는, 번개와 천둥으로 만물의 생장을 고무시키는 것과, 바람과 비로써 만물을 적셔주는 것, 해와 달의 운행과 추위와 더위 등의 모든 자연의 작용이 표현되어 있다.

또 역易에는, 만물이 건도乾道에서 생성되면 수컷 혹은 남자가 되고, 곤도坤道에서 생성되면 암컷 혹은 여자가 되는 등의 자연의 생성작용이 표현되어 있다. ☳이 장남, ☵이 중남, ☶이 소남, ☴이 장녀, ☲이 중녀, ☱이 소녀인 것이 그것이다.

만물이 생성될 때, 그 구성하는 재료인 수화목금토水火木金土 가운데, 양의 성분인 화와 목이 많으면 남성이 되고, 음의 성분인 수와 금이 많으면 여성이 된다.

시간적으로 보면, 그 생성 시기가 양의 때인 오전이면 남성이 되고, 음의 때인 오후이면 여성이 된다. 그리고 그 달月과 해年가 양에 해당하는가 음에 해당하는가도 관계된다. 그래서 만물의 음양은 여러 요소들이 총체적으로 양陽이냐 음陰이냐에 따라 결정된다. 양陽이면 건도를 따라 남성이 되고, 음이면 곤도를 따라 여성이 된다. 건도와 곤도는 만물이 생성될 때의 환경과 조건을 말한다.

하늘의 역할을 건乾이라 하고, 땅의 역할을 곤坤이라 정의한다. 건乾

은 모든 일의 시작을 주관하고, 곤坤은 그 마무리와 완성하는 일을 담당한다. 건乾과 곤坤은 하늘과 땅의 역할을 상징하기도 하고, 양陽과 음陰의 작용을 상징하기도 한다.

乾以易知오 坤以簡能이니 易則易知오 簡則易從이오 易知則有親이오 易從則有功이오 有親則可久요 有功則可大요 可久則賢人之德[1]이오 可大則賢人之業[2]이니 易簡而天下之理得矣니 天下之理得而成位乎其中矣리라

국역 |

건乾은 쉬운 작용으로 시작을 주관하고, 곤坤은 간략한 작용으로 완성할 수 있다. 쉬우면 알기 쉽고 간략하면 따르기 쉬우며, 알기 쉬우면 친숙해지고 따르기 쉬우면 공을 이룸이 있다. 친숙함이 있으면 오래 유지할 수 있고 공이 있으면 커질 수 있다. 오래 유지할 수 있는 것은 어진 이의 덕이요, 커질 수 있는 것은 어진 이의 일이다. 쉽고 간략해서 천하의 이치가 얻어지니, 천하의 이치가 얻어지면 그 가운데에 자리를 이룬다.

난자풀이 |

1 德(덕) : 하늘과 하나가 된 상태를 행할 수 있는 마음의 능력.
2 業(업) : 사업. 일.

강설 |

하늘인 건乾의 작용은 복잡하지도 어렵지도 않다. 한 치의 오차도 없이 사시四時를 운행하고, 만물의 생명력을 제공하지만 그 작용은 자연스럽고 쉽다.

비유컨대, 이 책 서두의 해설에서 언급한 것처럼, 깊이 잠이 든 채로 버스를 타고 가는 사람은 멀미하지 않는다. 그럼으로써 복잡한 길에 완벽하게 대처한다. 그것은 어렵게 힘들이면서 대처하는 것이 아니다. 갓난아이는 배고프면 먹고, 적당히 먹으면 그만 먹고, 피곤하면 잔다. 이러한 일련의 삶의 과정은 완벽하게 진행되지만 힘들여 진행하는 것이 아니다. 복잡한 상황의 변화를 일일이 인식한 후 대처하는 것이 아니기 때문이다. 복잡한 길을 정확히 알아서 대처하기란 쉬운 일이 아니다. 그리고 성장하여 일거수일투족을 상황과 예에 맞게 행동하기란 역시 쉬운 일이 아니다.

인간이 대상과 자아에 대한 의식을 갖게 되면, 무의식적으로 자연스럽게 대처하던 삶의 능력은 상실된다. 무의식의 세계에서는 대상과 자아가 분리되지 않고, 또 분별되지도 않는다. 하늘의 작용은 바로 무의식적으로 대처하는 삶의 작용과 같다. 그래서 '하늘의 작용은 쉽게 진행된다'고 했다.

땅인 곤坤의 작용은 하늘의 작용을 그대로 따르기 때문에 매우 간단하다. '콩 심은 데 콩 나고 팥 심은 데 팥 난다'는 말이 있다. 콩이 뿌려지면 콩을 자라게 하고, 팥이 뿌려지면 팥을 자라게 하는 것처럼, 하늘의 작용을 따르는 것이 자연이기 때문에, '곤坤의 작용은 간단하다'고 했다.

하늘의 작용은 간단하고 쉽기 때문에 알기 쉽다. 그 방법은 자기의 의식세계를 뛰어넘어 무의식의 세계로 진입하는 것이다. 땅의 작용 또한 간단하기 때문에 따르기 쉽다. 그 방법은 무의식세계에서 나오는 소리와 명령을 듣고 따르는 것이다. 말하자면 양심의 지시를 따르는 것이다.

알기 쉬우면 친숙해질 수 있다. 친숙해진다는 것은 하나가 된다는 말이다. 무의식세계로 진입하면 나와 대상 간에 구별이 없어지고, 이것과 저것의 구별도 없어진다. 의식세계에서의 사랑은 '나'라는 주체가 의식적으로 '남'이라는 대상에게 베푸는 사랑이다. 이러한 사랑은 오래 지속하기 어렵다. '나'도 '대상'도 변화하기 때문이다. 그러나 무의식적 세계에서 베풀어지는 사랑은 이러한 것이 없다. '나'라는 주체가 '남'에게 베푸는 것이 아니라, 목마른 사람에게 무심히 물 한 그릇 주는 것과 같은 사랑이다. 의식하지 않고 진행되는 작용은 무한히 지속될 수 있다. 마치 무한히 숨을 쉬고 있지만 의식하지 못하는 것처럼.

땅이 만물에 생명력을 부여하는 하늘의 일을 이어받아, 만물을 성장시키면 그 공은 구체적으로 드러나게 된다. 그리고 성장에는 중단이 없으니, 땅의 공이 구체화될수록 그 공은 커진다.

하늘의 역할처럼 '나'를 '대상'과 분리시키지 않고 사랑을 베푸는 것은 현인의 덕德이다. 그리고 하늘의 작용을 이어받아 일을 완성시키는 땅의 작용은 현인의 업業이다. 성인은 하늘과 땅과 삼위일체가 되어 건乾의 작용을 하면서 곤坤의 작용을 하는 자이다. 현인은 성인의 경지에 근접한 사람이므로, 성인이라 하지 않고, 현인이라 했다.

사람이 하늘과 땅의 이치를 얻어 그 역할을 하면 삼위일체가 된다. 위로는 하늘과 하나가 되고, 아래로는 땅과 하나가 되며, 그리고 그 가운데의 사람이 일체가 되어 하나의 작용을 수행하는 것이 된다. 이것을 '하늘과 땅 사이에서 자리를 이루는 것'이라고 한 것이다.

제 2 장

聖人設卦하여 觀象하고 繫辭焉[1]而明吉凶하며 剛柔相推而生變化하니 是故로 吉凶者는 失得之象也[2]오 悔吝者는 憂虞之象也오 變化者는 進退之象也오 剛柔者는 晝夜之象也니 六爻之動은 三極之道也라

국역 |

성인은 괘를 베풀어 상징성을 살피고 거기에 설명을 붙여서 길吉함과 흉凶함을 밝혔다. 굳센 것과 부드러운 것이 서로 밀쳐서 변화를 낳는다. 이런 까닭으로 길吉함과 흉凶함이라는 것은 잘못된 것과 잘된 것이 상징적으로 표현된 것이고, 뉘우친다는 것과 곤란해진다는 것은 근심하고 두려워하는 것이 상징적으로 표현된 것이다. 변화라는 것은 나아가고 물러남이 상징적으로 표현된 것이고, 굳센 것과 부드러운 것은 낮과 밤이 상징적으로 표현된 것이다. 육효가 변동하는 것은 천 · 지 · 인 삼극三極이 작용하는 것이다.

난자풀이 |

[1] 焉(언) : 어조사이지만, 일반적으로 장소를 나타낼 때 많이 쓰이므로 '거기

에' 또는 '거기서' 등으로 번역하는 것이 좋을 때가 많다.

[2] 之(지) : 주격조사.

강설 |

괘는 대자연의 변화를 상징적으로 표현한 것이다. 그래서 성인은 괘를 만들고 난 후, 그 괘와 효가 상징하는 의미를 살펴 그 설명을 괘와 효 아래에 붙였다. 그것을 각기 괘사, 효사라 한다. 이를 통하여, 대자연의 변화에 하나가 되어 순응하도록 인도하기 위하여, 그것을 따를 때의 길함과 따르지 않을 때의 흉함을 밝혔다.

『주역』에서는 대자연의 변화를 기본적으로 굳센 양陽과 부드러운 음陰의 상관관계 속에서 읽는다. 음양의 상호보완 작용 및 대립에 의해 변화가 야기된다고 보는 것이다.

따라서 길함은 자연의 변화를 터득하여 순응할 때 생기는 좋은 결과이고, 흉함은 자연의 변화에 순응하지 못하여 생기는 역경이나 고난이다. 후회하고 한스러워한다는 것은 자연의 변화에 따르지 못할까하여 걱정하고 두려워함을 상징적으로 표현한 말이다.

변화란 음陰과 양陽의 진퇴과정에서 야기된 결과를 말한다. 굳센 것과 부드러운 것은 밤과 낮, 더위와 추위 등의 자연의 변화를 이끄는 두 요소이니, 곧 음과 양이다.

육효의 움직임으로 표현되는 모든 변화는 하늘의 변화와 땅의 변화, 그리고 인간사회의 모든 변화를 포함한다. 삼극三極은 천・지・인의 삼극이다. 하늘과 땅, 그리고 인간사회의 변화가 별개의 것이 아니라 하나로 연결된 것임을 나타낸다. 그러므로 인간 사회에서 영위되어야 할 삶의 방식은 하늘과 땅의 변화의 이치를 통찰하여 이에 따르는 데 있다.

是故로 君子所居而安[1]者는 易之序也오 所樂而玩者는 爻之辭也니 是故로 君子居則觀其象而玩其辭하고 動則觀其變而玩其占하니 是以自天祐之하여 吉无不利니라

국역 |

이런 까닭으로 군자가 한가히 거처하면서 살펴야 하는 것은 역에 대한 서술이고, 즐기면서 완미해야 하는 것은 효사이다. 그러므로 군자가 편안하게 거처할 때는 상징적으로 표현하는 의미를 살피고 그 괘사와 효사를 보며, 일이 있어 움직일 때는 변하는 것을 살피고 점을 완미한다. 이런 까닭으로 하늘에서부터 도와서 길吉하고 이롭지 않음이 없다.

난자풀이 |

[1] 安(안) : 안按과 통용. 대부분의 연구서에서는 안安을 '편하다'는 뜻으로 해석했으나, 이 부분의 내용은 역리를 파악하는 것에 관한 것이므로 안按의 의미로 보는 것이 부드럽다.

강설 |

가장 이상적인 삶은 자연의 변화와 혼연일체가 되는 것이다. 그러니

우선 자연의 변화를 알아야 하는데, 이를 가장 잘 알 수 있는 방법이 『주역』의 이치를 이해하는 것이다. 그러므로 군자는 틈이 있어서 한가하게 있을 때에는 역리를 파악해야 한다. 역리를 파악하는 데에, 가장 좋은 방법은 먼저 『주역』 육십사괘의 대강을 순서대로 이해하여 전체의 윤곽을 파악하고, 다음으로 각 괘의 내용을 효를 중심으로 상세하게 이해하는 것이다. 그래서 육십사괘로 서술되는 전체의 역리를 살피고, 또 각 괘의 효사를 완미해야 한다고 했다.

'군자가 편안히 있을 때 각 괘의 상징적인 의미를 살피고 그 괘사와 효사를 살펴 역리를 파악하여야 한다고 한 것'은 앞 문장의 내용에 대한 부연이다.

역리를 이해하려면, 먼저 괘의 형태를 보아 그것이 의미하는 바의 상징성을 파악하고, 그 다음 괘사와 효사를 보고 그 파악한 내용이 옳은 지를 확인해야 한다. 역의 성립순서에서 보면, 먼저 태극이 있었고, 그 태극의 이해를 돕기 위해 괘가 생겼으며, 괘를 이해하기 위해 괘사와 효사가 생겼다. 이를 통해 보면, 괘는 태극을 다 표현하지 못하고, 괘사나 효사 역시 괘의 내용을 다 표현하지 못한다. 주역의 이치를 온전히 이해하려면, 태극을 이해할 목적으로 괘를 읽어야 하고, 괘를 이해할 목적으로 괘사와 효사를 읽어야 한다. 먼저 괘사나 효사를 읽고 거기에 얽매이면, 괘의 본질적인 내용을 얻지 못할 수 있기 때문이다.

사람이 역리에 맞게 움직이기 위해서는, 점을 쳐서 자신이 처한 현재의 상황을 파악하고, 그 점이 지시하는 내용을 따라야 한다. 자연의 실상은 잠시의 쉼도 없이 변화한다. 사람이 그러한 자연의 변화와 함께 하기 위해서는 역을 통해 그 변화의 원리와 내용을 읽어야 한다. 점을 쳤을 때, 어떤 괘 중에서 노음老陰이나 노양老陽을 중심으로 읽어야 하는 것이다.

역리를 알고, 그것을 따르는 것은 하늘과 하나되는 것이고 땅과 하나되는 것이다. 대자연과 하나되는 것이므로 이상적인 최선의 삶이 된다. 그래서 '하늘로부터 도우니, 길하고 이롭지 않음이 없다'고 했다.

제 3 장

단자　언호상자야　효자　언호변자야　길흉
彖者는 言乎象者也오 爻者는 言乎變者也오 吉凶

자　언호기실득야　회린자　언호기소자야
者는 言乎其失得也오 悔吝者는 言乎其小疵也오

무구자　선보과야
无咎者는 善補過也라

국역 |

단사는 상징적인 내용을 말한 것이고, 효사는 변화의 과정을 말한 것이다. 길흉吉凶은 잘못된 것과 잘된 것을 말한 것이다. 뉘우치는 것과 한스럽게 여기는 것은 조그만 허물을 말한 것이다. 허물이 없다는 것은 허물을 잘 보완한 것이다.

강설 |

단彖이란 괘가 상징하고 있는 의미를 설명한 글이다. 이를 괘사卦辭라고도 한다. 효爻라고 한 것은 효사爻辭를 말한 것이다. 효사는 전체 괘의 상황 속에서 각 효가 나타내는 변화의 과정을 설명한 것이다.

길흉회린에 대해서는 앞에서 설명하였다.

시고 열귀천자 존호위 제소대자 존호괘
是故로 列貴賤者는 存乎位하고 齊[1]小大者는 存乎卦

변길흉자 존호사 우회린자 존호개
하고 辯吉凶者는 存乎辭하고 憂悔吝者는 存乎介[2]하고

진무구자 존호회 시고 괘유소대 사유
震[3]无咎者는 存乎悔하니 是故로 卦有小大하고 辭有

험이 사야자 각지기소지
險易하니 辭也者는 各指其所之니라

국역 |

이런 까닭으로 귀한 것과 천한 것을 나열하는 것은 자리에 있고, 작고 큰 것을 배열하는 것은 괘에 있으며, 길흉을 판별하는 것은 사辭에 있다. 뉘우치거나 한스럽게 될까 근심하는 것은 갈림길에 끼어있는 데 있고, 두려워해서 허물이 없는 것은 뉘우침에 있다. 이런 까닭으로 괘에는 크고 작은 것이 있으며, 사辭에는 까다롭고 쉬운 것이 있다. 사辭라는 것은 각각 그 가야 할 곳을 가리킨 것이다.

난자풀이 |

[1] 齊(제) : 가지런하게 하다. 나란히 열을 세우다. 나열하다.
[2] 介(개) : 두 갈림길에 끼어 있는 것.
[3] 震(진) : 벼락. 천둥. 두려워하다. 떨다.

강설 |

괘를 구성하는 효가 상하의 6자리에 나열되어 있는 것은 각 효가 처한 자리에 높낮이[귀천貴賤]가 있기 때문이다.

괘의 형상에서, 음과 양의 역동적인 관계에서 보면, 음이 양의 진출을 저지하는 것이 있는데, 그 중 많이 저지하는 것과 적게 저지하는 것이 있다. 그리고 조금 힘에 지나친 것이 있고, 많이 지나친 것이 있다. 이를 각각 소축小畜과 대축大畜, 소과小過와 대과大過 등으로 이름붙여 나열하였는데, 이는 모두 괘의 형태에서 결정한 것이다.

괘사나 효사에는, 그 괘에서 지시하는 구체적인 행동방법을 설명한 뒤, 그 방법을 따를 때와 따르지 않을 때를 길흉으로 단정한다.

'후회할 일이 있을까', '곤란할 일이 있을까' 하고 걱정하는 것은 이럴까 저럴까하는 기로에서 마음을 결정하지 못하고 망설일 때 나타나는 현상이다. 두려워하고 조심하여 잘못이 없게 되는 것은 잘못을 뉘우치는 데서 비롯된다.

그러므로 괘에는 그 형태에 따라 소과, 대과, 소축, 대축 등의 소대小大가 있는 경우가 있고, 또 괘사나 효사에는 강력하고 험악하게 말하여 어려운 상황을 극복하도록 인도하는 것도 있고, 부드럽고 쉽게 말하여 편안하게 대처하도록 인도하는 것도 있다. 괘사나 효사는 각각의 처한 입장에서, 순리적으로 나아가야 하는 실천의 방침을 구체적으로 제시한 것이다.

제4장

역 여천지준 고 능미륜천지지도 앙이

易은 與天地準[1]이라 故로 能彌[2]綸[3]天地之道하나니 仰以

觀於天文[4]하고 俯以察於地理[5]라 是故로 知幽明[6]之故하며 原始反終이라 故로 知死生之說하며 精氣[7]爲物이오 游魂[8]爲變이라 是故로 知鬼神[9]之情狀하나니라

국역 |

역易은 하늘과 땅과 더불어 수준을 같이 한다. 그러므로 천지의 도道를 망라한다. 위로 우러러 천문天文에서 관찰하고, 아래로 구부려 지리地理에서 살핀다. 이 때문에 은밀하여 드러나지 않는 세계와 밝게 드러나는 세계의 근원을 안다. 처음 시작되는 것을 살펴 마치는 이치를 돌이켜 보기 때문에 삶과 죽음에 대한 이야기를 알 수 있다. 정밀한 기운은 엉기어 물체가 되고, 떠도는 혼은 변하여 흩어진다. 이런 까닭에 귀신의 실상을 알 수 있는 것이다.

난자풀이 |

[1] 準(준) : 수준. 평준.
[2] 彌(미) : 두루. 널리.
[3] 綸(륜) : 낚싯줄. 현악기의 줄. 휩싸다. 다스린다. 여기서는 '휩싼다'는 뜻.
[4] 天文(천문) : 천체의 운행.
[5] 地理(지리) : 땅의 질서.
[6] 幽明(유명) : 어두운 세계와 밝은 세계. 어두운 세계는 보이지 않는 세계로서 형이상의 세계로 볼 수 있고, 밝은 세계는 가시적인 세계로서 형이하의 세계로 볼 수 있다.
[7] 精氣(정기) : 새로운 물체가 될 수 있는 정밀한 기운. 새의 알이나 물고기의

알, 또는 식물의 씨 등이 머금고 있는 기운이 정기精氣에 해당한다.

8 魂(혼) : 넋. 기가 응결되어 물체가 되면 그 물체에는 그 물체를 유지하는 기능을 하는 넋이 깃든다.

9 鬼神(귀신) : 모든 존재를 주관하는 기氣의 작용. 만물은 양기陽氣의 확산작용과 음기陰氣의 수축작용을 통하여 존재되고 보존되는데 이 양기陽氣의 확산작용을 신神이라 하고 음기陰氣의 수축작용을 귀鬼라 한다. 따라서 귀신鬼神이란 만물을 유지하고 존재케 하는 기氣의 작용을 말한다.

강설 |

역易은 천지만물의 모든 이치를 상징적으로 표현한 것이기 때문에, 역易의 이치理致는 천지만물의 모든 이치를 망라한다. 우러러 하늘을 보면, 해와 달과 별이 운행하는 천문에서도 역리易理를 볼 수 있고, 땅을 굽어보면 산과 내와 바다 등이 나열되어 있는 땅의 질서에서도 역리를 살필 수 있다.

천지만물의 운행 현상은 음양의 작용으로 표현된다. 그러므로 천지만물이 존재하는 이 세계에는, 눈에 보이는 세계도 있고, 눈에 보이지 않는 세계도 있다. 즉 형이하의 세계도 있고, 형이상의 세계도 있으며, 물질계도 있고 정신계도 있다. 전자를 명明의 세계라 한다면, 후자는 유幽의 세계이다. 역리는 이 두 세계를 다 망라하고 있으므로, 역리를 아는 사람은 이 두 세계를 다 파악할 수 있다.

유幽의 세계와 명明의 세계는 별개로 존재하는 것이 아니라, 하나로 연결되어 있다. 유幽의 세계에 의해 명明의 세계가 유지되고, 명明의 세계에 의해 유幽의 세계가 유지된다. 마치 하나의 나무에, 보이지 않는 뿌리 부분이 있고, 보이는 줄기와 잎의 부분이 있는 것과 같다. 뿌리에 상처를 입으면, 줄기와 잎이 영향을 받고, 그 반대의 경우도 마찬가지인 것처럼, 유幽의 세계와 명明의 세계는 서로 영향을 받는다.

북송 때의 철학자 장재張載(장재, ?~1077)는, 이 세계가 기氣로 가득 차 이루어져 있다고 했다. 이 기氣를 오늘날의 용어로 하면 '에너지'라고 표현할 수도 있을 것이다. 그에 의하면, 이 기氣 중에서 정밀한 것이 응축되어 형체를 갖춘 물질이 되었다가, 흩어지면 다시 본래의 기氣의 상태로 돌아간다는 것이다. 비유컨대, 물이 응고하여 얼음이 됐다가, 녹아 다시 물이 되는 것과 같은 것이다.

이 기氣가 엉겨 만물이 생겨나는 것을 살펴보면, 그것이 흩어져서 돌아가는 과정도 알 수 있다. 전자를 '태어나는 것'이라 하고, 후자를 '죽는 것'이라 하니, 처음에 태어나는 이치를 알면 죽는 이치를 알 수 있다. 그래서 '처음을 살펴 마침을 돌이켜보면 죽음과 삶의 이치를 알 수 있다'고 했다.

응축되어 정밀해진 기氣가 물체를 이루는 것을 역易에서는 '정밀한 기氣가 물物이 된다'고 했고, 기氣가 흩어지는 것을 '떠도는 넋이 변해간다'고 표현했다. 넋이란 응결되어 형성된 물체를 유지하는 기운이다. 이 기운이 그 물체에 더 이상 작용하지 못하여 떠나는 것을 유혼游魂이라 표현했다. 얼음에는 얼음을 얼음으로 유지하게 하는 기운이 그 안에 존재한다. 이 얼음이 열을 받아 얼음의 상태를 유지하지 못하게 되면, 얼음으로 유지하게 하는 기운은 거기를 떠나게 된다. 이런 상태를 유혼으로 볼 수 있다. 혼魂이란 그 혼魂이 들어있는 물체를 유지하는 넋을 말한다.

기氣가 응축되어 물체가 되는 것은 기氣의 수축작용이니, 귀鬼라 할 수 있고, 물체가 확산되어 흩어지는 것은 기氣가 확산되는 작용이니 신神이라 할 수 있다. 따라서 기氣가 엉겼다가 흩어졌다가 하는 과정을 아는 것이 귀신의 실상을 아는 것이다

여천지상사 고 불위 지주호만물이도제
與天地相似라 故로 不違하나니 知周乎萬物而道濟

天下라 故로 不過하며 旁行而不流하여 樂天知命이라
故로 不憂하며 安土하여 敦乎仁이라 故로 能愛하나니라

국역 |

천지와 더불어 서로 비슷하기 때문에 어긋나지 않는다. 지혜가 만물에 두루 미치고 도가 천하를 구제하기 때문에 허물이 생기지 않는다. 두루 행하지만 한 곳으로 빠지는 일이 없으며 하늘의 일을 즐거워하고 천명을 알기 때문에 근심하지 않는다. 처한 곳에서 편안히 있으면서 인仁에 돈독하기 때문에 능히 만물을 사랑할 수 있다.

난자풀이 |

1 旁(방) : 두루. 널리. 방방곡곡.

강설 |

역易의 이치는 하늘의 운행과 땅의 작용을 상징적으로 형상화한 것이기 때문에, 역易은 천지와 비슷하다. 천지의 작용이 한 치의 오차도 없듯이 역리에는 어긋남이 없다. 역의 이치에서 얻은 지혜는 만물의 이치를 두루 다 통찰할 수 있고, 그 이치에 의거하여 따르면 천하의 모든 문제를 감당하여 해결할 수 있기 때문에 역리에는 허물이 생기지 않는다.

역易의 이치는 모든 천지 만물을 아우르지만 어느 한 곳만을 강조하여 그에 치중하지 않는다. 그러므로 역리를 따르는 것은 하늘의 뜻을 따르는 것이고, 천명을 실천하는 것이다. 즉 천명을 알고 즐거워하는 것이다. 천명을 실천하면 근심이 없다. 사적인 욕구가 있다면, 그 욕구를 달성하기 위하여 수고하고 근심하며, 때로 고통을 느끼기도 한다. 그러나 천명을 따르는 것은 사심이 없는 것이니, 걱정할 일이 없다.

'토土'는 자기가 있는 곳이다. 천명을 따르면 걱정도 고통도 없다. 있는 그 자리가 바로 낙원이다. 그래서 '토土에서 편안하다'고 했다.

천명을 실천한다는 것은, '나'와 '남', 즉 주체와 대상간의 구별이 없는 마음을 실천하는 것인데, 이것이 '인仁에 돈독하게 되는 것'이다. 인仁에 돈독해지면, 주체와 대상의 구별이 없으니, 남을 나처럼 사랑하게 된다. 이것이 가장 높은 수준의 사랑이다.

範圍天地之化而不過하며 曲成萬物而不遺하며 通乎晝夜之道而知라 故로 神无方而易无體하니라 [1]

국역 |

천지 변화의 범위를 정하되 잘못되지 아니하며, 구석구석 만물을 이루되 빠뜨리지 않으며, 낮과 밤의 작용에 통달하여 다 알기 때문에 역易의 신비神秘한 대응책은 일정한 방소方所가 없고, 역은 일정한 주체가 없다.

난자풀이 |

1 神(신) : 역리의 헤아리기 어려운 면을 일컬어 일컫는 말.

강설 |

천지의 변화는 일정한 시점을 잘라서 구분할 수 있는 것이 아니다. 작년과 올해와 내년이 따로 떨어져 있는 것이 아니고, 봄·여름·가을·겨울이 떨어져 있는 것이 아니다. 구분하여 고정화하지 않은 것은 인식할 수 없고, 인식할 수 없는 것은 실천할 수 없다. 그렇기 때문에 천지의 변화와 자연의 변화를 인식하고 그에 대처하기 위해서는 그것을 구분할 필요가 있다. 그래서 역易에서는 하늘의 작용을 음陰과 양陽, 땅의 작용을 강强과 유柔 등으로 구분 짓는다.

나아가 하늘의 작용을 세분하여 원元, 형亨, 리利, 정貞 등으로 구분 짓고, 사계절을 봄, 여름, 가을, 겨울 등으로 구분 짓는다. 이것을 '천지 변화의 범위를 짓는 것'이라고 표현했다.

일단 구분 짓고 나면, 그것을 인식할 수 있고 대처할 수 있다. 그러나 본래 구분이 없는 것을 구분 짓다 보면 다소 폐단은 발생하게 마련이다. 그럼에도 불구하고 역易은 이러한 폐단이 없을 정도로 치밀하다. 그러므로 역리를 공부하는데 있어, 팔괘로 이해하기보다는 사상四象으로 이해하고, 사상보다는 음陰양陽으로 이해하고, 음陰양陽보다는 태극으로 이해하도록 노력해야 할 것이다.

역易은 만물의 이치를 두루두루 포괄하여 육십사괘로 형상화하여 하나도 빠뜨린 것이 없으니, 육십사괘의 이치를 통찰하면 만물의 이치를 다 알 수 있고, 일에 대처할 수 있다.

역易의 이치의 궁극적인 것은 태극이다. 태극은 음陰과 양陽, 유幽와 명明, 생生과 사死 등등 모든 양면적 세계를 다 포괄하고 있다. 따라서 역리에서 제시하는 신비한 방침과 지시는 어느 한 부분에만 적용되는 것이 아니라 모든 것에 다 적용될 수 있다. 그래서 '일정한 방소가 없다'고 했다.

일정한 방소가 없으니, 역易이라는 것은 양면적 세계 중 어느 한 쪽의 입장을 취하는 것이 아니다. 즉 몸두는 곳이 없다. 그래서 '역易은 주체가 없다'고 했다.

제 5 장

일음일양지위도 계지자선야 성지자성야
一陰一陽之謂道니 繼之者善也오 成之者性也라
①
인자견지위지인 지자견지위지지 백성 일
仁者見之謂之仁하며 知者見之謂之知오 百姓은 日
용이부지 고 군자지도선의
用而不知라 故로 君子之道鮮矣니라

국역 |

음陰이 되었다가 양陽이 되었다가 하는 것을 도道라고 한다. 도道를 이어받아 그 작용을 계속하는 것이 선善이고, 도道를 이어받아 이룬 상태가 성性이다. 어진 사람은 그것을 보고 어질다고 하고, 지혜로운 사람은 그것을 보고 지혜롭다고 하는데, 일반 사람들은 매일 매일 도道를 쓰면서도 그것이 무엇인지 알지 못한다. 그러므로 군자의 도가 행해지는 일이 드물다.

난자풀이 |

1 一(일) : 일음일양一陰一陽이란 '한번 음陰이 되고 한번 양陽이 되는 것'을 말하는 것이 아니라 '음陰이 되었다가 양陽이 되었다가 하는 도의 작용'을 표현한 말이다.

강설 |

하늘의 작용은 만물에 생명을 부여하고 살리는 작용이다. 그 작용은 음과 양의 순환으로 나타난다. 즉 밤이었다 낮이 되고, 여름이었다가 겨울이 되는 등의 과정으로 순환하는 것이다.

생명을 부여하고 살리는 하늘의 작용을 이어받아, 생명이 만들어지고 성숙하는 과정을 선善이라 한다. 그리고 성장이 결실을 이루어 그 생명체에 내재하게 된 천도天道를 성性이라 한다. 예컨대, 씨앗에서 싹이 터서 성장하는 과정을 선善이라 한다면, 다 자란 뒤 결실을 하고 그 씨앗에 다시 천도가 내재하게 된 상태를 성性이라 할 수 있다.

천도가 순환하여 만물이 나고 자라고 결실하는 과정은, 생명에 대한 하늘의 사랑이 충만하기에 가능한 일이다. 태양을 비추고, 밤낮을 교대시키며, 바람과 비를 주고, 사계절을 순환시키는 것은 모두 만물을 살리기 위한 하늘의 사랑의 힘이다. 그래서 어진 자는 이러한 현상을 보고, 하늘의 어짊을 안다. 또 하늘의 작용은 불가사의할 정도로 지혜롭다. 모든 식물들은 벌과 나비를 부르기 위해 꽃을 피우고 꿀을 만든다. 모든 생명체는 삶을 이어가기 위해 암수가 짝을 이룬다. 식물이 뿜어내는 산소를 동물이 호흡하고, 동물이 뿜어내는 탄소를 식물은 자양분으로 삼는다. 생태계의 먹이 피라미드는 그 자체가 하나의 조화로운 삶의 구조를 이룬다. 이 모든 것에 신비스러운 지혜가 가득하다. 그래서 지혜로운 자는 이것을 보고, 하늘의 지혜로움을 안다.

인간은 이 하늘의 작용을 벗어나서는 하루도 살 수 없다. 인간의 호흡이나, 심장의 박동 등이 음양의 작용이고 하늘의 작용이지만, 일반적으로 인간들은 이를 알지 못한다.

피곤하여 졸음이 오는 것은 하늘의 작용, 즉 본성의 작용이지만 욕심이 많은 인간은 제대로 잠을 자지 못한다. 배고플 때 먹도록 유도하는 것 역시 하늘의 작용이지만, 욕심 때문에 알맞게 먹지 못하고 과식하거나 적게 먹기도 한다. '남'을 '나'처럼 여기고 사랑하는 것 또한 하늘의 작용인데, 욕심 때문에 사랑하지 못하고 심지어 해치기까지 한다. 이러한 행위들은 하늘의 작용을 어기는 것들이다. 욕심에 본성이 가려져 있는 사람은 하늘의 작용 안에서 존재하면서도 그것을 제대로 실천하지 못한다. 그래서 '그러므로 군자의 도가 행해지는 일이 드물다'고 했다.

顯諸仁(현저인)하며 藏諸用(장저용)[1]하여 鼓萬物而不與聖人同憂(고만물이불여성인동우)하나니 盛德大業(성덕대업)이 至矣哉(지의재)라

국역 |

하늘의 뜻은 인仁을 실현하는 데 드러나고, 작용하는 데 감추어져 있어서, 만물을 고무시키지만 성인聖人과 같은 걱정을 하지 않는다. 성대한 공덕과 위대한 업적이 지극하도다!

난자풀이 |

[1] 諸(저) : 지어之於의 뜻.

강설 |

하늘의 뜻은 만물에 생명을 부여하고 살리는 인仁의 작용에 환하게 드러나 있다. 그리고 그 인仁의 작용은 하늘이 만물을 생성하고 기르는 과정에 내재되어 있다. 예컨대, 심하게 무리하여 몸이 상한 사람에게는 쉬면서 몸을 돌보게 하기 위해 병을 준다. 이것은 하늘의 인仁의 작용이고, 그 인仁은 아프게 하는 작용 속에 내재되어 있다.

그러나 이 하늘의 작용은 만물을 고무시켜 삶을 충실하고 충만하게 하도록 유도하지만, 성인처럼 자세하게 걱정해 주지도 치료해 주지도 인도해 주지도 않는다. 하늘은 인간의 말을 할 수 없기 때문이다.

그러나 그렇다 해서 만물을 사랑하는 뜻이 부족한 것은 아니다. 조금의 착오도 게으름도 없이 인仁을 실현하고 있다. 그래서 '성대한 덕과 위대한 업적이 지극하다'고 했다.

하늘의 뜻을 인식하고 실천하는 것은 인간의 몫이다.

부 유 지 위 대 업 　 일 신 지 위 성 덕 　 생 생 지 위 역
富有之謂大業이오 日新之謂盛德이오 生生之謂易

성 상 지 위 건 　 효 법 지 위 곤 　 극 수 지 래 지
이오 成象之謂乾이오 效法之謂坤이오 極數知來之

위 점 　 통 변 지 위 사 　 음 양 불 측 지 위 신
謂占이오 通變之謂事이오 陰陽不測之謂神이라

국역 |

넉넉하게 가지는 것을 큰 사업이라고 하고, 날마다 새로워지는 것을 성대한 공덕이라고 한다. 살리고 살리는 것을 역易이라 하고, 상象을

이루는 것을 건乾이라 하고, 본받는 것을 곤坤이라 하고, 수를 다 헤아려 미래의 일을 아는 것을 점占이라 하고, 하늘의 이치에 통달하여 변화시키는 것을 일이라 하고, 음인지 양인지 헤아릴 수 없는 것을 신神이라 한다.

강설 |

하늘은 모든 생명체를 관장하면서, 그들을 삶으로 유도한다. 하늘의 이러한 일을 '대업大業'이라고 한다.

그런데 이러한 일의 양상이 고정되어 있는 것이 아니다. 풀 한 포기 한 포기에 대해서도, 열심히 자라게 하고 꽃 피게 하며, 열매 맺게 한다. 그리고 사람 하나하나에 대해서도, 일어나 일하게 하고, 먹게 하며, 쉬도록 유도한다. 만물로 하여금 각각의 삶을 충실하게 하도록 유도하는 하늘의 작용은, 각각의 생명체의 상황에 따라 늘 달라지므로, 매일 매일 새로워진다. 하늘의 이러한 작용을 성덕盛德이라 하는데, 성대한 능력이라는 의미이다.

하늘의 작용을 인간에게 알려주는 것이 역易이다. 즉 역리易理는 하늘의 계시이다. 하늘의 작용은 만물을 살리고 또 살리는 것이다. 죽게 하는 것은 없다. 전체를 살리기 위해서 늙고 병든 개체를 죽게 한다 해도 그것은 죽이는 것이 아니라 살리는 것이다. 늙고 병든 개체가 죽지 않으면, 전체가 살 수 없다. 개체의 죽음은, 전체적으로 보면 살리는 과정이다. 마치 가을의 낙엽이, 낙엽 자체만으로 보면 소멸하는 것이지만, 나무 전체의 생명에서 보면 살기 위한 과정에서의 현상인 것과 같다.

역易은 인간이 이러한 이치를 깨닫고, 충실하게 살 수 있게 하기 위해 존재한다. 본질적으로 개인의 삶은 만물 전체의 삶에 닿아 있고, 하늘의 작용과 이어져 있다. 이러한 원리에 입각하여, 역易은 개체적인 삶을 초월하여 전체적 입장에서 삶을 충만하게 하도록 인간을 인도하는 것이다.

이러한 입장에 서면, 삶만이 영원히 계속될 뿐 죽음이란 존재하지 않는다. 그러므로 역리를 익혀 삶 속에서 실현한다면, 영생을 얻는다고 할 수 있다.

만물을 생성하는 상象을 드리우는 것은 하늘의 작용이고, 건乾의 작용이며 양陽의 일이다. 그리고 이 드리워진 이미지를 본받아 이를 구체화시키는 것은 땅의 작용이고, 곤坤의 작용이며 음陰의 작용이다.

시초의 수를 갈라 앞으로의 일을 예견하는 것은 점의 효능이다. 점占의 지시는 충만한 삶을 유도하는 하늘의 계시이다. 점을 치거나 역리를 공부하여 하늘의 뜻에 통달하여, 현재의 자신의 삶을 천명에 따른 삶으로 변화시키는 것은 사람이 마땅히 해야 하는 '일'이다.

하늘의 작용은 음양으로 구체화되지만, 그것은 외부적으로 드러난 현상일 뿐 천명 그 자체는 아니다. 하늘의 뜻은 음양으로 구별되는 것이 아니다. 음양으로 구별하는 것은 천도天道를 이해하기 위한 방편적인 것에 불과하다. 천도는 역리이니, 역리 역시 그러하다. 음陰양陽으로 천도와 역리 그 자체를 파악할 수는 없다. 이러한 점을 신비神秘하다는 의미에서 '신神'이라 표현했다. 신神이란 그 실상을 구체적으로 파악할 수 없는 역리나 천도를 형용하는 형용사적 표현이다.

제 6 장

부역　광의대의　이언호원즉불어　이언호이
夫易이 廣矣大矣라 以言乎遠則不禦하고 以言乎邇
1
즉정이정　이언호천지지간즉비의
則靜而正하고 以言乎天地之間則備矣라

국역 |

역易의 이치는 넓고 크다. 먼 것에서 말하면 그것을 막아낼 수 없고, 가까운 것에서 말하면 고요하면서도 바르다. 하늘과 땅 사이에 있는 것에서 말하면 거기에 모든 것이 다 갖추고 있다.

난자풀이 |

1 以(이) : 이以의 목적어는 앞에 나온 역易이다. 따라서 '이언호원以言乎遠'은 '역리易理를 가지고 멀리 있는 것에 대해서 말하면'이란 뜻이다.

강설 |

역易의 이치는 천지天地의 작용을 상징하기 때문에, 하늘의 작용처럼 크고 땅의 작용처럼 넓다. 그리고 그 괘가 제시하는 이치는 무한한 시간과 공간에 적용되지만, 또한 찰나의 순간이나 극미極微의 공간에도 적용된다. 그래서 역리易理를 무한한 공간과 무궁한 시간에 적용하면, 중단시키거나 막을 수 없다. 또 극미의 시공에 적용하면, 소리도 형체도 없는 미세한 세계를 표현하지만, 한 치의 오류도 없이 정확하다. 따라서 역리는 천문학에도 적용되지만, 미생물학이나 양자역학 등에도 적용될 것이다.

역易의 이치는 하늘과 땅 사이에 모든 원리가 표현되어 있기 때문에, 모든 존재자의 삶의 원리가 모두 갖추어져 있다.

부건 기정야전 기동야직 시이대생언
夫乾은 其靜也專하고 其動也直이라 是以大生焉하며

부곤 기정야흡 기동야벽 시이광생언
夫坤은 其靜也翕[1]하고 其動也闢이라 是以廣生焉하나

광대 배천지 변통 배사시 음양지의
니 廣大는 配天地하고 變通은 配四時하고 陰陽之義는

배일월 이간지선 배지덕
配日月하고 易簡之善은 配至德하니라

국역 |

건은 고요할 때에는 한결같고, 움직일 때에는 곧다. 그리하여 크게 만물을 낳는다. 곤은 고요할 때에는 닫히고, 움직일 때에는 열린다. 그리하여 넓게 만물을 낳는다. 넓고 큼은 하늘과 땅에 짝하고, 변하여 통함은 네 계절에 짝하고, 음과 양이 변화하는 법칙은 해와 달에 짝하고, 쉽고 간략하게 잘 처리하는 것은 지극한 덕에 짝한다.

난자풀이 |

[1] 翕(흡) : 합하다. 두 문짝을 합하는 것은 닫는 것이므로 여기서는 '닫는다'로 번역했다.

강설 |

새로운 생명을 낳고자 하는 건乾의 의지는, 언제 어디서나 변함없이 한결같다. 그리고 그 의지가 구체적으로 작용할 때는 곧바로 발휘된다. 그리하여 무수한 만물을 생성한다.

건乾의 의지를 받아 실질적으로 만물을 생성하는 곤坤의 작용은, 조건에 따라 문을 열어 건乾의 뜻을 받아들이기도 하고, 닫아 그 뜻을 차단하기도 한다. 마치 가을에 씨가 뿌려져도, 겨울에 발아하지 않고 기다렸다 봄에 싹을 틔우는 것과 같다. 그리고 암컷이 때가 아닐 때는 수컷의 접근을 차단했다가, 발정기가 되었을 때 받아들이는 것과 같다. 겨울에도 싹을 틔우고 발정기가 아닐 때도 받아들인다면, 새로운 생명을 만들 수 없을 것이다.

건乾과 곤坤의 넓고 큰 작용은 하늘과 땅의 작용에 짝이 된다. 그리고 이 작용이 원元에서 형亨, 형亨에서 리利, 리利에서 정貞, 정貞에서 다시 원元으로 순환하여 통하는 것은 사계절에 짝이 된다. 또 건乾의 양陽의 작용과 곤坤의 음陰의 작용은 해와 달에 짝이 되고, 건곤乾坤의 쉽고 간단한 작용은 하늘과 땅의 지극한 덕에 짝이 된다.

제 7 장

子曰易은 其至矣乎인저 夫易은 聖人所以崇德而廣業也니 知는 崇코 禮는 卑하니 崇은 效天하고 卑는 法地하니라 天地設位而易行乎其中矣니 成性存存이 道義之門이라

국역 |

공자께서 말씀하셨다. 역易은 지극하도다! 역易은 성인聖人이 덕을 높이고 사업을 넓히는 도구이다. 지혜知慧는 높이고 예법은 낮추는 것이니, 높이는 것은 하늘을 본받고 낮추는 것은 땅을 본받는다. 하늘과 땅이 자리를 베풀어 역도易道가 그 가운데에서 행해지니 본성을 이루어 간직하고 간직하는 것이 도의道義를 실천하는 문이다.

강설 |

천지는 말이 없다. 만물에 생명을 부여하고 성장시키지만 구체적으로 지시하지는 않는다. 그래서 사람은 천지의 작용으로 나고 그 속에서 존재하면서도 이를 알지 못하고, 오히려 욕심에 가려져 온갖 악惡을 자행하고, 고통을 짊어진다. 때문에 성인이 세상에 나오시어, 천지의 도道를 실천하도록 인간들을 가르치고, 악惡과 고통으로부터 구제하셨는데, 이때 성인이 제시한 천지의 도가 바로 역리易理이다. 그러므로 역易은 인간을 구제하기 위한 도구로 성인이 만드신 보물이니, 성인의 모든 뜻과 사업이 이 역易에 응축되어 있다.

역易의 이치를 아는 것이 참된 지혜요, 이를 실천하는 것이 참된 실천이다. 역易을 아는 지혜는 하늘의 이치를 본받는 것이니, 높고 고상하다. 그러나 역리를 실천하는 것은 구체적으로 행동을 하는 것이니, 땅의 작용에 해당한다. 땅은 하늘을 높이고, 자신을 낮춘다. 역리를 실천할 때의 행동은, 자신을 낮추고 남을 높이는 형태로 드러난다. 이것이 바로 예禮이다.

위에는 하늘이, 아래에는 땅이 자리하고 있고, 그 사이에서 역리가 펼쳐지고 있다. 이러한 상황에서 인간은 하늘로부터 받은 자신의 본성을 완성하여 보존하고 실천하는 것이 도리이다. 그리고 그것은 역리에 통달하여 실천할 때 가능하다.

제8장

성인 유이견천하지색이의저기형용 상기물
聖人이 有以見天下之賾而擬諸其形容하며 象其物
[1] [2] [3] [4] [5]

의 시고위지상 성인유이견천하지동이관기
宜라 是故謂之象이오 聖人有以見天下之動而觀其
[6] [7]

회통 이행기전례 계사언 이단기길흉
會通하여 以行其典禮하며 繫辭焉하여 以斷其吉凶이

시고위지효
라 是故謂之爻니라

국역 |

성인聖人이 역리易理로써 세상의 만사만물 가운데에 깊이 감추어져 있는 도리를 알고, 그 형용되는 모습에서 역리를 잘 견주어 설명하며, 그 사물이 역리에 마땅하게 되어있는 모습을 상징적으로 표현한다. 그런 까닭에 그것을 상象이라 한다. 성인은 역리로써 천하의 모든 움직임을 알고, 그것이 모두 하나로 모여 통하는 것을 살펴, 그 예법을 실행하며, 말을 붙여 그 吉하고 흉凶함을 단정한다. 그런 까닭에 효爻라고 한다.

난자풀이 |

[1] 以(이) : 앞의 제7장에 나오는 역易을 목적어로 받는다.

2 賾(색) : 깊숙하다. 심오하다.
3 擬(의) : 견주어 헤아린다.
4 諸(저) : 지어之於 두 글자의 역할을 한다.
5 其(기) : 제7장에 나오는 역易을 지시하는 대명사.
6 以(이) : 이以의 목적어는 역易이다.
7 其(기) : '천하의 모든 움직임'을 지시하는 대명사.

강설 |

성인은 역易의 이치로써 세상의 모든 존재와 일에 대한 심오한 도리를 통찰한다. 그리하여 그 이치가 드러나 있는 구체적인 일이나 존재의 모습을 통해서 역리를 비유적으로 잘 설명한다. 그리고 또 구체적인 사물을 역리에 마땅하게 잘 형상화하기 때문에 그것을 상象이라 한다.

성인은 역리를 통하여 세상의 모든 움직임을 알 수 있다. 세상 만물의 운동은 모두 각기 다른 양상을 띠고 있지만, 그것은 모두 道의 외화外化된 모습이다. 그렇기 때문에 모든 운동은 하나로 원리로 서로 통할 수 있다. 마찬가지로 성인이 실시하는 모든 예법은 각기 다른 복잡한 양상을 하고 있는 것처럼 보이지만, 근본적으로는 모두 하나로 통한다. 사람들은 이 의미를 모르고, 예법을 각기 다른 구별된 것으로 이해하고 실행함으로써 그 본래의 뜻을 어기고 도를 실천하지 못하고 있다. 그리하여 성인은 그 하나하나의 행동원리를 표현한 괘와 효에 설명을 붙여 실천하도록 하였고, 그래도 실행하지 않기 때문에 길흉으로 판단하여 그 실행을 촉구하였다. 이것은 길吉한 것을 따르고 흉凶한 것을 피하려 하는 사람들의 마음에 근거하여 진리의 실천을 유도한 것이다. 효爻는 '엇갈린다'는 뜻이니 길한 것과 흉한 것으로 엇갈린다는 뜻을 취한 것이다.

言天下之至賾而不可惡也며 言天下之至動而不可亂也니 擬之而後言하고 議之而後動이니 擬議하여 以成其變化하니라

국역 |

천하의 지극히 그윽하고 깊은 곳을 말하되 싫어하지 않아야 하고, 천하의 모든 움직임을 말하되 어지럽지 않아야 한다. 견주어 헤아린 다음에 말하고, 따져 본 다음에 움직이니 헤아리고 따져서 그 변화를 이룬다.

강설 |

도道는 말로 형용하기 어렵다하여 말하는 것을 싫어하거나 회피하기 쉽다. 그래서 진리에 대해서는 무언無言이어야 한다고 주장하는 사람도 있다. 그러나 만물에 대한 사랑이 있다면 말없이 있을 수 없다.

역易은 진리를 전하고 있는 보고寶庫이다. 천지의 운행과 만물의 변화원리를 전하고 있기 때문에 이를 말로 표현하면 복잡하고 혼란스러울 수 있다. 예컨대, 봄에 만물을 살리는 작용인 원元과 겨울에 만물을 죽이는 작용인 정貞, 그리고 자기 외의 모든 존재를 사랑하는 마음인 인仁과 '남'을 미워하는 마음인 의義 등이 천명의 관점에서 보면 동일한 것이고, 역리로 보아도 동일한 것이라고 말하면 혼란이 일어나기 쉽다. 그러므로 상황을 잘 견주어 보고 헤아려 파악이 된 뒤에 말하고,

잘 따져서 납득이 될 수 있게 된 후에 움직여야 한다. 그래야만 역易에서 전하는 모든 변화의 원리가 제대로 성립된다.

鳴鶴이 在陰이어늘 其子和之로다 我有好爵하여 吾與爾靡之라하니 子曰君子居其室하여 出其言에 善則千里之外應之하나니 況其邇者乎아 居其室하여 出其言에 不善則千里之外違之하나니 況其邇者乎아 言出乎身하여 加乎民하며 行發乎邇하여 見乎遠하나니 言行은 君子之樞機[1]니 樞機之發[2]이 榮辱之主也[3]라 言行은 君子之所以動天地也니 可不愼乎아

국역 |

(중부괘中孚卦의 구이九二에) "우는 학이 그늘에 있는데 그 새끼가 화답을 한다. 나에게 좋은 술잔이 있으니 내가 너와 함께 기울이리라"고 하였다. 공자께서 말씀하셨다. "군자가 자기 집에서 있으면서 말을 하더라도, 그것이 좋은 말이라면 천리 밖에서 응할 것이니, 하물며 가까이 있는 자에 있어서랴. 집에서 말을 하더라도 그것이 좋지 않은 말이

라면 천리 밖에서 어길 것이니 하물며 가까이 있는 자에 있어서랴. 말은 자기 몸에서 나가서 백성들에게 전해지며, 행동은 가까운 데서 시작하여 먼데서 결과가 나타난다. 언행은 군자의 추기이니 그 추기를 발하는 것에 영욕이 달려 있다. 언행은 군자가 천하를 움직이는 수단이니 신중하지 않겠는가!"

난자풀이 |

1 樞(추) : 문짝과 문의 틀을 연결하는 지도리.
2 機(기) : 틀. 기계. 문을 닫을 때, 문을 정지시키는 나무. 추기樞機란 문을 여닫을 수 있는 핵심적인 역할을 하는 것이므로, '핵심적인 역할을 하는 것'이란 의미가 파생되어 나왔다..
3 主(주) : 주관하는 것. 주체.

강설 |

군자는 천도天道를 터득하여 실천하려는 자이다. 그리고 군자가 터득한 천도는 언행을 통해서 외적으로 표현된다. 군자가 말로 표현하고 몸으로 행하는 것의 내용은 만물을 살리고 기르는 사랑, 즉 하늘의 뜻이다. 그러므로 가까이 있는 사람뿐만 아니라 멀리 있는 사람도 모두 호응할 것이고, 사람뿐만 아니라 만물이 다 호응할 것이다.

그러나 만물을 살리는 사랑의 마음이 아니라, 개인적 욕심에 근거하여 그것을 말하고 실천한다면, 그것은 제 몸만을 위한 것이니, 멀리 있는 사람들만이 아니라 가까이 있는 가족들조차도 그를 따르지 않을 것이다.

그러므로 언행은 군자가 신중히 해야 할 핵심적인 것이니, 그 언행에 따라 영예로움과 욕됨이 결정된다. 하늘의 뜻에 따라 사는 군자는 모두의 호응을 받아 영예롭게 살아갈 것이오, 개인적인 욕심에 의거하여 사는 사람은 배척당하여 욕되게 살아갈 것이다. 신중하지 않으면 안 된다.

同人이 先號咷而後笑라하니 子曰君子之道或出或處或默或語나 二人同心이면 其利斷金이로다 同心之言이 其臭如蘭이로다

국역 |

(동인괘의 구오九五에) "다른 사람과 함께 한다. 처음은 호통을 치지만 나중에는 웃음 짓는다"고 하였다. 공자께서 말씀하셨다. "군자의 도리는 나가기도 하고 머물기도 하며 침묵하기도 하고 말하기도 하지만, 두 사람이 마음을 같이 하면 그 날카로움은 쇠를 끊을 수 있고, 마음을 같이 하는 사람의 말은 그 향기가 난초와 같다."

강설 |

'남'과 한마음이 되는 초기 과정에서 있을 수 있는 난관을 '호통을 치는 것'으로 표현했다. 난관을 극복하여, 다른 사람과 마음을 같이 하게 되면 그 힘은 위력적으로 발휘될 수 있고, 또 문화적으로도 풍부해질 수 있다. 나아가 온 나라의 사람이 한마음이 되면, 나라 전체가 한 가족처럼 된다. 그러면, 자식이 위기에 처한 부모를 구하는데 목숨을 아끼지 않고, 부모 역시 그런 것처럼, 온 나라 사람들이 나라의 어려움을 이기기 위하여 목숨을 아끼지 않을 것이다. 이때는 거대한 위력을 발휘해 어떠한 외침도 막아낼 수 있다. 그래서 '그 날카로움은 쇠도 자를 수 있다'고 했다.

또 나라 전체가 한 가족처럼 되면, 사람들이 하는 일마다 최선의 상태를 이룩할 수 있어, 최고의 문화를 수립할 수 있다. 세종대왕 때, 예술·과학·기술·문학·산업 등 거의 모든 분야에서 최고의 수준에 도달한 것은 바로 이러한 이유에서이다. 이를 '그 향기가 난초와 같다'고 표현했다.

初六藉用白茅면 無咎라하니 子曰苟錯諸地而可矣어늘 藉之用茅하면 何咎之有리오 愼之至也라 夫茅之爲物이 薄而用은 可重也니 愼斯術也하여[1] 以往이면 其無所失矣리라

국역 |

(대과괘의) 초육初六에서 "제물을 까는 데 하얀 띠를 쓰면 허물이 없다"고 했다. 공자께서 말씀하셨다. "제물은 그냥 땅에 놓아도 좋다. 그런데 그 밑에 띠를 사용하는 데 무슨 허물이 있겠는가? 삼가는 마음이 지극한 것이다. 띠는 하잘 것 없는 것이지만 사용하기에 따라 중요한 것이 될 수도 있다. 이러한 마음가짐으로 삼가며 나아가면 실패가 없을 것이다"

난자풀이 |

1 術(술) : 마음. 심술.

강설 |

제사의 목적은 조상에 대한 공경을 다함으로써, 참가한 자손들의 마음을 모두 하나로 결속하는 것이다. 그러므로 무엇보다도 정성을 극진히 하는 것이 중요하다. 값비싼 제물과 화려한 제기를 사용한다 해도 정성이 부족하다면 의미가 없다. 그러므로 보잘것없는 하얀 띠를 깔고 그 위에 제물을 놓더라도 정성이 있다면 허물이 없다.

정성스런 마음가짐을 갖는다면, 설사 띠가 없이 맨땅에 놓고 제사를 지낸다 해도 실패할 일이 없을 것이다.

勞謙이면 君子有終이니 吉하리라 하니 子曰勞而不伐하며 有功而不德이 厚之至也니 語以其功下人者也라 德言盛이오 禮言恭이니 謙也者는 致恭하여 以存其位者也라

국역 |

(겸괘의 구삼九三에서) "겸손함을 애써 실천해야 하는 상황이니 군자

라야 마침이 있어서 길할 것이다"고 했다. 공자께서 말씀하셨다. "고생하고도 자랑하지 않고, 공이 있어도 자기의 덕택이라 하지 않으니, 후덕함의 극치이다. 이것은 공이 있으면서도 남에게 낮추는 사람을 말한 것이다. 덕이 있는 말은 성대하고 예의 바른 말은 공손하다. 겸손이란 공손함을 다함으로써 그 지위를 보존하는 것이다"

亢龍(항룡)이면 有悔(유회)라하니 子曰貴而無位(자왈귀이무위)하며 高而無民(고이무민)하며 賢人在下位而無輔(현인재하위이무보)라 是以動而有悔也(시이동이유회야)니라

국역 |

(건괘의 상구上九에서) "고자세를 취하는 용이면 후회함이 있다"고 했다. 공자께서 말씀하셨다. "존귀하나 지위가 없고 지위가 높아도 백성이 없다. 현인이 자기보다 아래에 있으나 보필함이 없다. 이러하므로 움직이면 후회함이 있다."

不出戶庭(불출호정)이면 無咎(무구)라하니 子曰亂之所生也則言語以爲階(자왈난지소생야즉언어이위계)니[1] 君不密則失臣(군불밀즉실신)하며 臣不密則失身(신불밀즉실신)하며 幾[2]事不密則害成(기사불밀즉해성)하나니 是以(시이)로 君子(군자)는 愼密而不出也(신밀이불출야)하나니라

국역 |

(절괘節卦의 초구初九에서) "문이나 뜰을 벗어나지 않으면 허물이 없다"고 했다. 공자께서 말씀하셨다. "어지러움이 생기는 것은 말이 통로가 되기 때문이다. 임금이 주도면밀하지 못하면 신하를 잃게 되고 신하가 주도면밀하지 못하면 제 몸을 잃게 된다. 기미가 보이는 일에 주도면밀하지 못하면 해로움이 생긴다. 그러므로 군자는 신중하고 면밀하여 말을 함부로 내뱉지 않는다."

난자풀이 |

1 階(계) : 계단. 계단은 위로 올라가는 통로이므로, 여기서는 '통로'로 번역했다.
2 幾(기) : 기미. 조짐.

강설 |

예법은 사람이 사회생활을 할 수 있도록 하는 기본도구이다. 예법이 없다면, 사회가 혼란해져 원만한 집단생활을 할 수 없다. 그래서 어릴 때부터 이를 익혀 실천해야 한다.

예법의 구체적인 표현은 언어와 동작이다. 그 가운데서도 언어가 더 많은 부분을 차지한다. 언어가 예에 맞지 않으면 관계에 어지러움이 발생한다. 그래서 '어지러움이 생기는 것은 말이 통로가 되기 때문'이라고 했다.

큰일이 일어나기 전에는 반드시 그 기미가 보이는 법이다. 거대한 건물이 붕괴되기 전에는 벽에 균열이 생겨 그 기미를 보인다. 기미가 보일 때, 그것에 신중하고 면밀하게 대처하지 않으면 큰 해가 발생한다.

연산군이 유년에 보인 포악한 행동은, 후에 왕위에 올라 큰 해악을 범하려는 기미이다. 그것에 신중하게 대처했다면 그 엄청난 폐해를 막을 수 있었을 것이다.

子曰作易者其知盜乎인저 易曰負且乘이면 致寇至라하니 負也者는 小人之事也오 乘也者는 君子之器也니 小人而乘君子之器면 盜思奪之矣며 上慢下暴면 盜思伐之矣니 慢藏이 誨盜[1]며 冶容이 誨淫[2]이니[3] 易曰負且乘致寇至라하니 盜之招也[4]라

국역 |

공자께서 말씀하셨다. "『주역』을 지은이는 도둑의 생리를 살필 줄 아는가 보다." 역(해괘의 육삼六三)에서 "등에 짊어지고 있으면서 또한 올라타고 있으니 도둑을 오게 만든다"고 했다. 짐을 등에 지는 것은 신분이 천한 사람이 하는 일이다. 수레는 신분이 높은 사람이 타는 기구이다. 그런데 신분이 천한 사람이면서 신분이 높은 사람이 타는 수레를 타면 도둑이 빼앗을 마음을 먹는다. 윗사람이 태만하고 아랫사람이 난폭하면 도둑은 칠 마음을 먹는다. 감추는 일에 태만하면 도둑을 부르고, 얼굴을 현란하게 화장하면 음탕한 사람을 부른다. 주역에서 "등에 짊어지고 있으면서 또한 올라타고 있으니 도둑을 오게 만든다"고 하였으니 도둑을 불러들이는 것이다.

난자풀이 |

1 誨(회) : 깨우치다. '도적을 깨우친다'는 말은 '도적으로 하여금 훔치러 오도록 깨우친다'는 말이다.
2 冶(야) : 꾸미다. 장식하다.
3 淫(음) : 음탕한 사람.
4 之(지) : 도치된 글자의 가운데에 넣는 글자. 도盜와 초招가 도치되었다.

제 9 장

天一 地二 天三 地四 天五 地六 天七 地八 天九 地十이니 天數五이오 地數五이니 五位相得而各有合하니 天數二十有五이오 地數三十이라 凡天地之數五十有五니 此所以成變化而行鬼神也라

(천일 지이 천삼 지사 천오 지육 천칠 지팔 천구 지십 천수오 지수오 오위상득이각유합 천수이십유오 지수삼십 범천지지수오십유오 차소이성변화이행귀신야)

국역 |

하늘은 1이고 땅은 2이다. 하늘은 3이고 땅은 4이다. 하늘은 5이고 땅은 6이다. 하늘은 7이고 땅은 8이다. 하늘은 9이고 땅은 10이다. 하늘 수는 다섯이고 땅 수도 다섯이다. 다섯 자리가 서로 얻고 각각 합

이 있다. 하늘 수의 합은 25이고 땅 수의 합은 30이다. 하늘 수와 땅 수의 합은 55이다. 이것이 변화를 이루고 귀신의 작용을 행하는 도구가 된다.

강설 |

모든 수는 일一에서 십十까지의 열 개로 표현되니, 기본 수는 10개뿐이다. 세상의 모든 이치를 수로써 표현한다면, 이 열 개의 수는 천지자연의 모든 변화와 그 원리를 표현하는 기본 도구가 된다.

천수天數는 양(—) 이니 홀수를 가리킨다. 지수地數는 음(- -)으로 짝수를 가리킨다. 하늘이 앞서 주도하고, 땅이 이를 따르기 때문에 먼저 시작되는 1, 3, 5, 7, 9는 하늘의 수이고, 따라가는 2, 4, 6, 8, 10은 땅의 수이다.

다섯 수의 자리가 서로 얻는다는 말은, 하도와 낙서를 참고하면, 다섯 수가 각각 자기의 마땅한 자리를 차지하고 있다는 말로 이해할 수 있다. 주자는 1과 2, 3과 4, 5와 6, 7과 8, 9와 10이 서로 천수와 지수의 짝을 이루고 있는 것으로 풀이했다. 또 합이 있다는 말은 1과6, 2와 7, 3과 8, 4와 9, 5와 10이 각각 같은 자리에 있다는 말이다.

大衍之數五十(대연지수오십)이니[1] 其用(기용)은 四十有九(사십유구)라 分而爲二(분이위이)하여 以象兩(이상양)하고 掛一以象三(괘일이상삼)하고[2] 揲之以四(설지이사)하여[3] 以象四時(이상사시)하고 歸奇於扐(귀기어륵)하여 以象閏(이상윤)하나니 五歲(오세)에 再閏(재윤)이라 故(고)로 再扐而後(재륵이후)에[4] 掛(괘)하나니라

국역

대연의 수는 50이지만 사용하는 것은 49이다. 이를 나누어 둘로 만들어 하늘과 땅 양의兩儀를 상징한다. 한 손에서 1개를 떼 내어 따로 가짐으로써 하늘, 땅, 인간의 삼재三才를 상징한다. 나머지 시초를 4개씩 덜어내니 이는 4계절을 상징한다. 4개씩 덜어낸 나머지를 손가락 사이에 끼운 다음, 두 손의 나머지를 내려놓음으로써 윤달을 상징한다. 윤달이 대개 5년에 두 차례 있으므로 그 이치를 상징하여 나머지를 두 번 손가락에 끼운다.

난자풀이

1 衍(연) : 넘치다. 넓히다.
2 掛(괘) : 걸다. 걸어놓다.
3 揲(설) : 숫자를 손으로 집어서 세다.
4 扐(륵) : 손가락 사이.

강설

이 부분은 점을 치는 방법에 관한 기록이다. 『주례周禮』「춘관春官」 서인筮人의 기록에 의하면, 점치는 방법에는 아홉 가지가 있었다고 하지만 그 구체적인 방법이 전해지지 않는다. 그래서 여기에서 전하는 계사전의 방법만이 유일하게 전해온다.

'대연大衍의 수'란 수를 크게 넓힌 것을 말한다. 수를 모두 합하면 55가 되는데, 55라 하지 않고 50이라 한 것은 그 대강을 말한 것이다. 중국의 학자 김경방金景芳의 『주역전해周易全解』에 의하면, 오십五十은 오십유오五十有五의 잘못이라고 했다. 『역위易緯』「건착도乾鑿度」에서는 오십유오五十有五로 되어있다.

점괘를 뽑을 때에는 마흔 아홉 개의 시초를 사용한다. 그 까닭은 마흔 아홉 개로 네 단계를 세 번 반복한 결과를 거쳐야 7 · 8 · 9 · 6이라는 수를 얻을 수 있으며, 7 · 8 · 9 · 6을 얻어야 괘를 이룰 수 있기 때문이다. 그러므로 마흔 아홉 개만 사용한다면 대연지수大衍之數를 50으로 하건 55로 하건 크게 문제가 될 것은 없다. 그리고 시초 대신 산죽山竹 등을 사용해도 무방하다.

마흔 아홉 개의 시초 외에 한 개는 따로 빼어 놓아, 태극을 상징하는 것으로 보고, 사용하지 않는다. 남는 시초를 태극을 상징하는 것으로 하기 위해서는, 여섯 개인 것보다는 한 개인 것이 낫다. 여섯이라는 수는 태극을 상징하기에는 적절하지 않기 때문이다. 이런 면에서 보면, 대연지수를 오십五十으로 하는 것은 의미가 있다. 대연지수를 오십오五十五로 보는 김경방의 경우에는, 나머지 여섯을 태극으로 볼 수 없기 때문에, 마흔 아홉 개의 시초가 바로 태극을 상징하는 것이라고 했다. 그러나 이는 설득력이 약하다. 전체를 대표하는 수는 1을 사용하는 것이 일반적이니, 하나를 태극으로 보는 것이 더 설득력 있다.

마흔 아홉 개의 시초를 두 부분으로 나누는 것은 하늘과 땅, 즉 음과 양을 상징한다. 그리고 두 부분으로 나눈 뒤, 왼쪽에 있는 것에서 하나를 뽑아 새끼손가락 사이에 끼우는 것은 천 · 지 · 인 삼재를 상징하는 것이다. 괘掛는 '건다'는 뜻이므로 손가락 사이에 끼우는 것이 아니라는 주장도 있다. 끼우는 것이라면 뒤에 나오는 륵扐과 구별되지 않는다는 데 근거한다. 따라서 괘일掛一은 하나를 책상 위에 걸쳐놓는다고 해석해야 한다는 것이다. 일리一理 있는 설명이다.

다음으로는 왼손에 있는 시초를 네 개씩 헤아리고 남는 것을 넷째 손가락과 셋째 손가락 사이에 끼우고, 다시 오른손에 있는 시초를 네 개씩 헤아리고 남는 것을 셋째 손가락과 둘째 손가락 사이에 끼운다. 네 개씩 헤아리는 것은 사계절을 상징하고, 남는 것을 손가락 사이에 끼우는 것은 윤달을 상징한다. 윤달은 5년마다 두 번씩 있으므로 두 번이 한 단위가 된다. 따라서 손가락 사이에 끼우는 것을 두 번 하는 것이다. 여기서 5년이라는 것은 별 의미가 없다. 만약 7년마다 세 번

윤달이 있다고 할 경우라도, 세 번의 윤달이 한 단위가 되므로, 7이라는 숫자보다는 세 번이라는 것이 의미를 가질 것이다.

이렇게 하여 손가락 사이에 있는 시초를 한 곳에 놓아두고 나머지 시초를 가지고 똑같은 방법으로 시행하여 또 손가락 사이에 있는 시초를 그 옆에 놓아둔다. 남는 시초를 가지고 또 한번 시행하여 하나의 爻를 얻기 때문에, 도합 열여덟 번의 시행으로 괘를 얻는다. 그 구체적인 방법은 상권 앞부분의 해설을 참조하면 될 것이다.

건 지 책 　이 백 일 십 유 육 　곤 지 책 　백 사 십 유 사
乾之策[1]이 二百一十有六이오 坤之策이 百四十有四

범 삼 백 유 육 십 　당 기 지 일 　이 편 지 책 　만 유
라 凡三百有六十이니 當期之日하고 二篇之策이 萬有

일 천 오 백 이 십 　당 만 물 지 수 야 　시 고 　사 영
一千五百二十이니 當萬物之數也하니 是故로 四營

이 성 역 　십 유 팔 변 이 성 괘 　팔 괘 이 소 성
而成易하니 十有八變而成卦하니라 八卦而小成하니

인 이 신 지 　촉 류 이 장 지 　천 하 지 능 사 필 의
引而伸之하며 觸類而長之하면 天下之能事畢矣리니

국역 |

건의 책 수는 216이고 곤의 책 수는 144이니 합하면 360이다. 이는 한 해의 날 수에 해당된다. 주역 상하 2경의 산 가치 수는 11,520이니 만물의 수에 해당한다. 이런 까닭에 서죽筮竹을 네 가지로 경영하여 역易을 이루니, 18번 변하면 괘를 이룬다. 팔괘가 되면 작은 괘가 이루어

지니, 팔괘를 끌어와 중첩시켜 팔괘끼리 합쳐 큰 괘를 만들면 세상의 가능한 일이 다 구비된다.

난자풀이 |

1 策(책) : 산 가지. 서죽筮竹.

강설 |

점괘를 뽑을 때는 분分·괘掛·륵扐·귀歸의 방법을 세 번 반복하여 하나의 효를 얻는다. 여섯 개의 효를 얻기 위해서는 이를 열여덟 번 반복해야 한다. 세 번 한 뒤 남는 책策을 제외한 정책正策은 36, 32, 28, 24 중의 하나이다. 36은 노양老陽인 9가 네 번 들어있는 것이고, 32는 소음少陰인 8이 네 번 들어있는 것이며, 28은 소양少陽인 7이 네 번 들어있는 것이고, 24는 노음老陰인 6이 네 번 들어있는 것이다. 점법에서는 변화를 중시하여, 노양과 노음을 위주로 하여 보기 때문에, 건괘에서는 36의 노양을 취하고 곤괘에서는 24의 노음을 취한다. 그러므로 건괘의 여섯 효는 36이 여섯이니 216이 되고, 곤괘의 여섯 효는 24가 여섯이니 144이다. 이를 합하면 모두 360이 되니, 이는 일년의 날수와 일치한다.

주역 전체의 육십사괘 가운데 양효와 음효는 각각 192개이다. 그래서 양의 책 수는 36의 192배인 6912개이고, 음의 책 수는 24의 192배인 4068개이다. 이를 합하면 11,520개이다. 이것은 만물의 수에 해당한다. 만萬은 '모든 것'을 의미하므로 만물萬物이란 모든 존재란 말이 된다. 그러므로 실제로 만물이 11,520개뿐인 것은 아니지만, 11,520은 '모든 것'을 상징하는 수로 볼 수 있다.(이 부분은 일본日本 집영사集英社에서 간행한, 스즈끼요시지로鈴木由次郎의 『역경易經』에서 많이 인용하였음)

네 가지로 경영한다는 것은 시초를 두 부분으로 나누고, 그 중 하나를 걸고, 나머지를 넷씩 세고, 남는 것을 손가락 사이에 끼우는 것을 말한다. 이와 같은 것을 18번 하면 괘 하나를 이루니 '성역成易'이라고 했다. 성역은 역易을 만들어간다는 말이다.

역의 육십사괘는 팔괘를 중첩하여 만든 것이다. 팔괘를 끌어당겨 펼쳐서 만든다는 의미에서 인이신지引而伸之라고 했고, 팔괘의 종류를 각각 이어서 상하로 길게 만든다는 의미에서 촉류이장지觸類而長之라고 했다. 두 가지 모두 팔괘를 중첩하여 육십사괘를 만드는 과정을 설명한 것이다. 육십사괘가 완성되면 세상의 모든 일의 실천원리가 갖추어진다.

顯道(현도)하고 神德行(신덕행)이라 是故(시고)로 可與酬酢(가여수작)[1][2]이며 可與祐神矣(가여우신의)니 子曰知變化之道者(자왈지변화지도자)는 其知神之所爲乎(기지신지소위호)인저

국역 |

마땅한 길을 드러내주고 덕행德行을 신비롭게 제시해준다. 그러므로 참여하여 응대할 수 있고, 참여하여 신을 찬미하고 도울 수 있다. 공자께서 말씀하셨다. "변화의 도를 아는 자는 신의 작용을 알 것이다."

난자풀이 |

1. 酬(수) : 술잔을 돌리다.
2. 酢(작) : 술잔을 돌리다. 수작酬酢은 주객이 서로 술을 주고받는다는 뜻인데, 여기서 '응대한다'는 의미가 파생되어 나왔다.

강설 |

도道는 사람이 마땅히 가야 하는 객관적인 길이고, 덕德은 그 길을 행할 수 있는 능력이다. 도道가 없으면 덕德이 있어도 진리를 실천할 수 없고, 덕德이 없으면 도道가 있어도 진리가 실현될 수 없다. 역易은 객관적인 도道를 제시해 줌과 동시에 그 도道를 실천할 수 있는 구체적인 실천원리와 방도를 제시해 주기 때문에 '도道를 드러내주고 덕행을 신비롭게 제시해준다'고 했다. 덕德이 도道를 실천할 수 있는 능력이라면, 덕행은 도道를 실천하는 구체적인 행동방식이다.

사람이라면 누구나 『주역』을 읽고 그 이치를 깨우쳐, 진리를 인식할 수 있고 실천할 수 있다. 진리를 실천하는 것은 세상의 일에 참여하여 제대로 응대하는 것이고, 하늘의 뜻에 참여하여 그것을 따르고 돕는 것이다.

제 10 장

역 유 성 인 지 도 사 언 　 이 언 자 　 상 기 사 　 이 동
易有聖人之道四焉하니 以言者는 尚其辭하고 以動
자 　 상 기 변 　 이 제 기 자 　 상 기 상 　 이 복 서 자
者는 尚其變하고 以制器者는 尚其象하고 以卜筮者는
상 기 점
尚其占하나니라

국역 |

『주역』에 성인이 취하는 방법이 네 가지 있다. 말로써 실천하는 사람은 괘사와 효사를 숭상하고, 행동으로 실천하는 사람은 변화의 법칙을 중시하고, 문물제도를 만드는 사람은 상象을 중시하고, 점을 쳐서 실천하는 사람은 점치는 기능을 중시한다.

시이군자장유위야 장유행야 문언이이언
是以君子將有爲也하며 將有行也에 問焉而以言하

기수명야여향 무유원근유심 수지래물
니 其受命也如嚮이니 无有遠近幽深이 遂知來物하

비천하지지정 기숙능여어차
나니 非天下之至精이면 其孰能與於此리오

국역 |

그러므로 군자가 장차 무슨 일을 하고 무슨 행동을 하려 할 때에 점으로 물으면 말로써 제시해준다. 그가 그 명을 받는 것이 메아리가 소리에 응답하는 것 같아서 먼 것이나 가까운 것, 그윽한 것이나 심원한 것을 가리지 않고 마침내 미래의 일을 알게 된다. 천하에서 지극히 정밀한 사람이 아니면 누가 이런 일에 참여할 수 있겠는가?

강설 |

문問은 점을 쳐서 묻는 것이고, 기其는 군자를 가리킨다. 이언以言 다음에 답答 혹은 시示가 있어야 하니, 생략된 것으로 보아야 할 것이다.

군자가 어떤 일을 하거나 하려고 할 때, 점을 쳐서 역易에게 물으면 역易은 구체적인 말로써 분명하게 답변해준다. 그리고 군자는 그 답변을 주저함 없이 즉각 실천에 옮기니 마치 메아리가 소리를 따르는 것과 같다. 그렇게 하면 모든 일이 제대로 진행되지 않는 것이 없다.

『주역』의 명에 따라 진리를 실천하는 것은 지극히 정밀하고 순수한 사람이 아니면 가능하지 않다. 소인이라면 점괘를 뽑더라도, 자신의 마음에 들지 않거나 욕구를 만족시킬 수 없는 답변이 나오면 따르기를 주저하고, 심지어 무시함으로써 낭패를 당하게 되기 때문이다.

參伍以變(참오이변)하며 錯綜其數(착종기수)하여 通其變(통기변)하여 遂成天地之文(수성천지지문)하며 極其數(극기수)하여 遂定天下之象(수정천하지상)하니 非天下之至變(비천하지지변)이면 其孰能與於此(기숙능여어차)리오

1 參 2 伍 3 錯 4 綜 5 文

국역 |

각 효를 이리저리 섞어 봄으로써 변화를 만들고, 그 효의 수를 섞고 뒤집어 봄으로써 변화에 통달하여 천지의 모든 법칙을 이루며, 그 수를 끝까지 추극하여 천하의 모든 상을 정한다. 천하에서 지극히 변화를 아는 사람이 아니면 누가 이런 일에 참여할 수 있겠는가?

난자풀이 |

1 參(참) : 헤아리다. 섞이다.

2 伍(오) : 섞다. 섞이다. 참參은 '세 사람을 뒤섞는다'는 뜻이고, 오伍는 '다섯 사람을 뒤섞는다'는 뜻이므로, 참오參伍는 '이리저리 뒤섞어본다'는 뜻이다.

3 錯(착) : 섞다. 섞이다.

4 綜(종) : 바디. 바디는 위아래로 움직이는 것이므로, 종綜은 '위아래를 섞는다', '위아래를 뒤집는다' 등의 뜻을 갖는다.

5 文(문) : 운행원리.

강설 |

괘에는 각각 괘사와 효사가 있는데, 그것을 제대로 이해하기 위해서는 괘 자체가 의미하는 상징성과 내용을 이해하지 않으면 안 된다. 이를 위해서는 각 효의 상관관계를 이리저리 맞추어 보며 판단해야 한다. 초효와 이효의 관계, 초효와 삼효의 관계 또는 초효와 이효 및 삼효와의 관계, 초효와 이효·삼효·사효와의 관계 등을 두루 뒤섞어가면서 살펴야 그 변화과정을 이해할 수 있다. 이를 '삼오이변參伍以變'으로 표현했다.

또 각 효를 수대로 바꾸어 보기도 하고 뒤집어 보기도 해야 그 괘가 내포하고 있는 변화를 읽을 수 있다. 예컨대 건괘乾卦의 경우를 보자.

건괘에서 초효가 바뀌면 구괘姤卦가 된다. 건괘의 초효를 읽을 때는 구괘와의 관계를 생각해봐야 한다. 이효가 바뀌면 동인괘同人卦가 되니, 이효를 읽을 때는 동인괘와의 관계를 살펴서 읽어야 한다. 초효와 이효가 다 바뀌면 둔괘遯卦가 되므로 초효와 이효를 읽을 때는 둔괘와의 관계를 생각해야 한다. 또 여섯 효가 모두 바뀌면 곤괘坤卦가 되므로 괘 전체의 성격을 읽을 때는 곤괘와의 관계를 생각해야 한다. 또 둔괘를 뒤집으면 대장괘大壯卦가 되므로 둔괘는 대장괘와 반대되는 성격을 갖는다. 따라서 둔괘를 읽을 때는 대장괘를 참고해야 한다.

이처럼 각 효의 음陰양陽을 바꾸어 헤아리는 것이 착錯이고, 상하를 뒤집어 헤아리는 것이 종綜이다. 그 수數를 착종한다는 것은 각 효를 몇 개씩 착종하기도 하고 수대로 다 착종하기도 한다는 말이다.

각 효를 참오하고 착종하면 그 괘가 처한 상황의 변화를 읽을 수 있는데, 이를 변화에 달통한다는 의미에서 '통기변通其變'이라 했다. 역리를 이해하면 천지의 운행원리를 이해할 수 있다.

역리易理는 태극太極에서 음陰양陽, 사상四象, 팔괘, 육십사괘, 384효 등으로 확산된다. 그러므로, 384효를 추극하면 육십사괘를 알 수 있고, 육십사괘를 추극하면 팔괘를 알 수 있으며, 팔괘를 추극하면 사상四象을 알 수 있다. 그리고 사상을 추극하면 음陰양陽을 알 수 있고, 음陰양陽을 추극하면 태극을 알 수 있다. 그리하여 태극을 통찰하게 되면 세상의 모든 진리의 표상을 알 수 있다.

'극기수極其數'에 대해서는 이견이 분분하고 내용도 석연치 않다. 일반적으로는 서죽筮竹의 수를 추극하여 괘를 뽑아내는 과정으로 풀이하지만 이러한 해석 역시 명쾌하지 않다. 앞 문장에서 점의 내용을 설명하고 있는 것과 대조해 보면, 이것은 점괘를 뽑아 나온 괘를 읽고 해석하는 방법을 설명한 것으로 이해하는 것이 온당해 보인다. 그래서 괘를 풀이하는 방법으로 설명했다.

易(역)은 無思也(무사야)하며 無爲也(무위야)하여 寂然不動(적연부동)이라가 感而遂通天下之故(감이수통천하지고)하나니 非天下之至神(비천하지지신)이면 其孰能與於此(기숙능여어차)리오

▌국역 |

역의 진리는 사려하는 일이 없고 작위하는 일이 없다. 고요하여서 동요하지 않지만 감응하면 드디어 천하의 모든 이치에 통달한다. 천하에서 지극히 신묘한 사람이 아니면 누가 이런 일에 참여할 수 있겠는가?

▌강설 |

역易의 진리는 하늘의 작용을 대변한다. 하늘의 작용이 의식적인 생각 없이 자연히 진행되듯이, 역易의 진리도 생각함이 없다. 또 하늘의 작용이 의도적으로 작위함이 없듯이, 역易의 진리도 작위함이 없다. 따라서 역易의 진리에 통달하여 실천하면 하늘과 하나가 되어, 하늘의 작용을 하게 된다.

사람이 하늘의 작용을 하게 되면, 그 마음은 의식이나 분별이 개입되는 일이 없기 때문에 늘 고요하여 동요됨이 없다. 마음이 동요하는 것은 사려, 분별, 의식, 계산 등의 마음이 개입되어 '욕欲'이 생겼을 경우이다. 욕구가 생기면 욕구의 대상을 구하기 위하여 움직여야 하고, 순조롭게 구해지지 않으면 더욱 마음을 써야 하니, 그 동요는 더욱 커질 수밖에 없다.

마음에 욕심이 있으면, 세상의 모든 것에 욕심으로 감응하기 때문에 온전히 감응하지 못하게 된다. 예컨대, 돈에 대한 욕심이 강한 사람은, 돈을 버는 데 도움이 되는 사람에게는 잘 대하게 되고, 그렇지 않은 사람에겐 반대로 대하여 진실하게 감응하지 못한다.

마음에 욕심이 제거되어야 사람을 진실하게 파악할 수 있고, 대할 수 있다. 욕심이 제거되면 마음에 하늘의 뜻이 가득하게 되어 세상의 이치를 모두 파악하여 실천할 수 있다.

『주역』은 사람들이 개인적인 욕심을 버리고 하늘의 뜻을 알아 따르도록 유도한다. 『주역』의 가르침에 통달하면 세상의 모든 이치를 알아 자유자재로 대처하는 지극히 신령스런 상태에 도달할 수 있다.

부역 성인지소이극심이연기야 유심야고
夫易은 聖人之所以極深而研幾也니 惟深也故로
[1]
능통천하지지 유기야고 능성천하지무
能通天下之志하며 惟幾也故로 能成天下之務하며
유신야고 불질이속 불행이지 자왈역
惟神也故로 不疾而速하며 不行而至하나니 子曰易
유성인지도사언자차지위야
有聖人之道四焉者此之謂也라

국역 |

그러므로 역易은 성인이 심오함을 다하고 조짐을 연구하는 수단이다. 심오하기 때문에 세상의 이치에 통할 수 있고, 조짐을 보고 움직이기 때문에 천하의 일을 성취할 수 있다. 그 작용이 신묘하므로 빨리 가지 않아도 빠르고 가려고 의도하지 않아도 이를 수 있다. 공자께서 말씀하신 "『주역』에 성인의 도가 네 가지 있다"고 한 것이 이것을 말한다.

난자풀이 |

[1] 以(이) : 이以의 목적어는 역易이다. 이 문장은 이역극심이연기以易極深而研幾이므로 역易은 극심極深하고 연기研幾하는 수단이 된다.

강설 |

『주역』은 진리에 도달하는 길을 제시하고 있기 때문에, 성인聖人이 되는 것을 개인적인 목표로 하는 사람들에게 가장 중시되는 경전이다. 역의 이치에 통달하여 그 행동이, 마음 깊숙한 곳에 있는 성性, 즉 천명天命에서 나온다면 천하의 모든 일에 자연으로 대처할 수 있다. 모든 일은 일어나기 전에 조짐이 있다. 건물은 무너지기 전에 균열이 가는 조짐을 보인다. 이 조짐을 보고 미리 대처를 하면 큰 문제가 없겠지만, 그렇지 않다면 엄청난 화를 면할 수 없다. 조짐을 보고 대처한 것은, 외양상 특별한 대처를 하지 않은 것처럼 보일 수 있지만, 기실은 많은 인명과 건물을 구제한 것이니, 큰일을 성취한 것이다.

역리易理를 알아 하늘의 뜻을 따르는 사람은, 헤아리지 않고 의도하지 않아도 무심히 일을 이룬다. 동해안의 강에서 부화된 연어는 알래스카 앞 바다에서 성장한 뒤 다시 산란을 위해서 원래의 강으로 돌아온다. 하지만 이 연어는 동해안의 강으로 가려는 생각을 가지고 방향을 찾아서 가는 것이 아니다. 단지 무심한 상태에서 때가 되면 헤엄칠 뿐이다. 이 경우는 빨리 가려는 의도를 가지고 이리저리 궁리하는 것보다 더 빠르게 간다. 또 그 강으로 가야 한다는 의도나 의식 없이 다만 헤엄만 쳤지만 거기에 도착할 수 있다. 역리를 따르는 사람의 삶의 모습이 바로 이와 같다.

제 11 장

子曰夫易은 何爲者也오 夫易은 開物[1]成務하여 冒[2]天下之道하나니 如斯而已者也라 是故로 聖人이 以通天下之志하며 以定天下之業하며 以斷天下之疑하나니라

(자왈부역 하위자야 부역 개물성무 모천하지도 여사이이자야 시고 성인 이통천하지지 이정천하지업 이단천하지의)

국역 |

공자께서 다음과 같이 말씀하셨다. 역은 무엇을 위한 것인가? 역은 만물에게 참된 삶의 방식을 열어주고, 역할을 수행할 수 있도록 하며, 천하의 모든 도리를 망라하는 것이니, 이와 같을 뿐이다. 이런 까닭에 성인은 주역의 이치로써 천하의 모든 뜻에 통하고, 천하의 모든 일을 정하며, 천하의 의심스러운 모든 문제를 단정한다.

난자풀이 |

[1] 物(물) : 만물. 여기서는 주로 '사람'을 지칭하는 것으로 보아야 할 것이다. 따라서 개물開物이란 '사람들에게 참다운 삶의 방식을 열어 보여준다'는 뜻으로 이해할 수 있다.

[2] 冒(모) : 덮다. 전체를 덮는 것은 전체를 망라하는 것이므로 '망라한다'고 번역하였다.

강설 |

만물은 천지의 변화와 사시四時의 변화에 순응하여 자신의 삶을 영위하는 존재들이다. 역의 이치는 천지변화의 원리와 사시운행의 원리 등을 담고 있어, 자연의 변화 속에서의 참되게 존재하고 생존할 수 있는 방식을 보여주고, 제 역할을 할 수 있도록 가르쳐 준다. 그러므로 역리는 천하 만물의 모든 삶의 이치를 망라하고 있다고 볼 수 있다.

그러므로 성인聖人은, 역의 이치를 통하여 세상의 모든 존재들의 의지를 알 수 있다. 하늘의 작용은 만물을 살리는 작용이고, 모든 생명체는 삶으로 향하는 의지를 가지고 있다. 그래서 인간의 본성과 존재들의 삶의 의지를 아는 성인은 세상의 모든 일을 삶의 방향으로 나아가도록 확정하였다. 그리고 확정하기 힘든 의심스러운 문제들에 대해서도 삶의 방향으로 나아가는 것은 바른 것이고, 그 반대의 것은 그른 것으로 결단 내렸다.

是故(시고)로 蓍之德(시지덕)은 圓而神(원이신)이오 卦之德(괘지덕)은 方以知(방이지)오 六爻之義(육효지의)는 易以貢(역이공)[1]이니 聖人(성인)이 以此(이차)로 洗心(세심)하여 退藏於密(퇴장어밀)하며 吉凶(길흉)에 與民同患(여민동환)하여 神以知來(신이지래)코 知以藏往(지이장왕)하나니 其孰能與於此哉(기숙능여어차재)리오 古之聰明叡[2]知神武[3](고지총명예지신무)而不殺者夫(이불살자부)인저

국역 |

그러므로 시초蓍草의 능력은 다양하게 괘를 뽑아내는 원만함을 가지고 있으면서 신묘하고, 괘의 성질은 일정한 것을 가지고 있으므로 사람에게 변화의 유형을 알려주며, 육효六爻의 뜻은 변화의 법칙[역리易理]을 제시하여 사람에게 변화에 대처하는 지혜를 제공해준다. 성인은 이 괘와 효의 내용을 가지고 마음의 욕심을 씻어내고, 가만히 물러나 마음 속 은밀한 곳에 역의 진리를 간직한다. 그러다가 길吉한 상황과 흉凶한 상황에 처하게 되면 백성과 함께 근심한다. 신묘한 능력으로 미래의 일을 알고 지혜로운 마음으로 과거의 일을 간직한다. 그 누가 이러한 일에 참여할 수 있겠는가? 옛날의 총명聰明하고 예지叡智하며 신묘하고 씩씩하면서도 사람을 함부로 죽이지 않는 자일 것이다.

난자풀이 |

1 易(역) : 역리. 변화의 이치와 방법.
2 叡(예) : 밝다.
3 武(무) : 씩씩하다.

강설 |

시초를 통한 점괘는 특정한 괘만을 뽑아내는 것이 아니라 점치는 자의 상황에 맞게 다양한 괘를 제시해 주니, 원만하다고 할 수 있고, 또 언제나 상황에 맞는 괘를 정확하게 뽑아주니 신묘하다.

일단 나온 점괘는 예순 네 가지의 변화 유형 중 점치는 자에게 해당하는 것이기 때문에 특정한 괘의 형태를 갖는다. 그래서 '방方'이라 했다. '방方'이란 일정한 방향과 모양이 있는 것을 말한다. 괘는 일정한 유형을 제시하여, 그 당면한 상황과 변화, 그리고 그에 대처하는 방도를 알려준다.

각 효는 괘의 일정한 변화의 유형 안에서 일어날 수 있는 다양한 변화의 양상을 설명하여 각각의 상황에 대처하는 방안을 세밀하게 제공한다. 이 괘와 효의 지시를 따르는 것은 진리에 따른 실천을 하는 것이니, 곧 성인이 되는 것이다. 성인이란 역의 이치를 가지고 사심을 모두 씻어낸 사람이다.

태초에 인간은 누구나 역리를 실천하는 능력을 갖고 있었고, 또 실천했다. 그러나 인간들이 대립하고 경쟁하고, 욕심을 갖게 되면서, 본성이 가려지고 그 능력을 상실하여, 역리를 실천할 수 없게 되었다. 대체로 욕심에 의해 움직이는 마음은 진리와는 반대 방향이기 때문에, 욕심이 가득한 사람이 점괘를 뽑으면 그 괘의 지시가 자신의 생각과는 반대의 방향으로 나오는 경우가 보통이다. 이런 경우, 욕심을 억제하고 괘의 지시를 따라 실천을 계속하면, 개인적인 욕심이 서서히 사라지게 된다. 그래서 역리는 사람들의 마음속에서 욕심을 씻어내는 길잡이가 된다. 그리고 실제로 역리를 바탕으로 하여 마음의 욕심을 씻어내고, 그 안에 역의 진리를 간직하고 있는 사람이 성인이다.

마음을 씻어내어 마음속에 역리를 간직하고 있는 성인은 모든 사람을 자신처럼 생각하고, 그들의 마음을 자신의 마음처럼 안다. 그래서 백성들의 길흉화복에 대해서도 그들과 함께 걱정하고 즐거워한다.

역易의 이치에 통달한 성인은 조짐을 보고 천지의 운행원리를 연역하여 신비스러운 능력으로 미래의 일을 예견하고 그에 대처한다. 그리고 과거의 일 중에서도 현재와 미래에 교훈이 될만한 것은 잘 기억하여 자료로 삼는다. 이것이 과거의 일을 지혜롭게 간직하는 것이다.

시 이 명 어 천 지 도 이 찰 어 민 지 고 시 흥 신 물
是以明於天之道而察於民之故하여 是興神物하여

이 전 민 용 성 인 이 차 재 계 이 신 명 기 덕 부
以前民用하니 聖人이 以此齋戒하여 以神明其德夫

인저

국역 |

이 때문에 하늘의 도道에 밝고, 백성의 일에 상세하여, 이에 신물神物인 시초를 생기게 해서 백성의 쓸 것에 대비하여 미리 갖추도록 해야 하는 것이니, 성인聖人은 이 때문에 재계하여 자기의 능력을 신비하고 밝게 만들기 위하여 계속 노력한다.

강설 |

성인은 자신의 욕심을 씻어 제거하고 역의 진리를 간직하고 있으니, 하늘의 뜻에 밝고, 만물의 뜻을 상세히 안다. 때문에 개인적으로 자신의 삶을 바람직한 방향으로 이끌기 위해 더 노력할 필요가 없는 존재이다. 천지의 마음과 완전히 하나가 된 이상적인 존재이므로, 그의 일은 이제 다른 사람의 삶을 바람직하게 이끄는 것으로 전환된다.

인류로 하여금 하늘의 뜻에 따라 살도록 인도하는 것이 성인의 유일한 사명이다. 성인은 이를 위해 준비하고 계속 노력한다.

시고 합호 위지곤 벽호 위지건 일합
是故로 闔戶를 謂之坤이오 闢戶를 謂之乾이오 一闔
일벽 위지변 왕래불궁 위지통 현 내
一闢을 謂之變이오 往來不窮을 謂之通이오 見을 乃
위지상 형 내위지기 제이용지 위지법
謂之象이오 形을 乃謂之器오 制而用之를 謂之法이오
이용출입 민함용지 위지신
利用出入하여 民咸用之를 謂之神이라

국역 |

이런 까닭에 문을 닫는 것을 곤坤이라 하고, 문을 여는 것을 건乾이라 하며, 닫았다가 열었다가 하는 것을 변變이라 하고, 가고 옴이 무궁한 것을 통通이라 하며, 나타난 것을 상象이라 하고, 형체로 구체화된 것을 기器라 한다. 만들어 쓰는 것을 법法이라 하고, 문을 이용하여 나가고 들어가는데 이는 백성이 모두 쓰는 것이니 이를 신神이라 한다.

강설 |

역易의 이치는 모든 사람들이 실천해야 하는 도리이니, 사람들이 드나드는 문에 비유할 수 있다. 문을 열어 바깥으로 통하는 것은 양에 해당하는 일이니, 건乾이오, 문을 닫아 정지시키는 것은 음의 일에 해당하니, 곤坤이다.

문을 닫고 여는 것은, 건과 곤의 작용, 즉 음양의 작용이다. 음양의 작용에 의하여 천지 자연 만물의 변화가 일어나니 이를 변變이라 하였다.

역易의 이치는 만물의 삶에 공통적으로 적용되는 변화의 원리이면서 음양의 작용을 무궁하게 계속하는 것이니, 이를 통通이라 했다.

역리가 추상적으로 표현된 것을 상象이라 하고, 구체적인 형태로 드러난 것을 기器라고 한다. 예禮는 성인이 역리에 따라 인간이 사회적으로 지켜야 할 절도로 제정한 것이니, 기器라고 할 수 있다.

또 역리에 따라 사람이 사회적으로 지키고 실천해야 할 규칙을 제정한 것이 법法이다. 역리는 모든 사람이 사용해도, 그 범위가 무궁하기 때문에, 이를 신통하다는 의미에서 신神이란 말로 표현했다.

시고 역유태극 시생양의 양의생사상
是故로 易[1]有太極[2]하니 是生兩儀[3]하고 兩儀生四象[4]하고
사상생팔괘 팔괘정길흉 길흉생대업
四象生八卦하니 八卦定吉凶하고 吉凶生大業하나니라

국역 |

이러한 까닭에 역易에는 태극太極이 있으니, 이것이 양의兩儀가 되고, 양의는 사상四象이 되며, 사상은 팔괘八卦가 되니, 팔괘는 길吉함과 흉凶함을 정하고, 길흉吉凶은 큰 사업을 생성한다.

난자풀이 |

[1] 易(역) : 역리. 주역에서 말하는 진리.

[2] 太極(태극) : 최고 단계의 역리.

3 兩儀(양의) : 두 가지 거동. 일반적으로 이를 음양으로 파악한다.

4 四象(사상) : 태양, 소양, 태음, 소음의 네 형태를 말한다.

강설 |

삶의 길은 버스를 타고 구불구불한 길을 가는 것처럼 변화가 많고 복잡하다. 멀미 없이 목적지까지 도달할 수 있는 방법이 바로 역리에 따라 사는 것이다. 그 완벽한 역리가 태극이다. 태극을 실천하는 삶은 완벽한 삶이 될 수 있다. 이러한 삶은 자기 의식을 초월하여 사는 것이다. 예컨대 달리는 차안에서도 전혀 멀미를 하지 않는 잠자는 사람이 취하는 상태이다. 잠자는 사람은 자신을 초월하여 버스와 한 몸이 되어 함께 변화한다. 차와 하나가 되어 있으므로 자신이 변화 그 자체이다. 이러한 형태로 살아가는 차원이 태극의 상태이다. 역리의 최고 경지는 자연의 변화 그 자체와 하나되어 사는 것이다. 즉 태극이다. 이런 의미에서 '역유태극易有太極'이라고 했다.

그러나 자는 상태로만 인생을 살 수는 없다. 복잡한 사회를 상대로 하여 생활해야 하기 때문이다. 이는 깨어있는 상태에서 버스를 타고 가는 경우에 해당한다. 이러한 경우, 차멀미를 줄이기 위해서는 의도적으로 차의 움직임과 함께 해야 한다. 급격히 좌회전을 할 때는 몸을 왼쪽으로 기울이고, 오른쪽일 때에는 역시 오른쪽으로 기울여 변화에 능동적으로 대처하는 것이다. 그러기 위해서는 기울여야 할 방향이 왼쪽인가 오른쪽인가를 파악해야 한다. 이처럼 변화의 폭을 크게 둘로 파악하고 대처하는 차원이 음양의 차원이다. 왼쪽이 음陰이라면 오른쪽은 양陽이다. 그런데 삶의 과정은 복잡하기 때문에 왼쪽과 오른쪽의 두 길만 있는 것이 아니다. 정지해야 할 때도 있고, 나아가야 할 때도 있으며, 소극적으로 대처해야 할 때도 있고, 적극적으로 대처해야 할 때도 있다. 이처럼 다양한 변화를 두 가지 양태로 상징하여 표현한 것이 음陰과 양陽이다.

태극의 상태에서 버스를 타고 가는 사람은, 외양으로는 버스의 움직임에 일체가 되어 가고 있지만, 자신은 그 변화를 의식하지 않는다. 왼쪽으로 가고 있지만 왼쪽으로 가는 것이 아니고, 오른쪽으로 가고 있지만 오른쪽으로 가는 것이 아니다. 다만 다른 사람들의 눈에 왼쪽 오른쪽으로 버스와 함께 몸이 기우는 것처럼 보일 뿐이다. 태극도 마찬가지다. 태극을 실천하는 입장에서는, 음陰과 양陽이라고 하는 구별된 변화를 하는 것이 아니다. 음양을 초월하여 단지 혼연일체가 된 상태에서 변화를 할 뿐이다. 그러므로 이런 입장에서는 태극을 실천할 뿐, 음양을 실천하는 것이 아니다.

그러나 태극을 실천하지 못하는 입장에서 보면, 태극은 왼쪽 오른쪽으로 움직이며 계속 변화하는 것처럼 보인다. 즉 태극은 태극으로 인식되는 것이 아니라, 음양으로 인식된다. 태극은 실천할 수는 있지만 인식할 수는 없다. 인식은 구별이 있어야만 가능하기 때문이다. 결국 인식을 통한 실천은 음양에서 비롯된다. 인식을 통해 태극을 실천하기 위해서는 음양의 변화를 인식하여 능동적으로 변화에 대처하는 방법 외에는 없다. 이러한 의미에서 태극은 음陰과 양陽이라고 하는 양의兩儀, 즉 두 가지 변화 양태가 된다고 했다.

그러나 실제로 복잡한 삶의 과정이 음陰과 양陽의 두 가지 양태로 해결될 수 있는 것은 아니다. 왼쪽으로 기울일 경우에도 많이 기울여야 할 때와 조금 기울여야 할 때가 있다. 적극적으로 대처하는 경우 역시, 아주 적극적으로 할 때와 조금 적극적으로 해야 할 때가 있다. 그래서 음양의 변화는 다시 세분하여 관찰하지 않으면 안 된다. 이를 세분하여, 네 가지 형태로 유형화한 것이 사상四象이다. 그래서 '양의는 사상이 된다'고 했다. 사상은 태음太陰, 태양太陽, 소음少陰, 소양少陽의 넷을 말한다.

그러나 사상으로도 복잡한 변화의 모습을 다 표현할 수 없기 때문에 다시 세분화한 것이 팔괘八卦이다. 그래서 '사상은 팔괘가 된다'고 했다. 팔괘를 다시 중첩하여 64개의 괘를 만든 것이 역易인데, 여기서는 육십사괘까지 언급하지는 않았다. 육십사괘는 팔괘를 중첩한 것에 불과하므로, 팔괘가 만들어지면 변화의 기본적인 유형이 완성된 것이기 때문이다. .

팔괘에서는 삶의 과정에서 나타날 수 있는 변화의 유형을 확정하고, 대처 방안을 제시했다. 그 변화에 잘 대처하면 길吉하고, 잘 대처하지 못하면 흉凶하다. 그래서 '팔괘가 길흉을 결정한다'고 했다.

길흉이 결정되면, 사람들은 길吉하게 되는 길을 따르고 흉凶하게 되는 길을 피해야 한다. 그러면 누구나 위대한 업적을 달성할 수 있다. 그래서 '길흉은 대업을 낳는다'고 했다.

『중용』에서, "지극히 정성스러운 하늘의 작용과 일체가 되는 사람은, 힘쓰지 않고 적중하고, 생각하지 않고 얻어져, 조용히 진리에 합치된다"고 했다. 이러한 상태가 바로 태극을 실천하는 상태이다.

시 고 법 상 막 대 호 천 지 변 통 막 대 호 사 시
是故로 法象이 莫大乎天地하고 變通이 莫大乎四時

현 상 저 명 막 대 호 일 월 숭 고 막 대 호 부 귀
하고 [1] 縣象著明이 莫大乎日月하고 崇高 莫大乎富貴

비 물 치 용 입 성 기 이 위 천 하 리 막 대
하고 備物하며 致用하며 立成器하여 [2] 以爲天下利 莫大

호 성 인 탐 색 색 은 구 심 치 원 이 정 천 하
乎聖人하고 探賾索隱하며 鉤深致遠하여 以定天下

지 길 흉 성 천 하 지 미 미 자 막 대 호 시 귀
之吉凶하며 成天下之亹亹者 [3] 莫大乎蓍龜하니라

국역 |

이렇기 때문에 본보기가 되고 모범이 되는 것은 하늘과 땅보다 더 큰 것이 없고, 변하고 통하는 것은 네 계절보다 더 큰 것이 없고, 모범을 나타내서 드러내고 밝히는 것은 해와 달보다 더 큰 것이 없으며, 숭고함은 부귀보다 더 큰 것이 없다. 인생살이에 필요한 것을 갖추어 사용할 수 있도록 제공하고, 천지자연의 형상과 이치를 파악하여 문명의 이기를 만들어 천하 사람들에게 편리함을 제공한 것은 성인보다 더 큰 것이 없다. 복잡하고 어지러운 것을 더듬어서 풀어내고, 은밀한 것을 들추어내며, 헤아릴 수 없이 심오한 것을 끄집어내고, 고원한 것을 이루어내어 세상의 모든 길흉을 단정하며, 천하의 모든 사람들의 부지런함을 이루는 것은 시초와 거북보다 더 큰 것이 없다.

난자풀이 |

1 縣(현) : 현懸과 통용.
2 立(립) : 입立의 아래에 상象이라는 글자가 있어야 할 것인데 생략된 것으로 봐야 할 것이다. 주자는 입立 아래에 궐문이 있을 것이라고 했고, 채침蔡沈은 입立 아래에 상象자가 있어야 한다고 했다.
3 亹亹(미미) : 부지런히 움직이는 모양.

강설 |

사람은 시간적·공간적 변화 속에서 살아간다. 사람이 타고 있는 공간적 변화의 으뜸은 천지天地이고, 시간적 변화의 으뜸은 사계절이다. 그러므로 태극을 실천하는 완벽한 삶은 천지의 변화와 하나 되고, 사계절의 변화와 하나 되는 것이다.

천지라는 공간 속에서, 사계절이라는 시간의 변화를 이끌고 가는 운전기사는 해와 달이다. 버스를 타고 갈 때, 차멀미를 줄이는 최고의 방법이 버스의 변화와 함께 하는 것이고, 그 구체적인 방법 중의 하나가 운전기사와 같은 방법을 취하는 것이다. 이처럼, 해와 달의 운행을 따르는 것은 바로 천지를 본보기로 하고, 사계절의 변화에 따라 변통하는 것이다. 그래서 해와 달이 천지와 사계절의 변화에 따라 운용하는 모범을 드러내 밝힌다고 했다. 해와 달의 운행을 따르는 사람은 태양이 뜰 때 일어나고, 질 때 들어와 잔다. 그리고 달의 운행을 보고 밭 갈고 씨뿌린다. 그렇게 함으로써 하늘과 땅의 작용에 따르고, 사계절의 변화에 따른다. 이러한 삶이 최고의 삶이고, 진리를 따르는 삶이다. 이러한 삶을 영위하는 존재는 그 존재가 고귀하고 그 삶이 넉넉하다. 그래서 '부귀보다 더 숭고한 것이 없다'고 했다.

그러나 이러한 숭고한 삶이 쉽게 실현되는 것은 아니다. 이미 하늘과 땅의 변화와 사시의 변화, 그리고 일월의 변화와 혼연일체가 되어 있지 못하고, 그 변화를 통찰하여 파악하지 못하고 있기 때문이다. 그러므로 역리와 하나된 성인聖人이 천지의 상황과 사계절의 변화 및 일월의 운행의 법칙을 파악하여, 천문과 역법을 만들어 사람들이 사용할 수 있게 하였다. 그리고 농기구와 가옥 등 문명의 이기를 만들고, 예의와 문자 등의 문화를 만들어, 인간이 편리하고 문화적인 삶을 영위하도록 하였다.

문명의 이기를 사용하고 문화생활을 누리며 살면서도 인간은 감당하지 못하는 변화와 복잡한 갈등, 그리고 예기치 못한 재난 등에 대비해야 한다. 변화에는 눈에 잘 보이지 않아 인식하기 힘든 변화도 있다. 그 변화에 잘 대처하면 길하고, 그렇지 못하면 흉하다. 이렇게 감지하기 힘든 변화에 대처하는 방법으로 만들어진 것이 시초점과 거북점이다. 이 시초와 거북에 의한 점을 통하여, 사람들은 열심히 흉한 것을 피하고 길한 것으로 나아갈 수 있게 되었다.

시고 천생신물 성인 측지 천지변화
是故로 天生神物이어늘 聖人이 則之[1]하며 天地變化어

성인 효지 천수상 현길흉 성인
늘 聖人이 效之[2]하며 天垂象하여 見[3]吉凶이어늘 聖人이

상지 하출도 낙출서 성인 측지
象[4]之하며 河出圖하며 洛出書이어늘 聖人이 則之하니라

국역 |

이런 까닭에 하늘이 (시초, 거북 등의) 신통한 물건을 만들었으니 성인은 이것을 본받는다. 하늘과 땅이 변화하니 성인은 이것을 본받는다. 하늘이 상象을 드리워 길흉을 나타내니 성인은 이것을 본받는다. 황하[하수河水]에서 용마의 그림이 나오고 낙수洛水에서 거북이 등에 새긴 글이 나왔으니 성인은 이것을 본받는다.

난자풀이 |

[1] 則(측) : 원칙이나 법칙을 따르는 것. 행동강령이나 방법을 따르는 것.

[2] 效(효) : 앞서 가는 사람이나 다른 움직임을 따라 하는 것을 말한다.

[3] 見(현) : '나타낸다'는 뜻으로, 이때는 음이 '현'이다.

[4] 象(상) : 흉함을 피하고 길한 방향으로 나아갈 수 있는 길을 파악하여 실행하는 것. 운전하는 것에 비유한다면, 지정속도, 교통신호, 주차금지 등의 지시사항을 준수하여 규칙대로 운전하는 것은 칙則이고, 모범운전사의 뒤를 따라가면서 그의 방식을 따르는 것이 효效이며, 위험한 곳에 해골을 그려놓고 돌이 떨어지기 쉬운 곳에 돌이 떨어지는 표시를 해놓으며, 급커브길에는 급커브의 표시를 해놓았으므로 그 모양을 보고 안전운행을 하는 것이 상象이다.

강설 |

성인은 시초나 거북 같은 신물神物을 가지고 하늘이 정해준 법칙에 따라서 점을 치기 때문에 측지則之한다고 했다. 그리고 또 천지의 변화에 혼연일체가 되어 변화하기 때문에 효지效之한다고 했다. 성인은 하늘의 뜻이 제시된 괘의 모양에 따라 흉凶하게 되는 길을 피하고 길吉하게 되는 길을 택하여 가므로, '상지象之한다'고 했다.

하늘은 황하에서 나온 거북이 등에 있는 그림과, 낙수에서 나온 용마의 등에 있는 그림을 통하여, 천지의 운행 법칙을 제시했고, 성인은 그 법칙에 따라 인간의 삶의 도리와 법칙을 만들었다. 그래서 '측지했다'고 했다.

易有四象(역유사상)은 所以示也(소이시야)오 繫辭焉(계사언)은 所以告也(소이고야)오 定之以吉凶(정지이길흉)은 所以斷也(소이단야)라

국역 |

주역에 사상四象이 있음은 역리를 보여주기 위함이고, 설명하는 말을 붙인 것은 역리를 알려주기 위함이다. 길흉으로써 정한 것은 역리를 단행하기 위함이다.

강설 |

완벽한 삶은 태극을 실천하는 것이다. 그러나 그것은 쉽지 않고, 또

인식하기 어렵다. 그래서 사람들이 잘 알 수 있도록 음양, 사상, 팔괘, 육십사괘 등의 부호를 통하여 역리를 표현하였다.

그런데 육십사괘 등의 부호를 통해 표현해 놓아도, 사람들은 그 내용을 잘 파악하지 못하였다. 그래서 각각의 괘에 설명하는 글을 붙여 역리를 드러냄으로써, 사람들에게 참된 삶의 길을 제시하였다.

설명을 통하여 역리를 알림으로써 참다운 삶의 방식을 제시했어도, 그 참된 삶의 추구를 용이하게 하지 못하였기 때문에 다시 길흉으로 규정하여 실천을 촉구하게 되었다. 그래야만 역리에 따른 삶을 실행할 것이기 때문이다. 그럼에도 불구하고 그러한 삶을 실행하지 않는다면 더 이상의 방법은 없다.

그러므로 태극을 실천하는 사람에게는 괘가 필요가 없고, 괘를 보고 역리를 통찰하는 사람에게는 괘사가 필요 없다. 그리고 괘사를 보아 실천하는 사람에게는 길흉을 말할 필요가 없다. '사상四象'이라고 한 것은 음양, 사상, 팔괘, 육십사괘 등을 대표하여 한 말이다.

제 12 장

易曰自天祐之라 吉无不利라하니 子曰祐者는 助也니 天之所助者 順也오 人之所助者 信也니 履信思乎順하고 又以尚賢也라 是以自天祐之吉无不利也니라 [1]

국역 |

역(대유괘 상구上九의 효사)에서 말하기를, "하늘로부터 도와 길吉하고 이롭지 않음이 없다"라고 하였다. 공자께서 말씀하셨다. "우祐란 돕는다는 것이다. 하늘이 도와주는 것은 하늘의 뜻을 따르는 사람의 경우이고, 사람이 도와주는 것은 미더운 사람의 경우이다. 미더움을 실천하고 하늘의 뜻에 따를 것을 생각하며, 또한 그러한 마음으로 어진 사람을 숭상하므로 그 때문에 하늘에서부터 도와주어 길吉하고 이롭지 않음이 없다."

난자풀이 |

1 以(이) : 이以의 목적어는 앞에 나온 이신사호순履信思乎順이다.

강설 |

하늘은 모든 존재가 공통으로 가지고 있는 '생명력'이며 '삶의 의지'이다. 배고플 때 먹도록 유도하고, 피곤하면 쉬도록 유도하며, 밤이 되면 자도록 유도하는 것 등등은 모두 궁극적으로는 하늘의 뜻이오, 자연의 원리이다. 이러한 자연의 원리에 따라 사는 것은 하늘의 뜻을 따르는 것이고, 그렇게 하면 삶이 충만해진다. 이것이 바로 '하늘이 돕는 것'이라 볼 수 있다. 이는 삶의 모든 양상에 적용될 수 있다. 모든 삶의 과정에서 하늘의 뜻을 따르면 삶이 충만해지고, 그렇지 않으면 위축된다.

사람은 서로 돕고 살기 마련이다. 혼자 힘만으로 살아 갈 수 있는 사람은 없다. 도움을 많이 받을 수 있는 사람은 상대적으로 삶이 순조롭고, 그렇지 못한 사람은 고달프다. 그렇다면 도움을 많이 받을 수 있는 경우는 어떠한 경우인가?

인간의 삶은 사랑받고 인정받을수록 충만해진다. 그래서 자신을 사랑해 주고 인정해 주는 사람에게로 마음이 기울게 마련이다. 마음이 가면 도와주고 싶어진다. 그래서 많은 사람을 사랑하고 인정할 줄 아는 사람은 그 만큼의 사람들로부터 도움을 받게 된다. 남을 사랑하고 인정하는 마음을 지속적으로 가지고 있는 것이 신信이다. 신의가 있는 사람은 남들로부터 많은 도움을 받게 된다.

그러나 도움을 받을 목적으로 남을 사랑하고 인정하는 것은 옳지 않다. 목적의식을 가지고 사랑을 베푸는 경우라면 상대가 강도强盜이거나 매국노라 해도 가능할 것이기 때문이다. 오히려 그러한 사람들은 미워하는 것이 마땅한 것이니, 그것이 의義이다.

남을 사랑하고 인정하는 마음이 그 대상을 선택해야 하는 상황에서는 갈등이 야기될 수밖에 없다. 예컨대, 일정 수의 학생만을 수용하는 학교에 그 이상이 지원했거나, 마찬가지의 상황에 있는 조직에 그 이상이 지원한 경우 등이다.

이러한 경우에는, 개인적 감정이나 대상의 배경 등에 의거하여 인물을 선택해선 안 된다. 공평하게 시험을 치러 현명한 사람 순으로 선발해야 한다. 그래서 '신의를 실천하고 하늘의 뜻에 따르면서도 현명한 사람을 숭상해야 한다'고 했다.

자왈서부진언　　언부진의　　연즉성인지의　　기
子曰書不盡言하며 言不盡意니 然則聖人之意를 其
불가견호　　자왈성인　　입상이진의　　설괘이진
不可見乎아 子曰聖人이 立象以盡意하며 設卦以盡
[1]
정위　　계사언이진기언　　변이통지이진리
情僞하며 繫辭焉以盡其言하며 變而通之以盡利하며
고지무지이진신
鼓之舞之以盡神하니라

국역 |

공자께서 말씀하셨다. "글은 말을 다하지 못하며, 말은 생각을 다하지 못하니, 그렇다면 성인聖人의 생각을 알 수 없는가?" 공자께서 말씀하셨다. "성인은 상象을 세워서 생각을 나타내고, 괘卦를 설치하여 참과 거짓을 가려내며, 말[辭]을 붙여서 자기의 할 말을 다하고, 변화하고 통하여 이로움을 다하며, 북 치고 춤추게 하여 신령스러움을 다한다."

난자풀이 |

1 見(견) : '안다'는 뜻이다.

강설 |

태극은 그 자체로는 인식할 수 없으니, 말로 표현할 수도 없다. 단지 음양의 형태로 인식할 수 있을 뿐이다. 음양은 모든 변화의 양상을 두 가지로 유형화하여 상징적으로 표현한 것이기 때문에 그 내용을 말이나 글로 표현할 수 없다. 만약 음을 좌左, 양을 우右라고 정의한다면, 그것은 음과 양의 지극히 작은 한 부분만 말한 것이다. 그리고 이 규정으로 인하여 동정動靜, 명암明暗, 남녀男女 등등의 나머지 내용들이 모두 은폐되어 버린다. 그래서 결국 음양으로 파악된 태극의 내용은 '말'로는 표현 불가능하다. 더욱이 '글[書]'은 시공간적 제한성으로 인해 억양이나 높낮이 등을 나타낼 수 없으므로 말의 내용을 모두 표현할 수가 없다.

따라서 성인은 태극의 내용을 추상화하여 음양이라는 추상적인 개념으로 표현하고, ☯ 또는 ⚊, ⚋, ☰, ☷, ☵, ☷ 등의 부호로 나타내었다. 이 상징부호들이 상象에 해당한다. 그래서 '성인이 상象으로써 생각을 나타냈다'고 했다.

처음에는 이 상象들을 보고, 사람들이 역리易理를 이해했지만 시간이 흐르면서 점차 이러한 상象만으로는 이해하지 못하게 되었다. 그래서 이 상象을 더욱 세밀하게 표현하여 괘를 그렸다. 괘를 통하여 상象을 보는 올바른 방법과 그른 방법을 가려 제시한 것이다.

그렇지만 사람들은 괘를 보고도, 역리를 파악하지 못하여, 이에 다시 괘사와 효사를 붙여 말로 표현 가능한 것을 다하였다.

괘사와 효사를 통하여, 변화하는 상황과 통하는 상황을 표현하여 태극을 실천하는 구체적인 방안을 제시하였다. 그러나 이것을 보고도 태극의 진리를 실천하지 않으니, 태극을 실천하는 것이 자신에게 이롭다는 것을 제시하여 실천을 유도하고 고무시켰다.

그리하여 사람들로 하여금, 무궁한 역리를 실천하도록 고무하고 격려했기 때문에 신령스러움을 다한다고 했다.

乾坤은 其易之縕耶[1]인저 乾坤成列而易立乎其中矣니 乾坤毁則无以見易이오 易을 不可見則乾坤이 或幾乎息矣리라

국역 |

건곤은 역리가 다 쌓여있는 곳인가? 건곤이 배열을 이루어 역리가 그 가운데에 확립된다. 건곤의 이치가 없어지면 역리를 알 수 없다. 역리를 알 수 없으면 건곤의 이치도 거의 발휘되지 못한다.

난자풀이

[1] 縕(온) : 쌓여있는 것. 여기서는 축적되어 있는 장소를 말한다.

강설

역은 천지, 자연, 만물의 변화의 양상과 그 대처 방안을 예순 네 가지로 유형화하여 설명한 것이다. 그리고 이 예순 네 가지의 변화 유형의 기준이 되는 것이 바로 건괘와 곤괘이다. 건괘는 하늘의 운행원리를, 곤괘는 땅의 운행원리를, 그리고 나머지 예순 두 개의 괘는 만물의 삶의 원리를 형상화한 것으로 볼 수도 있다. 만물은 모두 하늘과 땅의 움직임을 바탕으로 하여 존재한다. 그래서 '건괘와 곤괘에 역리가 쌓여 있다'고 했다.

그러므로 천지와 만물의 역리는 건괘의 변화와 곤괘의 변화에 모두 포괄된다. 그래서 '역리가 건괘와 곤괘 가운데에 있다'고 했다. 그리고 이 때문에 '건괘와 곤괘가 없으면 역리를 알 수 없다'고 했다.

이 말은 또한 역리를 알지 못하면, 건괘와 곤괘의 변화도 제대로 파악할 수 없다는 의미이기도 하다.

시고 형이상자 위지도 형이하자 위지기
是故로 形[1]而上[2]者를 謂之道이오 形而下者를 謂之器

화이재지 위지변 추이행지 위지통
오 化[3]而裁之를 謂之變[4]이오 推[5]而行之를 謂之通[6]이오

거이조지천하지민 위지사업
擧而措之天下之民[7]을 謂之事業이라

국역 |

이런 까닭에 형체로 나타나기 이전의 상태를 도道라 하고, 형체로 나타난 이후의 상태를 기器라 한다. 기器를 도의 입장으로 승화시켜 마름질하는 것을 변變이라 하고, 기器를 미루어가서 기器의 참모습을 행하는 것을 통通이라 하며, 들어서 세상 사람들에게 사용하도록 놓아두는 것을 사업이라 한다.

난자풀이 |

1 形(형) : 가시적인 상태로 나타나는 것.
2 上(상) : 전. 상하上下는 공간적으로는 위아래를 말하는 것이지만 시간적으로는 전후를 말한다. 그러나 여기서의 상上과 하下는 시간적·공간적 개념이 아니라 인식의 범주로 들어오기 이전과 이후의 상태를 말한다.
3 化(화) : 도道의 상태로 승화되는 것을 말한다.
4 變(변) : 변화. 기器는 고정되어 있는 것으로 표현되어 있지만 사실은 고정되어 있는 것이 아니라 끊임없이 변화하고 있는 도道를 표현한 것이므로 변화하고 있는 상태임을 읽어야 한다.
5 推(추) : 미루어 가는 것. 기器의 내용을 미루어가서 기器의 참뜻에 이르면 모든 것이 도道 그 하나로 통한다.
6 通(통) : 하나로 통하는 것을 말한다.
7 之(지) : 지之 다음에 어於가 있어야 할 것이지만 생략되었다.

강설 |

역리가 구체적으로 표현되기 이전의 상태는 태극인데, 여기서는 도道라 했다. 태극과 도道는 같은 개념이다. 인간의 마음으로 보면, 마음이 정情으로 구체화되기 이전의 상태인 성性의 상태가 도道이다. 도는 인식의 범주에 들어오지 않기 때문에, 음양의 형태로 바꾸어 인식할 수밖에 없다. 또 음양의 형태를 상세히 인식하기 위해 세분한 것이 사상이고 팔괘이며 육십사괘이다. 인식의 범주로 들어오기 이전의 상태인 태극이 도道이고, 음양, 사상, 팔괘 육십사괘 등 인식의 대상으로 구체화된 것이 기器이다.

그러나 도道와 기器는 분리된 별개의 것이 아니다. 다만 인식의 범주에 들어오지 않은 상태를 표현할 때 도道라 하고, 그 범주에 들어와 있는 상태를 표현할 때 기器라고 할 따름이다. 그러니 기器는 도道를 인식할 수 있는 하나의 방편이 된다. 그러나 도道와 기器 사이에 어떤 선후나 우열의 관계가 성립하는 것이 아니다.

이 논의는 어떤 물체를 인식할 때에도 적용된다. 우리가 유리컵을 보고 유리컵이라 인식했다 하자. 이때 우리가 인식한 것은 유리 컵 그 자체가 아니다. 그것이 그렇게 인식되기까지는 우리의 인식범주 안에, 이미 유리라는 것, 그리고 마시는 데 쓰는 물건을 컵이라고 한다는 것 등에 대한 관념이 있어서, 우리는 그 인식범주에 포착된 것을 인식한 것이다. 만일 다른 인식범주를 가지고 있는 사람이라면 그 유리컵을 다른 것으로 인식할 수도 있다. 예컨대, 나뭇가지에 앉아 있는 '새'를 보았을 때, 사냥꾼은 그것을 사냥의 대상으로, 사진작가는 작품의 피사체로, 예술가는 예술품으로 인식할 것이고, 벌레들은 자기들을 잡아먹는 공포의 대상으로 인식할 것이다. 그러므로 아무도 '새' 그 자체의 본래면목은 인식하지 못하는 것이다. 생각건대, 갓 태어나 아무런 인식범주도 갖고 있지 않은 아기의 눈에 비쳤을 경우에만 그 새 자체가 인식될 수 있을 것이다. 그러나 그 때는 '새'로서 인식되지는 않을 것이다. 이 경우 인식의 범주에 들어오지 않은 '새' 그 자체는 도道이고, 인식의 범주에 들어온 '새'라는 개념은 기器에 해당한다.

그러므로 기器를 보고, 도道라고 인식해선 안 된다. 기器를 도道로 인식한다면, 기器에 얽매어 끝내 도道를 실천할 수 없게 된다. 마치 '새'를 '새'라는 개념에 매여 바라보면, '새'를 인식할 수는 있지만, '새' 그 자체는 인식할 수 없는 것과 같다.

모든 것은 끊임없이 변화한다. 잠시도 머물러 있는 것이 없다. 그러나 인간은 고정되어 있는 것이 아니면 인식할 수 없기 때문에, 모든 존재 그 자체는 인식할 수 없다. 단지 인식하는 것은 대상을 고정화시켜 인식의 범주에 끌어들인 다음 인식할 뿐이다. 움직이는 물체를 한 컷의 사진에 담을 수 없는 것과 같다. 사진은 움직이는 물체를 정지시킨 상태로 담는다. 시간의 흐름에 대한 인식도 마찬가지다. 지구가 태양을 한번 도는 것을 대략 일년이라 규정한 후, 이를 다시 넷으로 구분하여 고정시킨 뒤 봄, 여름, 가을, 겨울 등으로 인식한다.

그러나 엄밀히 보면, 봄의 끝 부분과 여름의 첫 부분은 분리할 수 없다. 그 구분의 명확한 선을 찾으려 해도 불가능하기 때문에 결국 봄, 여름, 가을, 겨울의 사계절은 성립할 수 없는 것이다. 때문에 사계절로 구분하여 일년을 인식한다면, 이것은 일년의 흐름을 바로 파악하는 것이 아니다.

사계절을 가능한 한 정확하게 보려면 먼저 계절에 대한 고정관념을 버려야 한다. 말하자면, 봄을 고정된 형태의 봄으로가 아니라, 여름으로 가는 과정으로 보아야 하고, 여름 역시 가을로 가는 과정으로 보아야 하며, 가을도 겨울로 가는 과정으로 보아야 한다.

역리의 파악도 마찬가지다. 음과 양을 구분하여 별개의 것으로 인식한다면 도道를 아는 것이 아니다. 음陰과 양陽은 고정되어 있지도, 그 경계가 있지도 않다. 음陰은 양陽으로, 양陽은 음陰으로 변해 가는 과정에 있다. 그러니 음陰에서 양陽을 보고, 양陽에서 음陰을 보아야 한다. 다시 말해, 도道의 입장으로 끌어 올려 음양陰陽을 파악하고 실천해야만 음陰양陽을 제대로 이해할 수 있다. 이는 팔괘나 육십사괘에서도 마찬가지다. 모든 괘를 고정된 것으로가 아니라 변하고 있는 과정으로 보아야 한다. 도道를 음陰으로 인식해 음陰으로 대처하면, 그 순간 이미 양陽의 방향으로 변해 버리기 때문에 도道 그 자체는 인식할 수도 실천할 수도 없다.

음양을 파악하여 실천으로 옮겨야 할 때는, 음陰과 양陽을 음陰과 양陽으로만 보지 말고, 음陰은 양陽으로 변해 가는 음陰으로, 양陽은 음陰

으로 변해 가는 양陽으로 보아, 미리 그 변화를 헤아려 인식하고 행동하는 것이 바람직하다. 따라서 괘卦를 통해 역리를 읽을 때는, 언제나 변화하고 있는 괘의 실상을 파악하고 대처해야 한다.

음양陰陽, 사상四象, 팔괘八卦, 육십사괘 등은 도道를 인식하기 위하여, 그것을 인식의 범주 안에 끌어들여 구분한 것일 뿐이다. 그러므로 음양, 사상, 팔괘, 육십사괘는 모두 도道를 표현한 것이다. 따라서 육십사괘를 볼 때에도 육십사괘 자체에 머물러서는 안 된다. 각각의 괘를 통해서 도를 읽어야 하고, 태극을 읽어야 한다. 그러면 모든 괘가 하나로 통한다. 추推는 '미루어간다'는 말이다. 각 괘의 이치를 추극하여, 도의 입장이 되면 모두 하나로 통하는 것이다. 성인聖人의 사업은 이러한 역리를 모든 사람들에게 제시하여 운용할 수 있도록 하는 것이다.

시고 부상 성인 유이견천하지색이의저기
是故로 夫象은 聖人이 有以見天下之賾而擬諸其
형용 상기물의 시고위지상 성인 유이
形容하며 象其物宜라 是故謂之象이오 聖人이 有以
견천하지동이관기회통 이행기전례 계사
見天下之動而觀其會通하여 以行其典禮하며 繫辭
언 이단기길흉 시고위지효
焉하여 以斷其吉凶이라 是故謂之爻니라

국역 |

이 때문에 상象은 성인이 그것으로써 세상의 만사만물 가운데에 깊이 감추어져 있는 도리를 알고, 그 상象의 나타나는 모습에서 도리를 잘 견주어 헤아리며, 그 사물에 알맞게 적용되는 상태를 그려낸다. 그런 까닭에 그것을 상象이라 한다. 성인은 이 상象을 보아 천하의 모든 움직임을 알고, 그것이 모두 하나로 모여 통하는 것을 살펴 그 예법을 실행하며, 말을 붙여 그 길吉하고 흉凶함을 판단한다. 그런 까닭에 효爻라고 한다.

강설 |

제8장의 문장이 중복되어 나왔다.

極天下之賾者는 存乎卦하고 鼓天下之動者는 存乎辭하고 化而裁之는 存乎變하고 推而行之는 存乎通하고 神而明之는 存乎其人하고 默而成之 不言而信은 存乎德行하니라

국역 |

천하의 모든 심오한 도리를 다 밝히는 것은 괘에 있고, 천하의 모든 움직임을 고무시키는 것은 사辭에 있고, 도道의 차원으로 승화되어 마름질하는 것은 변變에 있고, 미루어서 도道를 행하는 것은 통通에 있고, 신묘하여 밝히는 것은 그것을 실행하는 사람에게 있다. 묵묵하게 이루

며, 말하지 않아도 미더운 것은 덕행에 있다.

강설 |

인식할 수 없는 세계의 모든 원리를 인식의 범주에 끌어들여, 상징적으로 표현한 것이 괘卦이다. 괘卦가 있어도, 그 괘의 진리를 사람들이 따르지 않으니, 괘卦에 설명문을 붙인 뒤에, 그 괘의 진리를 따르면 길吉하고 따르지 않으면 흉凶하다고 단정함으로써 괘卦의 진리에 따라 실천하도록 고무시켰다.

도道의 차원으로 수준을 높여, 역리를 밝게 아는 것은 사람에게 달려있다. 아무리 성인이 진리를 설파한다 해도 그 진리를 실행하는 것은 결국 사람들에게 달려있는 것이다.

역리易理는 말로 표현될 수 있는 것이 아니다. 다시 말해, 말로 역리를 알 수는 없다. 묵묵히 언어의 세계를 초월해야만 언어로는 표현이 불가능한 진리를 이룰 수 있다. 진리를 이루어 실천하는 것이 덕행이다. 덕행은 봄이 지나면 여름이 오고 여름이 지나면 가을이 오는 것과 같은 하늘의 이치를 실행하는 것이고, 콩 심은 데 콩 나고 팥 심은 데 팥이 나는 것과 같은 땅의 이치를 실행하는 것이다. 그러므로 덕행이 있으면, 말로 표현하지 않는다 해도 모두가 그를 믿는다. 마치 봄에 하늘이 '다음에는 여름이 올 것이다'라고 말하지 않아도 모두 여름이 올 것을 믿어 의심치 않는 것과 같다.

계사전 하
繫辭傳 下

제 1 장

팔괘성렬 상재기중의 인이중지 효재기
八卦成列하니 象在其中矣오 因而重之하니 爻在其
중의 강유상추 변재기중의 계사언이명지
中矣오 剛柔相推하니 變在其中矣오 繫辭焉而命之
동재기중의
하니 動在其中矣라

국역 |

팔괘가 나열되니 상象이 그 가운데에 있다. 팔괘에 인하여 그것을 각각 포개니 효爻가 그 가운데에 있다. 굳센 것과 부드러운 것이 번갈아 밀고 가니 변화가 그 가운데에 있다. 거기에 말을 붙여서 지시하니 행동원리가 그 가운데에 있다.

吉凶悔吝者는 生乎動者也오 剛柔者는 立本者也오 變通者는 趣時者也[1]라 吉凶者는 貞[2]勝[3]者也니 天地之道[4]는 貞觀[5]者也오 日月之道는 貞明者也오 天下之動은 貞夫一[6]者也라

국역 |

길흉회린吉凶悔吝은 인간의 행동에서 나타나는 것이고, 강유剛柔는 근본을 세우는 것이고, 변통하는 것은 시時에 따르는 것이다. 길흉吉凶은 어려운 상황을 극복하는 바탕이 되고, 천지의 모든 작용은 역리易理를 관찰할 수 있는 바탕이 되며, 해와 달의 작용은 만물을 밝히는 바탕이 되고, 천하의 모든 움직임은 하나를 실천하는 바탕이 된다.

난자풀이

1 時(시) : 시중時中. 때에 알맞게 처신하는 것.

2 貞(정) : 정貞은 사계절로 말하면 겨울의 역할에 해당한다. 겨울 동안에 만물은 가만히 있는 것 같지만 사실은 그것이 나머지 세 계절이 작용할 수 있게 하는 바탕이 된다. 이는 만물이 밤에 가만히 있는 것이 낮의 활동을 가능하게 하는 원동력이 되는 것과 같다. 따라서 정貞은 '가만있다', '참고 견딘다' 등으로 번역하기도 하지만, '원동력이 된다', '바탕이 된다' 등으로 번역할 경우도 있다.

3 勝(승) : 어려운 상황을 극복하는 것.

4 道(도) : 작용.

5 觀(관) : 관찰.

6 一(일) : 모든 움직임의 근원이 되는 유일자唯一者. 태극太極.

강설

삶의 과정에서 나타나는 길함과 흉함, 후회함(悔)과 한스러움(吝) 등의 일은 천지의 작용이 아니라 인간의 행동에서 야기되는 것이다.

굳센 것과 부드러운 것, 즉 음陰과 양陽은 행동의 근본을 확립하는 것이다. 사람의 기본적인 행동은 선善과 악惡, 미美와 추醜 등으로 평가되는데, 이는 음陰과 양陽, 또는 강剛과 유柔로 대표된다. 그러므로 이는 행동의 기준이 되는 것이다.

인간의 삶에서 가장 이상적인 형식과 제도는 태극太極을 따르고 도를 따르는 것이다. 그러나 도는 고정되어 있는 것이 아니라 늘 변화하기 때문에, 한번 만들어진 제도에 안주하게 되면 이미 도道에 어긋나게 된다. 따라서 그 때 그 때의 도道를 파악하여 부단히 변통해야 한다. 이것을 '때에 따르는 것'이라 했다. 때는 시時이니 즉 시중時中을 말한다. 도道에 일치하는 것을 의미한다.

태극은 천지 운행의 근원임과 동시에 인간 행위의 근원이다. 또한 역逆으로 천지만물의 운행과 인간의 행위는 태극을 존재하게 하는 존립근거가 되기도 한다. 비유컨대, 태극이 나무의 뿌리라면, 나무의 잎과 줄기는 천지만물의 모든 운동과 변화에 해당한다. 뿌리가 없으면 줄기와 잎이 존재하는 것이 불가능하지만, 역시 잎과 줄기가 없으면 뿌리가 존재하는 것이 불가능하다. 이와 마찬가지로 태극은 천지만물을 움직이게 하는 근원이 되지만, 그 자신은 역으로 천지만물의 움직임이 있어야 존재할 수 있다. 뿌리와 줄기가 별개의 것이 아니라 하나이듯이, 태극과 만물의 존재도 별개의 것이 아니라 하나이기 때문이다.

夫乾은 確然하니 示人易矣오 夫坤은 隤然하니 示人簡矣니 爻也者는 效此者也오 象也者는 像此者也라 爻象은 動乎內하고 吉凶은 見乎外하고 功業은 見乎變하고 聖人之情은 見乎辭하니라 [1]

(부건 확연 시인이의 부곤 퇴연 시인간의 효야자 효차자야 상야자 상차자야 효상 동호내 길흉 현호외 공업 현호변 성인지정 현호사)

국역 |

건乾은 확실하여 사람들에게 쉬움을 보여주고 곤坤은 부드러워 사람에게 간단함을 보여준다. 효爻란 이 건곤의 쉬움과 간단함을 본받는 것이고, 상象이란 이것을 본뜬 것이다. 효爻와 상象은 괘卦 안에서 움직이고, 길흉은 괘 밖으로 드러나 사람의 행동의 결과에 적용된다. 건곤乾坤이 사람에게 베푸는 공이나 업적은 변화에서 드러나고, 성인聖人이

사람을 사랑하고 근심하는 감정은 괘사卦辭에서 드러난다.

난자풀이 |

[1] 隤(퇴) : 무너지다. 부드럽다. 순하다.

강설 |

건乾의 작용은 하늘의 작용이다. 봄, 여름, 가을, 겨울로 순환하는 등의 하늘의 작용은 한 치의 어긋남도 없이 정확하다. 봄이 가고 겨울이 오는 일은 결코 없다. 하늘의 작용이 이처럼 정확하기 때문에 사람들은 이에 대처하기가 쉽다. 봄에는 여름이 올 것에 대비하고, 여름에는 가을이 올 것에 대비하면 되기 때문이다.

이러한 건乾의 작용은 인간의 내면에 있는 본성의 작용과 일치한다. 봄, 여름, 가을, 겨울에 해당하는 것이 인간의 본성이 간직하고 있는 인의예지仁義禮智이다. 따라서 건도乾道를 아는 것은 어렵지 않다. 자신의 마음속을 잘 들여다보면 알 수 있기 때문이다. 하늘의 소리를 듣는 것 역시 지극히 쉽다. 자신의 양심의 소리를 들으면 된다.

곤坤은 땅의 작용이다. 땅은 만물을 기르면서, 유순하게 하늘의 뜻과 사람의 행위에 따른다. 콩을 심으면 콩이 나고, 팥을 심으면 팥이 난다. 땅은 거짓말을 하지 않는다. 그래서 땅을 이용하면서 살기란 매우 간단하다.

효爻는 이와 같은 건乾과 곤坤의 작용을 본받아, 괘卦 안에서 작용하는 것이고, 상象은 이 건乾과 곤坤의 작용을 형상화한 것이다. 효爻와 상象은 각각의 괘卦 안에서 각각의 작용과 형상을 설명한 것이다. 그러나 그 효爻와 상象이 제시하는 실천의 지침을 따르면 길하지만 따르지 않으면 흉하다. 따라서 길흉은 괘 밖으로 드러나, 사람의 행동의 결과에 적용된다.

하늘과 땅의 작용이 인간의 세계에 미치는 공과 업적은 그 변화를 일으키는 모습에서 드러난다. 봄, 여름, 가을, 겨울의 변화를 일으키고, 비를 내리며 바람이 불게 한다. 이것은 만물을 살리기 위한 변화이고, 이 변화가 집약적으로 표현되어 있는 것이 역易이다. 때문에 역易에서 괘卦와 효爻와 상象이 보여주는 변화의 모습도 모두 만물을 살리기 위한 것이다.

그러나 이러한 변화의 양상을 보면서도 사람들이 용이하게 이해하지 못하니, 이로 인해 성인이 말로써 이를 설명하였다. 『주역』의 괘사卦辭, 효사爻辭, 계사전繫辭傳 등을 보면 인간을 사랑하고 염려하는 성인의 마음을 알 수 있다.

天地之大德曰生이오 聖人之大寶曰位니 何以守位오 曰仁이오 何以聚人고 曰財니 理財하며 正辭하며 禁民爲非曰義라 [1]

(천지지대덕왈생 성인지대보왈위 하이수위 왈인 하이취인 왈재 이재 정사 금민위비왈의)

국역

천지의 큰 덕은 만물을 살리는 것이고, 성인의 큰 보물은 자리를 지키는 것이다. 무엇을 가지고 자리를 지키는가? 그것은 인仁이다. 무엇을 가지고 사람을 모으는가? 그것은 재물이다. 재물을 다스리고 말을 바로잡아 백성이 잘못하는 것을 막는 것이 의義이다.

난자풀이 |

1 曰(왈) : 수학 기호 중의 등호(=)와 같은 역할로 볼 수 있다.

강설 |

천지의 작용은 만물에 생명을 부여하고, 기르는 것이다. 만물 전체를 살리기 위해서는 개체를 죽이지 않을 수 없다. 개체를 다 살리면 전체가 살 수 없기 때문이다. 그러므로 개체의 죽음은 천지가 만물을 살리는 작용의 과정에서 나타나는 하나의 현상이니, 죽이는 것이 아니라 살리는 것이다. 천지의 작용은 살리는 작용만 있고 죽이는 작용은 없다.

만물을 살리는 천지의 작용을 대행하는 존재가 바로 성인이다. 성인은 만인을 사랑하고 살리는 역할을 한다. 그리하여 만인이 성인을 하늘처럼 받들어, 성인은 저절로 왕이 된다. 성인이 왕의 자리를 지킬 수 있는 것은 하늘처럼 만물을 사랑하기 때문이다. 그래서 '성인이 왕의 자리를 지키는 원동력은 인仁을 실천하기 때문'이라 했다. 요순堯舜이 그러했고, 우탕禹湯이 그러했다. 공자는 성인이긴 하지만 왕은 아니었다고 한다. 그러나 그렇지 않다. 공자의 시대는 복잡했고 나라의 규모가 커서, 그가 실천한 인仁의 효과가 늦게 나타났을 뿐이다. 공자는 나중에 문선왕으로 추대되었다.

성인이 자리를 지키는 것은 인仁을 실천하여 만인의 추앙을 받기 때문이다. 그러면 인仁을 베푸는 출발점은 무엇인가? 그것은 우선 인민을 경제적으로 족하게 하는 것이다. 공자는 정치를 하는데 있어, 가장 우선적으로 해야 될 것을 '백성을 부유하게 하는 것[민부民富]'이라 했다. 그리고 맹자는, 백성들이 살아 계신 부모를 잘 모시고, 돌아가신 부모를 장사지내는 데 유감이 없을 정도로 경제적 기반을 만들어 주는 것이 왕도정치의 출발점이라고 했다. 그래서 여기서도 사람을 모으고 화목하게 하는 바탕이 재물이라 했다.

그러나 백성들을 경제적으로 안정시키는 것만으로 성왕 정치가 완성되는 것은 아니다. 경제는 사람의 육체적 삶의 조건을 확보해 줄 따름이다. 경제가 확립된 다음에는 교육을 시켜 정신적 삶을 영위하도록 인도해야 한다. 정신적 삶이란 하늘의 작용에 따라 사는 것이고, 역易의 진리를 실천하는 것이다. 그래서 '재물을 다스리고 (진리를 표현할 수 있도록) 말을 바로 잡아서 백성들이 잘못된 길로 가지 않도록 유도해야 한다'고 했다. 사랑하는 마음이 인仁이라면, 이 인仁의 구체적 실현원리는 의義이다. 그래서 '백성이 잘못하는 것을 막는 것이 의義'라고 했다.

제2장

古者包犧氏[1]之王天下也에 仰則觀象於天하고 俯則觀法於地하며 觀鳥獸之文과 與地之宜하며 近取諸身하고 遠取諸物하여 於是에 始作八卦하여 以通神明之德하며 以類萬物之情하나니라

국역 |

옛날에 포희씨가 천하에 왕 노릇할 때, 하늘을 우러러보아 하늘이 드리우는 진리의 형상을 보았고, 땅을 굽어보아 땅의 법칙을 보았으며, 새와 짐승의 삶의 이치와 땅의 생리를 관찰하였다. 가깝게는 자기 몸에서 진리를 취하였고, 멀게는 만물에서 취하였다. 그리하여 그 진리를 표현하는 팔괘를 만들어 신명의 덕에 통하게 하고, 만물의 실상을 분류하고 정돈했다.

난자풀이 |

1 包犧氏(포희씨) : 옛 전설상의 임금. 포희씨는 복희씨伏羲氏, 복희씨伏犧氏, 포희씨庖犧氏, 포희씨炮犧氏, 태호씨太昊氏, 대호씨大皞氏 등으로 다양하게 쓰인다. 또 복伏이라는 글자 대신 복宓, 복虙 등의 글자로 쓰이기도 한다. 최근의 고고학적·신화학적 연구물인 서량지徐亮之의 『중국사전사화中國史前史話』에 의하면, 복희씨는 한 사람이 아니라, 40만 년에서 2만여 년 전까지의 수렵생활을 주로 해온 원시인에게 붙여진 명칭이라고 한다.

강설 |

천지의 운행원리와 만물의 존재원리를 상징적으로 정리한 것이 역리易理이다. 그리고 사람들 개개인의 삶도 근본적으로는 역리에서 벗어나지 않는다. 다만 의식하지 못하고 있을 뿐이다.

역易을 만든 사람은 하늘과 땅의 이치, 그리고 만물의 이치, 자기의 삶에서 나타나는 근본 이치 등을 두루 관찰하여 역易을 만들었다. 역易의 괘는, 어떤 특정한 시기에 특정한 개인의 손에 의해 만들어졌는지 아닌지는 고증할 방법이 없다.

작 결 승 이 위 망 고 / 이 전 이 어 / 개 취 저 리
作結繩而爲網罟하여 以佃以漁하니 蓋取諸離하고
포 희 씨 몰 / 신 농 씨 작 / 착 목 위 사 / 유 목 위
包犧氏沒커늘 神農氏作하여 斲木爲耜하고 揉木爲
뢰 / 뇌 누 지 리 / 이 교 천 하 / 개 취 저 익
耒하여 耒耨之利로 以敎天下하니 蓋取諸益하니라

국역 |

노끈을 맺어서 그물을 만들어 새를 잡고 고기를 잡았으니, 대개 그 이치를 리괘離卦에서 취한 것이다. 포희씨가 죽고 신농씨가 일어나, 나무를 깎아 보습을 만들고 나무를 휘어 쟁기를 만들어 보습과 쟁기의 이로움을 천하 사람에게 가르쳤으니, 대개 그 이치를 익괘益卦에서 취한 것이다.

난자풀이 |

1 佃(전) : 밭갈이. 사냥.
2 斲(착) : 깍다.
3 耜(사) : 보습. 쟁기 날.
4 揉(유) : 주무르다. 주물러 부드럽게 하다.
5 耒(뢰) : 쟁기.
6 耨(누) : 김매다.

강설 |

결승結繩만으로도 노끈을 만든다는 뜻이 되므로 작作을 연문으로 보

는 경우도 있다.(왕인지王引之의 『경의술문經義述聞』) 그러나 작결승作結繩으로 두어 '노끈을 만들어서 맺다'로 해도 문맥이 통한다.

천지만물의 이치는 다양하다. 이 다양한 이치를 원용하여 문화를 창조하고, 문명을 발달시킨다. 이러한 이치가 상징적으로 표현되어 있는 것이 『주역』이다. 『주역』에는 물체와 물체를 얽어매어 결합해야 하는 이치도 있고, 편리를 위한 도구를 만들어 아랫사람에게 베풀어야 하는 이치도 있다. 『주역』에서는 전자의 이치를 리괘離卦로 설명하고, 후자의 이치를 익괘益卦로 설명했다. 노끈을 얽어매어 그물을 만드는 것은, 얽어매는 이치에서 취한 것이니, 리괘에서 취했다고 하고, 나무로 보습과 쟁기를 만들어 농사일의 이로움을 취하는 것이니, 익괘益卦의 이치를 취했다고 했다.

그러나 실제로 신농씨가 익괘를 보고, 그 이치를 파악하여 쟁기와 보습을 만들었다고는 볼 수 없고, 또 고증할 수도 없다. 다만 천지만물의 이치를 원용하여 만들었고, 그것을 만든 이치와 익괘의 이치가 일치한다는 의미로 봐야 할 것이다.

일중위시　　치천하지민　　취천하지화　　교
日中爲市하여 致天下之民하며 聚天下之貨하여 交

역이퇴　　각득기소　　개취저서합
易而退하여 各得其所케하니 蓋取諸噬嗑하니라

국역 |

한낮에는 시장을 열어 천하의 모든 백성을 오게 하고, 천하의 모든 재물을 모아 교환하고 바꾼 뒤에 돌아가게 하여, 각각 그 필요한 바를 얻으니, 대개 서합괘噬嗑卦에서 취한 것이다.

강설 |

서합괘는 자기에게 있는 불필요한 것을 물어뜯어 제거해야 하는 상황이다. 자기에게 불필요한 물건을 제거하는 최선의 방법은 그것을 필요로 하는 다른 사람과 바꾸는 것이다. 그러므로 서합괘의 이치에서 시장의 원리를 터득하였다고 본 것이다.

神農氏沒(신농씨몰)커늘 黃帝堯舜氏作(황제요순씨작)하여 通其變(통기변)하여 使民(사민)不倦(불권)하며 神而化之(신이화지)[1]하여 使民宜之(사민의지)하니 易(역)이 窮則變(궁즉변)하고 變則通(변즉통)하고 通則久(통즉구)라 是以自天祐之(시이자천우지)하여 吉無不利(길무불리)니 黃帝堯舜(황제요순)이 垂衣裳而天下治(수의상이천하치)하니 蓋取諸乾坤(개취저건곤)하니라

국역 |

신농씨가 죽고 황제・요・순이 뒤따라 일어나, 전대에 사용하던 기물이나 제도를 바꾸는 일에 능통하여, 백성들로 하여금 게으르지 않도록 하고, 신통한 능력을 갖추고 성인聖人의 경지에 올라 백성들로 하여금 올바른 삶을 살도록 유도하였다. 역易의 도리에서 보면, 극한 상황

에 이르면 변하고, 변하면 통하는 길이 생기고, 통하면 오래 지속할 수 있다. 이 때문에 하늘로부터 도와서 길吉하여 이롭지 아니함이 없다. 황제·요·순이 저고리와 치마를 늘어뜨리고 가만히 앉아있어도 천하가 다스려졌다. 이는 대개 건괘乾卦와 곤괘坤卦에서 취한 것이다.

난자풀이 |

1 化(화) : 변變이 양적 변화를 의미한다면 화化는 질적 변화를 의미한다. 『맹자』에 '대이화지지위성大而化之之謂聖'이란 말이 있다. 이때의 화化는 사람의 차원에서 한 번 탈바꿈하여 성인이 되는 것을 말한다.

강설 |

건괘는 하늘의 작용을 상징하고 곤괘는 땅의 작용을 상징한다. 하늘은 만물을 덮어 기르고, 땅은 만물을 실어 기른다. 이 괘의 이치를 보고 황제·요·순 등의 성인은 만물을 살리는 이치를 만들어, 사람들이 마땅한 삶을 살 수 있도록 인도하였다. 이전 시대의 문물제도는 당대 사람들에게 맞지 않고, 그 사상은 당대 사람들을 마땅한 삶으로 인도할 수 없다. 시대가 변하고 상황이 달라졌기 때문이다. 이러한 상황에서, 성인이 출현하면 사랑의 힘으로 새로운 문물제도와 사상을 만들어 사람들로 하여금 바람직한 삶을 살 수 있도록 인도할 것이다.

극한 상황에 부딪히면 변화를 모색하게 되고, 그 과정에서 새로운 것을 만들어낼 수 있는 길이 생긴다. 황제와 요·순은 새로운 문물제도와 사상을 만들어 백성들에게 시행하였다. 이것은 하늘같은 입장에서 인간을 사랑하는 마음이 있을 때 가능한 것이다. 적합하고 마땅한 제도와 사상을 시행하면, 그 이후에는 백성들 스스로가 그것을 받아들여 노력할 것이다. 그러므로 가만히 앉아있기만 해도 천하가 평화롭게 될 것이다.

刳木爲舟하고 剡木爲楫하여 舟楫之利로 以濟不通하여 致遠以利天下하니 蓋取諸渙하니라 服牛乘馬하여 引重致遠하여 以利天下하니 蓋取諸隨하고 重門擊柝하여 以待暴客하니 蓋取諸豫하니라

(고목위주 염목위즙 주즙지리 이제불통 치원이리천하 개취저환 복우승마 인중치원 이리천하 개취저수 중문격탁 이대포객 개취저예)

국역

나무를 쪼개서 배를 만들고, 나무를 깎아서 노를 만들어 배와 노의 편리한 점을 이용하여, 통행하기 곤란한 강물을 건너 먼 곳에까지 도달하게 함으로써 천하를 편리하게 하니, 대개 환괘渙卦에서 취한 것이다. 소를 길들이고 말을 타서 무거운 짐을 끌고 먼 곳에까지 이르게 함으로써 천하를 편리하게 하니, 대개 수괘隨卦에서 취한 것이다. 문을 겹으로 하고 목탁을 쳐서 도적을 막게 하니 대개 예괘豫卦에서 취한 것이다.

난자풀이

1 刳(고) : 쪼개다. 도려내다.
2 剡(염) : 깎다.
3 楫(즙) : 노. 배 젓는 도구.
4 重(중) : 무거운 짐.
5 柝(탁) : 딱딱이. 야경을 돌 때 두드리는 나무.

강설 |

환괘渙卦는 얼음이 녹아 물이 되는 상황이다. 그래서 환괘의 상황에서는 건너기 힘든 상황이 점차 풀려 건널 수 있게 된다. 그러므로 환괘의 이치를 통해 배를 만드는 이치를 얻었다고 이해할 수 있다.

수괘隨卦는 주어진 여건을 활용하여 임기응변을 해야 하는 상황이다. 그러므로 수괘의 이치에서 소와 말을 이용하는 이치를 터득한 것으로 이해할 수 있다.

예괘豫卦는 다음의 시대를 대비하여, 미리 준비해야 하는 상황이다. 그러므로 예괘의 이치에서 도둑이나 강도 같은 난폭한 자를 미리 대비하는 이치를 터득한 것으로 이해할 수 있다.

단목위저　　굴지위구　　구저지리　만민이제
斷木爲杵하고 掘地爲臼하여 臼杵之利로 萬民以濟
[1]　[2]

개취저소과　현목위호　염목위시　호
하니 蓋取諸小過하고 弦木爲弧하고 剡木爲矢하여 弧
[3]

시지리　이위천하　개취저규
矢之利로 以威天下하니 蓋取諸睽하니라

국역 |

나무를 잘라 공이를 만들고, 땅을 파서 절구를 만들어, 절구와 공이의 편리함으로 모든 백성이 도움을 받게 되었으니, 대개 소과괘小過卦에서 취한 것이다. 나무를 휘어 활을 만들고, 나무를 깎아 화살을 만들어, 활과 화살의 위력으로 천하를 위엄 있게 다스리니 대개 규괘睽卦에서 취한 것이다.

난자풀이 |

1 杵(저) : 공이. 절구공이.
2 臼(구) : 절구.
3 弦(현) : 나무 따위를 활 모양으로 휘게 만든다는 뜻.

강설 |

소과괘는 다소 문제가 있어, 평상시보다 좀 더 힘을 기울여야 하는 상황이다. 수확한 곡식을 껍질 채 먹으면 다소 문제가 발생하므로, 좀 더 노력하여 곡식을 찧어야 먹을 수 있다. 곡식을 도정하기 위해서는 절구와 절구공이를 만들어야 한다. 그러므로 절구에 곡식을 찧어야 하는 이치는, 기왕의 노력한 데서 좀 더 노력을 기울여야 한다는 소과괘의 이치에서 터득한 것으로 이해할 수 있다.

규괘는 크게 반목하는 상황이다. 이 괘의 상황을 보고 그 반목을 다스리기 위해서는 위엄을 보여야 된다는 이치를 도출할 수 있었을 것이다.

上古엔 穴居而野處러니 後世聖人이 易之以宮室하여 上棟[1]下宇[2]하여 以待風雨하니 蓋取諸大壯하고 古之葬者는 厚衣之以薪하여 葬之中野하여 不封不樹하며 喪期无數러니 後世聖人이 易之以棺槨하니 蓋取諸大過하고 上古엔 結繩而治러니 後世聖人이 易之以書契[3]하여 百官以治하며 萬民以察하니 蓋取諸夬니라

국역 |

아주 옛날에는 굴속에서 살고 들판에서 거처했다. 후세에 성인이 이것을 궁실로 바꾸어 위에는 용마루를 얹고 아래에는 처마를 쳐서 바람과 비에 대비케 하였으니 대개 대장괘大壯卦에서 취한 것이다. 옛날에 장사지내는 방법은 섶으로 두껍게 싸서 들판에 매장하여 봉분도 하지 않고 나무도 심지 아니하였으며, 장례를 치르는 기일도 일정하지 않았는데, 후대에 성인이 관곽棺槨으로 바꾸었으니 대개 대과괘大過卦에서 취한 것이다. 아주 옛날에는 노끈을 맺어 만든 결승문자를 이용하여 천하를 다스렸는데 후대에 성인이 그것을 글자와 부호로 대치하였으니, 관리들이 이것을 가지고 백성을 다스렸고 만민들은 이것을 가지고 번거로운 일을 살폈다. 이는 대개 쾌괘夬卦에서 취한 것이다.

난자풀이

1 棟(동) : 용마루.
2 宇(우) : 지붕. 처마.
3 契(계) : 약속부호.

강설

대장괘大壯卦는 축적된 역량을 바탕으로 하여 문명을 크게 일으켜 발전시켜야 하는 상황이다. 그러므로 대장괘의 이치에서 집을 짓고 새로운 생활을 시작해야 하는 이치를 터득했다고 볼 수 있다.

대과괘大過卦는 크게 힘을 써야 하는 상황이다. 인간의 삶의 과정에서 가장 크게 힘을 써야 하는 상황은 친족의 장례를 치를 때이다. 그러므로 대과괘의 이치를 통하여 장례의 의식과 절차를 원리를 터득했다고 볼 수 있다.

쾌괘夬卦는 척결해야 하는 상황이다. 문자를 만들어서 소통을 원활하게 하고, 문맹을 퇴치하는 등의 일을 이 쾌괘에서 이치를 터득하였다고 볼 수 있다.

제 3 장

是故로 易者는 象也니 象也者는 像也오 象者는 材也오 爻也者는 效天下之動者也니 是故로 吉凶生而

悔吝著也니라

회린저야

국역 |

이 때문에 역易은 이치를 본뜨는 것이니 본뜬다는 것은 형상을 취하는 것이다. 단彖이란 재질이다. 효爻라는 것은 천하의 모든 행동원리를 본받는 것이다. 이 때문에 길吉한 것과 흉凶한 것이 생기고 후회할 일과 한스러운 일이 드러난다.

강설 |

단彖이란 괘의 성질, 재질 등을 설명하는 것이다. 동動은 행동원리를 말한다. 효가 제시하는 행동원리에 따라 마땅하게 행동하면 길하고 그렇지 못하면 흉하다.

제 4 장

陽卦는 多陰하고 陰卦는 多陽하니 其故는 何也오 陽卦는 奇오 陰卦는 耦라 其德行은 何也오 陽은 一君而二民이니 君子之道也오 陰은 二君而一民이니 小人之

양괘 다음 음괘 다양 기고 하야 양괘 기 음괘 우 기덕행 하야 양 일군이이 민 군자지도야 음 이군이일민 소인지

도 야
道也라

국역 |

양괘陽卦에는 음陰이 많고 음괘陰卦에는 양陽이 많은데 그 까닭은 무엇인가? 양괘는 홀수이고 음괘는 짝수이기 때문이다. 음괘와 양괘의 마땅한 행위는 무엇인가? 양괘에는 임금이 하나이고 백성이 둘이니 군자의 도이다. 음괘에는 임금이 둘이고 백성이 하나이므로 소인의 도이다.

강설 |

팔괘에서 양괘란 건乾, 진震, 감坎, 간艮이다. 이 중 건괘乾卦를 제외한 나머지 괘는 양이 하나이고 음이 둘이다. 음괘는 곤坤, 태兌, 이離, 손巽인데, 곤괘坤卦를 제외한 나머지는 양陽이 둘이고 음陰이 하나이다. 그러므로 양괘에는 음이 많고, 음괘에는 양이 많다. 양의 수는 홀수이고, 음의 수는 짝수이다. 그래서 양효가 하나인 괘가 양괘이고, 양효가 둘인 괘는 음괘가 된다.

양陽을 임금으로 보고, 음陰을 백성으로 본다면, 양괘는 하나의 임금에 백성이 둘이니 정상이지만, 음괘는 두 임금에 한 백성이니, 비정상이다. 그래서 양괘는 군자의 도이고, 음괘는 소인의 도라고 했다.

그러나 이런 식의 의미부여에는 다소 양陽을 높이고 음陰을 억제한다는 억음부양抑陰扶陽사상(이는 특히 한대에 발달한 사상임)이 개입한 것으로 보인다. 일반적으로 어떤 집단에 남자 둘에 여자가 한 사람 있으면 여자가 주도권을 잡게 되고, 여자 둘에 남자가 한 사람이면 남자가 주도권을 잡게 된다. 따라서 양이 많은 괘는 음을 중심으로 살피고, 음이 많은 괘는 양을 중심으로 살펴야 한다고 설명하는 것이 합당할 듯하다.

양괘를 군자의 도라고 하고, 음괘를 소인의 도라고 한 것은, 임금을 양이라 규정하고 백성을 음이라 규정하는 음양론에 도식적으로 대입한 것에 지나지 않는다.

제 5 장

역 왈 동 동 왕 래 　 붕 종 이 사 　 자 왈 천 하 하 사 하
易曰憧憧往來면 朋從爾思라하니 子曰天下何思何
려 　 천 하 동 귀 이 수 도 　 일 치 이 백 려 　 천 하 하
慮리오 天下同歸而殊塗하며 一致而百慮니 天下何
사 하 려
思何慮리오

국역 |

역易(함괘 구사九四)에 말하기를, "울렁거리는 마음으로 왕래하면 벗이 너의 생각을 따를 것이다"라고 했다. 공자는 이것을 해설하여 다음과 같이 말씀하셨다. "천하 만물은 그 삶에 있어서 무엇을 생각하고 무엇을 헤아리겠는가? 천하 만물은 같은 목적으로 나아가지만 길은 다르고, 삶으로 가는 것은 일치하지만 생각은 다양하니, 천하 만물이 그 삶에서 무엇을 생각하고 무엇을 근심하겠는가?"

강설 |

천하의 모든 존재는 '삶'의 방향을 향해 나아가고 있다. 이 생명의 원리는 모든 존재의 공통된 목적이자 원리이다. 그러나 그 '삶'을 영위하는 방식과 길이 각기 다르고, '삶'을 추구하는 과정에서 나타나는 생각도 역시 다르다. 그러므로 인간의 삶에 있어서도 '삶의 원리'에 충실한 방향으로 헤아리고, 삶을 영위한다면 모두가 일치된 방향으로 나아가기 때문에 하나로 통하게 된다.

봄 장미가 봄에 꽃을 피우고, 가을 국화가 가을에 꽃 피울 때 서로 하나로 통할 수 있다. 각기 자신의 삶에 충실하게 사는 것이, 만물이 서로 통할 수 있는 첩경捷徑이다.

日往則月來(일왕즉월래)하고 月往則日來(월왕즉일래)하여 日月相推而明生焉(일월상추이명생언)하며 寒往則暑來(한왕즉서래)하고 暑往則寒來(서왕즉한래)하여 寒暑相推而歲成焉(한서상추이세성언)하니 往者(왕자)는 屈也(굴야)오 來者(래자)는 信也(신야)니 屈信(굴신)이 相感而利生焉(상감이리생언)하니라

국역 |

해가 가면 달이 오고, 달이 가면 해가 와서, 해와 달이 서로 밀고 가서 밝음이 생긴다. 추위가 가면 더위가 오고 더위가 가면 추위가 와서,

추위와 더위가 서로 밀고 가서 한해가 이루어진다. 가는 것은 굽히는 것이고 오는 것은 펴는 것이니, 굽히고 폄이 서로 교감하여 이로움이 생긴다.

강설 |

해와 달이 순환하고 춘하추동이 바뀌지 않으면 만물은 생명을 온전히 유지할 수 없다. 대자연의 모든 변화는 만물의 삶에 이로운 방향으로 진행되고 있다.

척확지굴 이구신야 용사지칩 이존신야

尺蠖之屈은 以求信也[1]오 龍蛇之蟄[2]은 以存身也오

정의입신 이치용야 이용안신 이숭덕야

精義入神은 以致用也오 利用安身은 以崇德也니

과차이왕 미지혹지야 궁신지화 덕지성야

過此以往은 未之或知也니 窮神知化[3]는 德之盛也라

국역 |

자벌레가 굽히는 것은 펼 것을 추구하기 때문이다. 용과 뱀이 움츠리는 것은 자기 몸을 보존하기 위해서이다. 의리에 정밀하고 신묘한 경지에 들어가는 것은 쓰임을 다 발휘하기 위해서이다. 이롭게 쓰고 몸을 편안케 하는 것은 덕망을 높이기 위해서이다. 이러한 차원을 넘어가게 되면 인식할 수 없다. 정신을 다하여 성인聖人의 차원으로 승화되는 세계를 아는 것은 德이 성대한 것이다.

난자풀이 |

1 信(신) : 신伸과 통용. 편다.
2 蟄(칩) : 숨는다. 겨울잠을 자는 벌레.
3 窮神(궁신) : 정신을 다 하는 것. 진심盡心과 같은 뜻이다.

강설 |

자벌레는 몸을 구부려야만 쭉 펼 수 있고, 뱀은 겨울에 숨어 잠을 자야만 생명을 보존할 수 있다. 마찬가지로 인간이 자신의 역할을 다 하기 위해서는 의리에 정밀해야 하고, 신묘한 경지에 들어가야 한다. 그리고 덕을 높이기 위해서는, 몸을 편안한 상태로 유지해야 한다.

소인들은 몸이 편안하면 안일에 빠져 타락하기 쉽지만, 군자는 편안할수록 수신에 정진하여 인격을 향상할 수 있다. 그래서 덕을 높이기 위하여 몸을 편안하게 보존해야 한다고 했다. 수양을 통한 인격의 함양에서 가장 높은 차원의 경지는 인간의 유형적 한계를 뛰어넘어 성인의 경지에 진입하는 것이다.

易曰困于石하며 據于蒺蔾라 入于其宮하여 不見其妻면 凶하리라하니 子曰非所困而困焉하면 名必辱하고 非所據而據焉하면 身必危하리니 旣辱且危면 死期將至어니 妻其可得見邪아

국역 |

역易(곤괘困卦 육삼六三)에 말하기를, "돌에 눌려 곤란을 당하고 가시덤불을 깔고 앉아 있다. 자기의 집에 들어가 자기의 아내를 볼 수 없으면 흉凶할 것이다"라고 했다. 공자는 이를 해설하여 말씀하셨다. "곤경을 당할 곳이 아니면서 곤경을 당하면 이름이 반드시 욕될 것이고, 앉아야 할 곳이 아닌데 앉으면 몸은 반드시 위태롭다. 이미 욕되고 위태로우면 죽을 날이 곧 다가올 것이니 아내를 어찌 볼 수 있겠는가?"

강설 |

곤괘困卦 육삼六三의 효사에서는, 극도의 욕심을 부리면 남들만이 아니라 가장 가까운 처자조차도 등을 돌리고 떠날 것이니, 집에 들어가도 아내를 볼 수 없을 정도로 흉하다고 했다. 이에 대하여 공자는 그렇게 되면 죽을 날이 가까워질 것이니, 처자를 보고 안 보고를 따질 겨를조차도 없을 것이라고 극언하여 그 심각성을 강조하고 있다.

역 왈 공 용 석 준 우 고 용 지 상 획 지 무 불 리
易曰公用射隼于高墉之上하여 獲之면 无不利라하니

자 왈 준 자 금 야 궁 시 자 기 야 석 지 자 인 야
子曰隼者는 禽也오 弓矢者는 器也오 射之者는 人也

군 자 장 기 어 신 대 시 이 동 하 불 리 지 유
니 君子藏器於身하여 待時而動이면 何不利之有리오

동 이 불 괄 시 이 출 이 유 획 어 성 기 이 동 자 야
動而不括[1]이라 是以出而有獲하니 語成器而動者也

라

국역 |

역易(해괘解卦 상육上六)에 말하기를, "왕공이 높은 언덕 위에서 송골매를 쏘아서 잡으면 이롭지 아니함이 없다"고 했다. 공자가 해설하여 말씀하셨다. "매는 새이다. 활과 화살은 기구이다. 쏘는 것은 사람이다. 군자는 기구를 몸에 지녔다가 때를 기다려 행동하니 무슨 이롭지 아니함이 있겠는가? 움직이더라도 방해를 받지 않는다. 그 때문에 밖으로 나가서 수확을 얻을 수 있다. 이것은 기물을 먼저 구비하고 난 뒤에 움직이는 것을 말한 것이다."

난자풀이 |

1 括(괄) : 묶다. 단속하다. 감독하다.

강설 |

자격과 인격을 먼저 갖추고서 행동해야 남의 모범이 될 수 있다.

子曰小人은 不恥不仁하며 不畏不義라 不見利면 不勸하며 不威면 不懲[1]하나니 小懲而大誡[2] 此小人之福也라 易曰屨校하여 滅趾면 无咎라하니 此之謂也라

국역 |

공자께서 말씀하셨다. "소인은 부인不仁함을 부끄럽게 여기지 않고, 불의不義를 하는 것을 두려워하지 않으며, 이익을 보지 않으면 힘쓰지 않고, 무서운 상황을 만나지 않으면 혼이 나지 않는다. 작게 혼이 났는데도 크게 경계를 하게 된다면 이는 소인의 복이다. 역易(서합괘噬嗑卦 초구初九)에 말하기를 '발에 족쇄를 채워 발을 쓰지 못하게 되면 허물이 없다'라고 한 것은 이것을 말함이다."

난자풀이 |

1 懲(징) : 혼이 나다. 혼이 나서 뉘우치다.
2 誡(계) : 조심하다. 경계하고 삼가다.

강설 |

소인은 큰일을 당하여 혼이 나지 않으면, 잘 뉘우치지 않는다. 그래서 소인에게 있어서 가장 다행스러운 것은 작게 혼나고 크게 뉘우치는 경우이다. 그러므로 크게 뉘우쳐야 하는 소인에게 작은 정도로 혼날 수 있는 계기가 주어지는 것은 다행한 일이다.

善不積이면 不足以成名이오 惡不積이면 不足以滅身이니 小人은 以小善爲无益而弗爲也하며 以小惡爲无傷而弗去也라 故로 惡積而不可掩이며 罪大而

불가해 역왈하교 멸이 흉
不可解니 易曰何校하여 滅耳면 凶하리라하니라

▌국역 |

(공자께서 또 말씀하셨다) "선행이 쌓이지 아니하면 아름다운 이름을 이룰 수 없고, 악행이 쌓이지 아니하면 자신을 망치지 않을 수 있다. 소인은 조그만 선행을 무익하다고 생각하여 하지 않고, 작은 악행을 해로울 것이 없다고 생각하여 버리지 않는다. 그러므로 악행이 쌓이면 숨길 수 없게 되고, 죄가 커지면 벗어날 수 없다. 역易(서합괘 상구上九)에서 말하기를, '큰칼을 지고 귀가 덮히면 흉凶하다'고 했다."

자왈위자 안기위자야 망자 보기존자야
子曰危者[1]는 安其位者也오 亡者[2]는 保其存者也오

난자 유기치자야 시고 군자 안이불망위
亂者[3]는 有其治者也니 是故로 君子는 安而不忘危하

존이불망망 치이불망난 시이신안이국
며 存而不忘亡하며 治而不忘亂이라 是以身安而國

가가보야 역왈기망기망 계우포상
家可保也니 易曰其亡其亡이라야 繫于包桑이라하니라

▌국역 |

공자께서 말씀하셨다. "위태로울 것으로 생각하고 대비하는 자는 자기의 지위를 안정시킬 수 있고, 멸망할지도 모른다고 생각하여 대비하는 자는 자기의 존재를 보존할 수 있으며, 혼란할 수 있다고 생각하여 대비하는 자는 안정된 상태를 유지할 수 있다. 이 때문에 군자는 편안히 거처하면서도 위태롭게 될 것을 잊지 않고, 편안히 있으면서도 망할지도 모른다는 사실을 잊지 않고, 안정된 상태에 있으면서도 혼란하게 될지도 모른다는 사실을 잊지 않는다. 이렇게 함으로써 몸이 편안해지고 국가가 보존될 수 있다. 역易(비괘否卦 구오九五)에서 말하기를, '(항상 스스로 경계하여) 망할라, 망할라 하고 걱정해야 빽빽한 뽕나무에 묶어두듯 견고할 수 있다'고 했다."

난자풀이 |

1 危(위) : 위험한 것으로 생각하고 대비하는 것.
2 亡(망) : 망할지도 모른다고 생각하고 대비하는 것.
3 亂(란) : 혼란해질지도 모른다고 생각하고 대비하는 것.

子曰德薄而位尊하며 知小而謀大하며 力小而任重하면 鮮不及矣나니 易曰鼎이 折足하여 覆公餗하니 其形이 渥이라 凶이라하니 言不勝其任也라

(자왈덕박이위존 지소이모대 역소이임중 선불급의 역왈정 절족 복공속 기형 옥 흉 언불승기임야)

국역 |

공자께서 말씀하셨다. "덕이 천박하면서 자리가 높고, 지혜가 작으

면서 도모하는 것이 크며, 힘이 작으면서 짐이 무거우면 화가 미치지 않음이 드물다. 역易(정괘鼎卦 구사九四)에 말하기를, '솥의 다리가 부러져 왕공이 먹을 음식을 엎으면 그 형벌로 목을 벨 것이니 흉凶하다'고 했으니 임무를 감당할 수 없음을 말한 것이다."

강설 |

덕德이 없는 사람이 높은 지위에 있으면, 그 역할을 제대로 하지 못하여 문제를 일으키고, 또 일으킨 문제를 온전히 수습하지 못해 화를 입게 된다. 지혜가 얕은 사람이 규모가 큰일을 계획하면, 그것을 감당하지 못하여 일을 그르치고 만다. 이는 힘없는 사람이 무거운 짐을 지는 것과 같다. 화가 이를 것임은 두말할 나위도 없다.

子曰知幾其神乎인저 君子는 上交不諂하며 下交不瀆하나니 其知幾乎인저 幾者는 動之微니 吉之先見者也니 君子는 見幾而作하여 不俟終日이니 易曰介于石이라 不終日貞이면 吉타하니 介如石焉커니 寧用終日이리오 斷可識矣로다 君子는 知微知彰知柔知剛하나니 萬夫之望이라

국역 |

공자께서 말씀하셨다. "기미를 아는 것이 신묘한 것이다. 군자는 윗사람과 사귀더라도 아첨하지 않고 아랫사람과 사귀더라도 모독하지 아니하니, 기미를 아는 것이다. 기미란 움직임이 은미한 것이고, 길吉[흉凶]함이 먼저 나타난 것이다. 군자는 기미를 보고 일을 처리하니 종일을 기다리지 않는다. 역易(예괘豫卦 육이六二)에서 말하기를, '돌에 끼어 있으니 종일 기다리지는 않아야 하는 것이니, 참고 견디면서 잘 분별하면 길吉하다'고 했다. 끼어 있는 것이 돌과 같으니 어찌 하루를 기다리겠는가! 단행해야 함을 알 수 있다. 군자는 은미한 징조를 알고 드러난 모습도 알며, 부드러운 것도 알고 굳센 것도 안다. 그러므로 모든 사람이 우러러본다."

강설 |

일이 벌어진 후에 대책을 준비하면 이미 때가 늦어지고 만다. 무너진 집을 고치는 것이 불가능한 것과 같다. 미리 그 일의 징조를 보고 차근히 대비해야 한다. 역易의 이치를 알아 변화에 대처하는 능력을 갖추면, 기미를 보고 그 일의 과정을 예측하고 대처할 수 있게 될 것이다.

子曰顏氏之子는 其殆庶幾乎인저 有不善이면 未嘗不知하며 知之면 未嘗復行也하나니 易曰不遠復이면 无祇悔리니 元吉이라하니라

국역 |

공자께서 말씀하셨다. "안회는 아마도 (역리易理의 실천에) 거의 가까웠던 것 같다. 올바르지 않은 것이 있으면 알지 않은 적이 없었고, 알았으면 다시 저지르지 않았다. 역易(복괘復卦 초구初九)에서 말하기를, '멀리 가지 않고 돌아오면 후회하는 일에 이르지 않을 것이니, 크게 길吉하다'고 하였다."

강설 |

안회는 공자의 수제자다. 30세에 요절하여 공자를 애통하게 했던 인물이다. 공자는 그가 거의 자기 수준의 경지에 오를 수 있는 자질과 덕을 갖추었음에도 불구하고, 요절하여 그 도의 완성을 보지 못했다고 슬퍼했다. 그가 죽자 공자는 '하늘이 나를 버리시는구나!' 하며 통곡을 했는데, 이를 본 제자들이 '선생님께서 통곡을 하셨습니다'라고 하자 공자는 "내가 이 사람을 위해서가 아니라면 누구를 위하여 통곡하겠느냐"고 하면서 더욱 슬퍼했다.

『논어』의 기록에 의하면, 안회는 아주 가난하게 살면서도, 열심히 공부하며 도道를 즐겼으며, 성나는 일이 있어도 다른 사람이나 일에는 그 화를 전가하지 않았고, 한 번 범한 실수나 과오는 되풀이하지 않았다고 한다. 얼마나 자기성찰과 수양이 철저했던 사람인가를 볼 수 있는 대목이다.

잘못을 저지르지 않는 것보다는 반성하는 것이 더 중요하다. 잘못을 한번도 저지르지 않은 사람은 아무도 없기 때문이다.

천 지 인 온 만 물 화 순 남 녀 구 정 만 물 화 생
天地絪縕에 萬物化醇하고 男女構精에 萬物化生하
[1] [2] [3]
역 왈 삼 인 행 즉 손 일 인 일 인 행 즉 득 기 우
나니 易曰三人行則損一人하고 一人行則得其友라하
언 치 일 야
니 言致一也라

국역 |

(공자께서 말씀하셨다.) "하늘의 기운과 땅의 기운이 교감하고 쌓여 만물이 응결하고, 암컷과 수컷이 교합하여 만물이 생겨난다. 역易(손괘損卦 육삼六三)에서 말하기를, '세 사람이 가면 한 사람을 잃고, 한 사람이 가면 그 벗을 얻는다'고 했으니, 한결같은 마음을 이루는 것을 말한다."

난자풀이 |

[1] 絪(인) : 기운. 천지의 기운.
[2] 縕(온) : 쌓다.
[3] 醇(순) : 진한 술. 순일하다.

강설 |

만물이 화순한다는 것은 만물의 기가 응결하는 것이다. 기가 응결되면 생명이 이루어진다. 응결된 기는 구체적인 음양의 교합에 의해서 실제적인 존재를 형성한다. 이를 만물화생이라고 했다.

순醇은 술의 원액에 해당되는 것이기 때문에 생명현상의 근원인 기

운이 응결하는 것으로 볼 수 있다.

子曰君子는 安其身而後에야 動하며 易其心而後에야 語하며 定其交而後에야 求하나니 君子修此三者故로 全也하나니 危以動則民不與也코 懼以語則民不應也코 无交而求則民不與也하나니 莫之與則傷之者至矣나니 易曰莫益之라 或擊之니리 立心勿恒이면 凶하리라하니라

국역 |

공자께서 말씀하셨다. "군자는 몸이 편안해진 뒤에 움직이고, 마음을 다스린 뒤에 말하며, 사귐을 확고하게 한 뒤에 남에게 요구한다. 군자는 이 세 가지를 닦아서 완수하기 때문에 온전하다. 자기 몸이 위태로운 상태에서 움직이면 백성들이 함께 하지 않고, 마음에 두려움이 있으면서 말을 하면 백성들이 호응하지 않으며, 사귐이 확고하지 않은 상태에서 요구하면 백성들이 도와주지 않는다. 도와주는 사람이 없으면 해치는 자가 이른다. 역易(익괘益卦 상구上九)에서 말하기를 '도와주는 사람이 없다. 어떤 사람이 공격해 올 것이니, 마음을 세우되 항상됨을 잃으면 흉凶할 것이다'라고 했다."

난자풀이 |

1 易(이) : 다스리다.

강설 |

자연은 언제나 편안하고 안정적이다. 설사 번개와 천둥으로 요동하고 바람으로 가격加擊하는 것도 생명을 깨우고 살게 하려는 작용이니, 길게 보면 편안하고 안정됨을 추구하는 것이다. 인간의 일에서도 자연적인 것은 편안하고 안정적이다(물론 이것은 안일이나 정체와는 질적으로 다르다). 그래서 사람들은 자연히 누구나 편안함과 안정을 추구하기 때문에 위태로운 사람을 가까이 하지 않고, 불안한 사람의 말을 믿지 않는다.

인간관계에 있어서도, 서로 일체감이 조성되어 피차彼此의 처지를 편견 없이 공감할 수 있어야, 요구하고 부탁하는 것이 자연스럽다. 그렇지 않은 상태에서 무언가를 요구하고 부탁하면, 편안하지 않다. 그래서 자연스럽지 못하고, 성사되기 힘들다.

제 6 장

子曰乾坤은 其易之門邪인저 乾은 陽物也오 坤은 陰物也니 陰陽合德而剛柔有體라 以體天地之撰하며 1

(자왈건곤 기역지문야 건 양물야 곤 음물야 음양합덕이강유유체 이체천지지찬)

以通神明之德하니 其稱名也雜而不越하나 於稽其類엔 其衰世之意邪인저

(이통신명지덕 기칭명야잡이불월 어계기류 기쇠세지의야)

국역 |

공자께서 말씀하셨다. "건乾과 곤坤은 역易의 문門인가! 건乾은 양물陽物이고 곤坤은 음물陰物이다. 음과 양이 덕德을 합해서 굳센 것과 부드러운 것이 일정한 성격을 갖는다. 그럼으로써 하늘과 땅의 일을 체현하고, 그럼으로써 신명의 덕에 통달한다. 괘의 명칭이 잡다하지만 건곤의 작용에서 벗어나지 않는다. 그 유형을 살펴 보건대, 그것은 아마도 쇠퇴한 시대를 의미하는 것일 것이다."

난자풀이 |

1 撰(찬) : 짓다. 품다. 만들다.

강설 |

건괘乾卦와 곤괘坤卦는 모든 괘의 전형이다. 이 두 괘를 바탕으로 나머지의 모든 괘가 형성된다. 그래서 건乾과 곤坤이 역易의 문이라고 했다.

괘가 성립하면 음과 양이 서로 어울려 굳세게 행동하는 것과 부드럽게 행동하는 등의 괘의 성격이 정해진다. 예컨대 양과 양이 합하면 태양이 되어 매우 굳세게 행동해야 하지만, 양과 음이 어울리면 소양이나 소음이 되어 약간 세게 또는 약간 부드럽게 행동해야 한다. 또

음과 음이 어울리면 아주 부드럽게 행동해야 한다.

이렇게 하여 행동지침이 정립되고 나면, 천지의 일을 따라 실천할 수 있고, 그럼으로써 천지의 일을 체현할 수 있고 신명의 덕에 통할 수 있다.

괘의 명칭은 다양하여 예순 네 가지나 되지만 그 내용은 모두 건곤에서 벗어나지 않는다. 그리고 그 유형을 면밀히 살펴보면, 대체로 조심하고 걱정해야 하는 것이 압도적으로 많은데, 이는 복잡하고 어지러운 시대를 반영하고 만들어진 것임을 의미한다고 보여진다.

夫易은 彰往而察來하며 而微顯闡幽하며 開而當名하며 辨物하며 正言하며 斷辭하니 則備矣라 其稱名也小하나 其取類也大하며 其旨遠하며 其辭文하며 其言曲而中하며 其事肆而隱하니 因貳以濟民行하여 以明失得之報니라

국역 |

대저 역易은 지나간 것을 분명히 알고 올 것을 살피며, 은미한 것을 드러내고 숨어 있는 이치를 밝히며, 만물의 이치를 열어서 마땅하게 이름을 붙이며, 만물의 처한 상황을 잘 분별하며, 말을 바르게 하고 사

辭를 단행하니 모든 것이 완비되어 있다. 이름을 일컫는 것은 작은 일이지만 진리의 유형을 취하는 것은 크다. 그 의미는 심원하고 그 사辭는 세련되다. 그 말은 상세하면서도 이치에 맞고, 그 일은 많이 벌려놓았으면서도 은밀하다. 의심스러운 것으로 인하여 백성들에게 행동방침을 알려준다. 그리하여 행동의 잘잘못에 따라서 주어지는 보답에 대해서 밝혔다.

강설 |

역易은 변화의 원리를 상징적으로 표현한 것으로, 지나간 것의 변화의 원리를 밝히고, 미래에 있을 변화의 내용을 살핌으로써 변화의 법칙을 설명하고 있다.

미현微顯은 은미한 것을 드러낸다는 뜻이다. 고대의 문장일수록 목적어가 동사 앞에 놓이는 경우가 많다. 문법적으로 순서를 바로 잡는다면 현미顯微가 될 것이나, 미현도 무방하다. 변화를 통찰하여 예측하기 위해서는 그 변화의 기미를 잘 살펴야 한다. 즉 인식하고 감지하기 힘든 은미한 것 속에서 앞으로 진행될 변화의 원리를 찾아야 하는 것이다. 역에서는 그것을 찾아내어 각 괘에 이름을 붙이고, 각 효에 적용되는 이름을 마땅하게 붙였다. 그리고 각 효에서는 만물이 처하고 있는 상황을 잘 분별했다. 예컨대 건괘에서 각 효를 용龍이라 지칭한 것은 이름을 마땅하게 붙인 것이고, 초구初九에서는 잠룡潛龍이라 하고, 구이九二에서는 견룡見龍이라 한 것은 각각의 상황을 분별한 것이다. 각각의 괘와 효의 내용을 바르게 말로 표현했으며, '길하다', '흉하다' 등을 분명하게 단정했다. 그리하여 하늘과 땅과 만물의 이치를 갖추고, 실천의 원리까지도 갖추었다.

이름을 붙인 것은 그 괘나 효가 의미하는 바의 역리易理에 비하면 아주 작은 일이다. 하나의 괘에 해당하는 사소한 상황에서도 무한히 큰 우주의 원리가 내포되어 있다. 이를 잘 연역하여 삶의 과정에 적용한다면 그 효과 역시 측정할 수 없을 정도로 심원하고 위대하다.

의심스럽다는 것은 '이렇게 해야 하는지 저렇게 해야 하는지' 확신하지 못하여 판단을 세우지 못하고 있는 것이다. 역易에서는 이러한 경우에도 그 처한 상황의 성격을 알려주고, 대안을 제시해 준다. 그리고 취한 행동의 결과에 따라 주어지는 득실에 대해서도 밝혀 주고 있다.

제 7 장

역 지 흥 야 기 어 중 고 호 작 역 자 기 유 우 환 호
易之興也其於中古乎인저 作易者其有憂患乎인저

국역 |

역易이 생겨난 것은 중고中古 때인가! 역易을 만든 사람은 우환의식을 가지고 있었는가!

강설 |

모든 것이 자연의 이치에 따르고, 우주의 원리에 맞게 진행될 때에는 그 이치와 원리를 구태여 연구하고 배울 필요가 없다. 역易이 필요한 것은 판단을 세우기 힘든 어려운 상황에서이다.

역易은 복잡하고 어려운 상황을 극복하기 위하여 천지만물의 원리

를 제시한 것이다. 그러므로 중고시대 즉, 은나라 말기에서 주나라 초기에 이르는 혼란기에 주로 만들어진 것으로 추정된다.

병이 있을 때 처방을 구하고, 심하거나 많을 때 여러 가지 처방이 나올 수 있듯이, 혼란한 세상에는 그 난국을 극복하기 위한 다양한 처방이 많게 마련이다. 역이 그 대표적인 것이고, 춘추전국시대의 제자백가도 그 좋은 예이다.

是故로 履는 德之基也오 謙은 德之柄也오 復은 德之本也오 恒은 德之固也오 損은 德之修也오 益은 德之裕也오 困은 德之辨也오 井은 德之地也오 巽은 德之制也라 履는 和而至하고 謙은 尊而光하고 復은 小而辨於物하고 恒은 雜而不厭하고 損은 先難而后易하고 益은 長裕而不設하고 困은 窮而通하고 井은 居其所而遷하고 巽은 稱而隱하니라

국역 |

그래서 리괘履卦는 덕德을 실천하는 기본이 되는 것이고, 겸괘謙卦는

덕을 실천하는 손잡이이며, 복괘復卦는 덕을 튼튼하게 하는 것이고, 항괘恒卦는 덕을 견고하게 하는 것이다. 손괘損卦는 덕을 닦는 것이고, 익괘益卦는 덕을 넉넉하게 하는 것이다. 곤괘困卦는 덕을 분별하는 것이고, 정괘井卦는 덕을 다지는 것이며, 손괘巽卦는 덕을 제어하는 방법이다. 리괘의 지시를 따르면 조화롭게 되어 진리에 이르고, 겸괘의 지시를 실천하면 존귀해져서 빛나게 된다. 복괘의 지시를 실천하면 작은 일이라 하더라도 다른 것과 구별되고, 항괘의 지시를 실천하면 복잡해져도 염증이 나지 않는다. 손괘損卦의 지시를 실천하면 처음은 어렵지만 나중에는 쉽고, 익괘의 지시를 실천하면 오랫동안 넉넉하여 꾸미지 않는다. 곤괘의 지시를 실천하면 곤궁하다가 통하고, 정괘의 지시를 실천하면 자기 자리에 가만히 있으면서 모두를 좋은 방향으로 옮기며, 손괘巽卦의 지시를 실천하면 자기의 역할을 잘 하지만 외부로 드러나지는 않는다.

履以和行코 謙以制禮코 復以自知코 恒以一德코
(리이화행 겸이제례 복이자지 항이일덕)

損以遠害코 益以興利코 困以寡怨코 井以辨義코
(손이원해 익이흥리 곤이과원 정이변의)

巽以行權하나니라
(손이행권)

국역 |

리괘履卦로써 조화롭게 행동하고, 겸괘謙卦로써 예禮를 제정한다. 복괘復卦로써 자신을 알고, 항괘恒卦로써 덕을 한결같이 한다. 손괘損卦로써 해로움을 멀리 하고, 익괘益卦로써 이로움을 일으킨다. 곤괘困卦로써 원망받을 일을 줄이고, 정괘井卦로써 의義로움을 변별하며, 손괘巽卦로써 권도權道를 행한다.

제 8 장

易之爲書也 不可遠이오 爲道也 屢遷이라 變動不居하여 周流六虛하여 上下无常하며 剛柔相易하여 不可爲典要오 唯變所適이니 其出入以度하여 外內에 使知懼하며 又明於憂患與故라 无有師[1]保[2]나 如臨父[3]母하니 初率其辭而揆其方컨댄 旣有典常이어니와 苟非其人이면 道不虛行하나니라

국역 |

역易이라는 책은 멀리할 수 없다. 그리고 도의 양상은 항상 변하여 다른 것으로 옮겨간다. 변화하고 움직여 가만있지 않고, 육허六虛에 두

루 유전하며, 위아래로 일정함이 없고, 굳센 것과 부드러운 것이 서로 바뀌니, 일정한 표준을 세울 수 없고 오직 변화에 따를 뿐이다. 나가고 들어가는 것이 법도에 맞아 안팎의 모든 사람들로 하여금 두려움을 알도록 한다. 또한 걱정되고 근심되는 것과 문제가 일어나는 모든 이치에 밝기 때문에 태사太師와 태보太保와 같은 지도자가 없어도, 역易이 모든 것을 가르쳐 주므로 마치 나에게 임하는 부모와 같다. 먼저 그 사辭를 따르고 나서 그 방도를 헤아려 보면 이미 표준이 있고 일정한 법칙이 있다. 그러나 진실로 그것을 파악하고 실천할 수 있는 사람이 없으면, 도 그 자체가 홀로 행해지지는 않는다.

난자풀이 |

1 師(사) : 태사太師.
2 保(보) : 태보太保.
3 臨(임) : 임한다. 위에서 아래로 임하는 경우에 사용하므로 '나에게 임하는 부모'로 번역하였다.

강설 |

역리易理는 우환을 극복하는 방법과 난관을 극복하는 방법을 일일이 제시해 주기 때문에 태사, 태보와 같은 훌륭한 지도자가 있어서 가르쳐 주지 않아도, 늘 나에게 있으면서 일일이 깨우쳐 주고 가르쳐 주는 부모와 같다.

제9장

역지위서야 원시요종 이위질야 육효상잡
易之爲書也 原始要終하여 以爲質也오 六爻相雜은
유기시물야 기초 난지 기상 이지 본말야
唯其時[1]物[2]也라 其初는 難知오 其上은 易知니 本末也
초사의지 졸성지종 약부잡물찬덕변시
라 初辭擬之하고 卒成之終하니 若夫雜物撰德辨是
여비즉비기중효 불비 희 역요존망길흉
與非則非其中爻면 不備하리라 噫라 亦要存亡吉凶
즉거가지의 지자관기단사즉사과반의
則居可知矣어니와 知者觀其彖辭則思過半矣리라

국역 |

역易이라는 책은 만사에 있어서 시작되는 부분을 살펴 끝마치는 부분을 잘 파악하는 것을 바탕으로 삼는다. 여섯 개의 효가 서로 섞이는 것은 오직 그 상황과 물성物性에 달려 있다. 초효初爻는 알기 어려우나 상효上爻는 알기 쉬우니, 그것은 본말의 관계이기 때문이다. 초효의 사辭에서 헤아리고 마침내 마지막의 상효에서 이룬다. 음물陰物과 양물陽物을 섞고 덕德을 헤아리며 옳고 그름을 가려내려면, 이효二爻와 오효五爻 즉, 중간의 효가 아니면 구비되지 않는다. 아아! 또한 존망과 길흉吉凶을 요약하면 역리易理를 거의 알 수 있다. 지혜로운 자가 단사彖辭를 보면, 역리를 헤아림이 반을 넘었다.

난자풀이 |

1 時(시) : 상황. 우리말에서도 '때'라는 말이 상황을 의미할 때가 있다.
2 物(물) : 물성物性. 음물陰物, 양물陽物 등의 물성을 말한다.

이여사 동공이이위 기선 부동 이다예
二與四는 同功而異位하여 其善이 不同하니 二多譽코
사다구 근야 유지위도불리원자 기요
四多懼는 近也일새니 柔之爲道不利遠者컨마는 其要
무구 기용유중야 삼여오 동공이이위 삼
無咎는 其用柔中也라 三與五는 同功而異位하여 三
다흉 오다공 귀천지등야 기유 위 기
多凶코 五多功은 貴賤之等也일새니 其柔는 危코 其
강 승야
剛은 勝邪인저

국역 |

이효二爻와 사효四爻는 기능이 같으나 자리가 다르므로 그 좋은 점이 같지 않다. 이효二爻에는 영예로움이 많은 반면 사효四爻에는 두려움이 많은데, 그것은 (사효四爻가 오효五爻에) 가깝기 때문이다. 유柔의 작용은 멀리 있는 것을 이롭지 않게 여기는 데도 이 효가 부드러운 효인 음효일 경우 결과적으로 허물이 없는 것은 부드러움을 가지고 가운데에 있기 때문이다. 삼효와 오효는 기능이 같으나 자리가 다르므로 삼효에는 흉凶함이 많고, 오효에는 공이 많다. 그것은 귀천의 차등이 있기 때문이다. 삼효나 오효가 음효일 경우에는 위태롭고 양효일 경우에는 자기의 역할을 감당할 수 있다.

강설 |

이효와 사효는 음의 자리로서 그 역할이 비슷하다. 예를 들면, 대학의 경우 이효가 학생회장이라면 사효는 조교이다. 두 효 모두 전체를 이끄는 오효의 선생을 보좌한다는 입장에서는 그 역할이 비슷하다. 그러나 이효는 학생의 위치이고 사효는 선생의 자리이므로 그 위치가 다르다.

오효는 전체를 이끌어야 하는 위치에 있기 때문에 측근에서 보좌하는 사효의 역할도 중시하지만, 하층부 전체를 이끌고 보좌하는 이효의 역할을 더욱 중시한다. 그래서 이효가 사효보다 명예로움이 많다.

삼효와 오효 역시 양의 자리에 있으면서, 양의 역할을 한다는 점에서는 서로 비슷하다. 대학의 경우를 예로 들면, 주임교수인 오효는 주체적으로 전체를 이끌어야 하는 입장이고, 졸업반 학생인 삼효는 자기 나름대로 취직을 위하여 노력해야 하는 입장이다. 이런 의미에서 기능이 같다고 했다. 그러나 오효는 상층부의 중심에 있으면서 전체를 이끌어야 하는 자리인 반면, 삼효는 하층부의 윗자리에 있으면서 개인의 역할을 해야 하는 입장이니, 그 위치는 다르다.

제 10 장

易之爲書也 廣大悉備하여 有天道焉하며 有人道焉하며 有地道焉하니 兼三才而兩之라 故로 六이니 六者는 非他也라 三才之道也니 道有變動이라 故曰爻이오 爻有等이라 故曰物이오 物相雜이라 故曰文이오 文不當이라 故로 吉凶이 生焉하니라
[1] [2]

국역 |

역易이라는 책은 광대하여 모든 이치를 갖추고 있다. 거기에는 하늘의 이치가 있고, 사람의 삶의 이치가 있으며, 땅의 이치가 있다. 이 세 이치를 겸하여 둘로 포개었기 때문에 여섯이 된다. 이 여섯은 다름이 아니라 세 이치의 도이다. 도에는 변화와 움직임이 있으므로 효라고 한다. 효에는 등차가 있으므로 물物이라는 형태로 구체화된다. 물物은 서로 뒤섞이므로 여러 형태의 모양새가 갖추어진다. 갖추어진 모양새는 타당한 것도 있지만 타당하지 않은 것도 있다. 따라서 길흉吉凶이 생겨난다.

난자풀이 |

1 物(물) : 음물陰物, 양물陽物 등을 말한다.

2 文(문) : 모양새. 무늬. 모양.

제 11 장

역 지 흥 야 기 당 은 지 말 세 주 지 성 덕 야 당 문 왕
易之興也 其當殷之末世周之盛德邪인저 當文王

여 주 지 사 야 시 고 기 사 위 위 자 사 평
與紂之事邪인저 是故로 其辭危하여 危者를 使平하고

이 자 사 경 기 도 심 대 백 물 불 폐 구 이
易者를 使傾하니 其道甚大하여 百物을 不廢하니 懼以

종 시 기 요 무 구 차 지 위 역 지 도 야
終始라 其要无咎니 此之謂易之道也라

국역 |

역易이 생겨난 것은 은殷의 말세末世, 주周의 성세盛世인가! 문왕과 주紂의 일에 해당하는가! 그래서 그 설명하는 말이 위태로움에 대처하는 형태를 취한다. 위태롭다고 여기고 대처하는 자에 대해서는 평안하게 만들고, 안이하게 대처하는 자에 대해서는 일을 그르치게 한다. 역의 도는 아주 커서 만물의 삶을 다 충족시키고 폐지하지 않는다. 두려워하는 마음으로 일관해야 하는 것이니, 그 요점은 허물이 없도록 하

는데 있다. 이렇게 하는 것을 역의 도라고 한다.

제 12 장

夫乾은 天下之至健也니 德行恒易以知險하고 夫坤은 天下之至順也니 德行恒簡以知阻하나니 能說諸心하며 能硏諸侯之慮[1]하여 定天下之吉凶하며 成天下之亹亹者니라

국역 |

건乾은 천하에서 가장 꿋꿋한 것이니, 건괘의 진리를 실천하는 사람의 덕행은 항상 평이하지만 험한 것이 있음을 알고, 곤坤은 천하에서 가장 유순한 것이니, 곤괘의 진리를 실천하는 사람의 덕행은 항상 간편하지만 저지당할 때도 있다는 것을 안다. 그러한 자는 마음속에서 기뻐하고 생각으로 다듬어서 천하의 모든 길흉吉凶을 단정하고 천하의 모든 작용을 이루는 자이다.

난자풀이 |

1 侯之(후지) : 주자는 후지侯之 두 자를 잘못 들어간 연문으로 보았는데 문맥으로 보아 타당하다.

강설 |

하늘의 작용은 매우 꿋꿋하면서도 일정하기 때문에 누구나 알기 어렵지 않다. 봄이 가면 항상 여름이 오고, 여름이 가면 항상 가을이 온다. 하늘의 이러한 작용은 한 번도 어긴 적이 없기 때문에 대처하기가 쉽다. 그러나 그러한 가운데에서도 험하고 어려운 상황이 있다. 폭풍이 불 때도 있고, 천둥이 칠 때도 있으며, 번개가 칠 때도 있다. 홍수가 날 때도 있고 가뭄이 들 때도 있다.

땅의 작용은 매우 유순하고 정직하다. 하늘의 작용을 묵묵히 받아 따르면서, 인간의 행위에 정직하게 반응한다. 콩 심으면 콩을 키워 주고, 팥을 심으면 팥을 키워 준다. 그래서 땅은 일구고 가꾸기가 간편하다. 그러나 그 가운데에도 쉽지 않은 일이 있다. 종자를 너무 깊이 묻으면 싹이 돋지 않고, 너무 많이 뿌리면 돋아도 제대로 자라지 못하며, 수맥이 지나는 곳에 뿌리면 자라지 못하는 등 뜻대로 안 되는 일이 많다.

그러므로 하늘과 땅의 작용을 알고, 인도를 실천할 수 있는 사람은, 역리를 알고 실천함으로써 마음속이 기쁨으로 충만한 자이다. 즉 생각이 역리로 다듬어져 하늘과 땅의 모든 작용을 파악할 수 있게 된 성인만이 모든 것에 원만하게 대처할 수 있다.

是故로 變化云爲에 吉事有祥이라 象事하여 知器하며 占事하여 知來하나니 天地設位에 聖人成能하니 人謀鬼謀하고 百姓與能하나니라 八卦는 以象告하고 爻彖은 以情言하니 剛柔雜居而吉凶可見矣라

국역 |

이런 까닭으로 변화하고 운위함에 길사에는 상서로움이 있다. 나타나는 일에서 나타나는 형상을 보면 그에 대처하는 기구를 만들 줄 알고, 일에 대해서 점을 침으로써 앞으로의 대처 방안을 안다. 천지가 각각의 자리를 설정하고 성인이 천지와 더불어 바르게 살 수 있는 능력을 갖추었다. 이에 사람에게 모의하고 귀신에게 모의함으로써 백성들이 참여하여 바르게 살 수 있는 능력을 얻을 수 있게 되었다. 팔괘는 형상으로 알려주고, 효사爻辭와 단사彖辭는 실상을 말해 준다. 굳센 것과 부드러운 것이 섞여 있어서 길흉을 알 수 있다.

강설 |

인간을 중심으로 보면, 하늘은 머리 위에 있고 땅은 발 아래에 있다. 그래서 사람이 똑바로 서 있으면, 하늘과 땅이 제 위치에 자리 잡을 수 있지만, 거꾸로 서 있거나 누워 있으면 하늘과 땅은 제 위치에 있지 못하게 된다.

'사람이 바로 선다'는 것은 마음이 삶의 주主가 되고, 몸이 그 명령을 듣는 상태를 말한다. 그러나 욕심이 가득하게 되면 육체가 필요로 하는 물질적 가치만을 추구하여 그것을 삶의 목적으로 삼는다. 그리하여 몸이 삶의 주主가 되고, 마음은 그를 위해 봉사하는 형태가 된다. 이것은 거꾸로 된 삶이다. 욕심을 버리고 역리에 따라 사는 것이 거꾸로 사는 형태에서 바로 사는 형태로 바뀌는 것이다.

역리易理를 실천하는 성인은 하늘을 머리에 이고 땅을 딛고 산다. 그래서 하늘과 땅이 제 위치에 있고 만물이 제대로 길러진다. 그렇게 되면 이 세상이 낙원이 된다. 그러나 거꾸로 사는 사람은 하늘과 땅이 뒤집혀 있고 만물이 거꾸로 자라는 것으로 보인다. 이 세상이 비극인 것이다.

'성인聖人이 능력을 갖추었다'고 한 것은 '똑바로 서서 살 수 있는 능력'을 갖추었다는 것이다. 그러한 까닭에 성인의 출현은 사람들이 바로 설 수 있는 길이 열렸음을 의미한다.

인人이란 말은 원래 동이족을 지칭하는 고유명사이었으나, 점차 귀족이란 의미로 쓰이다가 나중에 사람 일반을 가리키는 명사로 확대되어 쓰이게 되었다. 여기서의 인人은 귀족이란 의미로 이해해야 할 것이다. 귀鬼는 본래 음양의 작용을 가리키는 것이니, 여기서는 인간의 순수한 정신 현상으로 이해하는 것이 좋을 것이다. 고급 귀족들도 성인을 본보기로 역리를 따라서 사는 방법을 꾀하고 순수한 정신을 가진 사람들도 이를 도모하여, 일반 백성들도 이를 꾀하여 모두가 참여하여 역리에 따라서 살 수 있게 된 것이다.

變動은 以利言하고 吉凶은 以情遷이라 是故로 愛惡相攻而吉凶生하며 遠近相取而悔吝生하며 情僞相感而利害生하나니 凡易之情이 近而不相得則凶하며 或害之하면 悔且吝하나니니라

국역 |

변하고 움직이는 것은 이로움으로써 말해지고 길흉은 실상에 따라 옮겨간다. 이 때문에 사랑하는 것과 미워하는 것이 서로 부딪혀 길흉이 생기고, 먼 것과 가까운 것을 서로 번갈아 취하기 때문에 뉘우칠 일이나 곤란한 일이 생기며, 참과 거짓이 서로 교감하여 이로움과 해로움이 생긴다. 무릇 역이 깨우쳐 주는 진리가 가까이 있는데도 서로 터득하지 못하면 흉凶하게 되고, 혹 그 진리를 해치면 후회하게 되고 곤란하게 된다.

강설 |

삶의 과정에서 나타나는 수많은 변화에 적절하게 대처하고 올바르게 행동할 수 있는 길을 제시하는 것이 역의 이치이다. 그래서 이러한 길을 제시할 때에는 '대인을 보는 것이 이롭다' 등등 '여차여차 하는 것이 이롭다'라는 형식으로도 표현했다.

실제로 역易의 지시에 따라 이로운 방향으로 실행했는가 못했는가

에 대한 결과에 따라서 판단한 것이 길흉이다. 여기서 情이라 한 것은 역리에 적절히 대처했는가 아닌가의 실상을 말한 것이다. 그리고 역리에 적절히 대처하는 경우는 모든 것에 대해서 사랑하는 마음으로 표현되고, 그렇지 못한 경우는 미워하는 마음으로 표현된다. 그러므로 사랑하는 마음만 있으면 흉凶함이 없고, 미워하는 마음만 있으면 길吉함이 없다. 사랑하는 마음과 미워하는 마음이 엇갈리기 때문에 길흉이 생긴다.

진리는 항상 가까이 있다. 도끼를 들고 도끼 자루를 벨 때 그 베는 원리가 가까이 있는 것과 같다. 자신이 들고 있는 도끼의 자루를 보고, 그와 같은 것을 베면 되기 때문이다. 이처럼 가까이 있는 진리를 보고, 취하면 문제가 없지만, 진리가 멀고 고원한 데 있는 것으로 여겨 취하려 하면 결국 후회하고 한스럽게 되는 일이 생긴다.

역리를 진실하게 따르면 이롭고 거짓으로 따르면 해롭다.

將叛者는 其辭慙하고 中心疑者는 其辭枝하고 吉人之辭는 寡하고 躁人之辭는 多하고 誣善之人은 其辭游하고 失其守者는 其辭屈하니라

국역 |

장차 모반하려는 사람은 그 말에 부끄러움이 있고, 마음속에 의심을 갖는 사람은 그 말이 지리멸렬한다. 길吉한 사람은 그 말수가 적고 조

급한 사람은 말이 많다. 착한 사람을 속이려는 사람은 그 말이 번지르르하고, 지조를 잃은 사람은 그 말이 비굴하다.

설괘전
說卦傳

설괘전에서는 역을 만드는 과정과 역의 내용 및 점법을 설명하였고, 자연현상 및 만물을 팔괘로 분류시킨 것이다. 사마천의 『사기史記』「공자세가」에 "공자가 만년에 역을 좋아하여 단彖 · 계繫 · 상象 · 설괘說卦 · 문언文言을 서술하였다"는 말이 있는 것을 보면 사마천 시대에 이미 설괘가 존재했음을 알 수 있다.

제 1 장

석 자 성 인 지 작 역 야 유 찬 어 신 명 이 생 시 삼 천
昔者聖人之作易也에 幽贊於神明而生蓍하고 參天
1

양지이의수　관변어음양이입괘　발휘어강
兩[2]地而倚[3]數하고 觀變於陰陽而立卦하고 發揮於剛

유이생효　화순어도덕이리어의　궁리진성
柔而生爻하니 和順於[4]道德而理於義하며 窮理盡性

이지어명
하여 以至於命[5]하니라

국역 |

옛날 성인聖人이 역을 만듦에 그윽이 신명에게 도움을 받아 시초를 만들고, 천수天數를 삼參으로 하고, 지수地數를 양兩으로 하여 수數의 근원을 정했다. 음양에서 변화를 관찰하여 괘를 세우고, 강유剛柔에서 발휘하여 효爻를 만들었다. 도덕으로 화순하고 의로움으로 다스렸으며, 이치를 궁리하여 본성을 다하고 그리하여 명命에 이르렀다.

난자풀이 |

[1] 參(삼) : 셋. 하늘의 수.
[2] 兩(양) : 둘. 땅의 수.
[3] 倚(의) : 보존하다. 표준을 세우다. 근원을 정하다.
[4] 於(어) : 장소를 나타내는 조사. '도덕에서 화순한다'는 말은 '도덕적 입장에서 화순한다'는 말이므로 '도덕으로 화순한다'고 번역했다..
[5] 命(명) : 천명天命. 자연의 이치. 진리.

강설 |

이것은 성인이 괘를 만든 과정과 운용 방법 및 적용 태도에 대해서 설명한 것이다. 먼저 시초를 만드는 과정을 말하고 있다. 시초는 국화

菊花과에 속하는 다년생 식물로 줄기가 곧고 길이가 60~70㎝되는 풀이다. 그런데 시초는 흔하게 구할 수 있는 것이 아니다. 아주 드물게 나타나는 희귀한 풀이다. 그래서 '신명의 도움을 받아 만들었다'고 했다.

시초를 잘라 산 가지를 만들 때, 몇 개를 만들어야 하는가 하는 문제가 생긴다. 이때 천수天數, 즉 양陽의 수인 1, 3, 5, 7, 9를 헤아려 더하고, 지수地數(음陰의 수)인 2, 4, 6, 8, 10을 헤아려 더하여 산 가치 수의 표준을 정했다. 그렇게 하여 정해진 수가 대연지수大衍之數이다.

'삼천양지參天兩地'에 대해서는 여러 가지 학설이 많다. 주자는 "하늘은 둥글고 땅은 네모이다. 둥근 것은 둘레가 지름의 3배인데, 3은 하나의 기수이므로 천天은 3이 되고, 네모는 둘레가 한 변의 4배인데, 4는 2의 배수이므로 지地는 2가 된다"고 했다. 그러나 이는 다소 설득력이 없다. 이 밖에도 여러 가지 설이 있으나 역시 설득력이 약하다. 땅의 요소는 언제나 둘로 구분할 수 있다. 땅은 물질이고, 가시적인 것이다. 물질적인 세계에서는 언제나 음과 양, 큰 것과 작은 것, 더운 것과 추운 것, 이것과 저것 등으로 양분할 수 있다. 그렇기 때문에 땅의 수를 둘로 이해할 수 있다. 그러나 하늘의 수는 다르다. 음과 양이 있고 거기다가 태극이 있다. 남자와 여자가 있고 거기다가 사람이 있다. 이것과 저것이 있고, 거기다가 이것과 저것을 포함하는 공통의 것이 있다. 그 공통의 것이 하늘이다. 그러므로 하늘의 요소를 강하게 가진 사람들의 정서에서는 3박자의 정서가 나타난다. 하늘의 수를 삼으로 본 것은 이런 이유에서일 것이다. 그래서 하늘의 수와 땅의 수가 뒤섞여 여러 가지 수의 배합이 일어난다. 하늘의 수와 땅의 수를 합하면 5인데, 이 5를 10배로 확대한 것이 대연지수인 50으로 이해할 수도 있다.

천수와 지수를 합하면 모두 55인데, 산 가치가 50개인 것은 대연지수의 설명에서 밝힌 바 있다.

50개의 시초로 산 가치를 만들고 나면, 이를 운용하여 괘를 뽑는다. 괘를 뽑는 원리는 매번 뽑은 산 가치의 개수에 따라 음과 양을 정하여,

그 음양의 관계를 살피는 것이다.(구체적인 방법은 점을 치는 법에서 설명한 바 있다).

일단 괘가 성립되고 나면, 그 괘의 성격은 괘가 갖고 있는 효의 성질에 의존한다. 효가 양효陽爻이면 굳세게 대처해야 하고, 음효陰爻이면 부드럽게 대처해야 한다. 따라서 '굳세게 대처해야 하는가 부드럽게 대처해야 하는가' 하는 방법을 터득하는 것이 효를 만든 의미이다.

도道는 인간이 마땅히 행해야 하는 객관적인 이치이고, 덕德은 그 도道를 실천할 수 있는 능력이다. 부모에게 효도해야 하는 이치가 도道에 해당한다면, 실제로 효도할 수 있는 능력이 덕德에 해당한다. 역易은 이 도덕을 실행하는 방향으로 사람을 인도한다. 인간이 어떤 행위를 할 때는, 그 행위의 동기를 대체로 두 가지로 볼 수 있다. 하나는 의로움이고 다른 하나는 이익이다. 전자는 도덕에서 나오는 것이고 후자는 욕심에서 나오는 것이다. 역易은 사람으로 하여금 도덕의 차원에서 의롭게 행동하도록 유도하는 것이다.

모든 행동에는 그 나름의 행동 원리가 있다. 예컨대, 운전 중 차가 왼쪽으로 급회전을 할 때는 몸을 왼쪽으로 기울이는 것이 이 상황에서의 행동 원리이다. 이 원리를 따르면 순조롭게 운행할 수 있지만, 그렇지 못하면 멀미를 하는 등 힘들게 된다. 삶의 과정도 복잡한 길을 가는 것과 같다. 복잡한 인생의 항로에서 멀미를 줄이면서 순조롭게 살아가기 위해서는 순간순간의 상황을 파악하여 그 행동 원리를 터득해야 하는데, 이것을 궁리窮理라 한다. 그리고 이러한 행동 원리를 터득하는데 아주 중요한 것이 역易이다. 역易은 질문자에게 그가 처한 상황과 그 대처 방안을 제시해 주기 때문이다.

차가 운행 중이더라도, 깊이 잠이 들어 있는 사람은 차멀미를 하지 않는다. 마찬가지로 인간의 본성을 그대로 발휘하는 사람은 복잡한 삶의 과정에서도 별 어려움을 겪지 않을 수 있다. 본성적으로는 본래 그런 능력을 갖고 있기 때문이다. 그러나 인간은 그 본래적인 능력을 상실하였기 때문에, 그 능력을 회복하기 위하여 우선 궁리를 하지 않으면 안 된다. 궁리하여 그때 그때의 상황에 맞는 행동을 한다면, 그것은 본성을 다 발휘하는 결과가 된다. 이것을 '궁리진성窮理盡性'이라고 한다.

인간이 '궁리진성'을 완전하게 하게 되면, 천지자연과 하나가 된다. 말하자면 천명을 실천하는 경지가 되는 것이오, 천인합일天人合一을 이루는 것이다. 역易은 바로 천인합일을 이루는 첩경이라고 할 수 있다.

제 2 장

昔者聖人之作易也는 將以順性命之理니 [1] 是以로 立天之道曰陰與陽이오 立地之道曰柔與剛이오 立人之道曰仁與義니 兼三才而兩之라 故로 易이 六畫而成卦하고 分陰分陽하며 迭用柔剛이라 [2] 故로 易이 六位而成章하니라 [3]

국역 |

옛날 성인聖人이 역易을 만든 것은 장차 본성과 천명의 이치를 따르고자 한 것이다. 이 때문에 하늘의 도道를 세워서 음陰과 양陽이라 말하고, 땅의 도道를 세워 유柔와 강剛이라 말하고, 사람의 도道를 세워 인仁과 의義라 한다. 삼재를 겸하여 둘로 중첩하였기 때문에 역易은 여섯 획이 되어 괘를 이루게 되었다. 음陰으로 나누고 양陽으로 나눔으로써 번갈아 유柔가 되고 강剛이 된다. 그러므로 역易은 여섯 자리가 되어 모든 이치를 이루었다.

난자풀이 |

1 以(이) : 앞의 작역作易을 목적어로 받는다. 따라서 이 문장을 엄밀히 해석하면 '장차 역을 만들어서 본성과 천명의 이치를 따르려 했다'고 해석해야 하지만 易을 만든다는 말이 앞에서 나왔으므로 그것을 생략하고 해석했다.

2 用(용) : 이以와 통용. 목적어는 앞의 분음분양分陰分陽이다. 각 자리가 음과 양으로 나뉘어지기 때문에 부드럽게 대처하고 굳세게 대처해야 하는 대처 방안이 결정된다는 뜻이다.

3 章(장) : 무늬. 괘가 내포하고 있는 무늬는 천지인의 모든 이치이므로 여기서는 '모든 이치'로 번역했다.

강설 |

역易을 만든 목적은, 인간으로 하여금 자신의 본성과 천명의 이치를 따르도록 하기 위해서이다. 그러므로 본성을 따르고 천명을 실천하는 사람에게는 역易이 필요 없다.

'천명을 따른다'는 것은 하늘과 하나가 되는 것이오, 만물과 하나가 되는 것이며, 천지자연과 하나가 되는 것이다. 하늘과 땅과 사람이 모두 하나가 되기 위해서는, 일단 하늘의 도와 땅의 도, 그리고 인간의 도를 알아야 하며, 나아가 그것이 궁극적으로는 하나로 조화되어 있음을 알아야 한다.

그리하여 하늘의 도를 음陰양陽, 땅의 도를 유강柔剛, 인간의 도를 인의仁義라고 했다. 이 세 가지 도를 삼재라 하는데, 이것을 하나로 표현하여 나타낸 것이 삼획괘이다. 즉 ☰, ☱, ☲, ☳, ☴, ☵, ☶, ☷ 등의 팔괘가 그것이다. 이 괘에서 제일 위의 효를 천도天道, 가운데 효를 인도人道, 제일 아래의 효를 지도地道라 할 수 있지만, 반드시 그런 것은 아니다. 삼재가 어우러져 일체가 되기 때문에 제일 위의 효가 천도일 수도 있고, 지도일 수도 있으며 인도일 수도 있다. 또 가운데 효나 제일 아래의 효도 마찬가지다.

역易은 이 팔괘를 겹쳐 육십사괘를 만듦으로써 완성된 것이기 때문에 '육획이 됨으로써 괘가 완성되었다'고 했다.

육획이 완성되면 여섯 획이 각각 효가 되는데, 각각의 효는 음陰의 자리와 양陽의 자리로 나뉘어진다. 초효初爻, 삼효三爻, 오효五爻는 양陽의 자리이고, 이효二爻, 사효四爻, 육효六爻는 음陰의 자리이므로 '각 자리를 음陰과 양陽으로 나눈다'고 했다. 또 음陰의 자리는 부드럽게 대처하는 자리이고, 양陽의 자리는 굳세게 대처하는 자리이므로 '번갈아가며 부드럽게 대처하기도 하고 굳세게 대처하기도 한다'고 했다. 역易은 이 여섯 자리로써 모든 이치를 다 표현한 것이다.

제 3 장

천지정위 산택통기 뇌풍상박 수화불
天地定位하며 山澤通氣[1]하며 雷風相薄[2]하며 水火不

상역 팔괘상착 수왕자 순 지래자 역
相射하여 八卦相錯하니 數往者는 順코 知來者는 逆하
③
시고 역 역수야
니 是故로 易은 逆數也라
④

국역 |

하늘과 땅이 자리를 정하고 산과 못이 기氣를 통하며, 번개와 바람이 서로 접하고 물과 불이 서로 싫어하지 않으므로 팔괘가 서로 섞이게 된다. 과거를 헤아리는 것은 순방향이라면 미래를 아는 것은 역방향이다. 이 때문에 역은 역방향으로 헤아리는 것이다.

난자풀이 |

1 氣(기) : 기운. 작용.
2 薄(박) : 박迫과 통용. 접근하다.
3 射(역) : '쏜다'는 뜻일 때는 음이 '사'이지만, 여기서는 '싫어한다'는 뜻이므로 음이 '역'이다.
4 數(수) : '헤아린다'는 뜻.

강설 |

대자연의 조화로운 모습을 보자. 먼저 하늘과 땅이 자리를 잡고 있고, 그 안에 산과 못이 있다. 번개가 치고 바람이 불며, 물이 흐르고 불이 탄다. 이 대자연의 기본 변화를 표현한 것이 팔괘이다. 팔괘를 중첩하여 육십사괘를 이루면 과거, 현재, 미래를 포함한 인간의 모든 삶의 변화 원리를 파악할 수 있게 된다.

일직선을 그어, 그 가운데에 기준을 정하여 한 쪽 방향을 + 방향으로 정하면 다른 한 쪽은 − 방향이다. 기준점을 현재라고 하고 + 방향을 과거로 한다면, − 방향은 미래가 된다. 이 선상에서 과거를 순방향으로 본다면 미래는 역방향이 된다.

과거를 아는 것은 지난 것을 아는 것이므로 순서대로 아는 것이다. 그러나 미래를 아는 것은 과거와 반대 방향의 것을 아는 것이므로 미리 아는 것이며 거슬러 아는 것이다. 따라서 '거스른다'는 의미의 역逆은 '미리'라는 의미를 내포한다.

제 4 장

雷以動之코 風以散之코 雨以潤之코 [1] 日以晅之코 [2] 艮以止之코 兌以說之코 [3] 乾以君之코 坤以藏之하나니라

(뇌이동지 풍이산지 우이윤지 일이훤지 간이지지 태이열지 건이군지 곤이장지)

국역 |

번개로써 움직이고, 바람으로써 흩고, 비로소 적시고, 해로써 마르게 하고, 간괘艮卦로써 머무르게 하고, 태괘兌卦로써 기쁘게 하고, 건괘乾卦로써 군림케 하고, 곤괘坤卦로써 저장케 한다.

난자풀이 |

1 之(지) : 목적격 조사. 목적어를 특별히 정하지 않고 막연히 말할 때 쓴다. 여기서는 대체로 '만물' 정도로 이해하면 될 것이다.
2 晅(훤) : 말리다. 마르다. 훤烜과 동자同字. 훤烜으로 되어 있는 곳도 있다.
3 說(열) : '기쁘다'는 뜻으로 쓰일 때는 음은 '열'.

강설 |

제4장은 팔괘의 역할에 대해서 설명했다. 번개는 진괘震卦, 바람은 손괘巽卦, 비는 감괘坎卦, 해는 이괘離卦의 상象으로 그 역할을 설명한 것이고, 간艮, 태兌, 건乾, 곤坤은 괘명으로 그 역할을 설명한 것이다.

제 5 장

帝出乎震(제출호진)[1]하여 齊乎巽(제호손)[2]하고 相見乎離(상견호리)하고 致役乎坤(치역호곤)하고 說(열)[3]言乎兌(언호태)하고 戰乎乾(전호건)하고 勞乎坎(노호감)하고 成言乎艮(성언호간)하니라

국역 |

조물주의 작용은 진震에서 만물이 나오게 하고, 손巽에서 정제整齊하

고, 리離에서 서로 보게 하고, 곤坤에서 일을 다하게 하고, 태兌에서 기쁘게 하고, 건乾에서 싸우게 하고, 감坎에서 노고롭게 하고, 간艮에서 이루어지게 한다.

난자풀이 |

1 帝(제) : 조물주. 또는 조물주의 작용.
2 齊(제) : 가지런하게 하다. 정제整齊하다.
3 言(언) : 여기서는 별 뜻 없이 조사로 쓰였다.

강설 |

만물이 생장하고 성쇠하는 과정을 팔괘로 설명하고 있다. 만물은 봄에 나서 여름에 성장하고, 가을에 결실하여 겨울에 완성된다. 이 사시四時를 방향에 적용시키면, 봄은 동東, 봄과 여름의 사이는 동남東南, 여름은 남南, 여름과 가을의 사이는 서남西南, 가을은 서西, 가을과 겨울의 중간은 서북西北, 겨울은 북北, 겨울과 봄의 중간은 동북東北이다. 방향과 사시를 팔괘에 적용시키면, 봄과 동방은 진괘震卦에, 봄과 여름 사이와 동남방은 손괘巽卦에, 여름과 남방은 리괘離卦에, 여름과 가을 사이와 서남방은 곤괘坤卦에, 가을과 서방은 태괘兌卦에, 가을과 겨울 사이와 서북방은 건괘乾卦에, 겨울과 북방은 감괘坎卦에, 겨울과 봄 사이와 동북방은 간괘艮卦에 해당된다.

만물이 움트는 봄은 생명을 태동시키는 시기이므로 진동을 의미하는 진괘에 해당시켰고, 봄과 여름 사이는 싹이 튼 만물이 봄바람을 받아 일제히 성장하는 시기이므로 순조로움을 의미하는 손괘에 해당시켰다. 또 만물이 무성하게 생장하는 여름은 성장된 만물의 모습을 환히 다 볼 수 있는 시기이므로, 밝음을 의미하는 리괘에 해당시켰고, 여름과 가을 사이는 결실을 이루는 중요한 일을 하는 시기이므로 결실을 의미하는 곤괘에 해당시켰다. 가을과 겨울 사이는 결실을 이루고 그 결과에 대한 만족과 기쁨이 있는 시기이므로 기쁨을 의미하는 태괘에 해당시켰고, 가을과 겨울 사이는 새로 시작되는 양陽의 기운과 기존의 음陰이 갈등하므로 양陽의 기운을 의미하는 건괘에 해당시켰다. 겨울은 저장하는 수고로움이 있는 시기이기 때문에 감괘에 해당시켰고, 겨울과 봄 사이는 모든 것을 완성하고 조용히 봄을 기다리는 시기이므로 정지를 의미하는 간괘에 해당시켰다. 이 이론을 근거로 하여, 북송의 소강절邵康節은 문왕팔괘를 만들었다.

그러나 이 방위와 사시를 괘에 적용시킨 이론과 설명은 다소 설득력이 약한 면이 있다. 예컨대, 가을과 겨울 사이를 처음 양이 돋아나는 시기라 하여, 순수한 양陽을 상징하는 건乾괘에 해당시켰다면, 봄과 여름 사이에 처음 음陰이 돋아나는 시기를 곤坤에 해당시킬 수 있을 것이다. 그리고 만물이 싹을 틔우는 봄을, 봄바람이 분다는 의미에서 손巽에 해당시키고, 성장을 촉진하기 위해 천둥과 번개가 있는 봄과 여름 사이를 진震에 해당시켜도 설명이 가능하기 때문이다.

팔괘로 방위와 사시를 정한 것은 오랜 시기에 걸친 습관과 관념에 의한 것으로 보인다. 그밖에 특별한 의미가 있는지는 확인하기 어렵다.

만물 출호진 진 동방야 제호손 손
萬物이 出乎震하니 震은 東方也라 齊乎巽하니 巽은
동남야 제야자 언만물지결제야 리야자
東南也니 齊也者는 言萬物之潔齊也라 離也者는
명야 만물 개상견 남방지괘야 성인남
明也니 萬物이 皆相見할새니 南方之卦也니 聖人南
면이청천하 향명이치 개취저차야 곤야
面而聽天下하여 嚮明而治하니 蓋取諸此也라 坤也

자 지야 만물개치양언 고왈치역호곤
者는 地也니 萬物皆致養焉할새 故曰致役乎坤이라

태 정추야 만물지소열야 고왈열언호태
兌는 正秋也니 萬物之所說也라 故曰說言乎兌라

전호건 건 서북지괘야 언음양상박야 감
戰乎乾은 乾은 西北之卦也니 言陰陽相薄也라 坎

자 수야 정북방지괘야 노괘야 만물지소
者는 水也니 正北方之卦也요 勞卦也니 萬物之所

귀야 고왈노호감 간 동북지괘야 만물지
歸也라 故曰勞乎坎이라 艮은 東北之卦也니 萬物之

소성종이소성시야 고왈성언호간
所成終而所成始也라 故曰成言乎艮이라

국역 |

만물이 진震에서 나오니 진震은 동방이다. 손巽에서 정제되니 손巽은 동남이다. 정제된다는 것은 만물이 깨끗하게 갖추어지는 것을 말한다. 리離라는 것은 밝음이라 만물이 모두 서로 볼 수 있으니 남방의 괘다. 성인聖人이 남면하여 천하의 소리를 듣고 밝음을 향하여 다스리니 다 이에서 취한 것이다. 곤坤이란 땅이다. 만물이 모두 길러짐을 다하니 그러므로 곤坤에서 일을 다한다고 했다. 태兌는 바로 가을이라 만물이 기뻐하는 바이다. 그러므로 태兌에서 기뻐한다고 했다. 건乾에서 싸운다는 것은 건乾은 서북의 괘이므로 음陰양陽이 서로 접하여 부딪히는 것을 말한다. 감坎은 물이므로 정북방의 괘이고 수고로움을 상징하는 괘이다. 만물이 귀의하는 바이다. 그러므로 감坎에서 노고롭다고 했다. 간艮은 동북방의 괘이다. 만물이 끝을 이루고 처음을 이루는 바이다. 그러므로 간艮에서 이룬다고 했다.

제6장

神也者는[1] 妙萬物而爲言者也니 動萬物者莫疾乎[2]雷하고 橈[3]萬物者莫疾乎風하고 燥[4]萬物者莫熯[5]乎火하고 說萬物者莫說乎澤하고 潤萬物者莫潤乎水하고 終萬物始萬物者莫盛乎艮하니 故로 水火相逮하며 雷風不相悖하며 山澤通氣然後에야 能變化하여 既[6]成萬物也하니라

국역 |

신神이란 만물에 묘하게 작용하는 것을 가리켜 말한 것이다. 만물을 움직이는 것은 천둥보다 빠른 것이 없고, 만물을 굽히는 데는 바람보다 빠른 것이 없다. 만물을 마르게 하는 데는 불보다 더 잘 말리는 것이 없고, 만물을 기쁘게 하는 데는 못보다 더 잘 기쁘게 하는 것이 없다. 만물을 적시는 데는 물보다 더 잘 적시는 것이 없고, 만물을 마치게 하고 시작하게 하는 것은 산보다 더한 것이 없다. 그러므로 물과

불이 서로 잇고 천둥과 바람이 서로 어그러지지 않으며, 산과 못이 기운을 통한 뒤에라야 변화할 수 있어서 만물을 다 이룬다.

난자풀이 |

1 神(신) : 만물을 낳고 기르는 하늘의 작용이 지극히 묘하기 때문에 이를 일컫는 말.
2 乎(호) : 비교격 조사. '~보다'로 해석하면 된다.
3 橈(요) : 굽다. 굽히다.
4 燥(조) : 말리다. 건조시키다. 마르다.
5 熯(한) : 태우다. 말리다.
6 旣(기) : 다. '다 이루다', '다 없애다' 등의 뜻.

강설 |

자연현상을 팔괘 중에서 건괘乾卦와 곤괘坤卦를 뺀 나머지 여섯 괘에 해당시켜 설명한 것이다. 다른 괘에서는 괘상卦象으로 설명을 했으나 간괘艮卦는 괘명卦名으로 설명했다. 그 이유는 알 수 없다.

제 7 장

乾(건)은 健也(건야)오 坤(곤)은 順也(순야)오 震(진)은 動也(동야)오 巽(손)은 入也(입야)오 坎(감)은 陷也(함야)오 離(리)는 麗[1]也(리야)오 艮(간)은 止也(지야)오 兌(태)는 說也(열야)라

국역 |

건乾은 굳건함이고 곤坤은 온순함이며, 진震은 움직임이고 손巽은 들어가는 것이다. 감坎은 빠지는 것이고 리離는 연결되는 것이며, 간艮은 멈춤이고 태兌는 기쁨이다.

난자풀이 |

1 麗(리) : '걸리다', '연결된다'는 뜻으로 쓰일 때는 음은 '리'.

강설 |

팔괘의 성질을 설명한 것이다. 손巽은 따르는 성질이 있는데, 곤坤의 성질과 구별하여 따라 들어가는 것으로 설명했다.

제 8 장

건 위 마 곤 위 우 진 위 룡 손 위 계 감 위
乾爲馬이오 坤爲牛이오 震爲龍이오 巽爲雞이오 坎爲
시 리 위 치 간 위 구 태 위 양
豕이오 離爲雉이오 艮爲狗이오 兌爲羊이라

국역 |

건乾은 말이고 곤坤은 소이며, 진震은 용이고 손巽은 닭이다. 감坎은 돼지이고 리離는 꿩이며, 간艮은 개이고 태兌는 양이다.

강설 |

동물들을 각각의 특성에 따라 팔괘에 적용시켜 분류한 것이다. 말은 꿋꿋하게 달리는 성질을 가지고 있어 건乾에, 소는 느리고 순하면서 무거운 짐을 가득 싣고 움직이니, 땅을 상징하는 곤坤에 해당된다. 또 용은 변화를 일으키는 짐승이므로 진震에, 닭은 날짐승인데도 날지 않고 순하게 사람을 따르며, 또 저녁이 되면 닭장에 들어가니, 손巽에 해당된다. 돼지는 진흙과 지푸라기 등의 오물을 뒤집어쓰고 있기 때문에 한 양陽이 두 음陰에 싸여 있는 감坎에, 꿩은 날개가 매우 아름답고 문채가 나기 때문에 밝고 문채남을 뜻하는 리離에 해당된다. 개는 집을 지키면서 외부의 침입자를 막아 주기 때문에 간艮에, 양은 험한 곳에 다가가지 않는 보수적인 데가 있으므로 태兌에 해당된다.

제9장

건위수 곤위복 진위족 손위고 감위
乾爲首이오 坤爲腹이오 震爲足이오 巽爲股이오 坎爲
이 리위목 간위수 태위구
耳이오 離爲目이오 艮爲手이오 兌爲口이라

국역 |

건乾은 머리이고 곤坤은 배이며, 진震은 발이고 손巽은 다리이다. 감坎은 귀이고 리離는 눈이며, 간艮은 손이고 태兌는 입이다.

강설 |

사람이나 동물의 몸을 그 특성에 따라 팔괘에 적용하여 분류한 것이다. 머리는 신체의 가장 위에 위치하며, 둥글고 몸 전체를 통괄하는 것이니, 건乾에 해당되고, 배는 음식물을 받아들이고 소화시킴으로써 그 몸을 유지해 주는 것이니, 곤坤에 해당한다. 발은 제일 아래에 위치하면서 위에 있는 몸을 움직이므로 진震에 해당되고, 다리는 발이 가는 대로 따라가니 손巽에 해당된다.

귀는 구덩이처럼 움푹 들어가 있으니 감坎에 해당되고, 눈은 밝은 빛을 볼 수 있으니, 리離에 해당된다. 발이 아래에서 움직이는 것이라면 손은 위에서 움직이는 것이므로 간艮에 해당되고, 입은 음식을 먹어 그 맛을 즐기니, 태兌에 해당된다.

제 10 장

乾(건)은 天也(천야)라 故(고)로 稱乎父(칭호부)이오[1] 坤(곤)은 地也(지야)라 故(고)로 稱乎(칭호)母(모)이오 震(진)은 一索而得男(일색이득남)이라[2] 故(고)로 謂之長男(위지장남)이오 巽(손)은

一索而得女라 故로 謂之長女이오 坎은 再索而得男이라 故로 謂之中男이오 離는 再索而得女라 故로 謂之中女이오 艮은 三索而得男이라 故로 謂之少男이오 兌는 三索而得女라 故로 謂之少女라

국역 |

건乾은 하늘이다. 그러므로 칭하기를 아버지라 한다. 곤坤은 땅이다. 그러므로 칭하기를 어머니라 한다. 진震은 한 번 구하여 남자를 얻었으므로 장남이라 하고, 손巽은 한 번 구하여 여자를 얻었으므로 장녀라 한다. 감坎은 두 번 구하여 남자를 얻었으므로 중남이라 하고, 리離는 두 번 구하여 여자를 얻었으므로 중녀라 한다. 간艮은 세 번 구하여 남자를 얻었으므로 소남이라 하고, 태兌는 세 번 구하여 여자를 얻었으므로 소녀라 한다.

난자풀이 |

1 乎(호) : 감탄의 뜻을 나타내는 접미사이다. 그러므로 「칭호부稱乎父」는 '칭하는 도다! 아버지라고'라고 해석해야 하지만 여기서는 부드럽게 '칭하기를 아버지라 한다'고 번역했다.

2 索(색) : '찾는다'는 의미로 쓰일 때는 음이 '색'이다.

강설 |

가족 관계를 그 지위와 역할, 그리고 성격에 따라 팔괘에 적용시켜 분류한 것이다. 하늘을 상징하는 건乾은 가정을 주도하는 아버지에 해당되고, 만물을 싣고 기르는 땅을 상징하는 곤坤은 어머니에 해당된다.

팔괘 중 건乾괘와 곤괘坤卦를 제외한 여섯 괘에서는 유일하게 있는 음陰이나 양陽이 그 괘의 음陰양陽을 결정한다. 마치 남자 두 사람에 여자 한 사람이 있으면 여자가 전체의 주도권을 갖게 되고, 그 반대의 경우에는 남자가 주도권을 갖는 이치와 같다. 그러므로 진震, 감坎, 간艮은 양陽이 하나에 음이 둘이므로 양陽괘이고, 손巽, 리離, 태兌는 음陰이 하나에 양이 둘이므로 음陰괘이다. 양陽괘가 아들에 해당되고, 음陰괘는 딸에 해당된다면, 양陽을 처음 얻은 진震(☳)은 장남에, 두 번째로 얻은 감坎(☵)은 중남에, 세 번째로 얻은 간艮(☶)은 소남에 해당된다. 또 음陰을 첫 번째로 얻은 손巽(☴)은 장녀에, 두 번째로 얻은 리離(☲)가 중녀에, 세 번째로 얻은 태兌(☱)가 소녀에 해당된다.

제 11 장

건 위천위환위군위부위옥위금위한위빙위대
乾은 爲天爲圜爲君爲父爲玉爲金爲寒爲氷爲大

적위양마위노마위척마위박마위목과 곤 위
赤爲良馬爲老馬爲瘠馬爲駁馬爲木果라 坤은 爲

지위모위포위부위린색위균위자모우위대여위
地爲母爲布爲釜爲吝嗇爲均爲子母牛爲大輿爲

文爲衆爲柄이오 其於地也에 爲黑이라

(문위중위병 기어지야 위흑)

국역 |

건乾은 하늘이 되고 둥근 것이 되고 임금이 되고 아버지가 되고 옥이 되고 금이 되고 추움이 되고 얼음이 되고 크게 붉은 것이 되고 양마가 되고 노마가 되고 척마가 되고 박마가 되고 나무 열매가 된다. 곤坤은 땅이 되고 어머니가 되고 베가 되고 가마솥이 되고 인색함이 되고 균일함이 되고 새끼 딸린 어미 소가 되고 큰 수레가 되고 무늬가 되고 무리가 되고 그릇의 손잡이가 되며, 그 땅에 있어서는 검은 색이 된다.

강설 |

여러 사물과 동물들을 그 성질과 특성에 따라 건괘와 곤괘에 적용시켜 분류한 것이다. 옥玉이나 금金은 순수하면서 단단하기 때문에 건乾에 해당된다. 또 추위와 얼음은 양이 생겨나는 때의 상태이므로 건乾에 해당되고, 붉은 색은 양陽의 색이므로 건乾에 해당된다. 말은 대체로 건乾에 해당하지만 그 말 중에서도 특히 양마, 노마, 척마, 박마 등은 건乾에 속한다. 말의 종류를 많이 나열한 것은, 오늘날 자동차에 상당하는 것이기 때문에 그 종류를 세분한 것으로 보인다. 양마는 종합적으로 판단하여 우수한 말을 표현하는 용어이고, 척마는 말의 뼈를 강조하여 표현한 용어이며, 노마는 연륜과 지혜를 강조하여 붙인 용어이므로 이러한 말들은 모두 건乾에 해당된다. 또 박마는 그 색이 잡박한 말이므로 얼룩말을 지칭하는 것이라 생각된다. 얼룩말의 무늬는 잡다한 무늬가 아니라 옥의 무늬와 같은 천연의 질서를 가진 무늬이므로 건乾에 해당된다고 할 수 있다. 나무 열매는 나무의 영원한 생명성을 의미하므로 역시 건乾에 해당된다.

베는 넓고 편편한 것이므로 곤坤에 해당되고, 가마솥은 음식을 만드는 곳이므로 역시 곤坤에 해당된다. 땅은 만물을 축적하기 때문에 인색하여 저축하는 것은 땅을 상징하는 곤坤에 해당된다. 대체로 아버지가 헤프고 어머니가 알뜰한 것도 이런 이치이다. 균일함은 모든 것을 받아들여 길러 내는 대지의 성품이고, 모든 자녀를 다 기르는 어머니의 성품이므로 곤坤에 해당된다. 또 새끼 딸린 소는 순하면서도 사랑이 넘치기 때문에 곤坤에 해당되고, 큰 수레는 물건을 많이 싣는 것이고 무늬는 만물이 섞여서 만들어 내는 것이며, 군중은 많은 백성을 의미하는 것이고, 손잡이는 물건을 붙잡는 것이며, 검은 색은 모든 색을 다 받아들여 만들어지는 색이므로, 모두가 땅의 역할을 상징하는 坤에 해당된다.

震은 爲雷爲龍爲玄黃爲旉[1]爲大塗爲長子爲決躁[2]
爲蒼筤[3]竹爲萑葦[4]오 其於馬也에 爲善鳴爲馵[5]足爲
作[6]足爲的顙[7]이오 其於稼也에 爲反生이오 其究爲健
이오 爲蕃鮮이라 巽은 爲木爲風爲長女爲繩直爲工
爲白爲長爲高爲進退爲不果爲臭오 其於人也에
爲寡髮[8]爲廣顙爲多白眼[9]爲近利市[10]三倍오 其究爲

躁卦라

국역 |

진震은 천둥이 되고 용이 되고 현색 황색이 되고 꽃이 되고 큰 길이 되고 장자가 되고 결행해 나아가는 것이 되고 푸르고 어린 대나무가 되고 물억새와 갈대가 되고 그 말에 있어서는 잘 우는 것이 되고 왼쪽 뒷발이 흰말이 되고 발을 드는 말이 되고 이마가 흰말이 된다. 그 씨를 뿌린 경우에는 반대의 방향인 아래로 싹이 트는 것이 되고 궁극적으로는 건이 되고 무성하여 곱게 된다. 손巽은 나무가 되고 바람이 되고 장녀가 되고 먹줄이 곧은 것이 되고 목수가 되고 흰 색이 되고 긴 것이 되고 높은 것이 되고 진퇴하는 것이 되고 과감하지 않는 것이 되고 냄새가 된다. 그 사람에 있어서는 털이 적은 것이 되고 넓은 이마가 되고 백안이 많은 것이 되고 이익에 근접하여 세 배로 파는 것이 된다. 궁극적으로는 움직임이 활발한 괘가 된다.

난자풀이 |

1 旉(부) : 꽃의 총칭.
2 躁(조) : 조급하게 움직이는 것.
3 筤(랑) : 어린 대 또는 바구니.
4 萑(추) : 물억새.
5 馵(주) : 왼쪽 뒷발이 흰 말.
6 作足(작족) : 앞발을 드는 것.
7 的顙(적상) : 이마가 흰 것.
8 廣顙(광상) : 이마가 넓은 것.
9 白眼(백안) : 눈의 흰 부분.
10 市(시) : 팔다.

| 강설 |

현색玄色은 하늘의 색이고 황색黃色은 땅의 색이다. 하늘과 땅의 작용이 합하여 만물이 생성되므로, 현색과 황색은 진震에 해당된다. 꽃은 봄에 피므로 진震에 해당되고, 성급하게 결행하는 것은 행동력을 말하므로 진震에 해당된다. 또 푸른 색은 봄의 색이고 어린 대는 뿌리가 강하기 때문에, 푸르고 어린 대는 진震에 해당된다. 물억새나 갈대도 역시 뿌리가 강하고 줄기가 부드럽기 때문에 진震에 해당된다. 또 진震은 천둥이므로 천둥처럼 우는 말이 진震에 해당되고, 진震은 동쪽과 좌측, 그리고 발과 백색에 해당하므로 말의 왼쪽 뒷발이 흰 것이 진震에 해당된다. 말이 두 발을 나란히 드는 것은 발을 가지런하게 움직이는 것이므로 진震에 해당된다. 이마가 흰 말이 진震이 되는 이유는 그 근거가 석연치 않다.

씨앗은 아래로 싹튼 후 다시 위로 자라난다. 이것은 진괘震卦의 제일 아래 양陽이 움직여 위로 향하는 것과 같으니, 진震에 해당된다. 이 진震의 양陽이 점점 자라, 전체 효가 모두 양이 되면 건괘乾卦가 되기 때문에 '건健하게 된다'고 했다. 그리고 양陽이 자라면서 활약하여 만물이 무성하고 선명하게 되므로 '번선蕃鮮하게 된다'고 했다.

나무와 바람은 부드럽고 순한 것이어서, 순조로움을 상징하는 손괘巽卦에 해당된다. 또 나무를 다듬는 목수와 나무를 곧게 다듬는 먹줄의 곧은 것도 손巽에 해당된다. 바람은 옆으로 멀리 불고 나무는 위로 높이 올라가기 때문에 옆으로 긴 것과 위로 높은 것이 손巽이 된다. 또 손巽은 겸손하기 때문에 과감하게 나아가지 않고 왔다 갔다 주저하는 성질이 있다. 냄새는 바람을 통해 전달되므로 냄새 역시 巽괘에 속한다.

손괘의 상은 하나의 음이 두 개의 강한 양陽 아래에 위치하여, 음의 힘이 약한 상태에 있다. 그래서 인체의 상에서 보면, 음물陰物인 피가 위로 올라가지 못하는 형상이 되어 머리털이 적게 된다. 또 위의 양陽

이 강하니, 이마가 넓게 되고, 눈은 양陽에 해당하는 흰자위가 위에 많고 검은 동자가 아래 쪽에 있다. 손巽은 들어가는 성질이 있으므로 들어가기만 하고 내놓지 않는 탐욕스러운 데가 있다. 하나의 음陰이 자꾸 자라면 곤坤이 되므로 궁극에 가서는 곤坤의 조급함이 된다. 손巽 속에는 이미 곤坤이 들어 있다고 할 수 있다.

坎은 爲水爲溝瀆爲隱伏爲矯[1]輮[2]爲弓輪이오 其於人也에 爲加憂爲心病爲耳痛爲血卦爲赤이오 其於馬也에 爲美脊爲亟[3]心爲下首爲薄蹄爲曳오 其於輿也에 爲多眚이오 爲通爲月爲盜이오 其於木也에 爲堅多心이라 離는 爲火爲日爲電爲中女爲甲冑爲戈兵이오 其於人也에 爲大腹이오 爲乾卦爲鱉爲蟹爲蠃[4]爲蚌[5]爲龜오 其於木也에 爲科上槁라

국역 |

감坎은 물이 되고 도랑이 되고 숨어 엎드리는 것이 되고 곧게 하기도 하고 굽게 하기도 하는 것이 되고 활이나 차바퀴가 된다. 사람에

있어서는 더욱 근심스러운 것이 되고 마음의 병이 되고 귀가 아픈 것이 되고 혈액을 의미하는 괘가 되고 붉은 색이 된다. 말에 있어서는 아름다운 등이 되고 급한 성질이 되고 머리를 낮게 하고 있는 것이 되고 엷은 발굽이 되고 끌고 있는 것이 된다. 수레에 있어서는 장애가 많은 것이 되고, 통하는 것이 되고 달이 되고 도둑이 된다. 나무에 있어서는 딱딱하여 심이 많은 것이 된다. 리離는 불이 되고 해가 되고 번개가 되고 중녀가 되고 갑옷이나 투구가 되고 창이나 무기가 된다. 사람에 있어서는 큰 배가 되고, 말리는 괘가 되고 자라가 되고 게가 되고 나나니벌이 되고 대합조개가 되고 거북이가 된다. 나무에 있어서는 속이 비고 위가 마른 것이 된다.

난자풀이 |

1 矯(교) : 굽은 것을 바로잡는 것.
2 輮(유) : 휘다. 굽히다.
3 亟(극) : '자주'라는 뜻일 때는 음이 '기'이지만, 여기서는 '급하다'는 뜻으로 음이 '극'이다.
4 蠃(라) : 나나니벌.
5 蚌(방) : 방합. 민물조개.

강설 |

감坎(☵)은 바깥이 음陰이어서 부드러운 성질을 갖지만, 가운데가 양陽이어서 강한 성격이 있다. 물은 이러한 성격을 갖는 물체 가운데 대표적인 것이다. 그래서 감괘坎卦를 상징하는 자연물이 '물[수水]'이다. 흐르는 물을 담고 있고 도랑도 감坎에 속하고, 물의 흐름이 바로 흐르기도 하고 휘어져 흐르기도 하는 것도 감坎에 속한다. 그래서 굽은 것을 곧게 하는 것, 곧은 것을 굽히는 것, 활, 차의 바퀴 등이 모두 감坎에 속한다.

감坎은 하나의 양陽이 두 음陰 가운데에 숨어 있는 상이어서, 엎드려 숨어 있는 것이 감坎에 속한다. 이 상은 하나의 양陽이 두 음陰 가운데 빠져 고난을 겪고 있는 모습을 표현하기도 하니, 마음의 고통이 된다. 또 비어 있어야 하는 귀 속이 차면 통증을 유발하니, 귀가 아픈 것도 역시 감坎에 속한다. 물을 상징하는 감坎은 인체에 있어서는 피에 해당된다. 그래서 붉은 색도 감坎에 해당된다.

감괘의 성질을 말에 적용시켜 분류한 것이다. 감坎은 가운데에 양陽이 하나 있으니, 가운데 척추는 곧게 잘 생겼으나 머리와 발이 약한 말에 해당한다. 그리고 발이 약해 잘 달리지 못하니, 다리를 질질 끌고 다니는 말에 해당된다. 또 달리고자 하는 마음은 있으나 몸은 쇠약하니, 상대적으로 마음이 급한 말이 이에 해당된다.

감괘는 어려움이나 곤경을 나타내니, 수레를 타고 갈 경우에 재난이 많은 것이 이에 해당한다. 물이 잘 통하듯이, 교류가 활발한 것이 또한 감坎에 속하고, 음이어서 차갑지만 속에 양이 있어 빛을 발하는 양상이니, 달이 감坎에 속한다. 숨어 있는 도둑이 감坎이오, 딱딱한 심이 있는 나무가 감坎에 속한다.

리離(☲)는 안이 음으로 어둡지만, 밖이 양陽으로 밝다. 그래서 리離를 상징하는 대표적인 물체는 불(火)이다. 태양이나 빛나는 번개도 리離에 속한다. 리離는 속이 부드럽지만 겉이 딱딱하기 때문에, 딱딱한 갑옷이나 겉에 쓰는 투구가 리離에 속하고, 등의 겉껍질이 딱딱한 자라나 거북이, 게, 조개, 나나니벌 등이 리離에 속한다. 그리고 딱딱한 병기나 창 역시 리離에 속한다. 또 속에 포용력이 있는 음陰이 있으므로 배가 큰 사람이 또한 리離에 속한다.

艮(간)은 爲山(위산)爲徑路(위경로)爲小石(위소석)爲門闕(위문궐)爲果蓏(위과라)[1]爲閽(위혼)[2]寺(시)[3]爲指(위지)爲狗(위구)爲鼠(위서)爲黔喙之屬(위검탁지속)이오 其於木也(기어목야)에 爲堅多節(위견다절)이라 兌(태)는 爲澤(위택)爲少女(위소녀)爲巫(위무)爲口舌(위구설)爲毁折(위훼절)爲附決(위부결)이오 其於地也(기어지야)에 爲剛鹵(위강로)[4]이오 爲妾(위첩)爲羊(위양)이라

국역 |

간艮은 산이 되고 지름길이 되고 작은 돌이 되고 궐문이 되고 열매가 되고 문지기가 되고 손가락이 되고 개가 되고 쥐가 되고 입 끝이 검은 짐승의 무리가 된다. 나무에 있어서는 딱딱하고 마디가 많은 것이 된다. 태兌는 못이 되고 소녀가 되고 무당이 되고 입이나 혀가 되고 부서지고 부러지는 것이 되고 붙어서 결단나는 것이 된다. 땅에 있어서는 견고하고 염분이 많은 것이 된다. 첩이 되고 양이 된다.

난자풀이 |

1 蓏(라) : 열매. 풀에서 맺는 열매.
2 閽(혼) : 문지기.
3 寺(시) : 내시. 환관. 관청.
4 鹵(로) : 소금.

강설 |

간艮(☶)은 아래의 두 음陰이 한 양陽에 가로 막혀 있는 상황이므로, 산山이 간艮을 상징하는 대표적인 물체에 해당된다. 산을 넘어가는 것은 작은 지름길이므로 지름길도 간艮이 된다. 부드러운 음陰 위에 딱딱한 양陽이 있는 모습은 흙 위에 돌이 있는 형상에 해당하므로, 흙 위의 작은 돌들이 간艮에 속한다. 출입을 위한 문은 다른 한편으로는 외부의 침입자를 막는 구실을 하므로 간艮에 속한다. 그래서 문을 지키는 사람이나 도둑을 지키는 개도 간艮에 속한다.

열매는 양분이 위로 올라가 응결된 것이므로, 딱딱한 열매는 간艮에 속한다. 손가락이나 발가락은 말단에 있으면서 많은 역할을 하기 때문에 마디가 있는 것도 간艮에 속하고, 입의 끝이 검고 딱딱한 새 역시 간艮에 속한다. 쥐는 집에 머물러 있는 것이므로 간艮에 속한다. 나무는 윗부분이 딱딱하고 마디가 많은 소나무 같은 것이 간艮에 속한다.

연못은, 아래는 딱딱한 물질인 흙이면서 위에는 부드러운 물을 담고 있다. 그래서 못은 태兌(☱)를 상징하는 대표적인 물체이다. 입이나 혀는 맛을 보고 기쁨을 느끼는 것이므로 역시 태兌에 속하고, 입으로 신神의 뜻을 전하는 무당 역시 태兌에 속한다. 태兌는 기쁨에 안주하는 보수적 성격을 가져 결과적으로 부서지고 부러지는 경우가 있다. 그래서 부서지고 부러지는 것이 태兌에 속한다. 또 보수성 때문에 척결당하는 경우도 있기 때문에 부착하다가 척결당하는 것이 태兌에 속한다.

소금밭은 아래는 딱딱하지만 위가 부드러운 땅이니, 태兌에 속한다. 여자가 기쁨에 못 이겨 격식을 무시하고 남자를 따라가면 첩이 되므로 첩이 태兌에 속한다. 양은 겁이 많은 동물로 모험을 하지 못하고 자리에 안주하는 성격이 있으니, 태兌에 속한다.

서괘전
序卦傳

서괘전序卦傳은 주역 육십사괘가 현재의 순서로 배열된 원인을 설명한 것이다. 그러나 그 근거가 그다지 설득력을 갖지는 못한다. 다만 기존의 육십사괘에 대한 견강부회식 설명을 하고 있다는 인상이 짙다.

상편上篇

유천지연후 만물 생언 영천지지간자유만
有天地然後에 萬物이 生焉하니 盈天地之間者唯萬

물 고 수지이준 둔자 영야 둔자 물지
物이라 故로 受之以屯하니 屯者는 盈也니 屯者는 物之

시 생 야 물 생 필 몽 고 수 지 이 몽 몽 자
始生也라 物生必蒙이라 故로 受之以蒙하니 蒙者는

몽 야 물 지 치 야 물 치 불 가 불 양 야 고 수 지
蒙也니 物之穉也라 物穉不可不養也라 故로 受之

이 수 수 자 음 식 지 도 야 음 식 필 유 송 고
以需하니 需者는 飮食之道也라 飮食必有訟이라 故로

수 지 이 송 송 필 유 중 기 고 수 지 이 사 사
受之以訟하고 訟必有衆起라 故로 受之以師하고 師

자 중 야 중 필 유 소 비 고 수 지 이 비 비 자
者는 衆也니 衆必有所比라 故로 受之以比하고 比者

비 야 비 필 유 소 축 고 수 지 이 소 축 물
는 比也니 比必有所畜이라 故로 受之以小畜하고 物

축 연 후 유 례 고 수 지 이 리 리 이 태 연 후
畜然後에 有禮라 故로 受之以履하고 履而泰然後에

안 고 수 지 이 태 태 자 통 야 물 불 가 이
安이라 故로 受之以泰하고 泰者는 通也니 物不可以

종 통 고 수 지 이 비 물 불 가 이 종 부 고
終通이라 故로 受之以否하고 物不可以終否라 故로

수 지 이 동 인 여 인 동 자 물 필 귀 언 고 수
受之以同人하고 與人同者는 物必歸焉이라 故로 受

지 이 대 유 유 대 자 불 가 이 영 고 수 지 이
之以大有하고 有大者는 不可以盈이라 故로 受之以

겸 유 대 이 능 겸 필 예 고 수 지 이 예 예
謙하고 有大而能謙이 必豫라 故로 受之以豫하고 豫

필 유 수 고 수 지 이 수 이 희 수 인 자 필 유 사
必有隨라 故로 受之以隨하고 以喜隨人者必有事라

고 수 지 이 고 고 자 사 야 유 사 이 후 가 대
故로 受之以蠱하고 蠱者는 事也니 有事而後에 可大

라 故로 受之以臨하고 臨者는 大也니 物大然後에 可觀이라 故로 受之以觀하고 可觀而後에 有所合이라 故로 受之以噬嗑하고 嗑者는 合也니 物不可以苟合而已라 故로 受之以賁하고 賁者는 飾也니 致飾然後에 亨則盡矣라 故로 受之以剝하고 剝者는 剝也니 物不可以終盡이니 剝이 窮上反下라 故로 受之以復하고 復則不妄矣라 故로 受之以无妄하고 有无妄然後에 可畜이라 故로 受之以大畜하고 物畜然後에 可養이라 故로 受之以頤하고 頤者는 養也니 不養則不可動이라 故로 受之以大過하고 物不可以終過라 故로 受之以坎하고 坎者는 陷也니 陷必有所麗라 故로 受之以離하니 離者는 麗也라

국역 |

천지가 있은 연후에 만물이 생하니 천지 사이에 가득한 것이 오직 만물이다. 그러므로 둔屯으로 이어받았다. 둔屯이란 가득 찬 것이다. 준屯이란 만물이 처음 생긴 것이다. 만물이 생기면 반드시 어리기 때문에 몽蒙으로 이어받았다. 몽蒙이란 어린 것이니 만물이 어린 것이다. 만물이 어리면 기르지 않을 수 없다. 따라서 수需로 이어받았다. 수需는 음식의 도道이다. 음식에는 반드시 소송이 있다. 따라서 송訟으로 이어받았다. 소송은 반드시 무리로 일어난다. 그러므로 사師로 이어받았다. 사師는 무리이다. 무리는 반드시 따르는 바가 있기 때문에 비比로 이어받았다. 비比란 따르는 것이다. 따르면 반드시 쌓임이 있다. 그러므로 소축小畜으로 이어받았다. 만물은 쌓인 연후에 예의가 있다. 그러므로 리履로 이어받았다. 실천하여 태평해진 연후에 편안해진다. 그러므로 태泰로 이어받았다. 태泰란 통하는 것이다. 만물은 통하는 것으로 마칠 수 없다. 그러므로 비否로 이어받았다. 만물은 막히는 상태에서 마칠 수 없다. 그러므로 동인同人으로 이어받았다. 남과 함께 하는 자는 만물이 반드시 귀의한다. 그러므로 대유大有로 이어받았다. 큰 것을 가진 자는 채울 수 없다. 그러므로 겸謙으로 이어받았다. 큰 것을 가지면서도 능히 겸손할 수 있으면 반드시 기쁘다. 그러므로 예豫로 이어받았다. 기쁘게 되면 반드시 따름이 있다. 그러므로 수隨로 이어받았다. 기쁨으로 남을 따르는 자는 반드시 일이 있다. 그러므로 고蠱로 이어받았다. 고蠱란 일이다. 일이 있은 뒤에 커질 수 있다. 그러므로 임臨으로 이어받았다. 임臨이란 큰 것이다. 만물은 커진 연후에야 볼 수 있다. 그러므로 관觀으로 이어받았다. 볼 수 있게 된 뒤에 합쳐짐이 있다. 그러므로 서합噬嗑으로 이어받았다. 합嗑이란 합치는 것이다. 만물은 구차하게 합쳐질 수 없다. 그러므로 비賁로 이어받았다. 비賁란 꾸미는 것이다. 꾸미기를 다한 연후에 형통함이 다한다. 그러므로 박剝으로 이어받았다. 박剝은 벗겨지는 것이다. 만물은 끝이 나거나 없어질 수 없다. 박剝이 위에서 궁해지면 아래로 내려온다. 그러므로 복復으로 이어받았다. 돌아오면 망령되지 않는다. 그러므로 무망无妄으로 이어받았다. 망령됨이 없어진 연후에 기를 수 있다. 그러므로 대축大畜으로 이어받았다. 만물은 쌓인 연후에 기를 수 있다. 그러므로 이頤로 이어받았다. 이頤는 기르는 것이다. 기르지 않으면 움직일 수 없다. 그러므로 대과大過로 이어받았다. 만물은 허물로 끝마칠 수 없다. 그러므로 감坎으로 이어받았다. 감坎이란 빠지는 것이다. 빠지면 반드시 연결되는 것이 있다. 그러므로 리離로 이어받았다. 리離는 연결되는 것이다.

하편下篇

有天地然後에 有萬物하고 有萬物然後에 有男女하고 有男女然後에 有夫婦하고 有夫婦然後에 有父子하고 有父子然後에 有君臣하고 有君臣然後에 有上下하고 有上下然後에 禮義有所錯니라 [1]

국역 |

천지가 있은 연후에 만물이 있고 만물이 있은 연후에 남녀가 있고 남녀가 있은 연후에 부부가 있고 부부가 있은 연후에 부자가 있고 부자가 있은 연후에 군신이 있고 군신이 있은 연후에 상하가 있고 상하가 있은 연후에 예의가 두어지는 바가 있다.

난자풀이 |

1 錯(조) : 섞인다는 뜻일 때는 음이 '착'이지만 여기서는 '둔다'는 뜻으로 쓰였으므로 음이 '조'이다.

부 부 지 도 불 가 이 불 구 야 고 수 지 이 항 항 자
夫婦之道不可以不久也라 故로 受之以恒하고 恒者
구 야 물 불 가 이 구 거 기 소 고 수 지 이 둔
는 久也니 物不可以久居其所라 故로 受之以遯하고
둔 자 퇴 야 물 불 가 이 종 둔 고 수 지 이 대 장
遯者는 退也니 物不可以終遯이라 故로 受之以大壯
물 불 가 이 종 장 고 수 지 이 진 진 자 진
하고 物不可以終壯이라 故로 受之以晉하고 晉者는 進
야 진 필 유 소 상 고 수 지 이 명 이 이 자
也니 進必有所傷이라 故로 受之以明夷하고 夷者는
상 야 상 어 외 자 필 반 기 가 고 수 지 이 가 인
傷也니 傷於外者必反其家라 故로 受之以家人하고
가 도 궁 필 괴 고 수 지 이 규 규 자 괴 야
家道는 窮必乖라 故로 受之以睽하고 睽者는 乖也니
괴 필 유 난 고 수 지 이 건 건 자 난 야 물
乖必有難이라 故로 受之以蹇하고 蹇者는 難也니 物
불 가 이 종 난 고 수 지 이 해 해 자 완 야
不可以終難이라 故로 受之以解하고 解者는 緩也니

緩必有所失이라 故로 受之以損하고 損而不已면 必益이라 故로 受之以益하고 益而不已면 必決이러 故로 受之以夬하고 夬者는 決也니 決必有所遇라 故로 受之以姤하고 姤者는 遇也니 物相遇而後에 聚라 故로 受之以萃하고 萃者는 聚也니 聚而上者를 謂之升이라 故로 受之以升하고 升而不已면 必困이라 故로 受之以困하고 困乎上者는 必反下라 故로 受之以井하고 井道는 不可不革이라 故로 受之以革하고 革物者는 莫若鼎이라 故로 受之以鼎하고 主器者는 莫若長子라 故로 受之以震하고 震者는 動也니 物不可以終動하여 止之라 故로 受之以艮하고 艮者는 止也니 物不可以終止라 故로 受之以漸하고 漸者는 進也니 進必有所歸라 故로 受之以歸妹하고 得其所歸者는 必大라 故로 受之以豊하고 豊者는 大也니 窮大者는 必失其居

라 故로 受之以旅하고 旅而无所容이라 故로 受之以巽하고 巽者는 入也니 入而後에 說之라 故로 受之以兌하고 兌者는 說也니 說而後에 散之라 故로 受之以渙하고 渙者는 離也니 物不可以終離라 故로 受之以節하고 節而信之라 故로 受之以中孚하고 有其信者는 必行之라 故로 受之以小過하고 有過物者는 必濟라 故로 受之以旣濟하고 物不可窮也라 故로 受之以未濟하여 終焉하니라

국역 |

부부의 도는 오래가지 않을 수 없다. 그러므로 항恒으로 이어받았다. 항恒이란 오래가는 것이다. 만물은 그 장소에 오래 머물 수 없다. 그러므로 둔遯으로 이어받았다. 둔遯은 물러나는 것이다. 만물은 물러나는 것으로 끝마칠 수는 없다. 그러므로 대장大壯으로 이어받았다. 만물은 장대함으로 끝마칠 수는 없다. 그러므로 진晉으로 이어받았다. 진晉은 나아가는 것이다. 나아가면 반드시 상처받는 것이 있다. 그러므로 명이明夷로 이어받았다. 이夷는 상처 입는 것이다. 밖에서 상처 입은 자는 반드시 자기 집으로 돌아간다. 그러므로 가인家人으로 이어받았다.

가도家道가 궁하면 반드시 어그러진다. 그러므로 규睽로 이어받았다. 규睽는 어그러지는 것이다. 어그러지면 반드시 어려움이 있다. 그러므로 건蹇으로 이어받았다. 건蹇은 어려운 것이다. 만물은 어려운 상태로 마칠 수 없다. 그러므로 해解로 이어받았다. 해解는 느긋한 것이다. 느긋하면 반드시 잃는 것이 있다. 그러므로 손損으로 이어받았다. 손해를 보면서 그치지 않으면 반드시 이익이 된다. 그러므로 익益으로 이어받았다. 이익이 되는 상태에서 그치지 않으면 반드시 결단난다. 그러므로 쾌夬로 이어받았다. 쾌夬는 결단하는 것이다. 결단하면 반드시 만남이 있다. 그러므로 구姤로 이어받았다. 구姤는 만나는 것이다. 만물이 서로 만난 뒤에 모인다. 그러므로 췌萃로 이어받았다. 췌萃는 모이는 것이다. 모여서 올라가는 것을 승升이라 한다. 그러므로 승升으로 이어받았다. 올라가고 그치지 않으면 반드시 곤란해진다. 그러므로 곤困으로 이어받았다. 위에서 곤란해진 자는 반드시 아래로 내려온다. 그러므로 정井으로 이어받았다. 정井의 도道는 바꾸지 않을 수 없다. 그러므로 혁革으로 이어받았다. 만물을 바꾸는 것은 솥 같은 것이 없다. 그러므로 정鼎으로 이어받았다. 그릇을 관리하는 자는 장자長子 만한 자가 없다. 그러므로 진震으로 이어받았다. 진震은 움직이는 것이다. 만물은 움직이는 것으로 끝마칠 수 없어서 멈춘다. 그러므로 간艮으로 이어받았다. 간艮은 멈추는 것이다. 만물은 멈춘 상태로 끝마칠 수 없다. 그러므로 점漸으로 이어받았다. 점漸은 나아가는 것이다. 나아가면 반드시 귀의하는 데가 있다. 그러므로 귀매歸妹로 이어받았다. 귀의할 바를 얻은 자는 반드시 커진다. 그러므로 풍豊으로 이어받았다. 풍豊은 큰 것이다. 크기를 다한 자는 반드시 그 거처를 잃는다. 그러므로 여旅로 이어받았다. 여행을 떠나면 용납되지 않는다. 그러므로 손巽으로 이어받았다. 손巽은 들어가는 것이다. 들어간 뒤에 기뻐한다. 그러므로 태兌로 이어받았다. 태兌는 기뻐하는 것이다. 기뻐한 뒤에 흩어지는 것이다. 그러므로 환渙으로 이어받았다. 환渙은 헤어지는 것이다. 만물은 헤어진 상태로 마칠 수 없다. 그러므로 절節로 이어받았다. 예절이 있으면 신뢰하게 된다. 그러므로 중부中孚로 이어받았다. 믿음을 가진 자는 반드시 행한다. 그러므로 소과小過로 이어받았다. 사물에 지나침이 있으면 반드시 해결한다. 그러므로 기제旣濟로 이어받았다. 만물은 다 끝날 수가 없다. 그러므로 미제未濟로 이어받아 끝을 맺었다.

잡괘전
雜卦傳

잡괘전雜卦傳은 육십사괘를 순서를 바꾸어 잡다하게 설명을 한 것이다. 서괘전과 잡괘전이란 명칭은 한강백韓康伯의 『역주易注』에 처음으로 등장한다. 잡괘전에서의 괘의 설명은 종괘로 짝을 이루어 설명을 했다. 종괘가 없는 괘는 착괘끼리 모았다.

건 강 곤 유　비 락 사 우　임 관 지 의　혹 여 혹 구
乾剛坤柔오 比樂師憂라 臨觀之義는 或與或求라

준　현 이 불 실 기 거　몽　잡 이 저　진　기 야　간
屯은 見而不失其居오 蒙은 雜而著라 震은 起也오 艮

지 야　손 익　성 쇠 지 시 야　대 축　시 야　무 망
은 止也라 損益은 盛衰之始也라 大畜은 時也오 无妄

재 야　췌　취 이 승　불 래 야　겸　경 이 예　태
은 災也라 萃는 聚而升은 不來也라 謙은 輕而豫는 怠

也라 噬嗑은 食也오 賁는 无色也라 兌는 見而巽은 伏也라 隨는 无故也오 蠱則飭也라 剝은 爛也오 復은 反也라 晉은 晝也오 明夷는 誅也라 井은 通而困은 相遇也라 咸은 速也오 恒은 久也라 渙은 離也오 節은 止也라 解는 緩也오 蹇은 難也라 睽는 外也오 家人은 內也라 否泰는 反其流也라 大壯則止오 遯則退也라 大有는 衆也오 同人은 親也라 革은 去故也오 鼎은 取新也라 小過는 過也오 中孚는 信也라 豊은 多故이오 親寡는 旅也라 離는 上而坎은 下也라 小畜은 寡也오 履는 不處也라 需는 不進也오 訟은 不親也라 大過는 顚也라 姤는 遇也니 柔遇剛也오 漸은 女歸니 待男行也라 頤는 養正也오 旣濟는 定也라 歸妹는 女之終也오 未濟는 男之窮也라 夬는 決也라 剛決柔也니 君子道長이오 小人道憂也라

국역 |

건乾은 굳세고 곤坤은 부드러우며 비比는 즐겁고 사師는 근심이 된다. 임臨과 관觀의 뜻은 혹은 더불고 혹은 구한다. 준屯은 외부로 드러나지만 자기의 거처를 잃지 않으며, 몽蒙은 섞여서 드러난다. 진震은 일어나는 것이고 간艮은 멈추는 것이다. 손損과 익益은 성쇠를 시작하는 것이다. 대축大畜은 때를 보는 것이고 무망无妄은 재해이다. 췌萃는 모이고 승升은 오지 않는다. 겸謙은 가볍고 예豫는 나태하다. 서합噬嗑은 먹는 것이고 비賁는 색이 없다. 태兌는 나타나고 손巽은 엎드린다. 수隨는 까닭이 없고 고蠱는 바로잡는다. 박剝은 문드러지고 복復은 돌아온다. 진晉은 낮이고 명이明夷는 죽이는 것이다. 정井은 통하고 곤困은 서로 만난다. 함咸은 빠르고 항恒은 오래간다. 환渙은 헤어지고 절節은 멈춘다. 해解는 느긋하고 건蹇은 어렵다. 규睽는 밖이고 가인家人은 안이다. 부否와 태泰는 그 종류를 반대로 한다. 대장大壯이면 멈추고 둔遯이면 물러난다. 대유大有는 무리를 이루고 동인同人은 친한다. 혁革은 옛것을 제거하고 정鼎은 새로운 것을 취한다. 소과小過는 지나친 것이고 중부中孚는 믿는 것이다. 풍豐은 까닭이 많은 것이고 친함이 적은 것은 여旅이다. 리離는 올라가고 감坎은 내려온다. 소축小畜은 적고 리履는 처하지 않는다. 수需는 나아가지 않고 송訟은 친하지 않는다. 대과大過는 넘어진다. 구姤는 만나니 부드러움이 굳센 것을 만난다. 점漸은 여자가 시집을 가는 것이니 남자를 기다려서 가는 것이다. 이頤는 바른 것을 기르는 것이고, 기제旣濟는 안정된 것이다. 귀매歸妹는 여자의 마침이고 미제未濟는 남자가 궁한 것이다. 쾌夬는 결단하는 것이다. 강한 것이 부드러운 것을 결단하는 것이니, 군자의 도는 자라나고 소인의 도는 근심스럽다.

강설 |

역리易理는 본성을 따르고, 천명을 실천하기 위한 수양서이고, 진리를 실천하기 위한 지침서이다. 그래서 마음을 수양하고 진리를 실천하는 것을 삶의 목적으로 하는 군자는 역리에 따라 진리 인식의 지평을 높이고, 마음의 욕심을 점차 제거해 나가기 때문에 점점 그 도가 길러진다.

이기동

1951. 경북 청도 출생
1975. 성균관대학교 유학과 졸업
1979. 성균관대학교 대학원 동양철학과 졸업
1985. 일본 츠쿠바대학 대학원 철학 · 사상연구과 졸업
1985. 성균관대학교 동양철학과 조교수
1991. 성균관대학교 유학과 교수
2001. 성균관대학교 유학 · 동양학부 학부장
2003. 성균관대학교 동아시아학술원 유교문화연구소 소장
2014. 성균관대학교 대학원장
2017. 성균관대학교 명예교수

주요 저서
東アジアにおはる朱子學の地域的全開(東京 東洋書院刊)
『대학 · 중용강설』, 『논어강설』, 『맹자강설』, 『시경강설』,
『서경강설』, 『동양 삼국의 주자학』(성균관대학교 출판부).

주역강설

1판 1쇄 발행 1997년 2월 25일　2판 1쇄 발행 2006년 9월 10일
3판 1쇄 발행 2010년 10월 30일　3판 11쇄 발행 2025년 7월 30일

역해자 이기동　**펴낸이** 유지범　**펴낸곳** 성균관대학교 출판부

등록 1975년 5월 21일 제1975-9호　**주소** 03063 서울특별시 종로구 성균관로 25-2
전화 02)760-1252~4　**팩스** 02)762-7452　**홈페이지** http://press.skku.edu

ISBN 978-89-7986-687-2 04140
978-89-7986-524-0 (세트)